INHALTSVERZEICHNIS

Ulrich Quack

Mönche, Meer und Orchideen

Reise-Handbuch Thailand

Aktuelle Informationen und Reisetips
für das »Land des Lächelns«
zwischen Goldenem Dreieck und Malaysia

1. Auflage 1992/93

© Vertrieb und Service, Reisebuchverlag, Reisevermittlung,
Im- und Export Iwanowski GmbH
Raiffeisenstraße 21 · D 4047 Dormagen 1
Telefon 02133/61919 · Fax 02133/63130
Telex 8517396 vsd d

Alle Informationen und Hinweise ohne jede Gewähr und Haftung

Alle Farb- und Schwarzweißbilder:
Carolin Albrecht, Ludger Floßdorf, Ulrich Quack

Redaktionelles Copyright, Konzeptlizenz und chefredaktionelle Bearbeitung:
Michael Iwanowski

Karten: Günter Kloppenburg, Michael Iwanowski

Gesamtherstellung: F. X. Stückle, 7637 Ettenheim

Printed in Germany

ISBN 3-923975-30-9

EINLEITUNG

"Sawaddie" – willkommen in Thailand, dem *'Land des Lächelns'*, dem *'Land der Tempel'* oder dem *'tropischen Urlaubsparadies'*. Diese und noch mehr positive Beinamen hat das Königreich zu Recht erhalten. In einer beispiellosen Steigerung der Besucherzahlen (von 2,5 Millionen im Jahre 1985 auf 6,9 Millionen im Jahr 1991) konnte sich Thailand zum führenden Reiseziel in Südostasien entwickeln. Und die Tatsache, daß immer mehr *farangs* (= Fremde) ein zweites und ein drittes Mal wiederkommen, spricht offensichtlich für die Qualität des touristischen Angebotes und die Stimmigkeit der obengenannten Klischees.

Sicher: auch dieses Land ist im Wandel und hat mit schweren Problemen unterschiedlichster Art zu kämpfen. Der Weg zur industriellen Entwicklung wird begleitet von Umweltschäden und sozialen Ungerechtigkeiten. In der innen- und außenpolitischen Situation wechseln sich angespannte und verworrene Zustände mit Zeiten relativer Stabilität ab. Und der Heroin-Handel hat genau wie der Sex-Tourismus im Ausland manchmal ein Negativ-Image entstehen lassen, über das die Thailänder selbst am unglücklichsten sind.

Sich nicht mit diesen Themen zu beschäftigen fällt schwer, denn sie gehören zu Thailand genau wie Strände, Dschungel oder Kunstschätze. Oft wird man jedoch auch feststellen können, daß die Thai für die Probleme sensibilisiert sind und sich anstrengen, sie zu bewältigen. In jedem Fall bleibt noch Raum genug für die angenehmen Seiten eines der schönsten Länder der Welt. Je nach Länge und Art der Reise kann der Besucher seinen Urlaub auf vielfältige Weise gestalten, wobei ihm das Zielgebiet besonders folgende Angebote macht:
● Die Begegnung mit Kultur und Geschichte des Landes, die oft fremdartig und überraschend, immer aber spannend und faszinierend sein wird.
● Das Erlebnis lächelnder und freundlicher Menschen, die sich ihre Eigenart bewahrt haben, nicht verschlossen sind und einem das Gefühl geben, als Gast willkommen zu sein.
● Das Reisen durch eine atemberaubend schöne Natur, die mit feinsandigen Stränden, vielfarbigen Korallen, undurchdringlichen Regenwäldern, bizarren Felsen, sprudelnden Wasserfällen und einer exotischen Tier- und Pflanzenwelt aufwartet.
● Die Entspannung beim Wandern, Schwimmen oder Tauchen; der Genuß der exquisiten Küche; das Handeln in einem immer noch äußerst billigen Einkaufsparadies; die Unterhaltung auf folkloristischen Veranstaltungen oder im berühmten Nachtleben der größeren Touristenorte.

Für den Individualtouristen ist es sicherlich schwer, aus dieser Fülle auszuwählen und sich einen 'Urlaub nach Maß' zusammenzustellen. Zur

Qual der Wahl kommen Unwägbarkeiten wie Verkehrsverbindungen, Unterkünfte und klimatische Bedingungen. Dieses Reise-Handbuch will dem Reisenden bei der Planung von Routen behilflich sein und mit komprimierten Angaben die Auswahl der Sehenswürdigkeiten erleichtern. Die dabei aufgezeigten Strecken und Varianten können jedoch nichts weiter als Anregungen sein. Gerade wer zum wiederholten Mal in Thailand ist, wird sich auf die Suche nach jener Ursprünglichkeit machen, die man immer dann zerstört, wenn man etwas als 'Geheimtip' anpreist. Das Land ist groß und bietet eine Vielzahl von sehenswerten Dingen abseits aller in Reiseführern beschriebenen Routen. Oft sind das Selbst-Entdeckte und die dabei gemachten persönlichen Erfahrungen das, woran man sich später am liebsten erinnert!

Dem Touristen, der auf einer Gruppenreise den Geheimnissen und Schönheiten des Landes auf die Spur kommen möchte, wird die Arbeit der Routenplanung und Auswahl der Sehenswürdigkeiten vom Reiseveranstalter abgenommen. Diesem Urlauber will das vorliegende Reise-Handbuch einen Einblick in die Geschichte und Kultur seines Zielgebietes geben und mit zusätzlichen Informationen und Orientierungshilfen zur Seite stehen. Außerdem bleibt auch auf einer Gruppenreise normalerweise viel Spielraum für eigene Unternehmungen und zusätzliche Programmpunkte.

Neben den Hintergrundartikeln und der Ortsbeschreibung enthält das Buch praktische Hinweise, die auf mehreren Reisen recherchiert worden sind. Dabei wurde zwar auf größtmögliche Richtigkeit und Aktualität geachtet, doch sind bei der Anzahl der Einzelinformationen und der Schnellebigkeit im touristischen Bereich Fehler oder kurzfristige Veränderungen nicht auszuschließen. Dies gilt insbesondere für die Einführung neuer (bzw. Aufgabe alter) Verkehrsverbindungen, die Eröffnung bzw. Umbenennung von Hotels und die Preisgestaltung (die Inflationsrate liegt z.Zt. bei 6,5 %). Allgemein wurde bei den Hotel- und Restauranttips eher auf das 'Besondere' geachtet und weniger auf die unzähligen und namenlosen Bungalow-Unterkünfte oder Garküchen, die man ohne Schwierigkeiten allenthalben antrifft.

Nicht versäumen darf ich, mich bei Klaus Herrmanns, Onno Kaphengst, Walter von Henning, Surasit Phiu-Nual, Ulrike Hertenstein, Sabine Widmann, Kalyawadee Saengwanit und Sylvia van Laak für ihre wertvollen Hinweise und logistischen Hilfen zu bedanken. Für die kritische Begleitung auf einigen Thailand-Reisen, weitere Tips und Bildmaterial bedanke ich mich bei Carolin Albrecht und Ludger Floßdorf sowie bei allen anderen, die zum Gelingen dieses Buches beigetragen haben.

Mönchengladbach, im Februar 1992

1 ALLGEMEINER ÜBERBLICK

Thailand ist ein tropisches Land in Indochina, das knapp 6° nördlich des Äquators beginnt und sich bis 20° 30' nördlicher Breite erstreckt, d.h. maximal 1.620 Kilometer lang ist. Im Gradnetz der Meridiane ist das Königreich zwischen 97° 30' und 105° 45' östlicher Länge gelegen, was einer maximalen West-Ost-Ausdehnung von 800 Kilometern entspricht. Mit gut 513.000 qkm ist Thailand größer als Deutschland und ungefähr so groß wie Frankreich.

Von der Form her ähnelt das Land einem 'Elefantenkopf', dessen Rüssel auf der malaiischen Halbinsel ausläuft, die den Golf von Thailand von der Andamenen-See trennt. Hier grenzt Thailand an den südlichen Nachbarstaat Malaysia. Zum Westen und Norden umrahmen bewaldete Gebirgszüge das ebene Zentrum. Sie sind Ausläufer des Himalaya und haben im *Doi Inthanom* ihre höchste Erhebung mit 2.590 m.

Zusammen mit Flußläufen bilden die Berge eine natürliche Grenze zu den Nachbarstaaten Myanmar (= Burma; im Westen und Norden) und Laos (im Nordosten). Der östliche Teil des Landes wird durch das karge Khorat-Plateau geprägt, an das im Südosten Kambodscha angrenzt. Das landwirtschaftliche und kulturelle Herzstück des Königreichs ist jenes Becken (= zentrale Ebene), das der 'königliche Fluß' *Chao Phraya* mit seinen Nebenflüssen bewässert. An dessen Mündungsdelta in den Golf von Thailand liegt die Metropole Bangkok, in der mit ca. 6 Millionen Einwohnern mehr als jeder zehnte Thai zu Hause ist.

Insgesamt beläuft sich die Bevölkerung auf knapp 56 Millionen Menschen, was einer Dichte von etwa 109 Einwohnern/qkm entspricht; die Wachstumsrate beträgt 1,6 %. Neben der Thai-Majorität sind knapp 12 Millionen Landeskinder ethnischen Minderheiten (Chinesen, Malaien, Bergvölker etc.) zuzurechnen.

Thailands Klima ist tropisch-heiß mit einer Luftfeuchtigkeit von 60-90 %. Zwischen März und Juni ist es i.d.R. heiß und trocken, von Juli bis Oktober heiß und regnerisch, von November bis Februar warm und trokken. Nur im subtropischen Norden ist es geringfügig 'kühler' als in den südlicheren Landesteilen.

Als typisches 'Schwellenland' der Dritten Welt vollzieht das Königreich einen rasanten Strukturwandel, bei dem der Industrialisierung gegenüber der Landwirtschaft eine ständig wachsende Bedeutung für Bruttosozialprodukt und Export zukommt. Von wirtschaftlichem Interesse ist auch der Tourismus, dessen Steigerungsraten das Land zum beliebtesten Reiseziel Indochinas gemacht haben.

Historisch gesehen hat der Landesname 'Thailand' (*Prathet Thai* bzw. *Muang Thai = 'Land der Freien'*) allein schon dadurch seine Berechtigung, daß das Königreich niemals von fremden Mächten kolonialisiert wurde. Dies brachte bis heute gewisse Vorteile gegenüber den Nachbarstaaten, aber auch einen immer spürbaren Patriotismus und Stolz der Thai auf ihr Land. Seit dem 13. Jahrhundert haben sie durch unabhängige Königreiche, prächtige Bauten und eine einzigartige Kultur das Land geprägt. Aber auch die Kunstschätze und Baudenkmäler aus der Zeit *vor* der Einwanderung der Thai sind äußerst interessant und berichten von einer der ältesten Zivilisationen der Menschheit.

THAILAND AUF EINEN BLICK

Fläche:	513.115 qkm
Einwohner:	55,8 Mio
Bevölkerung:	44,6 Mio Thai; 5,6 Mio Chinesen; 2,2 Mio Malaien; 3,6 Mio andere (Inder, Vietnamesen, Burmesen etc.); 0,5 Mio Angehörige der Bergvölker
Staatssprache:	Thai
Hauptstadt:	Bangkok
Religionen:	51,4 Mio Buddhisten; 2,1 Mio Moslems, Christen, Hindus; 1 Mio Sikhs
Flagge:	Fünf Querstreifen in den Farben (von oben nach unten) Rot, Weiß, Blau, Weiß, Rot
Nationalfeiertag:	5. Dezember (Geburtstag des Königs)
Staats- und Regierungsform:	Konstitutionelle Monarchie
Staatsoberhaupt:	König Bhumibol Adulyadej (Rama IX.)
Städte:	Bangkok (5,8 Mio Ew.), Chiang Mai (160.000 Ew.), Nakhon Ratchasima (Khorat, 140.000 Ew.), Hat Yai (135.000 Ew.)
Wirtschaft:	Negative Handelsbilanz und 6,5 % Inflation; das Bruttosozialprodukt beträgt ca. 66,3 Milliarden US$. Am Export sind Industrie und Handwerk mit 66,9 % beteiligt, die Landwirtschaft mit 30,5 % und Bergbau mit 1,6 %. Erhebliche Deviseneinnahmen durch den Tourismus (Steigerungsrate 1985-90 ca. 100 %)
Handelspartner:	Japan, USA, Singapore, Deutschland, Taiwan, Hongkong
Problematiken:	Typische Situation eines 'Schwellenlandes' mit wirtschaftlichem Boom und ungleichgewichtiger Verteilung der Einkommen, Umweltgefährdung durch Brandrodung und Verschmutzung, kulturelle Verunsicherung und 'Verwestlichung' der Gesellschaft in den Städten, schwere Kontrolle der Rauschgiftproduktion, langsamer Demokratisierungsprozeß, politische Differenzen mit den Nachbarländern (Myanmar, Kambodscha, Laos)

2 THAILAND: LAND UND LEUTE

2.1 GESCHICHTLICHER ÜBERBLICK

"Thailand" heißt übersetzt: 'Das Land der Freien'. Damit ist der Landesname weit mehr als nur ein geographischer Begriff: er verkündet auch das Selbstverständnis und den Stolz einer Nation, die weiß, welch glänzende Geschichte sie besitzt. Der Tourist wird immer wieder mit diesem Nationalstolz konfrontiert werden. Und falls er nicht nur die tropischen Strandparadiese genießen will, wird er auch selbst aufbrechen zu den Zeugnissen der Vergangenheit, die für viele zum Schönsten gehören, was Asien zu bieten hat. Immer mehr Besucher sind fasziniert von der facettenreichen Historie des Landes, zu deren eindrucksvollen Baudenkmälern sie Studien- und Rundreisen unternehmen. Dabei profitieren sie auch von den Erkenntnissen, Ausgrabungen und Restaurierungen der letzten Jahrzehnte, die ständig neue Reiseziele möglich und populär gemacht haben.

Der interessierte Reisende hat Gelegenheit, sich vor allem an folgenden Stätten und Ortschaften mit der thailändischen Geschichte zu beschäftigen:

● In den vorzüglich ausgestatteten **Museen** des Landes, die es in jeder größeren Stadt und bei den wichtigsten Ausgrabungsstätten gibt. Allein schon das Nationalmuseum in Bangkok zieht jährlich Kulturtouristen aus aller Welt in seinen Bann. Daneben sind auch die großzügig angelegten **Freilichtmuseen** besuchenswert, die über Originalbauten oder verkleinerte Kopien verfügen. Hier ist in erster Linie die "Ancient City" in der Nähe von Bangkok und das "Mini Siam" bei Pattaya zu nennen.

● In den alten **Hauptstädten** der einzelnen Thai-Reiche, die weit über das Land verstreut sind und die zum Standardprogramm der Rundreisen gehören. Neben der heutigen Metropole Bangkok sind hier vor allem die Städte Ayutthaya, Sukhothai, Lopburi, Chiang Rai und Chiang Mai gemeint.

● An den **Tempeln** Thailands, die es tausendfach in den Städten und in den Landgemeinden zu bewundern gibt. In ihnen spiegelt sich jeweils die Baukunst und kulturelle Entfaltung einer ganzen Epoche wider, seien es nun die Khmer-Tempel im Nordosten, die Lanna-Tempel im Norden oder die Königstempel in den Hauptstädten der zentralen Ebene.

● An den **Hochhäusern, Brücken, Monumenten** und **Friedhöfen** des moderneren Thailand, die von einer schwierigen und spannenden Umbruchzeit berichten oder die Geschichte des Zweiten Weltkrieges (Brücke am Kwai; Kriegsgräber von Kanchanaburi) dokumentieren.

Tatsächlich ist Thailand das einzige Land Südostasiens, das niemals von den europäischen Mächten kolonialisiert wurde. Die Geschichte des *Landes* freilich ist älter als die Geschichte der Thai, die erst in den letzten tausend Jahren in mehreren Einwanderungswellen in diese Region gekommen sind. Mit anderen Worten: Das heutige Staatswesen ist verhältnismäßig jung.

Ein historischer Überblick sollte jedoch auch die Vorstufen Thailands berücksichtigen, und dies um so eher, als immer mehr Besucher gerade von Ausgrabungsorten wie Ban Chiang und Ruinenstädten wie Sukhothai angezogen werden. Es ist sinnvoll, die gesamte Geschichte in folgende Abschnitte zu gliedern:

● **Die Frühgeschichte bis zum 14. Jahrhundert.** Diese Periode reicht von der Stein- und Bronzezeit bis zum Entstehen der ersten Reiche auf dem Boden des heutigen Thailand.

13

● **Die Ära Ayutthaya.** In ihr wurden die Grundlagen der umfassenden Thai-Kultur gelegt und zu einer phantastischen Blüte gebracht.

● **Von 1767 bis zum Zweiten Weltkrieg.** In diesem Zeitraum wuchs Bangkok zur übermächtigen Metropole heran und wurde Thailand zu einem modernen Staatswesen umgebildet, in dem sich Tradition und Moderne die Waage halten.

● **Das moderne Thailand.** Die letzte Phase der Geschichte, die von Brüchen, Schwierigkeiten und Problemen gekennzeichnet ist, aber auch den Aufstieg des Landes zur führenden Macht in Südostasien bedeutet.

2.1.1 VON DER FRÜHGESCHICHTE BIS ZUM 14. JAHRHUNDERT

Über die ersten Menschen, die im Gebiet des heutigen Thailand siedelten, ist wenig bekannt. Ausgrabungen haben jedoch bewiesen, daß die Menschheitsgeschichte in Südostasien eine Million Jahre zurückreicht! Verhältnismäßig früh ist es dabei den Jägern und Sammlern der **Altsteinzeit** (bis etwa 8000 v.Chr.) gelungen, das Feuer zu gebrauchen. Wahrscheinlich mußten zum Ende der Epoche – vor ca. 12.000 Jahren – viele Menschen aus dem Süden in das Gebiet des heutigen Thailand fliehen. Denn mit dem Abschmelzen der letzten Eiszeit und dem globalen Anstieg des Meeresspiegels wurden weite Gegenden Südostasiens unter Wasser gesetzt.

An weiteren Funden, die man seit den 40er Jahren in Kanchanaburi und Umgebung, aber auch in Mae Hong Son gemacht hat, ist ablesbar, auf welch hohem kulturellen Niveau die Menschen der **Mittelsteinzeit** (bis etwa 5000 v.Chr.) lebten. Sie konnten schon vor etwa 9.000 Jahren Keramik herstellen, verzierten kunstvoll ihre Töpferwaren, wußten mit differenzierten Steinwerkzeugen umzugehen und waren Meister in der Bootsbaukunst. Die aufgefundenen Grabbestattungen erzählen vom Glauben auf ein Weiterleben nach dem Tode.

In der letzten steinzeitlichen Periode (5000-1000 v.Chr.) gelang es den Ureinwohnern, Tiere zu zähmen und Haustiere zu züchten, den Reisanbau einzuführen und insgesamt eine hochstehende **jungsteinzeitliche** (neolithische) Gesellschaft zu entwickeln.

Im Nordosten des Landes, etwa 50 km von Udon Thani entfernt, haben die Archäologen bei dem Dorf **Ban Chiang** sensationelle Funde gemacht. Hier muß es eine eigenständige Kultur gegeben haben, die in drei Phasen zwischen 3600 v.Chr. und 200 n.Chr. existierte und sich vor allem in der herrlich dekorierten Keramik äußerte. Um 3000 v.Chr. waren die Träger der Ban-Chiang-Gesellschaft so weit, die Metall-Legierung der Bronze herzustellen, eher also als im Zweistromland und in Kleinasien. Mit anderen Worten: in dieser Ecke Südostasiens war die vermutlich **älteste Bronzezeit-Kultur der Welt** zu Hause – ein weiteres Beispiel für die geschichtsträchtige Bedeutung der Region! Auch der Gebrauch von Eisen war hier und im Nordwesten Thailands früher bekannt als bei den Völkern Europas.

Es wäre allerdings falsch, die genannten Zeitepochen und Kulturen der *thailändischen* Geschichte einzuordnen. Denn es sollte noch eine Weile dauern, bis die direkten Vorfahren der Thai in ihr heutiges Siedlungsgebiet einwanderten. Stattdessen wurde die Gegend zwischen Mekong und Indischem Ozean von einer Vielzahl von Stämmen und Völkern unterschiedlicher Herkunft und Größe beherrscht. Wichtig ist bei allen diesen Völkern der Einfluß der asiatischen Hochkulturen gewesen, also von China und ganz besonders von **Indien**. Von hier aus fand auch die Lehre von Siddharta Gautama (*Buddha*) über den Seeweg Einzug in Thailand.

Schon um 250 v.Chr. soll der indische König Ashoke Mönche in das "Goldland" (*Suvannabhumi*), wie die Region damals hieß, geschickt haben. Kurze Zeit später war der **Buddhismus**, freilich vermischt mit Formen des **Hinduismus** und Resten der alten Naturreligionen, in Thailand allgemein verbreitet (vgl. KAPITEL 2.3.1). Zusammen mit dem Buddhismus wurden – teils unverfälscht, teils abgeändert – auch die indischen Gesetzeswerke, die indische Kloster- und Tempelarchitektur, die indische Schrift (*Sanskrit*) und die Pali-Sprache für religiöse Zeremonien übernommen.

Unter den politisch mächtigen Nationen, die so auf dem Boden des heutigen Thailand Staaten bildeten und eine eigene Kultur entwickelten, waren die bedeutendsten:
● Die **Mon**, ursprünglich ein sinotibetisches Volk. Sie beherrschten vom 7. bis zum 11. Jahrhundert n.Chr. ein blühendes Reich (*Dvaravati*) in Mittelthailand, mit dem Zentrum bei der heutigen Stadt Lopburi. Nachdem die Thai im 11. und 12. Jahrhundert dieses Reich 'unterwandert' hatten, ging Dvaravati schließlich ganz in Thailand auf, wobei die Kunst der Mon ein wichtiger Bestandteil der frühen thailändischen Kultur wurde.
● Die **Khmer**, das über lange Zeit mächtigste Volk Indochinas. Sie beherrschten viele Jahrhunderte lang den Nordosten Thailands. Ihr eigentliches Reich lag im heutigen Kambodscha mit der Hauptstadt Angkor, wo sie auch ihren Haupttempel errichteten, den weltberühmten Angkor Wat. Die Blütezeit der Khmer lag vornehmlich im 11. und 12. Jahrhundert. Den später einrückenden Thai gelang es nicht nur, ein Gebiet nach dem anderen aus dem Khmer-Reich herauszubrechen, sondern dieses im Lauf der Zeit zu eliminieren: im Jahre 1351 wurde der erste Sieg errungen, 1431

Phimai: Khmertempel im Nordosten

schließlich konnten die Thai die Hauptstadt Angkor erobern und den Staat vernichten.
● Der Süden der thailändischen Halbinsel stand vom 8. bis zum 13. Jahrhundert unter der Kontrolle des **Srivijaya**-Reiches, dessen Hauptstadt in Sumatra lag. Ebenfalls von Indien, daneben aber auch von Java und Ceylon beeinflußt, war dieses Reich die dritte kulturelle Kraft, die später das politische und geistige Leben Thailands beflügeln sollte.

Wo die Urheimat der **Thai** zu suchen ist, wird in der Forschung nicht eindeutig beantwortet. Verbreitet ist die Theorie, daß sie im Lauf der Zeit aus dem Südosten Chinas aufbrachen und in den Süden des Landes zogen. Dort errichteten sie im 8. Jahrhundert n.Chr. in der Provinz Yünnan das erste Thai-Königreich *Nan Chao*. Naturgemäß war dieses Gemeinwesen stark chinesisch beeinflußt, einschließlich der Schriftsprache. Aus diesem Reich wanderten jedoch in mehreren Wellen ständig Thai-Stämme in südlicher Richtung ab. Um 860 n.Chr. überquerten sie den Mekong und sickerten langsam in die bestehenden Mon- und Khmer-

Staaten ein. Die damaligen Thai waren Bergstämme, die Reisanbau, Jagd und Viehzucht betrieben und über einen äußerst kompakten Zusammenhalt verfügten. So gingen sie nicht in den höher zivilisierten Reichen, die sie unterwanderten, auf. Für den größten 'Nachschub' allerdings sorgten die Mongolen, die im 13. Jahrhundert im Norden nachrückten und *Nan Chao* eroberten. Die weichenden Thai benutzten wie ihre Vorgänger den Weg über die indochinesische Landmasse, überschritten den Mekong und folgten weiter den fruchtbaren Flußtälern bis zum Golf von Siam.

Sehr bald gelang es ihnen, selbst eigenständige Fürstentümer zu gründen oder innerhalb der Mon- und Khmer-Staaten zu mächtigen Geschlechtern heranzuwachsen. Dabei profitierten sie einerseits von den kulturellen Fertigkeiten und staatspolitischen Fähigkeiten, die sie von ihren Nachbarn gelernt hatten, und andererseits von der schwindenden politischen und militärischen Kraft der Mon und Khmer. Es waren vor allem **zwei** geographisch **getrennte Gebiete**, in denen sich die kleinen Gemeinwesen zu größeren Thai-Reichen verdichteten:

● Im **Norden** waren innerhalb eines Mon-Staates schon im 9. Jahrhundert erste Thai-Fürstentümer entstanden, z.B. um die heutige Stadt Chiang Saen. Im 13. Jahrhundert gelang es dem Herrscher **Mengrai**, diese Gebiete zusammenzufassen und ein starkes und großes Königreich zu installieren: **Lanna**. Mit der Vertreibung der Mon und der Gründung von Chiang Rai (1262) und Chiang Mai (1296) weitete er das Staatsgebiet aus (vgl. auch KAPITEL 6.2.4). Das Verhältnis von Lanna zu seinen Nachbarn war von ständigen militärischen Auseinandersetzungen gekennzeichnet. Insbesondere mit Burma, aber auch mit dem Thai-Reich von Ayutthaya (s.u.) stand man jahrhundertelang auf Kriegsfuß. 1556 konnten die Burmesen Lanna erobern und das Land in den nächsten 200 Jahren kontrollieren. Erst nach den Kriegszügen des Generals Taksin ging der Norden 1775 im siamesischen Reich auf.

● In der **zentralen Ebene** gelang es den Thai um 1220 schrittweise, die Khmer zurückzudrängen. Im Jahre 1238 schließlich erhoben sich zwei thailändische Fürsten gegen die Khmer-Herrschaft und bemächtigten sich deren blühender Stadt **Sukhothai** (= 'Morgenröte der Glückseligkeit'), die nun zur Keimzelle eines gleichnamigen, unabhängigen Thai-Königreichs wurde. Als erster von insgesamt acht Herrschern Sukhothais ist um 1235 König Indratitya in die Annalen eingegangen. Noch wichtiger jedoch wurde sein Sohn König **Rama Khamhaeng** (1275-1317), der zu Recht "der Große" genannt wurde und nach seinem Tod den Beinamen "Vater Thailands" erhielt.

Auf vielen Kriegszügen konnte er das Reich von Sukhothai fast auf die Dimensionen des heutigen Staates vergrößern. Mit Indien, Burma, Ceylon und China ließ der König Handelsverträge abschließen, die das Land nicht zuletzt kulturell ungemein befruchteten. Im Gegensatz zu den späteren Gottkönigen blieb Rama Khamhaeng dabei jedoch das Idealbild des väterlichen, weisen und gerechten Herrschers, der zudem den aus Ceylon übernommenen Theravada-Buddhismus zur Staatsreligion machte. Genauso weitreichend war die 'Erfindung' der Thai-Schrift, die aus dem Mon- und Khmer-Alphabet entwickelt wurde und die bis auf den heutigen Tag fortbesteht (vgl. auch KAPITEL 6.1.5).

Die Regierungszeit Rama Khamhaengs stellte gleichzeitig Höhepunkt und Scheidelinie der Sukhothai-Kultur dar. Schon unter seinem Nachfolger setzte eine allgemeine Schwächung ein, die schließlich dazu führte, daß das ehemals mächtige und blühende Reich sich einem neuen Rivalen beugen mußte: **Ayutthaya**! Etwa 40 Jahre nach dem Tod Rama Khamhaengs hatte sich am Unterlauf des Chao Phraya ein neuer Staat etabliert, der sehr schnell größer wurde und bald auch Sukhothai direkt bedrohte. Schon im Jahre 1376 mußte sich das Land der Macht

Ayutthayas unterwerfen. Es blieb eine Frist von etwa 60 Jahren, in der Sukhothai als Vasallenstaat noch einen Rest von Eigenständigkeit bewahren konnte. Schließlich aber ging dieser ganz im Reich von Ayutthaya auf: das erste Königreich Thailands war verschwunden!

2.1.2 DIE ÄRA AYUTTHAYA

Das 43 km nördlich von Bangkok gelegene Ayutthaya war 417 Jahre lang Hauptstadt des gleichnamigen Reiches. 417 Jahre, in denen die Thai ihre eigene Gesellschaft zur vollen Blüte brachten, in denen all das geschaffen wurde, was so unverwechselbar zu unserem Reiseland gehört und ihm für alle Zeiten einen Platz unter den großen Kulturen dieser Welt sichert.

Im historischen Überblick sind es besonders drei Punkte, die die Sonderrolle von Ayutthaya verdeutlichen können:

● Die **kriegerischen Auseinandersetzungen** mit den Nachbarstaaten, so zum anderen Thai-Königreich Lanna, zum Khmer-Reich und vor allem zu Burma. Einerseits führten diese ständigen Kriege dazu, daß Ayutthaya zur wichtigsten Militärmacht Südostasiens aufstieg, andererseits aber schließlich zu jener Katastrophe, die die Hauptstadt völlig zerstörte.

● Die **wirtschaftlichen** und **kulturellen Beziehungen** zum Ausland, insbesondere zu den Mächten Arabiens, Indiens, Chinas, Japans und Europas. Dabei ist interessant, wie sich die europäischen Handelsnationen bemühten, in Ayutthaya Fuß zu fassen, und wie diese Bemühungen schließlich in die selbstgewählte Isolation Thailands mündeten.

● Der innere Aufbau und die gesellschaftliche Struktur dieses Staates, vor allem die Entwicklung zum **Gottkönigtum**.

Am Anfang der Chronologie dieses Reiches steht der Prinz *U Thong*, der mit kluger Heiratspolitik zwei kleine, unabhängige Königreiche vereinigte und um 1350 unter dem Namen **Rama Thibodi I.** als erster von 33 Königen den Thron von Ayutthaya bestieg. Die Stadt am Unterlauf des Chao Phraya war zu dieser Zeit wohl weder prächtig noch groß, sollte aber in den folgenden Jahrzehnten einen rasanten Aufstieg nehmen. Das außenpolitische Ziel von Rama Thibodi und seinen Nachfolgern war die Ausdehnung zum Norden und Osten, und das hieß: die Bekämpfung der Reiche von Sukhothai, Lanna und der Khmer. Noch unter Rama Thibodi I. konnten dabei die früher übermächtigen Khmer geschlagen und 1351 Angkor zum erstenmal eingenommen werden. Genauso erfolgreich waren die Anstrengungen, das zusehends schwächer werdende Sukhothai zum Vasallen zu machen (1376) und sich später ganz einzuverleiben. So wurde das eine Thai-Königreich durch das andere nicht zerstört, sondern mit seiner gesamten kulturellen und historischen Bedeutsamkeit integrativer Bestandteil desselben. Die zukunftsweisenden Errungenschaften König Rama Khamhaengs (Thai-Schrift, Festigung des Buddhismus etc.) sind damit auch dem stärkeren Nachbarn zugute gekommen.

Im Osten war trotz der Anfangserfolge der Hauptfeind jedoch noch nicht endgültig geschlagen. Im Jahre 1431 standen die Thai deswegen erneut vor Angkor, eroberten die Stadt und vertrieben im folgenden Jahr die geschwächten Khmer aus der gesamten Region. Die Vernichtung des Reiches von Angkor sollte nicht ohne Folgen für den inneren Aufbau Thailands bleiben. Denn nun trat Ayutthaya sozusagen das kulturelle Erbe der Khmer an. Davon zeugen u.a. die vielen Details in der Tempelarchitektur, mit denen man die heimische Tradition bereicherte. Noch viel wichtiger jedoch war, daß die Herrscher Ayutthayas von den Khmer den

Französische Landkarte von Siam aus der Ayutthaya-Zeit

feudalen Staatsaufbau und besonders die übermächtige Stellung des Königshauses übernahmen. Dort hatte der König immer als heilige Person und Inkarnation eines Gottes (etwa von Vishnu) gegolten – welch ein Gegensatz zu den väterlichen Landesfürsten von Sukhothai! Der Regent wandelte sich jetzt also auch in Thailand zu einem absoluten Monarchen, der uneingeschränkte Macht über Leben und Tod seiner Untertanen hatte. Im Vergleich zum europäischen Absolutismus ging der siamesische noch einen Schritt weiter: Denn während etwa im Frankreich Ludwigs XIV. der König nur seinem Gewissen und Gott verantwortlich war, war der Monarch von Ayutthaya *selbst* Gott und kannte dementsprechend überhaupt keine übergeordnete Macht mehr. Sein Königspalast wurde zum Spiegelbild des Himmels, in dem man sich dem Herrscher nur mit den allerhöchsten Ehrerbietungen nähern konnte. Keinem Bürger war es erlaubt, dem König in die Augen zu schauen oder aufrecht vor ihm zu stehen. Auf die Berührung (auch die unabsichtliche) der heiligen Person stand die Todesstrafe. Für den Hofstaat, königliche Beamte und Diener regelten strenge Vorschriften die Art, den Monarchen anzusprechen oder über ihn zu reden. Davon betroffen war natürlich auch der Harem des Königs, denn bis weit ins 19. Jahrhundert war die Vielehe eine Selbstverständlichkeit – noch König Mongkut (Rama IV.; 1851-1868) soll nicht weniger als 400 Frauen besessen haben! Mit anderen Worten: Die von den besiegten Khmer übernommene Auffassung vom Königtum hatte mit dem Leben des gemeinen Volks nichts mehr zu tun; die Palastwelt mit ihrem höfischen Leben und ihrer eigenen Hofsprache war eine überirdische Sphäre, zu der die Bauern und Soldaten nur ehrfurchtsvoll aufblicken konnten.

Im 16. Jahrhundert wuchsen mehrere burmesische Gemeinwesen zu einem Staat zusammen. Dadurch entstand im Nordwesten eine direkte Bedrohung und schließlich auch der gefährlichste Feind Ayutthayas. Recht schnell gelang es den vereinigten Burmesen, mit Kriegszügen ganz Indochina unsicher zu machen und sich u.a. Laos (Luang Prabang) und 1556 das Thai-Königreich Lanna (Chiang Mai) einzuverleiben. Der Konflikt, der sich bis heute durch die thailändische Geschichte zieht, war damit vorprogrammiert. Bei einem der nun häufigen Feldzüge gelang es den Burmesen nicht nur, die Residenzstadt Ayutthaya zu belagern, son-

Skulptur: König Naresuan besiegt die Burmesen

dern auch den Königssohn Phra Naret zu entführen. Und in weiteren Kriegen eroberten die Burmesen zwischen 1564 und 1569 schließlich das gesamte Thai-Reich und machten Ayutthaya zum Vasallenstaat. In dieser Situation kehrte der Prinz Phra Naret in sein Land zurück und begann, den thailändischen Widerstand zu organisieren. 1584 hatte er es geschafft und den Feind aus dem Land gejagt, 1590 schließlich wurde er unter dem Namen **Naresuan** König von Ayutthaya (bis 1605). Als Machtpolitiker war es nun an ihm, Krieg zu führen. Er verfolgte die Burmesen bis weit in deren Land und eroberte mehrere Nachbarstaaten, u.a. auch Kambodscha! In erstaunlich kurzer Zeit war es also Naresuan nicht nur gelungen, Ayutthaya zu befreien, sondern auch zur größten Ausdehnung seiner Geschichte und zur wichtigsten Militärmacht Südostasiens zu machen.

Im Inneren gingen Naresuans Nachfolger nun daran, ihre Großmachtstellung durch prächtige Tempel und den Ausbau der Hauptstadt Ayutthaya auszudrücken. Man kann sich kaum vorstellen, wie der Glanz eines solchen Staates auf die Europäer wirken mußte, als sie zum erstenmal von Siam hörten. Dies war eigentlich schon zu Anfang des 16. Jahrhunderts der Fall gewesen, als sich die Portugiesen an die Erkundung der asiatischen Küsten machten. Im Jahre 1511 hatte der portugiesische Vizekönig Albuquerque eine Gesandtschaft nach Ayutthaya geschickt (**Portugal** hatte in Malaysia kurz vorher die Kolonie *Malacca* gegründet), und das Königreich und seine Residenzstadt wurden daraufhin in Europa allgemein bekannt.

Aber erst im 17. Jahrhundert kam es zu intensiveren Kontakten zwischen den europäischen Mächten und "Siam", wie man hier das ferne und exotische Reich nannte. Die **Holländer**, die 1608 ihre erste Handelsniederlassung in Ayutthaya gründeten, waren dabei nicht zimperlich, sondern versuchten aggressiv, ihre Handelsinteressen durchzusetzen und Einfluß auf den königlichen Hof zu erlangen. Immerhin gab es dabei einen siamesischen 'Gegenbesuch' in Den Haag, wobei zum erstenmal Thai Bekanntschaft mit Europa machten. Auch die **Japaner**, **Spanier**, **Briten** und **Dänen** beteiligten sich am Wettkampf um Handelsprivilegien und Absatzmärkte, nicht selten mit dem Hintergedanken eines Kolonialreiches. Von thailändischer Seite aus wurde dabei (wie in Europa) die Wirtschaftsform des Landes im merkantilistischen Sinn umgewandelt. Vor allem unter dem Ursupator **Prasattong**, der 1628 mit Hilfe japanischer Söldner auf den Thron gekommen war, konnte das Königshaus durch die Errichtung etlicher königlicher Monopole am lukrativen Geschäft teilhaben.

Sein Sohn und Nachfolger, König **Narai** (1656-1688), setzte mit Einfuhrzöllen, staatlichem Vorkaufsrecht und Kontrolle des Handels die merkantilistische Wirtschaftspolitik fort. Der Erfolg gab ihm zunächst Recht: in der königlichen Schatzkammer häuften sich Devisen und Waren, die Kultur des Landes wurde befruchtet und stand in voller Blüte, und Ayutthaya konnte zu der vielleicht prächtigsten Residenz der damaligen Welt ausgebaut werden. Die Reiseberichte europäischer Kaufleute und Diplomaten sind geprägt von ungläubigem Staunen, als sie die goldglänzende Hauptstadt zum erstenmal sahen. Allerdings mußte Narai aufpassen, nicht zwischen die Mühlen der konkurrierenden Europäer zu geraten. Und die zeitweilige Verlegung der Hauptstadt von Ayutthaya (mit seinen vielen Ausländern) nach **Lopburi** kann als Vorsichtsmaßnahme gewertet werden, um nicht einem europäischen Putschversuch ausgeliefert zu sein.

OOC. COUN SRIVISĀRAVAKIAA TRITHOUD.

Siamesischer Botschafter in Frankreich

Von ganz besonderem Interesse sind die Beziehungen zu **Frankreich**, das Narai gegenüber Holland favorisierte und mit dem er wichtige Handelsverträge abschloß. Dabei kam es zu einem regen diplomatischen Austausch zwischen Versailles und Ayutthaya und 1673 zu einer persönlichen Grußbotschaft vom 'Sonnenkönig' Ludwig XIV. Dieser hatte wohl die Hoffnung, Siam eng an Frankreich binden und es womöglich missionieren zu können; schon 1665 wurden daher die ersten französischen Jesuiten nach Ayutthaya und Lopburi geschickt. Dies mußte jedoch den Argwohn sowohl des thailändischen Adels als auch des buddhistischen Klerus wecken, zumal sich Narai mit dem Abenteurer **Constantine Phaulkon** verbunden hatte. Phaulkon, der die französisch-siamesischen Beziehungen nachhaltig förderte, schaffte es sehr schnell, zum zweitmächtigsten Mann im Reich aufzusteigen. Als dann aber 1687 auf einmal nicht nur französische Händler und Missionare, sondern auch eine ansehnliche Anzahl Soldaten im Land standen, war das Maß voll. Höflinge und Adelige erhoben sich in einer Palastrevolte, Phaulkon wurde hingerichtet, die Franzosen und andere Ausländer vertrieben. König Narai, der ohnehin an Wassersucht erkrankt und nicht mehr regierungsfähig war, starb kurze Zeit später. Mit seinem Tod waren schlagartig alle Beziehungen Siams zu Europa beendet: die 150jährige Isolation des Landes begann (zu Constantine Phaulkon vgl. KAPITEL 6.1.5).

Auch ohne die Europäer und ihren Handel verlief die weitere Geschichte Ayutthayas zunächst glänzend. Unter König **Boromakot** wurde zur Mitte des 18. Jahrhunderts die Blüte- und Endzeit der siamesischen Kultur erreicht. Das höfische Leben war prunkvoll wie nie zuvor, die Gottkönige auf dem Höhepunkt ihrer Macht, in Literatur, Kunst und Architektur wurden zahllose Werke geschaffen. Die Residenzstadt selbst bezauberte mit ihren Tempeln, Palästen, Seen und Kanälen und war mit etwa 300.000 Einwohnern größer als beispielsweise London oder Paris.

Aber wie schon 200 Jahre vorher kam die Gefahr aus dem Nordwesten, wo die Burmesen erneut ihre Kräfte vereint hatten und zu einer bedeutenden Macht aufgestiegen waren. Ab 1765 begannen sie ihren großangelegten Feldzug gegen Ayutthaya. Zwei Jahre blieben dem Reich noch, sich verzweifelt zu wehren, bis im April 1767 auch die Hauptstadt fiel. Die Eroberer begnügten sich nicht mit dem bloßen Sieg. Sie plünderten und zerstörten, entführten das heilige Bild des Goldenen Buddha, steckten die Stadt in Brand und hinterließen nur noch rauchende Trümmer. 417 Jahre glanzvoller Geschichte wurden dabei vernichtet, und nicht nur die Bibliotheken und Archive mit unschätzbaren Dokumenten versanken in Schutt und Asche, sondern die gesamte Ära Ayutthaya.

Folgende **Könige**, deren Namen man an den Tempelstätten und in den Museen immer wieder begegnet, haben der **Ära Ayutthaya** ihren Stempel aufgedrückt (namentlich nicht aufgeführt sind die fünf schwächsten Regenten, deren Regierungszeit weniger als ein Jahr betrug):

1350-1369	Rama Thibodi I. (U Thong)	1546-1548	Yod Fa
1369-1370	Ramesuan	1548-1568	Mahachakrapat
1370-1388	Boromaraja I.	1568-1569	Mahin
1388-1395	Tonglan	1569-1590	Mahadharmaraja
1395-1409	Ramaraja	1590-1605	Naresuan
1409-1424	Nakhon In	1605-1619	Ekathosaroth
1424-1448	Boromaraja II.	1620-1628	Song Tham
1448-1488	Boroma Trailokanath	1628-1655	Prasattong
	(Trailok)	1656-1688	Narai
1488-1491	Boromaraja III.	1688-1702	Petraja
1491-1529	Rama Thibodi II.	1702-1708	Sue
1529-1533	Boromaraja IV.	1708-1732	Tai Sa
1533-1534	Rajadhathirat	1732-1758	Boromakot
1534-1546	Chai Raja	1758-1767	Ekatat

2.1.3 VON 1767 BIS ZUM ZWEITEN WELTKRIEG

Nach der Ära Ayutthaya begann in Thailand jene historische Epoche, die man auch die "**Ära Rattanakosin**" nennt und die eigentlich bis zur Jetztzeit andauert. Da der moderne Staat seit dem Zweiten Weltkrieg aber einen rasanten gesellschaftlichen Wandel durchlebt, sollen in diesem Kapitel die letzten Jahrzehnte ausgeklammert bleiben. Vier Komplexe sind es, die seit dem Fall von Ayutthaya und bis zum Zweiten Weltkrieg die Geschichte des Landes bestimmt haben:

● Die **Wiederherstellung des Reiches** und die Verlegung der Residenz nach Thonburi.

● Die Installierung der noch heute herrschenden Chakri-Dynastie und der Aufbau der neuen Hauptstadt **Bangkok**.

● Die Modernisierung und **Öffnung zum Westen** unter den Königen Mongkut und Chulalongkorn (Rama IV. und Rama V.).

● Die Abschaffung des Absolutismus **1932** und die Geschehnisse des **Zweiten Weltkrieges**.

Als die Burmesen 1765-67 Ayutthaya belagerten, gelang es einigen Thai, aus der eingeschlossenen Stadt in den Süden zu fliehen. Unter ihnen war auch ein adeliger General und Provinzgouverneur mit Namen **Taksin** (Phraya Tak), der den nötigen Ehrgeiz, die Energie und die Durchsetzungskraft hatte, die versprengten Teile der Armee zu sammeln und den Widerstand gegen die Burmesen zu organisieren. Nachdem er zunächst einige Rivalen ausgeschaltet hatte, ging er daran, eine neue Hauptstadt einzurichten: **Thonburi**. Auch diese lag am breiten Strom des Chao Phraya, etwa 40 km südlich des zerstörten Ayutthaya.

Nachdem sich Taksin 1769 selbst zum neuen König ausrufen ließ, nahm er bis 1782 den Kampf gegen die Burmesen auf, die er recht schnell aus dem Land vertreiben konnte. Die Kraft reichte sogar aus, Siam wieder als die beherrschende Militärmacht zu installieren, die sie in der Endphase von Ayutthaya war: Mit Hilfe seines Generals Chakri gelang es Taksin, Laos (Vientiane) zu erobern und die Kontrolle über Kambodscha zu erlangen. So unbestreitbar die Verdienste Taksins um die Wiederherstellung Thailands sind, so offensichtlich war jedoch auch, daß er seinen Erfolg psychisch nicht verkraftete – so führte er in Thonburi ein Terrorregime, das selbst bei Nichtigkeiten die Todesstrafe verhängte.

In seinem Größenwahn hielt sich der König für die Inkarnation Buddhas und verlangte von den Mönchen entsprechende Verehrung. Als sich die Angst der Bevölkerung und des Hofes in einem Staatsstreich entlud, eilte sein **General Chakri** von einem Feldzug in die Hauptstadt zurück und ergriff die Gunst der Stunde. Der geisteskranke Taksin wurde hingerichtet, und Chakri setzte sich als **Rama I.** die Krone aufs Haupt. Damit war die Chakri-Dynastie geboren, deren Herrscher alle den Ehrentitel "*Rama*" (nach den Helden des Nationalepos *Ramakien*) führten. Noch heute ist übrigens der "*Chakri-Tag*" (6. April), der an die Thronbesteigung von Rama I. erinnert, gesetzlicher Feiertag. Aus strategischen Gründen verlegte der König die Hauptstadt auf die andere Seite des Flusses, wo die Fischersiedlung **Bangkok** (= "Olivendörfchen") bis dahin ein bescheidenes Dasein geführt hatte. Daß von Anfang an Großes mit diesem kleinen Ort geplant war, beweist die offizielle pathetische und langatmige Namensgebung, die schon aus praktischen Gründen später zu "Krung Thep" – "Stadt der Engel" abgekürzt werden mußte. Ayutthaya hatten die Burmesen zerstört, aber es sollte an diesem Platz wiederauferstehen, größer und prächtiger noch, als es jemals gewesen war.

Das war die Devise, nach der Rama I. und seine Nachfolger an den Ausbau Bangkoks zur prächtigen Residenzstadt gingen. Der Bau von Palästen und Klöstern, Klongs und Wehranlagen, Plätzen und Wohnhäusern war an der Topographie der zerstörten Vorgängerin orientiert, freilich im größeren Maßstab. Und neben der Architektur feierten auch Theater, Literatur, Kunst und Kunsthandwerk eine Renaissance! Dazu traten militärische Erfolge wie der Sieg über Laos (Vientiane; 1828), die Kontrolle über Kambodscha und die Einverleibung einiger malaiischer Sultanate.

Die Zeit jedoch war nicht stehengeblieben, und die Welt hatte sich verändert. Der Erzfeind Burma war 1824 zur Kolonie Englands abgesunken, und insgesamt war Indochina längst schon in das Blickfeld der Kolonialmächte geraten, mit denen man sich auch in Thailand – ob man nun wollte oder nicht – auseinandersetzen mußte. Um in der Neuverteilung der Welt zu bestehen, war es nötig, die 1688 selbstauferlegte Isolation zu durchbrechen. Schon Rama II. sah diese Notwendigkeit ein und suchte eine Verständigung sowie Handelsbeziehungen mit den Briten und mit China. Als erstes westliches Land konnte Portugal eine diplomatische Vertretung in Bangkok eröffnen. Und unter Rama III. wurden sogar Freundschaftsverträge mit England (1826) und den USA (1833) geschlossen. Die wirkliche Öffnung zum Westen und die Neuordnung des Staates jedoch fand zwischen 1851 und 1910 statt und war das Verdienst der Könige Mongkut (Rama IV.) und Chulalongkorn (Rama V.).

ℹ   *Rama IV. und Rama V. – Reformer auf dem Königsthron*

*Bevor **Mongkut**, Sohn von Rama II. und jüngerer Bruder von Rama III., im Jahre 1851 als **Rama IV.** den siamesischen Thron bestieg, war er ein introvertierter, mit Studien beschäftigter Mönch gewesen. 27 Jahre lang hatte er die Pali-Schriften gelernt, darüber hinaus aber auch Englisch, Latein, Mathematik und Astronomie studiert. Als wacher Beobachter seiner Epoche schuf er sich den Hintergrund, besser als seine konservativen Zeitgenossen die weltpolitische Entwicklung und die Rolle Thailands dabei einzuschätzen. Er sah ein, daß das Überleben des Staates nur mit den Weltmächten und nicht gegen sie zu bewerkstelligen war. Gleichzeitig erkannte er, daß auch sein Land vom Westen profitieren und nach den Bedürfnissen der modernen Welt umgestaltet werden konnte. Deswegen nahm er kurz nach seiner Krönung diplomatische Beziehungen zu allen wichtigen westlichen Nationen auf. Da Frankreich und England im Begriff standen, Indochina unter sich aufzuteilen, mußte er sich diesen Konflikt zunutze machen, ohne Partei zu ergreifen.*

Durch geschickte Diplomatie gelang es ihm, Thailand als Pufferstaat zwischen den Kolonialmächten zu etablieren, wobei Freundschafts- und/oder Handelsverträge (1855 mit England, 1856 mit Frankreich und den USA, 1862 mit Preußen) die Souveränität Siams garantierten. Dabei war er (als der schwächste Faktor im Machtspiel) bereit, Kompromisse einzugehen und etwa 1867 auf Gebietsansprüche in Kambodscha zugunsten der Franzosen zu verzichten. Die Tatsache, daß das Land anders als seine Nachbarn niemals kolonialisiert wurde, ist also in erster Linie ein Verdienst des Königs.

Außerdem ging Rama IV. daran, mit Hilfe der Engländer und Amerikaner Thailand zu entwickeln. Mit der Einführung moderner landwirtschaftlicher Techniken konnte der Reisanbau großflächiger und kommerzieller als bisher betrieben werden, womit dem Land ein wichtiger Exportartikel entstand. Weiter ließ Mongkut ein Erziehungssystem nach europäischem Muster aufbauen, wozu er englische und amerikanische Lehrer ins Land rief. Bei aller Moderni-

König Mongkut, zeitgen. Foto

tät sah sich der König, der 1868 an einer Malariainfektion starb, genauso als Bewahrer der Tradition. Wie die Gottkönige vor ihm hielt er sich einen Harem (etwa 400 Frauen!) und legte Wert auf die vorgeschriebenen Ehrerbietungen. Dies ist auch der Hintergrund des Lebensberichts von **Anna Leonowens**, der unter dem Titel "The King and I" später in Hollywood verfilmt wurde (mit Yul Brunner in der Hauptrolle) und den König zur wahrscheinlich bekanntesten Herrschergestalt in der Geschichte Thailands machte. Leonowens, die als Englischlehrerin am königlichen Hof unterrichtete, zeichnet in ihrem Buch allerdings ein bis zur Karikatur verzerrtes Bild des Königs. Man wird Mongkut nicht gerecht, wenn man ihn als despotischen und grausamen Frauenheld darstellt!

Aus diesem Grunde sind bis heute Buch und Film in Thailand verboten. Eine weitaus objektivere Perspektive als Leonowens nahmen die Reiseberichte des preußischen Grafen **Fritz zu Eulenburg** ein, der 1860-1862 durch Ostasien reiste und sich intensiv im Reich König Mongkuts umschaute.

Nach dem Tod von Mongkut bestieg sein 15jähriger Sohn **Chulalongkorn** als **Rama V.** den Thron. Seine 42 Jahre andauernde Regierungszeit (nur der jetzige König war in Thailand länger auf dem Thron) brachte dem Land die meisten Neuerungen und entscheidenden Schritte zum modernen Staatswesen. Die gewünschten Einflüsse aus dem Ausland nahm der Monarch auf längeren Reisen in die Kolonien der Westmächte selbst in Augenschein; außerdem besuchte er als erster Thai-König zweimal Europa (1897 und 1907), wobei er auch nach Deutschland kam (u.a. Heidelberg). Seine Kinder schickte er zu Studienaufenthalten nach Übersee. Im eigenen Land legte Chulalongkorn besonderen Wert auf wirtschaftliche und infrastrukturelle Veränderungen, die mit Recht als "Revolution von oben" bezeichnet worden sind. Als deren wichtigste Inhalte können stichwortartig genannt werden:

- **Abschaffung der Sklaverei**
- Errichtung eines **Steuersystems** (anstelle der Fronarbeit)
- Reorganisation von **Regierung** (12 Ministerien) und **Verwaltung**

- *Reformation der **Justiz** nach rechtsstaatlichen Gesichtspunkten*
- *Verbesserung des Verkehrsnetzes mit **Straßen** und **Eisenbahn***
- *Einrichtung von **Post**- und **Telegraphendiensten***
- *Hebung des Bildungsniveaus durch **Schulen** und **Universitäten***
- *Verbesserung der medizinischen Versorgung durch **Krankenhäuser***

Außenpolitisch verfolgte der König den Kurs seines Vaters und versuchte, durch geschickte Diplomatie die Unabhängigkeit Siams gegenüber England und Frankreich zu verteidigen. Obwohl er Heer und Marine modernisieren ließ, konnte er sich mit den kolonialen Streitkräften natürlich nicht messen. Deswegen war die Aufgabe von Gebietsansprüchen in Laos, Kambodscha und auf der malaiischen Halbinsel – insgesamt ein Gebiet von 120.000 qkm – nicht zu verhindern, aber die Souveränität Siams blieb dabei unangetastet.

König Chulalongkorn, zeitgen. Foto

Die reformerischen Ideen Chulalongkorns machten auch vor dem Königshof nicht halt. So wurde in seinem neuerbauten Dusit-Palast die Sitte des Fußfalls abgeschafft und durften Hofbeamte in Anwesenheit des Königs sitzen. Insgesamt jedoch bestand auch Rama V. auf der traditionellen Vorstellung vom Absolutismus. Und als letzter König hatte auch er wie seine Vorgänger einen Harem. Wie tief die alten Praktiken noch verwurzelt waren, zeigt die Geschichte vom tragischen Tod seiner Lieblingsfrau im Jahre 1880: Die Königsgattin mußte bei einem Bootsunglück ertrinken, weil keiner sie zu retten wagte – schließlich hätten dabei einfache Menschen eine geheiligte Person berühren müssen... Trotzdem: seine historische Größe erwarb sich Chulalongkorn als Reformer. Gegen alle Widerstände bei Traditionalisten in Adel und Klerus (tatsächlich gab es mehrere Versuche, ihn zu stürzen) setzte er unbeirrbar sein Vorhaben durch, Siam moderneren Zeiten zuzuführen. Beim Volk jedenfalls blieb das Andenken an Chulalongkorn, der 1910 starb, lebendig: "Piya Maharaj" nennt man ihn hier, "der geliebte große König". Sein Todestag (23. Oktober) ist heute ein gesetzlicher Feiertag. Dann pilgern die Thai zu seinem Reiterstandbild vor der Nationalversammlung in Bangkok und legen dort Kränze und Blumen nieder.

Die Nachfolger setzten in den ersten Jahrzehnten des 20. Jahrhunderts die Linie der Reformer-Könige fort. **Rama VI.** (Vajiravudh) war ein britisch erzogener Herrscher, der sich auch als Schriftsteller einen Namen machte. Er sorgte für die Einführung der Familiennamen (vorher waren nur Vornamen bekannt), der Schulpflicht und der westlichen Mode. Unter seiner Regentschaft wurde die jetzige

Staatsflagge in Gebrauch genommen: anstelle des alten Motivs mit einem weißen Elefanten vor rotem Hintergrund hat sie fünf Querstreifen in den Farben Rot, Weiß und Blau. Diese symbolisieren an den Randstreifen das siamesische Volk (rot), mehr zur Mitte den Buddhismus (weiß) und im Zentrum die Monarchie (blau).

Im Ersten Weltkrieg war Siam zunächst neutral, dann stellte es sich auf die Seite der Alliierten und entsandte sogar ein kleines Militärkorps zum europäischen Kriegsschauplatz. Kurze Zeit später wurde das Land in den Völkerbund aufgenommen.

Nach dem frühen Tod des Königs wurde Prajadhipok, ein Sohn Chulalongkorns, als **Rama VII.** neuer Herrscher. Seine Leistungen lagen vornehmlich im Aufbau einer effektiven Verwaltung. Mit dem Bau des Flughafens von Bangkok, *Don Muang*, wurde Siam an das internationale Verkehrsnetz der Zukunft angeschlossen. Gar nicht modern allerdings war die Einstellung, die Rama VII. – genau wie alle seine Vorgänger – zu den Ideen der Selbstbestimmung des Volkes, also der Demokratie hatte. Als sich 1931 durch die Weltwirtschaftskrise die siamesische Finanzlage und mit ihr die soziale Situation dramatisch verschlechterten, kam es **1932** zu einem **Staatsstreich**. Von der Volkspartei (*People's Party*) initiiert und getragen von breiten Kreisen des Militärs und der Administration, gelang es etwa 70 Personen, den jahrhundertealten Absolutismus aus den Angeln zu heben. Ihre Mittel waren dabei Panzer, die in Bangkok an den strategisch wichtigsten Plätzen aufgefahren waren; außerdem hatte man vorsorglich Mitglieder des Königshauses als Geiseln genommen. Insgesamt verlief der Staatsstreich ohne Blutvergießen.

Siam wird 'westlich': Straßenverkehr in Bangkok

Die Institution des Königs wurde durch den Putsch nicht abgeschafft, jedoch bekam Siam die Verfassung einer konstitutionellen Monarchie. Dies hieß allerdings nicht, daß damit die Demokratie aufgebaut worden wäre. Einzelne Mitglie-

der der Volkspartei führten die Regierungsgeschäfte, ohne durch Wahlen legitimiert worden zu sein, und das Land durchlitt etliche Regierungskrisen. Permanente Verfassungsänderungen sowie erfolglos eingeführte Einkammer- und Zweikammersysteme waren der traurige Zustand nach der Zeit des Absolutismus. Diktatorisch veranlagte Militärs und Zivilisten kämpften um die Macht im Staate, überwarfen sich mit Vorwürfen des Kommunismus oder hemmungslosen Kapitalismus und mußten wechselweise ins ausländische Exil.
Der König übrigens, in seinem Glauben an sich selbst erschüttert, fungierte noch drei Jahre als Staatsoberhaupt. Dann, während einer Europareise im Jahre 1935, dankte er freiwillig ab. Er sollte sein Heimatland nicht wiedersehen und blieb bis zu seinem Tod (1941) in England.

Die Nachfolge trat sein zehnjähriger Neffe Ananda Mahidol (**Rama VIII.**) an, der aber im Ausland lebte und bis 1945 durch einen Regentschaftsrat vertreten werden mußte. Die Politik wurde nun ja ohnehin von der Regierung bestimmt, vor allem von den Generälen (was sich übrigens bis heute nicht geändert hat). Die beherrschende Gestalt war ein General namens **Pibul Songkhram**, einer der Wortführer des Staatsstreichs. Ab 1938 errichtete dieser eine Militärdiktatur mit deutlich nationalistischen Zügen. Sein außenpolitisches Ziel war die Ausdehnung der Landesgrenzen und der Aufbau eines Staates, in dem alle Thai-Völker eine Heimat fanden. Deswegen ließ er 1939 offiziell den Landesnamen "Siam" in "**Thailand**" (= 'Land der Freien') umbenennen.

Als kurze Zeit später auch in Asien der **Zweite Weltkrieg** ausbrach, erschienen am 8. Dezember 1941 die Japaner vor der Westküste bei Ranong und bedrohten das Königreich. Ihr eigentliches Angriffsziel waren jedoch die britischen Kolonien. Nach einigen Scharmützeln, die die Japaner für sich gewannen, schlug sich Pibul auf deren Seite und ermöglichte ihnen, ungehindert gegen das britische Burma und Malaysia vorzurücken. Für diesen Feldzug war Thailand als Aufmarschgebiet wie geschaffen, zumal General Pibul auch den Bau der berüchtigten Eisenbahnlinie ("Death Railway", vgl. KAPITEL 5.4.3) gestattete; als Gegenleistung für seine freundliche Haltung überließen ihm die Japaner Teile von Burma, Kambodscha und Malaysia. Längst nicht alle Thai waren mit dieser Politik einverstanden, am allerwenigsten die zivilen Führer des Staatsstreiches von 1932. Außerdem benahmen sich die Japaner wie eine Besatzungsmacht und verspielten ihre Sympathien damit auch bei vielen Militärs. Mit dem Siegesmarsch der Alliierten schlug daher die Stimmung im Land um, und 1944 gelang es der Opposition, Songkhram zum Rücktritt zu zwingen. Neuer Ministerpräsident wurde Seni Pramoj und kurz darauf der Anwalt **Pridi**, der schon 1932 Gegenspieler der Generäle gewesen war und sich nun sofort den Alliierten anschloß. Von der Niederlage Japans war 1945 das Land also nicht nachteilig betroffen.
Der Überblick macht deutlich, daß die Geschichte Thailands über weite Strecken von den Herrschergestalten maßgeblich abhing. Abschließend sollen deshalb **die Könige der Ära Rattanakosin** chronologisch aufgelistet werden:

1782-1809	Rama I.	(General Chakri)
1809-1824	Rama II.	(Phra Buddha Loet La Naphalai)
1824-1851	Rama III.	(Phra Nang Klao)
1851-1868	Rama IV.	(Mongkut)
1868-1910	Rama V.	(Chulalongkorn)
1910-1925	Rama VI.	(Vajiravudh)
1925-1935	Rama VII.	(Prajadhipok)
1935-1946	Rama VIII.	(Ananda Mahidol)
1946	Rama IX.	(Bhumibol Adulyadej)

2.1.4 DAS MODERNE THAILAND

Es sind im wesentlichen drei Dinge, die den Weg Thailands zur modernen Industriegesellschaft nach dem Zweiten Weltkrieg begleitet haben:

● Die **wirtschaftlichen Krisen** und sozialen Schwierigkeiten, die jedes der sog. 'Schwellenländer' zu bewältigen hat, schließlich aber auch der Aufschwung zur bedeutendsten **Wirtschaftsmacht** Indochinas.

● Die verworrene **innenpolitische Situation**, die besonders in den 70ern und 80ern mit Studentenunruhen und Guerillabewegungen, Streiks und Putschen das Land in Atem hielt.

● Über allem die Person des **Königs** Bhumibol Adulyadej, mit der sich die Gesamtheit der Thai identifizieren kann.

Nach dem Ende des Zweiten Weltkrieges kehrte der König **Ananda Mahidol** (Rama VIII.), inzwischen 20 Jahre alt, aus der Schweiz in sein Heimatland zurück. Ihm war nur ein Jahr auf dem Thron vergönnt: 1946 wurde er im Schlafzimmer seines Palastes erschossen aufgefunden. Der mysteriöse Mord ist bis heute Gegenstand von allen möglichen Spekulationen und wird wohl nie aufgeklärt werden. Über die Affäre stürzte auch die demokratische Regierung des Ministerpräsidenten Pridi. Nach der kurzen Episode des Parlamentarismus gelangte das Militär durch einen unblutigen, vom Leutnant Sarit Thanarat angezettelten Putsch (einer von knapp 20 bis zum Jahr 1991) an die Macht. Als treibende Kraft stand jedoch der altbekannte General **Pibul Songkhram** dahinter, der ab 1948 offen die Regierungsgeschäfte übernahm und mit Kriegsrecht eine zehnjährige Militärdiktatur installierte. Quasi als Gegengewicht zu den Militärs wurde 1950 der jetzige Monarch, Bhumibol Adulyadej, als Rama IX. inthronisiert.

ℹ️ *König und Jazzspieler – Rama IX. Bhumibol Adulyadej*

*Als der heutige Monarch am 5. Dezember 1927 in Cambridge (Massachusetts) geboren wurde, konnte keiner ahnen, daß er jemals auf den Thron gelangen und ein weithin verehrter König werden würde. Denn zwar war sein Vater (der damals in den USA Medizin studierte und später den Beinamen 'Vater der thailändischen Medizin' bekam) ein Sohn von Chulalongkorn, doch nach den Regeln der Thronfolge war die Königswürde für Bhumibol Adulyadej mehr als unwahrscheinlich. Dieser Fall trat jedoch ein, da Rama VII. keine Kinder hatte, sein Vater gestorben war und sein Bruder ermordet wurde. 1946, im Jahr des mysteriösen Todes seines Bruders, studierte Bhumibol seinen Neigungen entsprechend in Lausanne Naturwissenschaften. Nach der Schreckensbotschaft wechselte er aber zu den Fächern Jura und Politikwissenschaft. Die offizielle Krönung in Bangkok fand erst nach Beendigung seiner Studien statt, und zwar am 5. Mai 1950. Sieben Tage vorher hatte er **Sirikit** geheiratet, die Tochter des thailändischen Botschafters in Paris. Inzwischen ist er länger auf dem Thron als jemals ein Regent zuvor, und als Rama IX. genießt er eine Verehrung, die quer durch alle Bevölkerungsgruppen und politischen Parteien geht.*

König Bhumibol ist nicht nur ein König in einer langen Reihe von Regenten, sondern mehr – als Mensch ist er eine interessante Persönlichkeit, zudem repräsentiert er als Symbol das gesamte Land, das zwischen Tradition und Moderne gefangen ist. Und die Verehrung für ihn bezieht sich auf beides: auf den Menschen und auf die Figur der nationalen Identifikation! Der König, der heute im Chitralada-Palast wohnt, ist vielseitig interessiert. Die Landwirt-

schaft und der Umweltschutz sind innenpolitische Themen, die ihm besonders am Herzen liegen. Auf seinen Reisen, die ihn etwa acht Monate im Jahr
durch die Provinz führen, versucht er, die Nöte und Sorgen der Bauern zu
erfahren und bei Problemen behilflich zu sein. Persönlich kümmert er sich
dabei um die Verwirklichung der von ihm vorgeschlagenen Bewässerungs-

Das thailändische Königspaar im Festornat

projekte (Staudämme, Kanäle etc.), spricht sich – auch mittels verbindlicher
Vorschriften – gegen die Brandrodung und für die Wiederaufforstung aus
oder engagiert sich für die medizinische Versorgung des Landes. Sein Interesse geht soweit, daß er im Gelände des Königlichen Palastes eine Fisch-
und Rinderzuchtstation einrichten ließ, deren positive Resultate inzwischen
Einzug in die Landwirtschaft gefunden haben und weltweit für Aufsehen sorgten.

Im privaten Bereich zeigt sich der König als musisch interessiert und äußerst
talentiert. Neben der Malerei gilt seine Liebe besonders dem Jazz. Nicht nur,
daß er mehr als 40 Werke selbst komponierte und Klavier, Saxophon und
Klarinette perfekt beherrscht, sondern auch die Jazz-Sessions, die er im
Königlichen Palast mit internationalen Musikern veranstaltet, haben einen
legendären Ruf. Und 1960 ließ er es sich in New York nicht nehmen, gemeinsam mit Benny Goodman zu musizieren.
Sportliche Aktivität entfaltet der Monarch vor allem beim Segeln. König Bhumibol und Königin Sirikit haben drei Kinder: Kronprinz **Vajiralongkorn** und
die Prinzessinnen **Sirindhorn** und **Chulabhorn**. Sie alle treten bei verschiedenen öffentlichen Anlässen auf und genießen beim Volk ein ähnlich hohes
Ansehen wie der König selbst.

Auch in der konstitutionellen Monarchie kommt Rama IX. eine erhebliche politische Funktion zu. Neben den schnell wechselnden Koalitionen und Militärregierungen ist er eine konstante Macht im Staat, die von allen akzeptiert wird. In dieser Rolle mischt sich Bhumibol auch in tagespolitische Fragen ein. Daneben leitet er z.B. die Eröffnungssitzung des Parlamentes; außerdem ist er Oberbefehlshaber der Streitkräfte und nimmt am Tag der Waffengattungen die Parade ab. Daß der König allgegenwärtig ist – sein Porträt hängt in allen Amtsstuben und den meisten Privathäusern, es schmückt Briefmarken genauso wie Banknoten und erscheint in Kinos nach jedem aufgeführten Film! –, hängt auch damit zusammen, daß er traditionell und verfassungsrechtlich den buddhistischen Glauben zu bewahren und beschützen hat. In dieser Funktion leitet er z.B. die Königliche Zeremonie des Pflügens (vgl. KAPITEL 3.2.2) und wechselt dreimal jährlich die Roben des heiligen Smaragd-Buddhas im Wat Phra Keo. Daß er daneben repräsentative Aufgaben wahrnimmt (Übergabe von Diplomen der Universitäten, Teilnahme an Hochzeiten und Trauerfeiern), versteht sich von selbst.

*Kein Zweifel: in der thailändischen Gesellschaft wird der Monarch verehrt wie kaum ein zweiter zuvor. Jegliche Kritik am Königshaus ist deshalb nicht nur fehl am Platze, sie ist auch schlichtweg verboten. Schon heute ehrt man Bhumibol durch den Beinamen "der Große" (= "Maharaj"). Und die Festschrift zu seinem 63. Geburtstag im Jahre 1990 (dem Jahr des 40jährigen Thronjubiläums) stellte ihn gleichberechtigt in eine Reihe mit den berühmtesten Königen des Landes: **Rama Khamhaeng, Naresuan, Narai, Taksin, Chakri** und **Chulalongkorn**. An drei gesetzlichen Feiertagen gedenken die Thai zudem des derzeitigen Königshauses: dem Krönungstag (5. Mai), dem Geburtstag der Königin (12. August) und dem Geburtstag des Königs (5. Dezember), der gleichzeitig auch der Nationalfeiertag ist!*

Innen- und außenpolitisch steuerte Thailand währenddessen unter der Militärregierung **Pibul Songkhram** (bis 1957) einen stramm konservativen Kurs. 1950 trat Thailand dem SEATO-Pakt (*South East Asian Treaty Organization*) bei, einer südostasiatischen Entsprechung der NATO, die sich in Zusammenarbeit mit den USA die Bekämpfung des Kommunismus (China!) zum Ziel gesetzt hatte. Sein diktatorisches Regime reformierte Pibul ab 1955 mit einigen demokratischen Geschenken: Parteien wurden wieder zugelassen, die Presse- und Meinungsfreiheit gewährleistet, Wahlen ausgeschrieben. Nach dem Wahlsieg der Sozialistischen Front beendete jedoch 1957 ein erneuter Militärputsch das liberale Zwischenspiel; auch Pibul wurde dabei abgesetzt. Ab nun bestimmten bis 1973 wieder die Militärs, und zwar zunächst Marschall **Sarit Thanarat**, ab 1963 dann Marschall **Thanom Kittikachorn**.

Die einzelnen politischen Übergänge wurden, wie üblich, durch Staatsstreiche bewerkstelligt. Das Resultat war die Auflösung des Parlamentes, das Verbot der Parteien und die Einführung der Zensur. In der Außenpolitik wurde der Schulterschluß mit den USA und den westlich orientierten Nachbarländern in dem Maße enger, in dem sich der Kommunismus chinesischer oder sowjetischer Spielart in Indochina ausbreitete. Thailand stellte dazu der westlichen Supermacht Operationsbasen zur Verfügung (vor allem in der Stadt Khorat), von denen aus u.a. die B-52-Einsätze nach Vietnam geflogen wurden. Auch nahmen Thai-Soldaten im **Vietnam-Krieg** (1964-73), wie schon vorher in Korea, an der Seite der GIs aktiv am Kampfgeschehen teil. Die Stationierung der Amerikaner hatte übrigens nicht nur politisch-militärische Folgen, sondern sorgte mit Tausenden von Bars, Strip-

Lokalen und Bordellen für eine erhebliche gesellschaftliche Veränderung (vgl. auch KAPITEL 3.2.7). Wirtschaftlich waren die 60er eine Zeit der Konsolidierung und des Aufschwunges. Die Versuche, ausländische Investoren ins Land zu holen, waren teilweise sehr erfolgreich, und außerdem konnte man in Thailand von der Wirtschaftshilfe und den Straßenbauarbeiten profitieren, die die USA während des Vietnam-Krieges dem Verbündeten leisteten. Auch der Tourismus wurde als potentielle Devisenquelle entdeckt und die Schönheiten des Landes mit großem Aufwand in Amerika, Europa und Japan propagiert. Der Grundstein dafür war mit der Einrichtung der "*Tourist Organization of Thailand*" bereits gelegt worden.

Während nach dem Abzug der GIs die Hotels, Restaurants und Vergnügungsstätten langsam wieder mit zahlungskräftigen Besuchern aus Übersee gefüllt werden konnten, gärte es innenpolitisch. Die Thai wollten die von den Generälen auferlegte Unfreiheit nicht länger hinnehmen, zumal immer deutlicher wurde, daß sich die Militärs am Wirtschaftsboom bereicherten und in Korruptionsfälle verwickelt waren. Der Protest wurde von allen Schichten, besonders aber von den Studenten getragen. Als man **1973** deren Wortführer verhaftete, kam es zu **Ausschreitungen**, die mit äußerster Brutalität niedergeschlagen wurden: etwa 70 Tote und mehr als 300 Verletzte waren die blutige Bilanz der Barrikadenkämpfe. Die darauf folgenden **Massenunruhen** bedeuteten das **Ende des Militärregimes**, das sich selbst den König zum Feind gemacht hatte – Kittikachorn und andere flohen ins Ausland.

Als neuer Ministerpräsident wurde der Rektor der Thammasat-Universität, Sanya Dharmasakti, ins Amt gerufen, im Jahr darauf eine neue Verfassung verkündet, und schließlich gab es freie Wahlen. Das demokratische Thailand sah sich jedoch mit enormen Wirtschaftsproblemen konfrontiert. Und im Norden und Nordosten des Landes standen einige tausend Mann der kommunistischen Guerilla unter Waffen, die den inneren Frieden bedrohten. Das Resultat war eine hektische Zeit voller Streiks, Bürgerinitiativen, Wahlkämpfe, Koalitionen, Minderheitenregierungen und Guerillakämpfe.

Die **drei Jahre der Liberalität** fanden **1976** ihr Ende, als das Militär wieder die Macht übernahm und das Land unter Kriegsrecht stellte. Der neue starke Mann war General **Prem Tinsulanonda**, der 1980 Ministerpräsident wurde; in den acht Jahren, in denen er sich an der Macht halten konnte, regierte er jedoch eher moderat und schaffte es trotz zweier Putschversuche von rechts, den inneren Frieden zu bewahren. Gleichzeitig gelang es ihm, die Guerillakämpfer in Nordthailand zurückzudrängen und dem Land eine relative Stabilität bei gleichmäßig wirtschaftlichem Aufschwung zu sichern. Es verwundert daher nicht, daß bei den 1988 abgehaltenen Parlamentswahlen seine Regierung bestätigt wurde. Trotzdem trat Prem aus persönlichen Gründen zurück; immer noch aber spielt er eine wichtige Rolle als enger Berater des Königs. Sein Nachfolger als Ministerpräsident wurde Chatichai Choonhavan. Als dieser ins Zwielicht der Korruption geriet, putschte das Militär erneut im Jahre 1991, setzte anschließend allerdings eine Zivilregierung unter Ministerpräsident Anand Panyarachun (dem ehemaligen Botschafter in Deutschland) ein und ließ verlautbaren, daß es dem Demokratieprozeß nicht im Wege stehen wolle...

2.1.5 ZEITTAFEL

Vor ca. 1.000.000 Jahren
Beginn der Menschheitsgeschichte in Indochina

Bis ca. 8000 v.Chr. Altsteinzeit. Gebrauch des Feuers, gegen 12000 v.Chr. größere Einwanderungswelle aus dem Süden

Bis ca. 5000 v.Chr. Mittelsteinzeit. Kulturell sehr hochstehende Gesellschaften im Norden (Mae Hong Son) und der Mitte des Landes (Kanchanaburi)

5000-1000 v.Chr. Jungsteinzeit. Einführung von Reisanbau und Tierzucht

3600 v.Chr.-200 n.Chr.
Bei dem Dorf Ban Chiang entsteht die vermutlich älteste Bronzezeit-Kultur der Welt

ca. 250 v.Chr. Indische Mönche verbreiten den Buddhismus in Indochina

7.-11. Jhd n.Chr. Die Mon beherrschen in Mittelthailand das Reich Dvaravati mit der Hauptstadt Lopburi

8. Jhd In der südchinesischen Provinz Yünnan entsteht das erste Thai-Königreich Nan Chao

8.-13. Jhd Die malaiische Halbinsel (Südthailand) steht unter der Kontrolle des Srivijaya-Reiches von Sumatra

9.-13. Jhd Das mächtige Khmer-Reich beherrscht den Norden und Nordosten des Landes

9. Jhd Im Norden entstehen innerhalb des Mon-Staates die ersten unabhängigen Thai-Fürstentümer

13. Jhd Unter dem Fürsten Mengrai werden die einzelnen Thai-Enklaven im Norden vereinigt und das Königreich Lanna gebildet

1238 In der Zentralen Ebene erheben sich zwei thailändische Fürsten gegen die Khmer-Herrschaft und gründen das erste wirklich unabhängige Thai-Königreich in Sukhothai (= 'Dämmerung der Glückseligkeit')

1262 König Mengrai von Lanna vertreibt die Mon und gründet Chiang Rai, 1296 weitet er das Staatsgebiet aus und gründet Chiang Mai

1275-1317 König Rama Khamhaeng ("der Große") dehnt das Reich von Sukhothai aus, schließt Handelsverträge u.a. mit Indien, Ceylon und China ab, macht den Theravada-Buddhismus zur Staatsreligion und 'erfindet' die Thai-Schrift

1350 Am Chao Phraya wird unter Rama Thibodi I. das Reich von Ayutthaya gegründet

1351 Erster Sieg von Ayutthaya über die Khmer

1376 Sukhothai wird ein Vasallenstaat Ayutthayas

1431 Die Thai können die Khmer-Hauptstadt Angkor erobern und den Staat vernichten

1511 Der portugiesische Vizekönig Albuquerque schickt die erste europäische Gesandtschaft nach Ayutthaya

1556 Die vereinigten Burmesen erobern Laos und Lanna und beherrschen über 200 Jahre den Norden Thailands

1564-1569 Die Burmesen erobern das gesamte Thai-Reich und machen Ayutthaya zum Vasallenstaat

1584 Der Thai-Fürst Phra Naret kann die Burmesen vertreiben

1590-1605 Phra Naret ist unter dem Namen Naresuan König und besiegt in mehreren Kriegen die Nachbarstaaten, u.a. auch Kambodscha

1608	Die Holländer gründen ihre erste Handelsniederlassung in Ayutthaya. Eine siamesische Abordnung besucht Den Haag, zum erstenmal sehen dabei Thai Europa
1628-1655	Unter König Prasattong wird ein merkantilistisches Wirtschaftssystem eingeführt
1656-1688	König Narai ist König von Ayutthaya. Unter seiner Herrschaft gelangt das Reich zur vollen Blüte und treibt Handel mit asiatischen und europäischen Mächten, besonders mit Frankreich
1665	Die ersten französischen Jesuiten kommen an den Hof
1670	Der griechische Abenteurer Constantine Phaulkon taucht in Ayutthaya auf, wird Vertrauter Narais und steigt schnell zum zweitmächtigsten Mann des Staates auf. Er fördert nachhaltig die Beziehungen zu Frankreich
1688	Narai erkrankt und wird regierungsunfähig. Höflinge und Adel erheben sich in einer Palastrevolte; Phaulkon wird geköpft, die Franzosen werden vertrieben. Mit dem Tod König Narais beginnt eine 150jährige Isolation Siams
1732-1758	Unter König Boromakot erreicht die siamesische Kultur ihre Blütezeit, die Hauptstadt Ayutthaya hat etwa 300.000 Einwohner
1765-67	Die Burmesen greifen das Reich an und erobern und zerstören 1767 Ayutthaya. In der Folgezeit werden sie von den Thai unter General Taksin vertrieben
1769	Taksin ernennt sich in der neuen Hauptstadt Thonburi zum König
1775	Das Reich von Lanna (Nordthailand) wird mit Siam vereinigt
1782	General Chakri stürzt den größenwahnsinnig gewordenen Taksin und wird Rama I. der Chakri-Dynastie in Bangkok
1809-1824	Rama II. ist König; Bangkok wird zur prächtigen Residenzstadt ausgebaut
1824-1851	Rama III. versucht eine vorsichtige Öffnung zum Westen. Freundschaftsverträge mit England und den USA
1828	Siam besiegt Laos (Vientiane) und beherrscht (zusammen mit Vietnam) Kambodscha
1851-1868	König Rama IV. (Mongkut) reformiert den Staat. Mit Hilfe der Europäer und Amerikaner wird das Land entwickelt
1868-1910	König Rama V. (Chulalongkorn) bemüht sich, Siam zur modernen Infrastruktur westlicher Prägung zu verhelfen. Seine geschickte Diplomatie verteidigt die Unabhängigkeit Siams gegenüber den Kolonialmächten England und Frankreich
1910	König Chulalongkorn stirbt. Sein Nachfolger wird als Rama VI. der britisch erzogene Vajiravudh
1914-18	Im Ersten Weltkrieg ist Siam zunächst neutral, dann stellt es sich auf die Seite der Alliierten
1925	Ein Sohn Chulalongkorns, Prajadhipok, wird als Rama VII. König
1931	Durch die Weltwirtschaftskrise ergibt sich für das Land eine dramatische Verschlechterung der Finanzlage
1932	Mit einem unblutigen Staatsstreich wird die absolute Monarchie abgeschafft, Siam erhält die Verfassung einer konstitutionellen Monarchie
1935	König Prajadhipok dankt ab. Sein zehnjähriger Neffe Ananda Mahidol wird als Rama VIII. König, wird aber durch einen Regentschaftsrat vertreten

1938	Der General Pibul Songkhram wird Ministerpräsident und errichtet eine Militärdiktatur mit stark nationalistischen Zügen
1939	Der Landesname "Siam" wird offiziell in "Thailand" (= 'Land der Freien') umbenannt
1941	Im Zweiten Weltkrieg geht am 8. Dezember Japan gegen das britische Burma und Malaysia vor; dabei erhält Thailand als Gegenleistung für sein politisches Entgegenkommen Teile von Burma, Kambodscha und Malaysia
1944	Der pro-westlichen Opposition gelingt es, Songkhram zum Rücktritt zu zwingen und das Land an die Seite der Alliierten zu stellen. Neuer Ministerpräsident wird der Anwalt Pridi
1945	König Mahidol kommt aus dem Ausland zurück. Ein Jahr später wird er in seinem Palast ermordet
1948-57	Nach einem Putsch kommt wieder der General Pibul Songkhram an die Macht. Er regiert mit Kriegsrecht und betreibt eine konservative und diktatorische Politik
1950	Bhumibol Adulyadej wird als Rama IX. zum König gekrönt, im gleichen Jahr tritt Thailand dem südostasiatischen SEATO-Pakt bei
1955-57	Nach demokratischen Lockerungen gibt es freie Wahlen und verschiedene Koalitionsregierungen
1957-63	Durch einen Putsch beendet der General Sarit Thanarat das demokratische Intermezzo; Pibul wird abgesetzt, Sarit Ministerpräsident
1963-73	Feldmarschall Thanom Kittikachorn regiert das Land mit diktatorischer Strenge und hält es auf antikommunistischem Kurs
1964-73	Im Vietnam-Krieg steht Thailand an der Seite der USA, denen Operationsbasen zur Verfügung gestellt werden. Thai-Soldaten nehmen aktiv am Kampfgeschehen teil. Dafür erhält das Land umfangreiche Wirtschaftshilfen. Die Wirtschaft blüht auf, und der Tourismus wird angekurbelt
1973	Durch blutige Studentenunruhen kommt es zum Sturz der Militärregierung, Kittikachorn flieht ins Ausland
1973-76	Minderheitenregierungen und Koalitionen wechseln einander in rascher Folge ab. Das demokratische Thailand hat mit enormen Wirtschaftsproblemen zu kämpfen. Im Norden und Nordosten des Landes kommt es zu Kämpfen mit der kommunistischen Guerilla
1976	Das Militär übernimmt wieder die Macht, der neue starke Mann ist General Prem Tinsulanonda. Er schafft den wirtschaftlichen Aufschwung und sorgt für innen- und außenpolitische Stabilität
1988	In den Parlamentswahlen wird die Regierung Prem bestätigt, trotzdem tritt der General vom Amt des Ministerpräsidenten zurück. Eine Überschwemmungskatastrophe sucht den Süden des Landes heim – in der Provinz Surat Thani sterben 355 Menschen, 55.000 Häuser werden zerstört
1988-91	Der Vorsitzende der Chart Thai-Partei, Chatichai Choonhavan, wird sein Nachfolger
1989	Der Taifun "Gay" richtet in der Provinz Chumphon die schwersten Schäden seit Menschengedenken an – 529 Menschen werden getötet (2.000 weitere bis heute vermißt), 160.000 Menschen obdachlos, 713.000 ha landwirtschaftlicher Nutzfläche zerstört
1991	Das Militär putscht erneut und setzt Chatichai ab

2.2 LANDESKUNDLICHER ÜBERBLICK

2.2.1 DIE LANDSCHAFTEN

Die Grenzen Thailands werden oft mit der Kontur eines 'Elefantenkopfes' verglichen. Bleibt man in diesem Bild, dann können die einzelnen Landschaften folgendermaßen zugeordnet werden:

● Zwischen Augen und Mundöffnung des Elefanten liegt die fruchtbare und zentrale Ebene, im Süden begrenzt durch den Golf von Thailand.
● Die hohe Stirn wird durch den gebirgigen Norden gebildet.
● Der karge und flache Nordosten befindet sich an der Stelle der Ohren.
● Der Süden stellt den Rüssel dar, der auf die malaiische Halbinsel führt und zwischen dem Golf von Thailand (östlich) und der Andamanen-See (westlich) liegt.

Die genannten Regionen sind hinsichtlich ihres Landschaftsprofils, ihres Klimas, ihrer Wirtschaft und auch ihrer politisch-kulturellen Entwicklung deutlich voneinander zu unterscheiden. Topographisch können sie folgendermaßen charakterisiert werden:

Die Zentralregion

Die Zentralregion ist das wirtschaftliche Herz des Landes. Hier befindet sich der Stadtgigant Bangkok, hier ist der Boden am fruchtbarsten, die Bevölkerungsdichte und der Industrialisierungsgrad am größten und die Infrastruktur am weitesten entwickelt. Begrenzt wird die Zentralregion im Süden durch den Golf von Thailand, dessen äußerstes Ende als 'Bucht von Bangkok' bezeichnet wird.

Im Westen wird die Region von jenen Bergketten eingerahmt, die entlang der Landesgrenze nach Myanmar (= Burma) in Nord-Süd-Richtung verlaufen und bis zu 2.400 m (*Khao Kha Khaeng*) ansteigen können. Dieses landschaftlich äußerst reizvolle Gebiet ist stark bewaldet und in verschiedenen Nationalparks unter Naturschutz gestellt. Die Gebirgswälder werden durch Flüsse entwässert (*Khwae Yai, Khwae Noi*; = "River Kwai"), die in den Talmulden zu einem System von 'Reservoirs' (*Khao Laem, Nam Chon, Srinagarind, Krasieo*) aufgestaut sind und dann der Bucht von Bangkok zuströmen.

Die Begrenzung zum Norden stellt ein quer verlaufender Höhenzug bei Uttaradit dar, dessen Spitzen nicht besonders aufragen, aber rund um den *Sirikit*-Stausee 1.000 m bis 2.102 m (*Phu Soai Dao*) erreichen.

Im Osten trennt eine Bergkette die zentrale Ebene vom nordöstlichen Plateau. Hier liegt u.a. der Khao Yai Nationalpark (höchste Stelle 1.351 m). Zum Südosten (nahe der Grenze nach Kambodscha) steigt das Gelände weiter an und erreicht im Khao Khitchakut Nationalpark immerhin 1.633 m (*Khao Soi Dao Tai*). Der Küstensaum zum Golf von Thailand bzw. der Bangkoker Bucht ist durch Sandstrände, Buchten und tiefe Einschnitte reich gegliedert, ihm vorgelagert ist ein Inselgürtel (*Ko Si Chang, Ko Khram Yai, Ko Samet, Ko Chang, Ko Kut* u.a.), der vor allem touristische Bedeutung hat. Die Meeresflora und -fauna ist vielfältig und wird als Taucherparadies genutzt.

Das Kernstück der Zentralregion ist jedoch die 30.000 qkm große Schwemmlandebene des 'königlichen' Menam-Stromes, wie der Chao Phraya auch genannt

Reisbauer in der Zentralen Ebene

wird (*Menam* = "Mutter des Wassers"; *Chao Phraya* = Titel hoher Adliger). Vom Menam und seinen Nebenflüssen (*Prachin, Meklong*) bewässert, stellt das Bekken mit seinem fruchtbaren und leicht zu bearbeitenden Boden die "Reisschale" des Landes dar. Seine reichen Erträge machen Thailand zum größten Reisexportland der Welt. Regelmäßig wird das Gebiet (meist im Oktober und November) überschwemmt, wobei die abgelagerten fruchtbaren Schlammassen eine natürliche Düngung bilden. Auch die Metropole Bangkok ist von den Überschwemmungen betroffen, und zwar in zunehmendem Maße, da sich der Untergrund hier stetig absenkt. Besonders fruchtbar ist das echte Schwemmland des Menam-Deltas. In die Bucht von Bangkok lagern die Flüsse soviel Material ab, daß sich das Land alljährlich um etwa 5,5 m vorschiebt. Gleichzeitig ist das Becken wegen der geringen Höhe ü.d.M. den Gezeiten ausgesetzt, deren Auswirkungen im Wasserspiegel des Menam bis nach Ayutthaya, knapp 100 km nördlich der Bucht, zu spüren sind.

Der Norden

Nordthailand ist von bewaldeten Gebirgszügen geprägt, die Ausläufer des Himalaya sind und sich in Nord-Süd-Richtung erstrecken. Hier steigt das Land am höchsten an, mit dem *Doi Inthanom* (2.590 m) und dem *Doi Chiang Dao* (2.175 m) im Nordwesten sowie dem *Phu Soiai Dao* (2.102 m) und anderer, bis zu 2.150 m hoher Berge an der Grenze nach Laos. Zwischen den parallel verlaufenden Bergketten, die auch im Zentrum bis zu 2.000 m hoch sind (z.B. *Doi Mae Tho* zwischen Chiang Mai und Phayao), fließen die Flüsse *Ping, Wang, Yom* und *Nan* nach Süden, wo sie sich in der zentralen Ebene etwa auf der Höhe von Nakhon Sawan zum Menam vereinen. Vorher speisen sie das Wasser von natürlichen (*Phayao*-See) oder aufgestauten Seen (*Sirikit*-Reservoir). Hinter der Wasserscheide der nördlichsten Berge fließen die Flüsse dem *Mekong* (Laos) zu.

Als Werk der Wasserläufe sieht man in dieser Region tief eingeschnittene und zerklüftete Täler, die sich aber oft zu fruchtbaren Mulden ausweiten und zum Süden hin zu breiten Ebenen werden. In diesen Tälern liegen die größeren Städte auf relativ niedrigem Niveau, so z.B. Chiang Mai (200 m) und Chiang Rai (350 m).

Der Nordosten

Die dicht besiedelte, aber arme Region wird gänzlich vom kargen Khorat-Plateau eingenommen, das im Norden und Osten (nach Laos) etwas abfällt. Über die leicht wellige Sandstein- und Laterit-Ebene, in der laubabwerfender Wald dominiert, ragen nur selten niedrige Hügel. Das Khorat-Plateau ist durchschnittlich 100-200 m hoch und von trockenem, unfruchtbarem Charakter. Nur in der Regenzeit füllen sich die einzelnen Mulden zu flachen Seen und Teichen, die aber in der Trockenzeit zusammenschrumpfen oder ganz verschwinden. An Flußläufen sind *Mun* und *Chi* von Belang, die in der Regenzeit das Plateau zum Mekong hin entwässern und sonst nur wenig Wasser führen. Neben dem Ausbau des Straßennetzes ist deshalb die Errichtung von Staudämmen und Bewässerungsprojekten das wichtigste Ziel der Erschließung, die mit den großen Stauseen *Ubon Rat, Lam Pao, Nam Un, Shirinthorn* u.a. erste Früchte trägt. Zur Zentralregion und dem südlichen Nachbarstaat Kambodscha wird das Plateau durch eine 400-1.500 m hohe Bergkette abgegrenzt.

Der Süden

Der Süden Thailands erstreckt sich von Bangkok aus in einem schmalen Streifen gut 1.000 Straßenkilometer weit auf der malaiischen Halbinsel bis zur Staatsgrenze mit Malaysia. Etwa bis zur Hälfte teilen sich dabei Thailand und der westliche Nachbar Myanmar die Landenge, wobei der Grenzverlauf auf dem Grat eines

Ko Tapu in der Bucht von Phang Nga

etwa 700-1.494 m hohen Bergrückens (Tennasserim-Gebirge) liegt. Wo das thailändische Staatsgebiet die Westküste (zur Andamanen-See) erreicht, fällt das Gebirge meist steil zum Meer ab, von zahllosen Buchten und Einschnitten zerklüftet. Die wildromantische Küstenlinie bildet eine nur schmale Ebene, die in einem Gürtel von Mangrovenwäldern ausläuft. Deren Stelzwurzeln beschleunigen übrigens den Prozeß der Verlandung. Davor erheben sich einige größere und zahllose kleine und kleinste Kalkstein-Inseln aus der Andamanen-See, von denen der *Surin-* und der *Similan*-Archipel, *Phuket*, die *Phi Phi* Inseln und, unmittelbar vor der Grenze nach Malaysia, *Ko Tarutao* die bekanntesten und wirtschaftlich wichtigsten sind. Die bewaldeten Inseln und der Küstensaum ziehen Besucher mit feinsandigen Stränden, seichten Badebuchten sowie einer artenreichen Meeresflora und -fauna (Korallenriffe) an.

Die Ostküste der malaiischen Halbinsel ist weniger zergliedert, stattdessen langgezogen und oft von weiten Sandstränden begrenzt. Hier münden die meisten Flüsse des Südens und lagern dabei Schwemmaterial ab, das das Land langsam in den Golf von Thailand hinausschiebt. Hinter dem Küstensaum breiten sich, durch schmale Landengen vom Meer getrennt, große und fischreiche Binnenseen bzw. Lagunen aus. Im Gegensatz zur Westküste gibt es nur wenige Inseln (*Ko Samui, Ko Phangan* u.a.), die dafür aber recht groß sind und touristische und landwirtschaftliche (Kokospalmen!) Bedeutung haben.

2.2.2 KLIMA/REISEZEIT

Wer sich nur oberflächlich über die Tropen informiert hat, könnte annehmen, in der Nähe des Äquators sei es das ganze Jahr über etwa gleich heiß und die Verteilung von Sonnenschein und Regen ausgeglichen. Wenn man unter solchen Voraussetzungen seinen Urlaub plant und durchführt, kann man in Thailand Wetterbedingungen antreffen, mit denen man nicht gerechnet hat. Dann wird die Reise leicht zur Qual, und es ist wahrscheinlich, daß die Briefe nach Hause solche Sätze enthalten: "Die Stadtbesichtigung von Bangkok fiel wegen überschwemmter Straßen aus" – "Der Busausflug zu den Gebirgsdörfern endete in einer Schlammlawine" – "Der zweiwöchige Strandurlaub in Phuket ging im Dauerregen unter" – "Der Besuch von Sukhothai mußte in der sengenden Hitze abgebrochen werden" ...

Ausschlaggebend bei der Reiseplanung müssen also die Fragen sein
- Wann habe ich wo mit übermäßigem **Regen** zu rechnen?
- Wann habe ich wo mit übermäßiger **Hitze** zu rechnen?

Dazu einige Fakten:
Thailand hat **zwei Klimazonen**: im Süden und Südosten herrscht **tropisches Regenwaldklima** mit einer hohen Luftfeuchtigkeit vor, in den anderen Regionen das trockenere **tropische Savannenklima**. Allgemein ist es in beiden Zonen immer heiß, und zwar durchschnittlich 22°C – 32°C im Schatten. Für die Ausnahmen von dieser Regel sind die **Monsunwinde** verantwortlich, die dem Land hohe Niederschläge oder mehrmonatige Trockenheit bringen – je nachdem, ob sie von der See her oder vom Land her wehen. Infolge des Regens sinken die Temperaturen geringfügig ab, was das Klima aber wegen der erhöhten Luftfeuchtigkeit nicht angenehmer macht. Wenn die niederschlagsreiche Zeit vorbei ist, wird es jedoch kühler bei weitgehend trockenem Wetter – sicher der beste Zeitpunkt für einen Urlaub. Während der Trockenzeit steigt die Quecksilbersäule dann aber wieder stetig an, zunächst noch mit moderaten Werten, zum Ende hin aber mit Temperaturen bis über 40°C! Im tropischen Regenwaldklima sind die Unterschiede nicht so ausgeprägt (d.h. ziemlich gleichmäßig feucht-heiß), im tropischen Savannenklima deutlicher spürbar (d.h. hier gibt es die heißesten und die kühlsten Temperaturen). Da die Monsunwinde das Klimasystem bestimmen, andererseits aber keiner ihr genaues Eintreffen vorhersagen kann, hilft nur der Rückgriff auf die langjährigen statistischen Mittelwerte. Demnach unterscheidet man (anstelle unserer vier Jahreszeiten) in Thailand:

Die heiße Jahreszeit

Sie beginnt etwa ab Mitte/Ende **Februar** und dauert **bis** zum Eintreffen der Regenzeit im **Juni**. In dieser Periode ist es äußerst trocken, und der Nordosten des Landes sieht dann wie eine Wüste aus. Das Thermometer klettert in Bangkok auf etwa 35° C (*durchschnittliche* Tagestemperatur im Schatten!) und im Nordosten noch erheblich höher; selbst die Nächte bringen keine Kühlung. In der Hauptstadt und den touristischen Ballungsorten kann das Wasser knapp werden. Am unangenehmsten wirkt die heiße Jahreszeit in den tiefergelegenen Regionen der Savannen-Klimazone, und nur in den hohen Bergen des Nordens ist es um einige Grad kühler. Trotzdem eignet sich diese Zeit auch dort nicht für längere Besichtigungsaufenthalte oder gar für schweißtreibende Wandertouren. Wer es sich eben leisten kann, verbringt so viele Tage wie möglich am Meer.

Die Regenzeit

Zwischen Juni und Oktober bringen die südwestlichen Monsunwinde den lange ersehnten Regen, je nach Landesteil allerdings in unterschiedlicher Intensität und zu unterschiedlichen Zeiten. Die Regenwolken ziehen über die Andamanen-See heran und treffen zunächst auf die Westküste, die deshalb auch die höchsten Niederschlagsmengen des ganzen Landes aufweist (z.B. Phuket mit ca. 3.000 mm jährlich). Je weiter man zum Norden und Nordosten kommt, desto später setzt die Regenzeit ein und desto geringer werden die Niederschlagsmengen (z.B. Surin mit ca. 1.000 mm jährlich).

Für die Dauer dieser Periode spielen noch andere Faktoren eine Rolle. Im Nordosten z.B., der sozusagen im Wind- und damit auch im Regenschatten der umgebenden Gebirgsketten liegt, beginnt sie gegen Ende Juni und ist normalerweise Ende September bereits vorbei. Auch im Norden beginnt die Regenzeit relativ spät, dauert dort aber länger (manchmal bis weit in den November hinein), weil die Wolken ungehindert über die zentrale Ebene hinwegziehen, um dann in den Gebirgstälern abzuregnen. Die Regenfälle sind dabei im ganzen Lande von wechselnder Stärke, meistens aber heftig bis sintflutartig. Das soll nicht heißen, daß man in dieser Zeit nie die Sonne sehen würde – im Gegenteil scheint sie auch in der Regenperiode fast jeden Tag für einige Stunden (i.d.R. vormittags). Die Behinderungen für den Touristen ergeben sich eher durch die Überschwemmungen, die z.B. das Stadtgebiet von Bangkok schon im Mai und auch noch im Oktober heimsuchen und in den gebirgigen Regionen nicht selten mit Schlammlawinen und völliger Unpassierbarkeit von Straßen einhergehen. Trotz der Niederschläge ist der Temperaturabfall nicht besonders groß. Mit anderen Worten: in der Regenzeit ist es immer noch heiß und dazu enorm feucht!

Die 'kühle' Jahreszeit

Die Zeit **zwischen** Mitte **November** und Ende **Februar** ist für europäische Besucher sicher die schönste. Der Regen hat nun aufgehört, die Sonne scheint, die Luft ist trocken und klar. In Bangkok beträgt die *Durchschnitts*temperatur nun angenehme 25° C (d.h., daß tagsüber sehr wohl Spitzenwerte von 35° C erreicht werden können). Auch der karge Nordosten blüht auf, und im Norden (mit einer *Durchschnitts*temperatur von 21° C) kann man nachts ohne Klimaanlage oder Ventilator schlafen. Nur die höhergelegenen Regionen berechtigen, von einer 'kühlen' Jahreszeit zu sprechen, wenn man nach Einbruch der Dunkelheit bei etwa 15° C zu frösteln beginnt.

Die genannten klimatischen Verhältnisse treffen jedoch nicht immer so und nicht immer in diesen Zeiträumen ein; sie können deshalb nur als grobe Richtlinie dienen. Es ist unübersehbar, daß sich im südostasiatischen Raum in den letzten Jahren einiges verändert hat: in den Zeitungen liest man von schlimmen **Wetter-katastrophen**, die nicht selten Hunderte von Todesopfern fordern. Mal verspäteten sich die südwestlichen Monsunwinde und waren von verkürzter Dauer. Mal dauerten aber auch die üblichen Überschwemmungen länger und machten in Südthailand Menschen obdachlos. Seit Mitte der 80er Jahre verheerten immer wieder Wirbelstürme die Küste, daneben wurden ganze Dörfer von Bergrutschen und Geröllawinen verschüttet, oder das Land ächzte unter monatelangen Dürren. Dies sind die traurigen Resultate der weltweiten Klimaveränderung, die in Thailand durch die Abholzung der Wälder und andere Manipulationen an der Natur zusätzlich verschlimmert wurden. Wie die Entwicklung weitergeht, kann keiner präzise vorhersagen!

Wer seine optimale Reisezeit finden will, muß das vorhersehbare Wetter berücksichtigen. Dabei spielt eine Rolle, welche Region Thailands man besuchen möchte und welche Aktivitäten dort geplant sind. Allgemein gilt: Thailand ist das ganze Jahr über eine Reise wert, aber bestimmte Gebiete sollte man in bestimmten Zeiten besser meiden! Bei allen Verschiebungen, die die globale Klimaveränderung auch für Thailand mit sich bringt, können z.Zt. noch folgende Ratschläge gegeben werden:

● **Badeurlaub:** Schwimmen, Tauchen etc. ist bei Wassertemperaturen von 26°-28°C im Prinzip ganzjährig möglich. Wegen der Regenzeit aber sind an der Westküste, auf Phuket und den anderen Inseln in der Adamanen-See die Monate zwischen Mai und Oktober am ungünstigsten. An der Ostküste, auf Ko Samui und den anderen Inseln im Golf von Thailand regnet es zwischen Dezember und Februar am heftigsten.
● **Trekking/Wandern:** In den Nationalparks und der Gebirgsregion des Nordens wandert man am besten in der kühlen Jahreszeit, also in den Monaten Dezember, Januar, Februar und März. Abzuraten sind die Monate April und Mai wegen der unerträglichen Hitze und die Monate Juli, August und September wegen des Regens.
● **Besichtigungen/Rundfahrten/Städtereise Bangkok:** Auch hier sollten die heißesten Monate April und Mai möglichst gemieden werden, selbst wenn man in klimatisierten Bussen unterwegs ist. Für Nordthailand-Rundreisen sind außerdem die regenreiche Monate August und September ungünstig, Fahrten in den Süden (mit Westküste/Phuket) können von Juli an bis einschließlich Oktober durch Regengüsse beeinträchtigt werden. In Bangkok ist es im Mai am heißesten, und in den Monaten August, September und Oktober die Überschwemmungsgefahr am größten.

Bei der Urlaubsplanung sollte man – vor allem, wenn man auf eigene Faust reist und keine Unterkunft vorgebucht hat – auch berücksichtigen, daß in den **Ferienzeiten** in den Seebädern und an den meisten Sehenswürdigkeiten und Naturschönheiten ein großer Andrang herrscht. Dabei spielen die Ferien der Touristenländer und die einheimischen eine gleichwertige Rolle als 'Hochsaison'. Wer es sich also aussuchen kann und Trubel aus dem Weg gehen möchte, sollte die beliebtesten Ziele während der europäischen Sommer- und Weihnachtsferien meiden. Die thailändischen Semesterferien sind von Mitte März bis Juni, die Schulferien von Mitte Mai bis Mitte Juli. Die besserverdienenden Einwohner Bangkoks unternehmen darüber hinaus ganzjährig gerne Wochenendausflüge in die nähere Umgebung, wozu neben dem Khao Yai Nationalpark auch Ziele wie Cha-Am, Hua Hin, Nakhon Pathom und Pattaya gehören.

Klimatabelle

	Monate	Jan	Feb	Mär	Apr	Mai	Jun	Jul	Aug	Sep	Okt	Nov	Dez
Bangkok	**Temperatur** mittl. tägl. Max.	31,9	32,7	34,0	35,1	34,3	32,9	32,3	32,0	31,6	31,0	30,8	30,8
	mittl. tägl. Min.	20,3	22,5	24,3	25,5	25,2	25,0	24,6	24,4	24,2	24,2	22,8	20,2
	Niederschlag mittl. Anzahl der Tage	2	2	4	5	14	16	19	21	23	17	7	1
	Sonnenschein mittl. Dauer in Stunden	8,2	8,0	8,0	10,0	7,5	6,1	4,7	5,2	5,2	6,1	7,3	7,8
Chiang Mai	**Temperatur** mittl. tägl. Max.	28,9	31,7	34,4	36,1	34,4	32,2	31,1	31,1	31,1	30,6	30,0	28,3
	mittl. tägl. Min.	13,3	14,4	17,2	21,7	22,8	23,3	23,3	23,3	22,8	21,1	18,9	15,0
	Niederschlag mittl. Anzahl der Tage	0,5	1	2	5	12	15	21	20	17	8	4	2
	Sonnenschein mittl. Dauer in Stunden	8,7	9,5	9,2	8,8	7,6	5,7	4,7	4,4	5,5	7,3	8,2	8,7
Nakhon Si Thammarat	**Temperatur** mittl. tägl. Max.	30,1	31,5	32,6	33,9	33,6	33,4	33,3	33,0	32,7	31,3	29,6	29,2
	mittl. tägl. Min.	22,1	21,6	22,1	22,7	23,7	23,5	22,9	23,0	22,9	22,9	22,6	22,3
	Niederschlag mittl. Anzahl der Tage	17	6	6	10	18	13	15	19	20	22	20	19
	Sonnenschein mittl. Dauer in Stunden	8	8	8	8	7	7	7	6	6	6	6	7

2.2.3 PFLANZEN- UND TIERWELT

Als tropisches Land besitzt Thailand eine geradezu überquellende Pflanzen- und Tierwelt, die für viele Touristen einen Hauptanreiz für den Besuch des Landes darstellt. Besonders im Dschungel, der in den Nationalparks unter Naturschutz seht, hat man gute Chancen, exotische Exemplare der Flora und Fauna zu beobachten. Während allerdings noch in den 50er Jahren zwei Drittel des Königreiches von Wald bedeckt waren, ist dieses Areal wegen Brandrodung, Ausdehnung der Landwirtschaft, Holzeinschlag, Straßenbau und Stauseen auf ein Viertel seiner ursprünglichen Größe geschrumpft.

Jedoch auch außerhalb des tropischen Regenwaldes trifft der Reisende auf eine überaus interessante Tier- und Pflanzenwelt. In den landwirtschaftlich genutzten Gebieten kann er den Reisanbau beobachten, Wasserbüffel sehen, Orchideen- und Schmetterlingsfarmen besuchen oder sich an Palmen und tropischen Früchten erfreuen. Und vor der Küste lockt ein farbenreiches Unterwasserparadies mit Korallenriffen und dichten Fischbeständen zu Tauchexpeditionen.

Pflanzenwelt

Die Ausbreitung und der Charakter der **Wälder** ist entsprechend der beiden Klimazonen des Landes (vgl. KAPITEL 2.2.2) unterschiedlich:

● Im äquatornahen, feucht-heißen Klima des Südens und Südostens (auf der malaiischen Halbinsel südlich von Chumphon) findet man noch den **ursprünglichen tropischen Regenwald** (= Primärdschungel), dessen Flora und Fauna zu

den artenreichsten der Welt gehören. Seine Vielfalt konnte er deswegen entwickeln, weil er seit etwa 150 Millionen Jahren unter den gleichen klimatischen Voraussetzungen existierte. Sein typischer Aufbau ist von drei deutlich abzugrenzenden 'Etagen' bestimmt: Zuunterst wachsen wegen des immerwährenden Schattens nur vereinzelt Büsche und Sträucher. Zwischen mächtigen Wurzeln und herabhängenden Lianen breitet sich stattdessen im Halbdunkel des Bodens eine Schicht von Laub, Kleinstlebewesen und feuchtem Humus wie eine federnde Matte aus, Blumenblüten sieht man hier kaum. Nur wo in Lichtungen die Sonneneinstrahlung bis nach unten reicht, sprießt ein undurchdringliches Dickicht. Darüber, in einer Höhe von ca. 10-20 m, spannt sich ein erstes Blätterdach von jungen Bäumen, die der Sonne in den oberen Regionen zustreben. Die oberste Etage bilden Baumriesen wie die *tualang* u.a., die eine Höhe von 70 m und mehr erreichen. Im Konkurrenzkampf um das meiste Sonnenlicht breiten sie ihre ausladenden Kronen aus und bieten sog. Epiphyten (z.B. Orchideen; vgl. KAPITEL 6.2.7) und Schmarotzerpflanzen Platz.

Der tropische Regenwald reicht oft bis an die Küste. Dort wächst an den sumpfigen Flußmündungen die Nipapalme, die man an ihren charakteristischen Palmwedeln erkennt. Im flachen Wasser der Gezeitenzone (an der Westküste und im Golf von Thailand) breiten sich Mangroven aus und stellen mit ihren Stelzwurzeln einen undurchdringlichen Gürtel dar. Die bis zu 20 m hoch werdenden Pflanzen bilden richtiggehende Wälder und tragen zur Verlandung bei. An den Sandstränden herrschen dagegen Palmen- und Kasuarinenwälder vor.

Thailändische Blütenpracht

● Das tropische Savannenklima des Nordens ist trockener und weist größere Temperaturschwankungen auf. Der hier wachsende Dschungel wird "**Monsunwald**" genannt und ist im Gegensatz zum tropischen Regenwald nicht immergrün. Zwar gibt es eine Vielzahl von immergrünen Büschen, Sträuchern und Bäumen (Diptericarpaceen), aber vor allem im Nordosten und in den gebirgigen Regionen des Nordens werfen mehrere Baumarten während der heißen Trockenzeit ihre Blätter ab. Das bekannteste Beispiel hierfür ist der Teakbaum, der zusammen mit anderen tropischen Edelhölzern am meisten vom unverantwortlichen Kahlschlag betroffen war und dessen Abholzung nun gesetzlich verboten ist. Charakteristisch für einige Flußtäler des Nordens ist außerdem der Bambus, hohe, baumartige Graspflanzen, die undurchdringliche Wälder bilden. Wo die Niederschlagsmengen sehr gering sind (z.B. Khorat-Plateau), breiten sich Koniferenwälder, Grasflächen mit Zwergbambus oder eine echte Savanne mit Dornbüschen und Akazien aus.

Mit kostenintensiven Aufforstungsprogrammen versucht man, den Monsunwald zu retten. Oft müssen allerdings die ökologischen Gesichtspunkte hinter den ökonomischen zurücktreten, etwa wenn im Nordosten in Monokulturen schnellwachsende Eukalyptusbäume angepflanzt werden, deren Holz dann exportiert wird und in die Papierindustrie Japans wandert.

Sowohl in den Urwäldern als auch in bewohnten Gebieten und Städten setzen darüber hinaus mehrere Bäume oder Sträucher farbenprächtige Akzente, so z.B. Flammenbäume (Flamboyants), Rhododendren, Bougainvilleas und Hibiskus. Ab und an sieht man prächtige Exemplare der Banyan-Bäume, die mit ihren Luftwurzeln eine Art Hain bilden können, der einen Durchmesser von bis zu 50 m erreicht (z.B. bei Phimai). Genau wie dieser ist auch der Bodhi-Baum (Bo-Baum; *ficus religiosa*) eine Ficus-Art. Da unter dieser Pappelfeige Buddha die Erleuchtung fand (*bodhi* = "Erleuchtung"), gilt er als heilig; man sieht ihn oft in Tempelanlagen, wobei sein Stamm mit gelben Tüchern behängt wird und seine Äste durch bemalte Stelzen abgestützt werden.

Nicht zu vergessen sind auch die Nutzpflanzen, die in vielen Regionen das Landschaftsbild bestimmen. Dazu gehören Kokospalmen genauso wie Papaya- und Gummibäume, Tapioka oder Bananenstauden. Die landwirtschaftlich intensiv genutzten Provinzen werden jedoch hauptsächlich durch die ausgedehnten Reisfelder (= Naßreis), im Norden durch die Terrassen für den Bergreis (= Trockenreis) dominiert. Tabak, Zuckerrohr, Mais, Baumwolle, Kautschuk und Palmölfrüchte werden in Plantagen angebaut. Gegen den Mohnanbau im Norden, der in die Opium-Produktion ging, wird seit einiger Zeit von Regierungsstellen vorgegangen; dort versucht man, die Bergvölker zum Anbau von Gemüse, Früchten oder Trockenreis zu bewegen.

Sowohl als Schädling als auch als Nutzpflanze muß man die Wasserhyazinthe bezeichnen, die seit 1901 die Flüsse, Kanäle und Seen Thailands verstopft. Heutzutage kann sie aber auch zur Wasserreinigung eingesetzt werden und Handwerkern als Rattan-Ersatzstoff bei der Möbelherstellung dienen (vgl. See von Phayao, KAPITEL 6.2.8).

Zur Flora des Landes gehören auch jene wohlschmeckenden und exotischen Früchte, mit denen der Tourist tagtäglich auf den Märkten und in Restaurants konfrontiert wird. Die wichtigsten sind im folgenden aufgezählt und kurz beschrieben:

● **Die wichtigsten thailändischen Früchte**

Ananas (*sappalot*)
Sie ist in Thailand besonders saftig und süß. Man bekommt sie eigentlich auf allen Märkten und in Restaurants oft als Nachspeise. Saison: April bis Juli

Banane (*gluei*)
In sechs unterschiedlich großen und süßen Varianten kommen Bananen in Thailand vor. Als beliebte Nachspeise werden die kleineren Exemplare über dem offenen Feuer gegrillt.

Ananas

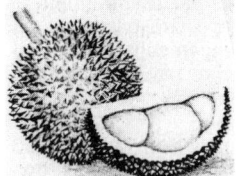

Durian (*turlian*)
An dieser Frucht (auf deutsch manchmal 'Käseobst' genannt), die es in 15 Varianten zu kaufen gibt, scheiden sich die Geister. Für die einen ein übel riechendes Ärgernis, für die anderen die 'Königin der Früchte'. Wegen der Geruchsbelästigung wird an vielen Hotels durch Verbotsschilder die Mitnahme der Frucht in die Lobby oder die Zimmer untersagt. Die stachelige Schale ist von grün-brauner Farbe und ziemlich hart. Das Fruchtfleisch der Durian jedoch schmeckt wirklich gut; es ist hell und cremig und wird bevorzugt zu Klebereis gegessen. Saison: April bis Juni

Durian

Guave (*farang*)
Die Guave ist ursprünglich keine einheimische Frucht, worauf schon der Name (= 'die Fremde') hinweist. Man ißt sie ohne Kerne und mit Zucker und Salz. Saison: September bis Januar

Guave

Holzapfel (*puht sa*)
Holzäpfel sind gelbgrün und kleiner als gewöhnliche Äpfel; Größe und Geschmack erinnern eher an Pflaumen. Saison: Oktober bis Februar

Jackfrucht (*kanun*)
Die Jackfrucht (Jack Fruit) ist ein Riese unter den Früchten: bis zu 20 kg kann sie wiegen! Sie hat im reifen Zustand äußerlich eine hellbraune Farbe und ein festes, gelbes Fleisch, das allerdings saftig ist. Der Kern wird gerne geröstet und erinnert dann geschmacklich an eine große Erdnuß. Saison: August und September

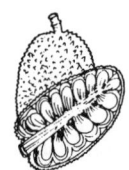

Lam Yai
Eine sehr süße, kleine Frucht mit fester brauner Schale. Die Kerne sind ungenießbar.

Jackfrucht

Lamut
Nicht eßbar an der Lamut (oder Sapota) sind die braune Schale und der große, schwarze Kern. Dazwischen aber befindet sich das sehr süß schmeckende Fleisch. Saison: März bis Juli

Langsard
Die Frucht erkennt man an der braun gesprenkelten, dünnen Schale. Ihr Fleisch hat einen interessanten, süß-sauren Geschmack, die großen Kerne sind jedoch ungenießbar. Saison: Juni bis September

Langsard

Longan (*lamyai*)
Longans sind kleine Früchte mit dünnen Schalen, die man auf den Märkten in Büscheln verkauft. Obwohl auch in Bangkok angeboten, ist ihre Heimat der Norden, insbesondere die Gegend um Chiang Mai, wo ihnen zu Ehren das große Longan-Fest abgehalten wird. Saison: Juli bis September

Longan

Mandarine (*som*)
Mandarinen gibt es im Überfluß und ganzjährig. Oft ersetzen sie die Orangen, die im Lande nicht angebaut werden, weswegen der "frische Orangensaft" in den Restaurants oft aus Mandarinensaft besteht. Sie unterscheiden sich allerdings von den uns bekannten Mandarinen durch ihre grüne Schale und einen Geschmack, der ein wenig an Klementinen erinnert.

Mango (*magmuang*)
Während ihres Reifeprozesses wechselt die Mango Farbe und Geschmack, kann aber trotzdem zu jedem Zeitpunkt verspeist werden. Als grüne Frucht hat sie einen nußartig-sauren Geschmack und wird dann in Scheiben geschnitten und mit Salz gegessen. Die rote Mango schmeckt süß und wird gerne mit Klebereis in Kokosnußmilch gekocht. Saison: März bis Juni

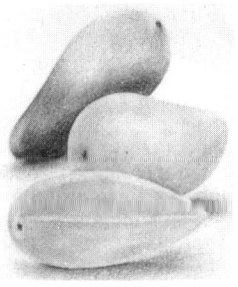

Mango

Manguste

Manguste (*mangkut*)
Diese Frucht hat etwa die Größe eines Apfels und ist an ihrer dunklen Schale (dunkelrot, violett, schwarz) zu erkennen. Der Saft der Schale wird auch zum Färben benutzt. Das sehr süße Fruchtfleisch jedoch ist von heller, fast weißer Farbe. Saison: Juli bis November

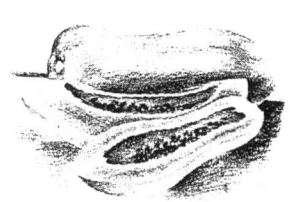

Papaya

Papaya (*malako*)
Papayas haben eine dünne Schale von grünlichem bis gelb-bräunlichem Aussehen und ein orangefarbenes, saftiges Fruchtfleisch. In den Hotels bekommt man sie oft zum Frühstück oder als Dessert.

Rambutan

Rambutan (*ngo*)
Die äußere Gestalt ist die vielleicht merkwürdigste der thailändischen Früchte, worauf ihr Name (= 'die Haarige') anspielt. Die Rambutan wird auf allen Märkten und in Büscheln angeboten. Unter der behaarten, roten und weichen Schale verbirgt sich das helle und süße Fleisch. Der Kern ist nicht zum Verzehr geeignet. Saison: Juni bis Oktober

Riesenorange oder **Pomelo** (*som oh*)
Pomelos ähneln in Aussehen und Geschmack den Grapefruits. Ihr Fruchtfleisch ist rosa, faserig und nicht saftig.

Riesenorange

Rosenapfel (*tschom puh*)
Die wachsig glänzenden Rosenäpfel sind kleine Früchte, deren Form an Birnen erinnert. Ist die (eßbare!) Schale rötlich, schmeckt der Rosenapfel sauer, ist sie grün bis weiß, schmeckt er süß.

Zuckerapfel (*noi nah*)
Den Zuckerapfel erkennt man an seiner hellgrünen, braun gesprenkelten Farbe. Man bricht ihn leicht in zwei Hälften und versucht dann, das Fruchtfleisch vom ungenießbaren Kern zu lösen.

Tierwelt

Mit Tieren kommt man in Thailand, ob man will oder nicht, häufig in Kontakt. Manchmal ist diese Bekanntschaft unerfreulich oder sogar gefährlich (Insekten, Schlangen), manchmal ist sie unerwartet (z.B. die gefangenen Vögel, Aale, Schildkröten etc. an den Tempeln oder die Tempelaffen von Lopburi). Manchmal sieht man Tiere, die dazu bestimmt sind, die Wettleidenschaft der Thai zu befriedigen (z.B. Rennpferde, Kampffische etc.), und immer solche des alltäglichen Straßenbildes (Katzen, streunende Hunde).
Oft wird man sich aber auch aufmachen, um bestimmte Exemplare der vielfältigen Fauna zu beobachten, sei es auf Tauchexpeditionen in die schillernde Unterwasserwelt, sei es beim Besuch von Schmetterlings-, Schlangen- und Krokodilfarmen oder sei es bei Expeditionen in die zahlreichen Nationalparks, die u.a. zum Schutz der Tiere angelegt worden sind. Hier darf man sich allerdings nicht zuviel versprechen. Denn seltene Großsäugetiere wie der **Leopard**, der schwarzweiß gefärbte und nachtaktive **Tapir**, **schwarze Panther**, **Braunbären** sowie der **Tiger** sind wegen der Einengung ihrer Reviere und durch Wildjägerei vom Aussterben akut bedroht und in freier Wildbahn kaum anzutreffen. Ähnliches gilt auch für den **Pangolin**, ein gepanzertes, etwa ein Meter langes Schuppentier, das sich von der Jagd auf Termiten und Ameisen ernährt. Das hochinteressante **Sumatra-Nashorn**, das noch häufig in der Reise-Literatur beschrieben wird, dürfte inzwischen völlig ausgerottet worden sein.

Anders verhält es sich mit den **Symboltieren** des Landes, den asiatischen **Elefanten** (die etwas kleiner als ihre afrikanischen Verwandten sind; vgl. auch KAPITEL 6.2.6). Seit den ersten Thai-Reichen gilt ihnen Bewunderung und fast schon religiöse Verehrung. Die hinduistische Mythologie, die immer schon Thailand beeinflußt hat, kennt z.B. die wichtige Gestalt des Elefantengottes Ganesh. Und traditionell waren in den Königreichen Südostasiens alle aufgefundenen "weißen Elefanten" (= Albinos, die aber nicht weiß, sondern nur heller sind) immer Eigentum des Königs.

Auch der jetzige Monarch Rama IX. hat eine stattliche Anzahl solcher "Königselefanten" in seinem Palastgarten. Diese Großsäugetiere sind allerdings selten geworden und nunmehr in ihrer freien Existenz gefährdet. Nachdem es um 1900 noch 200.000 Dickhäuter gegeben haben soll, sank ihre Zahl auf 17.000 in den 1970ern; z.Zt. leben nur noch etwa 3.000 Exemplare in den Wäldern, und zwar im Tenasserim-Gebirge im Süden und an der westlichen Grenze nach Myanmar. Der Grund für die dramatische Dezimierung liegt in der stetigen Vernichtung ihres Lebensraumes. Auch der (verbotene) Abschuß der Dickhäuter hat zur Abnahme der Population beigetragen. Immerhin werden für ein Paar Stoßzähne (die bis zu 80 cm lang und 24 cm dick werden) etwa 20.000 Baht gezahlt...

Die intelligenten Tiere werden jedoch seit Jahrhunderten auch gezähmt. Auf ihrem Rücken reisten Adelige, mit ihnen wurden Kämpfe gegen Burmesen oder Khmer ausgetragen, und vor allem besorgte ihre Körperstärke und Geschicklichkeit im Dschungel den Transport gefällter Bäume. Ehemals ging die Zahl der

Arbeitselefanten in die Zehntausende, heute sind es knapp 5.000 (mit weiter abnehmender Tendenz). Gelegenheiten, solche gezähmten Tiere zu bewundern oder hautnah zu erleben, gibt es reichhaltig: sei es beim Elefantenritt durch den Dschungel des Nordens, sei es beim Besuch des *Elephant Training Centre* bei Chiang Rai, der Show im *Nong Nooch Village* (südlich von Pattaya) oder der Vorführungen im *Elephant Village* (nördlich von Pattaya), sei es beim weithin berühmten Elefantenauftrieb in Surin (*'Elephant Round-Up'*) oder sei es bei einer Besichtigung von *Samphran Elephant Ground & Zoo* oder *Rose Garden* (beides in der Nähe von Bangkok).

Ähnlich wie die Elefanten konnte man auch einige **Affen**arten fangen und zu Arbeitsleistungen abrichten. In Südthailand, z.B. auf Ko Samui, helfen dressierte, männliche *Makaken* den Menschen bei der Ernte der Kokosnüsse (vgl. KAPITEL 6.5.8). Mehr oder weniger zahme Affen sieht man außerdem manchmal an bestimmten Tempelanlagen, durchaus aber auch in freier Wildbahn (z.B. *Gibbons*). An größeren Wildtieren können einem bei Wanderungen durch die Nationalparks verschiedentlich **Hirsche** begegnen (*Sambar* und *Schweinshirsch*). Im Norden und Osten Thailands trifft man unter Umständen auf **Wildrinder** wie dem *Bateng*. Der riesige *Gaur* mit einer Schulterhöhe von bis zu 2 Metern ist allerdings nahezu ausgerottet. Demgegenüber sind auf dem Land die *Wasserbüffel* als die wichtigsten Nutztiere des Landes allgegenwärtig.

Bei Ausflügen in die Natur braucht man übrigens keine übertriebene Angst vor **Schlangen** zu haben. Zwar sind unter den etwa hundert Schlangenarten, die in Thailand vorkommen, sechzehn giftig (und darunter wiederum sechs, deren Biß tödlich sein kann), doch verläuft eine Begegnung mit ihnen meistens harmlos ab: die Tiere sind eigentlich nicht aggressiv und suchen von sich aus das Weite, wenn man sich ihnen nähert. Das gefährlichste Reptil ist die bis zu zwei Meter lange Königskobra. Die meisten Unfälle passieren nicht Touristen, sondern den Bauern, die bei der Arbeit im Feld zufällig auf eine Schlange getreten haben. Wer Auge in Auge den gefährlichsten Schlangen gegenüberstehen möchte, besuche in Bangkok die Schlangenfarm des Pasteur Institutes, in der u.a. *Königskobras, Kobras, Russel's Viper* und die *Grüne Pit-Viper* zur Serum-Gewinnung gehalten werden (vgl. KAPITEL 5.3). Auch einige Seeschlangen sind giftig, während man sich vor der *Netz-Python*, die mit bis zu 11 m die längste Asiens ist, nicht zu fürchten braucht: sie ist eine Würgeschlange, und der Mensch gehört nicht zu ihren Beutetieren. Sie kommt im Monsunwald vor, taucht bisweilen aber auch in Wohngebieten auf.

Furchterregender noch sind die **Krokodile**, die mit zwei Süß- und Brackwasserarten in Thailand vertreten sind, für Besucher allerdings kaum eine Gefahr darstellen. Es sei denn, man durchwatet die sumpfigen Niederungen des Menam-Deltas, wo etliche *Leistenkrokodile* leben. Diese Art kommt zwischen Indien und Australien vor, hat einen hellgrün-gelblichen Körper mit dunklen Punkten und ist am keilförmigen Schädel zu erkennen. Während das Leistenkrokodil bis zu 10 m lang werden kann, ist das *Siamesische Krokodil* deutlich kleiner, kommt dafür aber

häufiger vor. Menschen werden von ihnen nur selten angegriffen. Eine (als 'Attraktion' ziemlich zweifelhafte) Möglichkeit, viele dieser Riesenechsen zu sehen, bietet die größte Krokodilfarm der Welt bei Samut Prakan (südlich von Bangkok), in der rund 30.000 einheimische und ausländische Exemplare versammelt sind (vgl. KAPITEL 5.4.2).

Auch **Schildkröten** kommen in Thailand vor, z.B. auf der Insel Phuket, wo Meeresschildkröten zwischen November und Februar ihre Eier zum Ausbrüten in den heißen Sand vergraben. Süßwasserschildkröten leben noch in großer Anzahl in den Kanälen und Teichen. In den Süßwasserseen, Flüssen und im Meer lebt eine Vielzahl unterschiedlicher **Fischarten**, die aufzuzählen hier zu weit führen würde. Hingewiesen sei nur auf den ca. 15 cm großen, ungewöhnlichen *Schlammspringer*, der in den Mangrovensümpfen lebt und auch außerhalb des Wassers existieren kann – dann 'geht' er auf seinen Brustflossen und 'atmet' durch die Feuchtigkeit, die in den Kiemen gespeichert ist.

Von ganz anderer Bedeutung sind die *Tilapia-Fische*, die durch den Forscherdrang des jetzigen Königs Bhumibol eingeführt wurden und heute im ganzen Land vorkommen. Man setzt diese sich schnell vermehrenden Fische zu Beginn der Regenzeit in den Reisfeldern aus, wo sie sich von den Insektenlarven ernähren und einen wichtigen Beitrag zur Schädlingsbekämpfung leisten. Kurz vor der Reisernte werden sie wieder eingefangen.

Über das unglaublich arten- und farbenreiche maritime Leben informiert man sich am besten mit der Taucherbrille vor Ort. *Groß- und Kleinfische, Krebse, Hummer,*

Meeresschnecken, Korallen, Seegurken, Quallen, Seesterne – in einer faszinierenden Welt geben sie und andere Lebewesen ein buntes Bild ab. Nicht alle Meerestiere sind ungefährlich. *Steinfische* oder *Seeschlangen* können schlimme Verletzungen, z.T. sogar mit Todesfolge, verursachen. Allein fünf der vielen Seeschlangen-Arten, die man an einer auffälligen Musterung erkennt, sollen giftig sein! Tröstlich zu wissen, daß sie nicht aggressiv sind und überdies nur über eine sehr kleine Mundöffnung verfügen. Vorsicht ist auch bei den bis zu 2 Meter langen *Muränen* angebracht, und der unfreiwillige Kontakt mit *Seeigeln* und *Feuerquallen* kann schmerzhafte Verletzungen hervorrufen. Allgemein gilt bei allen Wassertieren: Anschauen ist immer sicherer und außerdem auch ökologisch unbedenklicher als Anfassen!

Nicht nur das nasse Element, auch die Luft steckt voller Leben. Unter den Tausenden von **Vogelarten** sind viele Zugvögel, die den Monsunwinden folgen, z.B. *Laubsänger, Sumpfvögel* und der schwarzgefiederte *Koel*. Sehr häufig sieht man auch *Reiher*, die sich oft auf den Rücken der Wasserbüffel aufhalten. Die *Kraniche* gehen meist in den Reisfeldern auf Nahrungssuche. Von besonderer Größe sind die *Nashornvögel*, die bis zu 3 m Flügelspannweiten aufweisen können. Und für seine farbliche In-

Chao Phraya: Nistgebiet der Störche

49

tensität ist der in grünen und blauen Farben schillernde *Eisvogel* berühmt, den man oft an Flüssen und Bächen auf Beutejagd sieht. Eindrucksvoll ist von November bis Juli das Bild von Tausenden von *Klappschnabelstörchen*, die dann nördlich von Bangkok am Menam ihre Nistplätze haben. Daneben hat man überall gute Chancen, die farbenprächtigen *Marabus*, *Papageien* und *Sittiche* zu bewundern.

Auch Säugetiere und Reptilien bewegen sich in luftigen Höhen. Das sog. *Riesenflughörnchen* hat trotz seiner Größe von bis zu einem Meter eine Gleitfähigkeit entwickelt, die es ihm erlaubt, größere Entfernungen über dem Blätterdach des Regenwaldes zurückzulegen. Gleiches gilt für die *Flattermakis*, eine Halbaffenart, *Flugdrachen* und *Flugfrösche*. Im Gegensatz zu diesen sog. Gleitern können sich

die *Fledermäuse* in der bekannt-genialen Art schnell und ausdauernd fortbewegen und in der Dunkelheit orientieren. Sie schwärmen in der Dämmerung massenhaft aus ihren Höhlen aus, um auf Beutefang auszugehen.

Bleibt als letzter Bereich das, was milliardenweise durch Thailand kreucht und fleucht. Die **Insekten** sieht, hört und spürt man überall, sie erfreuen oft das Auge und sind noch öfter lästig, wenn nicht sogar gefährlich. Zur letztgenannten unerfreulichen Art gehören die *Hornissen*, *Anopheles-Moskitos* und gefährlichen *Ameisen* (z.B. *Rote Baumameisen*). Harmlos, aber durch ihr ständiges Zirpen nach Einbruch der Dunkelheit aufdringlich, sind *Zikaden* und *Grillen*. Daneben trifft man auf interessante Exemplare wie *Gottesanbeterinnen* oder merkwürdige *Spinnen*. Die *Schmetterlinge*, die u.a. für die Orchideenzucht wirtschaftliche Bedeutung haben, kommen in allen Größen, Farben und Musterungen vor. Auch andere Insekten fallen durch ihre Größe auf: der *Nashornkäfer* kann bis zu 5 cm lang werden, die *Riesenameise* immerhin über 2,5 cm lang...

Wer keine Insekten im Hotelzimmer leiden kann (und bei Moskitos ist das auch angebracht), sollte die **Geckos** nicht vertreiben, die häufig zu Gast sind. Und man sollte auch bei dem ruhestörenden Lärm, den die **Frösche** manchmal veranstalten, bedenken, daß diese Tiere ebenfalls als Insektenvertilger den Menschen zur Seite stehen.

2.2.4 WIRTSCHAFT

Nirgendwo sonst sieht man den Wandel des Landes so deutlich wie an der stürmischen Entwicklung des Wirtschaftswachstums, die das Königreich seit den 80er Jahren erfährt. Aus dem ehemaligen Agrarland wurde eine Industriemacht, die zu den Vorbildern und Konkurrenten Taiwan, Süd-Korea, Hongkong und Singapore aufgeschlossen hat und sich daranmacht, diese zu überflügeln. Von den Europäern, Amerikanern und Japanern wird diese Phalanx inzwischen ehrfurchtsvoll "little dragons" (= kleine Drachen) oder sogar "die fünf brüllenden Löwen" genannt.

Ablesbar ist der thailändische Strukturwandel an der Exportstatistik: War noch 1974 die Landwirtschaft mit 55,7% an der Ausfuhr beteiligt und überstieg damit den gesamten Anteil der Industrie (24,9%), des Bergbaus (9%) und anderer Branchen (10,4 %), so wurde 1989 die Landwirtschaft mit 30,5% bereits deutlich von der Industrie mit 66,9% auf den zweiten Platz verwiesen. Die Bedeutung des Bergbaus (1,6%) und der anderen Branchen (1,0%) fiel demgegenüber kaum noch ins Gewicht.

Mit anderen Worten: Das 'Schwellenland' Thailand steht nicht mehr nur vor der Türe der Industrialisierung, sondern hat diese längst schon durchschritten. Erstaunlich, fast beängstigend schon, ist, mit welcher Geschwindigkeit sich dieser Prozeß abspielt. Das Bruttoinlandsprodukt, also die Gesamtheit aller in der Volkswirtschaft produzierten Güter und Dienstleistungen, stieg 1988 um 13,1% und 1989 um 10,8% – damit war die Wirtschaft des Königreiches eine der am schnellsten wachsenden der Welt, deutlich die anderen vier *little dragons* in den Schatten stellend (von den etablierten Industriegiganten wie USA, Deutschland oder Japan natürlich ganz zu schweigen!).

Das explodierende Handelsvolumen bringt Dollar, Yen und Mark ins Land, die wiederum für den Import von Gebrauchswaren und Luxusgütern investiert werden. Zwar übersteigt der Wert der Importe den der Exporte, aber diese negative Handelsbilanz ist relativ gering und bleibt auf niedrigem Niveau weitgehend stabil – kein Vergleich also zu den defizitären Volkswirtschaften der meisten Dritte-Welt-Länder! Im internationalen Ansehen stieg die thailändische Volkswirtschaft, als 1990 der Finanzminister Pramual Sabhavasu bekanntgab, daß die Bank of Thailand alle laufenden Kredite zurückgezahlt hat (dreieinhalb Jahre vor Fälligkeit!). Damit wurde das Königreich unter den Mitgliedern des Internationalen Währungsfonds von einem Schuldnerland zu einem Gläubigerland, nachdem es vorher schon in den Kreis der "entwickelten Volkswirtschaften" aufgenommen worden war. Dazu

Thailand will „fünfter kleiner Tiger" werden

Touristik-Branche baut Kapazitäten in Thailand

stark aus

Günstige Perspektiven für die Wirtschaft

Infrastruktur wird ausgebaut

Aufstrebendes Land ist ein „Paradies für deutsche Investoren"

Riesiges Industrieprojekt in der südlichen Küstenregion geplant

In den Schlagzeilen: Thailands Wirtschaft

kommt, daß auch die Inflationsrate mit 6,5% noch akzeptabel ist und daß außerdem der ständig prosperierende Fremdenverkehr Deviseneinnahmen bringt, die jeden Zweig der Exportwirtschaft übersteigen. Unter diesen Voraussetzungen werden immer mehr **ausländische Investoren** vom Billiglohn-Land angezogen, in erster Linie die Japaner, die mit 34% deutlich an der Spitze liegen. Es folgen Firmen aus der EG (13%), aus Taiwan (13%), Hongkong (8%), USA (7%) und anderen Staaten.

Diese Länder sind gleichzeitig die wichtigsten **Handelspartner**, sowohl was die Importe als auch die Exporte betrifft. Bei der **Wareneinfuhr** nach Thailand führte 1990 Japan mit 30,4% die Liste der Importländer an, auf den nächsten Plätzen standen die USA (11,2%), Singapore (7,7%), Deutschland (5,1%), Taiwan (5%) und China 2,9%. Im gleichen Jahr gingen die **Exporte** hauptsächlich in die USA

(21,7%), nach Japan (17%), Singapore (7,1%), in die Niederlande (4,9%), nach Deutschland (4%) und Hongkong (3,9%). Aufschlußreicher ist jedoch, wenn man darauf achtet, **was** exportiert wurde! Denn neben Reis sind hier die Produkte der Textilindustrie und der landwirtschaftlichen Industrie eindeutig bestimmend:

Reihenfolge der wichtigsten Ausfuhrgüter (erstellt nach den Einnahmen in Millionen Baht) im Jahre 1990:

1.	Textilwaren	88.220	8.	Zucker	17.600
2.	Reis	32.000	9.	Tiefkühl-Hähnchen	5.600
3.	Gummi/Kautschuk	26.000	10.	Mais	3.840
4.	Tapioka-Produkte	22.000	11.	Zinn	2.600
5.	Integr. Schaltkreise	22.000	12.	Kaffee	1.600
6.	Edelsteine	19.800	13.	Tabakblätter	1.600
7.	Garnelen	19.550	14.	Früchte	1.590

Es ist ganz klar, daß ein solcher Strukturwandel für Arbeitsplätze, Löhne, Infrastruktur usw. von enormer Bedeutung, andererseits aber nicht ohne Risiken und Probleme ist. Die gesellschaftliche Verunsicherung einer weitgehend in Traditionen verhafteten Landbevölkerung, der Raubbau an der Natur, die Umweltverschmutzung und der Bauboom gehören dazu. Diese Probleme ökologisch und sozial verträglich zu lösen, ohne dabei die errungenen Erfolge zu verspielen, ist Aufgabe und Ziel der thailändischen Wirtschaft.

Wichtiger Wirtschaftszweig: Textilindustrie

Nach dem 1991 beschlossenen Vier-Jahres-Plan (1992-1996; *Seventh National Economic and Social Development Plan*) will man erreichen, daß bis 1996 das allgemeine Wirtschaftswachstum 8,2% beträgt, wobei die Landwirtschaft mit 3,4% unter dem Durchschnitt liegen soll. Dabei geht man von einer durchschnittlichen Inflationsrate von 5,6% und einer Zunahme der Bevölkerung von 4 Millionen Menschen aus. Gleichzeitig wird ausdrücklich darauf hingewiesen, daß die qualitative Verbesserung gleichberechtigt neben der quantitativen stehen und daß bei der Entwicklung der Einkommen eine größere soziale Gerechtigkeit erreicht werden muß.

Positiv ist auch, daß der Plan eine größtmögliche Rücksichtnahme auf den Umweltschutz vorsieht.

(Quelle: The Nation, 2. August 1991)

Zu den Hauptbereichen der thailändischen Wirtschaft im folgenden einige Kurzinformationen:

Landwirtschaft

Das landwirtschaftliche Herz des Landes ist die Zentralregion, aber auch im Norden, Nordosten und Süden sind Ackerbau und Viehzucht die dominierenden Erwerbszweige. In der Einkommensstatistik rangieren die Bauern am untersten Ende. Dies trifft vor allem da zu, wo neben die ökonomischen Nachteile des Berufs die Ungunst der Natur tritt, wie z.b. im Nordosten, dessen Erträge wegen der Versteppung des Bodens stetig zurückgehen. Aber auch in der bevorzugten zentralen Ebene sind mehr als die Hälfte aller Bauern nur Pächter und obendrein oft hoch verschuldet. Ein großes Manko ist die geringe Größe der Betriebe, die im Durchschnitt noch unter 2,5 ha liegt. Eine 1975 begonnene Landreform hat an diesen Zuständen nicht viel ändern können. Immerhin formuliert der neue Vier-Jahres-Plan eine deutliche Verbesserung der bäuerlichen Lebensumstände bis 1996 als Ziel und Prognose. Mit der ständigen Vergrößerung der landwirtschaftlichen Nutzfläche (auf Kosten der Berg- und Regenwälder) können die Hektarerträge nicht einhergehen, sie stagnieren bzw. nehmen ab.

Die Anzahl der in der Landwirtschaft Beschäftigten (in Relation zu den Gesamtbeschäftigten) sank im letzten Jahrzehnt von 80% auf 65%. Trotz der schwindenden Bedeutung sind die Produkte der Agrikultur weiterhin ein wichtiges Standbein der thailändischen Wirtschaft. Das Königreich ist der weltweite Reisexporteur Nummer Eins. In der Gewinnung von Kautschuk stellt das Land 15% der Weltproduktion und steht damit hinter Malaysia und Indonesien an dritter Stelle. Von dieser glänzenden Exportsituation hat das Land nicht viel, denn die landwirtschaftlichen Produkte werden größtenteils nach Bangkok und Umgebung gebracht, wo sie für die Ausfuhr industriell verarbeitet werden. Neben Reis und Kautschuk sind weitere Aktivposten Zucker, Gefrierhühnchen, Mais, Kaffee, Tabak, Tropenfrüchte, Bohnen, Gewürze und Früchte. Der Export von Blumen (fast ausschließlich Orchideen) nimmt einen steigenden Stellenwert ein und geht hauptsächlich nach Japan.

Fischerei

Mit seiner langen Küste, den vielen Flüssen, Seen und anderen Binnengewässern ist Thailand eine wichtige Fischfang-Nation, die durch die Binnen-, Küsten- und Hochseefischerei jährlich über 2,5 Millionen Tonnen anlandet. Nicht zu vergessen sind auch die Reisfelder, in denen nach der Regenzeit die *Tilapia-Fische* (s.o.) eine willkommene Abwechslung im Speiseplan darstellen. Der überwiegende Teil der Fänge wandert in die Kochtöpfe der privaten Haushalte und Restaurants, nur ein kleinerer Teil wird exportiert – hauptsächlich in die USA und nach Japan. Dabei dominieren tiefgefrorene Schalentiere (z.B. Garnelen) und Thunfisch. Die fischverarbeitende Industrie (etwa 60 Betriebe) hat sich in der Hauptstadt und ihrer näheren Umgebung angesiedelt.

Forstwirtschaft

Die einst blühende Holzindustrie kann in dieser Übersicht nur als Problemfall, nicht mehr als ernstzunehmender Wirtschaftszweig erwähnt werden. Durch den unverantwortlichen Kahlschlag, der wiederum für Bodenerosion und Bergrutsche verantwortlich ist, hat das Land – ehemals ein Hauptexporteur von tropischen Edelhölzern – sich selbst größten Schaden zugefügt. Schon seit Mitte der 70er Jahre muß Thailand Holz einführen, vor allem aus Myanmar, Laos, Malaysia und Indonesien. 1974 wurde dann ein Gesetz zur Aufrechterhaltung des ökologischen Gleichgewichts verabschiedet, das den ungehinderten Kahlschlag eindämmte,

Resultat des Kahlschlags: Landschaft im Norden

und nach den Wetterkatastrophen des Jahres 1988 verbot man schließlich das Abholzen zu kommerziellen Zwecken gänzlich und landesweit.

Diese notwendige und überfällige Maßnahme hatte schlimme soziale Folgen: 144.000 Menschen, die in den Wäldern und Sägewerken beschäftigt waren, wurden arbeitslos; das gleiche Schicksal haben etwa 100.000 Arbeiter in den Möbelfabriken um Bangkok zu erwarten. Da das Holz nun knapp und damit teuer wurde, hat sich mit illegalem Holzschlag (besonders von Teak) ein lukratives Geschäft entwickelt, das von einer mächtigen "Holzfäller-Mafia" betrieben wird. Immerhin werden z.Zt. noch importierte oder aus forstwirtschaftlichen Gründen gefällte Stämme zu Bauholz verarbeitet oder wandern in die Möbelproduktion. Handwerker bear-

GIVE CHIANGMAI A TREE

Aufforstungskampagne in Chiang Mai

beiten Rattan, Peddigrohr, Bambus (und Wasserhyazinthen), aus verschiedenen Hölzern werden Öle, Harze und Firnis gewonnen. Schließlich ist Holz bei der armen Bevölkerung immer noch ein wichtiger Brennstoff.

Bergbau und Energiegewinnung

Thailand ist ein an Bodenschätzen reiches Land: Mit Wolfram, Mangan, Zinn, Braunkohle, Kalk, Salz, Edelsteinen, Erdöl und Erdgas ist die Palette an gewinnbringenden Stoffen breit gefächert. Vor allem Zinn, das im Südwesten (z.B. auf Phuket) vorkommt und in etwa 200 Bergwerken abgebaut wird, kann in großen

Mengen ausgeführt werden. Obwohl das Königreich einer der führenden Zinnexporteure der Welt ist, nimmt jedoch die Produktion seit einigen Jahren wegen der sinkenden Weltmarktpreise ab. Von dem Dilemma vieler Schwellenländer, von den erdölexportierenden Staaten abhängig zu sein, konnte sich Thailand ein wenig freimachen, seitdem man 1984 die Produktion von Erdöl und Erdgas im Golf von Thailand begonnen hat. Heute wird dadurch bereits ein erheblicher Teil der Energieversorgung gedeckt, zusammen mit den Braunkohle-Kraftwerken (25%) und Wasserkraftwerken (20%).

Während diese Funde für den eigenen Bedarf benötigt werden, ist die Ausfuhr von Edelsteinen inzwischen der sechstwichtigste Devisenbringer – weit vor dem Zinn-Export. Rubine, Saphire sowie andere Edel- und Halbedelsteine werden nicht nur im Land selbst geborgen, sondern oft auch aus Myanmar eingeschmuggelt. Weniger spektakulär ist die Salzproduktion. In der Nähe von Bangkok gibt es ausgedehnte Salinen, in denen Meersalz gewonnen wird. Der illegale Salzabbau, der im Nordosten (Provinz Maha Sarakham) betrieben wurde, ist vom Bangkoker Innenministerium 1991 verboten worden: Hunderte von Bauern hatten gegen die Salzminen demonstriert, weil deren Abwässer Flüsse und Felder der Umgebung verseuchten.

Industrie

Wer mit dem Bus von Bangkok z.B. nach Pattaya gefahren ist, weiß, wo das Herz der thailändischen Industrie schlägt. Mehr als 50% aller Industrieansiedlungen des Landes (die ebenfalls mehr als die Hälfte der industriellen Produktion stellen) sind im hauptstädtischen Großraum konzentriert. Wie die Reihenfolge der wichtigsten Exportgüter ausweist, ist davon der bedeutendste Zweig die arbeitsintensive Textilindustrie, der kunstvolle Imitate internationaler Modefirmen genau wie Billigwaren oder Designer-Kleidung entstammen. Die Textilfabriken sind meist Joint Ventures von japanischen und Thai-Firmen. Auch die Nahrungsmittel-, Elektro-, Zement-, Spielzeug- und Automobilindustrie ist bei Bangkok versammelt. 1988 konnten von hier aus die ersten von 100.000 ausschließlich in Thailand montierten japanischen Kleinwagen nach Kanada verschifft werden. Auch europäische Marken wie Mercedes, BMW, Volvo und Peugeot lassen im Billiglohn-Land Fahrzeugteile montieren. Ebenfalls von Bedeutung sind die hier produzierten integrierten Schaltkreise, Kühlschränke, Waschmittel, Kosmetika, Medikamente und Möbel.

In einer Spielzeugfabrik

Tourismus

Als beliebtestes Ferienziel Südostasiens konnte Thailand seine Besucherzahlen ab den 1970er Jahren langsam, Mitte der 80er Jahre aber sprunghaft steigern, allein zwischen 1985 und 1990 um knapp 100%. Während 1970 – damals lastete über der Region noch der Vietnam-Krieg – nur 630.000 Touristen ins Land kamen, wurde vor allem durch die Werbekampagne für das "Visit Thailand Year 1987" ein Boom gezündet, der bis heute anhält. An der Statistik ist ablesbar, welche Auswirkungen die Kampagne hatte, gerade auch für den Besucherverkehr aus Deutschland:

Jahr	Besucher	(davon aus Deutschland)	Steigerung	Einnahmen (in Mio Baht)	Steigerung
1985	2.438.270	(99.000)	3,9%	31.768	16.3%
1986	2.818.092	(119.000)	15,6%	37.321	17.5%
1987	3.482.958	(148.000)	23,6%	50.024	34.0%
1988	4.230.737	(190.000)	21,5%	78.859	57.6%
1989	4.809.508	(221.000)	13,7%	96.000	21.7%
1990	5.800.000	(239.915)	20,6%	120.000	25.0%

Im ersten Halbjahr 1991 ging dann die Zahl der Thailand-Touristen infolge des Golf-Krieges um 30% zurück, so daß das erwartete Jahresziel (6.850.000 Besucher; Einnahmensteigerung um 21.7%) nicht ganz erreicht wurde. Durch verstärkte Buchungen im zweiten Halbjahr '91 wurde die Flaute aber abgeschwächt und änderte insgesamt nichts an dem offensichtlichen 'Thailand-Boom'.

Nicht nur in Südostasien, sondern in der gesamten Region Asien/Pazifik hat sich damit das Königreich einen Spitzenplatz im Passagieraufkommen erkämpft. Nach Japan und Indien steht es bereits an dritter Stelle, noch vor Ländern wie Hongkong, Australien, China, Neuseeland usw. Im Pauschalflugreiseverkehr nimmt Thailand vor den Malediven und Sri Lanka sogar den ersten Rang ein.
Nach dem Vier-Jahres-Plan 1992-1996 sollen die Einnahmen aus dem Tourismus nicht mehr so spektakulär, aber stetig um durchschnittlich 11,4% pro Jahr gesteigert werden. Es ist klar, daß ein solcher Kraftakt genau wie bei der allgemeinen wirtschaftlichen Entwicklung nicht ohne Risiken und negative Auswirkungen zu bewerkstelligen ist. Der Bauboom an der Küste, etwa in Pattaya und auf Phuket, veränderte nicht nur das Aussehen ehemals verschlafener Fischerdörfer, sondern brachte auch eine erhebliche Umweltverschmutzung mit sich: neue Gäste werden z.T. schon wieder abgeschreckt.

Ähnlich verhält es sich mit einigen Bergdörfern im Norden, deren 'Ursprünglichkeit' so überlaufen ist, daß sie zu bloßen Touristenmagneten und Fotomotiven verkommen sind. In den trockenen Regionen wird durch den Fremdenverkehr die ohnehin schon schlimme Wasserknappheit verstärkt. Und zu all dem kommt jene kulturelle Verunsicherung, die bei der Begegnung wesensfremder und unterschiedlich reicher Völker oft Züge eines neuen Kolonialismus trägt. Da viele Touristen außerdem nicht zum erstenmal in Thailand sind (beispielsweise war fast die Hälfte der deutschen Besucher des Jahres 1990 schon ein- oder mehrmals im Königreich), stehen die nationalen und regionalen Fremdenverkehrsämter vor dem Zwang, ständig neue Rundreise- und Besichtigungsprogramme zu entwerfen. Z.Zt. entwickelt sich z.B. der Nordosten zur neuen Destination. Auf diese Weise kommen zwar auch bisher vernachlässigte Gegenden in den Genuß von Deviseneinnahmen und wirtschaftlichem Aufschwung, andererseits ist die Richtung der Touristenströme nie vorherzusagen. Schon jetzt klagen einst populäre Zielorte über stagnierende oder sinkende Zahlen.

Von den 5,8 Millionen Besuchern, die 1990 nach Thailand kamen, reisten 65% auf eigene Faust. Damit blieb der größte Teil der Einnahmen als Devisenreserven im Land. Mit 100 Milliarden Baht (= 13 Milliarden Mark) war das mehr, als irgendein Zweig der Exportindustrie erwirtschaften konnte! Den Löwenanteil stellten dabei übrigens mit 3,2 Millionen Besuchern die ASEAN-Länder (Malaysia, Singapore, Indonesien, Brunei, Philippinen). Darunter ist ein großer Prozentsatz von Tagesbesuchern, die in den südthailändischen Grenzorten (z.b. Hat Yai) einkaufen und Vergnügungsstätten oder Bordelle frequentieren.

Die Zahl der europäischen Gäste betrug insgesamt 1,3 Millionen, wobei die Deutschen inzwischen die größte nationale Gruppe stellen. Jedoch sind auch bei Engländern, Franzosen, Skandinaviern und Italienern enorme Steigerungsraten zu beobachten. Weitere starke Kontingente kommen aus Japan und den USA. Die Statistik der durchschnittlichen Aufenthaltsdauer (7,6 Tage) wird durch die asiatischen Tagesbesucher natürlich ein wenig verfälscht. Deutsche Touristen z.b. bleiben durchschnittlich 13,4 Tage im Land.

Buchtip
Wer sich über den aktuellen Stand von Wirtschaft und Finanzen im Königreich informieren möchte, erhält in dem von der *Thai Farmers Bank* herausgegebenen Heft "Thailand's Economy in Figures" jährlich aktualisiertes statistisches Material.

2.2.5 BEVÖLKERUNGSSTRUKTUR UND SOZIALE LAGE

Die meisten der etwa 56 Millionen Einwohner Thailands leben in der traditionellen, dörflichen Siedlungsstruktur auf dem Land. Doch der Strukturwandel greift auch hier. Denn die **Landbevölkerung** arbeitet nicht nur in einem Wirtschaftssektor mit abnehmender Bedeutung, sondern sieht sich (vor allem im Nordosten) auch vor erhebliche soziale Probleme gestellt: fast ein Drittel der bäuerlichen Familien lebt am oder unter dem Existenzminimum. So ist es kein Wunder, daß vor allem die junge und arbeitslose Landbevölkerung den Städten zuströmt, wo sie allerdings nur in den seltensten Fällen sofort am Reichtum des Wirtschaftsbooms teilhaben kann. Stattdessen rekrutiert sich aus ihr das Heer der billigen Arbeitskräfte und Gelegenheitsarbeiter, die ohne Ausbildung und Startkapital kaum Aufstiegschancen haben. Es sind vor allem die Mädchen aus diesem Umfeld, die sich dann in Bars und Bordellen für Einheimische und Touristen prostituieren müssen.

Die zunehmende **Verstädterung** jedenfalls ist signifikant und stellt inzwischen ein Problem dar. Davon betroffen ist insbesondere die Metropole **Bangkok**, die (noch) einzige Millionenstadt des Königreichs. Wieviele Menschen hier mehr oder weniger gut leben, ist nicht genau zu sagen, da es in Thailand keine Ummeldepflicht gibt. D.h., daß zu den 5,8 Millionen der offiziellen Statistik (1990) noch Hunderttausende hinzuzuzählen sind, die ihren Wohnsitz in den Heimatgemeinden auf dem Land angemeldet haben. Nach Schätzungen dürfte die Hauptstadt inzwischen 6,5 Millionen, der Großraum Bangkok (zusammen mit Thonburi) mindestens 8 Millionen Menschen (manche sagen: mindestens 10 Millionen) aufweisen, so daß weit mehr als jeder zehnte (bzw. jeder siebente) Thai hier zu Hause ist. Die **Bevölkerungsdichte** beträgt dabei etwa 3.750 Einwohner pro Quadratkilometer, was (an europäischen Metropolen gemessen) nicht viel erscheint. Man muß dabei allerdings berücksichtigen, daß die Städter ähnlich wie auf dem Land zum großen Teil in ein- bis zweistöckigen Häusern wohnen, der Zersiedlungsgrad und die Enge des Wohnraums also beträchtlich höher als in Europa sind.

So wie Bangkok wie ein Magnet auf das gesamte Land wirkt, so entsprechen dieser Funktion in den einzelnen Regionen lokale Zentren. In der fruchtbaren zentralen Ebene ist das z.B. **Nakhon Sawan**, das sich im nächsten Jahrhundert vielleicht noch am ehesten als zweite Millionenstadt des Königreiches etablieren wird. Im Nordosten trägt besonders **Nakhon Ratchasima** (Khorat, 140.000 Ew.) zur Verstädterung bei, aber auch Khon Kaen, Ubon Ratchathani und Udon Thani sind inzwischen Großstädte mit mehr als 100.000 Einwohnern. Im Norden hat **Chiang Mai** (160.000 Ew.) als zweitgrößte Stadt des Landes diese Sogwirkung, dicht gefolgt von Chiang Rai. Im Süden muß man an erster Stelle **Hat Yai** (135.000 Ew.) nennen, das vor Nakhon Si Thammarat und Songkhla die Landbevölkerung anzieht.

Insgesamt beträgt die Bevölkerung z.Zt. knapp 56 Millionen Menschen, was einer Dichte von etwa 109 Einwohnern/qkm entspricht. Nach den staatlichen Kampagnen für die **Familienplanung** konnte die Wachstumsrate auf 1,6% gesenkt werden, weswegen man in Thailand nicht von einer 'Bevölkerungsexplosion' sprechen kann. Diese Kampagne hatte ihre größten Erfolge bei den städtischen und gebildeten Schichten, während sie auf dem Land und bei den Bergstämmen an ihre Grenzen stieß; hier wird traditionell Kinderreichtum mit Glück und gesicherter Altersversorgung gleichgesetzt. Immerhin wird sich die Bevölkerung des Königreiches bei gleichbleibender Zunahme in zwei bis drei Generationen verdoppelt haben. Gleichzeitig wurde durch die Verbesserung der hygienischen Verhältnisse und der medizinischen Versorgung die Säuglingssterblichkeit eingedämmt und die **Lebenserwartung** auf z.Zt. 64 Jahre erhöht. Nach dem Vier-Jahres-Plan der Regierung geht man davon aus, daß die Bevölkerung zwischen 1992 und 1996 von 56,9 Millionen auf 61 Millionen anwachsen wird.

Die **soziale Lage** ist von der Ungleichheit der Lebensbedingungen und der Einkommen stark gekennzeichnet. Zwar ist wirklicher Hunger selten anzutreffen und damit kein Problem, mit dem der Thailand-Reisende konfrontiert würde. Auch Armut und Unterentwicklung treten hier weniger dramatisch in Erscheinung als in anderen Ländern der Region. Aber der Graben, der Arme und Reiche trennt, ist tief. Neben einer kleinen und mächtigen Oberschicht, zu der die Generalität nebst Familien und die – oft chinesischen – Wirtschaftslenker gehören, stellt die etwas größere Schicht der Beamten, Angestellten und Intellektuellen in den aufstrebenden Städten das Leitbild des 'modernen Thailand' im Selbstverständnis etwa der Werbung dar.

Die breite Masse jedoch kann sich weder auf dem Land noch in den Slums und Barackensiedlungen Bangkoks die Träume erfüllen, die tagtäglich durch das Fernsehen und die riesigen Reklametafeln erweckt werden. Selbst wer eine Arbeit hat, muß mit Löhnen auskommen, die umgerechnet zwischen sieben und zehn DM pro Tag ausmachen. Während die Wirtschaftspolitik allen, die Geld investieren wollen, enorme steuerliche Anreize bietet, können Bangkoks Unternehmer über ein Heer billiger Arbeitskräfte verfügen, denen sie oft nicht einmal die niedrig angesetzten staatlichen Mindestlöhne zahlen. Immer noch sind die allgemeinen Arbeitsbedingungen äußerst schlecht; Kinderarbeit kommt im großen Ausmaß vor. Die sich enorm entwickelnde Volkswirtschaft mit zweistelligen Zuwachsraten hat zudem einerseits zu **Arbeitslosigkeit** geführt und andererseits zu **Facharbeitermangel**! Um diesem Dilemma zu begegnen, muß das Niveau der Berufsausbildung verbessert werden. Z.Zt. gibt es 207 Ausbildungszentren, was bei der hohen Bevölkerung des Landes natürlich nicht ausreicht. Nun soll mit deutscher Hilfe jenes bewährte System eingeführt werden, bei dem die praktische Ausbildung im Betrieb und die theoretische in der Berufsschule stattfindet.

Der **politische Protest** gegen die mißliche soziale Lage wird von Oppositionsgruppen, besonders aber von den Studenten und Gewerkschaften getragen, wobei der gewerkschaftliche Organisationsgrad und damit auch dessen Einfluß gering ist. Positiv hingegen muß gewertet werden, daß die sozialen Probleme der Regierung und dem König bewußt sind und daß auch von offizieller Seite intensiv an Programmen zur Verbesserung der Lebensverhältnisse gearbeitet wird.

Die **ethnische Struktur** des Landes ist weitgehend homogen. 44,6 Millionen Einwohner (= 80%) sind der **Thai**-Majorität zuzurechnen, die in den meisten Regionen unter sich lebt und zudem keine großen religiösen oder sprachlichen Unterschiede kennt. Etwa 12 Millionen Landeskinder (= 20%) gehören ethnischen Minderheiten an. Darunter stellen die **Chinesen** mit 5,6 Millionen Menschen (= 10%) die größte Gruppe, die jedoch fast ausschließlich in den Städten konzentriert ist, vor allem natürlich in Bangkok. Die Chinesen sind im letzten Jahrhundert und bis 1949 hauptsächlich aus wirtschaftlichen Gründen eingewandert und leben in einem engen Verband (z.B. die Bangkoker Chinatown), in dem sie sich ihre kulturelle Identität bewahren. Die Bevölkerung der Hauptstadt bestand um 1850 (damals insgesamt ca. 400.000 Ew.) zur Hälfte aus Chinesen! Die Bedeutung dieser ethnischen Gruppe ist nicht zu unterschätzen und sollte in der Vergangenheit verschiedentlich durch Gesetze beschränkt werden. Immer noch sind die meisten Wirtschaftsbosse und einflußreichen Persönlichkeiten chinesischer Abstammung.

Die zweitstärkste ethnische Minderheit stellen mit 2,2 Millionen Menschen (= 4%) die **Malaien**. Sie leben fast ausschließlich in den vier Südprovinzen an der Grenze nach Malaysia und gehören dem Islam an. Die Malaien grenzen sich nicht nur sprachlich, religiös und kulturell von den buddhistischen Thai ab, sondern haben in den letzten Jahrzehnten – anders als die Chinesen – im Kampf um größere Autonomie bzw. Unabhängigkeit vom Königreich auch schon zu den Waffen gegriffen.

Etwa 6% der Bevölkerung gehört anderen Minderheiten an (z.B. **Inder, Vietnamesen** und **Burmesen**), die entweder verstreut in den Großstädten oder in der Grenzregion zu ihren Herkunftsländern wohnen. Sie sind von den Thai sprachlich differenziert, gehören zum großen Teil aber der gleichen Glaubensgemeinschaft an. Eine Ausnahme bilden die Hindus und die etwa 1 Million Sikhs, während der Anteil der Christen äußerst gering ist. Anhänger der animistischen Naturreligionen gibt es z.T. noch bei den **Bergstämmen**, die in den Norden des Landes eingewandert sind und deren Gesamtzahl etwa 500.000 Menschen beträgt (vgl. zu den Bergstämmen KAPITEL 3.2.6), sowie bei den sog. **Seezigeunern** an der südwestlichen Küste.

2.3 KULTURGESCHICHTLICHER ÜBERBLICK

In diesem Kapitel geht es um den geistigen Hintergrund Thailands, der sich in vielen Jahrhunderten aus unterschiedlichen Quellen entwickelt hat. Bis auf den heutigen Tag prägt die Religion das Leben der Menschen in hohem Maße. Genausowenig, wie Mönche, Tempel und Klöster aus dem Stadtbild wegzudenken sind, genausowenig will selbst der moderne Thai auf die Tradition der Geisterhäuschen, die Symbolkraft des Königshauses oder die feierliche Zelebrierung der Festtage verzichten.

Es ist kein Zufall, daß die geistige Einheit von Volk, Buddhismus und Monarchie durch die Farbstreifen der Landesflagge ausgedrückt werden soll. Der *farang*, der in Thailand einer wesensfremden Welt begegnet, kann diese nicht begreifen, ohne zumindest grobe Grundkenntnisse ihrer Kulturgeschichte mitzubringen. Schlimmer noch: sehr schnell gerät er in Gefahr, in Unwissenheit der religiösen Vorstellungen und Tabus des Gastlandes das 'Gesicht zu verlieren', d.h. sich unmöglich zu machen.

Im folgenden soll deshalb eine Zusammenfassung der kulturgeschichtlichen Grundzüge in knapper, allgemeinverständlicher Form versucht werden, damit sich der interessierte Besucher der 'thailändischen Seele' wirklich nähern kann. Von ausschlaggebender Bedeutung sind dabei diese Aspekte:
- Die **Religion**. Über 90% der Bevölkerung gehören der buddhistischen Glaubensgemeinschaft an, und zwar ihrer älteren, aus Ceylon übernommenen Form. Zusätzlich zur 'reinen Lehre' bestimmen aber auch Elemente des Hinduismus und Überbleibsel des alten Geisterglaubens die religiösen Vorstellungen.
- Die **Kunststile**. Beim Besuch der Sehenswürdigkeiten kann man verschiedene Kunststile der Thai und anderer Völker deutlich voneinander unterscheiden.
- Der **Buddha**. Die historische Person des Religionsstifters und ihr künstlerisches Abbild genießt überall im Land die höchste Verehrung. In allen thailändischen Kunstepochen wurde versucht, den Buddha symbolkräftig darzustellen.
- Die **Mönche**. Über 300.000 Mönche und Novizen tragen in Thailand die unverwechselbaren safrangelben Gewänder. Immer noch ist es vor allem unter der männlichen Bevölkerung Brauch, wenigstens für einige Monate das Leben eines Mönches zu führen und sich dem Ziel der Erleuchtung zu nähern.
- Die **Tempel**. In der sakralen Baukunst wird das Gedankengut des Buddhismus gleichzeitig dargestellt und gelebt. Tempel und Klöster wurden in jeder Kunstepoche in einem eigenständigen und typischen Stil errichtet.
- Die mythischen **Tänze**, **Literatur** und **Musik**. Diese Kunstformen sind hauptsächlich religiösen Ursprungs und stellen Legenden und Mythen dar (bzw. begleiten oder kommentieren sie), die auch heute noch ihren Platz in der Vorstellungswelt haben und weit mehr sind als nur farbenprächtige Fotomotive für Ausländer.

Natürlich hat der Strukturwandel des Landes auch seine kultur-historischen Auswirkungen. Die Thai, gefangen zwischen Tradition und Moderne (vgl. KAPITEL 3.2.1), erleben diesen Wandel in einer bisher nicht gekannten Verunsicherung. Gerade darum aber ist es wichtig, daß auch *farangs* dem kulturellen Erbe mit Respekt begegnen und die gläubigen Thai in ihrer Andersartigkeit akzeptieren.

Am Ende eines jeden Themas werden die **wichtigsten Begriffe** noch einmal stichpunktartig genannt. Sie sind es, auf die man beim Besuch von Tempeln oder bei der Auseinandersetzung mit der thailändischen Kultur immer wieder stößt. Da das alltägliche Leben immer noch eng in den religiösen Vorstellungen verwurzelt ist, hat sich im Königreich – wie in allen anderen Kulturgesellschaften auch – ein kompliziertes Geflecht von Geboten und Tabus ergeben. Damit sich der Reisende hier nicht verfängt und ohne sein Wissen grobe Fehler begeht, sind einige grundlegende **Verhaltensregeln** ebenfalls angegeben.

2.3.1 DIE RELIGION: BUDDHISMUS, HINDUISMUS UND GEISTERGLAUBE

Rund 95 % der Bevölkerung Thailands bekennen sich zum Buddhismus und die meisten sind im tiefen Wortsinn gläubig. Gleichzeitig haben auch fast alle kulturellen Sehenswürdigkeiten, die der Besucher aufsucht oder mit denen er konfrontiert wird, elementar mit dieser Heilslehre zu tun. Wer also Thailand verstehen will, muß den religiösen Hintergrund kennen, d.h. er muß über die **Geschichte**, die **Schulen** (= Lehrmeinungen) und die **Lehre des Buddhismus** informiert sein, aber auch dessen Durchsetzung mit **hinduistischen Elementen** sowie dem **Geisterglauben** kennen.

Die **Geschichte des Buddhismus** begann allgemein mit dem Wirken des Religionsstifters *Siddharta Gautama* im 6. Jhd v.Chr. Dieser lebte in Nordindien, war aus adeligem Haus und wurde wahrscheinlich im Jahre 528 v.Chr. zum 'Buddha', d.h. zum 'Erleuchteten'. Anstelle eines sofortigen Eingangs ins Nirvana beschloß Buddha, den Menschen zu helfen. Er scharte Mönche um sich und ließ sie an seinem Wissen teilhaben. Mit seiner ersten Predigt setzte er das "*Rad der Lehre*" (= *Chakra*) in Bewegung (vgl. KAPITEL 2.3.3).

Die schnelle Verbreitung seiner Lehre in Indien erklärt sich erstens durch das persönliche Auftreten und Charisma Buddhas, zweitens durch die Arbeit seiner Mönche und drittens durch die starke Unterstützung des ihm wohlgesonnenen Königs Bimbisara. Etwa 250 Jahre nach Buddhas Tod herrschte der mächtige Kaiser *Ashoke*, der in skrupelloser und grausamer Manier ganz Indien unter seiner Herrschaft vereinigt hatte. Wahrscheinlich als Reue über sein gottloses Tun bemühte sich dieser anschließend um eine Verbreitung der Religion. So entsandte er buddhistische Mönche als Missionare, die auf dem Seeweg auch bis zum Reich der Mon gelangten, wodurch die Lehre Eingang nach Südostasien fand und sich schließlich als Weltreligion etablieren konnte.

Wie in jeder Weltanschauung mit einer großen räumlichen Verbreitung erfuhr auch der Buddhismus recht bald eine unterschiedliche Interpretation und die Aufspaltung in mehrere Schulen. Die Richtung, die sich der ursprünglichen Lehre Buddhas (getreu den heiligen Pali-Schriften) verschrieben hat, gleichzeitig aber am kompromißlosesten ist, nennt man *Theravada* ("Alte Weisheitsschule"). Demgegenüber breitete sich in Indien, dem Ursprungsland der Religion, ab dem 1. Jhd n.Chr. die tolerantere Richtung *Mahayana* ("das große Fahrzeug") aus und setzte von dort aus in die größten Länder der buddhistischen Welt über, u.a. nach China, Japan, Vietnam und Korea (in Indien wurde der Mahayana allerdings später ganz vom Hinduismus verdrängt).

Für unser Reisegebiet ist wichtig, daß der alte Theravada-Buddhismus seinen Weg über Südindien und Ceylon nach Thailand fand und hier schließlich zur Staatsreligion avancierte (nur weniger als 1% der Gläubigen sind Anhänger des Mahayana).
Außer in Thailand findet sich der Theravada heute in den Ländern Sri Lanka (= Ceylon), Myanmar (= Burma), Laos, Kambodscha und Nepal. Grob vereinfacht kann man den Unterschied der beiden Schulen auf folgenden Nenner bringen:

● Im **Theravada-Buddhismus** ist der Weg zum Nirvana, also zur Erlösung vom Leid, nur für diejenigen gangbar, die sich voll und ganz auf das Erreichen des Zieles konzentrieren. In der praktischen Konsequenz sind dies nur Menschen von ungewöhnlicher Willenskraft und Meditationsgabe, also eigentlich ausschließlich Mönche. Weil der Theravada nur wenigen Menschen die Erlösung verheißt, wird die Lehrmeinung auch *Hinayana* = "kleines Fahrzeug" (über den Strom des Leides) genannt, was von ihren Anhängern allerdings als diskriminierend empfunden wird.

● Der **Mahayana-Buddhismus** läßt die große Masse der zwar gläubigen, aber auch schwachen Menschen nicht allein. Auch ihnen, also nicht nur einer geistigen Elite, steht hier der Weg zum Nirvana offen. Buddha wird durch eine Reihe von *Bodhisattvas* vertreten, die die Leidenden beraten können. *Bodhisattvas* sind solche Weisen, die eigentlich den Weg zur Erlösung schon gefunden haben und ins Nirvana eingehen könnten. Aus Mitleid zu den Menschen haben sie sich aber entschlossen, auf der Welt zu bleiben und die Gläubigen an ihrem Wissen teilhaben zu lassen. Diese können allein schon durch die Verehrung der Bodhisattvas auf den Weg zur Erleuchtung geraten (im Theravada-Buddhismus ist nur Buddha selbst ein 'Bodhisattva').

Nachdem schon mehrfach von 'Erleuchtung', 'Nirvana' und 'Leid' die Rede war, sollte nun etwas näher auf die eigentliche **Lehre** (*Dharma*) eingegangen werden. Nach buddhistischer Auffassung ist das All und jegliches Leben einem ständigen Wandel, einem immerwährenden Werden und Vergehen unterworfen. Bis zur Erlösung, dem *Nirvana*, ist das Leben eine Folge von Wiedergeburten. Dabei liegt es in der Hand der Menschen selbst, mit ihrem Tun und ihren Gedanken die Weichen für die weiteren Lebenszyklen zu stellen.

Alltägliches Bild: Mönche in Thailand

Die besten Chancen, eine höhere Stufe zu erreichen, hat der Mönch, der sich durch Bedürfnislosigkeit von seinen egoistischen Begierden trennt und durch meditative Versenkung zu einem Leben innerer Ruhe und Weisheit findet. Auch wer nur für eine gewisse Zeit das Leben eines Mönches führt, kann sich große Verdienste für die nächste Daseinsform erwerben.

Nichtmönche können ihr zukünftiges Los durch gute Taten (z.B. eine Buddha-Statue aufstellen, Mönchen Essen spenden, mit Geld, Materialen oder Arbeit bei der Entstehung eines Tempels helfen) oder durch die Befolgung der buddhistischen Grundregeln (z.B. Wohltätigkeit, Güte, Toleranz) verbessern.

Einen Leitfaden zum gottgefälligen Leben stellen die "Vier Himmlischen Haltungen" dar, die als 'grenzenlose Freundlichkeit', 'grenzenloses Mitleid', 'grenzenlose Mitfreude' und 'grenzenloser Gleichmut' definiert sind. Die Gesamtheit aller guten und schlechten Taten und Gedanken, das sog. *Kharma*, stellt eine Art Kontostand dar, dessen Soll und Haben darüber entscheidet, auf welcher Stufe man wiedergeboren wird. Durch das Kharma ist demnach auch eine Gesetzmäßigkeit der Inkarnation vorgegeben. Mit anderen Worten: weder der Zufall noch eine Art Vorsehung entscheidet darüber, in welcher Daseinsform man wiedergeboren wird, sondern das Kharma.

Über den Kreislauf der **Wiedergeburten** (= *Inkarnationen*) kursieren bei westlichen Besuchern oft viele falsche Vorstellungen. So wird z.b. Wiedergeburt fälschlicherweise mit Seelenwanderung (an die im Hinduismus geglaubt wird) gleichgesetzt.

Die Wiedergeburt nach der buddhistischen Lehre ist eine andere Existenzform, ohne daß dabei die Seele oder das "Ich" des Individuums in einen neuen Körper schlüpfen würde. Es ist auch nicht gesagt, daß man unbedingt als Mensch inkarniert. Grundsätzlich kann man, je nach erworbenen Verdiensten, in die Welt der Menschen, aber auch in das Reich der Götter, in das der Geister, in das der Tiere und sogar in die Hölle wieder hineingeboren werden.

Jede dieser Existenzformen ist mit Leid verbunden, und auch die Götter sind demnach von ihrem Kharma abhängig. In der Mythologie gibt es z.B. viele Gestalten, die als Inkarnationen des Gottes Vishnu oder Shivas auftreten (s.u.). Und die 'Gottkönige' von Ayutthaya hielten sich selbst ebenfalls für eine Wiedergeburt von Vishnu. Auch das Verbot, Tiere zu mißhandeln oder zu töten (das in der Praxis freilich kaum befolgt wird), erklärt sich aus dem Glauben an die Inkarnation, da ja ein negatives Kharma unweigerlich die Wiedergeburt in einer niederen Existenz zur Folge hat (beispielsweise als Hund oder Insekt). Der Legende nach durchlief auch Buddha mehr als 500 Existenzen, bevor er so vollkommen war, daß er die Erleuchtung finden konnte.

Ein Grundpfeiler, um seine eigene Existenz und die Gesetzmäßigkeit der Wiedergeburten zu durchschauen, ist die "Erkenntnis", die man durch Konzentration (bzw. Meditation oder Sich-Versenken) erreichen kann. Aus diesem Grund ist der Kopf eines Menschen der edelste und wichtigste Körperteil, den man ehren muß. Gebete werden übrigens dem gläubigen Buddhisten von der Lehre zwar nicht verboten, doch sind sie für das Erreichen der Erkenntnis wenig hilfreich. Das buddhistische Dharma (= Gesetz) fußt auf den sogenannten "*Vier Heiligen Weisheiten*", welche sind:

● Die Erkenntnis, daß es Leiden gibt: Die Menschen müssen wissen, daß alles auf der Welt mit Leiden verbunden ist. Auch im Glück ist Leid enthalten, da das Glück vergänglich ist.
● Die Erkenntnis der Ursache des Leides: Die Menschen müssen wissen, woher das Leid kommt. Begierde, Streben nach Lust und Besitz, Haß, Zorn, Unterdrückung und Grausamkeit sind für das physische und psychische Leid verantwortlich.
● Die Möglichkeit, das Leid zu überwinden: Die Menschen müssen wissen, daß sie durch die Beendigung ihrer Begierden (Lüste, Triebe, Instinkte) auch ihr Leid überwinden können.
● Der Schlüssel zur Überwindung jeglichen Leides: Die Menschen müssen den "*Edlen Achtfältigen Pfad*" beschreiten, um zur Erlösung (= *Nirvana*) zu gelangen. Auf diesem Pfad sind folgende Schritte zurückzulegen: 1. Die richtige Er-

kenntnis; 2. Das richtige Denken; 3. Die richtige Rede; 4. Die richtige Tat; 5. Der richtige Lebenserwerb; 6. Die richtige Anstrengung; 7. Die richtige Achtsamkeit; 8. Die richtige Konzentration.

Hat man durch den Zyklus der Wiedergeburten und die Befolgung der "Vier Heiligen Weisheiten" schließlich die Erleuchtung gefunden, ist der Weg offen für das *Nirvana*. Nirvana meint nicht "Nichts", wie manchmal zu lesen ist. Das Nirvana ist zwar die völlige Auslöschung der menschlichen Existenz und das Ausscheiden aus dem Kreislauf der Inkarnationen. Da aber diese immer mit Leid verbunden waren, ist Nirvana folgerichtig das Gegenteil von Leid. Es fällt schwer, dafür einen passenden Begriff zu finden. Denn wenn man nun vom "ewigen Glück" sprechen würde, führte das in einer vom Christentum geprägten Welt zu Mißverständnissen! Unser Begriff von "Glück" oder "ewigem Leben" bezieht sich auf den individuellen Menschen bzw. seine Seele. Das Individuum aber existiert im Nirvana nicht mehr.

Buchtip
E. Conze: Der Buddhismus – Wesen und Entwicklung, Urban-TB Bd. 5, 6. Auflage Stuttgart/Berlin/Köln/Mainz 1977.

Hinweis
Wer sich zuhause mit buddhistischem Gedankengut auseinandersetzen oder Informationen erhalten möchte, setze sich mit der europäischen Buddhismus-Gemeinde in Verbindung: The Buddharama Temple, Loeffstraat 26-28, NL-5142 ER Waalwijk, Niederlande, Tel.: 04160-34251

Nach dem Vorhergehenden wird klar, daß der Buddhismus weniger eine Religion als vielmehr eine Philosophie, und zwar eine recht komplizierte, darstellt. Die einfachen Menschen jedoch verlangen auch nach handfesten Göttern und Geistern, zu denen sie beten und denen sie ihre Nöte und Sorgen anvertrauen können. Schon Buddha selbst, der ja nicht im luftleeren Raum gelebt hatte, übernahm viele Anschauungen vom brahmanischen Glauben seiner Umwelt (so wie das Christentum auf dem Judentum basiert).

Auf diese Art kamen viele **hinduistische Elemente** zum Tragen, ob sie nun für die Erleuchtung des einzelnen hilfreich waren oder nicht. Als äußerst tolerante Lehre konnte der Buddhismus alle möglichen Götter oder übernatürliche Wesen vertragen und sie in sein Gedankengebäude integrieren. Die Gestalten des Hinduismus wurden so zu Beschützern oder Wächtern des Glaubens und unterwarfen sich der Lehrkraft Buddhas. Buddha selbst war ja nur ein 'Lehrer' und kein Gott, und er wollte auch niemals als solcher verehrt werden. Tatsache bleibt, daß der Hinduismus mit seiner polytheistischen Welt das Alltagsleben der Thai mindestens genauso prägt wie die Philosophie des Theravada. Auch der Besucher wird deshalb ständig auf Götterstatuen und Darstellungen hinduistischer Legenden stoßen, sei es bei der Innen- und Außenbesichtigung von Tempeln (vgl. KAPITEL 2.3.5), sei es bei dem Besuch von Festen und religiösen Veranstaltungen (vgl. KAPITEL 3.2.2), oder sei es in der Literatur, im Tanztheater und bei der Musik (vgl. KAPITEL 2.3.6).

An dieser Stelle muß auf eine detaillierte Schilderung des Hinduismus verzichtet werden. **Einige** seiner **wichtigsten Gestalten** seien aber wenigstens kurz erläutert:

Das All ist erfüllt von Leben. Außer Menschen und Tieren wimmelt es von Geistern, Elfen und Nymphen (*Apsaras*), Dämonen (*Asuras*), Schutzgeistern (*Yakshahas*) und Halbgöttern. Über allem stehen die Götter, zu denen auch Sonne, Mond und Sterne gehören. Allein 'Dreiunddreißig' von ihnen leben auf den Berggipfeln, vor allem auf dem mythischen Berg *Meru*. Dieser Gipfel ist das Zentrum des Kosmos und erhebt sich in der Mitte der scheibenförmigen Welt; er gilt als

Dämonischer Tempelwächter

der heiligste Sitz der Götter und wird bekrönt vom prachtvollen Schloß des Himmelsgottes **Indra**, den man an seiner grünen Hautfarbe und dem überquellenden Goldschmuck erkennt. Dieser indische König des Himmels benutzt als Reittier den dreiköpfigen, weißen Elefanten **Erawan**. In Thailand sind aus diesem Grund 'weiße' Elefanten heilige Tiere und gehen automatisch in den Besitz des Königs über. Indra selbst wird als treuer Anhänger und Beschützer Buddhas verehrt.

Als heilige Trinität sind *Brahma*, *Vishnu* und *Shiva* die hinduistischen Hauptgottheiten. **Brahma** (= 'der Schöpfer') war ursprünglich der oberste Gott, aus dem das Universum entstand; später allerdings ordnete man ihn Vishnu unter. Er wird mit vier Armen und vier Gesichtern dargestellt. Seine Attribute sind u.a. ein Wasserkrug, ein Bogen, Zepter und Löffel. In der Mythologie reitet er auf der Gans *Hamsa*.

Auch **Vishnu** (= 'der Erhalter') besitzt vier Hände, in denen er Waffen und Ornamente hält. Seine Attribute sind u.a. die Lotosblume, die Keule und vor allem das Rad (*Cakra*), das im Buddhismus gleichzeitig die Lehre (*Dharma*) bzw. Buddhas erste Predigt symbolisiert und in der Kunst als 'Gesetzesrad' (*cakra stambha*) dargestellt wird. Seine Gemahlin ist *Lakshmi*, die Schönheitsgöttin, die auf einer Lotosblüte aus dem Weltmeer geboren wurde.

Genau wie jedes Lebewesen ist auch Vishnu dem Kreislauf der Wiedergeburten unterworfen. Die Mythen des Ramakien (vgl. KAPITEL 2.3.6) berichten von der Wiedergeburt Vishnus als Rama oder Krishna. Daneben gilt der thailändische König ebenfalls als Inkarnation Vishnus auf Erden. Für den Thai ist die Verehrung dieses Gottes gleichzeitig eine Verehrung seines Königshauses. Vishnus 'Reittier' ist **Garuda**, ein Zwitterwesen mit dem Körper eines Menschen und Flügeln, Kopf und Schnabel eines Adlers. Mit diesem schnellen Vogelmenschen, der selbst für den Gott Indra unbesiegbar ist, schwingt sich Vishnu durch die Lüfte. So wie Vishnu mit dem thailändischen König verbunden ist, so wurde Garuda das Nationalsymbol des Königreichs und Gegenstand des thailändischen Wappens. Der Tourist sieht seine Darstellung u.a. im Einreisestempel oder auf dem Visumantrag, natürlich aber auch an Tempeln, in Wandmalereien und auf Geldscheinen. Garuda wird in ganz Südostasien hoch verehrt, und es ist kein Zufall, daß die indonesische Fluggesellschaft seinen Namen trägt. Der Vogelmensch tritt

Garudas am Wat Phra Keo

außerdem als Erbfeind aller Schlangen in Erscheinung, weshalb er auf den meisten Darstellungen eine Schlange als Trophäe in den Händen hält (gleichwohl gilt die Naga-Schlange als ein Halbbruder Garudas).

Dritter im Bunde ist **Shiva**, der als 'Zerstörer' in Erscheinung tritt. Da nach der hinduistischen Lehre des Wandels und der Seelenwanderung Zerstörung aber immer auch Neubeginn bedeutet, darf diese Funktion nicht negativ gesehen werden. Deutlich wird das an seiner Erscheinung als Phallus (*lingam*), also als personifizierte Zeugungskraft. Künstlerische Darstellungen zeigen Shiva mit einem dritten Auge und einem Halbmond, seine Attribute sind u.a. Dreizack und Trommel. Der Stier *Nandi* ist sein Reittier. Als Gattin Shivas wird *Devi* (auch *Uma*, *Parvati* oder *Kali* genannt) verehrt, eine Tochter des Himalaya.

Ein Kind Shivas und Devis ist **Ganesha**, ein Mischwesen aus Mensch und Elefant. Sein Körper ist der eines kleinen, dickbäuchigen Mannes mit vier Armen, darüber trägt er einen bekrönten Elefantenkopf mit nur einem Stoßzahn. Ganesha ist der Hindugott der Weisheit und Schutzpatron von Wissenschaft und Künsten, er wird aber auch angerufen, wenn es irgendwelche Hindernisse zu beseitigen gilt.

Genau wie Erawan spielt Ganesha im Elefantenkult des thailändischen Königshofes eine wichtige Rolle.

Tanzender Shiva – Fragment aus Phimai

Wie bei den alten Griechen bilden auch die Götter des Hinduismus keine friedfertige 'Familie', sondern sind z.T. in erbitterte Fehden verstrickt. Aus ihren eigenen Reihen erwachsen ihnen gefährliche Feinde, wie z.B. die grimmigen *Yakshahas*, die als Enkel des Schöpfergottes Brahma Halbgötter sind. Auch die *Asuras* stehen als Dämonen den Göttern feindlich gegenüber, ebenso die Riesen, allen voran der grausame *Tosakan*, der mit zehn grünen Köpfen dargestellt wird.

Das Königreich unter der Erde und dem Weltmeer ist das der Schlangen, darunter wiederum befinden sich die verschiedenen Sphären der Hölle. Die **Nagas**, wie man die Schlangen nennt, sind magische Wesen, die auch Menschengestalt annehmen können. Ihre Rolle ist nicht immer positiv, und deshalb werden sie auch von Garuda heftig bekämpft. In der Kunst tauchen die Naga-Schlangen sehr oft auf, vor allem als geschwungene Treppenbrüstungen.

Berühmt ist die häufige Darstellung des "*Buddha im Schutz der Naga-Schlange*": Als sich der Meister einmal in Trance versenkte, brach ein Unwetter aus, und die Wassermassen drohten die Meditation des Erleuchteten zu stören. Da kam der König der Naga-Schlangen, *Mukalinda*, und wand seinen Körper unter den sitzenden Buddha, so daß dieser über das Wasser erhoben wurde. Über dessen Haupt bildete die siebenköpfige Kobra einen Fächer, der die Regentropfen von dem weisen Lehrer abhielt. Die 'Erfindung' dieser Darstellung ist wohl dem Khmer-Stil (s.u.) zuzuschreiben, sie wurde später in der Thai-Kunst jedoch immer wieder variiert.

● ● ●

Bei der Beschreibung der religiösen Grundhaltung der Thai fehlt noch ein wichtiges Element, das zu den Grundpfeilern Buddhismus und Hinduismus tritt und sich im Alltagsleben fast noch stärker bemerkbar macht. Die Rede ist vom **Geisterglauben**, der im Prinzip schon dem Hinduismus innewohnt. So sind, wie erwähnt, die Götter ständig von Dämonen und Geistern umgeben, mit denen sie sich oft im Kampf befinden.

Es ist aber nicht nur das hinduistische Erbe, das die Thai (vor allem natürlich die Landbevölkerung) immer noch so stark dem Geisterglauben zuführt. Denn das menschliche Leben wird ja ständig von einer Vielzahl von Faktoren bedrängt, für die weder der eigene Lebenswandel noch die Götter und Helden der Mythologie etwas können. Es müssen also die Geister sein, die den Wohlstand, die Gesundheit und das Leben bedrohen oder anderen Schaden zufügen. Diese übernatürlichen Kräfte sind zwei Kategorien zuzuordnen:

● Erstens gibt es die **Totengeister** (*Phis*). Sie sind die Seelen Verstorbener, die die Erde heimsuchen und meistens schädlichen Einfluß haben. Insbesondere der *Phi* eines gewaltsam Getöteten muß durch aufwendige Rituale besänftigt werden. Da man nirgends vor Totengeistern sicher ist, versucht man sich mit Hilfe gesegneter **Amulette** und **Tätowierungen** zu schützen. Die *Phis* von bedeutenden Persönlichkeiten und Weisen hingegen sind gute Schutzgeister und werden in Schreinen verehrt oder sonstwie umworben.

● Zweitens gibt es die **Naturgeister**, die an eine Region, eine Stadt, ein Grundstück oder eine Wohnung gebunden sind und ebenfalls positive oder negative Wirkung haben können. Der Tourist wird auf beinahe jedem Grundstück, selbst an den Banken- und Hotelkomplexen in Bangkok, die **Geisterhäuser** (*Chao Thi*) bemerken. Es handelt sich dabei um ein kleines Häuschen, das auf einem Pfahl steht und je nach den Möglichkeiten des Hausherren schlichteres Aussehen hat oder als kunstvoller Miniaturtempel gestaltet ist. Der Standort der Geisterhäuser wird normalerweise von Mönchen bestimmt und später auch von ihnen geweiht. Sie sind ausschließlich nach Süden oder (häufiger noch) nach Norden ausgerichtet und dürfen niemals im Schatten des Hauses stehen – in einem solchen Fall könnte sich der Geist weigern, die Wohnung zu beziehen.

Damit die Naturgeister zufrieden sind und keinen Schaden anrichten, werden ihnen jeden Tag Opfer dargebracht wie z.B. Girlanden aus Jasmin, Orchideen und anderen Blumen (*Puang Ma Lai*), Räucherstäbchen, Kerzen und Eßwaren. Die Speisen müssen frisch sein, und von ihnen darf noch keiner probiert haben (also keine Resteverwertung!); deswegen wird meist am frühen Morgen eine Kostprobe der täglichen Mahlzeiten zum Geisterhäuschen gebracht.

Eines der bekanntesten Geisterhäuser ist wohl das des Hotels Erawan in Bangkok. Es wurde errichtet, nachdem beim Neubau einige merkwürdige Unfälle passiert waren, die nach dessen Einweihung dann schlagartig aufhörten. Wegen der solchermaßen erwiesenen Qualifikation des Erawan-Geistes wurde der kleine Tempel zu einem beliebten Platz für Bittsteller und ist heute eine der Sehenswürdigkeiten der Hauptstadt.

So wie jedes Gebäude einen Wohnsitz für den Hausgeist besitzt, so hat auch jede Stadt einen besonderen Schutzgeist *(Lak Muang)*. Er wird meist am Haupttempel verehrt, wo sich auch der Grundstein der Stadt befindet.

Ob nun Totengeister oder Naturgeister – die übernatürlichen Kräfte sind für die Bevölkerung allgegenwärtig und bestimmen ihren Lebensrhythmus. Kommt es trotz aller befolgt er Regeln zu unerklärlichen Schadensfällen oder einer anhaltenden Pechsträhne, muß die Geistlichkeit eingeschaltet werden, d.h. brahmanische

Hilfsmittel des Glaubens: Kerzen und Räucherstäbchen

Priester oder buddhistische Mönche. Diese versuchen, mit dem jeweils verantwortlichen Geist ins Gespräch zu kommen und herauszufinden, wo der Fehler liegt. Auch für den günstigsten Zeitpunkt etwa der Aussaat, der Ernte, einer Hochzeit oder sonstiger Zeremonien holt man sich regelmäßig Rat bei Astrologen, i.d.R. brahmanischen Priestern.

Je mehr man sich in Thailand von den Städten entfernt und je tiefer man in die Provinz kommt, desto ausgeprägter wird man die Riten der Geisterbeschwörung und der Wahrsagerei beobachten können. Bei vielen Bergstämmen im Norden hat schließlich der Geisterglaube (Animismus) die Stellung der einzig praktizierten Religion, frei von allen buddhistischen oder auch hinduistischen Zusätzen.

Wichtige Begriffe

Ashoke
: Indischer König im 3. Jhd v.Chr., der durch Missionierungen den Buddhismus in Südostasien verbreitete

Attribute
: Beigaben, Erkennungszeichen der Götter, Helden und Heiligen

Apsaras
: Elfen, Geister, Nymphen

Asuras
: Feinde der Götter, Dämonen

Bodhi
: Altind. für 'Erleuchtung'

Bodhisattva
: Im *Theravada* der Erleuchtete, also Buddha; im *Mahayana* ein Weiser, der auf den Eingang ins *Nirvana* solange verzichtet, bis auch alle anderen Wesen erlöst sind

Brahma
: Der 'Schöpfer', hinduistische Hauptgottheit mit vier Gesichtern und vier Armen

Cakra
: Das 'Rad', Symbol der Lehre und der ersten Predigt des Buddha. In der Kunst oft als 'Gesetzesräder' (*cakra stambha*) dargestellt. Im Hinduismus ein Attribut *Vishnus*

Chao Thi
: Geisterhäuschen

Devi
: Gemahlin Shivas, die milde oder böse sein kann

Dharma
: Das 'Gesetz', die Lehre Buddhas

Erawan
: Weißer Elefant mit drei Köpfen, Reittier des Gottes *Indra*

Ganesha
: Sohn *Shivas* und *Devis*, dargestellt mit vierarmigem Menschenkörper und Elefantenkopf; Hindugott der Weisheit, Kunst und Wissenschaft

Garuda
: Vogelmensch und Reittier *Vishnus*, Feind der Schlangen

Hinayana
: Das 'kleine Fahrzeug'; älteste und kompromißlose Form des Buddhismus, von ihren Anhängern *Theravada* genannt

Indra
: Indischer Himmelsgott mit Wohnsitz auf dem Berg *Meru*, sein Reittier ist *Erawan*

Inkarnation
: Wiedergeburt im buddhistischen Sinn

Karma
: Die 'Tat'; buddhistische Lehre von Ursache und Wirkung, die die menschliche Existenz bestimmt

Lak Muang
: Schutzgeist einer Stadt

Lakshmi
: Hinduistische Göttin der Schönheit und Gemahlin Vishnus, mit einer Lotosblüte dargestellt

Mahayana
: Das 'große Fahrzeug'; jüngere und meistverbreitete Richtung des Buddhismus

Mara
: Der Teufel, das Böse; Versucher Buddhas

Meru
: Mythischer Berg und Wohnsitz Indras; Mittelpunkt des Kosmos

Nirvana
: Ausscheiden aus dem Zyklus der Inkarnationen und Auslöschen der menschlichen Existenz; das endgültige Ziel der buddhistischen Heilslehre

Phi
: Totengeist, der negativen oder positiven Einfluß auf die Lebenden hat

Puang Ma Lai
: Opfergabe aus Blumengirlanden

Shiva
: Der 'Zerstörer', hinduistische Hauptgottheit mit Phallus und drei Augen

Theravada
: Die älteste Form des Buddhismus, Synonym für *Hinayana*, gebräuchlich in Thailand, Myanmar, Laos, Kambodscha, Nepal und Sri Lanka

Vishnu
: Der 'Erhalter', hinduistische Hauptgottheit mit vier Händen. Wird als thailändischer König regelmäßig wiedergeboren

Yak (Yakshaha)
: Enkel *Brahmas*, zunächst Schutzgeist, später Inkarnation des Bösen, fungiert in der Architektur als riesiger Tempelwächter

Verhaltensregeln

1. Ob Geisterglaube, Buddhismus oder Hinduismus – die Respektierung der Religion in all ihren Formen sollte für Touristen eine Selbstverständlichkeit sein. Dazu gehört ein angemessenes Verhalten an heiligen Orten und eine entsprechende Kleidung. Leider muß man inzwischen darauf hinweisen, daß die Opferspeisen an Geisterhäuschen nur für die Geister und nicht für Besucher aus dem Westen vorgesehen sind!

2. Im Buddhismus wird der Kopf besonders verehrt. Besucher sollten Thai möglichst nicht am Kopf berühren, auch nicht kleinen Kindern über den Kopf streichen!

3. Die Füße als 'Gegenteil' des Kopfes gelten als unrein. Zeigen Sie möglichst nicht mit der Fußspitze oder der Fußsohle auf andere Menschen, erst recht nicht auf ein Buddha-Bildnis!

4. Der König ist mehr als nur Staatsoberhaupt, er ist als Inkarnation Vishnus eine heilige Person. Jegliche Kritik am Königshaus ist verboten. Vom Touristen wird zumindest Respekt für den König (und sein Abbild) erwartet. Denken Sie daran, daß jeder Geldschein ein Porträt des Monarchen trägt, gehen Sie deshalb pfleglich mit Geldnoten um, und treten Sie niemals auf einen (möglicherweise fortflatternden) Baht-Schein!

2.3.2 DIE KUNSTSTILE

An dieser Stelle sollen nur die wichtigsten Strömungen und Einflüsse genannt werden, die man in der thailändischen Kunstgeschichte als eigenständige "Stile" begreift. Sie entsprechen den historischen Epochen (vgl. KAPITEL 2.1), in denen Thailand oder dessen Teilgebiete in die Abhängigkeit bestimmter Reiche geriet und sind mit diesen i.d.R. namensgleich. Allgemein unterscheidet man unter den ausländischen Stilen, die sich z.T. vor der Einwanderung der Thai herausbildeten, und den eigentlichen Thai-Stilen (Lanna, Sukhothai, Ayutthaya, Bangkok). Die konkreten Resultate eines Kunststils, z.B. auf die Darstellung des Buddha oder auf die Tempelarchitektur, werden unter KAPITEL 2.3.3 bzw. 2.3.5 beschrieben.

Es ist deutlich geworden, daß lange vor den asiatischen Hochkulturen in Thailand Menschen lebten, und zwar auf einem außerordentlich hohen zivilisatorischen Niveau. Diese jahrtausendealten Kulturen der Stein- und Bronzezeit faßt man in der Kunstgeschichte unter dem Begriff **prähistorische Kunststile** zusammen. In diesem Überblick muß darauf verzichtet werden, deren jeweils eigene Formen und Inhalte näher zu charakterisieren. Hingewiesen sei aber stellvertretend auf die welthistorisch bedeutsame **Ban-Chiang-Kultur** mit ihrer Keramik und Bronzegegenständen, die unverwechselbare und ästhetisch wie technisch hervorragende Werke geschaffen hat (vgl. KAPITEL 6.3.3). Den besten Überblick über die Vielfalt der prähistorischen Kunststile bietet das Nationalmuseum in Bangkok.

Spätestens ab dem 6. Jhd n.Chr. waren auf dem Boden des heutigen Zentral-Thailand die Mon das politisch und kulturell bestimmende Volk, das in der Kunstgeschichte durch den sog. **Mon-Stil** einen festen Platz bekommen hat. Nach ihrem sagenhaften Reich **Dvaravati**, das bis mindestens zum 8. Jhd bestanden hat, wird die Kulturepoche auch durch den Begriff **Dvaravati-Stil** gekennzeichnet. Er ist uns hauptsächlich aus Buddha-Statuen bekannt, die allesamt einen starken Hang zur Symmetrie und Stilisierung aufweisen. Charakteristisch sind ihre breitflächigen Gesichter, die großen Haarlocken in Spiralform, die zusammenlaufenden und geschwungenen Augenbrauen sowie die fast ausschließliche Darstellung Buddhas in der 'Argumentations-Geste' (s.u.). An Architektur ist aus der Mon-Kunst kaum etwas erhalten.

Aufgrund ausgegrabener Reste weiß man jedoch, daß ihr der indische Hindu-Tempel als ein Vorbild gedient hat. Dieser besaß eine quadratische Form und hatte einen Eingang sowie Gitterfenster an den drei anderen Seiten.

Eine spezifische Schöpfung des Mon-Stils sind die 'Gesetzesräder' (*cakra stambha*), die die buddhistische Lehre symbolisieren. Mehr als 40 solcher Gesetzesräder sind bisher ausgegraben worden. Entsprechend der politischen Machtzentren wurden die meisten Funde in Zentral-Thailand gemacht und sind heute im Nationalmuseum von Bangkok und in den Provinzmuseen von Nakhon Pathom und Lopburi zu bewundern. Der Mon-Stil wurde später vom Khmer-Stil abgelöst. Vorher jedoch scheint er durch eine Gruppe von Auswanderern aus Lopburi nach Nordthailand getragen worden zu sein. Dort, im Königreich **Haripunchai**, behauptete sich der Stil bis zur Eroberung des Reiches im Jahre 1296 (durch König Mengrai von Lanna). Wegen vieler nur hier entstandener Details spricht man auch vom eigen-

Gesetzesrad aus Nakhon Pathom

ständigen **Haripunchai-Stil**. Er ist am besten im Wat Kukut der Hauptstadt Lamphun erhalten und kann daneben auch im Museum von Chiang Mai anhand von Terrakotten u.ä. studiert werden.

Vom 8. bis zum 13. Jhd stand der Süden Thailands unter der Herrschaft des Königreichs Srivijaya, dessen Hauptstadt Palembang auf Sumatra lag. Die Einflüsse des **Srivijaya-Stils** kommen deshalb auch aus dem Südwesten. Typisch sind u.a. die vielen Darstellungen von Hindu-Gottheiten, insbesondere von Vishnu, und von Bodhisattvas. Ein Zentrum dieses Stils lag in Nakhon Si Thammarat, wo im Wat Mahatat und im neuen Museum exemplarische Werke der Epoche zu

sehen sind. Auch in Songkhla und natürlich im Bangkoker Nationalmuseum ist der Srivijaya-Stil vertreten. Mit der Eroberung des Landesteiles durch König Rama Khamhaeng von Sukhothai (1292), spätestens aber mit dem Erstarken Ayutthayas ging dieser Stil in den Kunstrichtungen der Thai-Reiche auf.

Seit dem 6. Jhd kam von Osten aus zunehmend die Kunstauffassung Kambodschas in den thailändischen Raum. Im 9. Jhd drängten die Khmer die Mon aus

Khmer-Architektur der Nordostens

71

der zentralen Ebene zurück und beherrschten weite Teile des Nordens und Nordostens. Im 12. Jhd erfuhr der **Khmer-Stil** seinen Höhepunkt und hatte selbst nach den Siegen Ayutthayas über Angkor (1351; 1431) noch lange Auswirkungen auf die thailändische Kunst.

In der Architektur ist dieser Stil in den grandiosen Tempelanlagen von Lopburi, Prasat Phanom Rung, Phimai, Prasat Hin Muang Khek u.a. gut bewahrt. Aus dem *Prasat*, dem Tempelturm der Khmer, entwickelte sich später der thailändische *Prang* (s.u.). In der Plastik führte der Khmer-Stil die porträthaften Buddha-Figuren ein. Für sie sind sorgsam gearbeitete Köpfe von fast viereckiger Form charakteristisch.

Sie haben (der Physiognomie des Khmer-Volkes entsprechend) eine ziemlich flache Nase, fast gerade Augenbrauen und volle Lippen. Buddha-Statuen und Götterfiguren sind oft mit Krone und fürstlichem Schmuck ausgestattet. Gegenüber dem strengen Gesicht ist der übrige Körper weniger sorgsam, fast grob gearbeitet. Dem Khmer-Stil sind auch die ersten Darstellungen des "*Buddha im Schutz der Naga-Schlange*" zuzuschreiben. Nach der Stadt **Lopburi**, die ein Zentrum des spezifischen Khmer-Stils in Thailand war, nennt man diese künstlerische Phase auch die **Lopburi-Periode**.

Das erste große Thai-Reich war im Norden das Königreich **Lanna**, das über viele Jahrhunderte politisch oder zumindest kulturell eigenständig blieb. Der nach ihm benannte **Lanna-Stil** unterscheidet sich von den anderen Thai-Stilen durch viele architektonische und skulpturale Eigenheiten, wobei die Nähe zur burmesischen

Buddha im Schutz der Naga-Schlange

Kunst selten zu verleugnen ist. Bei der Tempelarchitektur fällt die größere Verwendung des Baumaterials Holz und dessen schnitzreiche Ausschmückung ins Auge. Ebenfalls sind die reichhaltige Verwendung von Stuck und Terrakotta für Details der Bauplastik, die filigranen Metall-Schirme und die Wächterlöwen typisch für den Lanna-Stil. Seine Bandbreite ist (außer im Nationalmuseum von Bangkok) in den tausenden von Kloster- und Tempelanlagen des Nordens zu bewundern, so in Chiang Rai oder Chiang Saen und besonders natürlich in Chiang Mai.

Mit der politischen Unabhängigkeit vom mächtigen Khmer-Reich etablierte sich in Sukhothai sehr schnell eine eigene, verfeinerte Kunstauffassung, nämlich die des **Sukhothai-Stils** (13.-14. Jhd). Architektonisch spiegelte sie sich in der gesamten Anlage eines Wat (= Tempel), die sich erheblich von den Khmer-Tempeln unterschied. Hier sind die "Lotosknospentürme" (s.u.) neben vielen anderen Beispielen sichtbarstes Zeichen dafür, daß das Volk der Thai eine völlig eigene sakrale Bauform gefunden hatte, die in der asiatischen Kunst ohne Beispiel ist. Später konnte sie dann von Ayutthaya übernommen und zum "National-Stil" umgeformt werden.

In der Plastik wurden die Gesichter der Buddha- und Götterfiguren oval, die Augebrauen gewölbt, die Nase schlank und gebogen und der Mund leicht lächelnd dargestellt. Bis heute blieb der flammengleiche Kopfaufsatz Buddhas, der in Sukhothai zum erstenmal auftauchte, typisch für die thailändische Version des Erleuchteten. Auch die Einführung des "*schreitenden Buddha*" ist ein Verdienst dieses Stils. Mit ihren langen, schlanken Fingern, den weichen Kurven, der schwingenden Dynamik sowie dem freundlich-entrückten Gesichtausdruck kann man das gesamte Erscheinungsbild einer Sukhothai-Figur als sanft und fast weiblich beschreiben.

Als das Reich von Ayutthaya in kultureller Hinsicht die Kunst der Khmer und die von Sukhothai gleichermaßen beerbte, entwickelte sich langsam (ab dem 14. Jhd) der prunkvolle, von den Königsresidenzen ausgehende **Ayutthaya-Stil**, der sich bald über das ganze Land ausbreitete. In der Literatur ist deshalb auch vom "National-Stil" die Rede. In der Architektur ist die Verschmelzung der genannten Einflüsse am charakteristischsten an den Tempeltürmen abzulesen, wobei die *Prangs* der Khmer-Kunst und die *Chedis* dem Sukhothai-Reich zuzuschreiben sind. Am besten kann man dieses Nebeneinander in der Ruinenstadt Ayutthaya selbst betrachten. Nach der Herkunft König Rama Thibodis I. wird die frühe Phase (13.-15. Jhd) des Ayutthaya-Stils auch die **U Thong-Periode** genannt, in der das Khmer-Vorbild noch stärker im Vordergrund blieb. In der Plastik waren für diese Zeit die eckigen Gesichter mit einem strengen Ausdruck typisch, die gegenüber dem Durchgeistigten der Vorgänger-Stile weniger stilisiert und damit menschlicher wirken. Später wandelte sich der Gesichtsausdruck zu einer distanzierten Majestät, die allerdings durch die phantasielose und stereotype Massenproduktion ein lebloses Gepräge bekam und schließlich erstarrte. Auffallend ist der verschwenderische Schmuck der Ornamente und Details sowie die edlen Materialien (Gold, Edelsteine). Die Darstellung des "*Buddha im Fürstenschmuck*" wurde in dem Maße populärer, in dem sich die Idee des Gottkönigs (= auch dies eine Übernahme aus dem Khmer-Reich, in dem der König als Inkarnation des Gottes Vishnu angesehen wurde) in Ayutthaya durchsetzte. Neben Architektur und Plastik hat der Ayutthaya-Stil durch seine grandiosen Wandmalereien in Tempeln, Palästen und Wohnhäusern die thailändische Kunst ungemein bereichert. Mit der Zerstörung der Hauptstadt durch die Burmesen (1767) fand die Kunstperiode ihren tragischen Abschluß.

Der anschließende Aufbau der neuen Hauptstadt ist von dem künstlerischen Versuch gekennzeichnet, den Ayutthaya-Stil in noch größeren und prächtigeren Dimensionen zu über-

Buddhadarstellung im Ayutthaya-Stil

73

nehmen. In diesem sog. **Bangkok-Stil** waren, bedingt durch die politische Entwicklung, aber auch Übernahmen ausländischer Tendenzen nicht auszuschließen. So fanden durch die Öffnung zum Westen Renaissance und Klassizismus (einschließlich europäischer Baumaterialien) ihren Einzug nach Thailand. Und durch die Verbesserung der Beziehungen zu China entstanden daneben prachtvolle Paläste im chinesischen Stil.

Am besten ist das an den einzelnen Gebäuden und Baudetails des Königstempels Wat Phra Keo, am Großen Palast in Bangkok und an der ehemaligen Sommerresidenz Bang Pa-In zu erkennen. Diese spezifische Mischform der letzten 200 Jahre wird – wie die gesamte Herrschaft der Chakri-Dynastie – auch die "**Ära Rattanakosin**" genannt.

Aus naheliegenden Gründen war die Eigenständigkeit der thailändischen Kunststile niemals größeren Gefährdungen ausgesetzt als in unserem Jahrhundert, namentlich nach dem Zweiten Weltkrieg. Vor allem in den großen Städten wurde – wie überall auf der Welt – "**international**" gebaut, mit allen Vorzügen und Nachteilen, die dieses Wort beinhaltet.

In letzter Zeit scheint man sich jedoch wieder mehr der eigenen Kulturgeschichte zu besinnen. Das bezieht sich nicht nur auf die bewundernswerten Leistungen bei der Restaurierung oder Rekonstruktion von alten Baudenkmälern, sondern auch darauf, daß sich staatliche, kommunale und private Bauherren (besonders bei Hotels!) zunehmend wieder an der traditionellen Architektur orientieren.

● ● ●

Wichtige Begriffe

Ayutthaya-Stil	"National-Stil" der Thai vom 14.-18. Jhd, von verschwenderischer und majestätischer Pracht gekennzeichnet
Ban Chiang	Bedeutender Fundort im Nordosten, nach dem eine der wichtigsten neolithischen und bronzezeitlichen Kulturen benannt ist
Bangkok-Stil	Nachfolgestil Ayutthayas, bereichert mit fremden Elementen aus China und Europa, vom Ende des 18. Jhds bis heute
Dvaravati-Stil	Identisch mit "Mon-Stil"
Haripunchai-Kunst	Nordthailändische Variante des Mon-Stils, vom 8. Jhd bis 1246 vor allem in der Hauptstadt Lamphun gebräuchlich
Khmer-Stil	Kambodschanischer Stil, vom 6.-14. Jhd in weiten Teilen Thailands heimisch, Hochblüte im 12. Jhd
Lanna-Stil	Sammelbegriff für die besondere Kunstentfaltung im nordthailändischen Königreich bis zur Vereinigung mit Siam im Jahre 1775
Lopburi-Periode	Anderer Ausdruck für den Khmer-Stil des 11.-14. Jhds
Mon-Stil	Kunstauffassung der Mon, die vom 6.-11. Jhd große Teile Thailands beherrschten
Prähistorische Kunststile	Sammelbegriff für alle Kunststile der steinzeitlichen oder bronzezeitlichen Kulturen, u.a. der von Ban Chiang
Rattanakosin-Stil	Identisch mit dem sog. Bangkok-Stil der letzten 200 Jahre
Srivijaya-Stil	Von Sumatra/Indien beeinflußter Stil, vom 8.-13. Jhd in Südthailand beheimatet
Sukhothai-Stil	Eigenständiger Kunststil der Thai im 13.-14. Jhd
U Thong-Periode	Früheste Phase des Ayutthaya-Stils (13.-15. Jhd)

2.3.3 BUDDHA UND SEIN BILDNIS

Obwohl sich der später so genannte Buddha niemals als Gott, sondern nur als 'Lehrer' bezeichnet hat, gilt seine Person und deren Abbild als heilig und genießt in den meisten asiatischen Ländern die höchste Verehrung. Kurz nach seinem Tod entstand eine umfangreiche Legendensammlung, die Buddhas Leben mit allerlei wundertätigen Begebenheiten und mit dem Schicksal hinduistischer Götter

oder mythologischer Gestalten verknüpften. **Historische Tatsache** ist, daß der Religionsstifter gelebt hat. Er wurde als **Siddharta Gautama** wahrscheinlich im Jahre 563 v.Chr. in der Nähe des Dorfes Lumbini nördlich von Benares (heute Süd-Nepal) geboren. Eine Woche nach Gautamas Geburt starb seine Mutter Maya. Sein Vater Suddhodana war ein lokaler König aus dem Geschlecht der Shakya, und dem Prinzen somit ein prunkvolles und sorgenfreies Leben vorbe-

Buddha wird mit Alter, Krankheit und Tod konfrontiert –
Wandmalerei in Bangkok

stimmt. Um ihn nicht den Schattenseiten des Welt auszusetzen, wurde bestimmt, daß Gautama den luxuriösen Rahmen des väterlichen Palastes nicht verlassen durfte. Er lebte sozusagen in einem goldenen Käfig und war nur von jungen, schönen und gesunden Menschen umgeben. Der intelligente und lernbegierige Junge soll bereits mit acht Jahren alle indischen Sprachen beherrscht haben. Mit 16 Jahren heiratete er seine gleichaltrige Kusine Yasodhara, die ihm allerdings erst 13 Jahre später seinen Sohn Rahula gebar. Zu diesem Zeitpunkt war es ihm mit Hilfe eines Dieners zum erstenmal gelungen, das wohlbehütete Zuhause zu verlassen. Auf einer heimlichen Ausfahrt sah er nacheinander einen Greisen, einen Kranken, eine Leiche und einen Mönch – stellvertretend für die Phänomene des Alterns, des Leides, des Todes und der Suche nach der Wahrheit. Nach diesem Schlüsselerlebnis beschloß er am Tage der Geburt seines Sohnes, den Palast und seine Familie zu verlassen, um den Sinn der menschlichen Existenz zu enträtseln.

Siddharta Gautama lebte ab nun auf der Suche nach seinem Ich und der Wahrheit. Zunächst schloß er sich zwei Asketen an und durchlitt fünf Jahre des Hungers und der Selbstkasteiung. Er erkannte aber, daß die Askese ihn nicht zur Erleuchtung bringen würde und begann, sich in der Kunst der **Meditation** zu üben. Je mehr er sich versenkte, desto mehr erkannte er seine früheren Existenzen und schließlich die Gesetzmäßigkeit der Wiedergeburten aller Lebewesen. Dies geschah im Alter von 35 Jahren, als er in einer Nacht im Mai, unter einem Bodhi-Baum (Pappelfeige) sitzend, allen Versuchungen des Teufels (*Mara*) widerstand und erleuchtet, d.h. zum '**Buddha**' wurde.

Anstatt nun sofort in das Nirvana einzugehen, beschloß Buddha aus Mitleid mit den anderen Lebewesen, ihnen sein Wissen mitzuteilen. Er traf fünf ehemalige Wegbegleiter seiner asketischen Zeit, denen er predigte und damit das 'Rad der Lehre' (*Cakra*) in Bewegung setzte. Diese fünf folgten ihm ab nun und waren die ersten **Mönche** des Buddhismus.

Als charismatischer und gütiger Lehrer wanderte Buddha nun mehr als 40 Jahre predigend durch Nordindien und scharte immer mehr Anhänger um sich. Sein kultiviertes Auftreten, sein freundliches Wesen und seine adelige Geburt zogen die Menschen an; so konnte er auch den König Bimbisara für seine Lehre gewinnen, dessen Umterstützung die Ausbreitung des Buddhismus förderte. Trotzdem war Buddha im Lande nicht unumstritten: allein dreimal entging er während dieser Zeit den Mordanschlägen seines machthungrigen Schwagers.

Im Alter von 80 Jahren erkrankte der Meister an der Ruhr. Mit letzter Kraft zog er jedoch noch predigend weiter, bis er schließlich, immer schwächer werdend, ins Nirvana überging (der Ausdruck "er starb" ist nach buddhistischer Auffassung falsch!). Damit hatte er (nach seiner eigenen Lehre) den Kreislauf all seiner irdischen Existenzen durchbrochen und war in einen Zustand des ewigen Nicht-Leidens hinübergeglitten.
Nach den Erkenntnissen westlicher Forscher geschah dies im Jahre 460 v.Chr. Buddhistische Länder jedoch geben Buddhas Eingang in das Nirvana mit anderen, voneinander abweichenden Jahreszahlen an. In Thailand hat man das bedeutungsvolle Ereignis auf 543 v.Chr. datiert, mit dem auch die Zeitrechnung beginnt (unser Jahr 1993 n.Chr. wäre demnach in Thailand das Jahr 2536!).

• • •

In der ersten Zeit der Religionsausbreitung wurde Buddha nicht figürlich dargestellt, da er nach der Lehre eben kein Gott, sondern Lehrmeister war. Stattdessen

zeigen die ersten Buddhasymbole nur seine Fußspuren oder das 'Rad der Lehre' als Anregung für die Meditation. Die **Fußspuren Buddhas** (*Buddhapada*) sind auch in Thailand an einigen Stellen zu sehen und werden von der Bevölkerung hoch verehrt. Sie sind ein Sinnbild dafür, daß der Erleuchtete selbst auf seinen Wanderungen oder (im Fall von Thailand) seine Lehre einen bestimmten Ort erreicht hat. Den Symbolgehalt der *Buddhapada* unterstreicht ihre meist sehr große Länge (bis zu 2 m) und wenig naturalistische Ausformung. Oft sind sie kunstvoll eingefaßt und mit religiösen Motiven verziert.

Eine der Fußspuren Buddhas

Später gaben Künstler dem Erleuchteten dann auch menschliche Gestalt, die je nach Kunstepoche unterschiedlich ausfällt, immer aber eindeutig als **Buddha-Bildnis** zu erkennen ist. Unabhängig von der Form bedeutet der skulptierte oder gemalte Buddha mehr als nur ein Abbild des Erleuchteten, da er gleichzeitig dessen 'Wesen' in sich trägt. Deutlich wird das u.a. daran, daß bei einigen Details ganz bewußt Unterschiede zu einer 'richtigen' menschlichen Figur angebracht wurden. So sind z.B. sehr häufig die Finger und Zehen gleich lang. Auch die enorme Größe einiger Figuren will natürlich kein naturalistisches Abbild sein, sondern die geistige Größe Buddhas unterstreichen. Nach ihrer Fertigstellung werden Buddha-Figuren in einem z.T. sehr aufwendigen Zeremoniell eingeweiht, d.h., daß der Geist des Meisters ab nun seinen Platz in dem Bildnis hat. Auf dieses Weise wird z.B. eine Statue mit Leben erfüllt: sie kann einen bestimmten Namen bekommen, wird an bestimmten Festtagen gewaschen und gespeist, mit Tüchern behängt und mit Blumen bedacht. Allein durch den Auftrag, eine Buddha-Statue anzufertigen, kann sich der Gläubige große Verdienste für sein Kharma erwerben.

Gemalte Legenden: die Jataka

Der Tourist, der ohne Vorinformationen vor den Abbildungen Buddhas steht, tut sich schwer, deren Alter oder deren Symbolkraft zu erkennen. In den ausladenden **Wandmalereien** sieht er verwirrende Darstellungen, die oft nur zu deuten sind, wenn man die 'Geburtsgeschichten' (*Jataka*) kennt — jene Legenden, die Geschehnisse aus Buddhas früheren Existenzen schildern. Demgegenüber scheinen die **Statuen** immer mehr oder weniger gleich zu sein und allenfalls Abweichungen in den Körperhaltungen und Handgesten aufzuweisen. Hier aber lohnt es, genauer hinzuschauen, denn gerade diese minimalen Differenzierungen bedeuten eine große symbolische Aussagekraft und lassen oft auch eine zeitliche Einordnung des Kunstwerkes zu.

Einige der wichtigsten Unterscheidungsmerkmale sind folgende:

Die Handgesten Buddhas (*mudra*)

Bei den Handgesten ist darauf zu achten, ob sie bei stehenden oder sitzenden Figuren und ob sie mit rechts, links oder beidhändig ausgeführt werden. Sie nehmen meist Bezug auf konkrete Legenden oder Ereignisse, meinen aber darüber hinaus auch abstrakte Lehrsätze wie 'Furchtlosigkeit', 'Glaube' usw.

● **Die Argumentationsgeste** (*Vitarka-Mudra*):
Bei dieser Geste berühren sich Daumen und Zeigefinger einer Hand und bilden einen Kreis oder ein Rad. Die *Vitarka-Mudra* symbolisiert Buddhas Predigt bzw. die Lehre an sich. Die alten Statuen des Mon-Stils sind fast ausschließlich mit dieser Handgeste dargestellt.
● **Die Geste des 'Rad der Lehre'** *Dharmacakra-Mudra*:
Beide Hände befinden sich bei der *Dharmacakra-Mudra* in Brusthöhe und umschließen ein imaginäres Rad. Dieses symbolisiert den Kreislauf der Inkarnationen und damit auch den ewigen Wandel oder den Lauf der Sonne. Auf Buddha bezogen meint es den Augenblick, als der Meister das 'Rad der Lehre' in Bewegung setzte.
● **Die Geste der Gnadenerweisung** (*Vara-Mudra*):
Hier hängt bei einer stehenden Buddha-Figur ein Arm herab, wobei die Innenseite der Handfläche dem Gläubigen zugewandt ist. Sie symbolisiert den Beistand und die Gnade des Erleuchteten, die den Menschen zur Weisheit hinführt.
● **Die Meditationsgeste** (*Samadhi-Mudra* oder *Dhyana-Mudra*):
Bei einer sitzenden Buddha-Figur sind beide Hände übereinanderliegend im Schoß verschränkt, die Handflächen weisen nach oben. Die Geste symbolisiert die Ruhe

und innere Einkehr bei der Meditation. Sie ist bei den Abbildungen des Meisters im *Schutz der Naga-Schlange* (s.o.) besonders oft anzutreffen.

● **Die 'Anrufung der Erde'** (*Bhumisparsa-Mudra*):
Der sitzende Buddha hat die linke Hand im Schoß, die Innenfläche nach oben zeigend. Seine Rechte weist über das Knie zum Boden oder berührt diesen. Das Bild ist jener Legende entnommen, nach der Gautama Siddharta in Meditation versunken war, als ihn der Teufel (*Mara*) mit seinen Gehilfen versuchen und die Erleuchtung verhindern wollte. Daraufhin rief der Meister die Erdgöttin *Thorani* zur Zeugin an, daß er tugendhaft sei. Thorani wrang deshalb ihre nassen Haare aus, wobei die Flut die Teufel hinwegspülte.

● **Die Geste der Furchtlosigkeit** (*Abhaya-Mudra*):
Bei der Geste der Furchtlosigkeit oder der Schutzgewährung wird die Innenseite

der Handfläche(n) dem Betrachter in Schulterhöhe entgegengestreckt. Die Bedeutung ist unterschiedlich, je nachdem, ob diese Geste von der linken, der rechten oder beiden Händen ausgeführt wird. Die beidhändige *Abhaya-Mudra* bedeutet die "Besänftigung des Ozeans" (= Buddha beruhigt das aufgewühlte Meer; die Natur gehorcht ihm); die mit der Linken ausgeführte bedeutet die "Zurückweisung des Teufels" (= Buddha weist den Teufel in seine Schranken; er kann von diesem nicht versucht werden). Sie sind fast nur bei stehenden Buddha-Figuren anzutreffen. Die mit der rechten Hand ausgeführte *Abhaya-Mudra* bedeutet "den Streit schlichtend" (Buddha versöhnt seine verfeindeten Verwandten Koliya und Sakya) oder "Furchtlosigkeit" und ist bei stehenden und sitzenden Figuren üblich. Bei stehenden Figuren spielt sie außerdem auf die Legende an, nach der ein Vetter den Meister töten wollte, indem er einen wilden Elefanten auf ihn hetzte. Aus den Fingern der erhobenen Handfläche sprangen fünf Löwen, die den Elefanten in die Flucht schlugen.

Stehender Buddha –
Geste der Furchtlosigkeit

Die Körperhaltungen Buddhas (*âsana*)

Grundsätzlich kann man bei Buddha-Statuen vier Körperhaltungen unterscheiden: die sitzende, die liegende, die stehende und die schreitende.

● **Der sitzende Buddha** wird nach nach seiner Beinhaltung unterschieden. Er kann seine Beine gekreuzt (*vajrasana* = "Diamantsitz"/*padmasana* = "Lotossitz") oder übereinanderliegend (*virasana* = "Heldenpose") haben, wobei beide Fußsohlen nach oben zeigen. Der europäische Sitz (*pralambadasana*) mit herunterhängenden Beinen wird nur bei der Darstellung ganz bestimmter Episoden aus Buddhas Leben gewählt. Er taucht in der *Ayutthaya-Periode* relativ häufig auf.
● **Der liegende Buddha** (*Mahapari-Nirvana*; engl.: Reclining Buddha) symbolisiert den Eingang ins Nirvana. Die z.T. enorm langen Figuren (z.B. im Wat Jetubon in Bangkok) zeigen Buddha auf der rechten Seite liegend und eine Hand unter dem aufgestützten Kopf verschränkt. Die waagerecht übereinanderliegenden Fußsohlen sind oft mit Symbolen verziert, z.B. dem 'Rad der Lehre', dem

Berg Meru, mit Sternen oder Hindugöttern. Bis zu 108 verschiedene Merkmale kann man hier unterscheiden, die allesamt religiöse Bedeutung haben. Sie können auch auf den Handflächen (bei der *Abhaya-Mudra*) angebracht sein.

● **Der stehende Buddha** hat meist die Beine und Füße parallel gestellt. Stehende Buddha-Figuren, die z.T. extreme Höhen erreichen, erfreuen sich besonders im *Ayutthaya-Stil* größter Wertschätzung.

● **Der schreitende Buddha** wurde durch den *Sukhothai-Stil* eingeführt. Solche Figuren sind von weichen Kurven und einer schwingenden Körperhaltung bestimmt, sie wirken leicht, sanft und fast weiblich.

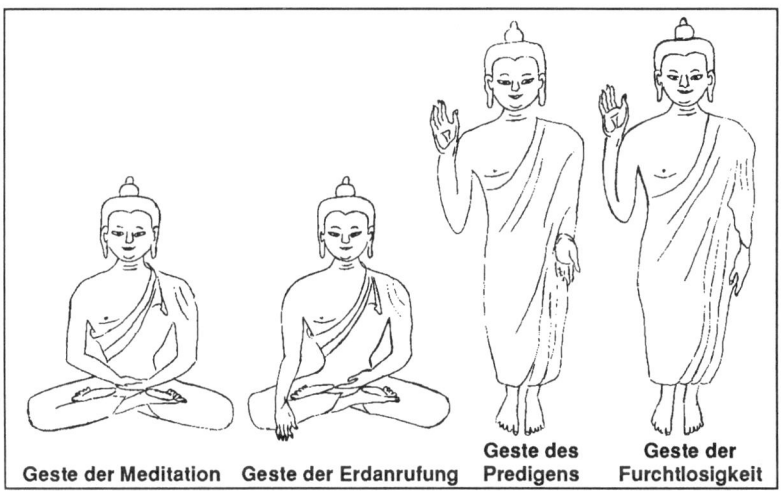

| Geste der Meditation | Geste der Erdanrufung | Geste des Predigens | Geste der Furchtlosigkeit |

Das Gesicht Buddhas

Bei der Darstellung der Kopfform und des Gesichtes des Erleuchteten orientierte man sich zwar an den frühesten Schilderungen, aber ein getreues Abbild wurde nie versucht. Wie die Handgesten soll der Gesichtsausdruck vielmehr eine bestimmte geistige Eigenschaft versinnbildlichen, wie z.B. Erhabenheit, Weisheit, Majestät oder Meditation.

Wie allerdings die Physiognomie der Statue gestaltet ist, läßt Rückschlüsse auf die Zeit ihrer Entstehung zu. Einige Merkmale fallen dem westlichen Besucher als kuriose Erscheinungen oft zuerst auf. So z.B. die außerordentlich langgezogenen **Ohren**, die manchmal bis auf Schulterhöhe herabreichen. Sie verweisen auf Buddhas fürstliche Abstammung, bei der damals in Indien schwerer Ohrschmuck getragen wurde. Ebenfalls auffallend ist ein merkwürdiges **Stirnzeichen** (*Urna*) in Form einer Flamme, das manchmal (aber nicht immer!) oberhalb der Nasenwurzel angebracht ist; dieses Zeichen kommt so nur in der thailändischen Kunst vor, während es in anderen buddhistischen Ländern oft als Punkt oder als Haarlocke dargestellt wird (nicht zu verwechseln mit einem 'dritten Auge'!). Es symbolisiert das Licht der Weisheit, das von Buddha ausgeht.

Jedes Buddhabild hat auf dem Kopf eine leichte **Erhöhung** (*Ushnîsha*, eigentlich "Turban") in Form einer Halbkugel. Diese ist je nach Kunststil mehr oder weniger deutlich zu sehen, mit einem Diadem oder Band abgegrenzt oder als Haarschopf

Buddhakopf mit Ushnîsha

dargestellt. Auch sie muß als Zeichen der Erleuchtung und Weisheit verstanden werden. Über der *Ushnîsha* schwebt als Bekrönung oft eine Lotosknospe, seit dem Sukhothai-Stil auch eine **Flamme**. Der Abschluß als Flamme hat die gleiche Symbolkraft wie die spezifische *Urna* und kommt wie diese nur in der thailändischen Kunst vor. Beide Merkmale erlauben es auch dem Laien ziemlich schnell, eine thailändische von einer japanischen, indischen oder chinesischen Buddha-Figur zu unterscheiden.

Die Gesichter der im *Mon-Stil* gefertigten Statuen sind von breitflächiger, fast kugeliger Form. Wie die Gesamtfigur ist auch der Kopf weitgehend stilisiert und symmetrisch aufgebaut. Beim Mund wird die Waagerechte betont, seine Lippen sind voll und schwer. Über der breiten Nase stoßen die geschwungenen Augenbrauen fast zusammen. Die Haare werden als große, zusammengerollte Locken dargestellt.

Im *Khmer-Stil* wird die Kopfform fast viereckig; das Gesicht des Erleuchteten ist weniger stilisiert und trägt mehr individuelle Züge, allerdings ist es im Aufbau und in der Ausdruckskraft sehr streng gehalten. Wie das Volk der Khmer weisen die Statuen aus dieser Zeit eine recht flache Nase, gerade Augenbrauen und volle Lippen auf. Der Haaransatz wird durch ein diademartiges Schmuckband vom Gesicht getrennt. Etwa ab 1200 wird die strenge Darstellung von etwas weicheren und zarteren Formen abgelöst.

Typisch für die Khmer-Kunst ist eine im Vergleich zum Haupt weniger sorgsame Bearbeitung des übrigen Körpers. Im *Sukhothai-Stil* ändert sich die Kopfform der Buddha- und Götterfiguren zum Ovalen. In den Gesichtern lösen gewölbte Augenbrauen die geraden ab, die Nase ist schlank und gebogen, während den schmallippigen Mund ein leichtes Lächeln umspielt. Der flammengleiche Kopfaufsatz taucht nun zum erstenmal auf und wird ein Erkennungszeichen der thailändischen Buddha-Variante.

Der *Ayutthaya-Stil* bevorzugt zunächst wieder eine eckigere Gesichtsform mit einem strengen Ausdruck, allerdings weniger stilisiert. Später bekommen die Figuren einen etwas hochmütig wirkenden Gesichtsausdruck, der ohne Abwandlungen immer wieder in der gleichen Weise produziert wird.

Das Gewand Buddhas

Grundsätzlich wird der Erhabene im **Mönchsgewand** dargestellt. Dieses besteht i.d.R. aus zwei Stoffbahnen, dem Unter- und dem Obergewand (manchmal kommt noch ein Übergewand hinzu). In den meisten Stilen der Thai-Kunst wird das Gewand nur angedeutet und durch wenige Linien betont. Ab der *Sukhothai-Periode* bleibt bei den sitzenden Figuren die linke Schulter frei, während bei stehenden Figuren (besonders im *Ayutthaya-Stil*) beide Schultern bedeckt sind und das Mönchsgewand in der Mitte von einem breiten Gürtel zusammengehalten wird. Zu den Seiten fällt die Kutte in symmetrischen und glatten Bahnen herab.

Stehender Buddha in Nakhon Pathom

Im *Khmer-Stil* wird gegenüber der schlichten Darstellung mit dem Mönchsgewand diejenige von "*Buddha im Fürstenschmuck*" bevorzugt. Eine Krone und reichhaltiger Schmuck verweisen auf die adelige Herkunft des Erleuchteten, haben aber auch mit dem Gottkönigtum der Khmer zu tun.

Dies wird im *Ayutthaya-Stil* oft übernommen, zunächst mit deutlich reduziertem Schmuck, dann aber immer üppiger und kostbarer. Ab dem 17. Jhd bekleidet man in Ayutthaya den Erleuchteten mit dem **Königsornat** (*song krüang*), das der Amtstracht des jeweils herrschenden Monarchen nachgebildet ist (und insofern Datierungsmöglichkeiten bietet). Dabei wird die gesamte Figur mit einem feinen Netzwerk von Schmuckbändern, Ringen, Gürteln usw. überzogen und an Ohren, Handgelenk, Hals und Füßen verschwenderischer Schmuck angebracht (z.T. mit Juwelen besetzt). Gold und Edelsteine geben dem Bildnis einen unbeschreiblichen Glanz.

Auch in Ayutthaya war die Idee des Gottkönigs (= der König ist die Inkarnation Vishnus und beschützt Buddha) für die Darstellung des Erleuchteten bedeutsam und der *Buddha im Fürstenschmuck* deshalb äußerst beliebt; später wurde diese Darstellungsweise jedoch nicht mehr aufgegriffen und blieb insgesamt ein Sonderfall.

Der Thron Buddhas

Sitzende (manchmal auch stehende) Buddhafiguren werden meistens auf einem Thron oder Podest gezeigt, der ihre Bedeutsamkeit steigert und die Figur über das Profane hinaushebt. Der Betrachter thailändischer Kunst findet hauptsächlich folgende vier 'Thronarten' vor:
● **Der Löwenthron**
Buddha sitzt auf Löwen, oder Löwen umgeben eine andere Thronart. Der Löwe (singha) ist dabei das Symbol eines Herrschers, verkörpert darüber hinaus aber immer auch den Sieg der buddhistischen Lehre.
● **Der Lotosblüten-Thron**
Buddha sitzt auf einer geöffneten oder geschlossenen Lotosblüte, einem zentralen Symbol des Buddhismus und des Hinduismus. Die Lotosblüte ist das Attribut des Götterpaares Vishnu und Lakshmi – als Pflanze, die vom Schlamm des Grundes nicht befleckt wird und sich über ihn erhebt, versinnbildlicht sie aber auch Reinheit und damit Buddha und seine Lehre.

● **Der Meru-Thron**

Buddha sitzt oder steht auf einem vieleckigen oder runden Podest, das nach oben und unten ausladender ist (also eine 'Taille' hat) und den heiligen Hindu-Berg Meru symbolisiert, d.h. den Kosmos.

● **Der Naga-Thron**

Der König der Naga-Schlangen erhob den Erleuchteten über die Fluten und bedeckt ihn vor dem Regen, damit er nicht bei der Meditation gestört werde. Buddha sitzt dabei auf dem zusammengerollten Schlangenkörper.

Das Außerordentliche des Buddha wird bei seinen Abbildern nicht nur durch Gesten, Attribute und Stellungen ausgedrückt, sondern auch durch einen '**Heiligenschein**' hinter dem Haupt des Erleuchteten und/oder eine sog. **Aureole**, die den gesamten Körper einrahmt. Wie *Urna* und *Ushnîsha* stellen sie gleichfalls das "Buddhalicht" dar und versinnbildlichen den unermeßlichen Glanz der Wahrheit und Weisheit.

● ● ●

Wichtige Begriffe

âsana	Körperhaltungen der Buddha-Bildnisse
Buddha	'Der Erleuchtete'; Wesen, das ins Nirvana eingehen kann
Buddhapada	Fußspuren Buddhas, Symbol für die Ankunft des Erleuchteten oder seiner Lehre an einem bestimmten Ort
Jataka	'Geburtsgeschichten', Legenden aus den früheren Leben des Buddha
Mahapari-Nirvana	Liegender bzw. ruhender Buddha, Symbol für den Eingang ins Nirvana
Mudra	Handgesten Buddhas mit symbolischer Bedeutung für einen bestimmten Aspekt der Lehre
Shakyamuni	= "Einsiedler aus dem Geschlecht der Shakya", anderer Name für den historischen Buddha
Siddharta Gautama	Eigenname des historischen Buddha, einem nordindischen Prinzen
Urna	Stirnzeichen auf Buddhabildnissen in Form eines Punktes; als Flamme kommt das Zeichen nur in der thailändischen Kunst vor
Ushnîsha	Halbkugelförmige Erhöhung des Kopfes bei Buddha-Figuren, oft mit einer Lotosknospe oder Flamme bekrönt

Verhaltensregeln

1. Wie die gläubigen Thai sollte auch der Besucher Buddha und seinem Bildnis mit Respekt und Ehrfurcht begegnen. In Tempeln sollte man sich hinsetzen, dabei aber nicht die Füße oder Fußsohlen dem Buddha-Bild entgegenstrecken!

2. Für Erinnerungsfotos sollte man sich nicht an eine Buddha-Statue anlehnen oder gar auf sie klettern!

3. Nachdem Thai im Ausland gesehen haben, daß *farangs* Buddha-Figuren zu Lampenschirmen, Briefbeschwerern etc. herabgewürdigt haben, ist der Export von solchen Bildern und Statuen verboten (es sei denn, man kann nachweisen, daß man Buddhist ist). Zollbeamte werden unnachgiebig gekaufte Buddha-Bildnisse – egal, ob antik oder neueren Datums – einbehalten!

2.3.4 AUF DEM WEG ZUR ERLEUCHTUNG: DIE MÖNCHE

Daß die Thai auch heute noch tief in Religion und Kultur des Buddhismus verwurzelt sind, verdeutlichen neben den etwa 30.000 Klöstern die unzähligen jungen und alten Mönche, die in ihren orange-gelben Gewändern aus dem Straßenbild von Land und Stadt nicht wegzudenken sind. Diese folgen dem Beispiel ihres Lehrmeisters Buddha, der sich in Bedürfnislosigkeit zurückgezogen hatte und über die Meditation zur Erleuchtung fand. Seinem Vetter und Leibdiener *Ananda*, der Buddha 25 Jahre zur Seite gestanden hatte und sein getreuer Schüler wurde, kommt ebenfalls Vorbildfunktion zu.

Die ersten Mönche des Buddhismus waren jene fünf Jünger, die Buddha sofort nach seiner Erleuchtung unterrichtete und die ihm nacheiferten; mit ihnen begann die Geschichte der Mönchsgemeinde *Sangha*. Dabei kann man nicht von einem 'Orden' nach christlichem Verständnis sprechen, denn eine Verpflichtung auf Lebenszeit gibt es nicht, und der Austritt aus der *Sangha* ist jederzeit möglich. Während einige also ihr ganzes Leben der Meditation und der wahren Lehre widmen, treten andere nur für wenige Jahre oder nur für die Dauer der Regenzeit der Mönchsgemeinde bei. Selbst einige Regenten der Chakri-Dynastie waren deren Mitglieder, so z.B. König *Mongkut* (Rama IV.), der immerhin 27 Jahre lang als Mönch lebte und die heiligen Schriften studierte. Und im Jahre 1956 hat auch der gegenwärtige König *Bhumibol* (Rama IX.) einige Monate lang die Mönchsrobe getragen.

Für den Buddhismus – zumal der Schule des Theravada – ist die *Sangha* ein tragender Pfeiler, weswegen man auch von der *Tiratta* spricht, dem 'dreifachen Juwel', das die Einheit von Buddha, der Gemeinde der Mönche und der Lehre meint. Überhaupt besteht in Thailand traditionell eine Sonderbeziehung zwischen Monarchie, Mönchsgemeinde und der Bevölkerung: Die Mönche und der König werden von der Bevölkerung ernährt (durch Almosen bzw. Steuerabgaben), die Bevölkerung und der König werden von den Mönchen belehrt und 'erzogen' (zu Friedfertigkeit bzw. gerechter Regierung), die Bevölkerung und die Mönche werden vom König beschützt.

Das Eintrittsalter in die Mönchsgemeinde liegt bei 20 Jahren, aber auch weit Jüngere können sich als Novizen auf das entbehrungsreiche Leben vorbereiten.

Ins Gebet vertieft – Novizen

Die feierliche Aufnahme in die *Sangha*, die **Ordination**, wird meist zu Beginn der Regenzeit zelebriert. Mit diesem Fest wird der junge Mann sozusagen in die Erwachsenenwelt aufgenommen, und der Tag ist für ihn der bedeutsamste seines bisherigen Lebens. Dementsprechend aufwendig und würdevoll werden die Ordinationfeierlichkeiten begangen: Der Novize, bekleidet mit einem weißen Gewand, schreitet inmitten einer farbenprächtigen Prozession dreimal um den Klostertempel, seinem zukünftigen Zuhause. Dazu ertönt die

Musik einer Kapelle und der monotone brahmanische Singsang der Mönche. Angeführt wird die Prozession von festlich geschmückten Mädchen, denen der Novize folgt. Als Zeichen der *Tiratta*, der magischen Einheit von Buddha, Lehre und Jüngerschaft, trägt der zukünftige Mönch drei Kerzen, drei Lotosblüten und drei Räucherstäbchen in den Händen. Ihm folgen die Eltern, Verwandten, Zuschauer und anderen Mönche.

Die eigentliche Ordination findet im *Both*, dem heiligsten Teil einer Tempelanlage (s. 2.3.5) statt. Dort stellt der Abt des Klosters verschiedene Fragen, die der Novize in der heiligen *Pali*-Sprache beantworten muß. Anschließend weiht man ihn in die Regeln des mönchischen Lebens ein. Daraufhin werden ihm Haare und Augenbrauen geschoren, und er erhält die acht Requisiten, die dem Mönch als Besitz erlaubt sind: drei gelb-orangene Kutten, ein Schermesser, eine Nadel, ein Gürtelband, einen Wasserfilter und die schwarze Almosenschale. Zum Schluß der Zeremonie wechselt der Novize das Gewand: mit seiner Robe hebt er sich ab nun aus der profanen Alltagswelt heraus und verdient besonderen Respekt. Die safrangelbe Farbe ist übrigens kein Zeichen eines 'Festgewandes', sondern wurde gewählt, weil sie in der Herstellung besonders billig und in der Wirkung besonders 'häßlich' sein soll – damit wird der Anspruch auf Bedürfnislosigkeit und die Abkehr von den irdischen Wertvorstellungen unterstrichen.

Mit seinem neuen Leben erwirbt sich der Mönch besondere Verdienste für sein *Kharma*, das über die zukünftige Daseinsform entscheidet. Je länger der Mensch die Mönchsrobe trägt, desto größer werden die Verdienste. Ein Teil davon geht übrigens auch auf die Eltern über, die deshalb besonders stolz über die Ordination ihres Sohnes sind, und selbst Zuschauer können bloß durch ihre Beteiligung an den Feierlichkeiten positive Auswirkungen auf ihr *Kharma* erwarten.

Mönche beim Almosensammeln

Der **Tagesablauf** eines Mönches ist von vier Dingen bestimmt: Almosensammeln, Meditation, Gebete und Studium. Als *Bhikku* (= "Bettler"), wie der buddhistische Mönch genannt wird, zieht er ungeachtet des Wetters oder der Straßenverhältnisse frühmorgens los, um die Opfergaben der Gläubigen einzusammeln. Meist tun dies die Mönche in kleinen Gruppen von bis zu zehn Personen, quasi im Gänsemarsch, und warten darauf, daß ihr Almosentopf aus schwarzem Lack gefüllt wird.

Die Gläubigen stehen meist schon bereit, und der männliche Haushaltsvorstand gibt seine Gaben mit einem besonders ehrfürchtigen *wai* in den Topf. Derweil schaut der Mönch ungerührt zu: nicht er ist es, der zu danken hat, sondern die Almosengeber, die an den Verdiensten des *Bhikku* teilhaben und ihr *Kharma* verbessern können. Deswegen verharren sie noch in Dankesbezeugungen, daß der Mönch ihre Opferspeisen angenommen hat, während dieser bereits seinen Rundgang fortsetzt.

Nach dem Almosensammeln nimmt der Mönch seine erste Mahlzeit ein. Anschließend widmet er sich dem Studium der buddhistischen Lehre oder lernt die

Lebensgeschichte des Erleuchteten. Maßgeblich für sein Studium sind die heiligen Schriften des Theravada-Buddhismus (*Tripitakka*), die aus den einzelnen 'Lehrreden' Buddhas (*Sutra*) bestehen. Nachdem mehr als vier Jahrhunderte die Worte des Erleuchteten nur mündlich überliefert wurden, schrieb man im 2. Jhd n.Chr. die *Sutras* in der indischen Amts- und Schriftsprache *Pali* auf. Das mönchische Leben ist zu einem großen Teil also auch ein Fremdsprachen-Studium, um den heiligen Kanon des Theravada-Buddhismus im Original verstehen zu können. Kurz vor Mittag nehmen die Mönche ihre zweite und letzte Mahlzeit des Tages ein. Danach bestimmen Ruhe und Meditation, gegen 16.00 Uhr dann das Abendgebet ihren Tagesablauf. Das Leben im Kloster (*Wat*) ist streng reglementiert und von Anspruchslosigkeit und Friedfertigkeit gekennzeichnet. Allein 227 Regeln sind zu beachten! Der Verzicht auf Eigentum ist genauso selbstverständlich wie ein striktes Zölibat, ebenso der Grundsatz, daß weder Menschen noch Tiere verletzt werden dürfen und daß Tanz, Rauschmittel oder Parfum zu meiden sind. Die Mönchswohnungen (*Kutis*), die meist am Rande des Klostergeländes aufgereiht sind, haben eine karge Einrichtung; bequeme Betten sind den *Bhikku* nicht erlaubt.

Bei der Zeremonie zum Ende der Regenzeit sind alle Mönche und Laien wieder festlich versammelt. Dieser Feiertag bedeutet für viele den Abschied vom Klosteraufenthalt, sie kehren zu ihren Familien und ihrem alltäglichen Leben zurück. Die anderen Mönche können nun ebenfalls das *Wat* verlassen und wandernd durchs Land ziehen oder die Einsamkeit suchen. Wer bei einem Klosterbesuch Mönche sieht, die nur eine Schulter bedeckt haben, kann davon ausgehen, daß diese auch dort wohnen. Mönche, die beide Schultern bedeckt haben, sind 'fremd', d.h. kommen von einem anderen *Wat* und sind auf ihrer Wanderschaft hier eingekehrt. Zu Beginn der nächsten Regenzeit ist man dann wieder im Heimatkloster, um die Ankunft und Ordination der neuen Novizen zu feiern.

Wer für eine begrenzte Zeit oder für immer die mönchische Lebensform gewählt hat, ist nicht nur mit dem Einsammeln von Almosen oder dem Studium der *Tripitakka* beschäftigt. Es ist auch Aufgabe der Mönchsgemeinde (*Sangha*), die Nichtmönche an ihrem Wissen teilhaben zu lassen. Damit hat das Nach-Innen-Gekehrtsein der *Bhikku* eine zweite Seite, nämlich die Öffnung zur Gesellschaft. Mönche sind verpflichtet, den Laien Ratschläge in Glaubensdingen zu geben oder sie in den Geboten des Buddhismus zu unterweisen. Sie haben weiterhin die Aufgabe, bei bestimmten Anlässen den Segen zu erteilen und Feiertage oder öffentliche Zeremonien mit ihrer Anwesenheit zu beehren. In diesem Zusammenhang muß daran erinnert werden, daß die Volksbildung ohne das Wirken der Mönchsorden auf einem nicht so hohen Niveau stehen würde wie sie es tut. Gleiches gilt für die beiden buddhistischen Universitäten, die es in Thailand gibt.

Neben den *Bhikku* gibt es übrigens auch jene Mönche, die ohne klösterliches Leben ausschließlich als Eremiten (*Rishi*) die Einsamkeit suchen. Solche Einsiedler leben vor allem in den ländlichen Regionen; dort treten aber auch sie als Ärzte oder Weise auf und werden als z.T. heilige Personen von der Bevölkerung hochverehrt.

Nachdem bisher von der *Sangha* als reiner Männergesellschaft die Rede war, taucht die Frage auf, ob sich auch **Frauen** für diese Form des Lebens entscheiden und sich damit auf den Weg zur Erleuchtung machen können. Tatsächlich hat sich Buddha niemals gegen ein weibliches Mönchstum oder überhaupt gegen Frauen ausgesprochen (allerdings sind sie nach seiner Lehre für das Leiden mitverantwortlich, da sie es durch ihr Gebähren auf die Welt bringen). In den patriarchalisch strukturierten Gesellschaften Asiens war aber eine buddhistische

Nonne schlechterdings undenkbar, und es hat lange gedauert – immer wieder von Zeiten des Verbotes unterbrochen –, bis auch Frauen das Recht auf diesen spezifischen Lebenswandel zugesprochen wurde. Heute gibt es in Thailand Nonnen (*Mae Chi*), die ähnliche Gewänder tragen und ähnlichen Regeln unterworfen sind wie die Mönche, trotzdem ist der weibliche Klosteraufenthalt die große Ausnahme – nur etwa 10.000 Frauen haben diesen Weg gewählt!

Ob und wie das Mönchstum in Thailand überleben wird, hängt davon ab, wie sehr der Strukturwandel des Königreichs zu einer religiösen Entwurzelung der Gesellschaft führt. Schon seit längerer Zeit hat man den *Bhikku* neben ihren acht Requisiten auch Toilettenartikel, Bücher, Sandalen und Brillen zugestanden. Dies darf nicht als Abkehr von den strengen Regeln mißverstanden werden, sondern ist wohl nichts anderes als eine notwendige Angleichung an veränderte Zeitumstände. Wenn man aber Mönche sieht, die in der Öffentlichkeit unbedenklich Zigaretten rauchen, abends Cola und allerlei Speisen zu sich nehmen oder (wie mir auf dem Bahnhof in Bangkok begegnete) solche, die offensichtlich auch alkoholischen Getränken nicht abgeneigt sind, dann muß allerdings die Frage gestellt werden, wie ernsthaft diese noch den Weg zur Erleuchtung beschreiten. Auch gläubige Thai werden solche Abweichler nicht gutheißen können – immerhin werden die Mönche ja von der Bevölkerung ernährt und eingekleidet! Inzwischen sollen sogar schon *Bhikku* mit einem Walkman auf den Ohren gesehen worden sein oder solche, die in die Lektüre von einschlägigen Männermagazinen vertieft waren...

Trotz aller Anfechtungen der modernen Welt: Immer noch ist in Thailand das Mönchstum ein Stützpfeiler des Selbstverständnisses und Ausdruck tief empfundenen Glaubens. Auch westlichen Menschen kann es viel geben, sich mit den Lehren Buddhas und deren Umsetzung in einem nicht-materialistischen Leben zu beschäftigen. Einige Klöster stehen deshalb *farangs* zur Meditation und einem kürzeren oder längeren Aufenthalt offen. In Bangkok sind dies u.a. Wat Mahatat, Wat Dharma Mongkol, Wat Vajira Dharma Sathit und Wat Bovonives; in Thonburi findet man im Wat Pak Nam Phasi Charoen und im Wat Pleng Vipassana Aufnahme; in Chiang Mai u.a. im Wat Muang Mang und im Wat Umong. Weiter haben *farangs* die Möglichkeit, im Wat Vivekasrom in Chonburi oder im Wat Asokaram in Samut Prakan den mönchischen Tagesablauf zu erleben.

● ● ●

Wichtige Begriffe

Bhikku	'Bettler', Sammelbegriff für den buddhistischen Mönch
Kuti	Wohnung der Mönche im Kloster
Mae Chi	Buddhistische Nonne
Pali	Heilige (indische) Sprache der *Sutra*
Rishi	Buddhistischer Eremit
Sangha	Gemeinde der Mönche
Sutra	Buddhas einzelne Lehrreden, die die Grundlage des *Theravada*-Buddhismus bilden; ihre Texte in der *Pali*-Sprache machen die *Tripitakka* aus
Tiratta	Das 'dreifache Juwel', die Einheit von Erleuchtetem, Lehre und Jüngerschaft der Mönche
Tripitakka	Heilige Schriften des *Theravada*-Buddhismus in der *Pali*-Sprache

Verhaltensregeln

1. Mönche genießen im Alltagsleben immer Vortritt. Man sollte möglichst nicht neben ihnen, sondern hinter ihnen gehen und es vermeiden, sie oder ihre Kleidung zu berühren. Auch wenn es schwerfällt, sollte man beim Sitzen versuchen, eine niedrigere Position einzunehmen. Im Bus ist die letzte Bank für Mönche reserviert!

2. Frauen (oder Mädchen) sind für Mönche tabu. Weibliche Personen sollten deshalb besonders vorsichtig im Umgang mit Mönchen sein, z.B. niemals neben ihnen sitzen, allein mit ihnen in einem Raum sein oder sich mit ihnen fotografieren lassen. Opfergaben werden Mönchen nur von Männern überreicht, Frauen geben diese niemals direkt, sondern über einen Mann oder legen sie vor den Mönch auf den Boden!

3. Beim frühmorgendlichen Gang der Mönche spricht man diese nicht an oder stört sie sonstwie bei der Annahme der Almosen!

4. Bei der Übergabe von Opferspeisen benutzen Männer ehrfurchtsvoll beide Hände und bedanken sich anschließend mit einem *wai*, daß der Mönch die Gabe angenommen hat!

5. Natürlich sollten die Almosen für die Mönche verwertbar und in Einklang mit ihren Regeln sein – d.h. keine Zigaretten, kein Alkohol, keine 'Luxuswaren'. Geldspenden gibt man Mönchen nicht als Schein in die Hand, sondern legt sie in einem Umschlag in deren Tasche oder in den Spendenkasten des Klosters!

2.3.5 DIE TEMPELARCHITEKTUR

Nirgendwo sonst hat sich das reichhaltige kulturelle Erbe Thailands eindrucksvoller niedergeschlagen als in den prächtigen Tempelanlagen aller Kunstepochen. Auf etwa 30.000 schätzt man ihre Anzahl, und es ist berechtigt, dem als 'Land des Lächelns' bekannten Königreich auch den Beinamen 'Land der Tempel' zu geben.

Die Sammelbezeichnung für diese Sakralbauten lautet auf Thailändisch *"Wat"* und meint fast immer auch eine Klosteranlage. Als Institution hat das Kloster im Buddhismus eine weit zurückreichende Tradition. Denn nur hier war ein Leben in Meditation und Zurückgezogenheit zu erreichen, nur hier konnte Buddhas Forderung erfüllt werden, daß man durch den Verzicht auf alle irdischen Güter dem Ziel des Nirvana näherkommen müsse. Ähnlich wie die christlichen Klöster des Mittelalters hat ein *Wat* jedoch mehrere **Funktionen**, die nicht nur dem Bereich eines mönchischen Refugiums zuzuordnen sind:

● In erster Linie bleibt das Kloster natürlich der **Ort der Meditation**, in dem Mönche wie Laien zu sich selbst finden und den Weg der Erleuchtung beschreiten. Naturgemäß hat deshalb ein *Wat* auch einen (oft abgegrenzten) **Wohnbereich für Mönche**. Auch die **Bibliothek**, in der die heiligen Schriften der *Tripitaka* aufbewahrt und studiert werden, ist in diesem Zusammenhang wichtig.

● Zweitens ist das Kloster eine **Stätte religiöser Zeremonien und Feierlichkeiten**, die von allgemeinem Interesse sind und dementsprechend auch von Nichtmönchen besucht werden. Abgesehen von der Ordination und der Zeremonie zum Abschluß der Regenzeit wird das *Wat* bei lokalen und landesweiten Festen (nicht unbedingt religiöser Natur) zum Treffpunkt von Geistlichkeit und ansässiger Bevölkerung.

● Drittens ist das Kloster immer eine wichtige **Bildungsstätte** gewesen, insbesondere vor der Einrichtung staatlicher Schulen im 19. Jahrhundert. Hier lernte die (männliche) Bevölkerung Lesen und Schreiben, hier wurde sie nicht nur ethisch

Tempelarchitektur in Chiang Mai

aufgeklärt, sondern auch der Allgemeinbildung zugeführt. Die relativ geringe Rate an Analphabeten in Thailand (heute etwa 10%) ist zum großen Teil auf diese Funktion der Meditationsstätten zurückzuführen. Manche der buddhistischen Klöster entwickelten sich dabei zu Hochburgen des Geistes und konnten sich als Universitäten einen klangvollen Namen erwerben (am bekanntesten das *Wat* von Nalanda in Indien).

● Viertens dienen die Klöster nicht nur der Landbevölkerung als Versammlungsstätte, sondern stehen Reisenden und Wanderern auch als **Übernachtungs- und Ruheort** zur Verfügung. Jedem, der das *Wat* als heilige Stätte respektiert, stehen dessen Tore offen!

Das **Aussehen** einer Kloster- und Tempelanlage kann je nach geographischer Lage und Entstehungszeit sehr unterschiedlich sein. Insgesamt gilt jedoch, daß in Thailand eine ganz eigene Form der Architektur gefunden wurde, die sich von der eines jeden anderen buddhistischen Landes abhebt. Das gilt sowohl für die Gesamtanlage, als auch für die einzelnen Gebäude und deren Baudetails. Die große kulturhistorische Leistung der Thai ist dabei, daß es ihnen gelang, höchst unterschiedliche Vorbilder zu vereinen und zu einem ganz eigenen, unverwechselbaren Stil umzuformen.

Die **Gesamtanlage** ist i.d.R. achsensymmetrisch aufgebaut, wobei hier nur die unten genannten Kultbauten gemeint sind, nicht aber der Wohnbereich der Mönche mit den *Kutis*. Im Mittelpunkt einer solchen Anlage stehen ein oder mehrere *Stupas*. Ein *Stupa* (ein Wort aus dem Sanskrit, das ursprünglich "Haarknoten", später einfach "Hügel" meint) ist der Sammelbegriff für buddhistische Sakralbauten, die sich über einer breiten Basis nach oben verjüngen und Reliquien enthalten. Wahrscheinlich stammt diese Form von den prähistorischen fürstlichen Begräbnishügeln in Indien ab und sieht deshalb in den ältesten Beispielen (in Ceylon) wie eine schwere Halbkugel aus. In der Literatur finden Sie auch oft die Bezeichnung *Pagode* (das Wort kommt aus dem Ceylonesischen *daghoba* = "Reliquienkammer" oder aus dem Chinesischen *bao la* = "kostbarer Turm"); sie meint im Prinzip das gleiche wie *Stupa*, wird aber manchmal auf den gesamten Turm einschließlich aller Unterbauten oder sogar für die Gesamtanlage eines Tempels angewandt.

Vor seinem Eingang ins Nirvana soll Buddha seine Getreuen gebeten haben, seinen Körper zu verbrennen und über der Asche einen Hügel in der Form eines Reisberges aufzuschichten. Darauf geht nicht nur die Form eines *Stupa* zurück, sondern auch das Reliquienwesen: die heiligsten Erinnerungsmale sind die, die über sterblichen Überresten Buddhas (Zähne, Haare, Asche, Knochen etc.) oder auch Gegenstände aus seinem Besitz (Stoffreste, Amulette, Bücher, Almosenschale etc.) errichtet worden sind. Solche Reliquien wurden früher in prunkvollen Prozessionszügen aus Ceylon oder Indien ins Land gebracht bzw. von befreundeten Königen geschenkt. Später wurden auch die Reliquien von Mitgliedern des Königshauses, von besonders verehrten Mönchen und *Rishis* oder auch von einfachen Gläubigen in einem *Stupa* beigesetzt, so daß das ehemals Allerheilig-

Burmesischer Einfluß: Tempel in Mae Hong Son

ste mehr und mehr profanisiert wurde und heute nicht mehr den gleichen hohen Rang besitzt. An seine Stelle als wichtigster Kultbau trat das *Both* (s.u.).
Es ist interessant, die Entwicklung der **thailändischen Sonderformen** eines *Stupa* zu beobachten, dem *Chedi* und dem *Prang*, von denen manche begehbar sind:

Großer Chedi von Nakhon Pathom

● Unter **Chedi** versteht man einen spitz auslaufenden Tempelturm, der sich über einer mehr oder weniger hohen Basis erhebt. Die Form eines solchen Turms kann – je nach Kunst-Stil – unterschiedlich ausfallen und an ein Ei, eine Lotosblüte, eine Glocke oder einen Zylinder erinnern. An die halbkugelige Pagode ceylonesischen Ursprungs erinnert z.B. der große Chedi von Nakhon Pathom, der mit etwa 120 m das höchste Bauwerk des Buddhismus überhaupt darstellt. An ihm sieht man auch deutlich die einzelnen Bestandteile, nämlich Basis, Kuppel und Spitze, die wieder einmal das 'dreifache Juwel' (*Tiratta*; Buddha, Lehre und Mönche) symbolisieren.

Typischer für die thailändische Kunst sind jedoch jene Chedis, die in der *Sukhothai-Periode* (im 13.-14. Jhd) zum erstenmal in Erscheinung traten. Sie haben die Form einer Glocke oder einer umgestülpten Lotosblüte und werden deshalb auch "Lotosknospentürme" genannt. Ihre Bauweise nimmt auf jene Legende Bezug, nach der der Embryo des Buddha im Mutterschoß als Lotosblütenknospe heranwuchs. In der Stil-Entwicklung kann man dann beobachten, wie die Chedis immer schlanker werden, wie sich ihre Basis erhöht und ihre Silhouette immer elegantere Formen annimmt, bis im Wat Phra Keo in Bangkok die Endform gefunden wurde. Chedis können sich über einem runden oder quadratischen Grundriß erheben, oft

besitzen sie in der Basis zu den vier Himmelsrichtungen besondere Schreine und einen umlaufenden Wandelgang. Nicht selten sind sie von Keramik oder Blattgold überzogen und überragen dann als leuchtende Finger ihre Umgebung. Im eigenständigen *Haripunchai-Stil* besteht der Chedi aus übereinander gestaffelten, sich verkleinernden Ziegelstein-Kuben mit senkrechten Wänden, die Nischen für große Figuren (z.B. Wat Kukut in Lamphun) enthalten. Die Zugehörigkeit zu einer Stilepoche entscheidet auch darüber, ob in der schmückenden Bauplastik vorzugsweise buddhistische oder hinduistische Motive zu sehen sind.

● Die andere Form des thailändischen Stupa ist der *Prang*, der von der Tempelarchitektur der Khmer, genauer: von deren

Ayutthaya-Chedi

Turm-Heiligtum (*Prasat*) abstammt. Er besitzt einen rechteckigen Grundriß mit einer hohen Basis, in der sich eine Kapelle befindet. Zu dieser führen i.d.R. von allen Seiten sehr steile Stufen empor. Darüber erhebt sich der eigentliche Turm, der gedrungener als die spitz zulaufenden Chedis wirkt. Trotzdem kann auch ein Prang enorme Höhen erreichen, wie das wohl bekannteste Beispiel, nämlich der *Wat Arun* in Bangkok, zeigt. Wie beim Khmer-Vorbild sind die Statuen der Bauplastik hauptsächlich dem hinduistischen Weltbild entlehnt und stellen Geister und Götter dar. Die abgerundete Spitze wird vom Dreizack des Gottes Shiva bekrönt. Von der Funktion her unterscheidet sich ein Prang jedoch nicht von einem Chedi, kommt allerdings weniger häufig vor und hat fast immer einen königlichen Bauherren.

Obwohl die *Stupas* im Laufe der Zeit viel von ihrer Heiligkeit eingebüßt haben, werden sie natürlich immer noch verehrt, zumal wenn sie eine bedeutende Reliquie enthalten. Ein Kloster mit einem sehr großen *Chedi*, der über einer Buddha-Reliquie errichtet wurde, heißt *Wat Mahatat* (= Kloster mit der großen Reliquie) und ist ausschließlich das Bauwerk eines Königs (u.a. in Sukhothai, Ayutthaya, Lopburi, Bangkok). In einer ehrfürchtigen Prozession umschreitet man solche *Stupas* dreimal, und zwar immer entgegen dem Uhrzeigersinn.

Der wichtigste Kultbau in einem Kloster- oder Tempelbezirk ist der *Bot* (auch *Ubosoth* genannt), der Besuchern aber nicht immer offensteht (der Innenraum darf niemals mit Schuhen betreten werden!). Hier finden die Ordination der Novizen und andere Zermonien des Mönchslebens statt. Charakteristisch für den Bot und die anderen Tempelhallen ist ihre Längsrichtung, die in dieser Form weder in China noch in Japan vorkommt. Der rechteckige Raum wird oft durch zwei Pfeilerreihen in drei Schiffe gegliedert. Sein Eingang befindet sich an einer Schmalseite (meist im Osten), während genau gegenüber das Buddhabild steht. Davor befinden sich mehrere Altare mit überquellendem Blumenschmuck. Räucherstäbchen, Opfergaben, blattgoldbedeckte Statuen und eine reiche Bemalung von Wänden und Decken ist in fast jedem Both anzutreffen.

Typisch für diesen Bautyp sind daneben die steilen Satteldächer ("Teleskopdächer"), oft mit vielfarbigen Ziegeln und überreichem Schnitzwerk versehen. Ihre

Giebel sind übereinander gestaffelt und laufen häufig in emporge-
schwungenen Firstenden mit hornartigen Verzierungen (*Chofas*)
aus, die Schlangen symbolisieren. Die Heiligkeit eines *Both*
wird durch die Grenzsteine (*Ba Sema*) unterstrichen, von
denen acht aufrecht stehen (ein neunter ist unter dem Bau
vergraben). **Ba Sema-Steine** haben oft die Form einer
Blatt- oder Lanzenspitze und werden z.T. mit aufwendigen Tabernakeln vor Witterungseinflüssen geschützt.
Ihre Aufgabe ist es, den heiligen Bezirk zu markieren
und vor allem böse Geister an einem Eindringen zu
hindern.

Während jeder *Wat* einen *Both* hat, gehört das
zweitwichtigste Gebäude, das **Viharn**, nicht unbedingt zum Repertoire einer Tempelanlage. Andererseits verfügen manche Klöster auch über
zwei oder mehr *Viharn*. Im Aussehen unterscheidet es sich nicht vom Allerheiligsten, hat aber
eine andere Funktion und ist meistens auch weniger aufwendig ausgeschmückt. Hier werden
die Morgen- und Abendandachten der Mönche
oder die Gebete für die Laien abgehalten, und
hier finden die vielen Feierlichkeiten statt, zu

Teleskopdächer mit Chofas

denen Nicht-Mönche zugelassen sind. Im Inneren der langgestreckten Säle gibt
es mehrere Buddha-Bildnisse, Altäre mit Opfergaben und Sandkübel, in die die
Räucherstäbchen gesteckt werden.

Both und *Viharn* werden oft von rechteckigen oder kreisrunden **Wandelgängen**
(*Rabieng*) von der Umwelt abgetrennt, die damit eine Atmosphäre der Ruhe
schaffen. Nach außen hin haben sie eine geschlossene Mauer, die an vier Seiten
mit prächtigen Portalen durchbrochen wird. Zum heiligen Bezirk öffnen sich die
Rabieng mit Säulen, Pfeilern oder Arkadenbögen. An den Innenwänden stehen
endlose Reihen von Buddha-Bildnissen, die Gläubige dort als gute Tat aufstellen
ließen.

Zu einer Klosteranlage gehören noch weitere Gebäude, die unterschiedlichen
Zwecken dienen. So gibt es z.B. fast immer eine kleine, offene Halle (**Sala**, das
Wort kommt aus Indien und ist mit unserem 'Saal' verwandt!), unter deren Dach
Pilger Schutz vor der Sonne suchen. Bei den mehrtägigen Feierlichkeiten dient
die *Sala* auch als Schlafstätte, darüber hinaus als Unterrichtsräume und als
Ablageplatz für die Opferspeisen der Gläubigen. Die heiligen Schriften (*Tripitak-
ka*) des Theravada-Buddhismus werden in besonderen **Bibliothekshäuschen** (*Ho
Trai*) untergebracht. Da fast jedes Kloster mehrere mönchische Vorsteher hat und
die Bibliothekshäuser diesen zugeordnet sind, ist nur ein einziges *Ho Trai* die
Ausnahme. Die Bibliothekshäuschen erkennt man an ihrer herausgehobenen Position: zum Schutz vor den gefürchteten Weißen Ameisen und vor Feuchtigkeit
baut man sie gerne in einen künstlichen Teich oder stellt sie auf einen sehr hohen
Unterbau. Dieser erreicht als Pfahl- oder Ziegelbau oft eine Höhe von 3 m und
muß über eine steile Treppe bestiegen werden. Im Gegensatz zu den Bibliothekshäuschen ist ein **Mondhop** nicht bei allen Tempelanlagen zu finden. Hier handelt
es sich um einen Pavillon, der über einem quadratischen Grundriß mit Pfeilern
und einem Staffeldach hoch aufragt. Wahrscheinlich entstand dieser Bautyp aus
einer Verschmelzung von *Viharn* und *Chedi*; er beherbergt eine oder mehrere
Buddhastatuen sowie andere Kultgegenstände. Außerdem kann ein Mondhop auch
als Aufbewahrungsort für die heiligen Schriften in der Pali-Sprache fungieren.

Eine Übersicht über die thailändische Tempelarchitektur wäre unvollständig, würde man nicht wenigstens kurz auf die **Bauplastik** eingehen, die jedem Besucher sofort auffällt. Neben den ornamentalen Verzierungen, den unzähligen Buddha-Bildnissen und den Darstellungen hinduistischer Götter sind es vor allem merkwürdige Gestalten der Mythologie, die vor, neben oder auf den Gebäuden angebracht sind. Sie haben meistens die Aufgabe, das Böse vom Tempel fernzuhalten (= Tempelwächter) oder symbolisieren die Unterwerfung unter die Macht Buddhas. Wegen ihrer überragenden Größe sind unter diesen Figuren die *Yakshahas* an erster Stelle zu nennen. In der Mythologie wurden sie als Enkel des hinduistischen Schöpfergottes *Brahma* zunächst als Halbgötter verehrt, später dann wandelte sich ihr Charakter, bis sie nur noch das Böse verkörperten. Als kolossale Gestalten bewachen sie nun die Haupteingänge mancher Tempel, aufgestützt auf mächtigen Keulen und mit grimmigem, furchteinflößenden Gesichtsausdruck. Beim Anblick der *Yakshahas*, besonders eindrucksvoll im Bangkoker *Wat Phra Keo*, kann man sich vorstellen, daß sie selbst den bösesten Geist am Eindringen hindern.

Yakshaha im Wat Phra Keo

Weitaus liebreizender ist das Erscheinungsbild der *Kinnara*, mythologische Mischwesen, die mit einem menschlich-göttlichen Oberkörper und dem Unterkörper eines Vogels ausgestattet sind. Vor allem in ihrer weiblichen Variante (*Kinnari*), ebenfalls am schönsten am *Wat Phra Keo* zu sehen, überzeugen sie durch ihre grazile Gestalt, und man kann verstehen, daß männliche Thai sie früher als ideale Ehefrauen begehrten. In der Mythologie waren die *Kinnari* Vogelgöttinnen, die den hinduistischen Shiva mit ihrem Gesang entzückten. Auch die unter 2.3.1 schon erwähnten *Ganesha, Garuda* und die *Naga-Schlangen* werden in vielfältigen Formen immer wieder dargestellt. In der Kunstepoche des Mon-Stils wurden die Na-

Fünfköpfige Nagaschlange

gas nicht nur als Tempelwächter an Portalen, sondern auch als geschwungene Treppenbrüstungen eingeführt, wofür es vor allem in Nord-Thailand eindrucksvolle Beispiele gibt. Dort tritt auch der zähnefletschende *Löwe* (*Singha*) als Wächter der Tempeleingänge in Erscheinung. Weniger furcht-

Singhas in Nortthailand

Symboltier Garuda

erregend gesellen sich im Norden *Fasan* und *Pfau* hinzu. Wegen ihrer enormen Bedeutung im Hinduismus und Buddhismus darf die Darstellung von *Elefanten* nicht verwundern, genausowenig aber auch die von *Gazellen*, da nach der Legende Buddha seine erste Predigt im Gazellenhain von Benares abhielt.

Interessant ist, daß in der neueren Zeit zu diesen traditionellen Gestalten auch Darstellungen von *Europäern* treten und damit ebenfalls der Macht des Erleuchteten unterliegen (so z.B. im *Wat Arun* in Bangkok).

Neben den mythologischen und Tierfiguren können in einem Kloster auch die **Modelle** besonders verehrter Chedis oder ganzer Tempelanlagen dargestellt werden. Das beste Beispiel dafür liefert das riesige Modell des kambodschanischen *Angkor Wat*, das im Königstempel von Bangkok ausgestellt ist.

In keinem Wat dürfen daneben eine oder mehrere **Glocken** fehlen, oft in regelrechten Türmen über- und nebeneinander angebracht. Die Glocken (und Trommeln, die es auch gibt) rufen die Mönche zu den Mahlzeiten oder Gebetsstunden. Einige von ihnen haben eine erstaunliche Größe und können nur mit Zusatzkonstruktionen (ein aufgehängter Holzbalken) zum Klingen gebracht werden. Bei den kleineren Modellen schlägt man den Klöppel gegen die Glockenwand (und nicht umgekehrt!), Gläubige verbinden damit besondere Fürbitten oder zeigen eine Umrundung auf ihrer Prozession um den Chedi an.

Von den Kultbauten ist der Wohnbezirk der Mönche meistens getrennt (dies trifft im Norden des Landes allerdings nicht immer zu!). In diesem liegen verschiedene Gebäude (Khana), die die einzelnen Kuti, die Wohnungen der Mönche, beherbergen. Während ältere Mönche ihr eigenes Kuti haben, oft sogar mit einer eigenen Bibliothek, leben die jüngeren Bhikku oft zu mehreren zusammen, niemals aber mit mehr als sechs Personen. Zum Quartier der Mönche gehören auch Versorgungseinrichtungen (Küche etc.), daneben Schulräume für Kinder und Erwachsene. In der Nähe sind meist auch ein oder mehrere Exemplare des *Bodhibaums* (Bobaum) zu sehen, jene Pappelfeige oder Pipalbaum, unter dem Buddha die Erleuchtung (= "bodhi") fand. Angeblich sollen alle diese Pflanzen von Ablegern jenes indischen Baumes abstammen. Da sie als heilig gelten, versucht man ihr Leben zu verlängern und stützt zu diesem Zweck die Äste mit gespendetem (manchmal bemaltem) Holz ab. Der Baum selbst wird nicht selten mit dem gelben Tuch des Mönchstums behangen. Solche Aktionen der Gläubigen sind gleichzeitig als Bitte für ein eigenes langes Leben zu verstehen.

● ● ●

Wichtige Begriffe

Ba Sema	Steinerne Grenzmarkierung für den heiligen Tempelbezirk und Geisterschutz
Bodhibaum *(Bobaum)*	Pappelfeige oder Pipalbaum (ficus religiosa), unter dem Buddha die Erleuchtung fand.
Bot (*Ubosoth*)	Heiligster Bestandteil einer Klosteranlage, in der die wichtigsten mönchischen Zermonien abgehalten werden
Chedi	Thailändische Sonderform des Stupa, spitzer Tempelturm
Chofas	Hornartige Verzierungen auf den Tempeldächern, Schlangensymbole
Ho Trai	Bibliothekshäuschen, Aufbewahrungsort der heiligen Pali-Schriften

Kinnara	Vogelgötter und mythologische Mischwesen; in der weiblichen Variante *Kinnari* genannt
Mondhop	Tempelgebäude; Pavillon von quadratischem Grundriß mit Pfeilern und gestuftem Dach
Naga	Mythische Schlange; als Bauplastik an Treppenbrüstungen, Portalen und auf Dächern zu finden
Prang	Thailändische Sonderform des Stupa, aus dem Turm-Heiligtum (*Prasat*) der Khmer entwickelt
Rabieng	Rechteckige oder runde Wandelgänge, die den heiligen Bezirk eines *Wat* abgrenzen
Sala	Offene Halle für Pilger
Singha	Mythischer Löwe; als Bauplastik in Nord-Thailand als Wächter der Tempeleingänge zu finden
Stupa	Buddhistisches Baudenkmal mit Reliquien, in prähistorischer Zeit ein Begräbnishügel; in Thailand zum *Chedi* und *Prang* umgeformt
Viharn	Zweitwichtigstes Gebäude im *Wat*, das den Laien als Versammlungs- und Andachtsraum dient
Wat	Sammelbezeichnung für eine Tempel- oder Klosteranlage
Yak (*Yaksha*)	Mythische Enkel *Brahmas*, in der Bauplastik als kolossale, grimmig schauende Wächter der Tempeleingänge zu finden

Verhaltensregeln

1. Es versteht sich von selbst, das man beim Besuch von Tempeln die religiösen Gefühle der Thai nicht durch eine unangemessene Kleidung verletzen sollte. In vielen Sakralbauten werden 'falsch' angezogene Besucher außerdem gar nicht erst eingelassen. "Unangemessen" sind unbedeckte Schultern, Strandkleidung, zu kurze Hosen oder Miniröcke sowie dreckige Kleidung! Wer viele Tempel besuchen möchte, sollte sich in Thailand für wenig Geld eine leichte Baumwollhose kaufen, die man vor der Besichtigung überstreift.
2. Die heiligen Kultstätten sollten nicht mit Schuhen betreten werden! Bereits von anderen Gästen abgestellte Schuhe vor dem Eingang zum *Bot* oder *Viharn* sind Anhaltspunkt, es ihnen gleichzutun.
3. Den notwendigen Respekt zollt man Tempelanlagen auch durch einen dezenten Gebrauch von Foto- und Videokameras und keine oder nur leise Unterhaltung. Gewöhnlich steht man nicht in den Tempeln, sondern man setzt sich hin (aber niemals mit den Fußsohlen zum Buddha-Bildnis).
4. Achten Sie darauf, beim Eintritt zu einem *Wat* und den einzelnen Kultbauten nicht auf die Türschwelle zu treten! Dies gilt übrigens auch für Privatwohnungen.

2.3.6 LITERATUR, TANZTHEATER UND MUSIK

Tempeltanz: anmutige Bewegungen

In diesem kurzen Überblick geht es um jene klassischen Kunstgattungen Thailands, die sich früher allgemeiner Beliebtheit erfreuten, heute jedoch gegenüber modernen Unterhaltungmedien wie Fernsehen, Radio und Kino immer mehr ins Hintertreffen geraten. Dabei gehören Literatur, Tanztheater und Musik zu den wertvollsten kulturellen Leistungen des Landes, und es wäre schade, wenn sie in Zukunft nur noch im touristischen Zusammenhang erlebbar wären. Jede der Gattungen ist für sich eigenständig und von unterschiedlichen Einflüssen geprägt. Gemeinsam aber ist ihnen der Hintergrund, der in den Mythen- und Sagenstoffen Indiens wurzelt. Insofern können sie nicht immer voneinander getrennt werden, sondern verdichten sich zu einem Gesamtkunstwerk, bei dem die literarische Vorlage in Tanz- und Theateraufführungen umgewandelt und von entsprechender Orchestermusik begleitet wird.

Literatur

Mit der Einführung der thailändischen Schrift durch König Rama Khamhaeng von Sukhothai (um 1280; vgl. KAPITEL 6.1.5) war die Grundlage für eine Literatur in thailändischer Sprache geschaffen worden. Schon bald darauf, vor allem aber im Reich von Ayutthaya, begann man, neben der Niederschrift religiöser Texte die Mythen und Sagen indischer Herkunft zu bearbeiten, die Kaufleute und Missionare nach Siam gebracht hatten. Hauptsächlich sind hier die großen indischen Nationalepen in Sanskrit zu nennen, nämlich das *Ramayana* und das *Mahabharata*, die auch den Stoff für die meisten klassischen Tänze liefern.

Nachdem bei der Zerstörung Ayutthayas durch die Burmesen (1767) viele Bücher und Manuskripte in den Bibliotheken verbrannten, mußte ein Großteil der thailändischen Literatur in der Bangkok-Periode neu erschaffen werden. Einen maßgeblichen Anteil daran hatten die Könige der Chakri-Dynastie, allen voran Rama I., der das großartige *Ramayana* in seiner thailändischen Version aus der Erinnerung niederschrieb. Aber auch Rama II. und Rama IV. haben durch ihre literarische Tätigkeit der Kunst einen unschätzbaren Dienst erwiesen.

Szene aus dem Ramakien

Das indische Nationalepos *Ramayana* wurde bereits vor mehr als 2.000 Jahren in Sanskrit verfaßt. Es lieferte die Vorlage für das thailändische *Ramakien*, bei dem der Mythenstoff und die agierenden Helden abgewandelt und der Schauplatz in das Reich von Ayutthaya verlegt wurde. Das *Ramakien* in der Fassung Ramas I.

umfaßt knapp 70.000 Verse – wollte man das Epos in voller Länge im Theater aufführen, benötigte man dafür mehrere Wochen! Deswegen wurde es von Rama II. stark verkürzt, indem er nur die dramaturgisch wichtigsten Stellen verwandte. Aber auch diese Version kann nur in einzelnen Episoden gespielt werden, die zu einem abendfüllenden Programm zusammengestellt werden. Früher waren Aufführungen von 24 Stunden durchaus üblich...

Kern der umfangreichen Dichtung des *Ramakien* ist der Kampf einiger Götter und Riesen, den sie im Himmel und – in anderer Gestalt – auf der Erde führen. Im Mittelpunkt der Handlung steht der Held *Rama*, ein Sohn des Königs von Ayutthaya. Dessen liebreizende und tugendhafte Gemahlin *Sita* wird von dem König der Dämonen, *Ravana*, geraubt (als "zehnköpfiger" Riese trägt der Dämon auch den Namen *Tosakan*). Nun entspannt sich ein dramatischer Kampf, in dem *Rama* versucht, seine Frau dem Riesen wieder zu entreißen und den Feind zu töten. Die zahlreichen Schlachten und Kämpfe kann der Held aber nicht alleine bestehen: sein mächtigster Verbündeter ist der weiße Affengeneral *Hanuman* mit seinem vielköpfigen Heer. In völlig ausweglosen Situationen greift auch der Gott *Indra* rettend ein. Schließlich gelingt es *Rama* und *Hanuman*, *Sita* zu befreien und den Dämon zu vernichten.

Das *Ramakien* kann mit Fug und Recht als Höhepunkt der klassischen Thai-Literatur und als Inbegriff der Nationaldichtung bezeichnet werden. Damit die Landeskinder den Sagenstoff und seine einzelnen Episoden nicht vergessen, gehören die Verse noch heute zum festen Lehrprogramm der Schulen. Die Bedeutung des *Ramakien* wird auch an der Tatsache sichtbar, daß die Könige der herrschenden Chakri-Dynastie ihren Ehrentitel nach der zentralen Figur des *"Rama"* tragen. Genauso stammen die meisten Familiennamen der Thai aus diesem Epos und sind z.T. deswegen so kompliziert (bis zum 19. Jhd waren Nachnamen unbekannt, allerdings spricht man sich auch heute mit dem kürzeren Vornamen an!). Künstlerisch wird das *Ramakien* nicht nur in allen möglichen Tanz- und Theaterformen dargestellt, sondern auch in Skulpturen, Reliefs und Malereien. Die berühmten riesigen Fresken, die im Königstempel Wat Phra Keo in Bangkok zu bewundern sind, beziehen sich ausschließlich auf das *Ramakien*.

Von noch größerem Umfang ist das ebenfalls indische *Mahabharata*, das im 4. Jhd v.Chr. erstmals erwähnt wurde und 80.000 Verse hat. Ein beliebteres Motiv aus der Literatur ist allerdings die dramatische Liebesgeschichte des *Inao*. Dieses Epos, das von Rama II. niedergeschrieben wurde, umfaßt 20.000 Verse und hat ein Märchen aus Java zur Vorlage. Kern der Geschichte ist die Beziehung zwischen dem Prinzen *Inao* und der Prinzessin *Busba*, die in früher Kindheit miteinander verlobt wurden, aber getrennt aufwuchsen. Als sich später *Inao* weigerte, die ihm Unbekannte zu heiraten – er hatte sich nämlich in ein anderes Mädchen verliebt –, beschloß *Busbas* Vater, die Tochter einem anderen Mann zur Frau geben. Als aber *Inao* seine frühere Verlobte zu Gesicht bekam, erkannte er deren Schönheit und entbrannte in Liebe zu ihr. An dem Tag, an dem sie mit dem Rivalen verheiratet werden sollte, drang *Inao* in den Palast ein, tötete den Konkurrenten, entführte *Busba* und nahm sie als Frau mit in sein Reich. Vor allem im höfischen Tanztheater *Lakon Nai* (s.u.) gehörte das *Inao* zum unverzichtbaren Repertoire.

Buchtip
In den gut sortierten Buchläden von Bangkok ist das *Ramakien* ("The Thai-Ramayana") in der Fassung von König Rama I. zu bekommen. Die deutsch/englische Ausgabe wurde von Masnich Jumsai bearbeitet. Eine gute Übersetzung der indischen Ramayana-Version wurde vom Eugen Diderichs Verlag (Düsseldorf 1981) heraus-

gegeben. Im gleichen Verlag erschien das Buch "**Märchen aus Thailand**" (Hrsg.: Christian Velder), das ebenfalls viele Sagenstoffe enthält und sich als entspannende Urlaubslektüre anbietet.

Tanz und Theater

Der klassische Tanz und das Theater sind in Thailand eng miteinander verbunden, und beide hängen wiederum mit der Literatur zusammen. So verwirrend die

Khon-Tänzer

Tänze auf den ersten Blick auch sein mögen – für den *farang* ist allein ihr Anblick lohnend und gibt ihm Einblick in eine fremde, exotische Welt! Freilich bleibt dem Ausländer die spezifische "Tanzsprache" fremd, genauso wie die ihr zugrundeliegenden Erzählungen unbekannt sind, und er wird Schwierigkeiten haben, dem Inhalt einer Tanzaufführung zu folgen. Doch allein die feierliche Atmosphäre, die kostbaren Kostüme und die fremdartige Musik sind den Besuch eines solchen Schauspiels wert. Was dem Fremden sofort auffällt, ist die langsame, getragene Art des 'Tanzens', die in ganz Südostasien charakteristisch ist. Fast scheint es, daß die Schauspieler am Boden haften bleiben! Nur bei einigen Kampfszenen steigert sich das Tempo, aber auch dann bleiben die Bewegungen kontrolliert und verhalten. Die Konzentration der Zuschauer gilt deshalb vor allem den Gesten der Arme und Hände sowie dem Gesichtsausdruck. Sie verraten dem Eingeweihten den Inhalt einer bestimmten Szene, denn jede Handstellung und jede Veränderung der Augen hat eine ganz bestimmte Bedeutung.

Das ausdrucksstarke Spiel der Handgelenke und der Finger, die manchmal weit zurückgebogen werden, hat fast schon artistische Ansprüche. Nur wer schon im frühen Alter diese Bewegungen und Schrittkombinationen übt, kann es im Tanztheater zur Perfektion bringen. Deswegen hat das Nationaltheater eine eigene Kinder- und Jugendabteilung eingerichtet, die die zukünftigen Tänzer von klein auf den Anforderungen des Klassischen Tanzes nahebringt. Am Ende der Ausbildung müssen sie nicht weniger als 500 Handstellungen und 84 verschiedene Augenstellungen beherrschen!

Ein Großteil der Szenen sind dem Heldenepos *Ramakien* entlehnt. Dabei können die Fachkundigen die Charaktere sofort an den gold- und silberbesetzten, farbenprächtigen Kostümen erkennen, die die Schauspieler tragen. Für die Vorführung des gesamten *Ramakien* (in der Fassung Ramas I.) benötigte man allerdings 311 verschiedene Rollen!

Der *farang* hat häufig Gelegenheit, die Fein- und Eigenheiten des "*Classical Thai Dancing*" zu studieren. In Bangkok etwa kann er den Vorführungen des Nationaltheaters beiwohnen oder außerhalb der Regenzeit die Auftritte im Garten des Nationalmuseums (am Sanam Luang-Platz) besuchen. Auch an anderen Orten, wie z.B. am Erawan-Schrein vor dem gleichnamigen Hotel, können Ausländer sporadische Tänze erleben. Schließlich bieten auch bestimmte Restaurants im Zusammenhang mit einem typischen (und ziemlich teuren) Thai-Abendessen kurze Einlagen klassischen Tanzes an. Abgesehen davon wird man an allen neuralgischen Punkten des Fremdenverkehrs (Chiang Mai, Phuket) von den touristischen Organisationen auf entsprechende Tanzveranstaltungen aufmerksam gemacht.

Es wäre aber falsch, den Begriff "Tanztheater" undifferenziert stehen zu lassen. Denn im Lauf ihrer Geschichte haben die Thai verschiedene, voneinander erheblich abweichende Formen entwickelt, die man zunächst unter dem Oberbegriff **Lakon** (= "Theater") zusammenfassen kann. In der alten, ursprünglichen Form des *Lakon* gab es nur drei männliche Tänzer, die ohne Bühnenbild mythologische Szenen darstellten. Vielleicht schon im 16. Jhd entwickelte sich daraus das volkstümliche **Lakon Nok**. Übersetzt heißt das "Außentheater" und bezieht sich darauf, daß sich hier die gesamte Bevölkerung bei Dorf- und Tempelfesten außerhalb des königlichen Palastes vergnügte. Der legitime Nachfahre des *Lakon Nok* ist das heute gebräuchliche Volksdrama **Like** (Likay), in dem es grell, bunt und laut zugeht. Die Inhalte sind dem Alltagsleben entnommen, aber auch burleske Späße und zweideutige oder eindeutig obszöne Begebenheiten sind dem *Like* nicht fremd. Dementsprechend groß ist die Beteiligung der Zuschauer, die mit lautstarken Bemerkungen in das Geschehen eingreifen und die Schauspieler (Männer, als Frauen verkleidete Männer und Frauen) zu Reaktionen verleiten. Das alles ist interessant, lebhaft und im Volksleben verwurzelt, hat jedoch mit dem Tanztheater im klassischen Sinn nichts mehr zu tun.

Dieses repräsentiert das **Lakon Nai** ("Innentheater"), ein höfisches Tanztheater, das sich im 18. Jhd entwickelte und nur von den Frauen des Königs getanzt wurde – bis zum Jahre 1855 war übrigens der Einsatz weiblicher Schauspieler

Beim Schattenspiel "Nang" in Ayutthaya

allein das Privileg des königlichen Theaters! Dem *Lakon Nai* war es daneben auch vorbehalten, die Sagenstoffe des *Ramakien* ohne Masken darzustellen. Während die Verse der dramatischen Szenen von Sängern und Rezitatoren vorgetragen wurden, bewegten sich dazu die Haremsdamen in grazilen, anmutigen Bewegungen. Das "Innentheater" (= "Theater innerhalb des Palastes") wurde außerdem von der Musik eines Orchesters begleitet. Das hohe Niveau der Inszenierung und die verschwenderische Pracht der Ausstattung führten dazu, daß diese Kunstform allgemein als Höhepunkt des Tanztheaters in Thailand verstanden wurde.

Auch die Kunstgattung des **Khon** (= "Maskenspiel") kann als klassisch bezeichnet werden. Im Unterschied zum *Lakon* treten hier nur Darsteller(innen) in Masken auf; in der Ayutthaya-Periode ausschließlich Männer, während heute – wohl auch aus touristischen Erwägungen – Frauen der Vorzug gegeben wird. Sie werden begleitet von Chor und Orchester. Den Hintergrund des *Khon* bilden vermutlich die rituellen Waffenübungen archaischer Zeit, während die Szenen des Maskentanzes den Kampf der Götter, Helden und Dämonen im *Ramakien* illustrieren. Auch das *Khon* wurde früher allein im Theater des Königlichen Palastes aufgeführt und galt wie das *Lakon Nai* als privilegierte Kunstgattung. Sein Ansehen wurde durch das gute Zusammenspiel von Maskentänzern, Rezitatoren und Orchester bestimmt, das die klassische Vorlage erforderte. Auch heute wird das Spiel der prächtig kostümierten Maskentänzer noch gepflegt, nicht zuletzt als Anreiz für interessierte Besucher aus dem Westen. Obwohl hier natürlich nur einzelne Episoden aus dem Heldenepos vorgeführt werden können, dauern die regelmäßig stattfindenden Aufführungen immerhin einige Stunden.

An weiteren Formen der Bühnenkunst sind zu nennen:
● Einmal das traditionelle **Schattenspiel** *Nang*, bei dem mit aus Rinderhaut geschnittenen und gehärteten Figuren agiert wird. Das Schattenspiel trifft man, wenn überhaupt, nur noch im Süden des Landes an.
● Zum andern das **Puppentheater** *Nang Thalung*, dessen Popularität ebenfalls stark im Niedergang begriffen ist.

Musik

Während der Stoff der Heldensagen fast ausschließlich aus Indien kommt, stammt ein Großteil der klassischen thailändischen Musik und der Instrumente aus dem chinesischen Raum. Aber auch indische, indonesische und javanische Einflüsse spiegeln sich in ihr wider. Anders als die Literatur kannte die Musik bis in unser Jahrhundert hinein keine 'Schrift', d.h. keine Noten. Die gesamte Vielfalt komplexer Klangfolgen wurde nur durch Übung und Nachahmung, also als Gedächtnisleistung weitergegeben.

Drei Typen von Orchestermusik sind es, die man in Thailand unterscheidet. Im Palastbereich des Königs wurde bei festlichen Anlässen, bei Theateraufführungen und bei religiösen Zeremonien das *Pi Phat* gespielt. Es handelt sich dabei also um eine höfische Musikbegleitung, die hauptsächlich rhythmisch und an Klangfarben orientiert ist. Dies unterstreicht ein Blick auf die Instrumente: das *Pi Phat* besteht aus Xylophonen, Metallophonen und Gongs sowie einer Flöte oder Oboe. Dazu kommen beim *Mahori*, dem zweiten Orchester-Typ, Laute, Zither und andere Saiteninstrumente. Aufgabe des *Mahori* ist es, Solo- oder Chorgesänge zu begleiten. Ohne Gong und Xylophon kommt schließlich der dritte Orchester-Typ aus, das *Kruang Sai*. Es spielt die typisch ländliche Musik und benutzt ausschließlich Saiten- und Blasinstrumente.

Die genannten Instrumente werden teilweise noch bei traditionellen Musikvorstellungen eingesetzt. Sie können aber auch in der *Burapha-phimuk-Halle* des Bangkoker Nationalmuseums betrachtet werden, die über etwa 200 Exponate verfügt. Besondere Aufmerksamkeit verlangen die kunstfertigen Trommeln wie die *Klong-Kack* oder das *Taphon*, die Xylophone wie das *Ranat Ek* oder der *Gong Mon* sowie Saiteninstrumente wie das *Ja Kae* und das *Krachappi*.

Insgesamt mutet die traditionelle Thai-Musik dem *farang* ungewohnt, monoton und unmelodiös an. Dies liegt daran, daß die Thai im Gegensatz zu uns nur fünf Tonstufen benutzen (Pentatonik) und damit ein ganz anderes Musiksystem und -verständnis haben. Lange Zeit war es überhaupt nicht möglich, eine solche Art von Musik auf unser Notensystem zu übertragen. Daß dies trotzdem gelang, ist ein Verdienst von *Peter Feit*, dem Sohn eines Deutschen aus Trier. Er war der erste, der um 1930 die thailändischen Klangfolgen in Noten umsetzte und sie damit vor dem Vergessen bewahren konnte. Noch in anderer Hinsicht ist Peter Feit mit dem Königreich verbunden: die Nationalhymne ist seine Komposition!

● ● ●

Wichtige Begriffe

Hanuman	Weißer Affengeneral im *Ramakien*
Khon	Klassische Form des thailändischen Maskentheaters
Lakon	Oberbegriff für das thailändische Tanztheater, das ohne Masken gespielt wird
Like	(Likay), volkstümliches, burleskes Tanztheater
Nang	Traditionelles Schattenspiel mit flachen Figuren aus Rinderhaut
Nang Thalung	Puppentheater
Ramakien	Von Rama I. niedergeschriebene thailändische Version des *Ramayana*-Epos
Ravana	Böser Dämon im *Ramakien*, auch *Tosakan* ("Zehnhals") genannt
Sita	Gemahlin König *Ramas* im *Ramakien*

Goldglitzernde Pracht: Am Königstempel in Bangkok

Thai-Architektur: Freilichtmuseum Ancient City

Abenteuerspielplatz Natur: Kinder bei Tran[g]

Leben auf dem Meer: Pfahlbauten der „Seezigeuner"

Einkaufsparadies: Bangkoks Chinatown

Urlaubsparadies: Bungalows am Palmenstrand

Öffentlicher Nahverkehr: Vollbesetztes Songta

Fluß mit Geschichte: Der „River Kwai"

Inseltraum: Ko Samui

Kinder aus Prachuap Khirikhan

Mythische Figuren: Am Wat Arun in Thonburi

Elefantenwäsche: Im Mae Sa Valley

Im hohen Norden: Bergstammdorf

Tempeltänzerinnen: San Phra Karn in Lopbur

Alles Handarbeit: Schirmemacherdorf bei Chiang Mai

Burmesischer Einfluß: Tempel in Mae Hong Son

Gelebte Religion: Tempelfest

Geisterhäuschen in Nordthailand

Opfergaben: Räucherstäbchen und Blattgold

Karger Nordosten: Ochsengespann im Isan

Schwimmende Märkte: Damnoen Saduak

Nationalheiligtum: Der Tempel des Smaragdbuddhas

Tempel und Mönche: Doi Suthep bei Chiang Mai

Frisch aus dem Meer: Im Markt von Hua Hin

Harmonie und Eleganz: Baukunst der Thai

Swimmingpool mit Meerblick: Ko Samui

Bizarre Kulisse: In der Bucht von Phang Nga

THAILAND ALS REISELAND

3.1 PRAKTISCHE REISETIPS VON A–Z

A Abkürzungen

Da der *farang* normalerweise die Thai-Schrift nicht lesen kann, sind deren Abkürzungen hier nicht weiter wichtig. Auf Stadtplänen, in Adressen und auf Verkehrsschildern werden jedoch englischsprachige Abkürzungen verwendet, von denen in diesem Reise-Handbuch folgende übernommen worden sind:

Ave. = Avenue   Rd. = Road   Fl. = Floor   Bldg. = Building
NP = Nationalpark   Mts. = Mountains   BHT = Baht   Hwy = Highway

➡ Aids

Nach Untersuchungen der Weltgesundheitsorganisation (WHO) gab es 1991 in Thailand etwa 50.000 HIV-Infizierte. Wie sich dieser Tatbestand in der Zukunft noch verschlimmern wird, sagt die Aids-Studie des Gesundheitsministeriums vom Oktober 1991 voraus. Demnach werden im Jahre 2000 zwischen 2 und 4 Millionen Menschen in Thailand HIV-positiv sein, wovon ca. 650.000 Personen die vollen Auswirkungen zu erleiden haben. Die Zahl der Aids-Toten wird auf 560.000 gestiegen sein – das ist ein Drittel aller Todesfälle im Jahr der Jahrtausendwende! Die

> Seventy-two percent of the poorest prostitutes in Chiang Mai were infected with the AIDS virus.

thailändische Öffentlichkeit wird seit Jahren ständig mit diesem Problem in den Massenmedien konfrontiert – dessen ungeachtet scheint man in den Rotlichtvierteln in Pattaya, Phuket oder Bangkok noch nie etwas von dem Problem Aids oder von Kondomen gehört zu haben...

Z.Zt. sind neben den Drogensüchtigen die männlichen und weiblichen Prostituierten die größte Risikogruppe. Bei Stichproben ergaben sich Zahlen von 25-40% Aids-Infizierter in dieser Gruppe. Bei Kontakt mit Prostituierten sollte den von den Gesundheitsbehörden ausgestellten Zertifikaten nicht allzuviel Vertrauen geschenkt werden. Besonders in den genannten Orten und in Hat Yai ist das Risiko einer Ansteckung enorm hoch. Laut ministerieller Anordnung ist außerdem HIV-positiven Personen die Einreise nach Thailand nicht erlaubt.

➡ Ärzte

siehe unter Stichwort "GESUNDHEIT"

➡ Auskunft

Für die touristische Öffentlichkeitsarbeit im In- und Ausland ist die *Tourism Authority of Thailand* (**TAT**) zuständig, die auf Anfrage Informationsmaterial zu Verkehrsmitteln, Festen, Unterkünften, Sportmöglichkeiten etc. zuschickt. Das für Deutschland, Österreich und die Schweiz zuständige TAT-Büro ist:
Thailändisches Fremdenverkehrsbüro, Bethmannstraße 58, D-6000 Frankfurt/M 1, Tel.: 069-295704

Das **Hauptbüro** der TAT in Thailand ist:
Ratchadamnoen Nok Ave., **Bangkok** 10100, Tel.: 282-1143-7

Daneben haben die wichtigsten **lokalen Inlandsbüros** folgende Adressen (alle täglich 8.30-16.30 Uhr geöffnet):

Chiang Mai: 105/1 Chiang Mai-Lampang Rd., Amphoe Muang, Chiang Mai 50000, Tel.: (053)248-604/5

Hat Yai: 1/1 Soi 2 Niphat Uthit 3 Rd., Hat Yai, Songkhla 90110, Tel.: (074)243-747, 245-986

Kanchanaburi: Saeng Chuto Rd., Amphoe Muang, Kanchanaburi 71000, Tel.: (034)511-200

Nakhon Ratchasima (Khorat): 2102-4 Mittraphap Rd., Tambon Nai Muang, Amphoe Muang, Nakhon Ratchasima 30000, Tel.: (044)243-427, 243-751

Pattaya: 382/1 Chaihat Rd., South Pattaya 20260, Tel.: (038)428-750, 429-113

Phitsanulok: 209/7-8 Surasi Trade Center, Boromtrailokanot Rd., Amphoe Muang, Phitsanulok 65000, Tel.: (055)252-742/3

Phuket: 73-75 Phuket Rd., Amphoe Muang, Phuket 83000, Tel.: (076)212-213, 211-036

Surat Thani: 5 Talat Mai Rd., Ban Don, Am,phoe Muang, Surat Thani 84000, Tel.: (077)282-828, 281-828

Ubon Ratchathani: Sala Prachakhom, Si Narong Rd., Amphoe Muang, Ubon Ratchathani 34000, Tel.: (045)243-770/1

Auch auf den wichtigsten **Flughäfen** des Landes gibt es TAT-Informationsschalter!

In englischsprachigen Tageszeitungen, wöchentlich erscheinenden Touristenblättern (*"Where To Go"*, *"Bangkok This Week"*, *"Explore Pattaya"*, *"What's on in Chiang Mai"* usw.) sowie in dem Monatsmagazin *"Reisen in Thailand"* findet man wertvolle Hinweise zu aktuellen Veranstaltungen, Restaurants, Nachtclubs etc.
Auch in Hotels, Restaurants und an sonstigen Stellen gibt man in Thailand bereitwillig Auskünfte der verschiedensten Art. Denken Sie aber daran, daß für einen Thai Nichtwissen oder Nicht-Helfen-Können einen Gesichtsverlust bedeutet und er deshalb auch dann den Weg weist, wenn er keinen blassen Schimmer hat, wonach der *farang* gefragt hat.

➤➤ Ausreise

Bei der Ausreise haben Flugreisende eine Flughafensteuer von 200 BHT
zu zahlen – dieses Geld sollten Sie sich also bis zum Schluß aufsparen.
Kalkulieren Sie für die Anfahrt zum Flughafen auch den regelmäßigen
Verkehrsstau in Bangkok ein, denn man muß zum Check-In rechtzeitig da
sein. Viele Flüge sind nämlich überbucht, und wer zu spät kommt, muß –
trotz erfolgter Rückbestätigung! – noch eine Weile im Land bleiben. Die
zollamtlichen Bestimmungen sind natürlich einzuhalten – siehe dazu unter Stichwort "ZOLL".

➤➤ Autofahren und -verleih

Trotz der 200prozentigen Luxussteuer, die auf Autos erhoben wird, er-
staunt bei der Ankunft in Bangkok der hohe Anteil europäischer Luxuskarossen (besonders der Marken BMW, Mercedes, Peugeot und Volvo, die
im Königreich Fabriken unterhalten) und macht die enormen Einkom-
mensunterschiede in Thailand deutlich. Ansonsten wird das automobile
Straßenbild von japanischen Pkw, Jeeps und Pick-ups bestimmt. Grundsätzlich gilt, daß ein Wagen so lange eingesetzt wird, wie er sich vor-
wärtsbewegen kann – die Beleuchtung, der Zustand der Bremsen oder gar
das Aussehen spielen da eine untergeordnete Rolle. Der westliche Verkehrsteilnehmer muß sich also in Thailand die Straße mit Fahrern oft
überfüllter, unsicherer und unberechenbarer Wagen teilen und sollte immer auf alles gefaßt sein!

Die Frage, ob eine **Automiete** sinnvoll ist, kann bejaht werden – allerdings mit wesentlichen Einschränkungen! Zunächst einmal sollte man

sich ein Bild von den
Gepflogenheiten auf
thailändischen Straßen
machen und dann ent-
scheiden, ob man sich
zutraut, dort zu bestehen.
Für eine Stadtbesichti-
gung von Bangkok ist
ein Mietwagen das
schlechteste aller denk-
baren Fortbewegungs-
mittel: der chaotische
Verkehr, die Staus und
der Parkplatzmangel füh-
ren den westlichen Be-
sucher nicht zu seinem Ziel, sondern unweigerlich in den Nervenzusam-
menbruch. Deswegen empfehle ich auch, sich ein Auto für Fahrten in die
Provinz nicht in Bangkok zu mieten, sondern beispielsweise auf Phuket

oder in Chiang Mai, und die Transferstrecke dorthin mit anderen Verkehrsmitteln zurückzulegen. Dann allerdings hat der Individualtourist mit dem Mietwagen (oder dem Motorrad) die besten Möglichkeiten, intensiv das Land kennenzulernen. Die Straßenverhältnisse und das Tankstellennetz sind – für asiatische Verhältnisse! – gut, aber immer muß man mit tiefen Schlaglöchern, plötzlich auftretenden Hindernissen, Kamikaze-Busfahrern und unlesbaren Hinweisschildern rechnen. Gut ausgebaut und deswegen besonders stark frequentiert sind die Highways mit einstelligen Nummern: Nr. 1 Bangkok-Chiang Rai (Norden), Nr. 2 Bangkok-Nong Khai (Nordosten; *"Friendship Highway"*), Nr. 3 Bangkok-Trat (Ostküste; *"Sukhumvit Highway"*) und Nr. 4 Bangkok-Hat Yai bzw. Malaysia (Süden). Doch auch hier kann es in der Regenzeit zu Überschwemmungen und weggespülten Abschnitten kommen. Auf kleinere und größere Hindernisse sowie Steinschlag, Bodenwellen und unasphaltierte Abschnitte muß man auf den Straßen mit zwei- bis vierstelligen Nummern gefaßt sein. Im Süden sind die Verhältnisse besser als in den anderen Landesteilen; daher lohnt es sich dort, auf die weniger befahrenen Highways auszuweichen (z.B. Nr. 41 Chumphon-Pattalung).

Grundverkehrt wäre es, bei anderen Verkehrsteilnehmern die Einhaltung irgendwelcher Regeln zu erwarten (siehe auch unter Stichwort "VERKEHRSREGELN"). Für Ausländer ist der Internationale Führerschein zwar vorgeschrieben, wird allerdings bei den lokalen und internationalen Autoverleihern so gut wie nie verlangt.

Die **Preise** für Mietwagen sind naturgemäß da am günstigsten, wo es eine starke Konkurrenz gibt, d.h. in Bangkok und in den Touristenzentren. In Pattaya, Chiang Mai und auf Phuket kann man durch Preisvergleiche und Handeln Mietwagen oder Pick-ups für 500 Baht pro Tag bekommen. Allerdings sind diese selten in einem guten Zustand. Eine Probefahrt und ein sorgfältiges Durchchecken der wichtigsten Funktionen sind deshalb unerläßlich. Denken Sie auch daran, daß die lokalen Anbieter ihre Autos normalerweise nicht versichert haben. Ausländer, die in einen **Unfall** verwickelt sind, haben außer den Sprachschwierigkeiten auch juristische Nachteile, oft gelten sie von vornherein als schuldig. Bei Verletzungen sind dann Entschädigungen bis zu 20.000 Baht fällig. Außerdem sehen manchmal schlecht bezahlte Polizisten in *farangs* eine bequeme Geldquelle; bei Verkehrskontrollen helfen bisweilen zwei oder drei unauffällig überreichte 100-Baht-Scheine, eine langwierige und unerfreuliche Prozedur abzukürzen. Bei ernsteren Problemen sollte man sich an die Deutsche Botschaft oder den von ihr empfohlenen Rechtsanwalt wenden: Mr. Bhuttree Kuwanon, 70 Silom Rd., Bangkok, Tel.: (02)2368790-1 (englischsprachig).

Wer nicht nur für den Urlaubsort und dessen nähere Umgebung einen fahrbaren Untersatz braucht, sollte besser auf die internationalen Firmen (z.B. *Avis, Hertz*) ausweichen, die zwar deutlich höhere Preise verlangen, aber im Notfall überall erreichbar sind, ein Ersatzfahrzeug stellen und i.d.R. über eine gut gewartete Fahrzeugflotte verfügen. Für Abstecher ins Landesinnere abseits der großen Straßen empfehle ich den Suzuki-Jeep, der zwar nur schwach motorisiert ist, aber durch seinen zuschaltbaren Vierradantrieb in den meisten Fällen ein Vorwärtskommen garantiert. Trotz der unten angegebenen Tarife haben auch Avis und Hertz normalerweise etwas "Luft" in der Preisgestaltung, besonders in der Nebensaison oder bei längerer Mietdauer. Fragen Sie also immer nach einem möglichen *discount*!

● **Avis**
Bei Avis sind zu hohen Preisen Mietwagen mit Chauffeur zu bekommen, z.B. Kleinbusse oder Nobelwagen wie Volvo 740, Mercedes S oder Rolls Royce. Die 'normalen' Mietwagen werden in sechs Kategorien angeboten, wobei beispielsweise der Toyota Corolla 1,3 (Kategorie A) 1.300 Baht für 24 Stunden und 7.800 Baht in der Woche kostet, der Toyota Corona 2,0 (Kategorie C) 2.000/12.000 Baht, der Toyota Crown Deluxe (Kategorie E) 2.900/17.400 Baht und der Jeep Suzuki Caribian (Kategorie F, geländegängig) 1.200/7.200 Baht. Die genannten Preise verstehen sich einschließlich unbegrenzter Kilometerzahl, eine Versicherung (beim Suzuki-Jeep ca. 150 Baht/Tag) ist zusätzlich zu zahlen. Bei unterschiedlichen Miet- und Abgabeorten auf Phuket oder Ko Samui werden 300 Baht aufgeschlagen, die zusätzliche Gebühr für Einwegmieten ist entfernungsabhängig und schwankt zwischen 1.000 Baht (Chiang Mai – Chiang Rai) und 5.000 Baht (Phuket – Chiang Rai).

Die Avis-Hauptvertretung ist in **Bangkok** 10330, 2/12 Wireless Rd., Tel.: 02-2555300-4. Lokale Büros befinden sich u.a. in Bangkok im "Dusit Thani Hotel" und im "Princess Hotel"; in **Chiang Mai** am Flughafen, im "Dusit Inn Hotel" und im "Chiang Inn Hotel"; in **Chiang Rai** im "Dusit Island Resort", "Baan Boran Hotel" und "Golden Triangle Resort Hotel"; in **Hua Hin/Cha-Am** im "Dusit Resort & Polo Club" und "Royal Garden Resort"; in **Pattaya** im "Dusit Resort Hotel", "Royal Cliff Beach" und "Royal Garden Resort"; auf **Phuket** am Flughafen und in den Hotels "Le Meridien", "Holiday Inn", "Phuket Cabana", "Phuket Island Resort", "Phuket Acadia", "The Metropole Phuket", "Dusit Laguna"; sowie auf **Ko Samui** im "Imperial Samui Hotel" und "Tongsai Bay Cottage".

● **Hertz**
Das Angebot von Hertz unterscheidet sich in der Typenpalette und der Preisgestaltung nicht wesentlich von Avis. Auch hier gibt es die Möglichkeit, sich gegen teures Entgelt von einem Chauffeur fahren zu lassen. Allerdings hat Hertz 9 Kategorien, wobei beispielsweise der Toyota Corolla 1,3 (Kategorie B) 1.400 BHT für 24 Stunden und 8.400 BHT in der Woche kostet, der Toyota Corona 2,0 (Kategorie E) 2.000/12.000 BHT, der Toyota Crown Deluxe (Kategorie E) 3.000/18.000 BHT, der Volvo 940 GL (Kategorie G) 3.600/21.000 BHT und der Jeep Suzuki Caribian (Kategorie I, geländegängig) 1.200/7.200 BHT. Wie bei Avis sind Versicherungen und Gebühren für Einwegmieten zusätzlich zu entrichten.

Die Hertz-Hauptvertretung ist in **Bangkok**, New Petchburi Rd., Tel.: (02) 254-5321; 253-6251-4. Lokale Büros befinden sich u.a. in **Chiang Mai** 12/3 Loi Kroa Rd., Tel.: 053-279475, im "Chiang Mai Plaza Hotel" und im "Empress Chiang Mai Hotel"; in **Chiang Rai** im "Rimkok Resort Hotel"; auf **Phuket** am Flughafen und in den Hotels "Patong Merlin", "Pearl Village", "Pansea Phuket", "Thavorn Palm Beach", "Karon Beach Resort", "Karon Inn"; sowie auf **Ko Samui** im "Chaweng Regent Hotel" und "Chaweng Blue Lagoon Hotel".

B Bahn

siehe unter Stichwort "ZÜGE"

➠ Banken/Geldwechsel

Nach dem Wechselkurs vom Ende 1991 bekam man für 1 Mark etwa 15 Baht (für DM-Reiseschecks etwas mehr als für Bargeld). Reiseschecks können an jeder Bank bzw. Wechselstube eingelöst werden. Zum Umtausch ist immer der Reisepaß mitzunehmen. Normalerweise sind Banken, die es an jedem größeren Ort gibt, Mo-Fr 8.30-15.30 Uhr geöffnet. In Städten und an touristisch interessanten Plätzen haben sich Bankfilialen und private Institutionen ("Exchange") auf die Bedürfnisse der Urlauber eingestellt, dort können Sie oft an 7 Tagen in der Woche bis 22.00 Uhr Geld wechseln. Es ist empfehlenswert, das erste Bargeld sofort nach Ankunft bei den Banken im Flughafengebäude einzutauschen. Vom Umtausch in Hotels ist wegen des schlechteren Kurses abzuraten.
Der Bargeldservice für **Kreditkarten** und das Einlösen von **Euroschecks** (höchstens 5 Schecks oder DM 2.000 pro Monat) wird nur von der *Thai Farmers Bank* angeboten (s. a. "GELD/ZAHLUNGSMITTEL").

➠ Benzin

Das Tankstellennetz ist im Königreich flächendeckend; die Thailänder sind stolz darauf, daß sie die angeblich größten Tankstationen der Welt errichteten. Es wird Diesel sowie Normal- und Superbenzin angeboten (auch bleifrei). Der Benzinpreis liegt z.Zt. um 10 BHT für Super, also etwa 65 Pfennig, Diesel kostet etwa 50 Pfennig, Gas etwa 45 Pfennig. Mit Gas fahren viele Taxen und die Tuk-Tuks.

➠ Botschaften

siehe unter Stichwort "DIPLOMATISCHE VERTRETUNGEN"

➠ Busse

Busse sind in Thailand das meistfrequentierte Verkehrsmittel, mit dem man nahezu jeden Ort erreichen kann. Ob in Bangkok oder auf dem Land – die Busse sind billig, oft überfüllt und bieten jede Menge Lokalkolorit. Auf den Highways fallen die "Könige der Landstraße" durch eine rasante Fahrweise auf, die keine Rücksicht auf Pkw oder andere Verkehrsteilnehmer nimmt. Den Fahrer begleiten zwei Kollegen, die sich bei den nichtklimatisierten Bussen oft bei vollem Tempo aus der geöffneten Türe lehnen und wild gestikulierend für 'freie Fahrt' sorgen. Allzu rücksichtslose oder gar betrunkene Fahrer sollten für Touristen das Signal sein, den Bus so schnell wie möglich zu verlassen – Unfälle mit Schwerverletzten und Todesopfern sind nämlich leider zu oft an der Tagesordnung. Neben den staatlichen Bussen gibt es auch private Linien, die meist etwas teurer sind und die touristisch relevanten Fernverbindungen bedienen. Insgesamt kann man folgende Bustypen unterscheiden:

● **Nichtklimatisierte Busse**

Wer seine Reisen im Land zu einem unschlagbar billigen Fahrpreis durchführen möchte, sitzt im nichtklimatisierten, meist roten oder aluminiumverkleideten *Ordinary Bus* gerade richtig. Der Vorteil bei diesem Verkehrsmittel sind das flächendeckende Streckennetz, die häufigen Abfahrtszeiten und der hautnahe Kontakt zur Bevölkerung. Die Nachteile sind: nicht nur in der heißen Jahreszeit leidet man unter der unerträglichen Luft, gegen die die Ventilatoren machtlos sind. Die Ausstattung ist nicht gerade komfortabel; und die engen Sitzreihen sind auf asiatische Körpergrößen abgestimmt. Auch auf langen Strecken wird oft gehalten (je nach Bedarf), und in abgeschiedenen Gegenden trägt der Beifahrer z.T. die Post aus. Die nichtklimatisierten Busse hält man per Handzeichen an; man bezahlt das Ticket dem Beifahrer, der durch die Reihen geht. Da mehrmals kontrolliert werden kann, sollte der Fahrschein bis zur Endstation aufbewahrt werden.

● **Klimatisierte Busse (AC-Busse)**

In den (blauen) *Aircon-Bussen* geht es deutlich bequemer zu: Die Sitze sind bequemer und stehen weiter auseinander, 'Hostessen' bieten Getränke an, und manchmal werden Video-Filme gezeigt. Durch die längeren Fahrstrecken und seltenen Haltestationen spart man gegenüber den nichtklimatisierten Bussen erheblich an Zeit. Da die Klimaanlage nicht individuell regulierbar ist und einem ständig kühle Luft ins Gesicht bläst, sollte man an eine Strickjacke o.ä. denken, insbesondere auf Nachtfahrten! Die AC-Busse haben in den größeren Orten feste Haltestationen, die nach Fahrplan angefahren werden. Dort bekommt man auch die Tickets (reservierte Plätze).

● **V.I.P.-Busse**

Seit 1988 werden auf einigen Strecken Busse für *Very Important Persons* eingesetzt, die aber von jedermann benutzt werden können. Im Vergleich zu AC-Bussen sind sie um ca. 38% teurer, haben aber mit ihren komfortablen Liegesitzen, Kopfhörern (man hört nicht ständig den Ton des Videofilms) und weiteren Annehmlichkeiten bedeutende Vorteile. Auch preislich sind V.I.P.-Busse eine annehmbare Alternative zu den Bahn-Schlafwagen der ersten und zweiten Klasse. Die Fahrausweise (nur reservierte Plätze) erhält man an den gleichen Stationen wie bei den AC-Bussen.

Hinweis
In den "touristischen Hinweisen" zu Beginn der einzelnen Reisekapitel sind die wichtigsten Busverbindungen jeweils aufgelistet.

Als Anhaltspunkte können folgende **Preisbeispiele ab Bangkok** dienen (in BHT; Stand Ende 1991):

Zielort	Kilometer	Ordinary	Aircon	V.I.P.
Pattaya	149	29,-	50,-	-
Chumphon	468	95,-	160,-	225,-
Chiang Mai	713	133,-	242,-	370,-
Phayao	751	140,-	254,-	370,-
Nakhon Si Thammarat	805	150,-	270,-	420,-
Chiang Rai	844	150,-	283,-	420,-
Krabi	867	152,-	290,-	425,-

Private Busse werden für Stadtrundfahrten und Rundreisen von den einzelnen Veranstaltern eingesetzt. Oft werden dabei zu Beginn und am Ende einige größere Hotels angefahren, in denen sich die Gäste versammeln. In Zusammenarbeit mit der staatlichen Eisenbahn bietet die Firma Songserm Travel daneben auch sog. **Joint-Tickets** an, wobei die Anreise nach Phuket, Krabi und Ko Samui per Zug und Zubringerbus (bei Ko Samui plus Fähre) vonstatten geht. Die Joint-Tickets kann man im Hauptbahnhof von Bangkok bekommen, aber auch in Reisebüros. Sie haben den Vorteil, daß der Fahrplan der einzelnen Verkehrsmittel aufeinander abgestimmt ist, längere Wartezeiten also vermieden werden und der Anschluß gesichert ist.

C Camping

Camping ist in Thailand weitaus weniger üblich als beispielsweise in europäischen und nordamerikanischen Ländern. Campingplätze sind rar gesät, dafür haben Globetrotter ohne Komfortansprüche aber in zahllosen Bungalows und Privatunterkünften preiswerte Alternativen. In mehreren Nationalparks kann man jedoch Zelte mieten, und wildes Camping ist auf einigen Inseln am Strand möglich.

D Devisen

Nach den gegenwärtigen Devisenbestimmungen muß die Einfuhr von Fremdwährung in Höhe von mehr als 10.000 US$ (oder vergleichbaren Beträgen in anderen Währungen) bei der Einreise angemeldet werden. Die Ausfuhr von Baht ist auf maximal 500 BHT pro Person oder 1.000 BHT pro Familie (die mit einem Familienpaß reist) begrenzt. Die Ausfuhr von Goldschmuck, Edelsteinen oder Platin ist unbegrenzt möglich.

➺ Diebstahl

Eigentlich ist Thailand ein verhältnismäßig sicheres Land. Trotzdem kommen natürlich auch hier Diebstähle (wie andere kriminelle Handlungen) vor, z.T. als Beschaffungskriminalität von Drogenabhängigen oder als Diebstahl wegen Armut. Auch westliche "Traveller" sind nicht alle so ehrlich, wie sie vielleicht scheinen mögen, wovon mancher Gast eines dubiosen Guesthouses ein Lied singen kann. Besonders ärgerlich und verhängnisvoll ist der Diebstahl (oder sonstige Verlust) von Reisedokumenten, Kreditkarten und Flugtickets. Allgemein sollten Sie immer an folgende Vorsichtsmaßnahmen denken:

1. Benutzen Sie – falls vorhanden – die Safes in den Hotels. Führen Sie das Hotelpersonal durch in Ihren Zimmern zurückgelassene Kameras, Schmuck oder Geld nicht zu sehr in Versuchung.
2. Hinterlegen Sie niemals Ihre Kreditkarte als 'Sicherheit' bei irgendwelchen Institutionen oder Unterkünften.
3. Fertigen Sie vor Ihrer Reise Fotokopien aller wichtigen Dokumente an, die Sie im Fall eines Diebstahls etwa der Botschaft vorweisen können. Nehmen Sie sicherheitshalber zusätzlich Ihren Personalausweis mit.
4. Achten Sie auf Ihr Gepäck, vor allem bei Transfers oder in öffentlichen Verkehrsmitteln. Flughäfen, Bahnhöfe, Busse und Züge üben auf Langfinger eine magische Anziehungskraft aus.
5. Denken Sie bei Trekking-Touren und Ausflügen an einen Brustbeutel, Geldgürtel o.ä., und nehmen Sie nie mehr Bargeld als nötig mit.
6. Seien Sie Fremden gegenüber freundlich, aber auch vorsichtig! Mißtrauen ist insbesondere bei angebotenen Getränken und Speisen angebracht, da in der Vergangenheit des öfteren *farangs* auf diese Weise unter Drogen gesetzt und ausgeraubt wurden.

Im Falle eines erfolgten Diebstahls sollten Sie in jedem Fall die Polizei benachrichtigen und sich den Vorfall protokollieren lassen. Achten Sie darauf, daß das Protokoll auch auf Englisch abgefaßt ist, oder lassen Sie es gegebenenfalls in Thailand übersetzen und beglaubigen. Wenden Sie sich bei Problemfällen an die Tourist Police.
siehe auch unter Stichwort "POLIZEI"

➤➤ Diplomatische Vertretungen

● Thailändische Vertretungen in Deutschland:

Thailändische **Botschaft**, Ubierstraße 65, 5300 Bonn 2, Tel.: 0228-355065, 351088

Thailändisches Konsulat, Podbielskiallee 1, 1000 Berlin 33, Tel.: 030-8312715

Thailändisches Konsulat, Königsallee 27, 4000 Düsseldorf 1, Tel.: 0211-8382247

Thailändisches Konsulat, Roßmarkt 14, 6000 Frankfurt a.M. 1, Tel.: 069-20110

Thailändisches Konsulat, An der Alster 85, 2000 Hamburg 1, Tel.: 040-24839118

Thailändisches Konsulat, Meglinger Straße 19, 8000 München 71, Tel.: 089-781997

● **Thailändische Vertretungen in Österreich:**

Thailändische **Botschaft**, Weimarer Straße 68, 1180 Wien, Tel.: 0222-348361
Thailändisches Konsulat, Bahnhofstraße 26-28, 6850 Dornbirn, Tel.: 05572-65614
Thailändisches Konsulat, Bozener Platz 2, 6021 Innsbruck, Tel.: 0512-20461
Thailändisches Konsulat, Ahrenbergstraße 2, 5020 Salzburg, Tel.: 0662-71669

● **Thailändische Vertretungen in der Schweiz:**

Thailändische **Botschaft**, Eigerstraße 60, 3007 Bern, Tel.: 031-462281
Thailändisches Konsulat, Beethovenstraße 41, 8002 Zürich, Tel.: 0411-2028575

● **Deutschsprachige Vertretungen in Thailand:**

Deutsche Botschaft: Bangkok 10120, 9 South Sathorn Rd., Tel.: 213-2332-6; geöffnet Mo-Fr 8.30-11.30 Uhr
Österreichische Botschaft: Bangkok 10120, 14 Soi Nandha, Sathorn Tai Rd., Tel.: 254-6970-2; geöffnet Mo-Fr 8.30-12.00 Uhr
Schweizerische Botschaft: Bangkok 10330, 35 North Wireless Rd., Tel.: 253-0156-60; geöffnet Mo-Fr 9.00-12.00 Uhr

➤➤ **Drogen**

In den Feldzug der thailändischen Regierung gegen den steigenden Drogenmißbrauch werden auch Ausländer einbezogen. Hüten Sie sich vor dem Erwerb, dem Besitz oder dem Verkauf von Drogen! Das *Office of the Narcotics Control Board* unterteilt Drogen in fünf Kategorien, wobei Drogenmißbrauch in der Kategorie I (Heroin) mit der **Todesstrafe** geahndet werden kann und solcher in der Kategorie II (Morphium, Kokain, Opium) mit **lebenslanger Freiheitsstrafe**. Selbst für Mißbrauch in der Kategorie V (Marihuana, Opiumsamen und Kratom-Pflanzen) können drastische Strafen ausgesprochen werden!

E Eheschließungen

Die deutsche Botschaft in Bangkok gibt ein mehrseitiges Merkblatt zur Eheschließung zwischen deutschen und thailändischen Staatsangehörigen heraus. Das Merkblatt kann auch über die thailändischen Konsulate in Deutschland bezogen werden.

➤➤ **Einreise**

Bei der Einreise nach Thailand ist der Besitz von Rauschgiften, Feuerwaffen oder pornographischem Material verboten. Selbstverständlich müssen auch die Devisenvorschriften und Visabestimmungen eingehalten werden – siehe unter Stichwort "**DEVISEN**" und "**VISUM**".

111

➤➤ Entfernungen

siehe Entfernungstabellen für Nord- und Südthailand am Ende des KAPI-
TELS 4.3

➤➤ Essen

siehe KAPITEL 3.2.3

F Fahrradfahren

Obwohl der Drahtesel auch bei Fernreisen immer beliebter wird und die
Thai selbst sich und andere gerne per Pedal fortbewegen, sind Fahrradtou-
ren in Thailand immer noch ein Wagnis. Auf den guten Straßen drängen
Busse und Lkw die Schwächeren brutal zur Seite, auf den schlechten
Straßen sind Schlaglöcher, Schlamm oder ausgetrocknete Wasserläufe natürliche Hindernisse. In Ortschaften ist der dichte und ungewohnte Verkehr gefährlich, und in Bangkok braucht man eine Atemschutzmaske. In
ruhigeren Urlaubsorten ist Fahrradfahren jedoch möglich, weswegen man
in einigen Hotels auch Fahrräder mieten kann...

➤➤ Feiertage

An festen Terminen nach dem westlichen Kalender werden in Thailand
der 1. Januar, 6. April, 5. Mai, 12. August, 23. Oktober, 5. Dezember, 10.
Dezember und 31. Dezember als öffentliche Feiertage (schul- und arbeitsfrei) begangen. Daneben gibt es sechs nationale Feiertage, deren Termine
schwanken, und eine Vielzahl lokaler Feste. Siehe dazu KAPITEL 3.2.3.

➤➤ Fernsehen

Fernsehen ist in Thailand äußerst beliebt; in Restaurants und Wohnungen
laufen die TV-Apparate mit ihren fünf Programmen praktisch rund um die
Uhr. Da also das Fernsehen einen hohen gesellschaftlichen Stellenwert
hat, ist es – auch ohne Sprachkenntnisse! – interessant, ab und zu das
Programm und die Reaktion des einheimischen Publikums zu beobachten.
Man merkt dabei sehr schnell, daß die Inhalte eindeutig oberschichtsori-
entiert sind und das Fernsehen daher weniger die Lebenswirklichkeit der
meisten Thais als vielmehr deren Wunschvorstellungen reflektiert. Die
Themenvielfalt entspricht im wesentlichen den auch hierzulande gezeig-
ten Sendungen: Nachrichten, Quiz, Familienserien, Sport, Liebesfilme,
Kultur und Werbung. Bei den Sportsendungen wird dem Thai-Boxen ein
überragender Platz eingeräumt; bei Liebes- und Familiengeschichten über-
wiegt die Schnulzenproduktion indischer oder Hongkonger Herkunft. Überhaupt gibt es wegen der zahlenmäßig starken Minderheit viele Sendungen

in chinesischer Sprache bzw. aus Hongkong importierte Filme. Wer in Bangkok den Sendungen auf Englisch folgen möchte, kann dazu das Radio zu Hilfe nehmen. Die Übersetzung des 3. Kanals hören Sie auf 105,5 MHz, die des 7. auf 103,5 MHz, die des 9. auf 107 MHz und die des 11. Kanals auf 88 MHz.

Größere Hotels haben normalerweise in jedem Zimmer Farbfernsehgeräte und bieten meist auch ein umfangreiches (englischsprachiges) Videoprogramm und/oder Programme des Satelliten-TV an.

➤➤ Flüge

Seitdem Bangkok eine der wichtigsten Drehscheiben für den Flugverkehr in Asien geworden ist, führen so viele (Luft-)Wege ins "Land des Lächelns", daß selbst Reisebüro-Mitarbeiter Schwierigkeiten haben dürften, den Tarifdschungel zu übersehen. Es gibt **fünf Internationale Flughäfen** im Königreich, wobei neben **Bangkok** von Europa aus auch **Chiang Mai** und **Phuket** angeflogen werden, aus einigen asiatischen Ländern zusätzlich **Hat Yai** und **U-Tapao**.

Da Thailand eine wichtige Zwischenstation auf dem Weg nach Australien/Neuseeland ist, gibt es kaum eine größere Fluggesellschaft, die das Land nicht im Flugplan hat. Dabei ergeben sich z.T. erhebliche Preisunterschiede, die aber nicht das alleinige Kriterium für eine Buchung sein sollten. Denn neben "Image", Service, Ausstattung und Sicherheit einer Airline sind für den Urlauber auch die evtl. Wartezeiten beim Umsteigen und die gewählte Flugroute wichtig. Für den Kauf eines Tickets spielen folgende Reisearten eine Rolle:

● **Thailand als Pauschalreise**
Da bei Buchung mehrerer touristischer Leistungen zusammen mit dem Flugticket sehr günstige Sondertarife zur Anwendung kommen, fällt bei einer Pauschalreise der Flugpreis am wenigsten ins Gewicht. Normalerweise enthält das Paket der jeweiligen Reiseveranstalter neben dem Flug auch die Unterkunft und evtl. ein Ausflugsprogramm. Geflogen wird dabei mit bewährten Linien wie z.B. Lufthansa oder Thai Airways oder mit Charter-Gesellschaften wie Condor und LTU.

● **Thailand als Stop-Over**
Wer Thailand nicht als einziges Ziel hat, sondern das Königreich zusammen mit anderen Destinationen kennenlernen möchte, sollte sich in Reisebüros über die breite Palette von möglichen Kombinationen bis hin zu erstaunlich günstigen "Round The World-Tickets" informieren lassen. Sowohl bei Bangkok als auch bei Zielen auf dem Weg dorthin gibt es spezielle "Stop Over"-Programme mit preiswerten Übernachtungen in sehr guten Hotels.

● **Thailand in Eigenregie**
Wer seine Reise auf eigene Faust plant und durchführt, hat unter Dutzenden möglicher Fluglinien, Tarifen, Abflughäfen, Zwischenstops, Flugrouten usw. die Qual der Wahl, bei der die Reisebüros behilflich sind. Unter den bewährten und guten Carriern ist die Lufthansa zu nennen, die z.Zt.

Flüge zum Holiday-Tarif ab DM 1.938,- anbietet. Als ebenso zuverlässig gelten die Swissair, Singapore Airlines, Thai International und Qantas. Von Wien aus fliegt Lauda Air nonstop nach Bangkok und Phuket. Wer in Norddeutschland wohnt, hat mit der SAS (über Kopenhagen) oder der Finnair (über Helsinki) relativ preisgünstige und komfortable Direktverbindungen nach Bangkok. Zeitaufwendiger und weniger komfortabel, aber vergleichsweise billiger (etwa ab DM 1.300,--) kommt man nach Thailand, wenn man auf Linien wie Aeroflot, Lot, Pakistan Airlines, Alitalia u.a. ausweicht.

Wer vorhat, nicht nur **nach** Thailand, sondern auch **in** Thailand zu fliegen, sei auf die Linie Thai International verwiesen. Diese hat das breiteste Angebot an Inlandsverbindungen, die man z.T. als äußerst billige Anschlußflüge in Deutschland buchen kann. Thai International fliegt fünfmal wöchentlich nonstop von Frankfurt nach Bangkok (Fluggerät ist der größere Jumbo B 747-300) sowie einmal wöchentlich ab München (via Frankfurt).

Auskünfte gibt
Thai Airways International Ltd., Frankfurt, Tel.: 069-63000410; Düsseldorf, Tel.: 0211-322638; München, Tel.: 089-2900160.
(zu Flügen innerhalb Thailands siehe unter Stichwort "INLANDFLÜGE")

Obwohl die legendären Zeiten der "fast geschenkten Flüge" vorbei sind, kann man immer noch sehr billige **Flugtickets ab Bangkok** erhalten. Für Individualreisende und Globetrotter mit viel Zeit lohnt es sich durchaus, etwa für eine Weltreise oder einen Abstecher in den pazifischen Raum zunächst bis Bangkok zu fliegen und dort die Weiterflüge zu buchen. Entsprechende Angebote findet man in den Reisebüros der größeren Orte und in den Touristenmagazinen zuhauf.

Für den **Rückflug in die Heimat** ist wichtig, daß man den gebuchten Flug bis spätestens 72 Stunden rückbestätigen lassen muß. Eine solche **Rückbestätigung** *(reconfirmation)* kann man bereits sofort nach Ankunft am Schalter der entsprechenden Airline vornehmen lassen. Während Ihres Aufenthaltes im Königreich können Sie das jedoch auch telefonisch tun (Telefonnummern s.u.) – Pauschalreisenden wird diese Arbeit häufig vom Reiseveranstalter abgenommen.
Weiterhin ist zu beachten, daß Sie am Schluß noch soviel Geld in der Reisekasse haben, daß Sie die **Flughafengebühr** von derzeit 200 BHT bezahlen können und daß Sie den Flughafen rechtzeitig zum Check-In erreichen.

Dies sind die Bangkoker Anschriften und Telefonnummern der **wichtigsten Fluggesellschaften**, die für den Transport zwischen Europa und Thailand und/oder den Weiterflug zu anderen Destinationen in Frage kommen:

Intern. Kürzel	Fluggesellschaft	Adresse	Telefonnummer(n)
SU	Aeroflot	183 Mezzanine Fl., Regent House, Ratchadamri Rd.	233-6965-7/ 235-3484
AF	Air France	Charn Issara Tower, 942/81 Rama IV Rd.	233-9477, 234-1333
AI	Air India	16th Fl., Amarin Plaza, 500 Ploenchit Rd.	256-9614-8
NZ	Air New Zealand	Airlines Agency, 1053 Charoenkrung Rd.	233-5900-9, 237-1560-2
AZ	Alitalia	8th Fl., Boonmitr Bldg., 138 Silom Rd.	233-4000/4, 237-6672
BA	British Airways	Charn Issara Tower, 942/81 Rama IV Rd.	236-0038
CX	Cathay Pacific	Charn Issara Tower, 942/81 Rama IV Rd.	233-6105, 233-9825
DL	Delta Airlines	7th Fl., Patpong Building Bangkok 10500	237-6838, 237-6853
AY	Finnair	6th Fl., Maneeya Center, 518/5 Ploenchit Rd.	251-5012, 251-5075
GA	Garuda Indonesia	944/19 Rama IV Rd.	233-0981/2
GF	Gulf Air	Maneeya Center, 518/5 Ploenchit Rd.	254-7931-4
IC	Indian Airlines	2/1-2 Decho Rd.	233-3890/1
KL	KLM Royal Dutch Lines	2 Patpong Rd.	235-5150-9, 236-6542
NG	Lauda Air	14th Wall Street Tower, 33/67 Surawong Rd.	233-2565/6, 233-2544
LO	Lot Polish Airlines	485/11 Silom Rd.	235-2223, 235-2277
LH	Lufthansa	Bank of America Bldg., 2/2 Wireless Rd.	255-0370/1
QF	Qantas Airways	Charn Issara Tower, 942/81 Rama IV Rd.	236-0102, 237-6269
SN	Sabena	CCT-Bldg., 109 Surawong Rd.	233-2020-23
SK	SAS Scandinavian Airlines	412 Rama I Rd.	253-8333, 253-8444
SQ	Singapore Airlines	12 Fl., Siam Center Bldg., 2 Silom Rd.	236-0303, 236-0440
PR	Philippine Airlines	56 Surawong Rd.	233-2350-2
SR	Swissair	1 Silom Rd.	233-2935-9, 233-2930-4
TG	Thai Airways International	485 Silom Rd.	233-3810, 513-0121

➤➤ Fremdenverkehrsämter

siehe unter Stichwort **"AUSKUNFT"**

➤➤ Führerschein

Für Ausländer ist der Internationale Führerschein vorgeschrieben. Wenn er auch bei der Auto- oder Motorradmiete nicht verlangt wird, ist seine Mitnahme im Hinblick auf mögliche Verkehrskontrollen oder Verwicklungen in Unfälle jedoch dringend geraten.

G Geld/Zahlungsmittel

Die Landeswährung ist der Baht (1 BHT = 100 Satang). Der Kurswert unterliegt den üblichen Schwankungen und lag Ende 1991 bei etwa 1 DM = 15 BHT (oder 1 öS = 2 BHT; 1 sFr = 19 BHT; 1 US$ = 25 BHT).

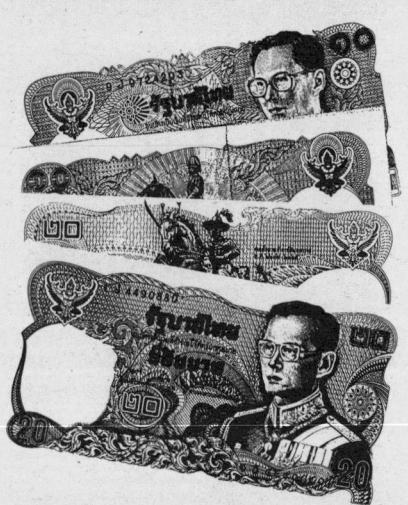

Folgende **Münzen** sind z.Zt. im Umlauf: 25 und 50 Satang (kleine Messing-Münzen), 1, 2 und 5 Baht (Nickel-Silber), 2 und 5 Baht (erkennbar am Kupferrand) und neuerdings auch 10 Baht. Daneben gibt es folgende **Banknoten**: 10 Baht (braun), 20 Baht (grün), 50 Baht (blau), 100 Baht (rot) und 500 Baht (purpurrot).

Als weiteres Zahlungsmittel ist die Mitnahme von (DM-)Reiseschecks empfehlenswert, für die man beim Umtausch meist einen besseren Kurs bekommt. In den Städten und größeren Hotels wird das Zahlen mit den gängigen Kreditkarten überall akzeptiert. Doch Vorsicht: Thailand ist eines jener Länder, in denen besonders oft Kreditkarten entwendet und/oder gefälscht werden! Das Unternehmen "Eurocard" registrierte ein Drittel aller Kartenfälschungen allein in Südostasien. Weltweit verteilen sich die berüchtigtsten Fälscherwerkstätten auf Hongkong (23,3 %), in Spanien (10,4%), Kalifornien (8,2%), Thailand (6,9%) und Malaysia (5,7%). Die Auslands-Touristen werden meist Opfer von Hotelangestellten, die z.B. als Sicherheit hinterlegte Kreditkarten in Abwesenheit der Gäste fälschen lassen und später weiterverkaufen. An dieser Stelle sei daran erinnert, daß die Schadenssumme durch Kreditkartenmißbrauch 1991 allein in Deutschland mehr als 80 Millionen Mark betrug, mit steigender Tendenz!
siehe auch unter Stichwort **"BANKEN/GELDWECHSEL"**

➤➤ Geschäfte

Die Versorgung mit Lebensmitteln, Haushaltswaren und anderen notwendigen Dingen ist im ganzen Land durch Geschäfte gesichert, die freilich je nach Größe des Ortes oder Lage in einer Stadt ein völlig unterschiedliches Aussehen haben. Überall finden Sie Märkte, die entweder jeden Tag oder nur an Wochenenden oder manchmal nur nach Einbruch der Dunkelheit (Nachtmarkt, *Night Bazar*) stattfinden. Das quirlige Treiben mit seinem überquellenden Warenangebot und etlichen Essensständen kann getrost als eine der vielen 'Sehenswürdigkeiten' Thailands bezeichnet werden. Hier ist immer Handeln angesagt, und wer in dieser Kunst geschickt ist, kann unglaublich günstige Preise für Textilien, Lebensmittel, Kunsthandwerk oder technische Geräte erzielen. In jeder Ortschaft gibt es darüber hinaus die kleinen Läden, die zur Straße hin offen sind und meistens in sich Verkaufsraum, Werkstatt und Lager vereinen. In den Städten, insbesondere natürlich in Bangkok, finden Sie außerdem eine große Bandbreite an spezialisierten Warenhäusern, Auktionshäusern, Shopping-Arkaden in Hotels und die großen, klimatisierten Kaufhäuser (*Department Stores*). Diese sind meistens von 10.00-20.00 Uhr (auch samstags und sonntags) geöffnet; Handeln ist manchmal möglich, ansonsten gelten die ausgeschilderten Festpreise.

Die Thailändische Tourismusbehörde (TAT) hat besonderen Geschäften, Andenkenläden und Restaurants, deren Qualität in Leistung und Service geprüft und für gut befunden wurde, dieses Gütesiegel verliehen.
siehe auch unter Stichwort "SOUVENIRS"

Qualitätssiegel des TAT

➤➤ Geschlechtskrankheiten

Überall da, wo es ein einschlägiges 'Nachtleben' gibt, führen hautnahe Kontakte oft unweigerlich zur näheren Bekanntschaft mit Geschlechtskrankheiten. Besonders mit Gonorrhö und Syphilis kann man sich sehr leicht infizieren. Wie verbreitet Geschlechtskrankheiten (*veneral diseases*; *VD*) sind, macht ein Blick in die Tageszeitungen *Bangkok Post* und *The Nation* oder in die überall angebotenen Touristen-Magazine deutlich, wo eine Vielzahl von speziellen *VD-Clinics* ihre Hilfe anbieten. Diese besteht jedoch zumeist in einer Radikalkur mit der chemischen Keule, so daß man bei Anzeichen einer Ansteckung doch eher ein gutes Krankenhaus aufsuchen sollte. Übrigens: 'Kondom' heißt in der thailändischen Umgangssprache *meechai*...
siehe auch unter Stichwort "AIDS"

⇒ Gesundheit

● Gesundheitliche Risiken

Trotz des hohen Niveaus der touristischen Infrastruktur birgt das Reiseziel Thailand durchaus ernstzunehmende gesundheitliche Risiken. Dazu zählen u.a. **Polio, Tetanus, Hepatitis-A, Typhus** und **Malaria.** Meistens wird der Tourist aber von anderen, sehr lästigen Begleiterscheinungen geplagt, die er z.T. aber durch Vorsorge und umsichtiges Verhalten bekämpfen kann.

An erster Stelle ist hier der **Sonnenbrand** zu nennen, für den die ungewohnt intensive UV-Strahlung verantwortlich ist. Deswegen folgende Ratschläge:
* Nehmen Sie Cremes mit einem höheren Schutzfaktor mit als etwa bei einer Reise zum Mittelmeer.
* Gewöhnen Sie Ihren Körper langsam an die tropische Sonne, d.h.: Bleiben Sie an den ersten Tagen im Schatten und cremen Sie sich auch bei bedecktem Himmel ein.
* Tragen Sie bei längeren Boots- und Badetouren, aber auch beim Schnorcheln ein T-Shirt. Schützen Sie sich bei Besichtigungen durch einen Hut oder – wie die Thai – mit einem Sonnenschirm.

Lästig und gefährlich sind auch **Insektenstiche**, insbesondere von Mücken. Nehmen Sie deshalb ausreichend Mückenschutzmittel (z.B. Paral, Autan) mit, und vermindern Sie nach Einbruch der Dunkelheit die 'Angriffsfläche' durch langärmelige Hemden, lange Hosen etc. Bei Trekking-Touren und weniger komfortablen Unterkünften ist ein Moskitonetz hilfreich.

Wegen der Hitze einerseits und klimatisierten Hotelzimmern, Bussen oder Taxen andererseits fängt man sich schnell eine **Erkältung** oder **Zugerkrankungen, Bindehautreizungen** usw. ein. Nehmen Sie auch dagegen entsprechende Mittel mit und für den Aufenthalt in klimatisierten Räumen eine Strickjacke o.ä.

Durch den plötzlichen Klimawechsel, die Zeitumstellung und die ungewohnten Mahlzeiten kommt es bei vielen Touristen in Thailand zu **Durchfallerkrankungen.** Zur Vorbeugung und Behandlung hilft "*Metifex*", "*Lomotil*", "*Imodium*" oder ein ähnliches Mittel. Auch hier gilt, daß man sich erst langsam akklimatisieren und an den ersten Tagen allzu scharfe Speisen meiden sollte.

Von weit gefährlicherer Beschaffenheit sind da schon Darminfektionen wie **Cholera, Typhus, Paratyphus** und **Ruhr,** die in Ländern mit niedrigem Hygienestandard häufiger vorkommen als in Mitteleuropa. Hier können Impfungen und Medikamente zwar zur Vorbeugung von Infektionen hilfreich sein, nicht aber in jedem Fall vor ihnen bewahren.

Eine der gefährlichsten Tropenkrankheiten ist **Malaria.** In den WHO-Informationen (1990) ist das derzeitige Malariarisiko in den grenznahen Gebieten Nordthailands als "hoch" und das im südlichen Thailand als "mäßig" eingestuft. Die Tropeninstitute und Gesundheitsämter empfehlen deshalb Malariaprophylaxe mit Tabletten. Es darf allerdings nicht verschwiegen werden, daß die Krankheitsüberträger oft bereits gegen die Prophylaxe immun geworden sind, z.B. gegen *Resochin.* Das Medizinische Institut für Umwelthygiene in Düsseldorf empfiehlt als medikamentöse Vorbeugung gegen Malaria in Thailand (die Dosierungen gelten nur für Erwachsene):
1 Woche vor der Abreise 1x2 Tabletten *Resochin.* Während des Aufenthaltes regelmäßig 1x2 Tabletten Resochin pro Woche *und* 2 Tabletten *Paludrine* täglich. Zusätzlich Mitführen einer Behandlungsdosis *Lariam.* Bei Malaria-Symptomen,

z.B. Fieber ohne erkennbare Ursache, sollte (nur falls kein Arzt erreichbar ist!) mit *Lariam* nach folgendem Schema behandelt werden: sofort 2 Tabletten *Lariam* (500 mg), nach 8-12 Stunden nochmals 2 Tabletten (500 mg). Erwachsene mit weniger als 60 kg Körpergewicht sollten die zweite Dosis auf 1 Tablette beschränken.

Neben der medikamentösen Prophylaxe bieten immer noch den besten Schutz langärmelige Hemden, lange Hosen und Moskitonetz sowie Mückenspray. Wichtig ist, daß Sie sofort einen Arzt aufsuchen, wenn Sie nach der Rückkehr aus Thailand – auch noch nach Monaten – Fieber bekommen oder sich sonstwie unerklärlich krank fühlen.

● Ärztliche Behandlung

Deutsche Patienten werden in den Krankenhäusern als **Privatpatienten** behandelt und sind in vollem Umfang zur Zahlung der Krankenhauskosten verpflichtet. Für eine Konsultation in der Praxis des Arztes verlangt dieser ca. BHT 100. Über die Rezeption Ihres Hotels können Sie auch einen Arzt auf's Zimmer bestellen, was ca. BHT 1.000 plus Medikamente kostet. Lassen Sie sich für die Behandlungs- und Medikamentkosten in jedem Fall eine Quittung (auf englisch!) geben, mit der Sie sich später an Ihre private Versicherung bzw. Krankenkasse wenden können (siehe unter Stichwort "VERSICHERUNG").
(zu Krankenhäusern und Ärzten in **Bangkok** siehe unter KAPITEL 5.2)

● Medikamente

In den *Drug-Stores* (grüne Hinweisschilder) bekommen Sie alle wichtigen Medikamente zu einem billigen Preis. Wenn Sie ein Medikament nachkaufen wollen, ist es hilfreich, dem Apotheker die alte Packung zu zeigen!

● Reiseapotheke

Wer nicht nur zum Badeurlaub in einem komfortablen Hotel fährt, sondern auch Exkursionen durchführt, sollte sich auf eventuelle Krankheitsfälle mit einer kleinen Reiseapotheke einstellen. Dabei dürfen nicht fehlen: Verbandszeug, Desinfektionsmittel, Malariaprophylaxe, Sonnenschutzcreme, Durchfalltabletten, Schmerztabletten, Mückenschutzmittel und Vitamintabletten.

Siehe zum Thema "GESUNDHEIT" auch unter Stichwort "AIDS", "GESCHLECHTSKRANKHEITEN" und "IMPFUNGEN"

H Hotels

siehe unter Stichwort "UNTERKUNFT"

I Impfungen

Gegenwärtig ist für die Einreise nach Thailand keine Schutzimpfung vorgeschrieben. Reisende, die aus einem Seuchengebiet kommen, benötigen allerdings den Nachweis einer **Pocken**schutzimpfung. Obwohl nicht vorgeschrieben, sind andere Impfungen dennoch ratsam. Da schon kleinste Verletzungen ausreichen, um sich mit **Tetanus (Wundstarrkrampf)** zu infizieren, ist ein entsprechender Impfschutz notwendig. Auch wenn Sie früher schon gegen Wundstarrkrampf geimpft wurden, sollten Sie eventuell eine Auffrischung vornehmen lassen, insbesondere, wenn die Impfung länger als 10 Jahre zurückliegt. Auch die **Polio (Kinderlähmung)** ist in Thailand weit verbreitet, ein Impfschutz oder eine Auffrischung desselben dringend anzuraten (Schluckimpfung). Gleiches gilt für **Typhus**, gegen den man sich mit Lebendimpfstoff (3 Kapseln, z.B. *Typhoral L*) schützt. Zu den häufigsten Reiseerkrankungen der Tropen gehört die **Hepatitis A**. Vor allem, wenn Sie aufs offene Land fahren und Kontakt zur einheimischen Bevölkerung haben, sollten Sie sich gegen diese Erkrankung impfen lassen (einmalige Injektion mit *Immunglobulin*).

Wer für einen ausreichenden Impfschutz Sorge tragen will, muß bedenken, daß nicht alle Impfungen und die Malaria-Prophylaxe gleichzeitig angewendet werden können. Z.B. darf die Schluckimpfung gegen Typhus frühestens 14 Tage nach einer Schluckimpfung gegen Kinderlähmung durchgeführt werden; in umgekehrter Reihenfolge soll der Zeitabstand mindestens 3 Tage betragen. Am **zeitsparendsten ist folgender Impfplan**, der zwei Wochen vor Reisebeginn einsetzt und innerhalb von 9 Tagen durchführbar ist: 12. Tag vor Reisebeginn: erste Kapsel gegen Typhus; 10. Tag vor Reisebeginn: zweite Kapsel gegen Typhus; 8. Tag vor Reisebeginn: dritte Kapsel gegen Typhus; 4. Tag vor Reisebeginn: Schluckimpfung gegen Polio; gleichzeitig eine Injektion gegen Tetanus und Hepatitis A; 3. Tag vor der Reise: Beginn der Malariaprophylaxe.

Wer aus irgendwelchen Gründen die Impfungen erst in Thailand durchführen kann, sei an die *Thai Red Cross Society* in Bangkok (1871 Rama IV. Rd., Tel.: 252-7789, 251-6964) verwiesen, die über eine Tollwutklinik, ein Labor und ein Hospital mit Spezialeinrichtungen für Schlangenbisse und Impfungen (Cholera, Typhus, Tetanus, Polio, Gamma Globulin, Hepatitis, Enzephalitis) verfügt.

➤➤ Informationen

siehe unter Stichwort "AUSKUNFT"

➤➤ Inlandflüge

Der Anstieg des Fremdenverkehrs und Ausbau des Flugstreckennetzes hatte zur Folge, daß man heutzutage fast alle wichtigen Orte mit bequemen und schnellen innerthailändischen Flügen erreichen kann. Vom Inland-Flughafen Bangkok (Domestic Airport), direkt neben dem International Airport *Don Muang* gelegen, fliegt *Thai International* folgende lokale Flughäfen an: Im **Norden** Chiang Rai, Mae Hong Son, Chiang Mai, Nan, Lampang, Phrae, Mae Sot, Tak und Phitsanulok; im **Nordosten** Loei, Udon Thani, Khon Khaen, Sakhon Nakhon, Ubon Ratchathani und Nakhon Ratchasima (Khorat); im **Süden** Surat Thani, Nakhon Si Thammarat, Phuket, Trang, Hat Yai, Pattani und Narathiwat. Die Fluggeräte

Der Flughafen von Mae Hong Son

(u.a. Airbus) sind sauber und pünktlich, der Service ist sehr gut und die Preise können als moderat bezeichnet werden (z.B. Bangkok – Mae Hong Son – Bangkok DM 245). Die gleiche Fluggesellschaft bietet in Zusammenarbeit mit den "Royal Orchid Holidays" **Flugrundreisen** auf der Route Bangkok – Chiang Rai – Chiang Mai – Phuket – Bang-

kok an. Dieses interessante Paket ist im Ausland zu buchen und ist z.B. für 8 Tage/7 Nächte inkl. Übernachtung/Frühstück und Flügen ab/bis Bangkok ab DM 905 zu haben.

Nicht als Konkurrenzunternehmen, sondern "Bereicherung der touristischen Szene" versteht sich *Bangkok Airways*, eine 1968 gegründete private Fluggesellschaft, die seit 1989 das touristische Geschäft forciert. Sie ist vor allem durch den von ihr angelegten Flughafen auf Ko Samui interessant, den sie von Bangkok und Phuket aus 8x täglich anfliegt. Ansonsten bedient Bangkok Airways auch die Strecken Bangkok – Phuket (2x täglich via Ko Samui) und Bangkok – Hua Hin (1x täglich), ab 1993 auch von Bangkok nach Trang, Sukhothai, Mae Hong Son, Loei und Mae Sot. Nachdem der kleine Carrier bereits jetzt schon im Charterverkehr nach Mandalay und Pagan (Myanmar) und im Linienverkehr 2x täglich nach Phnom Phen (Kambodscha) fliegt, will Bangkok Airways demnächst auch Rangoon, die Hauptstadt Myan-

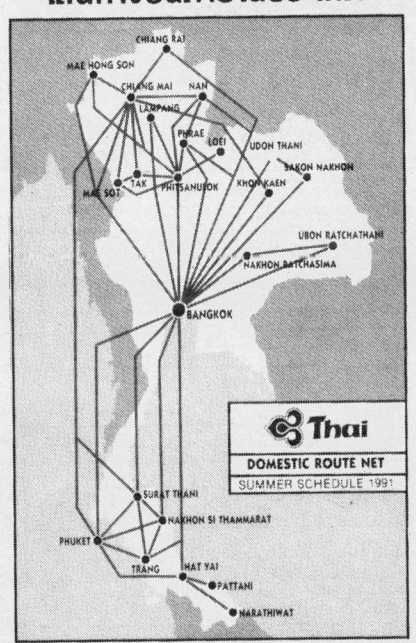

DOMESTIC ROUTE NET

mars, in ihr Streckennetz aufnehmen. Weiterhin sind Flugverbindungen in Planung, die auf die Wünsche des Kulturtourismus abgestimmt sind. Dazu gehören neben dem thailändischen Sukhothai, wo *Bangkok Airways* einen privaten Flughafen baut, auch die Tempelstädte Angkor Wat (Kambodscha), Pagan (Myanmar) und Borobudur (Indonesien). Das Fluggerät besteht aus kleinen, aber komfortablen Maschinen (u.a. DASH8-300) zu ebenfalls moderaten Preisen (z.B. Bangkok – Ko Samui DM 135).

Beim innerthailändischen Luftverkehr hält man sich im Gegensatz zu den internationalen Flügen bei der **Flughafensteuer** angenehm zurück: sie beträgt nur 20 BHT. Für die auch hier notwendige **Rückbestätigung** (möglichst sofort nach Ankunft erledigen!) die Adressen des jeweiligen Hauptbüros in Bangkok:

PG **Bangkok Airways**, Pacific Place Bldg., 140 Sukhumvit Rd., Tel.: 253-4014-6, 253-8942-7

TG **Thai Airways International** (Domestic), 6 Larnluang Rd., Tel.: 280-0070, 280-0080

K Kartenmaterial

Für Thailand gibt es etliche Straßen- und topographische Karten sowie Stadtpläne. Bei den TAT-Büros und in den meisten Hotels der Touristenorte bekommt man oft regionale Karten und Stadtpläne kostenlos. Für Bangkok-Besucher, die auf öffentliche Verkehrsmittel angewiesen sind, empfiehlt sich der Kauf des Stadtplanes *"Latest Tour Guide to Bangkok & Thailand"* mit eingezeichneten Buslinien, der in Hotels, Buchläden und im TAT-Büro verkauft wird (35 BHT). Selbstfahrer von Motorrad oder Mietwagen sind auf detaillierte Informationen angewiesen. Solche bietet u.a. die Thailand-Karte aus dem Nelles-Verlag (Maßstab 1:1.500.000, Kilometerangaben, Stadtpläne Bangkok/Chiang Mai/Pataya/Hat Yai und Inselplan Phuket). Noch besser hat mir die *"Bartholomew Clyde Leisure Map Thailand"* (Maßstab 1:1.500.000; Stadtpläne Bangkok/Chiang Mai/Pattaya, Detailkarten Groß-Bangkok/Phuket/Ko Samui) gefallen, wenn sie auch leider keine Kilometer-Entfernungen angibt. Diese und andere Karten über Thailand erhalten Sie beim ILH/GeoCenter, Postfach 800830, D-Stuttgart 80, Tel.: 0711/78893-40.

In gutsortierten Buchläden, etwa in Bangkok oder Chiang Mai, ist außerdem *"The Latest Thailand Highway Map"* erhältlich, ein über 40 Seiten starker Atlas mit unterschiedlichen Maßstäben und vielen Stadtplänen. Wegen der Beschriftung in Englisch und Thai ist auch die *"Map of Thailand"* hilfreich (Maßstab 1:1.650.000, Entfernungstabelle).

➡ Kleidung

Für das schweißtreibende Klima des Zielgebietes sind weite Baumwoll-Kleider am besten und synthetische Stoffe am schlechtesten. Trotz der tropischen Temperaturen in Thailand sollten Sie an langärmelige Jacken, Socken und lange Hosen denken, die abends ein guter Mückenschutz sind; auch Aufenthalte im gebirgigen Norden zur kühlen Jahreszeit und

Tempelbesuche verlangen nach mehr als nur Badekleidung. Gegen Sonnenstich und Sehbeeinträchtigung durch grelles Licht helfen ein Hut oder ein Sonnenschirm. Da die Thai viel Wert auf gute Kleidung legen, sollten *farangs* nicht leichtfertig gegen die Sitten verstoßen und ihr Gesicht verlieren – bei Geschäftsreisenden ohnehin eine Selbstverständlichkeit! Besonders Behörden reagieren allergisch auf Träger von verwahrloster, schmutziger oder 'unangemessener' Kleidung. In gewissen Diskotheken und Restaurants in Bangkok herrscht Krawattenzwang.

Trotzdem kann Ihr Koffer beim Abflug gar nicht leicht genug sein. Denn Textilien jeder Art, vom maßgeschneiderten Anzug bis zu Shorts und Bikinis, können Sie zu äußerst günstigen Preisen und sehr guter Qualität am Urlaubsort kaufen...

➽ Klima

siehe KAPITEL 2.2.2

➽ Konsulate

siehe unter Stichwort "DIPLOMATISCHE VERTRETUNGEN"

N Nationalparks

siehe unter KAPITEL 3.2.5

➽ Notfall/Unfall/Notruf

Die Notruf-Telefonnummern sind in Bangkok: 191 (Polizei), 199 (Feuerwehr), 2460-199 (Krankenwagen).

O Öffnungszeiten

Einheitlich geregelte Öffnungszeiten gibt es nicht. In der Regel kann man jedoch davon ausgehen, daß Banken Mo-Fr 08.30-15.30 Uhr geöffnet sind (Wechselstuben an Touristenorten auch Sa und So und z.T. bis 21.00/22.00 Uhr), Postämter Mo-Fr 08.30-16.30 Uhr und Sa 09.00-12.00 Uhr, Behörden und Regierungsämter Mo-Fr 08.30-16.30 Uhr und die großen Warenhäuser 10.00-20.00 Uhr.

P Polizei

Der "Freund und Helfer" in Thailand ist zumeist freundlich, hält bisweilen die Hand auf und spricht kein Englisch! Deshalb gibt es seit 1982 die Touristen-Polizei (*Tourist Police*), deren Dienststellen mit dem Hinweis-

schild *"Tourists, we are proud to serve you!"* geschmückt sind. Auch wenn es – besonders in der Provinz – mit den Fremdsprachenkenntnissen nicht sehr weit her ist, sollten sich *farangs*, die irgendwelche Probleme haben, immer erst an die Touristen-Polizei wenden. Sie nimmt Beschwerden und Anzeigen entgegen, sorgt für die Sicherheit der Besucher und stellt Ermittlungen an. Allein in Bangkok tun z.Zt. 500 Touristenpolizisten Dienst, besonders an den Brennpunkten des Fremdenverkehrs wie dem Großen Palast oder Patpong. Ihre Telefonnummern in den wichtigsten Touristenorten sind:

Bangkok, Tel.: 225-7758; 221-6206-10
Pattaya, Tel.: (038)429-371
Chiang Mai, Tel.: (053)248-974
Phuket, Tel.: (076)212-213
Hat Yai/Songkhla, Tel.: (074)246-733
Surat Thani/Ko Samui, Tel.: (077)421-281
Kanchanaburi, Tel.: (034)512-795

➼ Post/Porto

Postämter sind i.d.R. Mo-Fr 8.30-16.30 Uhr geöffnet (bei einer Mittagspause von 12.00-13.00 Uhr) und Sa 9.00-12.00 Uhr. Das *General Post Office* in Bangkok (New Road) ist durchgehend Mo-Fr 8.00-20.00 Uhr und Sa-So 8.00-13.00 Uhr geöffnet. Die thailändische Post ist durchaus zuverlässig und vergleichsweise schnell. Der Briefverkehr zwischen Thailand und Europa dauert 4-8 Tage. Das **Porto** beträgt für Postkarten nach Europa 8,– BHT, für Aerogramme 8,50 BHT und für Briefe 12,50 BHT. Vergessen Sie nicht den Vermerk *"Air Mail"*!

Für Philatelisten hält das Königreich farbenprächtige und qualitätvolle **Sondermarken** mit interessanten Motiven bereit. Einen eigenen Schalter für Sondermarken gibt es im Bangkoker *General Post Office*. Wichtig für Souvenirkäufer im großen Stil: **Paketpost** kann als *Air Mail* (Laufzeit: etwa 7 Tage) oder als *Sea Mail* (Laufzeit: etwa 1 1/2-3 Monate) verschickt werden. Die Gebühren sind natürlich gewichtsabhängig und betragen beispielsweise für 1 kg BHT 137 (*Sea Mail*) bzw. BHT 264 (*Air Mail*), für 10 kg BHT 393 (*Sea Mail*) bzw. BHT 1.687 (*Air Mail*) und für 20 kg BHT 654 (*Sea Mail*) bzw. BHT 3.213 (*Air Mail*).

R Reisezeit

siehe KAPITEL 2.2.2

➠ Restaurants

In kaum einem Land ist in der Gastronomie die Differenz zwischen Service, Preisen, Speiseangebot und Ausstattung so groß wie in Thailand. Während man sich an Essensständen und in Garküchen schon für weniger als 20 BHT sattessen kann, muß man in einem sehr guten Hotelrestaurant bis zu 400 BHT zahlen. Akzeptable Möglichkeiten, seinen Magen zu füllen, findet man aber in jedem Dorf. Natürlich darf man an das Personal keine übertriebenen Erwartungen stellen, was Englisch- oder sonstige Fremdsprachenkenntnisse anbetrifft. Außerdem sind die Kellner/innen nicht unbedingt die schnellsten und haben häufig Schwierigkeiten bei der Abrechnung.

Man sollte aber immer daran denken, daß man sein Gesicht verliert, wenn man laut oder ungeduldig wird. Quittieren Sie stattdessen etwaige Mißgeschicke des Bedienungspersonals mit dem landesüblichen Lächeln. Und rufen Sie den Kellner nicht mit lauten Rufen oder Fingerschnippen herbei, sondern mit dezenten Bewegungen und einem freundlichen *"nong-nong"*.

Auch tut man gut daran, wenn man seine Ansprüche nicht an europäischen Standards, sondern an den Tisch- und Eßgewohnheiten des Gastlandes mißt – vor allem, wenn man sich in der Provinz aufhält. D.h., daß man nicht immer westliches Besteck erwarten darf, das zeitgleiche Servieren der Speisen o.ä. Ebenfalls sollten Sie in bestimmten Restaurants die religiösen Vorstellungen respektieren und beispielsweise in einem moslemischen Restaurant keinen Alkoholausschank erwarten. Insgesamt werden Sie aber feststellen, daß man sich in Thailand bemüht, den Gast zufriedenzustellen und ihm in jeder Hinsicht zu Diensten zu sein. Manchmal scheinen einem die Bemühungen sogar übertrieben zu sein, etwa wenn in den besseren Restaurants die Servietten den Gästen auf den Schoß gelegt werden.

Die größte Auswahl an Restaurants aller möglichen Küchen und Nationen haben Sie in Bangkok und den touristischen Brennpunkten (Pattaya, Chiang Mai, Phuket usw.). Auf dem Land sollten Sie daran denken, daß man in Thailand nicht sehr spät zu Abend ißt und nach 22.00 Uhr die Küche kalt bleibt. Das Geben von Trinkgeld richtet sich danach, ob im Preis 10% Service schon eingeschlossen sind, sowie nach der Art des Restaurants: kein Trinkgeld in Garküchen oder an Imbißständen, sonst etwa 10% des Rechnungsbetrages (10-50 BHT), in Restaurants der Luxuskategorie auch mehr.
(vgl. auch KAPITEL 3.2.3)

➤➤ Rundfunk

Das System der privaten UKW-Rundfunksender ist (wie z.B. in den USA) profitorientiert und richtet sich nach dem Geschmack des meist jugendlichen Publikums. Mit anderen Worten: Werbung, Musiksendungen, Werbung! In Bangkok bringen einige Stationen Nachrichten in englischer Sprache. Auch das Auslandsprogramm der Deutschen Welle für Südostasien ist zu empfangen, und zwar am besten in der Zeit zwischen 17.00 und 21.00 Uhr.

S Souvenirs

Thailand ist berühmt für seine qualitätvollen und billigen Produkte, die Sie als Souvenirs mit nach Hause nehmen können. Besonders beliebt bei Touristen sind Textilien aus Baumwolle oder thailändischer Seide, Uhren, Sonnenbrillen, Edelsteine, Hüte, Fertigschmuck, Kunstgewerbeartikel aus Holz, Keramik, Gold, Silber, Bronze oder Zinn. Daß auf Märkten und Straßenständen die 'Markenartikel', insbesondere bei Textilien und Uhren, ausnahmslos geschickte Imitationen von beachtlicher Qualität sind, dürfte sich herumgesprochen haben. Allgemein gilt, daß Handeln unverzichtbar zu einem günstigen Einkauf gehört – und außerdem von den Anbietern auch erwartet wird. Wer zu dieser manchmal mühseligen und zeitaufwendigen Prozedur keine Lust hat, sollte auf die großen Kaufhäuser (Department Stores) zurückgreifen, die i.d.R. Festpreise haben. Beim Einkauf von Souvenirs sollten Sie an folgende Ratschläge des thailändischen Fremdenverkehrsamtes denken:

● Lehnen Sie die Angebote von Fremden ab, Ihnen beim Einkauf behilflich zu sein oder Ihnen ein besonders billiges Geschäft zu zeigen – besonders, wenn es um Edelsteine geht. Diese 'Schlepper' führen Sie unweigerlich zu Läden, von denen sie 10-30% Kommission bekommen – diese wird auf den Preis aufgeschlagen, den Sie zu zahlen haben!

● Kaufen Sie möglichst nur Souvenirs für sich oder Ihre Freunde und Verwandten ein, und spekulieren Sie nicht auf einen möglichen Profit beim Wiederverkauf im Heimatland.

● Bevor Sie sich zu einem Kauf entschließen, vergleichen Sie erst einmal die Preise und die Qualität bei verschiedenen Anbietern.

● Vergewissern Sie sich, daß Sie beim Kauf alle notwendigen Dokumente (Quittung, Echtheitsnachweis etc.) bekommen. Achten Sie bei der Bezahlung mit Kreditkarten darauf, daß alle Angaben (Name und Adresse des Geschäftes, Nennung der Währung) vollständig sind.

Beim Einkauf von Souvenirs trägt der Tourist eine ökologische und kulturelle Verantwortung. Die Einfuhr von Tierprodukten, die dem Washingtoner Artenschutzabkommen unterliegen, ist untersagt. Darüber hinaus sollte man auch bei nicht geschützten Muscheln, Korallen, Häuten etc. äußerste Zurückhaltung üben. Gleiches gilt für religiöse Antiquitäten; der Export von Buddhabildnissen oder -statuen ist nicht erlaubt!
siehe auch unter Stichwort "GESCHÄFTE"

➡ Sport

Mit Ausnahme ausgesprochener Wintersportarten kann man seine Reise nach Thailand mit sportlicher Aktivität jeder erdenklichen Weise verbinden. Und da die thailändischen Touristiker verstärkt auf 'hochwertige' Urlaubsformen wie Segeln, Tauchen und Golf setzen, wird der Stellenwert des Sporturlaubes in Zukunft noch größer sein als er heute schon ist. Bereits jetzt zählen **Tennis, Squash** und **Tischtennis** in den besseren Hotels zum selbstverständlichen Angebot, oft im Zusammenhang mit einem *Fitness Center* und mindestens einem Swimmingpool. Im Bangkoker Telefonbuch (englischsprachige Ausgabe) finden Sie in den Gelben Seiten ein Verzeichnis aller öffentlich zugänglichen Plätze. Besonders der **Golfsport** boomt wie nie zuvor und hat dazu geführt, daß das Land inzwischen mehr als 50 zum Teil erstklassige Golfplätze hat, wovon die berühmtesten in

Golf – Fast schon ein Volkssport

Bangkok, Chiang Mai, Chonburi, Hua Hin, Nakhon Pathom, Pattaya und Phuket liegen. Inzwischen geht die Liebe zum Golf auch vielen Thai zu weit: als Pläne bekannt wurden, in den nächsten Jahren weitere 100 Plätze anzulegen, protestierten Landschafts- und Umweltschützer. Ihre Argumente fanden weitgehend Gehör, so daß bis 1994 nur rund 20 neue Plätze (u.a. in Kanchanaburi, Chon Buri, Chiang Mai, Chiang Rai, Hua Hin und Bangkok) eröffnet werden dürfen. Auf die Organisation von Golf-Ferien hat sich u.a. *World Splendour Holidays* (466/18-19 Phaholyothin Rd., Bangkok 10400, Tel.: 278-2547) spezialisiert.

Während sich das Landesinnere außer zu den genannten Sportarten hauptsächlich nur noch für **Wandertouren, Kanufahrten, Motorradausflüge** und – mit gewissen Einschränkungen – **Mountainbiking** eignet, entfaltet sich die gesamte sportliche Angebotspalette natürlich besonders an der enorm langen Küste des Königreichs. Die angenehmste (und manchmal gar nicht so aktive) Art, das Land kennenzulernen, sind alle möglichen **Schiffstouren**: Es ist klar, daß ein so wasserreiches Land wie Thailand für kürzere oder längere Ausflüge mit Flößen, Booten oder Schiffen wie geschaffen ist. Dementsprechend groß ist das Angebot an öffentlichen Verkehrsmitteln oder der verschiedenen kommerziellen Veranstalter. Ob die Klongs von Thonburi, die Seen und Flüsse des Landesinneren oder die reichgegliederte Küste mit ihren Mangrovenwäldern und Inseln – immer kann man auf Transportmittel zu Wasser ausweichen. Wer z.B. in Phuket weder tauchen noch segeln will, hat die Möglichkeit, an einer 7tägigen exklusiven Expedition mit aufblasbaren Kanus teilzunehmen. Ein ähnliches Angebot gibt es für die Urwaldseen in Südthailand. Weiter kann man den 'River Kwai' mit Bambusflößen befahren, auf Longtailboats durch die Flüsse des Nordens brausen, in der Andamanensee eine Yacht chartern, auf Dschunken mitsegeln und die Strecke zwischen Bangkok-Ayutthaya bzw. retour auf dem Chao Phraya mit Flußkreuzfahrtschiffen oder einer umgebauten Reisbarke zurücklegen.

Weiter gehören an der Küste **Windsurfen**, **Wasserski**, **Hochseeangeln**, **Wasser-Scooter** und **Parasailing** in den Touristenzentren zum Standard-

Parasailing an Thailands Stränden

Angebot. Ein Mekka für Windsurfer ist dabei der Jomtien Beach bei Pattaya, aber auch in Cha-Am, Hua Hin, Ko Samui und auf Phuket (Patong Beach) gibt es entsprechende Gelegenheiten. Pattaya ist gleichfalls das wichtigste Sportfisch-Zentrum im Golf von Thailand, wo man vom *Bang Saray Fishing Club* aus Jagd auf u.a. Marline, Königsmakrelen, Thunfische und Haie macht. Für das Hochseeangeln in der Andamanensee spielen Phuket und Ranong die größte Rolle. Immer beliebter wird der **Segelsport:** denn inzwischen dürfen Segler mit entsprechender Qualifikation auch selbst ein Boot chartern und die Gewässer um Phuket – bislang einziges Segelrevier des Landes – auf eigene Faust erkunden. Bis 1990 war es gesetzlich vorgeschrieben, daß man mit dem Boot auch eine Crew charterte. Während der Segelsaison (November bis April) kreuzt man durch die Gewässer der Andamanensee von den Surin-Inseln bis zum Tarutao-Archipel, während man in den Sommermonaten vorzugsweise zwischen Phuket, den Phi Phi Inseln und Phang Nga segelt. Auch in Pattaya (besonders am Jomtien Beach) und in Hua Hin gibt es Gelegenheit zum Segeln.

Schon seit langem ist Thailand als Destination für **Taucher** beliebt, da das Königreich – anders als bei anderen Tauchzielen, etwa im Roten Meer – auch **über** Wasser eine Menge zu bieten hat. Ein ideales Revier für Anfänger und Fortgeschrittene sind die Korallenriffe bei Phuket, so etwa Ko Racha an der Westküste und die Phi-Phi-Inseln. Die farbenprächtigen und bizarren Korallen sind Heimat dichter Fischbestände, wobei die Taucher neben den tropischen Riffischen auch Weißspitzhaie, Stechrochen und Muränen beobachten können. Ebensogut eignen sich die Similan-, Surin- und Tarutao-Inseln für eindrucksvolle Tauchgänge, während die Gewässer rund um Ko Samui oder vor Pattaya nicht ganz so viel zu bieten haben (aber natürlich trotzdem lohnend sind!). Außer dem Tauchen in Korallengärten ist Trift-, Wand- und Höhlentauchen möglich. Die beste Reisezeit für Taucher sind die Monate November bis April mit Sichtweiten von 20 bis 40 Meter und bis zu 30 °C Wassertemperatur. Im Sommer jedoch wühlt der Monsun das Meer oft stark auf und beeinträchtigt die Weitsicht unter Wasser. In den beliebteren Tauchrevieren haben sich überall Ausflugsanbieter, Verleiher von Ausrüstungen und Tauchschulen angesiedelt. Für eine Tagestour mit Transfer, Bootsmiete, Essen und 2 Tauchgängen muß man mit etwa 65 DM rechnen.

Hinweis
Beim Thailändischen Fremdenverkehrsamt sind **Spezialbroschüren** zu den Sportarten Segeln, Tauchen und Golf erhältlich.

Wer nicht selbst aktiv werden will, sollte wenigstens als **Zuschauer** am sportlichen Geschehen teilnehmen. Dies umso mehr, als das Königreich einige einzigartige Varianten aufzuweisen hat, die man in anderen Ländern nicht oder nicht so erleben kann. An erster Stelle ist hier das **Thai-Boxen** zu nennen (vgl. KAPITEL 5.4.1). Auch das **Takro** ist ein merkwürdiger Sport, bei dem ein leichter Rattan-Ball von Männern mit Füßen, Knien, Schenkeln, Brust und Schultern in der Luft gehalten wird. Verloren hat man, wenn der Ball den Boden berührt, gewonnen, wenn er in einen aufgehängten Korb befördert werden kann. Wenn dieser Sport auch immer mehr Aktive an den **Fußball** verliert (viele Thai sind fanatische Fußballanhänger, die sogar die Mannschaftsaufstellung von Bundesliga-Clubs auswendig hersagen können), sieht man doch immer noch Männer, die sich in einem Kreis zum Takro zusammenfinden. Außerordentlich farbenprächtig geht es bei den **Bootsrennen** und **Papierdrachenkämpfen** zu, die im ganzen Land abgehalten werden. Und die Wettleidenschaft treibt Tausende zu teils illegalen, teils öffentlich ausgetragenen Tierkämpfen und -rennen, wobei den **Pferderennen** ein ganz besonderer Stellenwert zukommt.

➻ Sprache

Die Landessprache Thai ist sinotibetischen Ursprungs, d.h. sie gehört der gleichen Sprachfamilie wie das Chinesische, Burmesische, Tibetanische oder Vietnamesische an. Eine besonders enge Verwandtschaft besteht zum Laotischen. Seit dem 13. Jahrhundert n.Chr. besitzen die Thai auch eine eigene Schrift (die wie unsere von links nach rechts und von oben nach unten geschrieben wird). Das für Europäer schwer zu lernende Thai ist zusätzlich in unterschiedliche, stark voneinander abweichende Dialekte unterteilt. In Bangkok und in größeren Orten sowie überall dort, wo es Tourismus gibt, kann man Englischkenntnisse erwarten, nur in Ausnahmefällen jedoch Deutschkenntnisse.
Seine anfänglichen Schwierigkeiten wird wohl jeder Tourist mit dem besonderen **Thai-Englisch** haben, das fast schon zu einer eigenen Sprache

geworden ist. Da Thai ein 'r' nur mit Mühe herausbringen, wird etwa das Restaurant zum "Lestolann", die Zigarettenmarke Marlboro zu "Mallbollo", ein Amerikaner zum "Amellicän" und Fried Rice zu "Flai Lai". Auch wird die einfache Satzstruktur des Thailändischen aufs Englische übertragen, so daß der Ladenbesitzer oder Kellner die Aussage "Das habe ich nicht" bzw. "Das führen wir nicht" auf "no have" verkürzt! Aus irgendwelchen Gründen drücken Thai die Überzeugung, daß etwas egal sei oder keinen Unterschied mache, mit der Verdoppelung "same same" aus. Und da es in ihrer Sprache keinen Unterschied zwischen 'Herr' und 'Frau' gibt, werden oft auch weibliche Personen mit "Sir" angeredet. Weiter fällt auf, daß einen viele Einheimische mit den Worten "Where you go?" ansprechen. Dies ist keine ernstgemeinte Frage, sondern nur die Rückübersetzung des thailändischen Grußes *pai nai*, der eben nichts anderes bedeutet als "Wohin gehst du?". Siehe auch KAPITEL 3.2.8

➡ Strände

siehe KAPITEL 3.2.6

➡ Strom

In Thailand herrrsch 220 V (50 Herz) Wechselspannung. Die Steckdosen sind für Flachstecker amerikanischer Norm vorgesehen; in den Hotels sind die meisten Steckdosen auch für dünne Rundstecker deutscher Norm geeignet. Wer sicher gehen möchte, sollte auf die Reise einen Adapter mitnehmen.

T Taxis

Öffentliche Taxis haben keinen Taxameter, d.h. man muß mit dem Fahrer einen Preis **vor** Fahrtantritt vereinbaren. In Bangkok kostet eine Fahrt im inneren Stadtgebiet je nach Länge und Verkehrsdichte 40 bis 80 BHT, die preisliche Obergrenze sollte 100 BHT sein! Es kann hilfreich sein, sich die Meldenummer des Taxis (nicht das Kfz-Kennzeichen) zu notieren. Wer vom Hotel aus den englischsprechenden Taxiservice benutzt, zahlt vielleicht einen etwas höheren Satz, ist aber vor unangenehmen Überraschungen sicher. Außerdem ist dieser Satz feststehend und muß nicht mühsam ausgehandelt werden. Richtlinie: eine Fahrt in den frühen Morgenstunden zum Flughafen kostet von einem Hotel auf der Rama IV Rd. etwa 300 BHT. Bei "Taxis", die nicht äußerlich als solche ausgewiesen sind, ist Vorsicht angebracht. Gleiches gilt bei Chauffeuren, die einen verdächtig niedrigen Preis ansetzen: die Tour endet dann unter Garantie in einem Souvenirladen, bei dem der Fahrer Provision kassieren kann! Auch in den größeren Provinzstädten gibt es Taxen, viel seltener aber auf dem Land. In Südthailand verkehren darüber hinaus Taxen auf Langstrekken als Konkurrenz zu den Busverbindungen. Losgefahren wird erst, wenn der Wagen – oft ein alter Mercedes 200 – bis auf den letzten Platz besetzt ist (d.h. 7 Personen einschließlich Fahrer!). Wer aber, etwa auf der 100-km-Strecke Pattani-Songkhla, Komfort und schnelles Vorwärtskommen genießen will, kann ein solches Taxi auch ganz mieten, in diesem Fall für etwa 200 BHT.

➼ Telefonieren

In Bangkok und anderen Städten ist es möglich, von privaten Anschlüssen, den Fernsprechämtern und manchmal sogar aus Telefonzellen nach Europa durchzuwählen. Bei Fernsprechämtern ist die Mindestdauer eines solchen Auslandsgesprächs 3 Minuten (d.h. kürzere Gespräche sind nicht billiger). Ansonsten besteht der 6-Sekunden-Takt zu jeweils 7 BHT. In Bangkok kann man außer in Hotels und aus Fernsprechämtern u.a. vom *International Telephone Service* (Soi Praisani, neben dem General Post Office, New Road) aus ins Ausland telefonieren, auf Phuket und in Chiang Mai von privaten *Oversea Telephones* aus.

Im Selbstwähldienst wählt man wie folgt: zuerst die Nummer 001 für eine internationale Verbindung, dann die Ländernummer (Deutschland 49, Österreich 43, Schweiz 41), dann die Ortsvorwahl ohne "0" und schließlich den Privatanschluß. Von den Zimmern der besseren Hotels aus kann man sich über den Operator (meist die Nummer "0" wählen) in alle Länder verbinden lassen. Geben Sie das gewünschte Land an, dann die Vorwahl ohne 0, die Rufnummer und die Dauer des Gesprächs (3 Minuten oder "open line", d.h. die Leitung wird nicht unterbrochen). Im Fernsprechamt kosten die ersten drei Minuten nach Europa ca. 210 BHT, in Hotels ca. 350 BHT und jede weitere Minute ca. 80 BHT.

Von Europa aus wählt man einen thailändischen Gesprächspartner wie folgt an: zuerst die Nummer für eine internationale Verbindung (in Deutschland 00), dann die Ländernummer 66, dann die Ortsvorwahl ohne "0" und schließlich den Privatanschluß. Die **Vorwahlnummern einiger Provinzen** bzw. Städte lauten: Bangkok 02, Petchburi 032, Kanchanaburi 034, Ayutthaya 035, Lopburi 036, Rayong 038, Chantaburi 039, Udon 042, Khon Khaen 043, Khorat 044, Surin 045, Chiang Mai 053, Chiang Rai 054, Phitsanulok 055, Songkhla 074, Phuket 076, Surat Thani 077.

➼ Telegramme/Telex/Telefax

Telegramme werden bei der thailändischen Post entweder zu den normalen Öffnungszeiten oder telefonisch rund um die Uhr angenommen. In besseren Hotels und bei etlichen Privatunternehmen können Sie Telex- und Telefaxdienste in Anspruch nehmen. Die Fernschreiber im Bangkoker Hauptpostamt sind rund um die Uhr zugänglich.

➤➤ Trinkgeld

Das Hotelpersonal erwartet für besondere Dienste ein Trinkgeld, z.B.
Kofferträger pro Gepäckstück etwa 10 BHT. In besseren Hotels sollte
man dem Zimmermädchen etwa 50-70 BHT pro Woche zukommen lassen. In den meisten Restaurant- und Hotelpreisen sind bereits 10% Service eingeschlossen und auf der Rechnung vermerkt; darüber hinaus kann
man nach Belieben mehr geben. Ansonsten addiert man etwa 10% des
Rechnungsbetrages hinzu, in der Regel 10-50 BHT, in erstklassigen Restaurants auch mehr. Taxifahrer erhalten kein Trinkgeld. Bei Ausflügen
gibt man dem Busfahrer und dem Reiseleiter, je nach Länge, zwischen 20
BHT (Eintages-Ausflug) und 150 BHT (Mehrtages-Ausflug). Um das Gesicht zu wahren, sollte man in jedem Fall davon absehen, weniger als 5
bis 10 BHT Trinkgeld zu geben. Damit nämlich würde man das Bedie-
nungspersonal Bettlern gleichstellen.

➤➤ Trinkwasser

Leitungswasser sollte in keinem Fall getrunken werden! In vielen Hotels
stehen Trinkwasser-Karaffen mit einwandfreiem Wasser und/oder "Polaris"-Flaschen o.ä. bereit. Außerdem sind an jedem Straßenstand Wasser-
flaschen für höchstens 10 BHT erhältlich. Zum Zähneputzen kann das
Leitungswasser jedoch benutzt werden.

U Unterkunft

Auf die geradezu explodierenden Besucherzahlen hat man in Thailand
sehr flexibel reagiert und binnen kürzester Zeit die Betten-Kapazität erheblich erhöht. Und da nach den Vorstellungen des staatlichen Fremdenverkehrsamtes bis zum Jahr 2000 jährlich 12 Millionen Touristen nach
Thailand einreisen sollen, wird sowohl von der Regierung als auch von
privaten Investoren der Bau neuer Hotels landesweit forciert. Denn, so die
schlüssige Überlegung, wer einreist, muß zumeist auch übernachten. Nun
waren die Vorreiter des Thailand-Booms ja nicht die Mitglieder des internationalen Jet-Set, sondern jugendliche Weltenbummler, die eines gemeinsam hatten: wenig Geld. Und für sie war über viele Jahre hinweg das
Königreich ein wahres Paradies! In Hütten oder 'Bungalows', romantisch
am Strand gelegen und zu einem Preis von unter 20 BHT zu mieten,
konnte man schon das Leben eines Robinson führen, ohne sich allzuviel
Gedanken über die Reisekasse machen zu müssen. Aber wie so oft folgte
die Tourismus-Industrie den Travellern auf dem Fuße, baute Unterkünfte
für höhere und höchste Ansprüche und verdarb damit für die 'ersten Entdecker' die Preise. Also zogen die Globetrotter weiter, gespannt von den
Hotelmanagern beäugt, und sorgten dafür, daß schnell ein weiteres Ziel
zum 'Geheimtip' avancierte – das dann wiederum von Nobelunterkünften
besetzt wurde. Durch dieses Spiel ist fast das ganze Königreich 'touri-

stisch erschlossen' worden, was für die Bevölkerung den angenehmen Nebeneffekt neuer Arbeitsplätze und höherer Verdienstmöglichkeiten mit sich brachte. Trotzdem: es gibt sie immer noch, die billigen Guest Houses und Bungalows, in denen man für umgerechnet 7 Mark übernachten kann. Und während in der nordwestlichen Kleinstadt Khun Yuam ein Hotelzimmer für 40 BHT zu bekommen ist, muß man für die teuerste Suite in Bangkok (im *"Shangri La"*) 60.000 BHT hinblättern! Mit anderen Worten: Thailand hat Unterkünfte jeder Art und für jeden Geldbeutel.

● Die preiswerteste Art, ein 'Dach' über den Kopf zu bekommen, ist die Übernachtung in **Zelten**. Es gibt in Thailand allerdings so gut wie keine Campingplätze, dafür wird 'wildes Camping' an einigen Stränden toleriert. In Nationalparks können verschiedentlich Zelte gemietet werden. Traditionell nehmen auch die buddhistischen **Klöster** nicht nur Wandermönche, sondern auch 'normale' männliche Gäste auf. Wer an dieser Low-Budget-Art des Reisens Gefallen findet, sollte sich freilich über die Rolle eines Klosters im klaren sein und nicht vergessen, für die Übernachtung eine kleine (Geld)Spende zu hinterlassen.

● Jugendliche Touristen finden im Königreich nicht das sonst vielleicht gewohnte Angebot an **Jugendherbergen**, auch wenn sich einige private Häuser *Youth Hostel* nennen mögen. Wer stattdessen in Chiang Mai oder Bangkok Zuflucht zu einem Haus der **YMCA** nimmt, wird feststellen, daß es sich dabei um durchaus komfortable und gar nicht sehr billige Hotels handelt.

● In den Städten sind dagegen immer noch die **Guest Houses** das A und O für den preisbewußten Reisenden. Die Qualität der Ausstattung und Verpflegung variiert freilich genauso wie die Preisgestaltung, und von einem Bett im Schlafsaal für 20 BHT bis zu einem geräumigen Zimmer mit Privat-Dusche für 250 BHT ist alles möglich. Es versteht sich von selbst, daß bei den billigsten Unterkünften besondere Vorsicht angebracht ist, insbesondere werden in Schlafsälen häufig Diebstähle begangen – auch von Touristen. Es ist in jedem Fall empfehlenswert und üblich, sich die Unterkunft vorher zeigen zu lassen und sich erst nach einem Vergleich mit anderen Guest Houses zu entscheiden, wo man die Nacht verbringt. Die Deutsche Botschaft in Bangkok gibt übrigens eine Liste über akzeptable Guest Houses heraus, in denen die Unterkunft weniger als 100 BHT kostet.

● An der Küste stellen seit den Tagen der Hippies die sog. **Bungalows** die bevorzugte Unterkunftsart dar. Ob auf Ko Samui oder Ko Phangan, in der Gegend von Krabi oder den Phi-Phi-Inseln, auf Phuket oder auf Ko Samet – überall wird man auf ein großes Angebot an Bambushütten und stabilere Bungalows stoßen. Meist werden einem schon auf der Fährüberfahrt zu den Inseln von geschäftstüchtigen Thai Empfehlungen gegeben und Fotos der entsprechenden Unterkunft gezeigt. Es empfiehlt sich jedoch auch hier, sich erst nach einer Besichtigung der Hütte festzulegen. Die Spannweite der Preise (nicht p.P., sondern pro Bungalow) reicht von etwa 50 BHT bis an die 1.000 BHT! Dementsprechend gibt es Unterkünfte primitivsten Zuschnitts und solche mit Ventilator oder sogar Air Condition, Dusche und WC. Es gilt die Faustregel: je bekannter der Urlaubsort und je näher Luxushotels und Restaurants, desto teurer die Bungalows!

● Immer beliebter sind in letzter Zeit die **Hausboote** geworden, die auf dem Mae Kok, dem River Kwai oder anderen Flüsse treiben bzw. fest verankert sind. In der primitivsten Ausführung unterscheiden sie sich nicht von der Ausstattung der billigsten Guest Houses (keine Betten oder Matrazen, fehlende bzw. verdreckte sanitäre Anlagen), bieten dafür aber ein einmaliges Ambiente und die

Möglichkeit, im Schlaf einige Kilometer zurückzulegen. Inzwischen ist die Idee weiterentwickelt worden, und auch für den anspruchsvolleren Reisenden gibt es nun Hausboote.

● Bei wirklichen Trekking-Touren im Norden übernachtet man häufig in einfachen **Privatunterkünften**, etwa im Haus eines *hilltribe*-Dorfältesten. Auch Traveller, die auf eigene Faust loswandern, können dort eine Unterkunft finden. In einem solchen Fall gebietet es der Anstand, daß man den Gastgebern Geschenke mitbringt, beispielsweise Zigaretten, Geld, Lebensmittel o.ä.

Ob nun Guest House, Zelt, Privathaus, Bungalow oder Hausboot – in der billigsten Kategorie darf man selbstverständlich keine übertrieben hohen Erwartungen stellen. Jegliche Art von Komfort schlägt sich automatisch in einem höheren Preis nieder. Und wer auf Low-Budget-Basis durch Thailand reist, sollte immer einige wichtige Behelfsmittel des erfahrenen Globetrotters dabei haben, z.B. Moskitonetz, Toilettenpapier, Schlafsack oder Taschenlampe.

Die meisten Besucher des Landes übernachten in **Hotels**, und zwar i.d.R. schon im heimatlichen Reisebüro gebuchten. 1989 gab es landesweit 3.467 klassifizierte Hotels mit insgesamt 148.000 Zimmern; auf die Hauptstadt Bangkok entfielen davon zwar nur 512 Häuser, die allerdings ein Viertel aller Betten stellten. Für den erwartet unverminderten Aufschwung in den kommenden Jahren hat Thailand ehrgeizige Hotelbaupläne. So entstehen allein in Bangkok mindestens 4.000 neue Zimmer. Und 1992-94 sollen im ganzen Land 317 Hotels mit einer Kapazität von über 65.000 Zimmern gebaut werden, die meisten davon in der gehobenen oder luxuriösen Kategorie. Gleichzeitig hat bereits jetzt schon der zügige Ausbau der Hotellerie in Thailand zu einer Personal-Knappheit geführt...

Bekanntlich ist jedoch Hotel nicht gleich Hotel. Auf dem Land, aber auch in den größeren Städten gibt es eine ganze Anzahl von billigen Herbergen, die zwar den Namen "Hotel" führen, als solche aber von *farangs* weder erkannt noch gar benutzt werden. Wer es trotzdem schafft, sich zu einem solchen Haus durchzufragen (die Beschriftung ist nur in Thai oder Chinesisch), findet preiswerte Unterkünfte, die aber z.T. noch unter dem Niveau der Guest Houses liegen. Sie sind laut, verschmutzt und ihnen ist nicht selten ein Bordellbetrieb für die einheimischen Geschäftsleute angeschlossen. Bezahlt wird hier i.d.R. für ein Zimmer, unabhängig von der Anzahl der Gäste, die dort übernachten. Reist man auf eigene Faust durch die Provinz, sind solche 'Hotels' oft die einzige Übernachtungs-Möglichkeit. Zimmer mit eigenem Bad/WC und Ventilator gibt es bereits ab 70 BHT.

Kommt man in touristisch erschlossenere Regionen, kann man Hotels erwarten, bei denen das Personal bruchstückhaft Englisch versteht, bei denen Service und Ausstattung besser und die vor allem viel teurer sind. Wer aber auf mehr als auf den *"basic"* Standard angewiesen ist (z.B. Air

Elefantenbesuch am Swimmingpool

Condition, Swimming-pool, Fernsehen etc. genießen möchte), kann sich je nach Ansprüchen und Geldbeutel in der unteren Mittelklasse (ab 300 BHT), oberen Mittelklasse (ab 600 BHT), First Class (ab 1.000 BHT) oder Luxus-Klasse (ab 2.000 BHT) einquartieren, wo schließlich weit jenseits der magischen 4.000-BHT-Grenze einige der besten Nobelhotels der Welt ihre Gäste verwöhnen (z.B. im *"Oriental"* und *"Shangri La"* in Bangkok).

Außerhalb der Städte ist gerade bei den Hotels der beiden letztgenannten Kategorien erfreulicherweise der Trend zur größeren Rücksichtnahme auf Natur und eine dementsprechende Architektur zu beobachten. Als Vorreiter dieser Entwicklung kann man das *"Imperial"*-Hotel auf Ko Samui betrachten, das in landestypischer und naturintegrierter Bauweise errichtet wurde und eine Reihe ähnlicher Projekte auslöste. Dieses Hotel ist Mitglied der Kette **"The Imperial Family of Hotels"**, die inzwischen zur größten des Landes aufstieg und deren Häuser immer für guten Service, besten Komfort und eine hohe Urlaubsqualität garantieren. Z.Zt. unterhält die Kette Hotels der gehobenen bzw. First-Class- und Luxusklasse in Bangkok (*"The Imperial Hotel"*; *"The Imperial Queen's Park"*; *"Tara Hotel"*; *"Impala Hotel"*; *"Jim's Lodge"*; *"City Inn"*) auf Ko Samui (*"The Imperial Tongsai Bay Hotel"*; *"The Imperial Samui Hotel"*; *"Boat House Hotel Samui"*) und in Mae Hong Son (*"Tara Mae Hong Son Hotel"*).

Auch die Häuser der **"Dusit"**-Kette sind immer ein Garant für eine erstklassige bzw. luxuriöse Unterkunft. Einige von ihnen werden zu den *"Leading Hotels of the World"* gezählt. "Dusit"-Hotels gibt es in Bangkok (*"Dusit Thani Hotel"*; *"Dusit Princess Hotel"*; *"Dusit Bel-Aire Princess Hotel"*), in Pattaya (*"Dusit Resort"*) in Cha-Am (*"Dusit Resort & Polo Club"*), auf Phuket (*"Dusit Laguna Resort"*), in Hat Yai (*"Dusit J.B. Hotel"*), in Chiang Mai (*"Dusit Inn"*; *"Dusit Hotel"*, ab 1993), in Chiang Rai (*"Dusit Island"*), in Khorat (*"Dusit Inn"*, ab 1993) und auf Ko Samui (*"Dusit Resort"*, ab 1993). Reservierungen und Informationen sind in Deutschland über das Regionale Verkaufsbüro (Hahnstraße 40, 6000 Frankfurt a.M., Tel.: 069-66308144) erhältlich.

Als weitere Hotelkette sei schließlich die vielfach vertretene und ebenfalls empfehlenswerte **Siam Lodge Group of Hotels** genannt.

In den touristischen Hinweisen der Reisekapitel sind ausgewählte Hotels oder andere Unterkünfte mit **Sternen** versehen, die eine grobe Preiseinteilung (jeweils Übernachtungspreis p.P. im Doppelzimmer der billigsten Kategorie, einschließlich Frühstück) angeben. Wegen Preissteigerungen, saisonalen Unterschieden, Preisnachlässen bei längerem Aufenthalt oder einer Pauschalreise kann eine Gewähr für diese Einteilung nicht übernommen werden. Es bedeuten:
* = 100-500 BHT, ** = 500-1.000 BHT, *** = 1.000-1.500 BHT, **** = 1.500-2.000 BHT, ***** = über 2.000 BHT

V Vereine

Nähere Informationen, daneben auch Sprach- und Kochkurse sowie die Möglichkeit zur intensiveren Beschäftigung mit Thailand bieten u.a.:
Deutsch-Asiatisches Begegnungszentrum e.V., Reichenbachstraße 33, D-8000 München 5, Tel.: 089-2021285
Deutsch-Thailändische Gesellschaft e.V., Koblenzer Straße 89, D-5300 Bonn 2, Tel.: 0228-351673

➡ Verhalten im Alltag

Das alltägliche Verhalten der Thai ist von Ritualen, religiösen Vorschriften und dem berühmten "Lächeln" bestimmt. Der "Gesichtsverlust" ist eine drohende Gefahr, die jeder zu umgehen sucht. Dazu gehört auch, daß man Fremden gegenüber mangelnde Fremdsprachenkenntnisse oder Ortsunkenntnis nicht zugibt. So kann ein Tuk-Tuk-Fahrer, der die vom ausländischen Fahrgast genannte Adresse nicht kennt oder nicht verstanden hat, erst eine ausgedehnte Stadtrundfahrt machen, bevor er sich schließlich Rat bei einem Kollegen holt. Oder einem wird nach einer Frage bereitwillig und lächelnd der Weg gezeigt, obwohl der Thai überhaupt nicht verstanden hat, wohin der *farang* will. Eine typische Situation ist folgende: Frage: *"Is that the way to the Railway Station?"* Freundliche Antwort: *"Yes!".* – *"Is it far away?" "Yes!"* – *"How many kilometers?" "Yes!"*...

Die Abstufungen des *"Wai"*, jenes thailändischen Grußes, bei dem man die Hände aneinanderlegt und erhebt, sind mannigfaltig und richten sich nach Rang, Geschlecht und Alter der Gesprächspartner. Der *farang* ist schlichtweg überfordert, wollte er in diesem komplizierten Geflecht immer alles richtig machen. Aber er kann durch die Beherzigung einiger weniger 'Anstandsregeln' die Zahl der Fettnäpfchen erheblich reduzieren. Deswegen sollten Sie
● immer freundlich und gelassen bleiben. Lächeln ist Pflicht, auch wenn man dazu keinen Anlaß hat. Wer hingegen lautstark protestiert, schlecht über andere spricht oder Freundlichkeit nicht erwidert, ist auf dem besten Weg, sein Gesicht zu verlieren.
● die Religion(en) des Gastlandes in all ihren Formen respektieren. Dazu gehört eine Befolgung der im KAPITEL 2.3 aufgeführten Verhaltensregeln, insbe-

sondere der Respekt gegenüber Buddha und seinem Abbild, der richtige Umgang mit Mönchen, das richtige Verhalten in Tempeln.

● daran denken, daß der Kopf besonders verehrt wird und Füße als unreiner Körperteil gelten.

● den König als Staatsoberhaupt und als religiöse Gestalt weder kritisieren noch über Vor- und Nachteile der Monarchie diskutieren.

● Tempel, Kultstätten und möglichst auch Privathäuser nicht mit Schuhen besuchen und niemals auf die Türschwellen treten.

● den Austausch von Zärtlichkeiten (Küssen, innige Umarmungen) in der Öffentlichkeit ebenso unterlassen wie übertriebenes Zurschaustellen des Körpers oder Nacktbaden.

● an allen Plätzen außerhalb des Strand- und Hotelbereichs auf angemessene Kleidung achten, insbesondere beim Behördengang, bei der Besichtigung von Tempeln und bei privaten Besuchen.

➼ Verkehrsmittel

Außer den an anderer Stelle beschriebenen Verkehrsmitteln wie Bussen, Taxen, Zügen und Flugzeugen stehen in Thailand eine Menge anderer Beförderungsmittel zu Lande und zu Wasser bereit. Den Klischees von Asien entspricht dabei am ehesten das **Trisha** (auch *Samlor* oder *Riksha* genannt), bei dem ein Fahrradfahrer einen Wagen für 1-2 Personen bewegt. Die bunten Trishas waren früher aus keiner thailändischen Stadt wegzudenken; inzwischen sind sie aus dem Straßenbild Bangkoks ganz verschwunden und auch in anderen größeren Orten auf dem Rückmarsch. Aber immer noch stellen sie etwa in Phitsanulok, Nakhom Pathom, Chiang Rai oder Kanchanaburi einen erheblichen Teil des Personennahverkehrs. Von den billigen Preisen

Trisha

(etwa 10 BHT für eine kürzere Strecke) kann natürlich auch ein *farang* profitieren, muß dabei allerdings einen 'Fremdenaufschlag' in Kauf nehmen. Eine Konzentration von Trisha-Fahrern findet man zumeist bei Busbahnhöfen.

Das motorisierte Nachfolgemodell einer Trisha ist ein Zweitakter mit dem lautmalerischen Namen **Tuk-Tuk.** Die bunten Knatterdinger sieht man in Bangkok an jeder Straßenecke und inzwischen in fast allen Provinzstädten. Das Aussehen der dreirädrigen Motorroller kann von Stadt zu Stadt ganz verschieden sein – so gibt es das 'Modell Bangkok' mit einer Sitzbank hinter dem Fahrer (Platz für 1-2 Personen), aber auch geschlossene Fahrgast-Kabinen und gegenüberlie-

Tuk-Tuk

137

gende Sitzbänke. Obwohl die Tuk-Tuks der Hauptstadt gasbetrieben sind (der Tank befindet sich zwischen den Hinterrädern), tragen sie mit ihrem Gestank erheblich zur Luftverschmutzung bei. Als man sie deswegen jedoch aus der Metropole verbannen wollte, erhob sich eine Welle des Protestes: immer noch gilt das Tuk-Tuk als unverzichtbares "Taxi des kleinen Mannes".

Apropos klein: die Abmessungen sind auf asiatische Staturen abgestimmt; großgewachsene Europäer können nur schwer unter dem tiefen Dach hervor- und auf die Umgebung schauen! Einige Tuk-Tuk-Chauffeure scheinen sich übrigens für verkannte Rennfahrer zu halten und rasen mit mörderischem Tempo durch's dichteste Verkehrsgewimmel. Dabei kann es schon mal passieren, daß das Gefährt umkippt! Bei allzu rabiater Fahrweise tut man deshalb gut daran, das Tuk-Tuk frühzeitig zu verlassen. Wie beim Taxi muß der Preis in jedem Fall vorher ausgehandelt und am Ende der Strecke bezahlt werden. Maßgeblich ist nicht nur die Kilometerzahl, sondern weit eher noch (besonders in Bangkok) die Verkehrslage (Staus!) – als Richtlinie kann aber gelten, daß eine Kurzstrecke im Durchschnitt 20-50 BHT kostet. Vorsicht: Ein Fahrer, der von vornherein nur 10 oder 20 BHT verlangt, hat unter Garantie vor, Sie zunächst zu einem Laden zu bringen, bei dem er Provision kassieren kann...

Wenn selbst ein Tuk-Tuk im Verkehrsstau stecken bleibt, gibt es für **Motorrad-Taxis** immer noch ein Durchkommen. Dabei handelt es sich um ganz normale Mopeds oder Motorräder, deren Fahrer sich durch eine Nummer auf der Kleidung als 'Taxichauffeur' kenntlich macht. Aufgrund einiger schlimmer Unfälle, die ich beobachten konnte, rate ich aber von der Benutzung dieses Verkehrsmittels dringend ab.

Für einen Großteil des Personenverkehrs auf dem Land, auf Inseln und in verschiedenen Provinzstädten sind **Pick-ups** oder **Songtaos** zuständig. Darunter versteht man Pkw japanischer Herkunft mit überdachter Ladefläche, auf der sich zwei gegenüberliegende Sitzbänke befinden (*song*= zwei; *tao*= Reihe). Ein bis auf den letzten Platz besetztes Songtao, an das sich zusätzlich eine ganze Traube von Passagieren klammert, gehört in Thailand zum alltäglichen Anblick.

In vielen Städten (nicht aber in Bangkok) befahren die Pick-ups ohne festen Fahrplan eine bestimmte Route, immer auf der Suche nach Kunden. Die Folge ist ein ständiges Gehupe, um Fußgänger zum Mitfahren zu animieren. Der Preis für eine solche Stadtfahrt liegt bei 5-10 BHT, in touristischen Orten (besonders in Pattaya und auf Phuket) muß man jedoch hartnäckig feilschen, bevor man auch nur in die Nähe des 'Einheimischen-Tarifs' kommt. Auf dem Land verkehren Songtaos überall da, wo es keine Busverbindungen gibt (z.B. auf Ko Samui) oder zusätzlich zu den Bussen zwischen einzelnen Orten. Bei kürzeren Strecken (1-15 km) liegt der Preis bei 10-20 BHT. Bei längeren Fahrten sollte der Fahrpreis ausgehandelt werden. Nachdem man ein Songtao durch Handzeichen angehalten hat, sollte man dem Fahrer das Ziel nennen, bevor man auf die Ladefläche klettert.

Zu den öffentlichen Verkehrsmitteln gehören auch allerlei Wasserfahrzeuge, die beispielsweise als Personen- oder Auto-**Fähren** den Transfer zu den verschiedenen Inseln sicherstellen oder, wie die **Longtail-Boote**, als **Taxi-** und **Expreßboote** durch Flüsse und Klongs fahren. In Bangkok gibt es auf dem Menam Chao Phraya einen regen Linienverkehr, wobei Fähren die gegenüberliegenden Ufer verbinden und Expreßboote flußauf- und -abwärts fahren. Der Fahrpreis dieser "Wasserstraßenbahnen" beträgt 5-15 BHT. In den touristischen Hinweisen der Reisekapitel wird auf solche Verkehrsmittel jeweils gesondert hingewiesen.

siehe auch unter den Stichworten **"BUSSE"**, **"FLÜGE"**, **"INLANDFLÜGE"**, **"TAXIS"**, **"ZÜGE"**

➡ Verkehrsregeln

Obwohl es Fremden nicht so scheinen mag, hat auch Thailand seine Verkehrsregeln, die weitgehend mit den international üblichen übereinstimmen. Wichtig ist, daß sich jeder Verkehrsteilnehmer immer daran erinnert, daß im Königreich **Linksverkehr** herrscht. Die **Höchstgeschwindigkeit** beträgt auf Highways 90 km/h, in Ortschaften 60 km/h. Allerdings kann diese wie auch jede andere Bestimmung von Thai immer außer Kraft gesetzt werden, wenn es ihrer Meinung nach die Situation erfordert. Haustiere, Fußgänger und Fahrradfahrer benutzen die Wege, die sie gewohnt sind, und nicht die, die irgendein Gesetz ihnen vorschreibt. Und Vorschriften über den technischen und Sicherheits-Zustand eines Verkehrsmittels gibt es zwar, sie haben aber keine Bedeutung: Hauptsache, man kommt voran!
Selbst Einheimische hüten sich jedoch davor, sich mit einem 'Stärkeren', sprich einem Lkw oder Bus anzulegen; bei deren waghalsigen Überholmanövern sollte der Auto- oder Motorradfahrer also vom Gas gehen und evtl. auf den Seitenstreifen ausweichen. Grundsätzlich sollte man immer auf alles gefaßt sein. Außerdem sind *farangs* gut beraten, ihrerseits die Regeln einzuhalten, denn im Falle eines Unfalls oder einer Polizeikontrolle müssen sie bei Delikten aller Art mit Strafen rechnen, durch die die schlecht bezahlten Polizisten ihr Gehalt aufbessern. (siehe auch unter Stichwort **"AUTOFAHREN"**)

Schwierigkeiten werden Touristen überall da haben, wo sie die Straßenschilder wegen der Thai-Beschriftung nicht entziffern können. Nur in Ausnahmefällen und fast ausschließlich im Umkreis der Touristenzentren wird eine englische Übersetzung mitgeliefert. Die Bildsymbole entsprechen jedoch größtenteils den international üblichen. Im folgenden eine **Auswahl** 'typisch thailändischer' **Verkehrszeichen:**

Stop!	*Vorfahrt gewähren!*	*Überholen verboten!*	*Wenden verboten!*	*Hupen verboten!*

Verbotsschilder für die dargestellten Fahrzeuge — *Höchstge-schwindigkeit 10 km/h* — *Straßenbreite 3 m*

Höhe 2,50 m — *Achtung, Steigung bzw. Gefälle!* — *Niedrigen Gang einlegen!* — *Wendemöglich-keit*

Achtung, Unfall! — *Ortschaft, langsam fahren!*

Auf Fußgänger achten!

➤➤ Versicherung

Um im Fall eines begründeten Nichtantritts der Reise hohe Stornokosten zu sparen, empfiehlt sich der Abschluß einer **Reiserücktrittsversiche-rung**. Da Thailand mit Deutschland kein Abkommen für die Schadensre-gelung im Krankheitsfall hat, kann auch eine private **Reisekrankenversi-**

cherung von großem Nutzen sein. Falls Sie privat krankenversichert sind, sollten Sie sich genau über die Leistungen bei einer Auslandsreise erkundigen. Ebenfalls empfehlenswert ist eine **Reisegepäckversicherung**, die man z.B. in Reisebüros zusammen mit der Reisekrankenversicherung abschließen kann. Ein Preis-/Leistungsvergleich lohnt sich. Sehr günstig sind Versicherungspakete, die mehrere Leistungen (Rechtsschutz-, Rücktransport-, Reisekranken-, Unfall-, Haftpflicht- und Reisegepäckversicherung) zusammenschließen. Beispielsweise kostet bei der Europäischen Reise-Versicherung ein solches "Rat & Tat-Paket" (31 Tage gültig) z.Zt. 65,- DM. Wer sich ein Auto oder Motorrad leihen will, sollte auch hier nicht am Versicherungsschutz sparen. Bei der Wagenmiete ist bei den größeren Firmen eine **Haftpflicht**-Versicherung eingeschlossen, bei den kleineren Mietstationen nicht. Außerdem ist der Abschluß einer Insassenversicherung (*personal accident insurance*) empfehlenswert. Bei Motorradmieten ist im Regelfall weder eine Haftpflicht- noch eine Unfallversicherung eingeschlossen!

⏩ Visum

Touristen aus der EG, aus Österreich und der Schweiz dürfen sich 14 Tage ohne Visum in Thailand aufhalten. Voraussetzung ist ein bestätigtes Weiter- oder Rückflugticket. Inhaber eines Stand-by-Tickets brauchen auf jeden Fall ein Visum. Ebenso jeder Besucher, der **länger als 2 Wochen** im Lande bleiben will. Visa sind bei den Botschaften oder Honorarkonsulaten zu beantragen (Adressen siehe unter Stichwort "**DIPLOMATISCHE VERTRETUNGEN**"). Dies tut man persönlich, schriftlich (mit frankiertem Rückumschlag) oder über ein Reisebüro. Nur die Original-Anträge (Luftpostpapier, dreifache Ausführung) sind zulässig. Für das Visum benötigt man einen Reisepaß mit einer Mindestgültigkeit von noch 6 Monaten ab dem Tag der Einreise sowie ein Paßbild. Die Gebühren sind nur bar oder per Postanweisung zu entrichten.

Man unterscheidet drei Visumarten:
- **Transitvisum**: bis 30 Tage Aufenthalt; DM 20 pro Einreise
- **Touristenvisum**: bis 60 Tage Aufenthalt; DM 30 pro Einreise
- **Non-Immigrant-Visum**: bis 90 Tage Aufenthalt; DM 50 pro Einreise

Für ein Non-Immigrant-Visum muß man einige Voraussetzungen erfüllen, z.B. den Bankauszug einer thailändischen Bank über ein Guthaben von umgerechnet mindestens DM 15.000 oder eine steuerliche Unbedenklichkeitsbescheinigung für Geschäftsreisende.
Nach der Einreise sollten Sie darauf achten, welches Datum der Einreisebeamte in Ihren Reisepaß gestempelt hat. Eine Überziehung dieses Datums kostet z.Zt. pro Tag 100 BHT. Die Verlängerung des Visums ist bei der Einwanderungsbehörde (Immigration Office) möglich und kostet die Gebühr von z.Zt. 500 BHT. Den gleichen Betrag kostet die Beantragung einer Wiedereinreisegenehmigung.

Z Zeit

Die Zeit in Thailand ist der MEZ um 6 Stunden voraus, während unserer Sommerzeit um 5 Stunden. D.h., wenn es in Mitteleuropa 12.00 Uhr Mittag ist, ist es in Thailand 18.00 Uhr (im Sommer 17.00 Uhr).
Für die traditionelle **Zeitrechnung** Thailands und anderer Länder Südostasiens ist der Eingang Buddhas in das Nirvana ausschlaggebend, der auf das Jahr 543 v.Chr. datiert wird. Danach ist man 1992 im Jahre 2535, 1995 im Jahre 2538 oder an der Jahrtausendwende im Jahre 2543!

➤➤ Zeitungen

Wer in einem großen Hotel in Bangkok oder den touristischen Zentren übernachtet, kann ohne Schwierigkeit englische, amerikanische und deutsche Zeitungen bzw. Magazine bekommen – wenn auch zu hohen Preisen und oft mit erheblicher Verspätung. Auch Buchläden und die Kaufhäuser führen bisweilen internationale Presseerzeugnisse. Auf dem Land hingegen wäre man den unbekannten Buchstaben der Thai-Schrift hilflos ausgesetzt, gäbe es nicht die beiden englischsprachigen Renommierblätter *The*

Nation und *Bangkok Post* (10 BHT). Beide informieren kritisch und gut über die innen- und außenpolitischen Themen, über Wirtschaft, Kultur und Sport. Daß sie ihre Daseins-Berechtigung nicht etwa als Touristenzeitungen haben, beweist die große Anzahl thailändischer Intellektueller und Wirtschaftsführer, die die Blätter regelmäßig und aufmerksam studieren. Inzwischen gibt es sogar eine deutschsprachige Zeitung namens *"Bangkoker Allgemeine Zeitung"* (*BAZ*; 10 BHT), die zweimal wöchentlich erscheint.

➤➤ Zoll

Die Ausfuhr von Goldschmuck und Edelsteinen ist unbegrenzt möglich, nicht aber die von Buddhastatuen (mit Ausnahme kleiner Amulette), Antiquitäten und Tierprodukten, die in der Liste des Washingtoner Artenschutzabkommens enthalten sind. Die Einhaltung der Devisenbestimmungen ist ratsam – siehe unter Stichwort **"DEVISEN"**.

➡ Züge

Obwohl leider auch die thailändische Eisenbahn (*State Railway of Thailand*) in letzter Zeit von Unglücksfällen nicht verschont blieb, ist und bleibt sie doch das sicherste und bequemste Massenverkehrsmittel des Landes – vor allem im Vergleich zur halsbrecherischen Fahrweise der Überlandbusse. Außerdem wird der geringe Zeitvorteil, den man bisher mit den Busverbindungen noch hatte, durch die zunehmend verstopften Straßen einerseits und die Einführung schnellerer Züge andererseits eliminiert. So hat man 1991 im Königreich 20 moderne *rapid express trains* (Typ "Sprinter") aus Großbritannien importiert, die – ohne Zusatzkosten für Passagiere! – Schnelligkeit mit einem Höchstmaß an Komfort verbinden: die jeweils zwölf Großraumwaggons und acht Abteilwagen sind mit Air Condition ausgerüstet, haben Liegesitze und Videofilme, verfügen über alle modernen sanitären Einrichtungen sowie Telefon- und Faxgeräte und werden von Hostessen begleitet, die Speisen und Getränke servieren. Die neuen Züge bieten Platz für insgesamt 152 Fahrgäste und werden auf Tagesfahrten zwischen Bangkok und den wichtigsten Landesstädten eingesetzt. Demgegenüber ist die Ausstattung der herkömmlichen Züge natürlich bescheidener. Aber auch hier gibt es Abstufungen, die sich im Drei-Klassen-System widerspiegeln. Wer nicht in überfüllten Waggons und auf Holzbänken sitzen will, sollte die Dritte Klasse meiden. In der Zweiten Klasse gibt es teilweise Air Condition, die Erste Klasse ist durchweg klimatisiert. Speisewagen gibt es nur selten, aber in Zügen jeder Kategorie wird entweder ein bestelltes Essen am Sitzplatz serviert oder an Haltestationen Snacks verkauft. Die Toiletten entsprechen zwar nicht europäischem Standard, sind aber benutzbar...

Das etwa 4.500 km lange **Streckennetz** verbindet die Hauptstadt mit allen großen Städten. Es gibt insgesamt sechs Hauptlinien, die sternförmig von Bangkok aus in die Provinzen führen. Sie werden komplettiert mit kleineren Stichstrecken, die Städte wie Trang oder Nakon Si Thammarat an das Eisenbahnnetz anschließen. Im folgenden sind die Hauptlinien mit einigen ihrer Stationen aufgelistet sowie mit Preis-Beispielen versehen (Preise verstehen sich jeweils pro Person; Stand: 1991)

● *Southern Line*: Von Bangkok über Petchburi, Hua Hin, Chumphon, Surat Thani, Pattalung nach Hat Yai bzw. weiter nach Butterworth (Malaysia) und Singapore. **Fahrpreis-Beispiele:**

Von Bangkok nach	Erste Klasse	Zweite Klasse	Dritte Klasse
Nakhon Pathom	54	28	14
Petchburi	99	52	25
Hua Hin	182	92	44
Chumphon	356	172	82
Surat Thani	470	224	107
Nakhon Si Thammarat	590	279	133
Hat Yai	664	313	149
Butterworth (Malaysia)	927	431	-

● Eine vorwiegend touristisch genutzte Nebenstrecke der Southern Line geht ab Bangkok (Bahnhof Thonburi/Bangkok Noi) über Kanchanaburi und die 'Brücke am Kwai' nach Nam Tok. **Fahrpreis-Beispiele:**

Von Bangkok nach	Erste Klasse	Zweite Klasse	Dritte Klasse
Kanchanaburi	111	57	28
River Kwai Bridge	115	59	29
Nam Tok	168	85	41

● *Northeastern Line*: Von Bangkok über Ayutthaya, Saraburi, Khorat, Surin nach Ubon Ratchathani. **Fahrpreis-Beispiele:**

Von Bangkok nach	Erste Klasse	Zweite Klasse	Dritte Klasse
Ayutthaya	60	31	15
Khorat	207	104	50
Surin	312	153	73
Ubon Ratchathani	416	200	95

Oder von Bangkok über Ayutthaya, Saraburi, Khon Kaen, Udon Thani nach Nong Khai. **Fahrpreis-Beispiele:**

Von Bangkok nach	Erste Klasse	Zweite Klasse	Dritte Klasse
Khon Kaen	333	162	77
Udon Thani	413	198	95
Nong Khai	450	215	103

● *Northern Line*: Von Bangkok über Bang Pa-In, Ayutthaya, Lopburi, Nakhon Sawan, Phichit, Phitsanulok, Uttaradit, Lampang, Lamphun nach Chiang Mai. **Fahrpreis-Beispiele:**

Von Bangkok nach	Erste Klasse	Zweite Klasse	Dritte Klasse
Bang Pa-In	49	26	12
Lopburi	111	57	28
Nakhon Sawan	197	99	48
Phitsanulok	292	143	69
Uttaradit	356	172	82
Chiang Mai	537	255	121

● *Eastern Line*: Von Bangkok über Hua Mak, Chachoengsao, Prachinburi nach Aranyaprathet. **Fahrpreis-Beispiele:**

Von Bangkok nach	(nur Dritte Klasse)
Chachoengsao	13
Prachinburi	26
Aranyaprathet	48

Die Züge unterscheiden sich nicht nur durch die jeweilige Wagenklasse, sondern es gibt auch **zuschlagpflichtige Verbindungen** mit weniger Haltestationen und schneller Reisegeschwindigkeit. Kein Zuschlag ist für einen *Ordinary Train* (*ORD*; = am langsamsten) oder *Diesel Railcar* (*DRC*; = langsam) erforderlich. Für die Benutzung eines zügigen *Rapid Train* (*RAP*) muß man 20 BHT Zuschlag zahlen, für den schnellen *Express Train* (*EXP*) 30 BHT und für den *Special Express Train* 50 BHT. Ein weiterer Zuschlag von 50 BHT wird bei Wagen Zweiter oder Dritter Klasse fällig, die mit *Air Condition* ausgestattet sind.

Obwohl sich kaum jemand daran hält, gibt es Höchstgrenzen für das Gewicht des persönlichen **Gepäcks**. Diese gibt die *State Railway of Thailand* wie folgt an: Erste Klasse 50 kg, Zweite Klasse 40 kg, Dritte Klasse 30 kg.

Bahnfahren ist in Thailand u.a. deshalb so beliebt, weil man in modernen Zügen preiswerte **Übernachtungsmöglichkeiten** hat. Gegen 20.00 Uhr kommen Stewards in die Schlafwagen und verwandeln die Sitzabteile in bequeme doppelstöckige Betten, die mit Kopfkissen und Bettlaken versehen und zum Gang hin mit einem Vorhang abgetrennt sind. Das obere Bett ist i.d.R. 15 cm schmaler und deshalb auch billiger als das untere. Wer in nichtklimatisierten Waggons übernachtet, hat 'oben' außerdem mit dem rotierenden Ventilator zu kämpfen. Waschgelegenheiten sind vorhanden, manchmal sogar Duschen! Die Benutzung von Schlafwagen kostet natürlich einen Zuschlag, der unabhängig von der zurückgelegten Strecke erhoben wird. Der Bettplatz muß beim Ticketkauf bezahlt und reserviert werden, ein nachträgliches Überwechseln in den Schlafwagen ist schwierig. Es gelten folgende Tarife (Preise verstehen sich pro Person; Stand: 1991):

Zuschläge für Schlafwagen

Erster Klasse/Air Condition	double cabin	250 BHT
Zweiter Klasse/Air Condition	oberes Bett	200 BHT
	unteres Bett	250 BHT
Zweiter Klasse/Ventilator	oberes Bett	70 BHT
	unteres Bett	100 BHT
Zweiter Klasse/*Special Express Train*/Air Condition	oberes Bett	200 BHT
	unteres Bett	250 BHT
Zweiter Klasse/*Special Express Train*/Ventilator	oberes Bett	100 BHT
	unteres Bett	150 BHT

In Zusammenarbeit mit der staatlichen Eisenbahn bietet die Firma Songserm Travel daneben auch sog. **Joint Tickets** an, wobei von Bangkok aus die Anreise nach Phuket, Krabi, den Phi-Phi-Inseln, Ko Phangan und Ko Samui per Zug nach Surat Thani und ab da per Zubringerbus (bei den Inseln plus Expreßboot) vonstatten geht. Die Joint-Tickets kann man im Hauptbahnhof von Bangkok bekommen, aber auch in Reisebüros. Sie haben den Vorteil, daß der Fahrplan der einzelnen Verkehrsmittel aufeinander abgestimmt ist, längere Wartezeiten also vermieden werden und der Anschluß gesichert ist. Auch für den Busverkehr zwischen Chiang Mai und Chiang Rai kann man ein Joint Ticket bekommen.

Vor allem für Wochenenden, Feiertage und die touristische Hochsaison ist eine Reservierung dringend anzuraten. Fahrkarten für jede Klasse und jede Kategorie können bis zu 90 Tagen im voraus an den größeren Bahnhöfen gekauft werden. Am bequemsten geht das beim englischsprachigen Beamten im **Bangkoker Hauptbahnhof** Hua Lumpong. Dort ist das *Advance Booking Office* Mo-Fr 8.30-18.00 Uhr und Sa-So 8.30-12.00 Uhr geöffnet (Tel.: 223-3762, 224-7788, 223-0341).

Wer sich auf die Eisenbahn als Hauptverkehrsmittel verlassen will, sollte den Kauf eines **Eisenbahn-Passes** in Erwägung ziehen. Der Blue Pass gilt in der Zweiten und Dritten Klasse für 20 Tage, 1.500 BHT. Das gleiche gilt für den Red Pass, der aber alle Zuschläge (Schlafwagen, Rapid Train, Air Condition etc.) einschließt und deshalb auch doppelt so teuer ist (300 BHT). Zu Fahrplänen und Tarifen gibt die **Zug-Information** Auskunft unter Tel.: 223-7010, 223-7020.

Hinweis
Die wichtigsten Zugverbindungen und Fahrpläne finden Sie unter den touristischen Hinweisen jeweils zu Beginn der Kapitel 6.1 bis 6.5.

Ein besonderes Vergnügen für (gut betuchte) Eisenbahnfans ist der neue Luxuszug *"Eastern & Oriental Express"*, der seit 1992 die Metropolen Bangkok und Singapore verbindet. Dabei werden aus Neuseeland stammende Nostalgie-Züge eingesetzt, die man für US$ 20 Mio möbliert und renoviert hat; sie verfügen über 22 Waggons mit Air Condition, drei Restaurant- und zwei Bar-Wagen, einen Observations-Waggon sowie fünf Service- und Gepäckwagen. Der *Eastern & Oriental Express* bietet drei Kategorien der Unterbringung an (alle mit privatem Bad) und bewältigt die 1.943 Kilometer zwischen den beiden südostasiatischen Millionenstädten in 41 Stunden (1 Tag/2 Nächte). Der Luxus hat seinen Preis: mindestens US$ 860,- p.P. zahlt man für die einfache Fahrt! Passagiere können aber auch an jeder größeren Station zu- und aussteigen, Zwischenstopps einlegen oder Minitrips nach Hua Hin, Phuket, Penang oder Kuala Lumpur unternehmen...

Von solchen Unternehmen offensichtlich beflügelt, soll nun auch die innerthailändische Eisenbahn modernisiert und mit attraktiven Streckenvarianten ausgebaut werden. So plant ein thailändisch-deutsches Konsortium (unter Leitung der AEG) eine Express-Hochbahn von Bangkok über Pattaya nach Rayong. Eine Fertigstellung ist freilich nicht vor dem Jahr 2000 zu erwarten!

3.2 THAILÄNDISCHES KALEIDOSKOP

3.2.1 ZWISCHEN TRADITION UND FORTSCHRITT

Das Mischwesen ist merkwürdig und furchteinflößend zugleich: Es hat den maskenhaft verzerrten, grimmig dreinblickenden Kopf eines *Yak*, dem traditionellen Tempelwächter und Geisterschreck. Sein stahlglänzender Rumpf jedoch ist der eines Roboters und scheint einem Science Fiction-Film wie dem "Krieg der Ster-

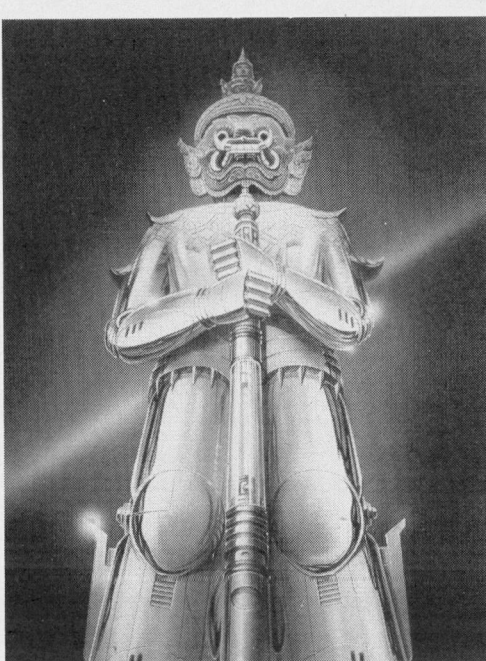

Zwischen Tradition und Fortschritt

ne" entlehnt zu sein. So illustrierte ein Beilagenheft der angesehenen Zeitung "The Nation" die Technologie-Ausstellung "Hightech '91", die im Oktober 1991 in Bangkok abgehalten wurde. Über den gewollten Effekt hinaus kann diese Figur aber auch als Symbol des ganzen Landes verstanden werden, das mit einem Bein den Traditionen verhaftet ist, mit dem anderen aber in einer hochtechnisierten, neuen Welt steht, in der die Zukunft schon begonnen hat. Kein Zweifel: Thailand ist auch in diesem Sinn das Land der Kontraste, in dem sich fernöstliche Kultur und westlich-modernes Leben unvermittelt gegenüberstehen oder aber eine enge Verbindung eingehen. Der Urlauber erlebt diese Kontraste auf Schritt und Tritt und wird nicht selten fasziniert sein von den Bildern, die so gar nicht zusammen-

passen wollen und bisweilen kuriose Züge annehmen: Das Videogerät in der Hütte des Reisbauern, die Wasserbüffel vor den Hochspannungsleitungen, der Bettelmönch im Flughafen-Terminal oder der Kunde in der Fahrradrikscha, der mit seinem Funktelefon beschäftigt ist – dies sind nur wenige Beispiele heutiger Impressionen aus Thailand!

Es ist klar, daß hypermoderne Zutaten besonders auffällig wirken in einem Königreich, das sich gerade erst aufmacht, den Kreis der armen Länder zu verlassen. Aber selbstverständlich bedeutet dieses Nebeneinander von Tradition und Moderne mehr als nur ein bizarres Fotomotiv für westliche Besucher, sondern auch soziale Konflikte und kulturelle Verunsicherung. Das Tempo des Wandels ist zu schnell, als daß alle Thai unbeschadet den Sprung nach vorn überstehen könnten. Nachdem im einstigen Agrarland die Landwirtschaft in den Hintergrund trat und idyllische Städte zu Industriezentren wurden, fällt es zunehmend schwerer, das "ursprüngliche Thailand" zu entdecken. Am allerwenigsten in der Regierungs-

und Wirtschaftsmetropole Bangkok, deren Gesicht inzwischen mehr durch verspiegelte Wolkenkratzer, neue Hochstraßen und endlose Autoschlangen geprägt wird als durch Klongs, Tempel und Paläste...

Der Prozeß der Verwestlichung ist unaufhaltsam, aber das Ziel der Reise noch ungewiß. Vorstellbar wäre ja eine Gesellschaft, die trotz erreichter sozialer Gerechtigkeit, wirtschaftlichem Aufschwung und demokratischen Spielregeln unverwechselbar asiatisch bleibt. Denn über eins sollte sich der *farang*, der durchs Land reist, im klaren sein: sein Lamentieren über den 'Verlust der Ursprünglichkeit' muß bei den Thai auf Unverständnis stoßen, solange 'Ursprünglichkeit' gleichbedeutend ist mit primitiven Verhältnissen, geringer Lebenserwartung und geringen Einkommen. Natürlich will der Tourist in Thailand nicht eine Gesellschaft sehen, die er aus Europa oder Nordamerika schon kennt, sondern das 'Fremdartige', 'Exotische', also traditionell Thailändische.
Es ist sehr einfach, ländliche Lebensbedingungen romantisch zu idealisieren, wenn man ihnen selbst nicht unterworfen ist (und sogar in Thailand in Hotels wohnt, in denen man auf modernsten Komfort nicht verzichten muß!).

Das Dilemma ist, daß je nach Perspektive oft 'Fortschritt' und 'Tradition' kritiklos mit 'gut' und 'schlecht' gleichgesetzt werden. Unzweifelhaft hatte auch die traditionelle Gesellschaft, die jetzt also in der Auflösung begriffen ist, ihre Schattenseiten. Und unzweifelhaft ist nicht alles, was nun von außen ins Land getragen wird, nur deswegen gut (oder schlecht), weil es neu ist. Wer dem Verlust der Ursprünglichkeit nachweint, sollte z.B. einmal jene Frauen fragen, die heute in führenden Positionen stehen, ob sie sich ein Zurück wünschen. Zwar wäre es vermessen, in Thailand bereits von 'Gleichberechtigung' zu sprechen, aber der Prozeß ist nicht mehr umkehrbar – Frauen als Sklavinnen des Mannes sind in der neuen Gesellschaft des Landes schlichtweg undenkbar!

Die Frage aber bleibt, wie die anderen Werte, die bislang das 'eigentliche Thailand' repräsentieren konnten, den Strukturwandel überstehen werden. Die Institution des Königs gehört dazu und, davon nicht zu trennen, die Religion mit ihren Riten, Festen und ihrem prägenden Einfluß auf Alltag und Gedankenwelt der Thai. Noch sind sie die Konstanten, die bei aller Fortschrittsgläubigkeit dem Land vorläufig eine geistige Identität sichern und das friedliche Nebeneinander von Alt und Neu garantieren. Gerade an der Person des Königs wird aber auch deutlich, wie er versucht, die Tradition nit modernen Auffassungen zu vereinen (vgl. KAPITEL 2.1.4).

Es ist schon gesagt worden, daß der rasante Strukturwandel vor allem in Bangkok – oft die erste Station für Besucher Thailands – ins Auge fällt. Landmarken des Fortschritts sind die Glas- und Betonklötze der Hotels, Banken und Bürokomplexe. Mit Golfplätzen, Eigenheim-Siedlungen und Autobahnzubringern bläht sich das Stadtmonster Jahr für Jahr weiter auf. Außer in der Architektur ist die Verwestlichung besonders in den Neuerungen des Personentransports sichtbar, die beileibe nicht nur von Ausländern genossen werden oder für diese eingerichtet wurden. Der Anteil von Luxuskarossen im Straßenbild ist signifikant. Immer mehr Thai reisen mit dem Flugzeug und benutzen VIP-Busse und die neue Generation der Eisenbahnzüge. Und traditionelle Kulturformen wie Musik und Volkstanz verschwinden genauso schnell wie die zweistöckigen Holzhäuser, die Fahrradrikschas und die Klongs.

Stattdessen strömen die jungen Thai in Diskotheken und zu Konzerten einheimischer und ausländischer Popgruppen; sie finden es schick, bei "MacDonald's" zu essen und die neusten Hollywood-Streifen zu kennen. Für die städtische Oberschicht gehören modernste Kommunikationsmedien, Computer und Satelliten-TV zur Selbstverständlichkeit. Und die Fernseh- und Radiowerbung, ein wichtiger Multiplikator des Wandels, richtet sich hauptsächlich an zahlungskräftige Kunden aus dieser Schicht. Gleichzeitig ist gerade in Bangkok der Preis sichtbar, den die Gesellschaft für den 'Fortschritt' zu zahlen hat: Müllberge, Lärm, Luftverpestung, Verkehrschaos...

Natürlich kann man einwenden, daß die Hauptstadt als Schaltstelle der Macht und als internationaler Verkehrsknotenpunkt zwangsläufig ein westlicheres Gepräge haben muß, während "die Seele Thailands" auf dem Lande wohnt – immer noch bäuerlich und traditionell gestimmt. Auf den ersten Blick scheint die Vermutung richtig zu sein. Wer die Hochhauswelt Bangkoks hinter sich gelassen hat und bis zu den abgelegenen Bergdörfern des Nordens oder den kleinen Fischersiedlungen des Südens vorgedrungen ist, sieht sich in eine andere Welt versetzt.

Als ich beispielsweise eine Karen-Siedlung in der Nähe von Mae Sariang (Nordwesten) besuchte, fand ich zunächst all das wieder, was noch vor 10 Jahren typisch für fast alle Orte der Region war – die alte Frau mit ihrer Opium-Pfeife, die enormen Töpfe für die gemeinsame Mahlzeit, bewaffnete Männer, Elefanten. Unter der Wohnetage der Pfahlhäuser tummelten sich Schweine und Hühner. Und vom Fluß kam das Gelächter der nackten Kinder, die dort spielten. Aber auch in diesem Dorf hatte die Moderne schon Einzug gehalten: ein neuer Jeep war zu sehen, und man hört das Knattern einiger Motorräder. Und am merkwürdigsten war, wie wenig Menschen sich auf der lehmigen Straße befanden. Nach wenigen Schritten sah ich dann, warum die Dorfbewohner nicht wie früher in lebhafte Gespräche vertieft oder mit Handeln beschäftigt waren. In zwei besonders großen Hütten hockten sie nun versammelt vor dem Altar des Fortschritts: einem Farbfernseher! Hier, mitten im Urwald an der Grenze nach Myanmar, saßen einfache Menschen, von denen nur wenige jemals in ihrem Leben eine "Stadt" wie Mae Hong Son gesehen hatten, und schauten fasziniert auf eine Reklamesendung. Dort wurden soeben elektrische Garagentoröffner, Computerspiele, moderne Eigentumswohnungen und die Mitgliedschaft in einem exklusiven Golfclub angepriesen!

In diesem Dorf wurde mir klar, daß sich der eigentliche Konflikt nicht in der Hauptstadt abspielt, die längst schon den Gesetzen folgt, die in jeder Weltmetropole gelten. Der einschneidende gesellschaftliche Wandel, der nur greifen kann, wenn eine innere Bereitschaft für ihn besteht, vollzieht sich auf dem Land. Und je ärmer die Umgebung, je traditioneller das alltägliche Leben ist, desto merkwürdiger wirkt der Zusammenprall mit den Gütern und Ideen der westlichen Zivilisation.

Das oft zitierte Wort vom 'Kulturschock' ist dabei nur bedingt richtig, denn die Thai scheinen von der modernen Welt eher begeistert zu sein und deren 'Segnungen' zu wollen. Aber zweifellos bedeutet die Übernahme des einen (Fortschritt) zwangsläufig ein Stück Aufgabe des anderen (Tradition). Bei dem Prozeß fühlen sich *farangs* oft in der Rolle des Zuschauers – ohne zu bedenken, daß sie ein Teil dieses Konfliktes sind! Denn mit seiner Kleidung, seiner Kamera, seinem Auftreten, mit seiner Reise an sich repräsentiert der Tourist all jene Werte, die gegenwärtig die traditionellen, bodenständigen ablösen. Thailands Menschen, die oft lächeln (auch dann, wenn sie keinen Grund dazu haben), werden den Wandel geduldig und lächelnd meistern.

Es ist aber zu hoffen, daß sie dabei trotz aller radikalen Fortschrittsgläubigkeit ihre Identität bewahren können und sich nicht kritiklos von ihrer Vergangenheit verabschieden.

3.2.2 FESTE UND RELIGIÖSE VERANSTALTUNGEN

Ein gutes Beispiel dafür, daß die Tradition immer noch äußerst lebendig ist, geben die Feste und religiösen Veranstaltungen ab, die im ganzen Land unter großer Anteilnahme der Bevölkerung zelebriert werden. Der Tourist kann sicher sein, daß während seines Besuches im Königreich – wie kurz dieser auch ausfallen mag! – irgendwo ein farbenprächtiges, interessantes Schauspiel stattfindet, für das alleine sich eine Reise nach Thailand lohnen würde.

Je nach Anlaß des Festes stehen dabei tiefe religiöse Inbrunst, sportliches Kräftemessen, Ausstellungen örtlicher Produkte oder einfach nur *Sanuk*, überschwengliche Freude, im Vordergrund. Da ein Großteil der Feste buddhistische bzw. hinduistische Glaubensvorstellungen zum Inhalt hat oder zumindest religiösen Ursprungs ist, kommt bei ihnen der alte Mondkalender zur Anwendung, d.h., daß sich ihr Termin von Jahr zu Jahr verschiebt. Natürlich sind mit der Zeit auch westliche Traditionen in Thailand heimisch geworden. So wird z.B. Neujahr nach unserem Kalender, also am 1. Januar gefeiert, und zwar zusätzlich zum thailändischen Neujahrsfest *Songkhran* im April (daneben gibt es außerdem das *Chinesische Neujahr* im Januar/Februar). Für die staatlichen Feiertage gilt selbstverständlich ebenfalls der westliche Kalender.

Bei den Festen kann man grob drei Gruppen unterscheiden:
● Einmal sind da die staatlichen Feiertage, die mit politischen Ereignissen der Vergangenheit oder mit der herrschenden Dynastie verknüpft sind.
● Zweitens gibt es die religiösen Feiern, die im ganzen Land und ebenfalls als allgemeine Feiertage begangen werden. An diesen Tagen ist schulfrei und in Behörden und den meisten Firmen wird nicht gearbeitet (offene Geschäfte wird man aber trotzdem überall finden!). Fällt der Termin auf ein Wochenende, gilt i.d.R. der folgende Montag als arbeitsfreier Tag.
● Drittens schließlich werden in allen Landesteilen Feste und Ereignisse nicht minder enthusiastisch gefeiert, die aber nur für einen bestimmten Ort oder eine bestimmte Region Bedeutung haben. Wer durch das Land reist, wird beispielsweise irgendwo mit Sicherheit ein Tempelfest erleben können, wenn die Gläubigen zu 'ihrem' Tempel pilgern und ihm ihre besondere Reverenz erweisen. Reihen von gelben Fahnen des Buddhismus (mit dem 'Rad der Lehre') weisen schon vor Ortsanfang auf ein solches Ereignis hin.

Im folgenden werden die wichtigsten nationalen und regionalen Feiertage genannt, wobei aus oben genannten Gründen ein genauer Termin nicht immer exakt anzugeben ist. Die aufgeführten Daten sind also nur eine grobe Richtschnur, sie richten sich nach dem Festtagskalender der letzten Jahre.

Nicht aufgeführt sind die unzähligen kleineren Feste, die zur Erntezeit bestimmter Früchte an vielen Orten abgehalten werden; auch die Ausstellungen und Messen, die es vor allem in Bangkok gibt, und die Sportereignisse fehlen in der Liste. Doch auch sie haben oft Volksfestcharakter und lohnen einen Besuch. Die besonders wichtigen und farbenfrohen Feste werden im Reiseteil unter den betreffenden Orten nochmals erwähnt und z.T. ausführlicher dargestellt.

Insgesamt gilt: Erkundigen Sie sich vor einer Reise beim Fremdenverkehrsamt (oder im Lande bei den örtlichen TAT-Büros) nach den entsprechenden Zeiten, und stimmen Sie gegebenenfalls Ihre Reiseroute darauf ab. Denn eins ist sicher – neben den kulturellen Sehenswürdigkeiten, den Menschen und den Landschaftseindrücken gehören die Feste und religiösen Veranstaltungen zum Eindrucksvollsten, Prächtigsten und Exotischsten, das Thailand dem *farang* zu bieten hat!

Feste und Ereignisse von überregionaler Bedeutung
(in chronologischer Reihenfolge)

● **Silvester** und **Neujahr.** Der 31. Dezember und der 1. Januar, als gesetzliche Feiertage lange nur aus Gründen der internationalen Angleichung und an den Touristenorten begangen, werden zusehends auch bei den Thai populärer und wie im Westen mit Feuerwerk u.ä. gefeiert.

● Das dreitägige **Chinesische Neujahrsfest** findet meist im Februar (manchmal auch Ende Januar) statt und wird von der starken chinesischen Minorität zumeist im Familienkreis gefeiert. Aus diesem Grund ist dann die Chinatown in Bangkok besonders interessant.

● **Makha Puja.** Dieses buddhistische Fest (gesetzlicher Feiertag) wird am Vollmondtag im Februar gefeiert und erinnert an die öffentliche Predigt Buddhas vor 1.250 spontan zusammengeströmten Schülern. Das Makha Puja-Fest steht ganz im Zeichen der Frömmigkeit und der guten Taten. Die Gläubigen spenden den Mönchen reichhaltig Essen und lassen gefangene Tiere (Vögel, Fische) frei. Am Abend gibt es malerische Kerzen-Prozessionen. Dabei werden von den Laien Blumen, Räucherstäbchen und ein brennendes Licht dreimal um den Tempel getragen.

● **Chakri-Tag.** An diesem Fest am 6. April (gesetzlicher Feiertag) erinnert man sich an die Inthronisierung von Rama I., dem Begründer der herrschenden Chakri-Dynastie und erstem König von Bangkok. Die Feierlichkeiten werden hauptsächlich im Bangkoker Wat Phra Keo begangen, wo nur an diesem Tag das königliche Pantheon für die Öffentlichkeit geöffnet ist.

● **Songkhran.** Der traditionelle thailändische Neujahrsbeginn ist das fröhlichste Fest des Jahres (gesetzlicher Feiertag, etwa Mitte April), bei dem Jugendliche auf den Straßen mit Wassereimern lauern und Passanten naßspritzen. Außer der öffentlichen Planscherei gehören religiöse Übungen, Jahrmärkte, Tanzveranstaltungen und Wallfahrten zum Songkhran. Für eine besonders ausgelassene Stimmung bei diesem Fest, das drei bis fünf Tage dauert, ist die Stadt Chiang Mai berühmt.

Auf dem Pramane-Platz: Königliche Pflugzeremonie

● Am 5. Mai wird der **Krönungstag** als gesetzlicher Feiertag zur Erinnerung an die Krönung Rama IX. im Jahre 1950 begangen.

● Die **Königliche Pflugzeremonie** (Raek Na) findet meist Anfang bis Mitte Mai statt und ist ein außergewöhnliches Spektakel für alle, die sich an diesem Tag in Bangkok aufhalten. Das genaue Datum wird alljährlich vom brahmanischen Hofastrologen neu berechnet. Mehr als 30.000 Schaulustige verfolgen dann auf dem Sanam Luang, dem großen Platz vor dem Königstempel und -palast, wie in einer rituellen Zeremonie der Phya Raek Na (= "Fürst des Pflügens") Fruchtbarkeit und eine gute kommende Ernte erbittet bzw.

vorhersagt. Ein geheiligtes Ochsengespann zieht dabei mit dem goldenen Ritualpflug symbolische Furchen, in die ebenfalls geheiligte Reiskörner eingegeben werden. Nach der Pflugzeremonie rennen viele aus dem Publikum auf den Platz, um möglichst einige der glückbringenden Reiskörner auszugraben, um sie dann später dem eigenen Saatgut beizugeben. Das Fest erhält durch die Anwesenheit und Mitwirkung der Königsfamilie eine zusätzliche Bedeutung (gesetzlicher Feiertag).

● **Visakha Puja.** Der heiligste Festtag (und gesetzlicher Feiertag) des Buddhismus, an dem an Buddhas Geburt, seine Erleuchtung und seinen Eingang ins Nirvana gedacht wird. Überall im Lande sind die Tempel voller Menschen, die den Gesängen der Mönche lauschen. In den Abendstunden finden Kerzenprozessionen um die Hauptgebäude der Tempelanlagen statt. Das Visakha Puja-Fest begeht man an Vollmond im Mai.

● Bei Vollmond im Juli wird durch das Fest **Asanha Puja** (gesetzlicher Feiertag) an die erste Predigt Buddhas vor seinen fünf Jüngern erinnert. Gleichzeitig markiert das Asanha Puja-Fest den Beginn der jährlichen Regenzeit (Khao Phansa), in der sich die Mönche zur Meditation in die Klöster zurückziehen und nicht mehr durchs Land wandern dürfen. Am gleichen Tag findet in den meisten Tempeln die feierliche Ordination der Novizen (vgl. KAPITEL 2.3.3) statt, für viele Familien ein überaus bedeutsames Ereignis.

● Am 12. August ist der **Geburtstag der Königin** Sirikit der Höhepunkt der landesweiten Verehrung für die beliebte Regentin und genau wie der Geburtstag ihres Gatten am 5. Dezember ein gesetzlicher Feiertag. In Bangkok sind die Regierungsgebäude geschmückt und werden abends bunt angestrahlt.

● Das Fest **Ok Phansa/Tod Kathin** ist im dritten Mond-Monat nach dem Asanha Puja-Fest, gewöhnlich im Oktober. Es bedeutet das Ende der religiösen Regenzeit (Phansa) und den Beginn der *Kathin*-Zeit, in der die Mönche wieder ihr Kloster verlassen dürfen, um entweder zu ihren Familien und ihrem alltäglichen Leben zurückzukehren oder wieder wandernd durchs Land zu ziehen. Zu diesem neuen Klosterjahr spendet die Bevölkerung den Mönchen neue Kutten und andere Dinge. Traditionell werden nun auch viele Jahrmärkte abgehalten, und an einigen Orten gibt es sehenswerte Bootsrennen.

● Am 23. Oktober gedenkt man mit dem **Chulalongkorn-Tag** (gesetzlicher Feiertag) des Todestages des beliebten Königs Rama V., der als Vater des modernen Thailand gilt. Die im ganzen Land zu findenden Reiterstandbilder und Büsten werden mit Blumengirlanden, Räucherstäbchen und Votiv-Schriften geschmückt.

● **Loy Kratong**, das schönste thailändische Fest, wird in der Vollmondnacht im November gefeiert. *Krathongs* (aus Bananenblättern gefaltete Schiffchen) werden mit Kerzen, Räucherstäbchen, Blumen und einer Münze auf dem Wasser ausgesetzt und mit den Sorgen auf die Reise geschickt. Gleichzeitig wird damit den Wassergeistern gehuldigt und um Ablaß der Sünden des vergangenen Jahres gebeten. In Sukhothai, wo das anmutige Licht-und-Wasser-Fest seinen Anfang genommen und sich über das ganze Land

Beim Loy Kratong-Fest in Sukhothai

. ausgebreitet haben soll, ist der Anblick besonders reizvoll, wenn auf den Gewässern zwischen den alten Ruinen die Gläubigen ihre kleinen Schiffchen davonschwimmen lassen. Auch an allen Flüssen, Klongs, Seen und Teichen des Königreichs sind die *Krathongs* zu sehen. In Bangkok endet das Fest mit einem Feuerwerk über dem Menam-Fluß.

● Am 3. Dezember gipfelt der Tag der **Königlichen Garde** (kein offizieller Feiertag) in Bangkok in einer Fahnenparade. In einer Feierstunde auf dem Sanam Luang-Platz erneuern die Elitesoldaten ihren Treueeid auf den König.

● Am 5. Dezember ist der **Geburtstag des Königs** gleichzeitig der Nationalfeiertag, der mit Paraden, Blumenschmuck und Feiern im ganzen Land begangen wird. Die allgemeine Verehrung für den geliebten Monarchen hat an diesem Tag ihren Höhepunkt. In Bangkok sind Busse und Taxen geschmückt, und abends werden Teile der Stadt (besonders natürlich der Königspalast) in ein phantastisches Licht getaucht.

● Am 10. Dezember ist der **Tag der Verfassung** ein gesetzlicher Feiertag, der Politikern Anlaß zu patriotischen Reden gibt.

Feste und Ereignisse von regionaler Bedeutung

● **Zentralthailand**

* Im Januar das Elefantenfest (Elephant Round-Up) in **Ayutthaya**.
* Im Februar die Drachen-und-Löwen-Parade in **Nakhon Sawan**, ein buddhistisches Fest mit Umzügen.
* Im Februar/März die mehrwöchigen Drachen-Wettkämpfe auf dem Sanam Luang-Platz in **Bangkok** mit phantasievollen Papier-Fluggeräten und anderen Thai-Sportarten (u.a. Schwerttanz).
* Anfang April die zehntägige Ton-und-Licht-Show "Glory of Ayutthaya" in den historischen Ruinen von **Ayutthaya**.
* Mitte April, drei Tage nach dem 'normalen' Songkhran-Fest, die entsprechende Feier der Mon in **Paklat**, 15 km südlich von Bangkok. Die Mon feiern das thailändische Neujahr besonders ausgiebig mit Umzügen, Misswahlen und der Massenfreilassung von Fischen. Auch in **Samut Prakan** halten die Mon mit großem Aufwand ihr eigenes Songkhran ab.
* Im April das Touristenspektakel "Pattaya-Festival" mit Umzügen, Misswahlen und einem Feuerwerk am Strand in **Pattaya**.
* Im Mai die Frucht- und Obstmesse von **Rayong**.
* Im Juni die Rakam-Fruchtmesse mit Volksfestcharakter in **Trat**.
* Im Juni das Obstfestival mit Volksfestcharakter in **Chantaburi**.
* Am ersten Wochenende im September das Volksfest mit den berühmten Bootsrennen von **Phichit**, an denen sich Teams aus dem ganzen Land beteiligen.
* Im Oktober das weithin bekannte Rennen der Wasserbüffel in **Chonburi**.
* Im Oktober die jährlich stattfindende Regatta mit Langbooten auf dem Nan-Fluß in **Phitsanuloke**.
* Im November der international bekannte und stark besetzte Marathonlauf in **Bangkok**.
* Im November die "River-Kwai-Brückenwoche" in **Kanchanaburi** mit Ausstellungen, Feuerwerk, einer Licht-und-Ton-Show, Fahrten mit Dampfloks und Folklorevorführungen.
* Im November das Loy Krathong-Fest mit Kerzenfestival in **Sukhothai**.
* Im November das Tempelfest am großen Chedi Phra Pathom in **Nakhon Pathom**.

* Im November das Tempelfest auf dem Goldenen Berg in **Bangkok**.
* Im November/ Dezember das Tempelfest am Wat Chedi Klang mit Prozessionen, Jahrmarkt und einem berühmten Bootsrennen in **Samut Prakan**.
* Im Dezember die King's Cup Regatta, ein internationales Segelereignis in **Bangkok**.

Bootsrennen in Phichit

● **Nordosten**

* Am zweiten Wochenende im Januar der Elefantenauftrieb (Elephant Round-Up) mit Volksfest in **Chaiyaphum**, längst nicht so groß wie in Surin, dafür aber auch nicht überlaufen.
* Im Februar das Tempelfest Phra That Phanom am berühmten Chedi von **That Phanom**.
* Im März das Volksfest Thao Suranari zur Erinnerung an die lokale Heldin in **Khorat**.
* Im April/Mai das Volks- und Tempelfest am berühmten Khmer-Tempel von **Phanom Rung**.
* Am zweiten Wochenende im Mai das Raketenfest Bun Bong Fai in der Provinzhauptstadt **Yasothon**, das als "Fest der Regenmacher" ein Bittgesuch um Regen und Fruchtbarkeit ist. Außer Paraden mit kostümierten Tänzern, verschiedenen Wettkämpfen und einem Jahrmarkt ist der Abschuß von etwa 80 selbstgebastelten riesigen Raketen der unbestrittene Höhepunkt des Festes und ein weithin bekannter Anziehungspunkt.
* Im Juni das buddhistische Fest Phi Ta Khon mit Prozessionen in **Dan Sai** (bei **Loei**).
* Im Juli das Khao Phansa-Kerzenfest mit Prozessionen, Tänzen, Theateraufführungen, Schönheitsparaden und Umzügen in **Ubon Ratchathani**. Zu Beginn der alljährlichen Regenzeit-Klausur werden hier kunstvoll gefertigte und 2 m hohe Kerzenskulpturen aus Bienenwachs in die Tempel gebracht.
* Bei Vollmond im Juli das Volksfest von **Nong Khai** mit Bootsrennen auf dem Mekong-Fluß.
* Im Oktober/November das Elefantenfest (Elephant Round-up) in **Surin**. Das bekannteste regionale Fest in Thailand findet nach der Erntezeit (Termin jährlich wechselnd im Herbst) statt.
* Im Oktober das Tempelfest in **Sakhon Nakhon**, bei dem Tempelmodelle aus Bienenwachs die Hauptrolle spielen.
* Im Oktober ein mehrtägiges Fest in **Nakhon Phanom**, bei dem Tausende von kunstvoll verzierten, kleinen Booten mit einer Kerze auf dem Mekong ausgesetzt werden.

* Im November das volksfestartige Rennen der Drachenboote in **Phimai** bei Khorat.
* Im November das Seidenfest mit Jahrmarkt in **Khon Kaen**.

● **Norden**

* Im Januar in **Chiang Mai** das "Bo Sang Umbrella-Fest", ein Wettstreit um den schönsten Schirm im Handwerkerdorf und Wahl einer entsprechenden "Umbrella-Queen".
* Im Januar das Volksfest der "Stadt des Nebels" in **Mae Hong Son**.
* Am zweiten Wochenende im Februar das Blumenfest mit einer Rosenparade, Blumenkorso und Misswahlen in **Chiang Mai**.
* Anfang März wird die traditionelle Ordination der buddhistischen Novizen in **Mae Hong Son** besonders eindrucksvoll begangen. Zur farbenprächtigen Poy Sang Long-Prozession kommen dann Jungen aus ganz Nordthailand hierhin.
* Im April das spezifische Neujahrsfest (Songkhran) in **Chiang Mai**.
* Im April das Tempelfest des Wat Phra That Choe Hae in **Phrae**.
* Im Mai die Litchie-Messe mit Volksfestcharakter in **Chiang Rai**.
* Am zweiten Wochenende im Oktober das Fest zum Ende der Regenzeit in **Nan**, bei dem die Mönche ihre Gaben erhalten und eine berühmte Regatta mit den langgezogenen und buntbemalten Lanna-Booten abgehalten wird.
* Im November das religiöse Wasserfest Yi Peng Loy Krathong in **Chiang Mai**.

● **Süden**

* Im Januar das Volksfest Phra Nakhon Khiri auf dem 'Hausberg' in **Petchburi** mit Feuerwerk und Licht-und-Ton-Show.
* Im Februar das religiöse Fest zu Ehren der Göttin Chao Mae Lim Ko Nieo in **Pattani** mit Prozessionen.
* Im Februar das religiöse Fest Mae Pha Khun That in **Nakhon Si Thammarat** mit Prozessionen.
* Im März das Tauben-Fest mit Singwettbewerben in **Yala**.
* Im April der Wettbewerb der besten Schattenspieler in **Pattalung**.
* Im Juni der festliche Wettbewerb der Manhora-Tänzer in **Pattalung**.
* Im Juli das Internationale Marathonrennen auf **Phuket**.
* Im August das Volksfest der Rambutan-Früchte in **Surat Thani**.
* Im September das 15tägige buddhistische Fest Prapheni Duan Sib (= "Fest des zehnten Monats") in **Nakhon Si Thammarat**.
* Im Oktober das buddhistische Fest Chak Phra mit Prozessionen in der südthailändischen Provinzhauptstadt **Surat Thani**. Unter großem Anteil der Bevölkerung werden während einer Woche Buddha-Statuen auf geschmückten Wagen durch den Ort gefahren. "Chak Phra" heißt "Ziehen eines heiligen Standbildes". Am zweiten Wochenende des Monats findet in der gleichen Stadt ein sehenswertes Bootsrennen statt.
* Im Oktober das religiöse Vegetarier-Fest mit blutigen Umzügen in **Phuket** und **Trang**.
* Im Oktober das Inselfestival für Touristen auf **Ko Samui**.
* Im Oktober der Wettbewerb der besten Trommler in **Pattalung**.
* Im Dezember der international besetzte Segelwettbewerb "King's Cup Regatta" in **Phuket**, der in sieben Kategorien ausgetragen wird.

3.2.3 ESSEN UND TRINKEN

Das Exotische an Thailand kann man nicht nur hören, sehen und erleben, man kann (und sollte!) es auch schmecken. Denn zweifellos zählt die Küche des Königreiches zu den raffiniertesten und besten der Welt. Freilich ist bei den ersten kulinarischen Expeditionen Vorsicht geboten, zumal wenn man noch wenig Erfahrung mit südostasiatischen Speisen hat und gerade erst im Lande angekommen ist. Neben dem ungewohnten Klima ist die Küche denn auch für die Magen- und Darmbeschwerden verantwortlich, von denen westliche Touristen regelmäßig betroffen sind (kleiner Trost: nach wenigen Tagen hat sich der Körper an die fremden Umstände gewöhnt).

Scharf, schärfer, am schärfsten ...

Um die originale Thai-Küche auf einen kurzen Nenner zu bringen, reichen drei Kategorien aus: scharf, schärfer und noch schärfer. Ihren aromatischen Reiz und bisweilen höllisch scharfen Geschmack erhält sie durch einige wichtige **Gewürze**, von denen die **Chilis** fast immer verwendet werden.

Chilis gibt es in ganz verschiedenen Variationen und Farben, am schärfsten sind die kleinsten (Vogelaugenchilis). Das **Zitronengras** ist eine stark aromatische Pflanze mit grünen Blättern und hellen Stengeln, wobei man gewöhnlich nur letztere verwendet (in Suppen beides). Noch intensiver duftet das Blatt der **Kaffirzitrone**, das zerkleinert als Gewürz gebraucht wird. Das thailändische **Basilikum** erinnert nur entfernt an seinen europäischen Verwandten, es hat einen intensiveren und süßeren Geschmack. Unverzichtbar bei vielen Gerichten sind auch **Pfeffer, Knoblauch, Koriander** und **Ingwer**. **Galgant** ("Thai-Ingwer") schließlich, das wie Ingwer die Wurzel einer Schilfpflanze ist, würzt gut, ist aber wegen seines seifenartigen Geschmacks nicht zum Verzehr geeignet.

Kaum gebräuchlich hingegen ist Salz! Stattdessen nimmt man in Thailand die würzige Fischsoße *Nam Pla*. Bei der Herstellung von *Nam Pla* bleibt das 'Grundmaterial' (Salz- und Süßwasserfische) etwa 30 Tage zugedeckt liegen, bis ein dicklicher Saft entsteht, der dann durch Kochen und mit verschiedenen Zusätzen zur Fischsoße veredelt wird. Je länger dieser Prozeß dauert, desto besser ist die Qualität, die übrigens nicht nur in Thailand geschätzt wird: das Königreich ist der größte *Nam Pla*-Exporteur der Welt. Mit der salzigen Soße (die in den Restaurants auf keinem Tisch fehlen darf) würzt man Reis, Suppen, Eier – eigentlich alles! Ausländer sollten aber eher vorsichtig damit umgehen, da im Gegensatz zu Salz *Nam Pla* viel Chili enthalten kann...

Da wir gerade beim Thema ungewohnter Ingredienzien oder Speisen sind: nicht nur, *was* auf den Tisch kommt, sondern auch, *wie* man es zu sich nimmt, stimmt nicht immer mit unseren Sitten überein. Das fängt schon beim Eßbesteck an: Gegessen wird in Thailand nur mit der Gabel (in der linken Hand) und dem Löffel (in der rechten Hand), wobei die Gabel dazu dient, die Speisen auf den Löffel zu schieben. Messer wird man außer in Touristenrestaurants nicht vorfinden – man braucht sie auch nicht, weil die Mahlzeiten in mundgerechten Happen serviert werden! Je weiter man in die Provinz kommt, desto sparsamer werden Eßgeräte eingesetzt und dann i.d.R. durch die Finger ersetzt.

Bei Nudelsuppen und in chinesischen Gaststätten sind Eßstäbchen üblich, für andere Suppen die kurzen Porzellanlöffel. Apropos Suppen: eine Thai-Suppe gilt nicht als Vorspeise, sondern wird zwischendurch oder als vollwertige Mahlzeit zu sich genommen. Und nicht alles, was in der Suppenschüssel schwimmt, ist auch für den Verzehr bestimmt: Galgant etwa oder Zitronengras dienen nur zur Würze und bleiben wie andere 'ungenießbare' Zutaten liegen.

Der Reisende wird sehr schnell merken, daß es *die* thailändische Küche gar nicht gibt. Es ist ja leicht einzusehen, daß ein Land von dieser Größe nicht überall die gleichen kulinarischen Eigenheiten aufweisen kann. Außerdem sind die fremden

Kunstwerk aus "geschnitztem" Gemüse

Einflüsse auf Thailands Kochtöpfe nicht von der Hand zu weisen und je nach Region immer noch deutlich spürbar. Da ist zum einen die südchinesische Küche mit ihren Reis- und Nudelsuppen sowie süß-sauren Gerichten, die man auf vielen Speisekarten (besonders natürlich in Bangkok, wo die meisten Chinesen wohnen) wiederfinden wird. Der indische und malaiische Einfluß – einerseits die Curries, andererseits die reichliche Verwendung von Kokosnuß –

ist im Süden des Landes besonders ausgeprägt, ebenso die für Indonesien typischen Erdnüsse. Die Nähe zu Laos und Myanmar wiederum schlägt sich naturgemäß in den Speisen des Nordens deutlicher nieder.

Ob im Süden oder im Norden, ob morgens, mittags oder abends – das Grundnahrungsmittel heißt immer Reis. Freilich kann dieser in verschiedenen Zubereitungsarten und Geschmacksrichtungen auf den Tisch kommen: morgens ist er in der Reissuppe ein nahrhaftes Frühstück, ansonsten dient er gekocht oder gebraten als Grund- und Beilage für fast alle Gerichte. Der Kleberreis ist eine Spezialität des Nordens, die mit den Fingern zu kleinen Bällchen geformt wird. Und für westliche Traveller mit schmalem Geldbeutel ist "fried rice" (sprich: "flai lai") oder gar "American Rice" ("amelican lai") oft die billige Einheitsnahrung.

Die Thai selbst gehen gerne in größeren Gruppen essen. Da außerdem viele Frauen berufstätig sind und keine Zeit zum Kochen haben, darf man sich über die unglaubliche Anzahl von Imbißständen, Garküchen, Restaurants und fliegenden Händlern mit Snacks nicht wundern. Festgelegte Essenszeiten wie in Europa gibt es dabei in Thailand nicht: man ißt, wenn man Hunger hat.

Natürlich muß sich der Reisende erst an die Gerüche und an einige recht kurios aussehende Speisen gewöhnen. Man sollte aber, wo immer es geht, den 'schützenden Rahmen' der Hotels verlassen und über die Märkte mit ihren Garküchen schlendern, wo man exotische Köstlichkeiten zu den günstigsten Preisen bekommt. Die dabei auftretenden Sprachschwierigkeiten lassen sich durch Gesten und einen Blick in die Kochtöpfe überwinden.

Jedenfalls ist es ein Leichtes, sich für 20 bis 40 BHT satt zu essen, wobei einem ein buntes Lokalkolorit und ein freundliches Lächeln zusätzlich geboten werden! Die Preise in den Restaurants liegen deutlich höher. Für eine mehrgängige Mahlzeit zahlt man hier 60 bis 400 BHT, je nach Lage, Ausstattung und Service der Gaststätte. Am teuersten sind die Restaurants in den (Luxus)Hotels!

Ob man seine Bekanntschaft mit der thailändischen Küche auch auf das **Frühstück** ausdehnen sollte, sei dahingestellt. Es ist sicherlich nicht jedermanns Sache, nach dem Aufstehen eine Reissuppe oder bereits ein scharfes Curry zu verzehren. An allen größeren Orten wird man jedoch keine Probleme haben, ein Restaurant mit kontinentalem oder amerikanischem Frühstück im Angebot zu finden. In den besseren Hotels ist das Frühstücksbuffet oft außerordentlich teuer (100 bis 200 BHT), aber bei Pauschalreisenden ja meistens im Zimmerpreis enthalten.

Während des Tages behilft man sich gewöhnlich mit kleinen **'Zwischenmahlzeiten'**, etwa Fried Rice mit Krabben oder Hühnchen oder Snacks wie getrockneten Tintenfischen, gefüllten Teigtaschen, gegrillten Zwerg-Bananen, Satay oder einer Nudelsuppe. Apropos **Suppen:** Ob zum Frühstück, zum Mittag- oder zum Abendessen, als vollwertige oder Zwischenmahlzeiten bzw. als Beilage bekommt man Suppen in vielen Variationen und in jedem Restaurant oder an jedem Essensstand. Die einfache Reissuppe (*kau tom*) z.B., eigentlich das chinesische Frühstück, wird mit Fisch (*kau tom pla*) zu einem nahrhaften Vergnügen. Beliebt sind ferner 'spicy' Gemüsesuppen (*gäng liang*), die es (mit Fleischeinlage) auch in einer milderen Version gibt (*gäng dsched*), sowie Suppen mit Schweinefleisch (*gäng ba tschor*). Am schärfsten und gleichzeitig bekanntesten ist die *tom yam*, die entweder mit Hühnerfleisch (*tom yam gai*) oder mit Garnelen (*tom yam gung*) serviert wird.

Die **Hauptmahlzeit** wird i.d.R. abends eingenommen, aber nicht so spät wie in den Mittelmeer-Ländern. Hier nun entfaltet sich das ganze kulinarische Können und Angebot der Thai. Es ist schon ein Erlebnis besonderer Art, vor einem Seafood-Restaurant die enormen frischen Schalentiere oder lebenden Fische auszusuchen, die einige Minuten später dann vor einem auf dem Teller liegen. Wo immer es geht, sollte man in den küstennahen Regionen auf Meeresfrüchte oder

Fisch zurückgreifen. Im Norden und Nordosten stehen Speisen mit Schweinefleisch, Rind (bzw. Wasserbüffel) und Geflügel naturgemäß eher im Vordergrund. Natürlich ist es aber auch möglich, in Chiang Mai eine wohlschmeckende Tom Yam Gung (s.u.) oder einen gegrillten Fisch zu bekommen oder in Hat Yai ein gutes Steak. Als **Dessert** werden Süßigkeiten (*kha nom*) wie Karamel mit Früchten (*sang kha yah*), süße Eiernudelstreifen (*feu tong*), in Kokosmilch oder Bananenblättern gekochter Klebereis (*kau niau piak*/*kau tom mat*), Klebereis im Bambusrohr (*kau larm*), gegrillte Bananen (*gluei tord*) oder solche in Kokosnußcreme (*gluei pot tschie*) sowie immer wieder tropische Früchte angeboten. Ananas (*sappalot*) ißt man übrigens als Nachspeise gerne mit etwas Salz – probieren Sie's, Sie werden positiv überrascht sein!

Wer sich partout nicht mit der fernöstlichen Küche anfreunden kann, muß in Thailand nicht verhungern. In den Großstädten und an touristischen Orten, aber zusehends auch in der Provinz wird das Angebot an ausländischen Restaurants immer größer. Bangkok kann sich in dieser Hinsicht mit jeder anderen Metropole der Welt messen. Nicht nur den Reisenden zuliebe, sondern ebenso wegen der Thai selbst, die gerne auch mal fremde Speisen ausprobieren, eröffnen täglich neue Gaststätten, in denen man chinesisch, indisch, koreanisch, vietnamesisch, amerikanisch, griechisch, deutsch, italienisch, französisch oder skandinavisch dinieren kann.
Besonders populär, vor allem bei der jüngeren, hauptstädtischen Bevölkerung, ist z.Zt. die japanische Küche, während die deutschen und alpenländischen Restaurants (u.a. in Bangkok, Pattaya, Phuket, Chiang Mai, Ko Samui und Hua Hin) gerne von Touristen als Informationsbörse und Gleichgesinnten-Treff aufgesucht werden. Biergärten (oder 'beer gardens') erfreuen sich auch bei Thai zunehmender Beliebtheit.

Bei diesem Angebot braucht also keiner auf den heimatlichen Speisezettel zu verzichten. Trotzdem sollte man aus schon genannten Gründen das Thai-Essen genießen, und das nicht nur der Preise wegen. Immerhin ist die Küche ein wichtiger Bestandteil der Landeskultur. Für mich war dafür stets die Suppe "Tom Yam Gung" der Inbegriff. Und obwohl in jedem Reiseführer davon abgeraten wird, sofort nach Anreise seinen Magen der Schärfe und Eigenart des ungewohnten Essens auszusetzen, gehörte es zu meinem persönlichen Ritual, die Ankunft im Königreich mit einer Tom Yam Gung zu 'feiern' (das Ritual wiederholte sich dann spätestens bei der letzten Mahlzeit). Natürlich haben sich die Köche in den Touristenhotels inzwischen auf die *farangs* eingestellt, so daß keiner mehr ein schweißtreibendes Attentat auf seine Geschmacksnerven befürchten muß. Wer sicher gehen will, kann die Tom Yam Gung (wie alle anderen Thai-Gerichte) "mai pät" = "nicht scharf" bestellen. Manchmal aber übertreiben die Thai von sich aus ihre Fremdenliebe, und die Suppe gerät zu einem schwachen, faden Abglanz ihrer wahren Köstlichkeit. Für alle, die sich zu Hause mit dem Nationalgericht beschäftigen möchten, ist im folgenden das **Rezept** für eine **Tom Yam Gung** nach der klassischen Methode angegeben:

Tom Yam Gung

Zutaten
(zu bekommen in asiatischen Feinkostläden der größeren Städte)
für vier Personen:
400 g Garnelen mit Schale
1 Zitrone
eine halbe Kaffirzitrone
6-8 Zitronenblätter
1 EL Erdnußöl
4 EL Nam Pla (Fischsauce)
3 Stengel Zitronengras
3 cm Galgantwurzel
2 cm Ingwer
8 kleine Chilis (scharf)
sowie je eine Handvoll Koriander- und Basilikumblätter

Bei der **Zubereitung** löst man zunächst die gewaschenen Garnelen aus der Schale (das Schwanzende bleibt dran), der schwarze Darm wird durch einen Längsschnitt in die Garnelenschwänze entfernt. Dann die Schalen in heißem Öl scharf anbraten, mit 1 1/2 l Wasser auffüllen und die grünen Teile vom Zitronengras, Zitronensaft, Nam Pla, Ingwer, die Galgant-Schale und 4 Chilis hinzufügen. Eine halbe Stunde kochen lassen und durch ein Sieb gießen. Die restlichen Gewürze in dünne Streifen (Ringe) schneiden und mit den Garnelen in die heiße Brühe geben. 5 Minuten ziehen lassen.

Buchtip
Michael-Rushmere, Jane, Die originale Thailändische Küche. Exotische Köstlichkeiten zum Nachkochen, München 1987.

(vgl. zu diesem Kapitel auch die Übersicht thailändischer Früchte im KAPITEL 2.2.3 und das Stichwort "RESTAURANTS" im KAPITEL 3.1)

Hitze, Anstrengung und scharfe Speisen machen durstig! Was also **trinkt** man? Um mit dem einfachsten anzufangen: **Wasser** sollte niemals aus der Leitung getrunken werden. Greifen Sie lieber auf das abgefüllte Sodawasser zurück (z.B. "Polaris"), das es überall für wenig Geld zu kaufen gibt. Vergewissern Sie sich aber, daß der Verschluß ungeöffnet ist. In vielen Hotelzimmern wird in einer Karaffe kostenloses Trinkwasser angeboten, das ebenfalls unbedenklich konsumiert werden kann. Genau wie beim Leitungswasser sollte man bei zerkleinerten Eisstücken vorsichtig sein, während die üblichen Eiswürfel normalerweise frei von unerwünschten Bakterien sind. In der Provinz ist es abseits der Touristenorte manchmal jedoch besser, auf die Getränkekühler ganz zu verzichten.

An **Fruchtsäften** hat das Land – entsprechend seiner landwirtschaftlichen Produkte – eine enorme Bandbreite anzubieten. Der "Orangensaft" ist meist ein Mandarinen-Klementinen-Getränk. Eigenartig ist die Sitte, die Softdrinks mit einem Strohhalm aus kleinen **Plastikbeuteln** zu schlürfen. Auch wer an der Straße eine Cola o.ä. kauft und diese nicht an Ort und Stelle trinken möchte, bekommt das Getränk (wegen des Flaschenpfandes) in einen Plastikbeutel umgeschüttet.

An Stränden können Sie sich an der frischen **Kokosmilch** erfreuen, die Ihnen die fliegenden Händler anbieten. Die **Shakes**, also kalte und fruchtige Mixgetränke, sind an touristischen Orten und in Großstädten inzwischen genauso zu bekommen wie wohlschmeckendes **Speiseeis**. Auch die **Milch** ist übrigens von einwandfreier Qualität, sofern man sie in den Originalverpackungen kauft. Ansonsten gibt es im ganzen Land die internationalen **Softdrinks**. Die allseits bekannte Cola (die Thai sagen nur "Coke") ist dabei an erster Stelle zu nennen, weil sie auch ein vorzügliches Mittel gegen Durchfall ist (in einer solchen Notlage allerdings nicht eiskalt trinken)! Unter den nichtalkoholischen Getränken sind **Tee** und **Kaffee** fast überall zu bekommen, Tee auch als Eis- oder Gewürztee, oft jedoch von nicht besonders guter Qualität. Dies trifft insbesondere auf Kaffee zu, der i.d.R. Instant-Kaffee ist und zu dem es dann auch nur Milchpulver gibt.

Trotz seines vergleichsweise sehr hohen Preises (etwa 3 Mark für 0,33 l in einem billigeren Restaurant) scheint **Bier** das Nationalgetränk des Landes zu sein, das

BOON RAWD BREWERY CO.,LTD.
BANGKOK

die Thai zu jeder Tages- und Nachtzeit in erstaunlichen Mengen vertilgen. Die beiden bekanntesten einheimischen Marken sind "Singha" und "Klosterbräu", wobei das 'Kloster' als das bessere gilt. Nach meinem Geschmack hat aber auch ein gut gekühltes Singha (zumal in der stärkeren Variante "Singha-Gold") durchaus seine Qualitäten, so daß eigentlich keiner auf die noch teureren Import-Biere zurückgreifen muß. Oft ist es übrigens billiger, wenn sich zwei Personen ein großes Singha (0,5 l) teilen, als zwei kleine Biere zu bestellen...

Genauso verbreitet wie Bier ist "**Whisky**", der ebenfalls bei jeder Gelegenheit getrunken wird. Darunter darf man sich allerdings kein Qualitätsprodukt europäischer oder amerikanischer Herkunft vorstellen, sondern eben ein landestypisches Getränk, das eher nach einem Rum-Verschnitt schmeckt. Der sog. **Mekhong-Whisky** ist pur kein reines Vergnügen und sollte deshalb mit Cola und Eis 'gestreckt' werden. Bei den alkoholischen Exzessen, zu denen viele Thai neigen, spielt denn auch der Mekhong eine Hauptrolle, genauso wie bei dem unweigerlich folgenden Kater! Mehrere Personen bestellen gewöhnlich eine große Flasche Thai-Whisky und zum Mixen die erforderliche Menge Softdrinks mit Eis – unter'm Strich ist das deutlich billiger als das entsprechende Quantum an Bier. Wer die Kosten noch weiter senken möchte (und wem dies nicht zu peinlich ist), kann überdies seine im Geschäft billig gekaufte Mekhong-Flasche (0,7 l ca. 100 BHT) mit in das Lokal nehmen und dort nur die 'Zutaten' bestellen – die Thai verfahren jedenfalls häufig nach dieser Methode! Als bestes Produkt thailändischer Destillierkunst gilt der Brandy "Regency". Bei besonderen Anlässen greifen aber auch Thai gerne auf ausländische Spirituosen zurück, besonders beliebt sind die Whiskysorten der Firma "Johnnie Walker" und französischer Cognac.

Wein-Liebhaber befinden sich in Thailand in der Diaspora und müssen auf den sehr teuren Importwein (meistens aus Australien oder Kalifornien) zurückgreifen. Zwar gibt es inzwischen auch eine einheimische Wein-Produktion, von deren Genuß aber wegen ihrer Süße und Schwere abzuraten ist.

Wie immer gibt es natürlich auch bei den Getränken enorme Preisunterschiede, je nachdem, wo man einkauft. Eine Cola, am Straßenrand für 7 BHT zu haben, schlägt in der Mini-Bar eines Luxushotels schnell mit 50 BHT zu Buche, bei einem kleinen Singha-Bier reicht die Spanne von 30 bis 100 BHT.

Sprachführer

Als kleine Übersetzungshilfe für den kulinarischen Alltag oder Besuche in Restaurants ohne englische Speisekarte mag folgender Sprachführer dienen:

Getränke		
Tee	scha	ชา
Kaffee	kafae	กาแฟ
Milch	nom	นม
Orangensaft	nam som	น้ำส้ม
Ananassaft	nam sappalot	น้ำสับปะรด
Sodawasser	sodah	น้ำโซดา
Tomatensaft	nam makua tät	น้ำมะเขือเทศ
Tonic Water	nam tonick	น้ำโทนิค
Coca Cola	koka kola	โคคา โคล่า
Bier	bia	เบียร์
Wein	wai	ไวน์
Mekhong Whisky	mähkong	แม่โขง
Essen	ahan	อาหาร
Frühstück	ahan tschau	อาหารเช้า
Mittagessen	ahan gangwuan	อาหารกลางวัน
Abendessen	ahan jen	อาหารเย็น
Zubereitungsarten		
gekocht	nüng	ต้ม
gebraten	pat	ผัด

gegrillt	ping	ปิ้ง
gebacken	op	อบ
geröstet	jang	ย่าง
süß-sauer	preo wann	เปรี้ยว หวาน
kalt	jen	เย็น
warm, heiß	lorn	ร้อน

Obst und Früchte

Ananas	sappalot	สับปะรด
Apfel	äppel	แอปเปิ้ล
Banane	gluei	กล้วย
Durian	turian	ทุเรียน
Guave	farang	ฝรั่ง
Jackfrucht	kanun	ขนุน
Kokosnuß	maprau	มะพร้าว
Litschi	linschie	ลิ้นจี่
Mango	mamuang	มะม่วง
Orange	som	ส้ม
Papaya	malako	มะละกอ
Rambutan	ngok	เงาะ
Riesenorange (Pomelo)	som oh	ส้มโอ
Tamarinde	makahm	มะขาม
Wassermelone	taeng mo	แตงโม
Zitrone	manao	มะนาว

Gemüse

Auberginen	makua jau	มะเขือยาว
Bambussprößlinge	noh mei	หน่อไม้
Blumenkohl	dohg kalam	ดอกกะหล่ำ
grüne Bohnen	tua	ถั่ว
Broccoli	brokolli	บรอคโคลี่
Erbsen	tua landau	ถั่วลันเตา
Gurken	däng gua	แตงกวา
Möhren	hua pack ga däng	หัวผักกาดแดง
Tomaten	makua tät	มะเขือเทศ
Zwiebeln	hua hohm	หัวหอม
Mais	kau puht	ข้าวโพด
Spargel	nohmei falang	หน่อไม้ฝรั่ง

Beilagen und Snacks

Kartoffeln	man farang	มันฝรั่ง
Bratkartoffeln	man farang toht	มันฝรั่งทอด
Pommes Frites	fränsch frei	มันฝรั่งทอด
gebackene Frühlingsrolle	poh pia tod	ปอเปี๊ยะทอด
Krabbencocktail	kung koktäl	กุ้งค็อกเทล
Satay	satäh	สะเต๊ะ
Satay mit Hühnerfleisch	gai satäh	ไก่สะเต๊ะ

Satay mit Rindfleisch   nua satäh   เนื้อสะเต๊ะ
Satay mit Schweinefleisch   muh satäh   หมูสะเต๊ะ
Pilze   hät   เห็ด
Sandwich   sanwitsch
Sandwich   sanwitsch   แซนวิช
   mit Schinken und Käse   häm kap neu käng   แซนวิชแฮมกับเนอแข็ง
Sandwich mit Thunfisch   sanwitsch ba tuna   แซนวิชปลาทูน่า

Nudelgerichte
Eiernudeln   ba mieh   บะหมี่
Reisnudeln   kwei tiau
   (dünn/breit)   (sen lek/sen jei)   ก๋วยเตี๋ยว(เส้นเล็ก,เส้นใหญ่)
Spaghetti   spagetti   สปาเก็ตตี้
Makkaroni   makkaroni   มักกะโรนี

Geflügel
Huhn   gai   ไก่
gegrilltes Huhn   gai jang   ไก่ย่าง
gebratenes Huhn   gai pat met namuang   ไก่ผัดเม็ดมะม่วงหิมพานต์
   mit Cashew-Nüssen
Backhuhn mit Gemüse   gai op jot pack   ไก่อบยอดผัก
Hühnerfleisch mit Bambus   gai pat noh mei   ไก่ผัดหน่อไม้
Hühnerfleisch süß-sauer   pat preo wann gai   ผัดเปรี้ยวหวานไก่
Ente   pett   เป็ด
gebackene Ente mit Honig   pett op nam puhng   เป็ดอบน้ำผึ้ง
gebratene Ente in Soße   pett nam däng   เป็ดน้ำแดง
gekochte Ente
   in süßer Soße   pett paloh   เป็ดพะโล้

Fisch
Fisch   pla   ปลา
Aal   pla lei   ปลาไหล
Barsch   pla kapong   ปลากระพง
Hai   pla schalahm   ปลาฉลาม
Makrele   pla tuh   ปลาทู
Tintenfisch   pla muck   ปลาหมึก
gebratener Fisch   pla tod   ปลาทอด
gebratener Fisch süß-sauer   pla preo wann   ปลาเปรี้ยวหวาน

Meeresfrüchte
Krabben/Garnelen/Hummer   gung   กุ้ง
gegrillte Garnelen   gung pau   กุ้งเผา
gebratener Hummer   gung jei pau   กุ้งใหญ่เผา
Krebse   puh   ปู

Fleischgerichte
Schweinefleisch   muh   หมู
gebratenes Schweinefleisch   muh tod   หมูทอด

Rindfleisch	nua	เนื้อ
gebratenes Rindfleisch	nua tod	เนื้อทอด
Rindfleisch in Austernsoße	nua pat namman hoy	เนื้อผัดน้ำมันหอย
Rindersteak	satek nua san	สะเต็กเนื้อสัน
Pfeffersteak	satek nua prik thai	สะเต็กเนื้อพริกไทย
Filet Mignon	file mijon satek	

Reis

	kau	ข้าว
gebratener Reis	kau pat	ข้าวผัด
gebratener Reis mit Huhn	kau pat gai	ข้าวผัดไก่
gebratener Reis mit Rind	kau pat nua	ข้าวผัดเนื้อ
gebratener Reis mit Krabben	kau pat	ข้าวผัดกุ้ง
gekochter weißer Reis	kau plau	ข้าวเปล่า
gekochter Reis mit Huhn	kau plau gai	ข้าวมันไก่
Reissuppe	kau tom	ข้าวต้ม

Eierspeisen

Omelette	kai tord	ไข่ยัดไส้
Spiegeleier mit Speck	kai dau kap bäkon	ไข่ดาวกับเบคอน
Rühreier	kai kon	ไข่กวน
Eier, hart (weich)	kai tom (kai) luak	ไข่ต้ม (ลวก)

Curries

	gäng	แกง
indisches Curry	gäng garii	แกงกะหรี่
thailändisches Hühnercurry	gäng pät gai	แกงเผ็ดไก่
Curry mit Fisch und Gemüse	gäng som	แกงส้ม
Curry mit Rindfleisch und Chili	gäng kio wahn nua	แกงเขียวหวานเนื้อ
Curry mit Hühnchen und Kartoffeln	gäng galie gai	แกงกะหรี่ไก่

Gewürze

Salz	gluea	เกลือ
Pfeffer	prik tai	พริกไทย
Knoblauch	gratium	กระเทียม
Essig	nam som sei tschu	น้ำส้มสายชู
salzige Fischsoße	nam pla	น้ำปลา
Chilipulver	prik bonn	พริกป่น
Sojasoße	sie juh	ซีอิ๊ว
Curry	garii	กะหรี่
Zucker	nam dahn	น้ำตาล

ต้มยำและแกงต่างๆ
Sour Hot Soup And Curry

459	แกงเผ็ดเป็ดย่าง Hot curry with grilled duckling in cocount milk	50.-
462	แกงเขียวหวานลูกชิ้นปลา หรือไก่ Green hot curry with miced fish meat ball or chicken	50.-
447	ต้มยำรวมมิตรทะเล Sour hot soup with mixed seafood	50.-
457	แกงไตปลา Viscera fish sauce curry	50.-
453	แกงเลียงผักรวม Vegetable curry with turmeric	50.-
137	แกงจืดเต้าหู้หมูสับ Clear soup with bean curd and minced pork	50.-
141	แกงจืดเกี๊ยมฉ่ายกระเพาะหมู Clear soup with pickle lettuce and pork stomach	50.-
139	แกงจืดรวมมิตรทะเล Clear soup mixed seafood	50.-
437	ผัดเผ็ดหมูป่า Fried curry paste with boar	50.-
442	น้ำพริกกุ้งเสียบ Nam Prik ''Kung-Sieb'' (Smoked Prawn)	50.-
400	ผัดเปรี้ยวหวานหมู, ไก่ หรือปลา Sweet and sour fried pork, chicken or fish	50.-
117	ผัดไป๊ยเตี้ยน Fried mixed vegetable with jelly vermicelli	50.-
507	คะน้าผัดหมูกรอบ Fried chinese vegetable with crispy pork	50.-
430	ซี่โครงหมูทอดกระเทียม Fried pork rib with pepper and garlic	50.-

10% Service charge and 8.25% Tax to be added
บวกค่าบริการ 10% และภาษี 8.25%

ก๋วยเตี๋ยว, บะหมี่

Noodle, Bahmee

567	ก๋วยเตี๋ยวราดหน้ากุ้ง, ไก่, หมู หรือเนื้อ Fried noodle and vegetable with shrimp chicken, pork or beef	35.-
568	ก๋วยเตี๋ยวผัดซีอิ๊วกุ้ง, ไก่, หมู หรือเนื้อ Fried noodle, vegetable and egg with shrimp, chicken, pork or beef	35.-
570	เกี๊ยวน้ำกุ้ง Wantan soup with shrimp	35.-
571	บะหมี่น้ำ/แห้ง หมูแดง ลูกชิ้นปลา Bahmee (Egg noodle) soup/dry soup with grilled pork, crispy pork or duckling	35.-
573	บะหมี่น้ำ/แห้ง เป็ดย่าง Egg noodle top with ginger	40.-
575	ไกยซีหมี่ Koey-si mee (Fried egg noodle with chicken and bamboo-shoot)	35.-
577	พิเศษไข่ดาวฟู 1 ฟอง Special fried crispy egg	10.-

ข้าวต้ม-กับ

Boiled Rice

522	ข้าวต้มหมู, กุ้ง, ไก่ หรือปลา ใส่ไข่ Boiled rice and egg with pork, shrimp, chicken or fish with egg	40.-
523	โจ๊กหมู, กุ้ง หรือไก่ ใส่ไข่ Rice porridge and egg with pork, shrimp, or chicken	40.-

10% Service charge and 8.25% Tax to be added
บวกค่าบริการ 10% และภาษี 8.25%

167

3.2.4 DIE NATIONALPARKS

Zweifellos gehört die Tier- und Pflanzenwelt Thailands zu den artenreichsten, prächtigsten und exotischsten der Welt (vgl. KAPITEL 2.2.3). Allein 15.000 Pflanzenarten (von weltweit ca. 250.000) sind im Königreich beheimatet, und in den Regenwäldern besitzen die Thai die vielseitigsten und wichtigsten Ökosysteme unseres Planeten. Niemals in der Geschichte war dieser Bestand aber schneller und dramatischer gefährdet als in den letzten Jahrzehnten. Noch zu Beginn des Zweiten Weltkrieges war Thailand zu über 70% von Wald bedeckt, 1950 dann nur noch zu ca. 60%, und bis 1991 schließlich sank die Zahl auf etwa 20%!

Die Gründe dafür liegen auf der Hand: Der enorme Bevölkerungsanstieg (von 8,2 Millionen Menschen im Jahre 1911 auf derzeit 56 Millionen!) verlangte nach Feldern, Häusern, Dörfern und Städten, die Wirtschaft griff auf die natürlichen Ressourcen zurück, der Strukturwandel benötigte Straßen, Staudämme und Landebahnen. Seit den späten 1940er Jahren wuchs aber auch in Thailand die Einsicht, daß der Staat bei allen ökonomischen Zwängen die Lebensgrundlage seines Volkes nicht zerstören dürfe und die Natur ein zu schützender Wert an sich sei.

Und es mehrten sich Ängste, daß das Land veröden müsse, würde nicht endlich jemand die Notbremse ziehen. In einer Rede zu seinem 62. Geburtstag brachte es König Bhumibol vor 6.000 Gästen aus Politik und Wirtschaft auf den Punkt: *"Thailand kann sich einer begünstigten Natur erfreuen. Aber sie muß geschützt werden, damit aus einem Land der Gärten und des Reisanbaus nicht eine Wüste wird!"*

Die Konsequenz war nicht nur die Erforschung der noch verbliebenen Pflanzen- und Tierbestände, sondern auch großangelegte Aktionen zum Schutz der Flora und Fauna. Dazu gehören die vom König betriebenen Wiederaufforstungsprogramme genauso wie die Gründung des Worldlife Fund Thailand (WFT), der unter dem Patronat von Königin Sirikit steht. Dreh- und Angelpunkt war jedoch die Einrichtung von besonderen Schutzzonen in schneller

Illegaler Holzeinschlag im Nordwesten

Folge. Den Anfang machte 1962 der Khao Yai Nationalpark, 89 Jahre nach der Installierung des ersten Nationalparks überhaupt (Yellowstone in den USA). Bis

1991 konnten in Thailand insgesamt 63 Nationalparks eröffnet werden, deren Gesamtfläche (einschließlich Wasserfläche) 33.904 Quadratkilometer beträgt. Hinzu kommen 32 Wildreservate mit einer Gesamtfläche von 22.702 Quadratkilometern sowie 48 Gebiete mit Jagdverbot und andere Schutzzonen. Insgesamt stehen inzwischen mehr als 11% des Landes (= 56.606 qkm) unter Naturschutz, was eine der höchsten Raten in der Welt ist – zum Vergleich: beim Nachbarn Malaysia sind 3,5% des nationalen Territoriums geschützt, in Japan 6,5% und in den für ihre vielen Nationalparks bekannten USA etwa 10,5%!

Anders als in Amerika sind die thailändischen Schutzzonen aber auch besonderen Gefährdungen ausgesetzt, denn nach wie vor fallen täglich Waldgebiete neuen Feldern und Straßen, Staudämmen und Siedlungen zum Opfer. Immerhin liegen mehr als 20% aller Dörfer innerhalb der Nationalparks oder anderer Schutzgebiete. Während man den Eindruck hat, daß von offizieller Seite viel zur Rettung der Natur getan wird, ist dem illegalen Holzeinschlag und der Wilderei oftmals einfach nicht beizukommen.

Ein anderes Problem stellt der Tourismus dar, der bereits 1976 eine Million Urlauber in die Nationalparks brachte. Diese Zahl stieg bis 1990 auf über 8 Millionen Menschen. Die Folgen dieses Zustroms sind allenthalben zu beobachten. Der Khao Yai Nationalpark, der bekannteste des Landes, wird an jedem Wochenende von durchschnittlich 4.000 Personen, fast durchweg Kurzurlauber aus Bangkok, heimgesucht. Neben Bungalows und Hotelunterkünften gibt es inzwischen sogar einen Golfplatz; in der Ferienzeit stapelt sich der Müll, und Wildtiere gehen an verschluckten Plastiktüten oder Golfbällen elend ein. Auch auf Phuket und den Phi-Phi-Inseln, in der Bucht von Phang Nga, auf Ko Samet oder bei Krabi hat der Nationalpark-Tourismus zu erheblichen Umweltgefährdungen geführt.

Die Konzentration der Menschenmassen an bestimmten Punkten ist andererseits jedoch auch eine Chance für die Tier- und Pflanzenwelt. Beispielsweise drängen sich im Khao Yai Nationalpark 95% der Besucher auf rund 20 qkm, während die restlichen 2.000 qkm kaum von Naturfreunden und Vogelbeobachtern besucht werden, einfach weil es dort keine ausgeschilderten Wanderwege gibt.

Trotz aller negativen Begleitumstände sind die Nationalparks eine wahre Schatztruhe für einmalige Erlebnisse. Die Parks des Landesinneren mit ihren Regenwäldern, Wasserfällen und vielfältigem Leben stehen an Schönheit den Küsten- und Unterwasserparks mit Mangroven, Korallen und Sandstränden in nichts nach.

Der individuell reisende Tourist hat oft Gelegenheit, von dieser Schönheit und Artenvielfalt zu profitieren. Viele Nationalparks sind mit öffentlichen Verkehrsmitteln oder dem Mietwagen leicht erreichbar und bieten außerdem Unterkünfte verschiedenster Art an. Pauschalurlauber können von bestimmten Standorten aus an Ganztagesexkursionen oder an mehrtägigen Trekking- und Kanu/Floßfahrten teilnehmen. Immer jedoch sollte die Behutsamkeit im Umgang mit der Natur das oberste Gebot sein, sollte der Urlauber (außer Fotos und phantastischen Eindrücken) nichts mitnehmen und schon gar nichts dalassen.

Folgende acht Nationalparks sind am populärsten und liegen am nächsten zu den üblichen Routen (die Nummern beziehen sich auf die Übersichtskarte in diesem Kapitel):

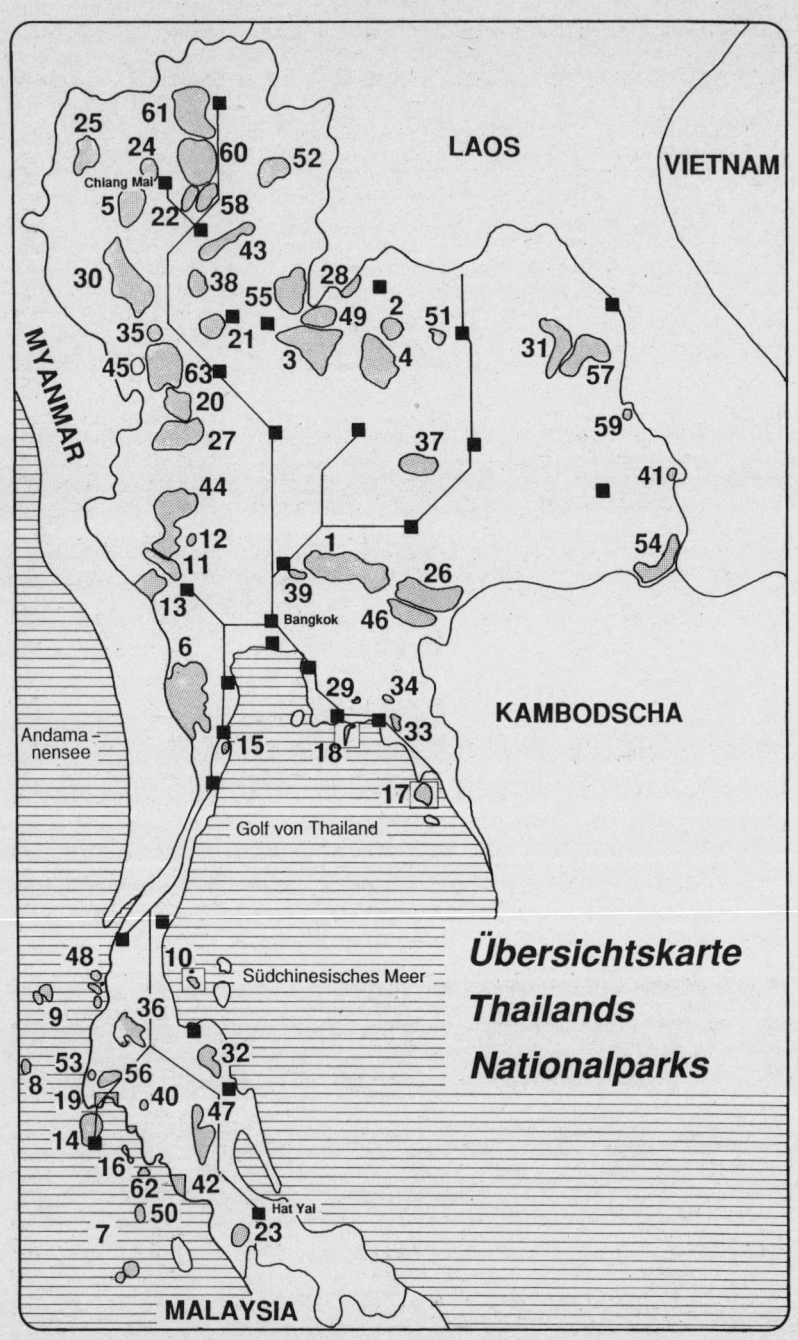

Die Nationalparks im Überblick

Nr.	Name	Region	Jahr der Einrichtung	Größe in qkm
1.	Khao Yai	Zentralthailand	1962	2.172
2.	Phu Kradung	Nordosten	1962	349
3.	Thung Salaeng Luang	Norden	1972	1.262
4.	Nam Nao	Nordosten	1972	966
5.	Doi Inthanom	Norden	1972	482
6.	Kaeng Krachan	Zentralthailand	1981	2.920
7.	Tarutao	Süden	1974	1.490
8.	Similan-Inseln	Süden	1982	128
9.	Surin-Inseln	Süden	1981	135
10.	Ang Thong	Süden	1980	102
11.	Erawan	Zentralthailand	1975	550
12.	Chalerm Rattanakosin	Zentralthailand	1980	59
13.	Sai Yok	Zentralthailand	1980	500
14.	Had Nai Yang	Süden	1981	90
15.	Khao Sam Roi Yot	Zentralthailand	1966	98
16.	Phi-Phi-Inseln/Nopparat	Süden	1983	390
17.	Ko Chang	Zentralthailand	1982	651
18.	Khao Laem Ya/Ko Samet	Zentralthailand	1981	131
19.	Ao Phang Nga	Süden	1981	401
20.	Khlong Lan	Norden	1982	300
21.	Ramkamhaeng	Norden	1980	342
22.	Doi Kunthan	Norden	1975	255
23.	Thale Ban	Süden	1980	102
24.	Doi Suthep/Doi Pui	Norden	1981	261
25.	Namtok Mae Surin	Norden	1981	397
26.	Thap Lan	Nordosten	1981	2.239
27.	Mae Wong	Norden	1987	894
28.	Phu Rua	Nordosten	1978	121
29.	Khao Chamao/Khao Wong	Zentralthailand	1975	84
30.	Mae Ping	Norden	1981	1.005
31.	Phu Phan	Nordosten	1972	666
32.	Khao Luang	Süden	1974	571
33.	Namtok Phliu	Zentralthailand	1975	135
34.	Khao Khithchakut	Zentralthailand	1977	59
35.	Lansang	Norden	1979	104
36.	Khao Sok	Süden	1980	646
37.	Tat Ton	Nordosten	1900	218
38.	Sri Satchanalai	Norden	1981	213
39.	Khao Sam Lan	Zentralthailand	1981	45
40.	Khao Panom Bencha	Süden	1981	50
41.	Kaeng Tana	Nordosten	1981	80
42.	Had Chao Mai	Süden	1981	231
43.	Wiang Kosai	Norden	1981	410
44.	Sri Nakharin	Zentralthailand	1981	1.534
45.	Taksin Maharat	Norden	1981	149
46.	Pang Sida	Zentralthailand	1982	845
47.	Khao Pu/Khao Ya	Süden	1982	695
48.	Laem Son	Süden	1983	315
49.	Phu Hin Rong Kla	Süden	1984	307
50.	Ko Phetra	Süden	1984	495
51.	Phu Khao/Phu Phan Kham	Nordosten	1985	323
52.	Mae Yom	Norden	1985	455
53.	Khao Lam Pi	Süden	1986	72
54.	Phu Chong Na Yoi	Nordosten	1987	687
55.	Namtok Chatrakhan	Norden	1987	543
56.	Sri Phang Nga	Süden	1988	246
57.	Huai Huat	Nordosten	1988	830
58.	Namtok Jaesorn	Norden	1988	593
59.	Mukdahan	Nordosten	1988	49
60.	Sri Lanna	Norden	1989	1.408
61.	Doi Luang	Süden	1990	1.172
62.	Kho Lanta	Süden	1990	134
63.	Khlong Wang Chao	Norden	1990	748

Der Khao Yai Nationalpark (1)

Der Khao Yai Nationalpark ist weniger als 200 km oder 3 Autostunden von Bangkok entfernt. Man erreicht ihn über den Highway 1 (Friendship Highway) bis Rangsit, dann über die Straße 305 bis Nakhon Nayok, die Straße 33 bis Prachinburi und die Straße 3077 bis zum Park-Hauptquartier. Vom Northern Bus Terminal in Bangkok fahren stündlich Busse hierhin ab; außerdem gibt es an Wochenenden Pauschalreisen per Bahn. Übernachtungsmöglichkeiten sind in der exklusiven staatlichen Khao Yai Motor Lodge gegeben oder auf einem Campingplatz, wo man Zelte mieten kann. Im Gelände gibt es einen 18-Loch-Golfplatz und einen Tennisplatz.

Khao Yai ist der erste und drittgrößte Nationalpark des Landes, sowie mit 700.000 Besuchern (1990) auch der nach dem Erawan-NP am häufigsten besuchte. Er liegt durchschnittlich 800 Meter ü.d.M (höchste Erhebung 1.351 m), weswegen im Park relativ angenehme Temperaturen herrschen. Die größten Attraktionen, denen man sich auf zwölf ausgeschilderten "*Trails*" nähern kann, sind der dichte Primärdschungel in einer hügeligen Landschaft mit unzähligen Arten von Wildblumen, Bäumen und Orchideen und die herrlichen Wasserfälle (z.B. Hew Narok). Sein phantastisches Tierleben umfaßt u.a. 200 wilde Elefanten, Affen, Tiger, Riesennashornvögel und Bären. Die beste Reisezeit ist von Oktober bis Februar (vgl. KAPITEL 6.3.5).

Der Doi Inthanom Nationalpark (5)

Der Park liegt 90 Kilometer von Chiang Mai entfernt und ist über die Straßen 108 und 1009 mit Mietwagen oder Minibussen leicht zu erreichen. In Chiang Mai bieten verschiedene Organisationen außerdem Ganztagestouren an. Unterkünfte finden sich in 6 recht einfachen Bungalows, die insgesamt 73 Gäste aufnehmen können. Seinen Namen trägt der Nationalpark nach dem höchsten Berg Thailands (2.590 m), der gleichzeitig seine größte Attraktion darstellt. Die Auffahrt zum Gipfel auf der asphaltierten "*Summit Road*" läßt sich daher kaum ein Besucher entgehen. Auf dem Weg kommt man in den unteren Regionen an den Dörfern einiger Bergstämme vorbei, man sieht mehrere schöne Wasserfälle sowie in den höheren Lagen Wälder mit Flechten und wilden Orchideen. An seltenen Tieren sollen noch Exemplare von Tigern und Bären leben. Die beste Reisezeit ist von Oktober bis Februar (vgl. KAPITEL 6.2.5).

Der Tarutao Marine Nationalpark (7)

Der 1974 eingerichtete Nationalpark ist Thailands erstes maritimes Schutzgebiet und besteht aus einem Archipel von 51 Inseln. Das 1.490 qkm große Gebiet liegt in der Andamanensee, 31 Kilometer vor der thailändischen Südküste (Provinz Sathun) und nahe der malaiischen Grenze. Früher ein berüchtigtes Piratennest, von 1939 bis 1946 eine Sträflingskolonie, sind die Inseln heute menschenleer – mit Ausnahme von etwa 500 sog. Seezigeunern. Vom Hafenort Pak Bara, ca. 100 km südlich von Trang und 65 km nördlich von Sathun an der Straße 407 gelegen, gibt es zweimal täglich eine Fährverbindung zu den Hauptinseln Ladang und Tarutao. Auch mit Charterbooten kann man leicht zum Nationalpark gelangen. Der Personenverkehr wird allerdings zwischen November und April wegen des Monsuns stark eingeschränkt. Unterkunftsmöglichkeiten gibt es auf den beiden genannten Inseln in staatlichen Bungalows und Zelten sowie in Hütten auf der Insel Lipe. An Land sind das vielfältige Tierleben im tropischen Regenwald, die

Mangrovenwälder und die feinsandigen Strände mit Kasuarinen-Bäumen die größten Attraktionen. Die meisten Touristen (immerhin etwa 14.000 im Jahre 1990) aber werden von einem der besten Tauchgewässer der Welt mit seinen Seeschildkröten, Groß- und Kleinfischen und farbenprächtigen Korallenriffen angezogen. Die günstigste Reisezeit ist von November bis März (vgl. KAPITEL 6.5.5).

Der Ang Thong Nationalpark (10)

Auch Ang Thong ist ein maritimer Nationalpark, bestehend aus etwa 40 Inseln im Golf von Thailand. Man erreicht ihn durch regelmäßig verkehrende Boote von Ban Don und Don Sak (Provinz Surat Thani) aus sowie von der Insel Ko Samui. Private Unternehmen auf Ko Samui bieten außerdem Kreuzfahrten und Schnorchelexpeditionen an. Auf der Insel Wua Talap kann man in Guest Houses, Schlafsälen und Zelten übernachten. Die über 48.000 jährlichen Besucher (1990) können sich an einer zauberhaften Natur, Aussichtshügeln (240 bzw. 400 m hoch), idyllischen Binnenseen, goldenen Sandstränden und ausgezeichneten Tauchmöglichkeiten in bunten Korallenriffen erfreuen. Die beste Reisezeit ist von April bis September (vgl. KAPITEL 6.5.9).

Der Erawan Nationalpark (11)

Der populärste aller thailändischen Nationalparks liegt etwa 200 km von Bangkok entfernt in der Provinz Kanchanaburi, nahe zur Grenze nach Myanmar. Er ist leicht zu erreichen, beispielsweise mit Bussen, die alle 15 Minuten vom Southern Bus Terminal in Bangkok abfahren. Auch per Bahn (Station Kanchanaburi oder Nam Tok), mit Mietwagen, Pick-ups oder Booten kommen die Besucher, oft im Zusammenhang mit einem Abstecher zur River Kwai Bridge (vgl. KAPITEL 5.4.3). Wegen seiner Beliebtheit – 742.000 Touristen, darunter 27.000 Ausländer, im Jahre 1990! – hat der Park eine vorzügliche Infrastruktur mit Parkplätzen, Bungalows, Camping-Plätzen und einem modernen Besucherzentrum. Die Attraktionen des 550 qkm großen Schutzgebietes sind seine ursprüngliche, bewaldete Landschaft im Tenasserim-Gebirge (höchste Erhebung knapp 1.000 m ü.d.M.), Tropfsteinhöhlen, Seen und Wasserfälle. Das Tierleben umfaßt außer wilden Elefanten und Hirschen auch so rare Exemplare wie Tiger, Leoparde, Bantang, Gaur, Rhesus-Affen, Gibbons und seltene Fledermäuse. Seinen Namen hat der 1975 eingerichtete Nationalpark nach dem Erawan-Wasserfall, einem der schönsten in Thailand, der auf einer Strecke von 1.500 m in sieben Kaskaden zur Erde stürzt. Auch der nicht weit entfernte Srinagrind-Stausee lockt viele Besucher an. Die beste Reisezeit ist von Oktober bis Februar.

Der Khao Sam Roi Yot Nationalpark (15)

Der mit knapp 100 qkm nur kleine Nationalpark liegt 320 km südlich von Bangkok an der Ostküste der malaiischen Halbinsel (zwischen Hua Hin und Prachuap Khiri Khan), nahe der schmalsten Stelle des Landes. Er ist auf dem gut ausgebauten Highway 4 oder mit der Bahn einfach zu erreichen. Tagesausflüge werden auch ab Hua Hin (Hotel "*Royal Garden Resort*") und Cha-Am ("*Hotel Regent*") organisiert. Die Höhepunkte des Parks, der übrigens Drehort des Kambodscha-Films "*The Killing Fields*" war, ist das majestätische Kalksteinmassiv der "*Sam Roi Yot*" (= 'dreihundert Berggipfel') mit seinen Wildtieren und Tropfsteinhöhlen, darunter die berühmte Phraya Nakhon Cave mit einem königlichen Pavillon. Den dünn bewaldeten Bergen sind an der Küste Marschland und Sümpfe – mit zahllosen Wasservogelarten – vorgelagert. Aber auch Buchten mit herrlichen Sandstränden, Wasserläufe und Inseln, vor denen sich Delphine im Meer tummeln, gehören zum Schutzgebiet. Gut 53.000 Menschen (1990) besuchen jährlich den Park – meist von den Ferienorten Cha-Am und Hua Hin aus. Die beste Reisezeit ist von November bis Juni (vgl. KAPITEL 6.5.3).

Die Insel Samet (18)

Seit den 1980ern wurde die Insel Samet, zusammen mit mehreren kleinen Inseln und einem schmalen Küstenstreifen in der Provinz Rayong, als Mittelpunkt eines maritimen Nationalparks außerordentlich beliebt. Dazu haben vor allem die Besucher beigetragen, die vom nahen Touristenort Pattaya aus Abstecher machten. Ko Samet erreicht man mit Booten von der Ortschaft Ban Phe aus, die in kurzen Abständen ab 8.00 Uhr verkehren. Ban Phe ist ca. 4 Autostunden von Bangkok entfernt und auch an das öffentliche Busnetz angeschlossen (Eastern Bus Terminal). Außerdem bieten Agenturen in Bangkok und Pattaya ein- und mehrtägige Pauschalreisen zum Nationalpark an. Unterkunftsmöglichkeiten aller Art sind reichlich vorhanden, das Zelten an Stränden ist erlaubt. Beeinträchtigt wird das Urlaubsvergnügen durch die grassierende Malaria und durch die Menschenmassen an den Wochenenden und in der Hochsaison (August, Dezember, Januar); immerhin fühlen sich jährlich 276.000 Besucher (1990) von der nur sechs Kilometer langen und schmalen Insel angezogen. Sicherlich aber ist sie eine der schönsten Thailands: umsäumt von herrlichen Stränden, Grotten, glasklarem Meer und Korallenriffen ist sie zum Entspannen sowie zum Tauchen und Schnorcheln geradezu ideal (vgl. KAPITEL 6.4.6).

Der Ao Phang Nga Nationalpark (19)

Der 400 qkm große Nationalpark Phang Nga liegt an und in einer engen Bucht entlang des Highway 4, 96 km von Phuket und 9 km von der Ortschaft Phang Nga entfernt. Inmitten der touristisch erschlossenen Küstenlinie zwischen Krabi und Phuket plaziert, verfügt der Park über eine breite Auswahl an Unterkunftsmöglichkeiten, vom einfachen Zelt bis zum luxuriösen Resort. Die märchenhafte Landschaft gehört zu den schönsten und eindrucksvollsten der Welt! Bizarre Kalksteinkegel ragen wie riesige Pilze fast senkrecht bis 300 m aus dem Wasser und bilden 40 spektakuläre Inseln; als "ertrunkenes Karstland" sind sie die Bergspitzen eines vom Meer überfluteten Gebirges. Grotten und Tropfsteinhöhlen, durch die man mit Booten fahren kann, sind weitere Attraktionen, genauso wie die Fischerdörfer aus Pfahlbauten, die islamische "Seezigeuner" aufgebaut haben. Von großem Interesse ist auch die Vielzahl der prähistorischen Felsmalereien aus der Steinzeit. Zum Landesinneren hin besteht das Gelände aus Sumpf und Mangrovenwäldern, die von vielen Flußläufen durchzogen werden. Derart von der Natur verwöhnt, ist es kein Wunder, daß jährlich eine halbe Million Menschen den Nationalpark besuchen. Eine zusätzliche Bekanntheit erfuhr er als Drehort des James-Bond-Filmes "*The Man with the Golden Gun*". Die beste Reisezeit ist von November bis April (vgl. KAPITEL 6.5.5).

 Wer an näheren **Informationen** über die thailändischen Nationalparks interessiert ist oder schriftliche Reservierungen für Unterkünfte vornehmen möchte, wende sich an:

Royal Forestry Department	National Parks Division
Phaholyothin Road, Bangkhen	Phaholyothin Road, Bangkhen
Bangkok 10900/Thailand	Bangkok 10900/Thailand
Tel.: 579-1151/60	Tel.: 579-0529, 579-4842

3.2.5 PARADIESISCHE WELTEN: THAILANDS STRÄNDE

Während in Mitteleuropa tristes Novemberwetter herrscht oder im Winter Kälte und Schneematsch für Verkehrschaos und Grippewellen sorgen, sonnt man sich in Thailand an Stränden, die das Etikett "paradiesische Welten" zu Recht bekommen haben. Entlang der über 2.500 km langen Küstenlinie sowie auf unzähligen kleineren und größeren Inseln stellen die verschwiegenen Badebuchten oder kilometerlangen, breiten Sandstrände einen der größten touristischen Anziehungspunkte des Landes dar, der von einheimischen wie ausländischen Besuchern gleichermaßen geschätzt wird. Je nach Vorlieben kann man dabei seinen Urlaub als "Robinson" abseits der Zivilisation verbringen oder sich ins Getümmel der international bekannten Seebäder stürzen. Das Strand- und Nachtleben von Pattaya oder Phuket (Patong-Beach) läßt bei 'betriebsamen Menschen' keine Wünsche offen, aber auch der alte thailändische Badeort Hua Hin oder die Insel Ko Samui werden von Jahr zu Jahr häufiger frequentiert. Freilich darf man nicht erwarten, daß einen immer und überall "Südsee-Atmosphäre" umgibt. Die dazu notwendigen Palmen finden sich nur vereinzelt (beispielsweise auf Ko Samui), während in Thailand das Grün der Kasuarinen-Bäume weit mehr verbreitet ist.

Welchen Strand man sich für seinen Urlaub aussucht, ist eine Frage der Wünsche und Ansprüche, die man hat. Wer mit einem einfachen Bungalow ohne Air Condition und einer aufgehängten Gießkanne als Dusche zufrieden ist, wer auf Drei-Sterne-Restaurants, Go-Go-Bars und Wasser-Scooter verzichten kann, wer schließlich bereit ist, etwas kompliziertere Wege zu gehen, um zu seinem Ziel zu kommen, dem stehen in Thailand Hunderte von Inseln und immer noch der größte Teil der Festlandküste zur Verfügung. Hier findet man Ruhe und Ursprünglichkeit ohne die Begleiterscheinungen des Massentourismus. Wem allerdings Strandurlaub mehr bedeutet als bloßes Faulenzen und Sich-Wohlfühlen, sondern auch Wassersport, gepflegte Unterkünfte, internationale Kontakte und eine breite Restaurant-Auswahl schätzt, der ist gut beraten, sich auf bereits ausgetretenen Pfaden zu bewegen. Orte wie Pattaya, Phuket, Ko Samui, Krabi, Hua Hin oder Cha-Am haben aber ihr jeweils eigenes Gepräge und sprechen eine wiederum differenzierte Besucherschicht an.

Gemeinsam sind den zuletzt genannten Stätten zwei Dinge: Erstens bieten sie eine große Auswahl auf allen möglichen Gebieten: Unterkunft, Essen, Ausflugs-programme, kulturelle Sehenswürdigkeiten, Sportarten wie Tauchen, Windsurfen, Parasailing, Wasser-Scooter, Segeln, Schnorcheln usw. Man kann sich am Strand massieren lassen, und fliegende Händler kommen mit Getränken oder Snacks zum Liegestuhl... Zweitens aber wird dort keiner zur Betriebsamkeit verpflichtet! D.h., daß man auch hier, von einem mehr oder weniger komfortablen Standort aus, Einsamkeit, menschenleere Strände, Ruhe und Erholung finden kann. Auf Tages- oder Halbtagesausflügen kann man dem touristischen Trubel in Thailand immer schnell entkommen, manchmal reicht sogar nur eine kurze Wanderung am Meer entlang...

Ganz ungefährlich ist freilich keiner der thailändischen Strände! Besonders die vom Monsun aufgewühlte See hat schon viele Todesopfer unter unvorsichtigen Schwimmern und Wassersportlern gefordert. Auch gibt es an einigen Stellen Unterwasser-Strömungen, die einem leicht zum Verhängnis werden können. Eine andere Art von Gefahr stellen Sport- und Vergnügungsarten dar, die mit unsiche-ren Geräten, unter unsicheren Bedingungen oder unter fehlerhafter Anleitung durchgeführt werden. Schlimme Verletzungen und Todesfälle gab es in der Ver-gangenheit u.a. bei Wasser-Scootern, beim Parasailing und beim Geräte-Tau-chen. Der Kontakt mit Steinfischen, Quallen und anderen Tiere kann ebenfalls böse Folgen haben, während von Unfällen mit Haien bisher nichts berichtet wur-de. Die häufigste (und am leichtesten vermeidbare) 'Verletzung' allerdings ist der Sonnenbrand.

Während die *farangs* übrigens jene Abschnitte bevorzugen, die etwas steiler zum Meer abfallen und daher mehr Wellengang haben, lieben die Thai eher die festen und flachen Strände, auf denen sie dann durch das knöcheltiefe Wasser spazie-ren gehen. Auch die Aktivitäten und Feriengewohnheiten sind verschieden. Thai lassen sich normalerweise nicht in der Sonne braten und halten sich auch nicht so lange im Wasser auf. Stattdessen treffen sie sich im Schatten der Bäume zum Familien-Picknick, feiern wahre 'Mekhong'-Orgien oder sammeln Muscheln und Krebse für den heimischen Kochtopf.

Eigentlich ist der gesamte Küstensaum mit Sandstränden durchsetzt, so daß man bei Fahrten im Süden nie Schwierigkeiten haben dürfte, sein Bedürfnis nach Schwimmen und Wassersport zu stillen. Die wichtigsten und schönsten Plätze, jeweils von Norden nach Süden aufgelistet, seien aber für die drei Küsten des Landes übersichtsartig genannt:

Die Westküste der malaiischen Halbinsel

Die zu Thailand gehörende Westküste der malaiischen Halbinsel, also der Land-streifen zur Andamanensee zwischen Myanmar und Malaysia, stellt mit ihrer Vielzahl von Inseln, ausgedehnten Mangrovenwäldern und der Bilderbuchland-schaft zerklüfteter Kalksteinfelsen im Meer das vielleicht prächtigste Naturerleb-nis dar, das man in Südostasien haben kann. Die Strände auf dieser Seite des Landes sind ausnahmslos gut und feinsandig. Man findet sowohl unerschlossene und absolut unberührte Paradiese als auch turbulente Ferienorte wie Phuket und die Phi-Phi-Inseln, an denen sich das touristische Strandleben konzentriert.

● **Ranong**, der nördlichste Ort dieser Küste, hat einige Strände, die aber nicht sehr breit sind. Auf der Fahrt in den Süden kommt man auf dem Highway 4 zum **Laem Son Nationalpark**, der auf einer Strecke von 50 Kilometern außerordentlich schöne Sandstrände (Bang Baen Beach!) aufweist.

● **Die Surin-Inseln**, seit 1981 zu einem Nationalpark zusammengeschlossen, bestehen aus den beiden Hauptinseln Ko Surin Tai und Ko Surin Nua, direkt unterhalb der Grenzziehung zu Myanmar, und einer Vielzahl kleinerer Eilande. Sie sind auf einer etwa vierstündigen Bootsfahrt von Khura Buri (Highway 4) zu erreichen, aber auch von Ranong oder Phuket aus. Es gibt nur wenige Unterkünfte in Bungalows oder Zelten. Die niederschlagsreichen Inseln haben etliche sehr schöne Strände, berühmter aber sind sie wegen der phantastischen Korallenriffe, die zum Tauchen und Schnorcheln einladen.

● **Die Similan-Inseln** sind 9 unbewohnte Inseln und liegen etwa 60 km südlich des Surin-Archipels. Sie sind mit dichtem Dschungel bedeckt und überall locken paradiesische Buchten mit Palmen und weißem Sand – besonders auf der Insel Similan Island. Es gibt allerdings kaum touristische Infrastruktur; Unterkunftsmöglichkeiten, Restaurants oder Verkehrsmittel sind so gut wie nicht vorhanden. Besucher kommen normalerweise von Phuket aus auf Tagesausflügen hierhin oder auf einer mehrtägigen Tauchexpedition zu den herrlichen Korallenstöcken.

● **Khao Lak** liegt auf dem Festland gegenüber den Similan-Inseln. Am gleichnamigen Nationalpark befindet sich ein herrlicher Strand (Hotel, Bungalows), den man bereits von der hochgelegenen Straße (Highway 4) aus sieht.

● **Phuket**, die größte Insel des Landes, besitzt besonders an der Westküste die gesamte Vielfalt der thailändischen Strände. Obwohl als einer der größten Touristenmagnete Südostasiens bekannt, hat die Insel auch Strandabschnitte, die geradezu menschenleer sind. Wer daneben Nachtleben, Amüsement und die Band-

Strandleben am Chaweng-Beach auf Phuket

breite der Wassersportmöglichkeiten sucht, ist am Patong-Beach bestens aufgehoben. Vieles erinnert hier an Pattaya, aber mit einer besseren Wasser- und Strandqualität. Schöne Strände gibt's auch nördlich der Insel, an und jenseits der Sarasin-Brücke und in Richtung Phang Nga.

● **Die Phi Phi Inseln** zwischen Phuket und Krabi mit ihren Traumstränden haben sich in kürzester Zeit vom Geheimtip zu quirligen, bisweilen überlaufenen Touristenorten entwickelt. Trotzdem: vor allem Phi Phi Don beeindruckt durch eine paradiesische Landschaft.

● **Die Inseln Yao Noi** und **Yao Yai**, ebenfalls zwischen Phuket und Krabi gelegen, bieten (noch) das, was die südlicheren Phi Phi Inseln inzwischen verloren haben: Ruhe, menschenleere Strände, Südsee-Gefühl.

Strandpartie nördlich von Krabi

● **Krabi und Umgebung**, ca. 85 km südlich von Phang Nga über den Highway 4 zu erreichen, ist insgesamt ruhiger als das gegenüberliegende Phuket oder die Phi Phi Inseln. Auch hier ist allerdings ein sprunghafter Anstieg der Besucherzahlen zu verzeichnen, einhergehend mit dem Ausbau der Hotelkapazitäten und Wassersport-Angebote. Trotzdem kann man sich immer noch mit einem Longtailboot zu einem Strandabschnitt bringen lassen, den man dann ganz für sich allein hat, umgeben von einer spektakulären Landschaft. Gleiches gilt für die vielen Inseln vor Krabi. Beispielhaft für viele andere Traumstrände sei hier nur der von Nopparat genannt.

● **Der Tarutao-Nationalpark** besteht aus einem Archipel von 51 Inseln in der Andamanensee, etwa 30 Kilometer von der thailändischen Südküste entfernt, nahe der malaiischen Grenze. An den feinsandigen, von Kasuarinen umsäumten Stränden legen z.T. noch Seeschildkröten ihre Eier ab. Für die Touristen sind die Badebedingungen bestens, aber es wäre schade, wenn man hier nicht wenigstens einmal auch tauchen oder schnorcheln würde!

Zwischen Bangkok und Narathiwat

Die Ostküste der malaiischen Halbinsel, also der Landstreifen zum Golf von Thailand bis zur Grenze nach Malaysia, ist insgesamt weniger zergliedert und landschaftlich nicht so spektakulär wie die Westküste. Die Strände sind meist sehr langgezogen.

Idyllische Buchten findet man jedoch auf den vorgelagerten Inseln wie z.B. Ko Samui. Diese sind denn auch das Hauptziel des internationalen Badetourismus, während alte Seebäder wie Hua Hin eine größere Anziehungskraft auf die Thai ausüben.

● **Cha-Am** ist der erste größere Badeort, etwa 170 Kilometer von Bangkok entfernt. Hinweisschilder für Golfplätze und luxuriöse Strandhotels weisen vom Highway 4 aus den Weg. Durch die modernen Neubauten (Eigentumswohnungen, Hotelketten) hat der langgestreckte Strand eine futuristische Skyline bekommen.

● **Hua Hin**, 15 km weiter südlich gelegen, ist Thailands ältestes Seebad und seit den 1920ern die Sommerresidenz der Königsfamilie. Auch hier sind die (vorzüglichen) Hotels unübersehbare Landmarken an der weitgeschwungenen Bucht. Der Strand ist feinsandig und flach, aber nicht immer sauber. Es bestehen alle Wassersport-Möglichkeiten.

● **Khao Sam Roi Yot**, der zwischen Hua Hin und Prachuap Khiri Khan gelegene Nationalpark, umfaßt u.a. Inseln und Buchten mit herrlichen Sandstränden. Die landschaftliche Umgebung mit den "dreihundert Berggipfeln" (*Sam Roi Yot*) ist einzigartig.

● **Prachuap Khiri Khan**, an der schmalsten Stelle des Landes gelegen, hat unterhalb des berühmten "Spiegelberges" einen sichelförmig geschwungenen, feinsandigen Strand, der aber leider nicht immer sauber ist.

● **Chumphon**, ein Fischerstädtchen und Verkehrsknotenpunkt am Highway 4, besitzt in der nächsten Umgebung mehrere reizvolle Strände, die fast ausschließlich von Thai besucht werden.

● **Ang Thong Nationalpark**, ein maritimes Naturschutzgebiet mit etwa 40 Inseln, bietet etliche goldfarbene Sandstrände und Korallenriffe mit ausgezeichneten Tauchmöglichkeiten. Man erreicht sie von Ko Samui oder kleinen Häfen in der Provinz Surat Thani aus.

● **Ko Samui**, die größte der über 60 Inseln vor der Küste von Surat Thani und mit 247 qkm die drittgrößte Insel des gesamten Landes, ist mit seinen palmengesäumten weißen Sandstränden schon seit langem der Inbegriff der 'asiatischen Südseewelt'. Zu den Rucksackreisenden gesellte sich, vor allem nach der Eröff-

Tropisches Inselparadies – Ko Samui

nung des Flughafens, immer häufiger der internationale Jet-Set, und zu den kargen Bungalows traten zunehmend Spitzenhotels, die den höchsten Ansprüchen gerecht werden. Idyllische Badebuchten und traumhafte Strände finden sich entlang der ganzen Küstenlinie. Am breiten Chaweng-Beach bündeln sich die touristischen Aktivitäten; hier liegen die meisten Restaurants, Hotels und anderen Unterkünfte, hier hat man das beste Sport-Angebot.

● **Ko Phanghan**, der in einer Entfernung von 20 km gelegene, kleinere Nachbar von Ko Samui, bietet eine karge Landschaft, wenig Touristen und daher viel Ruhe. Die touristische Erschließung hat zwar begonnen, ist aber noch längst nicht so weit fortgeschritten wie auf Ko Samui. Unterkunft findet man in den meist kleinen und spärlich ausgestatteten Bungalows. Die Strände sind aber ähnlich gut wie auf der Nachbarinsel, insbesondere ist der Hat Rin Beach zu empfehlen.

● **Songkhla** selbst und die nördliche Landzunge zwischen dem Golf und dem großen Songkhla-See hat lange, z.T. steil abfallende Sandstrände, die nicht immer sauber sind. Im Stadtgebiet von Songkhla ist bei einheimischen Besuchern besonders der kasuarinengesäumte Samila-Beach populär. Auch im Songkhla-See gibt es Badegelegenheiten. Obwohl Unterkunftsmöglichkeiten (auch gute Hotels) vorhanden sind, sieht man hier wenig *farangs*.

● **Pattani und Narathiwat:** Die schönen und kilometerlangen Strände, die sich in einiger Entfernung zum Highway 42 befinden, werden von westlichen Touristen bislang kaum aufgesucht. Dementsprechend schlecht ist das Angebot an komfortablen Unterkünften, dafür kann man sich aber häufig noch als Robinson fühlen. Am besten erreichbar sind in der Nähe von Pattani die Strände Dalogapo (16 km östlich), Ratchadapisek, Thachii und Panare (43 km östlich). Südlich von Sai Buri erreicht man über die Straße 4136 ebenfalls gute, feinsandige Badegelegenheiten, ab Narathiwat dann auf der Straße 4084.

Zwischen Bangkok und Hat Lek

Zwischen dem Delta des Chao Phraya und der kambodschanischen Grenze befinden sich an der Küste zum Golf von Thailand Flottenstützpunkte, Industriegebiete und die beiden neuen Hochseehäfen des Landes, daneben aber auch völlig unberührte Natur mit Klippen, Kiesel- und Sandstränden, sowie die "thailändische Riviera" bei Pattaya mit der größten Konzentration an Hotels und Amüsierbetrieben.

● **Bangsaen,** etwa 100 km südöstlich von Bangkok und kurz hinter Chonburi gelegen, ist das erste Seebad, das man von der Hauptstadt erreichen kann. Dementsprechend voll ist es an den Wochenenden, auch ist die Wasserqualität nicht die allerbeste. Trotzdem ist der weit geschwungene, palmengesäumte Strand mit seiner Promenade einen Besuch wert.
● **Pattaya,** auf dem Highway 3 etwa 50 km weiter südlich gelegen, steht für ein pulsierendes Nachtleben, alle Arten von Wassersport und alle Arten von Unterkünften. Die Strände von "Asiens Seebad Nummer Eins" sind aber durchweg laut und dreckig. Wer ungestörte Badefreuden im klaren Wasser sucht, muß auf die vielen vorgelagerten Inseln ausweichen, zu denen man ohne Probleme mit gecharterten Booten oder auf organisierten Touren kommt.
● **Rayong,** auf der Küstenstraße 86 km von Pattaya entfernt, war bis vor kurzem ein Geheimtip für alle Sonnenanbeter, die die Vergnügungssucht und Betriebsamkeit von Pattaya abschreckte. Dafür nahm man die wenigen und ziemlich primitiven Bungalows als Unterkunft in Kauf. Inzwischen machen sich die ersten Luxushotels breit und Rayong schickt sich langsam an, ebenfalls zum international bekannten Ferienziel zu avancieren.
● **Ko Samet,** nahe zu Rayong gelegen, ist ein wahres Inselparadies mit herrlichen Stränden, Korallenriffen und klarem Wasser, das zu gewissen Zeiten allerdings unter starkem Besucherandrang und der Malaria-Gefahr leidet.
● **Ko Chang Marine Nationalpark,** ein Archipel von 52 Inseln (darunter Chang, die zweitgrößte des Landes), ist kurz vor der kambodschanischen Grenze die letzte gute Gelegenheit, sich an verschwiegenen Stränden inmitten einer herrlichen Landschaft zu erholen. Die Wassersportbedingungen sind vorzüglich, Unterkünfte nur begrenzt vorhanden (Bungalows, Zelte). Ein Wermutstropfen ist auch hier die Malaria-Gefahr und die Belästigung durch Sandflies.

3.2.6 DIE BERGSTÄMME

Der überwiegenden Mehrheit der Thai (ca. 80%) stehen im Königreich einige ethnische Minderheiten wie Chinesen, Malaien, Inder und Khmer gegenüber (vgl. KAPITEL 2.2.5). Auch die *hilltribes* oder 'Bergstämme' gehören dazu, die im offiziellen Sprachgebrauch *chao khao* (= Bergvölker) genannt werden. Unter den Minderheiten stellen sie mit schätzungsweise 500.000 Menschen die kleinste Gruppe und noch nicht einmal 1% der Gesamtbevölkerung. Im Gegensatz zu

ihrer zahlenmäßigen Bedeutsamkeit spielen sie jedoch für den Tourismus in den Nordprovinzen eine überaus wichtige Rolle. Davon kann sich jeder überzeugen, der durch Chiang Mai, Chiang Rai oder Mae Hong Son spaziert, wo inzwischen Hunderte von Organisationen Trekking-Touren, Busausflüge oder Bootsfahrten zu den Bergstämmen anbieten. Neben dem Naturerlebnis, den farbenfrohen Trachten und der 'verbotenen Welt' des Mohnanbaus (= Opium-Produktion) ist die Urwüchsigkeit der Lebensumstände das größte Verkaufsargument solcher Ausflüge. Bisweilen wird ganz offen mit Schlagworten wie "*really primitive*" geworben, und auf Bildern präsentiert man z.B. Akha-Frauen (neben Affen und Elefanten) als 'Wilde'. Kein Zweifel: die Bergstämme werden als 'Attraktion' vermarktet, und kaum ein Besucher des Nordens kehrt ohne ein Foto von einem 'ursprünglichen' Bergdorf zurück. Deshalb lohnt es sich, ein wenig ausführlicher auf diese Menschen, ihre Kultur und ihre soziale Lage einzugehen.

Im historischen Rückblick ist der Ausdruck "Bergstämme" insofern irreführend, als es hier um Einwanderer geht, die ursprünglich nicht die unzugänglichen Gebirgsregionen bevorzugt hatten. Erst durch den Druck der Thai, die von sich aus in die wenig besiedelten Gebiete des Nordens vordrangen, wurden die Stämme in die am wenigsten attraktiven Regionen abgedrängt. Diesen Prozess kann man ja überall auf der Welt beobachten, wenn 'zivilisierte' Siedler auf Schwächere stoßen. Heute wiederum werden die Stämme aus politischen und ökologischen Gründen verstärkt zur Umsiedlung in die Ebenen angehalten, so daß auch im aktuellen Zusammenhang kaum noch von *Berg*stämmen gesprochen werden darf. Jedenfalls sind (mit Ausnahme der Lua/Lawa) alle diese Gruppen innerhalb der letzten 200 Jahre eingewandert, und zwar zumeist als Flüchtlinge aus politischen oder sozialen Krisengebieten. Ihre Geschichte weist allerdings viel weiter zurück, z.T. in den Tibet und vor allem nach China. Schon vor 800 Jahren waren sie dort den Mordzügen des Dschingis Khan ausgesetzt, denen sie nach Süden auswichen – so wie im 19. Jahrhundert der chinesischen Zentralgewalt und im 20. Jahrhundert den kommunistischen Machthabern. Die Umwälzungen in China, der Vietnamkrieg, der Völkermord in Kambodscha, Putsche, Hunger und Aufstände in Laos und Myanmar – all das sind verständliche Gründe für diesen Massenexodus. Und da sich die sozialen Zustände nur unwesentlich geändert haben, gibt es auch heute noch einen tagtäglichen Zustrom von Menschen, die den 'Bergstämmen' zuzuzählen sind.

Thailand ist also nicht deren ausschließliches Siedlungsgebiet. Die Karen etwa, die die Hälfte der Gesamtpopulation stellen, stehen jenseits der Grenze in Myanmar unter Waffen, wo sie durch einen Guerillakrieg mit der Zentralregierung einen eigenen Staat errichten wollen. Und zusätzlich zu den in Thailand siedelnden Meo leben 50.000 von ihnen in Flüchtlingslagern an der laotischen Grenze, genauso wie etwa 10.000 Yao. Es gibt übrigens keine übergeordnete politische Organisation oder Interessenvertretung dieser Menschen. Innerhalb der Stämme hat immer noch der Vorstand der Sippe oder des Familienverbandes die höchste Autorität. Und ein Zusammenschluß verschiedener Stämme scheitert zwangsläufig an den großen Unterschieden, die manchmal bis zur offenen Feindschaft eskalieren.

Diese Tatsachen bedeuten, daß der Assimilierungsgrad der Bergstämme sehr gering ist. Viele ihrer Mitglieder sprechen nur die eigene Sprache und verstehen noch nicht einmal Thai. Und nur ein Fünftel von ihnen besitzt die thailändische Staatsbürgerschaft, während der Rest als 'illegale Einwanderer' jederzeit der Willkür der Behörden ausgesetzt ist. Dies hat auch zur Folge, daß das Land, das sie bewirtschaften, ihnen nicht gehört und sie keinerlei Rechtsansprüche darauf haben. Nun wäre mit etwas gutem Willen ja eine Integration der Bergstämme in den thailändischen Staat mit seinem Wirtschaftswunder durchaus denkbar. Bislang scheiterten solche Versuche, und zwar aus mehreren Gründen. Erstens sind die soziokulturellen Unterschiede doch erheblich: ihr Lebensalltag, ihre Religion, Sprache und Denkweise hat nur wenig mit der modernen Thai-Nation zu tun. Eine Integration wäre gleichbedeutend mit der Aufgabe der Stammesidentität und kann so auch von den Bergvölkern selbst nicht gewollt sein. Zweitens sind die Stämme als ethnische Minderheit gerade deswegen den Vorurteilen der Thai ausgesetzt, die sie immer noch als 'unzivilisierte Wilde' abqualifizieren. Dazu kommt, daß die großen ökologischen Probleme des Nordens – Brandrodung, Entwaldung, Verkarstung und Bergrutsche – seitens der Thai den Bergstämmen angelastet werden. Dies stimmt jedoch nur zum Teil, denn der Straßenbau, die industrielle Erschließung und der (verbotene) Holzeinschlag tragen mindestens ebenso zu den Problemen bei. Genauso könnte man übrigens die Thai darauf aufmerksam machen, daß sie selbst nicht die 'Urbevölkerung' darstellen und als Immigranten ins Land gekommen sind – ihr ständiges Verweisen auf die 'illegale Einwanderung' der Bergstämme greift deshalb nicht richtig!

Zukunft ungewiß ...

Die soziale Lage der *hilltribes* ist überall da miserabel, wo sie noch in den Wäldern der Gebirgsregionen leben. Die meisten ihrer Dörfer liegen weit abseits jeder Verkehrsverbindung, und ihre Bewohner müssen die Produkte stundenlang durch die Wildnis schleppen, um sie auf den Märkten anbieten zu können. Oft ist es die blanke Not, die einige Eltern veranlaßt, ihre Töchter für einige hundert Baht oder ein Fernsehgerät an Bordelle im Süden zu verkaufen oder sie japanischen Heiratsvermittlern zu übergeben. Auch der Anbau von Schlafmohn (*papaver somniferum*), aus dessen Saft Opium (bzw. später Heroin) gewonnen wird, dient nur bedingt dem Eigenbedarf, sondern hauptsächlich dem Verkauf. Bei dieser relativ sicheren und leichten Einnahmequelle ist es verständlich, daß die *Montagnards* von den Anstrengungen der Regierung nicht begeistert sind, den Mohnanbau mit restriktiven Maßnahmen einzudämmen. Solange die angebotenen Alternativen zum Opium (Blumen, Reis, Obst, Früchte) zeit- und arbeitsaufwendiger sind und längst nicht so viel einbringen, ist der Erfolg dieser Bemühungen nur begrenzt. Bei ihrer mißlichen Lage kann man die Bevölkerung verstehen, daß sie den Maßnahmen der Regierung – Zerstörung der Felder, Verhängung drakonischer Strafen – zu entgehen sucht, indem sie den Schlafmohn-Anbau jenseits der Grenzen betreibt, wo sie zudem durch die Truppen des legendären Opium-Königs Khun Sa einen gewissen Schutz genießen... (vgl. zum Mohnanbau KAPITEL 6.2.7).

Wie also sehen die Zukunftsperspektiven aus? In Thailand arbeitet man fieberhaft an der ökonomischen und touristischen Erschließung der Bergregionen. Durch viele Aktionen und Anreize versucht man, den oben genannten Ersatz für die Opium-Produktion attraktiv zu machen. Das zweite Problem ist der traditionelle Wanderfeldbau mit Brandrodung, von dem eine große ökologische Gefahr ausgeht. Schon heute sehen etliche Bergkuppen, wo sich früher die Baumriesen des Regenwaldes ausbreiteten, wie eine verödete Landschaft aus. Die Anbaumethode der Bergvölker erschöpft die Böden einfach zu schnell, fördert die Entwaldung und provoziert damit die Bergrutsche und Verwüstungen der letzten Jahre. Es ist also notwendig, erstens aufzuforsten und zweitens die Methoden einer permanenten Landwirtschaft zu vermitteln, die gleichzeitig einen Schutz vor weiterer Erosion bieten kann. Beispielsweise ist der Anbau von Ananas auf den steilen

Hängen dafür gut geeignet. Daneben bemüht man sich, immer mehr *hilltribes* in die tiefergelegenen Regionen zu locken, wo sie in festen Siedlungen leben und als Arbeiter in Fabriken oder in der herkömmlichen Thai-Landwirtschaft ein Auskommen finden sollen. Diese Art der 'Domestizierung' verlangt freilich von den ethnischen Minderheiten, sich anzupassen und ihre Traditionen aufzugeben. Gerade das ist es aber, was dem Tourismus – immerhin der größte thailändische Devisenbringer! – abträglich wäre. Denn die ausländischen Besucher wollen ja gerade die Ursprünglichkeit der Bergstämme erleben, einschließlich ihrer Trachten, ihrer archaischen Kultur und ihrer eigentümlichen Dorfgemeinschaften. Deswegen wird ein nicht geringer Teil der Clanmitglieder hier ein neues Betätigungsfeld finden: als Kunsthandwerker, Trekkingführer, Begleiter auf Elefantenritten, Gastwirte oder Folkloretänzer. Wie bei den skandinavischen Lappen oder den nordamerikanischen Indianern darf man dann freilich keine innere Beteiligung der Betroffenen erwarten oder meinen, die 'vorgeführten' Bergstämme lebten wirklich so, wie sie sich geben.

Trotz aller Show ist es damit aber immerhin möglich, wenigstens einige äußere Formen der Bergstamm-Kultur zu erhalten. Die ersten Auswirkungen solcher Umstrukturierungen sind Dörfer, deren einzige Lebensgrundlage der Fremdenverkehr ist. Hier findet der Tourist einen Souvenirstand neben dem anderen und Frauen in Trachten, die sich nur für Geld fotografieren lassen. Manchmal werden bereits nur noch bei Ankunft eines Busses die mächtigen Bambuspfeifen angesteckt und die Kinder wieder ausgezogen, damit der gewünschte 'Naturzustand' geliefert wird. Da die meisten Agenturen für "*hilltribe-tours*" eine ähnliche Wegstrecke haben (u.a. wegen der spärlichen Straßen), geben sich in solchen Siedlungen die

Besucher sozusagen die Türklinke in die Hand und verwandeln die Dorfstraße für wenige Stunden am Tag in einen Jahrmarkt. Dies kann man bedauern, sollte aber auch bedenken, daß die Bergstämme ein Recht darauf haben, an den 'Segnungen' des Tourismus teilzunehmen. Und 20 BHT für ein farbenprächtiges Frauenporträt sind ein geringer Preis angesichts der Tatsache, daß die Einwohner der wirklich ursprünglichen Dörfer, zu denen man nur auf tagelangen Wanderungen hingelangt, eine natürliche Scheu vor fotografierwütigen Besuchern haben! Ohne Transportprobleme kann man die Bergstämme auch in den touristischen Zentren des Nordens erleben, beispielsweise im *"Hilltribe Cultural Centre"* in Chiang Mai mit seinen Folkloreveranstaltungen, auf den Märkten und in eigens eingerichteten Kunsthandwerkstätten. Nahe Chiang Rai hat das Thailändische Fremdenverkehrsamt sogar ein originalgetreues Bergstamm-Dorf wieder aufbauen lassen...

Unter den Thai haben die Bergstämme nicht viele Freunde; zu groß sind die gegenseitigen Mißverständnisse und Vorurteile. Die populärste Fürsprecherin jedoch ist die greise **Königinmutter**, Mae Fah Luang. Durch ihr Interesse und ihren unermüdlichen Einsatz für die Belange der Betroffenen wurde die über 90jährige zu einer Art Schutzpatronin, die selbst das Verhältnis zu den *Montagnards* als "Mutter-Kind-Bindung" sieht. Die agile Frau mit ihrem typischen grünen Baret auf dem Kopf machte sich für die Einrichtung von Gesundheitszentren und Schulen, für den Bau von Straßen, für die Verbesserung der Wasserversorgung und die Umstrukturierung der Landwirtschaft stark.

Seitdem sich Mae Fah Luang um diese Probleme kümmert, durchstreiften Scharen von Zahnärzten zur kostenlosen Behandlung die Bergwälder, wurden Zehntausende von neuen Bäumen in die Ödnis der Brandrodungsfelder gepflanzt. Eine notwendige Änderung gesellschaftlicher Normen versucht sie bei den Bergstämmen u.a. durch die Initiierung von Frauengruppen zu erreichen. Dabei ist der Königinmutter bewußt, daß ein völliges Aufgehen der Bergstämme in der Thai-Gesellschaft weder praktikabel noch wünschenswert ist.

Deswegen setzt sie alles daran, in besonderen Projekten deren Kultur, Sitten, Gebräuche und Kunsthandwerk zu erhalten und gleichzeitig der kommerziellen Nutzung (Tourismus!) zuzuführen. Kein Wunder, daß sie dergestalt von den *Montagnards* als ein Wesen zwischen "Göttin" und "Mutter" verehrt wird. Und dies um so mehr, als sie in ihrem rustikalen Holzpalast auf dem Berg Doi Thong — an der Grenze nach Myanmar und am nördlichsten Punkt des Landes gelegen — nun tatsächlich in ihrer Mitte wohnt. Abgesehen von regelmäßigen Kuraufenthalten in der Schweiz ist ihr der Norden Thailands zur Heimat geworden. Früher schwebte sie regelmäßig mit dem Hubschrauber ein, seit einigen Jahren hat man vom Highway 110 aus eine Laterit-Serpentinenstraße auf den Doi Thong gebaut.

Bei der Frage nach der traditionellen Kultur und Lebensweise der Bergstämme, wie sie in Zukunft kaum noch unverfälscht angetroffen werden kann, stößt man sowohl auf Gemeinsamkeiten als auch auf Unterschiede. Immerhin gibt es etwa 20 verschiedene *hilltribes*! Für den Touristen mag dabei verwirrend sein, daß sehr häufig identische Stämme unterschiedlich bezeichnet werden. Das hängt damit zusammen, daß die Thai in ihrer Sprache den Bergvölkern (manchmal nicht gerade schmeichelhafte) Namen gegeben haben, diese selbst aber natürlich ihre eigene Bezeichnung bevorzugen. So nennen sich die **Meo** selbst *"Hmong"*, was soviel wie "freie Menschen" bedeutet. Die **Lahu** werden von den Thai *"Musur"* oder *"Musoe"* genannt, die **Lisu** *"Lisaw"*, die **Akha** *"Kor"* oder *"Igor"* und die **Karen** *"Kariang"* bzw. *"Yang"*. Die **Yao** nennen sich selbst *"Mien"*, während der kleine Stamm der **Mabri** auf Thai *"Phi-Thong-Luang"* heißt, was als "Gelbe Bananenblätter-Menschen" übersetzt werden kann.

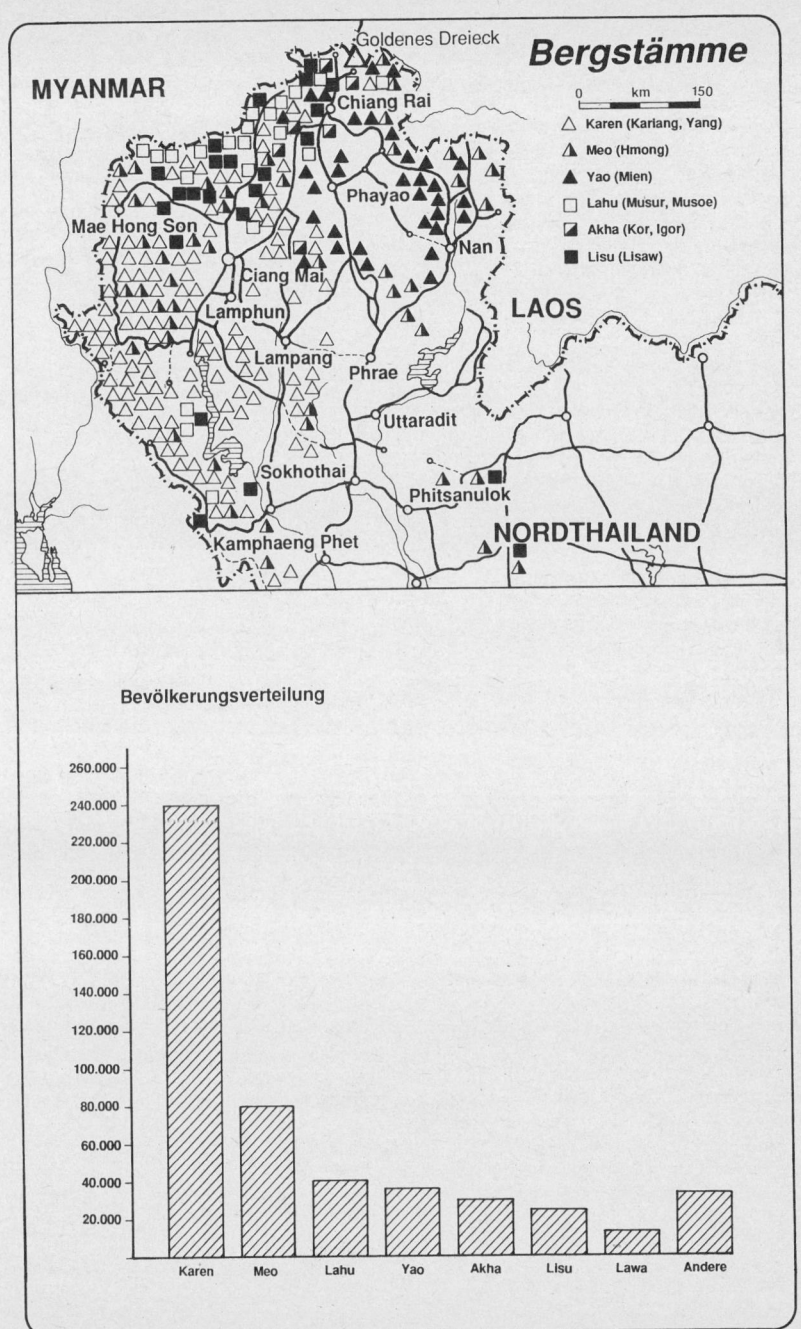

Bergstämme

MYANMAR

Goldenes Dreieck

Chiang Rai

0   km   150

△ Karen (Kariang, Yang)
◮ Meo (Hmong)
▲ Yao (Mien)
☐ Lahu (Musur, Musoe)
◪ Akha (Kor, Igor)
■ Lisu (Lisaw)

Phayao

Mae Hong Son

Nan

Ciang Mai

LAOS

Lamphun

Lampang

Phrae

Uttaradit

Sokhothai

Phitsanulok

Kamphaeng Phet

NORDTHAILAND

Bevölkerungsverteilung

260.000
240.000
220.000
200.000
180.000
160.000
140.000
120.000
100.000
80.000
60.000
40.000
20.000

Karen   Meo   Lahu   Yao   Akha   Lisu   Lawa   Andere

185

Ihnen allen ist gemeinsam, daß sie eigentlich bäuerlich sind, einen sehr engen Familienverband haben, z.T. prächtige Trachten besitzen und sich in ihrer Religion ein großer Anteil an animistischer Geisterbeschwörung und Ahnenkult bewahrt hat. Die Unterschiede werden sichtbar, wenn man danach fragt, *wie* im einzelnen die Nationaltracht, die Architektur, die Sprache, die Religion oder die Gesellschaftsstruktur beschaffen sind. Wer in seinem Urlaub einen längeren Abstecher zu den *hilltribes* vorhat, sollte sich zunächst darüber informieren. Dies tut man am besten in Städten wie Chiang Mai oder Chiang Rai, wo die Buchläden über entsprechende Literatur verfügen oder in den Kulturzentren nähere Auskünfte erhältlich sind. Oft hilft es auch, wenn man in aller Ruhe die Postkartenmotive studiert und dann anhand der Kleidung einzelne Stämme identifizieren kann. Die bekanntesten unter ihnen seien im folgenden kurz charakterisiert:

Die Karen (Kariang)

Mit etwa 240.000 Menschen stellen die Karen nicht nur etwa die Hälfte der Gesamtbevölkerung der Bergstämme, sondern verfügen auch über das am weitesten ausgedehnte Siedlungsgebiet. So trifft man sie entlang der Grenze nach Myanmar, und zwar vom Goldenen Dreieck bis hinunter nach Kanchanaburi, aber auch noch weiter südlich (z.B. in der Nähe von Phuket), und in Zentral-Thailand leben einige ihrer Gruppen. In diesem Sinn sind sie eigentlich kein 'Bergvolk',

da ihre Heimat neben den hochgelegenen Wäldern vor allem die weiten Täler darstellen. Die Karen werden den tibeto-burmesischen Völkern zugerechnet und wanderten im Lauf der letzten 200 Jahre von Burma aus nach Thailand ein. Nach den Lua und Thai sind sie damit die älteste Gruppe, die im Norden des Landes siedelt. Wo aber ihre eigentliche Herkunft liegt, weiß keiner so recht zu sagen. In ihren Mythen und Geschichten heißt es dazu lapidar: "*Wir wissen nicht, woher wir stammen. Irgendwo auf dem langen Weg ist es uns entfallen – wir schliefen ein und haben es vergessen!*"

Karenkinder

Die Karen können in einzelne Unterstämme unterteilt werden, von denen der der sog. Weißen Karen der bedeutendste ist. Sie gelten als fleißige Bauern und Viehzüchter, denen vor allem an einer harmonischen Beziehung untereinander und zu den Nachbarn gelegen ist. Zur Bandbreite ihrer landwirtschaftlichen Arbeit gehören Reis, Zitrusfrüchte, Baumwolle und Gemüse ebenso wie die Elefanten-, Rinder-, Wasserbüffel-, Schweine- und Geflügelzucht. Ihre Dörfer in den Bergen machen immer einen sauberen, gepflegten Eindruck. Und da sie bereits länger in Thailand leben und zudem auch in den Ebenen siedeln, ist das Verhältnis zwischen Karen und Thai im großen und ganzen ein nachbarschaftliches und von gegenseitiger Annäherung bestimmt. Dazu tragen auch die vielen Mischehen bei. Unter solchen Umständen war die eigentümliche Kultur des Stammes nur schwer zu bewahren: Der alte Geisterglaube ist inzwischen mehrheitlich vom Buddhismus abgelöst worden, aber auch auffällig viele Kirchen zeugen vom Erfolg christlicher Missionierungstätigkeit. Und die ursprünglich mutterrechtlich organisierten Clans mußten sich zwangsläufig der Thaigesellschaft anpassen.

Seit einigen Jahren haben sich im nordwestlichen Grenzgebiet die Spannungen zwischen den Karen und der regulären Armee von Myanmar verschärft. Während Bangkok den Stämmen in dieser Region eine relative Autonomie zugestand, ist die Regierung in Rangoon fest entschlossen, den Widerstand der Karen-Kämpfer zu brechen. Dies bedeutet ein immer wiederkehrendes Aufflackern des Dschungelkrieges und sollte westliche Besucher von allzu sorglosen Reiseplänen – womöglich noch auf eigene Faust – abhalten.

Die Meo (Hmong)

Die Meo bilden mit etwa 80.000 Stammesmitgliedern die zweitstärkste Gruppe (16%) unter den Bergstämmen. Auch ihre ursprüngliche Heimat ist ungewiß, wird

aber von den meisten Forschern in Tibet vermutet. Nach einem fehlgeschlagenen Aufstand gegen die chinesische Regierung wanderten die Meo in der Mitte des 19. Jahrhunderts nach Laos und Vietnam ein, von wo aus einige innerhalb der letzten 100 Jahre nach Thailand eindrangen. Hier leben sie vorwiegend in den Provinzen Chiang Mai und Chiang Rai entlang der Grenze nach Laos, aber auch in anderen Regionen bis hinunter nach Kamphaeng Phet, und in der Zentralen Ebene findet man ihre Dörfer. Wie

Meo

die Karen bilden auch die Meo mehrere Untergruppen (Weiße Meo, Blaue Meo), die in Siedlungsstruktur und Kleidung voneinander abweichen. Ihnen gemeinsam ist ein stark ausgeprägtes und auf Unabhängigkeit bedachtes Selbstbewußtsein, was sich auch in ihrem Volksnamen ausdrückt: *Hmong* nennen sich die Meo selbst, was 'freie Menschen' bedeutet – also genau wie das Wort "Thai"...

Traditionell ziehen die Meo die Höhenlagen des gebirgigen Nordens ab einer Höhe von 1.000 Metern vor, wo sie als Bauern Mais und Bergreis anbauen sowie Schweine, Pferde und Geflügel züchten. In der ursprünglichen Lebensweise genossen Jugendliche eine weitgehende sexuelle Freizügigkeit – bis zur Hochzeit, die von den Familien arrangiert wurde. Geisterglaube und Schamanismus bestimmten die religiöse Vorstellungswelt, ergänzt durch viele Traditionen, die die Meo (wie die Yao und Lisu) aus ihrer chinesischen 'Zwischenheimat' mitgebracht haben. Andererseits war der Bergstamm durch seine Handelskontakte auch anderen Einflüssen relativ offen, was sich heute u.a. in Fremdsprachenkenntnissen (Thai, Englisch) äußert.

Den größten Umwälzungen sind die Meo in der Gegenwart ausgesetzt. Der traditionelle Mohnanbau, der hauptsächlich zum Verkauf diente, wird auf Druck der Thai zusehends durch Kaffee, Obst und Soja ersetzt. Der thailändischen Bestrebung zur 'Umerziehung' sind die Meo weitgehend gefolgt, ohne aber ihre Identität verloren zu haben. Die neuen Produkte bedeuten freilich auch eine Veränderung der Lebensweise, und immer mehr von ihnen ziehen in die Täler, wo sie auch Felder mit Naßreis bestellen können. Außerdem ist die Nähe zu den Städten, Märkten und Straßenverbindungen bei solchen Umzügen ein wichtiges Argument. Auf dem Nachtbazar in Chiang Mai etwa stellt dieser Stamm einen großen Teil der Anbieter.

Zu Zeiten des Vietnamkrieges wurden die Meo durch ihren Kampf gegen die kommunistischen Kräfte des *Pathet Lao* international bekannt. Die damals schon in Thailand lebenden Stämme waren zwar nicht in diese Kämpfe verwickelt, stammen aber aus der gleichen Gegend in Laos, nämlich den Bergwäldern um Luang Prabang.

Die Lahu (Musur, Musoe)

Der Stamm der Lahu, der zusätzlich in vier Untergruppen aufgegliedert werden kann, ist halb so stark wie der der Meo (ca. 40.000 Menschen) und macht gut 8% von Thailands *hilltribe*-Population aus. Seine Sprache ist entfernt mit dem Tibetanischen verwandt, was Rückschlüsse auf die Urheimat der Lahu zuläßt. In historischer Zeit wanderten sie aber nach Südwestchina, von wo aus die ersten Clans vor etwa 100 Jahren begannen, nach Nordthailand vorzudringen. Hier leben sie heute zu 90% in den Provinzen Chiang Mai und Chiang Rai, der Rest verteilt sich auf die Provinzen von Mae Hong Song, Kamphaeng Phet und Tak. Viele Thai halten die Musar oder Musoe, wie sie die Lahu nennen, für noch 'primitiver' als die anderen Bergstämme. Das kommt daher, daß vor nicht allzulanger Zeit der Stamm noch auf der Kulturstufe der Sammler und Jäger stand. Äußerlich heben 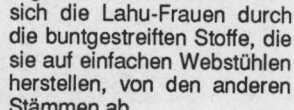 sich die Lahu-Frauen durch die buntgestreiften Stoffe, die sie auf einfachen Webstühlen herstellen, von den anderen Stämmen ab.

Lahu

Heutzutage haben die meisten von ihnen die Siedlungsgebiete über 1.000 m ü.d.M. verlassen und bauen in tieferen Regionen Gemüse, Trockenreis, Früchte und Gewürze an. Auch die Schweine- und Geflügelzucht ist verbreitet. Wie überall wird der traditionell betriebene Mohnanbau von den thailändischen Behörden stark eingeschränkt. Das gesellschaftliche Leben der Lahu kannte eigentlich nie, wie die anderen Stämme, eine patriarchalische oder mutterrechtliche Ausrichtung. Es gab auch keine Familiennamen, da vor dem Stamm alle Mitglieder gleich waren. Bei Verstoß gegen die internen Normen und Gesetze wurde man aus dem Stamm ausgeschlossen. Die Beziehungen zwischen Mann und Frau waren offen und sexuell freizügig. Zwar konnte der Mann mehrere Frauen haben, was in der Realität aber nur selten vorkam; stattdessen war es üblich, daß sich Männer von Frauen und Frauen von Männern trennten. Die religiösen Vorstellungen werden vom Glauben an Geister und an ein höchstes Wesen getragen. Dieser 'Erlöser', so der Glaube, wird in Zeiten der Gefahr zu den Lahu kommen und sie beschützen. Vielleicht hat diese Vorstellung dazu beigetragen, daß sich in Thailand unter keiner Volksgruppe das Christentum so stark verbreiten konnte wie bei diesem Bergstamm: mehr als 30% der Lahu, schätzungsweise 13.000 Personen, gehören der christlichen Kirche an.

Die Yao (Mien)

Mit etwa 38.000 Menschen stellen die aus China stammenden Yao etwa 7% der Bergstamm-Bevölkerung Thailands. Als sinotibetisches Volk sind sie am engsten

Yao

mit den Meo verwandt und haben wie diese das Königreich über Laos erreicht. Hier leben sie hauptsächlich in den Provinzen Chiang Mai, Phayao und Nan, während größere ethnische Gruppen von ihnen aber immer noch in Vietnam und China verblieben sind. Als einziger Bergstamm haben die Yao, die sich selbst Mien nennen, seit Jahrhunderten eine Schriftsprache, und zwar die ihrer chinesischen Herkunft. Darüber hinaus sind auch viele andere Traditionen und Gebräuche aus Südchina übernommen worden. Forscher glauben, daß der Dorfalltag der Yao dem des chinesischen Taoismus im Mittelalter sehr ähnlich sei. Kennzeichen dafür sind eine starre, hierarchisch aufgebaute Gesellschaftsordnung, feierlich begangene Zeremonien sowie eine pantheistische Religion mit aufwendigem (und teurem!) Ahnenkult. Die Ehen werden hauptsächlich unter ökonomischen Gesichtspunkten von den 'geeigneten' Familien geschlossen; andererseits ist Polygamie durchaus verbreitet. In der Großfamilie wie im Stammesverband herrschen z.T. sehr komplizierte Anstandsregeln. Neben dem Gebot der 'Schicklichkeit' ist auch die Freigiebigkeit eine moralische Größe.

Die bäuerlichen Yao, die übrigens einen traditionell großen Anteil am Opium-Anbau haben, sind geschickte Handwerker und Textilkünstler. Ihren schweren Silberschmuck an Ohren und Armen tragen sie nicht nur an Festtagen. Und die feinen Kreuzstich-Stickereien werden teilweise schon von kleinen Kindern angefertigt. Die besonders auffällige Tracht der Frauen besteht aus einem schwarzen, turbanartigen Kopfschmuck und einer roten Woll-Schärpe, die wie ein Pelzkragen um den Halsausschnitt gelegt wird. Daneben gehören zur Kleidung weite, bestickte Hosen und ein schwarzer Mantel.

Die Akha (Kor, Igor)

Die etwa 30.000 Akha gehören wie die Karen zum tibeto-burmesischen Volk und haben eine lange Zeit der Wanderung hinter sich. Wahrscheinlich stammen sie aus dem tibetanischen Hochland, von wo sie vor vielen Jahrhunderten in die südwest-chinesische Provinz Yünnan einsickerten. Von dort ging ihr Weg nach Laos und in die Shan-Gebiete des heutigen Myanmar. Vor etwa 90 Jahren begann ihre Einwanderung nach Thailand, die aber immer noch von Flüchtlingen aus Myanmar gespeist wird. Hier leben die Akha zu 90% in der Provinz Chiang Rai, und zwar in Höhenlagen von 1.000 Metern ü.d.M. und darüber. Einige ihrer Dörfer mit geschickt konstruierten Pfahlhäusern sieht man jedoch auch entlang

Akhafrau

des Mae Kok-Ufers. Als Bauern haben die Akha an den Berghängen Terrassen angelegt, wo sie neben Reis auch Hirse, Chilis, Knoblauch, Sesam, Mais und Gemüse anbauen.

Kennzeichen ihrer Stammesgemeinschaft ist eine patriarchalische Gesellschaft, die den Traditionen vielleicht mehr verhaftet ist als andere *hilltribes*. Im Mittelpunkt ihres religiösen Denkens steht der Ahnenkult. Die Akha verstehen sich als Bindeglied zwischen den Vorfahren, denen sie in jedem Haus Altäre errichten, und ihren Nachkommen. Alle Mythen und die Reihe der (männlichen!) Ahnen werden mündlich weitergegeben, wobei einige ältere Mitglieder in der Lage sind, einen erstaunlich langen Stammbaum vorzutragen. Die Ahnen, sie selbst und die Nachkommen gelten als lebende Bestandteile einer allumfassenden, von Geistern beseelten Welt, in der jedes Ding und jedes Wesen seinen bestimmten Platz hat. Dieses Eingebundensein in die Natur führte einerseits dazu, daß die Akha bei vielen Thai als 'Wilde' gelten; andererseits aber auch dazu, daß ihre Kultur stärker als die anderer Bergstämme durch die moderne Zeit gefährdet ist.

Bekannt sind die Akha auch für ihre sexuelle Freizügigkeit. Darauf weisen schon die geschnitzten Figuren hin, die man paarweise an ihren Dorfeingängen sieht und die mit deutlich hervorgehobenen und geschmückten Geschlechtsmerkmalen ausgestattet sind. In der Nähe befindet sich meist ein kleiner Platz, auf dem sich die Jugend in einer Art Spiel zur Partnerwahl trifft. Dieses muntere Treiben ist bis zur Hochzeit erlaubt, bei der (trotz der patriarchalischen Gesellschaftsstruktur) die Akha-Frauen sich ihren jeweiligen Partner selbst aussuchen können. Nach der Heirat beziehen die Eheleute für eine gewisse Zeit ein eigenes kleines Häuschen, später dann ziehen sie unter das ausladende Grasdach der Großfamilie zurück, wo nur noch nach Geschlechtern getrennt geschlafen werden darf.

Der ästhetische Anblick der schönen Menschen wird durch ihre prächtigen Trachten gesteigert, deren schwarze Stoffe mit farbenfrohen Ornamenten und Applikationen verziert sind. Besonders die Frauen legen großen Wert auf eine schöne Kleidung vom Kopf bis zu den Füßen. Am auffälligsten ist ihr Kopfputz, der oft bis über die Schultern herunterreicht und neben Schmuckelementen wie Muscheln, Wollquasten und Federn eine Vielzahl von (älteren oder modernen) Silbermünzen aufweist. Je nach Untergruppe wird er von einer hohen Silberplatte oder einem kegelförmigen Aufsatz bekrönt.

Die Lisu (Lisaw)

Wie die Lahu und Akha stammen auch die Lisu aus Südchina und wanderten seit der Mitte des 19. Jahrhunderts nach Burma (Myanmar) und von da aus erst im 20. Jahrhundert nach Nordthailand ein. Mit etwa 24.000 Menschen stellen sie mehr als 4% der *hilltribe*-Population. Die meisten von ihnen leben heute im unzugänglichen Bergland auf einer Höhe von ca. 1.000 Metern, und zwar zu 50% in der Provinz Chiang Mai, zu 25% in der Provinz Chiang Rai und zu 20% in der von Mae Hong Son. Der Rest verteilt sich auf ein riesiges Gebiet bis hinunter nach Sukhothai oder Kamphaeng Phet.

Das Stammesleben ist streng patriarchalisch aufgebaut. Den Vorfahren des Mannes gilt die religiöse Verehrung, ihnen werden in jedem Haus Altäre aufgestellt. Daneben glauben die Lisu an böse und gute Geister, die man beschwören und besänftigen bzw. durch Opfer und in Dorfschreinen ehren muß.

Der größte Festtag ist die Hochzeit, für die alle erdenklichen Arbeiten und monatelangen Vorbereitungen zu leisten sind. Das hält die reicheren Männer jedoch nicht davon ab, sich mehrere Frauen zu leisten, denen ein Großteil der Feldarbeit obliegt. Als Bauern betreiben die Lisu den ökologisch fragwürdigen Wechselfeldanbau, durch den sie sich mit Reis und Gemüse versorgen können. Außer ihren Frauen lassen sie dabei auch Angehörige anderer Bergstämme für sich arbeiten. Die größten finanziellen Erträge erzielten sie bisher jedoch durch den Anbau von Schlafmohn.

Wie die Akha schmücken sich auch die Lisu, insbesondere bei den Hochzeits-Feierlichkeiten, mit außerordentlich farbenfrohen Trachten, die oft in Patchwork-Technik hergestellt sind. Von besonderem Interesse ist bei solchen Anlässen der von den Frauen getragene kronenartige Turban.

Die Lawa (Lua)

Die Lawa werden in Thailand nicht offiziell als *hilltribe* bezeichnet. Zu Recht, denn immerhin wohnen sie schon seit dem 7. Jahrhundert n.Chr. in der Abgeschiedenheit ihrer Bergwälder, weitaus eher also als die Thai selbst im Lande sind. Trotzdem sind auch sie als rassische Gruppe insgesamt eingewandert (gehören also nicht zur 'Urbevölkerung') und müssen wegen ihrer Lebensweise und ihres Verbreitungsgebietes im Zusammenhang mit den Bergstämmen genannt werden.

Ihr Siedlungsraum liegt vornehmlich in den Bergen zwischen Mae Hong Son und Mae Sariang, wo sie als geschickte Reisbauern Terrassen angelegt haben. Für die Umweltschäden der Region sind die Lawa am wenigsten verantwortlich zu machen, da sie keine Brandrodung betreiben und ihre Wohnsitze beibehalten. Als uralte Splittergruppe des Mon-Volkes haben sie die austro-asiatischen Rassemerkmale bis heute am besten bewahren können. Gleiches gilt für ihre animistische Religion, die freilich im Lauf der Zeit mit Elementen des Buddhismus vermischt wurde. Im Gegensatz zu vielen anderen Bergstämmen sind die Lawa sexuell nicht sehr freizügig und lassen vor- oder außerehelichen Geschlechtsverkehr nicht zu.

Andere Bergstämme

Unter einer ganzen Reihe weiterer kleiner *hilltribes* sei an dieser Stelle nur auf zwei hingewiesen: Die **Thins**, die bei der Ortschaft Pua (Provinz Nan) und am Doi Phukka leben, sowie die **Mabri**, die in den Wäldern von Phrae und Nan siedeln. Die Mabri sind im letzten Jahrhundert aus Laos eingewandert, wo der Stamm immer noch am stärksten vertreten ist.

Buchtip
Wer einen herrlichen Bildband über die nördlichen Bergstämme mit nach Hause nehmen möchte, sollte in den Buchläden von Bangkok oder Chiang Mai nach dem Buch "Peoples oft the Golden Triangle" (von Paul & Elaine Lewis) fragen. Es ist gut 700 Seiten stark, hat phantastische Farbaufnahmen und einen Kommentar in Englisch und Deutsch. Eine ideale musikalische Begleitung liefert dazu die Kassette "Sounds of the Peoples of the Golden Triangle", die ebenfalls in Buch- oder Kunsthandwerksläden vertrieben wird.

3.2.7 MASSAGE, SEX UND GOGO-GIRLS

Eigentlich ist es nicht statthaft, in einer Kapitelüberschrift 'Massage' und 'Sex' gleichwertig nebeneinander zu stellen. Denn eines soll klar sein: **Die traditionelle Thai-Massage**, auch *Genuine Thai Massage, Original Thai Massage* oder *Ancient Thai Massage* genannt, ist eine über jeden Zweifel erhabene, alte Methode, den Kunden (Männern wie Frauen) Entspannung zu bieten. Dabei wird in einer etwa einstündigen Prozedur die Rücken-, Arm- und Beinmuskulatur gelockert, werden Finger und Zehen massiert und Kopfschmerzen weggezaubert. Dies ist nicht immer nur angenehm, sondern kann bei manchen Übungen bis zur Schmerzgrenze gehen. Solche Massagen werden in guten Hotels und an beliebten Stränden angeboten, aber auch in ausgewählten Tempeln (Kostenpunkt zwischen 150 und 300 BHT pro Stunde). Die wirklich guten Masseurinnen haben eine Ausbildung genossen, die auf alte medizinische und religiöse Schriften zurückgeht. Es ist deshalb nicht verwunderlich, daß die traditionelle Thai-Massage unter Aufsicht von Mönchen an Tempeln gelehrt wird, beispielsweise am *Wat Po* in Bangkok.

Wenn an Stammtischen aber das Wort "Massage" im Zusammenhang mit Thailand erwähnt wird, wird natürlich auf etwas ganz anderes angespielt, nämlich jene Spezialität der **Massagesalons**, bei der von "Hostessen" mit dem ganzen Körper massiert wird und bei der es überwiegend nicht bei der 'Massage' bleibt. Damit wären wir beim Thema **Sextourismus**, für den Thailand, mehr noch als Kenia oder die Philippinen, geradezu als Synonym stehen kann. Wer in Bangkok durch die Gassen von *Patpong* oder *Soi Cowboy* spazierte, wer das Nachtleben von *Patong* auf Phuket gesehen hat oder seinen Urlaub in Pattaya verbrachte, weiß, welche Blüten diese besondere Art des 'Fremdenverkehrs' treiben kann. Begonnen hat die sog. "Rest & Recreation"-Industrie mit den amerikanischen GIs, die im Korea- und Vietnamkrieg in Thailand nicht nur Militärbasen, sondern eben auch die Möglichkeit zur 'Entspannung' hatten. So bombardierte die US-Luftwaffe Anfang der 1970er Jahre von den Basen *U-Tapao, Ubon* und *Udon* aus Laos und Vietnam und machte quasi nebenbei das ehemalige Fischerdorf Pattaya zum größten Bordell der Dritten Welt. Noch heute besucht turnusmäßig die US-Navy Phuket und Pattaya, und 3.000 bis 8.000 Soldaten auf Landurlaub verhalten sich dann nicht anders als in den vergangenen Zeiten. Als die Amerikaner ihr militärisches Engagement nach der Niederlage 1975 beendeten, stand die Vergnügungs- und Sexindustrie kurzzeitig vor dem Bankrott. Als Ersatz wurden, unter maßgeblicher Beteiligung japanischer, deutscher, arabischer und Hongkonger Finanziers, Touristen ins Land gelockt, die binnen weniger Jahre das sog. Sexparadies Thailand zu einem umsatzstarken Markt werden ließen. Bereits 1980 gab es allein in Bangkok 120 Massage-Salons, genausoviele kombinierte Massage-/Teehäuser, 97 Nachtclubs, 248 'versteckte' Bordelle und 394 Disco-Restaurants mit angestellten oder freiberuflichen Prostituierten.

Trotz aller Diskussionen um "Sex-Kolonialismus" und der Aids-Gefahr boomt dieser Markt unverändert. *Farangs* aus den USA, aus Großbritannien und Frankreich, aus Deutschland und Skandinavien, aus den Alpenländern und den Benelux-Staaten – sie alle zieht es in Scharen zu den Massagesalons, 'Junggesellen-Hotels' und Bars in Pattaya, Phuket und Bangkok. Hinzu kommt ein von Westlern oft nicht wahrgenommener, aber in seinen Dimensionen mindestens ebenso großer Sextourismus aus den fernöstlichen Ländern, insbesondere aus Japan und Malaysia. Gerade die männlichen Besucher aus dem südlichen Nachbarstaat fliehen vor der puritanischen Strenge ihrer islamischen Heimat zu den Spielclubs und Bordellen in Südthailand, insbesondere in der Stadt Hat Yai. Und die Thai selbst – auch das darf nicht verschwiegen werden – frequentieren ihre eigenen Bordelle und Nachtclubs, die es an jedem größeren Ort im ganzen Lande gibt.

Nach einer 1991 durchgeführten Studie müssen 50% aller männlichen Thailand-Besucher (und ein Drittel aller männlichen deutschen Urlauber) den Sex-Touristen zugerechnet werden. Der größte Teil von ihnen reist alleine, und zwei Drittel nehmen dazu keine Leistung eines Reiseveranstalters in Anspruch (Quelle: Berliner Institut für Tourismus). Ihnen stehen schätzungsweise 1 Million Prostituierte zur Verfügung (davon die Hälfte in Bangkok), männliche wie weibliche, ältere und – vor allem! – sehr junge. Daß man im Königreich dieser Entwicklung zwiespältig gegenübersteht, ist verständlich. Denn immerhin ist der Tourismus der größte Devisenbringer, auf dessen Erträge man ohne weiteres nicht verzichten kann. Andererseits aber, so hat sich herausgestellt, verliert Thailand durch den Sextourismus potentielle Urlauber, die zwar gerne das Land kennenlernen würden, aber aus Reputationsgründen darauf verzichten und lieber ein anderes Reiseziel ansteuern! Sextourismus ist also nicht nur eine Geldquelle, sondern ebenso ein **Imageproblem** geworden. Dies mag wohl ein Hauptgrund gewesen sein, daß im April 1991 die neue Regierung Thailands der Sexindustrie offiziell den Kampf ansagte. Das Kabinettsmitglied Mechai Viravaidya meinte in diesem Zusammenhang ziemlich drastisch: "*Sextouristen sind bei uns künftig nicht mehr willkommen. Wir sagen ihnen, sie sollen heimkehren und – wenn sie schon unbedingt müssen – ihre eigenen Kinder und Frauen ausbeuten*" (Quelle: "Touristik Report", April 1991). Freilich sind solche Äußerungen nichts weiter als politische Absichtserklärungen, die alleine nichts bewirken. So kann man in Zukunft gespannt darauf sein, mit welchen Maßnahmen denn die Regierung den 'Kampf gegen die Unmoral' führen und gewinnen will. Erste Auswirkungen machen sich jedoch bereits bemerkbar: Das Reiseziel wird vom Tourismus-Ministerium und den staatlichen Fremdenverkehrsämtern zunehmend als "Destination für qualitativ hohen Urlaub" vermarktet. In Kampagnen werden besonders zahlungskräftige Golfer und Anhänger des Segelsports angesprochen. Und als neue Zielgruppe will die touristische Marktstrategie vor allem die Frauen berücksichtigen, denen im Königreich neben Stränden und Dschungel eine interessante Kulturlandschaft geboten wird und die auch gefahrlos alleine reisen können...

Doch zurück zum konkreten Erscheinungsbild des Sextourismus. Westliche Besucher, die zu diesem Zweck ins Land kommen, haben keine Schwierigkeiten, Prostituierte zu treffen. Meist sind sie durch Bekannte schon über das Angebot informiert und haben ein entsprechendes Hotel an einem entsprechenden Ort gebucht. Viele sind auch zum wiederholten Mal in Thailand und kennen sich im Milieu bestens aus; unter ihnen gibt es einige, die die Dame (oder den Mann) ihres Herzens bereits vorinformiert haben und dann während des Aufenthaltes auf ein Hotel gar nicht mehr angewiesen sind: sie ziehen für eine begrenzte Zeit in die Wohnung der/des Prostituierten. Dabei ist übrigens nicht ausgeschlossen, daß sich wirkliche Freundschaften entwickeln können, die teilweise zu einer Ehe führen. Die 'Neuankömmlinge' treffen die Prostituierten in Hotels jeglicher Kategorie, in Massage-Salons, Nachtclubs, Bars oder am Strand. Oder sie reagieren auf Anzeigen in Zeitungen und Touristenmagazinen, in denen *Hostessen* oder *female escorts* ihren *personal service* anbieten. Umgerechnet werden 30 bis 60 Mark pro Nacht gezahlt, wobei sich die Rate bei Buchung mehrerer Tage erheblich reduziert. Das alles findet im Rahmen der Illegalität statt, da Prostitution, so unglaublich das klingen mag, in Thailand offiziell verboten ist. Falls es mal Razzien geben sollte, was so gut wie nie vorkommt, haben aber nicht die Kunden, sondern die Mädchen das Nachsehen. Sie oder die Bordellbetreiber müssen aus diesem Grund einen kleinen Teil ihrer Einkünfte als Schmiergelder für korrupte Polizeibeamte einplanen.

Die Prostituierten kommen nur in seltensten Fällen aus jenem Ort, in dem ihr Arbeitsplatz liegt, sondern stammen mehrheitlich aus den armen Regionen des Landes, also dem Nordosten, dem Norden und dem tiefen Süden. Kein Besucher sollte sich in dieser Hinsicht selbst belügen: Es ist weder Zuneigung noch 'Liebe auf den ersten Blick' noch gar 'Spaß an der Sache', die die Mädchen veranlaßt, ein Gespräch zu beginnen und eindeutige Angebote zu unterbreiten. Sondern allein die soziale Notlage und Geschäftsinteresse treiben sie dazu, ihre Scheu zu überwinden und sich den fremden Männern anzubieten. Viele der Prostituierten leben dabei nicht schlecht und verdienen ein Vielfaches von dem gesetzlichen Mindest-Monatslohn, der umgerechnet 220 Mark beträgt. Sie können sich gute Kleider, komfortable Wohnungen und oft auch ein Moped oder Auto leisten und sind trotzdem noch in der Lage, durch regelmäßige Geldzuwendungen das Überleben ihrer Familien zu sichern. Und wenn sie Glück haben, treffen sie auf einen *farang*, der spendabel und nett ist, sie als *steady friend* für längere Zeit begleitet und ihre Menschenwürde respektiert. Es ist fast überflüssig zu sagen, daß unter den Prostituierten ein beträchtlicher Anteil männlichen Geschlechts ist, da auch viele Homosexuelle von der 'Exotik' des Sexparadieses angezogen werden. Erstaunlich jedoch bleibt die hohe Anzahl der Transvestiten oder sog. "Lady Boys", die mit Ausnahme des 'kleinen Unterschieds' das perfekte Aussehen einer attraktiven Dame besitzen und wohl so manchem Sextouristen eine Überraschung geboten haben werden.

Die Schau- und Spielplätze der "Rest & Recreation"-Industrie sind vielfältig. Genannt wurden schon die **Massagesalons**, die sich an den Touristenorten oft als riesige, moderne Unternehmen mit Hunderten von 'Angestellten' etabliert haben. Der Kunde kann in solchen Salons durch eine verspiegelte Scheibe die 'numerierten' Masseusen begutachten und dann seine Wahl treffen. Der gezahlte Preis berechtigt dann allerdings nur zu der gewünschten Massage. Freilich sind 99% der Mädchen bereit, nach preislicher Absprache mehr zu leisten, so daß man im Grunde die Massagesalons den Bordellbetrieben zurechnen muß.

Ein weiterer beliebter Treffpunkt sind die berühmten **Go-Go-Bars**, in denen leicht bekleidete Mädchen zu lauter Musik auf einem Laufsteg (mehr oder weniger gelangweilt) tanzen. Zwischen ihren Auftritten setzen sie sich zu den Gästen und lassen sich zu einem "*Lady's Drink*" einladen, der das Doppelte des normalen Preises kostet. Bei Gefallen kann der Freier dem Barbesitzer eine Auslösesumme (*Barfine*) von etwa 300 BHT zahlen und dann über das Mädchen eine Nacht lang verfügen. Auch hier müssen zwischen der Prostituierten und dem Freier anschließend weitere Arrangements getroffen werden. Go-Go-Bars gibt es außer in Bangkok und Pattaya auch auf Phuket und selbst schon in Chiang Mai. Sie sind i.d.R. auch deshalb gut besucht, weil sie akzeptable Getränke-Preise haben und die Kunden zu nichts verpflichtet sind. Es ist mit anderen Worten durchaus möglich, ein solches Lokal aufzusuchen, einen Drink zu nehmen und standhaft allen Angeboten zu widerstehen...

Daneben gibt es natürlich auch die 'normalen' **Bars**, die sich etwa in Pattaya endlos nebeneinanderreihen. Selbstverständlich ist die attraktive weibliche Belegschaft auch hier nicht anwesend, um in aller Ruhe ein Bier zu trinken. Gewöhnlich dauert es noch nicht mal eine Minute, bis ein alleinreisender Gast von Schönheiten umringt ist, die das Gespräch sehr schnell auf den Punkt bringen werden.

An den Zentren des Nachtlebens muß man dazu aber sein **Hotel** eigentlich gar nicht verlassen, da Portiers, Taxifahrer und andere Geschäftsleute bemüht sind, einsamen Menschen Gesellschafter/innen zuzuführen. Dies betrifft nicht nur die sog. 'Junggesellenhotels' (die bei örtlichen Touristikern auch als 'Sporthotels' geführt werden), sondern in Pattaya und einigen Stadtteilen von Bangkok praktisch jede größere Unterkunft. Unverblümt liegen dort z.T. Tarife aus, die die Mehrfachbelegung von Einzelzimmern regeln und je nach Hotel die Spanne von 0 bis 400 BHT umfassen.
Wer in lebhafterer Atmosphäre Abwechslung und/oder einen Partner sucht, frequentiert **Nightclubs** und **Diskotheken**, in denen ebenfalls Damen (und Herren) auf Kundenfang sind. Steht einem der Sinn nach den legendären **Sexshows**, sollte man beispielsweise im Vergnügungszentrum Patpong (Bangkok) die Treppenaufgänge zum zweiten Stock ansteuern. Dort wird auf einer Bühne Sex-Akrobatik dargeboten, deren Geschmacklosigkeiten bisweilen jedoch selbst Hartgesottene abschrecken. Im Gegensatz zu den ebenerdigen Etablissements wird hier meist auch eine *Cover Charge* von mehreren hundert Baht erhoben, selbst wenn davon auf Handzetteln, Werbeplakaten und von den Schleppern nie die Rede war.

Auch abseits der Bars, Clubs und Hotels können Sextouristen auf ihre 'Kosten' kommen. An den **Stränden** von Phuket und Pattaya etwa entpuppt sich so manche Strandschönheit als Professionelle. Und natürlich gibt es die Prostituierten, die auf der **Straße** ihrem Gewerbe nachgehen. Sicherlich ist bei diesen *hunting girls* die Gefahr noch größer als sonst, daß der Kunde ein Souvenir besonderer Art mit nach Hause nimmt!

Wirkliche **Bordelle** sind mehr oder weniger Thai und Malaiien vorbehalten und werden von *farangs* i.d.R. nicht aufgesucht. Die hier Beschäftigten müssen das wohl schlimmste Los in der Sexindustrie ertragen. Die Unterbringung ist menschenunwürdig (tatsächlich fand man dort bei Razzien angekettete Mädchen), und die Verdienste liegen weit unter den Möglichkeiten, die die Mädchen bei Westlern haben. In diesem Zusammenhang muß die Tatsache Erwähnung finden, daß Prostitution als weltweites Phänomen natürlich auch seit langem in Thailand ausgeübt wird und gewissermaßen ein Bestandteil der landeseigenen Kultur ist. Das 'älteste Gewerbe der Welt' dient traditionell den jungen, unverheirateten Männern, erste Erfahrungen zu sammeln. Und wie überall suchen auch einheimische Geschäftsleute gerne Bordelle oder einschlägige Clubs auf, in denen mehr geboten wird als kühle Drinks und anregende Shows. Es ist berechtigt, der thailändischen Gesellschaft seit alters her eine hohe 'Promiskuität' zu bescheinigen, wobei man nicht unbedingt an die Königshöfe mit ihrem riesigen Harem denken muß. Außerdem sind heutzutage auch Frauen in Bangkok bei Abwesenheit ihres Mannes durchaus nicht abgeneigt, bei gewissen Agenturen anzurufen und sich einen Seitensprung zu leisten.

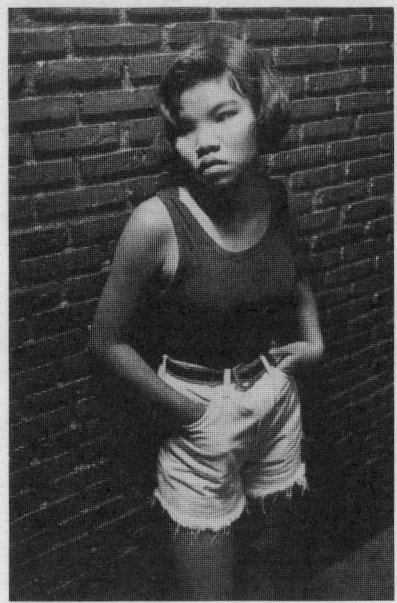

Kinderprostitution

Das wohl schlimmste Phänomen des Sextourismus ist die **Kinderprostitution**, bei der alle oben genannten Probleme in besonders krasser Form auftreten. Auch hier kommen die meisten der minderjährigen Prostituierten aus den armen Regionen des Nordens und Nordostens, wo sie von Schleppern oder ehemaligen Prostituierten angeworben werden. Ihren Eltern wird gesagt, daß sie einen leichten Job in einem Hotel oder einer Boutique erhalten würden.

Ob nun die Eltern über die wahre Tätigkeit nichts wissen oder einfach ihre Augen verschließen, sei dahingestellt. Ein 'Vorschuß' in Form eines Fernsehgerätes oder einiger hundert Baht-Scheine kann jedenfalls mögliche Bedenken sehr schnell zerstreuen. Und das regelmäßige Geld, das anschließend aus Bangkok oder Pattaya in den Norden fließt, wird manchen Nachbarn bewogen haben, seine Töchter ebenfalls in jenes Gewerbe zu entlassen, mit dem in vielen Dörfern Kinder die gesamte Familie ernähren. Es ist klar, daß für die Jüngsten die Konfrontation mit der käuflichen Liebe ein Schock sein muß. Und verweigern sie sich dann den Freiern, werden sie nicht selten unter Drogen gesetzt bzw. suchen von sich aus Zuflucht zu Alkohol, Heroin und Opium.

Gründe für Sex mit Kindern in Thailand gibt es auf Seiten der Freier viele. Außer jenen Päderasten, die ihre Neigungen im Westen nicht erfüllen können, sind immer mehr 'normale' Sextouristen dabei, die die Angst vor Aids zu Kindern treibt. Denn je jünger die Prostituierte ist, so die abstruse Begründung, desto geringer sei die Gefahr einer Ansteckung. Erwähnt sei in diesem Zusammenhang auch, daß besonders japanische Männer Thailand zu diesem Zweck aufsuchen, wo sie Höchstpreise für eine Entjungferung zahlen. Nach Schätzungen sollen von den etwa 1 Million Prostituierten 100.000 jünger als 14 Jahre sein. Derzeit sind im Königreich nur Kinder unter 12 Jahren gesetzlich geschützt, doch selbst an diese Grenze hält sich kaum einer.

Nachdem das wahre Ausmaß der Kinderprostitution in Thailand und das teilweise erschreckend junge Alter der Betroffenen der Öffentlichkeit bekannt gemacht wurde, werden im Land immer öfter Gruppen aktiv, die sich des Problems annehmen. Mitarbeiter von "Terres des Hommes" etwa besuchen die armen Bergdörfer, wo sie Eltern und Kinder vor den Schleppern warnen und ihnen alternative Verdienstmöglichkeiten aufzeigen. Und im Juni 1990 fand in Chiang Mai die internationale Konferenz "End Child Prostitution" statt, die von Kirchen, asiatischen Aktionsgruppen, der UNICEF und dem Genfer "Internationalen Büro für die Rechte der Kinder" getragen wurde.

Solche Aktivitäten haben endlich auch Auswirkungen auf die Politik. So legte 1991 Dr. Saisuree Chotikun, Ministerin der thailändischen Regierung, ein Gesetz vor, nach dem die Schutzgrenze für Kinder und Jugendliche auf 18 Jahre hinaufgesetzt werden soll, wobei besondere Polizei-Einsatzgruppen in Bars und anderen einschlägigen Orten die Einhaltung dieser Vorschrift überwachen sollen. Weiter wird verlangt, daß Prostituierte besonderen Schutz genießen, wenn sie vor Gericht als Zeugen gegen Zuhälter aussagen. Da die Kunden jedoch in den meisten Fällen Ausländer sind, darf die gerichtliche Belangbarkeit nicht im Flugzeug enden. Deswegen sollen, so die Meinung der Kinderschutzverbände, Musterprozesse im Ausland – wie z.B. in Norwegen schon geschehen – die thailändischen Bestrebungen unterstützen. In diesem Sinn wurde in Deutschland Ende 1991 ein Gesetzentwurf eingebracht, der Sex mit Kindern im Ausland unter Strafe stellt, auch wenn in dem betreffenden Land dieser erlaubt ist bzw. nicht dagegen vorgegangen wird!

Neben der im Lande stattfindenden Prostitution gehört ein in letzter Zeit immer wieder diskutiertes abstoßendes Phänomen zu diesem Thema, nämlich der **Mädchenhandel.** Damit sind nicht die heiratswilligen Frauen gemeint, die man in Europa per Katalog 'bestellen' kann, denn diese versuchen meist auf eigenen Wunsch, sich im Ausland eine Zukunft aufzubauen (oft stammen sie übrigens auch aus dem 'Milieu', wo sie gegen die jüngere Konkurrenz keine Chance mehr sehen). Hier geht es vielmehr um jene armen Mädchen, die von Schleppern in den unterentwickelten

15 brothel girls rescued

CRIME Suppression Division police raided a cafe-cum-brothel in Nonthaburi yesterday and rescued 15 girls forced into prostitution.

CSD police raided the four-storey shophouse in Soi Tabtim in Muang District which had the Orchid Cafe on the ground floor and some 20 rooms on the upper floors where prostitutes served customers.

The girls, aged 15 to 18, had been imprisoned there after being abducted with sleeping pills from Chatuchak Park, Sanam Luang and Mor Chit Bus Terminal or lured by illegal job agents in Wongwian Yai and Hua Lamphong, police said.

Regionen angeworben werden, um dann aber weder als Zimmermädchen in dem versprochenen Luxushotel noch in einem thailändischen Bordell zu landen, sondern die es weit schlimmer trifft: von professionellen Verbrecherringen werden sie mit den notwendigen Papieren versorgt (fingierte Ehen, um Einreisebestimmungen zu umgehen usw.) und dann als lebende Ware nach Manila und Tokio, nach New York, Frankfurt oder Amsterdam verschickt. Wie zu Zeiten des Sklavenhandels gehen sie dort in den 'Besitz' eines Bordells über, wo sie die hohen Provisionen, die die Schlepper kassierten, erst einmal abarbeiten müssen. In einer für sie völlig fremden Umwelt, ohne Papiere, Sprachkenntnisse und Aufenthaltsgenehmigungen, ist es für diese Thai-Frauen schwer, sich ihrem Schicksal zu entziehen. Viele von ihnen sind dabei für immer verschwunden, u.a. auch in den Harems einiger arabischer Länder.

Trotz aller weltweiter Kampagnen hat man nicht den Eindruck, daß der Sextourismus unter der **Aids**-Diskussion besonders leiden würde. Dabei lag 1991 nach Schätzungen der Weltgesundheitsorganisation (WHO) die Zahl der HIV-Infizierten in Thailand bei etwa 50.000 – im Vergleich zu 25.000 im Jahre 1989! Und die Zukunftsprognosen für das Jahr 2000 sind nicht nur düster, sie sind sogar rabenschwarz (vgl. KAPITEL 3.1, Stichwort "AIDS")! Da neben den Drogensüchtigen die männlichen und weiblichen Prostituierten die größte Risikogruppe darstellen, ist der Sextourismus zwangsläufig von diesem Problem betroffen. Bei Stichproben ergaben sich teilweise Zahlen von über 50% Aids-Infizierter in dieser Gruppe, unter den ärmeren Prostituierten in Chiang Mai sogar von 72%. Und genauso hoch ist der Anteil der Sextouristen, die noch nie ein Kondom benutzt haben – dies jedenfalls will eine unabhängige Kommission herausgefunden haben. Für ein solch verantwortungsloses Handeln ist selbst die Bezeichnung 'Russisches Roulette' noch untertrieben, da die infizierten Besucher als Multiplikatoren der Seuche zusätzliches Unheil anrichten können. Kein Wunder, daß es in einer Pressemitteilung der Kommission heißt: "Ohne den internationalen Tourismus hätte sich Aids weltweit niemals verbreiten können".

Positiv ist immerhin, daß die Gefahr in Thailand klar gesehen und in Massenmedien oder auf Plakaten zum Schutz aufgerufen wird. Inwieweit aber alle Appelle etwas nutzen, hängt auch davon ab, ob die *farangs* ihren Teil dazu beitragen. Denn das Interesse der Mädchen ist in erster Linie, Geld für den Lebensunterhalt zu verdienen; die Frage ihrer Gesundheit oder einer zukünftigen Lebensgefahr muß da zurückstehen. Inzwischen kann es alleinreisenden Männern übrigens passieren, daß ihnen in Bangkok oder Pattaya gutmeinende Thai den Titel des Bob Marley-Songs "No woman, no cry" zu "No girl, no Aids" umdeuten, anstatt sie mit eindeutigen Offerten zu überschütten!

Straßenmädchen mit Aids-Aufklärungsmaterial

3.2.8 EIN SCHWIERIGES KAPITEL: DIE THAILÄNDISCHE SPRACHE

Thailand-Besucher, die den mehr oder weniger englischsprachigen Bereich der Touristenhotels verlassen und sich aufmachen, das Land zu erkunden, werden sehr schnell mit einem Problem konfrontiert: die thailändische Sprache! Wer Hunger hat, einen bestimmten Ort erreichen will oder die richtige Verkehrsverbindung sucht, kommt zwar fast immer auch durch Gesten, Lächeln und mit einer guten Karte zum Ziel.

Aber es ist schon ein Manko, wenn man nicht grüßen, sich nicht bedanken oder gar ein Gespräch führen kann. Deswegen sollte man sich nicht von den fremdländischen Tönen abschrecken lassen, sondern einige grundlegende Vokabeln lernen. Dies wäre eine sinnvolle Beschäftigung beispielsweise für die lange Flugzeit nach Thailand. Außer den Höflichkeitsfloskeln sind hier vor allem die Zahlen gemeint, deren Kenntnis zum Rüstzeug für das Handeln gehört, ohne das ein günstiges Einkaufen schlichtweg unmöglich ist. Wer einige Sprachkenntnisse mit ins Reiseziel bringt, wird außerdem bemerken, wie freundlich die Thai darauf reagieren.

Freilich ist das Erlernen der thailändischen Sprache etwas ganz anderes als das von Italienisch oder Englisch. Nicht nur, daß die Schrift Fremden als ein Buch mit sieben Siegeln erscheint, auch das Sprach**system** hat so gar nichts mit dem unseren, also dem indoeuropäischen, gemeinsam. Da ist es ein schwacher Trost, daß wenigstens die **Grammatik** außerordentlich einfach aufgebaut ist. Zu den wichtigsten Bereichen dieser Sprache im folgenden einige Anmerkungen:

Die Herkunft

Sprachwissenschaftler bezeichnen das Thai als "sino-tibetische Sprache". Sie gehört damit der gleichen Familie an wie etwa das Chinesische und ist durch einsilbige Sinnwörter geprägt, von denen es etwa 400 gibt. Allerdings sind im Lauf der Zeit aus historischen und religiösen Gründen viele Vokabeln aus dem indischen Sanskrit und Pali sowie aus der Khmer- und Mon-Sprache hinzugekommen.

Die Schriftsprache

Die thailändische Schriftsprache wurde unter dem Sukhothai-König *Rama Khamhaeng* (1275-1317; vgl. KAPITEL 6.1.5) entwickelt und hat sich bis heute nur unwesentlich verändert. Im Gegensatz etwa zum Chinesischen ist sie eine Buchstabenschrift, hat also ein **Alphabet**. Das Repertoire ist allerdings weit größer als im Deutschen oder Englischen; es umfaßt nicht weniger als 44 Konsonanten, 14 Vokale und 22 Diphtonge. Immerhin schreibt man im Königreich wie bei uns: von links nach rechts und von oben nach unten. Wer es schaffen sollte, die Schreibweise der Buchstaben zu erlernen, hat dann noch mit der Schwierigkeit zu kämpfen, daß es keine vergleichbaren Satzzeichen gibt. Selbst einzelne Wörter werden zusammengeschrieben und nur die Sätze sind durch Zwischenräume voneinander getrennt. Ernsthaft kann und wird aber kein Thai verlangen, daß ein *Farang* diese hohe Kunst beherrscht. Übrigens gibt es auch eigene thailändische **Zahlen**symbole, die bis vor kurzem selbst auf Münzen und Geldscheinen ohne 'Übersetzung' angegeben waren. Inzwischen beherrscht jeder Thai auch unsere Zahlen, die zur offiziellen Schreibweise (Verkehrsschilder, Geld, Formulare, Zeitungen usw.) geworden sind.

Die Grammatik

Die Grammatik kann als äußerst einfach bezeichnet werden. Alles, was Schülern bei uns das Leben so schwer macht, hat man in Thailand einfach weggelassen. So gibt es weder Artikel noch Pluralformen, keine Vor- oder Nachsilben. Verben haben keine Deklinations-, Vergangenheits- oder Zukunftsformen. So wird der Satz "Ich traf ihn gestern nicht" zum "Ich nicht treffen ihn gestern" (*chan mai phop khao müa-waan-nie*). Die Worte sind also unveränderlich, wodurch sich die einfache Sprachstruktur ergibt. Die Frage "Wann kommst Du?" wird so zu "Ankommen wann?" (*maa müa rai*). Und da der Wortschatz insgesamt geringer ist als bei uns, können viele uns bekannte Vokabeln nur umschrieben werden; z.B. wird die Frage "Was kostet das?" ausgedrückt als "Preis wieviel?" (*tau rai*). Bei der Satzstellung wird immer die Reihenfolge Subjekt, Prädikat, Objekt eingehalten.

Die Aussprache

Das Schwierigste an Thai ist die Aussprache, da es fünf verschiedene Tonhöhen gibt, die über den Sinn eines Wortes entscheiden. Außer dem Mittelton (Normalton) gibt es einen fallenden und einen tiefen, einen steigenden und einen hohen Ton. So kann ein und dasselbe Wort eine völlig andere oder gar entgegengesetzte Bedeutung haben, je nachdem, in welcher Tonlage es ausgesprochen wird.

Die Reise- und Sprachführer sind voller Beispiele für solche Fallen, die dem *Farang* schnell zum Verhängnis werden können (was aber meistens mit großem Gelächter quittiert wird). Wenn etwa *maa* sowohl "kommen" (Mittelton), als auch "Hund" (steigend) oder "Pferd" (hoch) bedeutet, wird die unverfängliche Frage "Kommst Du mit?" ohne korrekte Aussprache sehr schnell zur wenig schmeichelhaften "Bist Du ein Hund?". Bekannt ist auch das Beispiel *mai*: Je nach Tonlage bedeutet dieses Wort "Seide", "neu", "verbrennen", "nicht" oder zeigt eine Frage an. Der Satz "Brennt neue Seide nicht?" lautet also auf Thailändisch *mai mai mai mai mai?*!

Dialekte und Ausdrucksweisen

Selbst wer sich die Mühe gemacht hat, die komplizierte Sprache zu lernen, hat damit immer noch keine Garantie, sich im Lande überall verständigen zu können. Erstens sprechen nämlich die ethnischen Minderheiten (Chinesen, Malaiien, Bergstämme usw.) ihre eigene Sprache und beherrschen nicht immer Thai. Zweitens aber gibt es im Land diverse Dialekte, die selbst Einheimischen Schwierigkeiten bereiten, wenn sich etwa ein Hauptstädter mit einem Thai aus dem Nordosten, Norden oder aus Phuket unterhalten will.
Die 'Hochsprache' (*pasah thai*), die an Schulen, Universitäten, im Wirtschaftsleben und in den Massenmedien gebraucht wird, ist eigentlich nichts anderes als der örtliche Dialekt von Bangkok. Darüber hinaus (dritte Schwierigkeit!) entscheidet auch die Zugehörigkeit zu einer bestimmten gesellschaftlichen Schicht darüber, wie man redet. Die einfachen Menschen sprechen einen von der Hochsprache abweichenden Umgangsslang (*pasah talad*), den man sich als Ausländer nicht angewöhnen sollte. Teilweise gibt es in ihm ganz eigene Worte, teilweise äußert er sich auch nur dadurch, daß etwa das 'r' als 'l' ausgesprochen oder einfach weggelassen wird. Der Klerus wiederum spricht eine abweichende 'religiöse Sprache', und am Königshof schließlich wird bei besonderen Staatsanlässen auf das altehrwürdige *rachasap* zurückgegriffen, das kein einfacher Thai versteht...

Sprachliche Eigenheiten

Natürlich hat Thai wie jede andere Sprache viele Floskeln und Eigenheiten, die hier nicht in aller Ausführlichkeit erörtert werden können. Insgesamt gilt, daß im Thailändischen eine blumige, metaphernhafte Ausdrucksweise vorherrscht und daß man, wie bei dem *Wai*-Gruß, sehr genau darauf achtet, welche Stellung der Gesprächspartner hat. Eine verheiratete Frau wird z.B. anders angeredet als eine unverheiratete oder ein junges Mädchen. Allgemein üblich ist aber, daß man im direkten Gespräch nur die Vornamen benutzt. Davor setzt man ein *khun*, was Herr oder Frau bedeuten kann. Wer sich eine Nachricht zukommen lassen oder bei Telefongesprächen weitervermittelt werden will, sollte auch als Ausländer seinen eigenen Vornamen oder den der gewünschten Person angeben, mit einem vorangestellten *khun*. Eine wichtige Höflichkeitsfloskel, die auch als positive Bestätigung ("ja") gebraucht wird, ist das *krap* oder *kah*. Die Geschlechtszugehörigkeit ist hierbei entscheidend. Männer sagen immer *krap* (in der Umgangssprache *kap*), Frauen immer *kah*. Also: männliche Personen grüßen mit *sawaddie krap*, weibliche mit *sawaddie kah*. Und das "Danke schön" heißt bei den Herren *kop kun krap*, bei den Damen *kop kun kah*...

Der Erwerb thailändischer Sprachkenntnisse

Welche Möglichkeiten gibt es, diese schwierige Sprache zu lernen? Am umfassendsten (und zeitaufwendigsten) ist natürlich der Erwerb aktiver und passiver Sprachkenntnisse, einschließlich der Grammatik und Sprachgeschichte. Wer sich so intensiv mit Thai beschäftigen möchte, kann das innerhalb eines ordentlichen Studiums etwa an den Universitäten Bonn, Frankfurt, Freiburg, Hamburg, München und Passau tun (in Hamburg besteht sogar die Möglichkeit zur Promotion). An Sprachkursen kann man innerhalb der Universitäten verschiedentlich als Gasthörer teilnehmen, so z.B. an der Universität Frankfurt (Tel.: 069-7982176). Daneben bieten das Deutsch-Asiatische Begegnungszentrum (Reichenbachstraße 33, 8000 München 5, Tel.: 089-2021285) und das Sprachlernzentrum Bonn (Tel.: 0228-735368) entsprechende Kurse an. Im Sprachprogramm der Volkshochschulen ist Thai nur selten zu finden, in der Vergangenheit aber beispielsweise an der VHS Tempelhof (1000 Berlin 15, Tel.: 030-7560-408) oder der VHS in 5010 Bergheim (Tel.: 02271-43382). Wer an Sprachkursen in Thailand teilnehmen will, sollte dies am besten in Bangkok tun. Hier gibt es verschiedene Schulen und Institutionen (z.B. Berlitz), die Ausländern entsprechende Angebote machen. Voraussetzung sind allerdings gute Englischkenntnisse. Empfehlenswert ist auch das "Language Center" der AUA (American University Alumni Association), 179 Ratchadamri Road, Tel.: 2527067.

Wer Thai im Selbstunterricht, d.h. mit Sprachführern, lernen möchte, hat das Problem, daß er die diffizile Aussprache nicht durch die Schrift erschließt – da sind auch die Zusatz-Zeichen (in englischen Wörterbüchern z.B. f= falling, l= low, r= rising und h= high) nicht immer hilfreich. Ich empfehle daher dringend, sich neben einem Sprachführer auch eine entsprechende Kassette zu besorgen. Wer sich am Zielgebiet mit der Sprache beschäftigt, sollte immer Einheimische nach der korrekten Aussprache fragen, bevor man sich womöglich ein völlig falsches Wort einprägt.

Buchtips

● Manfred **Kummer**: Thailändisch für Anfänger, Heidelberg 1985. Umfangreiches Buch (DM 29) mit 3 Kassetten (DM 144), vom gleichen Verfasser "Thailändisch für Fortgeschrittene"

● Rudolf/Rawiwan **Baierl**: Einführung in das Thai, 2. Aufl. Berlin 1988. Buch mit Kassette (DM 55)

● Hans **Kappe**/Ingbun **Thiensri**: Sprachführer Thai für Deutsche, Bangkok 1988. Der kleine Band mit nützlichen Redewendungen und einer Einführung in Sprache und Schrift kann über die Deutsch-Thailändische Gesellschaft bezogen werden (DM 25 inkl. Kassette)

● Klaus/Aranya **Rosenberg**: Thailändischer Schnellkurs, Weissenhorn 1988. Sprachkurs mit grammatischer Einführung (DM 68 inkl. Kassette)

● Martin **Lutterjohann**: Thai für Globetrotter, 5. Auflage Bielefeld 1990. Kleiner Band mit grammatischen Grundbegriffen und Redewendungen (DM 12,80). Zu dem Buch ist ebenfalls eine Kassette erhältlich (DM 12,80)

● Nanich **Jumsai**: Guide to Thai Conversation and Emphasis (All you need in Thailand), 2. Auflage Bangkok 1990, ca. 153 Seiten)

● Nanich **Jumsai** (Hrsg.): Wörterbuch Thai-Englisch. Guide to Thai Conversation and Emphasis (All you need in Thailand), 2. Auflage Bangkok 1990, ca. 153 Seiten)

Tip
Es gibt sogar eine zweisprachige Zeitschrift ("Saisampan"), die kostenlos an thai-/deutschsprechende Familien versandt wird und alle zwei Monate erscheint. Anfragen sind zu richten an den Kontaktkreis SAISAMPAN e.V., Lerchenweg 44, D-7255 Rutesheim 2.

Die Schreibweisen

Wegen der vielen thailändischen Buchstaben, die keine Entsprechung in westlichen Alphabeten haben, ist die Transskription nicht einheitlich geregelt. Häufig ist die Wiedergabe von Thai-Worten für die englische Aussprache gedacht, z.B. *sawasdee* für *sawaddie*. Gleiches gilt auch und besonders für die Schreibweise von Ortsnamen. Beispielsweise findet man neben der in diesem Buch gewählten Schreibweise *Ayutthaya* genauso auch *Ayuthaya, Ayuthia, Ayudhaya, Ajudhia* usw., oder anstelle von *Nakhon Si Thammarat* u.a. auch *Nakorn Srithamaraj*. Häufig werden die Silben von Ortsnamen, die hier zusammengeschrieben werden (*Namtok = Nam Tok*), in anderen Quellen getrennt und umgekehrt (*Khiri Khan = Khirikhan*).
Vor allem den Individualreisenden wird also bei der Betrachtung von Verkehrsschildern oder des Kartenmaterials Phantasie und Abstraktionsvermögen abverlangt.

(vgl. auch KAPITEL 3.1 unter Stichwort "SPRACHE")

Deutsch	Lautschrift	Thailändisch
Zahlen		
0	sung	ศูนย์
1	nüng	หนึ่ง
2	song	สอง
3	sahm	สาม
4	sih	สี่
5	hah	ห้า
6	hock	หก

7	dched	เจ็ด
8	bäd	แปด
9	gao	เก้า
10	sib	สิบ
11	sib et	สิบเอ็ด
12	sib song (usw.)	สิบสอง (และอื่น ๆ)
20	yi sib	ยี่สิบ
30	sam sib (usw.)	สามสิบ (และอื่น ๆ)
100	nüng roi	หนึ่งร้อย
150	nüng roi hah sib	หนึ่งร้อยห้าสิบ
200	song roi (usw.)	สองร้อย (และอื่น ๆ)
275	song roi dched sib hah	สองร้อยเจ็ดสิบห้า
300	sam roi	สามร้อย
1000	nüng pann	หนึ่งพัน
1500	nüng pann hah roi	หนึ่งพันห้าร้อย
2000	song pann	สองพัน

Wochentage

วันของสัปดาห์

Montag	wan dschan	วันจันทร์
Dienstag	wan ankahn	วันอังคาร
Mittwoch	wan put	วันพุธ
Donnerstag	wan pareu hat	วันพฤหัสบดี
Freitag	wan suk	วันศุกร์
Samstag	wan sau	วันเสาร์
Sonntag	wan atit	วันอาทิตย์
gestern	mua wan nle	เมื่อวานนี้
heute	wan nie	วันนี้
morgen	pung nie	พรุ่งนี้

Redewendungen

Guten Morgen, Guten Tag, Gute Nacht,		สวัสดีครับ/ค่ะ
Auf Wiedersehen	sawaddie, krab/kah	ราตรีสวัสดิ์/ลาก่อน
Wie geht es Dir?	kun sabei die luh	คุณสบายดีหรือ
Woher kommst Du?	kun pai nai mah	คุณไปไหนมา
danke	kob khun krab/kah	ขอบคุณครับ/ค่ะ
bitte sehr	schön, krab/kah	เชิญครับ/ค่ะ
ja, nein	tschei/mei	ใช่/ไม่
Was kostet das? (wie teuer?)	tau rai	เท่าไหร่

zu teuer	päng bai	แพงไป
sehr teuer	päng mag	แพงมาก
Nein, ich will/möchte das nicht	mai au/donggahn	ไม่เอา/ต้องการ
sehr gut	die mag	ดีมาก
schön	soey	สวย
Entschuldigung	koh tot	ขอโทษ
Das macht nichts	mai pen rai	ไม่เป็นไร
Spaß	sanuk	สนุก
klein, groß	lek/yai	เล็ก/ใหญ่
Ich habe keine Zeit	tschan mai mie welah	ฉันไม่มีเวลา
wo? (wo ist?)	tinei	ที่ไหน

Reise- und topographische Ausdrücke

Auto	lot jon	รถยนต์
Bad	hong nam	ห้องน้ำ
Bahnhof	satanie lot fei	สถานีรถไฟ
Bett	diang	เตียง
Berg	pu kao	ภูเขา
Boot	ruah	เรือ
Bucht	ao	อ่าง
Bus	lot mee	รถเมล์
Dorf	mubahn	หมู่บ้าน
Flughafen	sanahm bin	สนามบิน
Flugzeug	küang bien	เครื่องบิน
Fluß	menam	แม่น้ำ
Hotel	longlemm	โรงแรม
Insel	ko	เกาะ
Moskitonetz	mung	มุ้ง
Regen	fonn	ฝน
Sonne	pra atit	พระอาทิตย์
Stadt	muang	เมือง
Strand	tschei haad	ชายหาด
Straße	thanon	ถนน
Taxi	taksie	แท็กซี่
Toilette	hong suam	ห้องส้วม
Wasserfall	nam tok	น้ำตก
Wind	lomhong pak	ลม
Zimmer	hong pak	ห้องพัก
Zug	lot fei	รถไฟ

Lufthansa

**FLUGINFORMATION
THAILAND**

Was Sie in Thailand erwartet, sagt Ihnen dieses Buch. Was Sie von **Lufthansa** erwarten können, wenn Sie nach Thailand fliegen, verraten Ihnen die nachfolgenden Informationen.

Doch vorweg die Meinung des Verlags: nichts ist angenehmer als eine **nonstop - Verbindung.** Der weltweit anerkannte technische Standard der Lufthansa sowie der Einsatz modernsten Fluggeräts garantieren eine **sichere Anreise.**

 Lufthansa - Flüge nach und von Thailand

Lufthansa fliegt täglich (Sommer 1992) von Frankfurt nach Bangkok. Frankfurt ab 21.45 h, Bangkok an 13.30 h am nächsten Tag. Zusätzlich gibt es noch je 1 Flug am Mittwoch und Samstag; ab Frankfurt 10.40 h, an Bangkok 02.25 h am nächsten Morgen.

Zurück nach Deutschland fliegt Lufthansa täglich ab Bangkok um 00.30 h, Frankfurt an 07.00 h am gleichen Morgen. Zusätzlich gibt es noch je 1 Flug am Freitag und Montag; ab Bangkok 01.35 h, an Frankfurt 08.05 h.

Die Flugzeit von Frankfurt nach Bangkok beträgt etwa 10 Stunden und 45 Minuten, von Bangkok nach Frankfurt ca. 11 Stunden und 30 Minuten.

 Lufthansa - Vertretungen in Thailand

Lufthansa läßt Sie auch nach der Landung nicht allein. Das Lufthansa-Büro ist Ihnen gern behilflich:

Bangkok: Bank of America Building, 1st Floor, 2/2 Wireless Road, Bangkok 10330, Tel.: 255 / 0371, Fax: 255 / 0399

Flugpreise ab Frankfurt:

First Class (Hin- und Rückflug)	10.373 DM
Business Class (Hin- und Rückflug)	5.825 DM

Holiday - Tarife in der Economy Class (Hin - und Rückflug)		
Saisonzeit	**ab Frankfurt**	
20.04.92 - 30.06.92	1.642 DM	**kein Aufpreis für Zubrin-**
01.07.92 - 11.12.92	1.842 DM	**gerflüge ab deutschem**
12.12.92 - 27.12.92	2.518 DM	**Flughafen !!!**
28.12.92 - 11.04.93	1.842 DM	

Gültigkeit: 14 Tage / 3 Monate
Kinderermäßigung: Für Kinder bis 2 Jahre ermäßigt sich der anrechenbare Flugpreis um 90 %, Kinder von 2 bis 11 Jahre zahlen nur 33 %.

Taxi
Vom Bangkok International Airport bis zur Stadtmitte (ca. 32 km) gibt es einen Limousinen Service. Die Fahrt dauert etwa 60 Minuten und kostet 300 THB.

Zollvorschriften
Die Ausfuhr von Goldschmuck, Platin und Edelsteinen ist unbegrenzt möglich, nicht aber die von Buddha-Statuen (mit Ausnahme kleiner Amulette), Antiquitäten und Tierprodukten, die in der Liste des Washingtoner Artenschutzabkomens enthalten sind.

Währung- und Devisenbestimmungen
Nach den gegenwärtigen Devisenbestimmungen muß die Einfuhr von Fremdwährung in Höhe von mehr als 10.000 US$ (oder vergleichbaren Beträgen in anderen Währungen) bei der Einreise angemeldet werden. Die Ausfuhr von Baht ist auf maximal 500 BHT pro Person oder 1.000 BHT pro Familie (die mit einem Familienpaß reist) begrenzt.
Als Zahlungsmittel sind DM-Reiseschecks empfehlenswert.

Ein ausführliches Unterkunftsverzeichnis über Hotels und Gästehäuser erhalten Sie in Bangkok beim TAT - Büro, Ratchadamnoen Nok Ave., Bangkok, 10100, Tel.: 282-1143-7

Mit der Boeing 747-400 nach Thailand

Lufthansa fliegt mit der neuen Boeing 747-400 **nonstop** nach Bangkok, Thailand. Dem Passagier stehen alle 3 Flugklassen zur Verfügung: First -, Business- und Economy Class. **Vor** Ihrem Flug können Sie sich - je nach Verfügbarkeit - Ihren Lieblingsplatz reservieren lassen. Bitte wählen Sie.

Technische Daten Boeing 747-400		
Spannweite:	64.44 m	
Länge:	70.66 m	
Höhe:	19.40 m	
Reisegeschwindigkeit:	920 km/h	
Reichweite:	12.200 km	
Leergewicht:	166.8 t	
Kabinenbreite:	6.13 m	
Sitze:	First:	20
	Business:	75
	Economy:	292

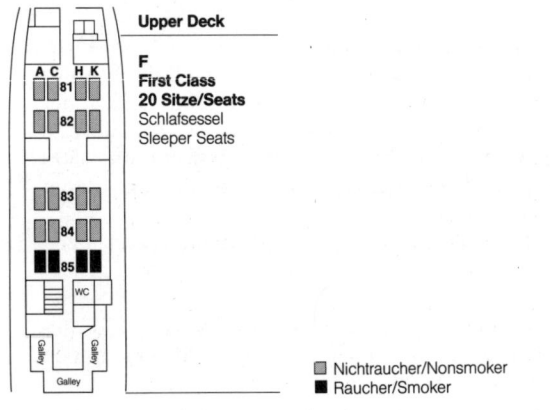

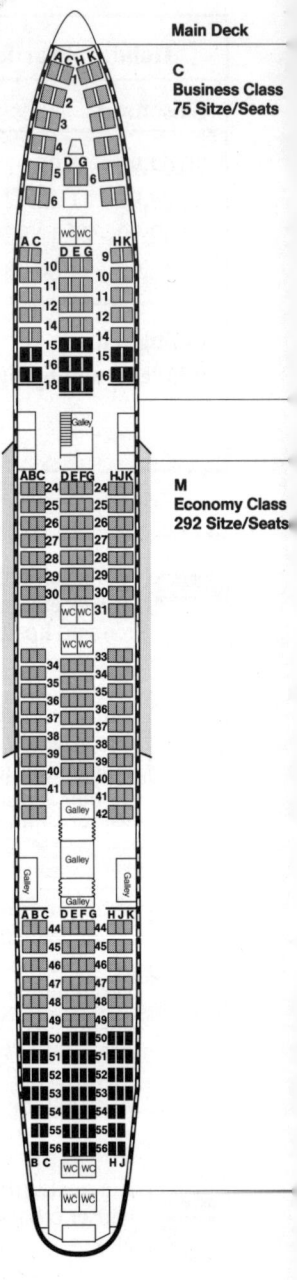

Main Deck

C
Business Class
75 Sitze/Seats

M
Economy Class
292 Sitze/Seats

Upper Deck

F
First Class
20 Sitze/Seats
Schlafsessel
Sleeper Seats

□ Nichtraucher/Nonsmoker
■ Raucher/Smoker

4 REISEN IN THAILAND

Mit seinen Kulturdenkmälern und Naturschönheiten stellt Thailand sicherlich ein Traumziel dar, das zudem relativ problemlos zu bereisen ist: die Infrastruktur ist gut, und die öffentlichen Verkehrsmittel sind zuverlässig; die touristischen Leistungsträger (Reiseveranstalter, Hotels usw.) stehen auf hohem Niveau und sind professionell; die Kriminalität ist gering und die politische Lage stabil.

Oft allerdings wird die räumliche Ausdehnung des Königreichs unterschätzt. Die Vorstellung, man könne in einem Urlaub von zwei bis drei Wochen das gesamte Reisegebiet zwischen Goldenem Dreieck und der malayischen Grenze intensiv erkunden und sich außerdem noch erholen, kann weder praktisch noch theoretisch verwirklicht werden!

Für den Touristen bedeutet dies folgende Überlegungen:

● Entweder nimmt man von vornherein genug Zeit im Reisegepäck mit und erfüllt sich den Traum einer umfassenden Reise, die neben Besichtigungen auch Trekking-Touren, Baden, Shopping und Sport einschließt. Mit etwa **fünf** bis **sechs Wochen** kann man da schon eine ganze Menge sehen und unternehmen und die in diesem Reise-Handbuch vorgeschlagene Route nachvollziehen.
● Oder man konzentriert sich auf ein bestimmtes Gebiet, für das man sich besonders interessiert – wie z.B. den gebirgigen Norden oder die Küsten des Südens – und das man in etwa **zwei Wochen** intensiv erforscht.
● Oder man versucht auf einer **Kurzreise** bzw. einem Stop-over einen ersten Eindruck zu gewinnen – beispielsweise von Bangkok samt Umgebung oder von Phuket –, den man später vielleicht einmal vertiefen und mit anderen Zielen kombinieren wird.

Das individuelle Programm richtet sich aber nicht nur nach der zur Verfügung stehenden Zeit, sondern natürlich auch nach der Art der Reise und der Wahl des Transportmittels. Am schnellsten kommen hierbei immer diejenigen voran, die sich einer Rundreise-Gruppe angeschlossen haben. Andererseits wünscht sich mancher an den Sehenswürdigkeiten etwas längere Aufenthalte oder tiefergehende Besichtigungen und möchte auch sonst nicht immer an einen festen Zeitplan gebunden sein. Der Individualtourist, der auf öffentliche Verkehrsmittel angewiesen ist, muß hingegen für An- und Abreise zu/von den interessantesten Stätten sowie für Zimmersuche u.ä. einen erheblichen Mehraufwand an Zeit einkalkulieren. Mietwagen- oder Motorradfahrer haben mit Sprachschwierigkeiten, ungewohnten Verkehrsverhältnissen und z.T. schlechter Ausschilderung zu kämpfen, was ebenfalls zu Zeitverlust führen kann...

4.1 STÄDTE- UND BADEAUFENTHALTE

Im Grunde genommen kann man Städte- und Badeaufenthalte nicht in einen gemeinsamen Topf werfen. Gemeinsam ist ihnen jedoch, daß der Reisende das Urlaubsland von einem festen Standort aus erlebt. Während ein hoher Prozentsatz der Thailand-Touristen das Urlaubsziel zum Baden, Erholen und Vergnügen aufsucht und von vornherein einen Aufenthalt im Strandhotel bucht, dürfte die Zahl der wirklichen Städtereisenden verschwindend gering sein. Immerhin gibt es aber einige, die im Rahmen eines Südostasien-Trips (z.B. Singapore, Hongkong, Bangkok) oder etwa einer Weltreise für wenige Tage in Bangkok einen Zwischenstopp einlegen.

● **Städtereisen:** Eigentlich gibt es für eilige Flugreisende nur zwei Adressen, die als reine Städtereise in Frage kommen: Bangkok und Chiang Mai. Ob man dort allerdings *Thailand* kennenlernen kann, darf bezweifelt werden. Wer jedoch ausschließlich auf Kunst & Kultur, fernöstliche Exotik, hektisches Verkehrsgetümmel, pulsierendes Nachtleben und ein Bombardement fremder Eindrücke aus ist, kommt bei einer solchen Reise voll auf seine Kosten. Ein Ratschlag trotzdem: selbst bei einem gedrängten Programm von etwa 3 Tagen sollte man wenigstens einmal die (schlechte) Stadtluft verlassen und sich einem Ausflug in die nähere Umgebung anschließen. In Chiang Mai wäre hier der *Doi Suthep* ohnehin ein touristisches Muß. Und in Bangkok würde sich wahlweise der Trip zum Freilichtmuseum *Ancient City* mit seiner Zusammenstellung von Kulturdenkmälern des ganzen Landes oder die Bahnfahrt nach *Kanchanaburi* (schöne Landschaft und die 'Brücke am Kwai') oder eine Flußkreuzfahrt zur ehemaligen Hauptstadt *Ayutthaya* anbieten.
So interessant eine solche Städtereise sein kann, eines ist sie in keinem Fall: erholsam! Deshalb rate ich Städtereisenden zur Kombination mit einem Badeaufenthalt – was wäre z.B. angenehmer, als sich nach anstrengenden Tagen in Bangkok anschließend z.B. auf Ko Samui in der Sonne zu aalen?!

● **Badeaufenthalte:** Wer nach Thailand fliegt, um sich einmal richtig zu entspannen, Wassersport zu treiben oder das Nachtleben zu genießen, hat sich für einen Badeaufenthalt entschieden. Bei Pauschalreisen kommen dabei hauptsächlich Pattaya, die Insel Phuket, Ko Samui oder die Seebäder Hua Hin und Cha-Am in Frage. Trotz des legitimen Interesses auf einen streßfreien Urlaub sei aber auch hier auf das reichhaltige Ausflugsprogramm hingewiesen, das die meisten Hotels und etliche Agenturen an den genannten Orten anbieten. So kann man wenigstens teilweise das Land kennenlernen, in dem man zu Gast ist. Besonders die landschaftliche Umgebung von Phuket ist so einzigartig und zauberhaft, daß es äußerst schade wäre, wenn man während seines Urlaubs nicht an einer Inselrundfahrt und an einem Bootsausflug in die Bucht von Phang Nga oder zu den vorgelagerten Inselgruppen teilgenommen hätte. Auch von

Ko Samui aus sind solche Ausflüge leicht durchzuführen.
Wer einen Badeaufenthalt in Kombination mit einer Rundreise plant, sollte nach Möglichkeit den erholsamen Teil (also den Strandurlaub) ans Ende setzen.

4.2 KLEINERE RUNDREISEN DURCH DIE EINZELNEN REGIONEN

Sinn und Zweck von Rundreisen ist es, die herausragenden Sehenswürdigkeiten landschaftlicher und kultureller Art kennenzulernen und nähere Informationen über das Zielgebiet zu erhalten. Da wegen der Fülle des Angebotes an sehenswerten Stätten und wegen der Größe des Landes eine "Große Thailand-Rundreise" (vgl. KAPITEL 4.3) schon aus Zeitgründen nur für die wenigsten in Betracht kommen dürfte, ist es ratsam, sich auf bestimmte Regionen zu beschränken. Im folgenden sind einige Vorschläge solcher kleinerer Rundreisen zusammengestellt, wie man sie auch in den Programmen der Reiseveranstalter findet. Dabei handelt es sich also um organisierte Ausflüge, bei denen der Urlauber direkt zu den Sehenswürdigkeiten und bis vor die Türe der Hotels gebracht wird. Wer auf eigene Faust durch's Land reist, braucht für die gleichen Strecken weitaus mehr Zeit und sollte bei den einzelnen Etappen Zwischenübernachtungen einplanen.

Zentralthailand

Neben der Millionenmetropole Bangkok sind die Schwimmenden Märkte von Damnoen Saduak, der River Kwai bei Kanchanaburi, die Tempelanlagen von Lopburi, die Ruinen der alten Hauptstadt Ayutthaya, der Sommerpalast von Bang Pa-In und das höchste buddhistische Gebäude in Nakhon Pathom vorstellbare Inhalte einer kleinen Rundreise. Beispiel:

● **In 5 Tagen:**
Busfahrten Bangkok/Damnoen Saduak/Nakhon Pathom/Kanchanaburi (Ü); Kanchanaburi/River Kwai, Zug nach Nam Tok, Bootsfahrt (Ü); Bootsfahrt, Bus nach Kanchanaburi/Supanburi/Lopburi (Ü); Lopburi/Ayutthaya (Ü); Ayutthaya/Bang Pa-In/Bangkok.

Nordthailand

Die Höhepunkte des Nordens sind geschichtsträchtige Städte wie Phitsanulok, Chiang Mai und Chiang Rai, die prachtvollen Tempel u.a. von Lampang und Lamphun, die berüchtigte Landschaft des Goldenen Dreiecks und die Grenzregion nach Myanmar, Dörfer der Bergstämme, Trainingscamps für Arbeitselefanten, Orchideenfarmen, Märkte und 'Night Bazars' sowie ein hochstehendes Kunsthandwerk. Wie man die schönsten Ziele kombinieren könnte, zeigen drei Beispiele:

● **In 4 Tagen:**
Flug Bangkok-Chiang Mai, Rundfahrt Chiang Mai (Ü); Busfahrten Chiang Mai und Umgebung (Ü); Chiang Mai/Thaton/Chiang Rai (Ü); Chiang Rai/Mae Sai/Chiang Saen/Chiang Rai (Ü); Flug Chiang Rai-Bangkok.

● **In 5 Tagen:**
Flug Bangkok-Chiang Mai, Rundfahrt Chiang Mai (Ü); Busfahrten Chiang Mai und Umgebung (Ü); Chiang Mai/Chiang Rai (Ü); Chiang Rai/Chiang Saen/Mae Sa/ Chiang Rai (Ü); Bootsfahrt Chiang Rai, Bus Chiang Rai/Chiang Mai (Ü); Flug Chiang Mai-Bangkok.

● **In 7 Tagen:**
Flug Bangkok-Phitsanulok, Bus Phitsanulok/Sukhothai (Ü); Busfahrten Sukhothai/ Lampang/Lamphun/Chiang Mai (Ü); Chiang Mai/Mae Sa Valley (Ü); Mae Sa Valley/Chiang Rai, Rundfahrt (Ü); Chiang Rai/Goldenes Dreieck/Chiang Rai/Chiang Mai (Ü); Rundfahrt Chiang Mai und Umgebung (Ü); Flug Chiang Mai-Bangkok.

Südthailand

Der Süden des Königreichs lebt einerseits von den feinen Sandstränden, bizarren Felsformationen und den Naturschönheiten der Nationalparks, andererseits von der spezifischen Kultur, wie sie sich etwa in der Architektur Phukets oder den Tempeln von Nakhon Si Thammarat darstellt. Auch hier drei Möglichkeiten für Rundfahrten im Süden:

● **In 6 Tagen:**
Flug Bangkok-Phuket (Ü); Phuket (Ü); Busfahrt Phuket/Phang Nga (Ü); Rundfahrt Phang Nga und Umgebung (Ü); Busfahrt Phang Nga/Krabi/Trang (Ü); Rundfahrt Umgebung Trang, Flug Trang-Bangkok.

● **In 8 Tagen:**
Busfahrten Bangkok/Damnoen Saduak/Nakhon Pathom/Petchburi/Hua Hin (Ü); Hua Hin/Petchburi/Hua Hin (Ü); Hua Hin/Prachuap Khiri Khan/Chumphon/Kraburi/ Ranong (Ü); Ranong/Takua Pa/Phuket (Ü); Rundfahrt Phuket (Ü); Phuket/Phang Nga/Phuket (Ü); Flug Phuket-Bangkok.

● **In 9 Tagen:**
Flug Bangkok-Phuket (Ü); Bus Phuket/Krabi (Ü); Bootsfahrt Krabi-Puda-Krabi (Ü); Busfahrten Krabi/Trang/Hat Yai/Songkhla (Ü); Songkhla/Nakhon Si Thammarat/ Surat Thani (Ü); Surat Thani/Chaya/Ranong (Ü); Ranong/Takua Pa/Phang Nga (Ü); Phang Nga/Phuket (Ü); Flug Phuket-Bangkok.

Nordostthailand

Der touristisch bislang wenig erschlossene Nordosten hat hauptsächlich interessante Baudenkmäler (Khmer-Architektur) und archäologische Ausgrabungsstätten anzubieten. Beispiel einer kleinen Bus/Flug-Rundreise:

● **In 4 Tagen:**
Busfahrten Bangkok/Krabinburi/Khorat/Phimai/Khorat (Ü); Khorat/Phanom Rung/ Surin/Ubon Ratchathani (Ü); Ubon Ratchathani/Mukdahan/Nakhon Phanom/Sakon Nakhon (Ü); Sakon Nakhon/Ban Chiang/Udon Thani, Flug Udon Thani-Bangkok.

Zentral- und Nordthailand

Zwei Beispiele für eine Kombination der wichtigsten Sehenswürdigkeiten der beiden Regionen:

- **In 6 Tagen:**

Busfahrten Bangkok/Damnoen Saduak/Nakhon Pathom/Kanchanaburi/Nakhon Sawan (Ü); Nakhon Sawan/Kamphaeng Phet/Sukhothai/Tak (Ü); Tak/Chiang Mai (Ü); Rundfahrt Chiang Mai und Umgebung (Ü); Chiang Mai/Lamphun/Lampang/Phitsanulok (Ü); Phitsanulok/Lopburi/Ayutthaya/Bang Pa-In/Bangkok.

- **In 7 Tagen:**

Busfahrten Bangkok/Bang Pa-In/Ayutthaya/Saraburi/Lopburi/Nakhon Sawan (Ü); Nakhon Sawan/Kamphaeng Phet/Sukhothai/Phitsanulok (Ü); Phitsanulok/Lampang/Phayao/Chiang Rai (Ü); Chiang Rai/Mae Sai/Chiang Rai (Ü); Chiang Rai/Chiang Mai (Ü); Chiang Mai/Lamphun/Chiang Mai (Ü); Flug Chiang Mai-Bangkok.

Nord- und Nordwestthailand

Neben den klassischen Zielen des Nordens wird der bislang nur wenig bekannte Nordwesten zunehmend populärer. Ein Beispiel einer möglichen Rundreise durch die beiden Regionen:

- **In 7 Tagen:**

Flug Bangkok-Chiang Mai (Ü); Busfahrten Chiang Mai/Doi Inthanom/Chom Thong/Ob Luang/Mae Sariang (Ü); Mae Sariang/Khan Yuam/Mae Hong Son (Ü); Rundfahrt Mae Hong Son und Umgebung (Ü); Mae Hong Son/Pai/Chiang Mai (Ü); Rundfahrt Chiang Mai und Umgebung (Ü); Flug Chiang Mai-Bangkok.

Zentral-, Nord- und Nordwestthailand

Bei folgender Variante sind auch die Ruinenstädte der Zentralen Ebene und sehr sehenswerte Tempel des Nordens in der Rundreise enthalten:

- **In 6 Tagen:**

Busfahrten Bangkok/Ayutthaya/Lopburi/Nakhon Sawan/Phitsanulok (Ü); Phitsanulok/Sukhothai/Lampang/Lamphun/Chiang Mai (Ü); Chiang Mai/Pai/Mae Hong Son (Ü); Rundfahrt Mae Hong Son und Umgebung (Ü); Flug Mae Hong Son-Chiang Mai (Ü); Rundfahrt Chiang Mai und Flug Chiang Mai-Bangkok.

Zentral-, Nordost- und Nordthailand

Die 'klassische Thailand-Rundreise', bei der die wichtigsten Sehenswürdigkeiten des Landes mit Ausnahme der südlichen und nordwestlichen Region enthalten sind, wird von fast allen größeren Agenturen angeboten. Dafür drei unterschiedliche Beispiele:

- **In 7 Tagen:**

Busfahrten Bangkok/Khorat/Phimai/Khon Kaen (Ü); Khon Kaen/Ban Chiang/Udon Thani (Ü); Udon Thani/Nong Khai/Loei/Phitsanulok (Ü); Phitsanulok/Sukhothai/Lamphun/Chiang Mai (Ü); Rundfahrt Chiang Mai und Umgebung (Ü); Bus Chiang Mai/Chiang Rai (Ü); Flug Chiang Rai-Bangkok.

● **In 10 Tagen:**
Flußkreuzfahrt Bangkok-Ayutthaya (Ü), Busfahrten Ayutthaya/Khorat (Ü); Khorat/ Phimai/Phanum Rung/Khorat (Ü); Khorat/Saraburi/Lopburi/Nakhon Sawan/Phitsa- nulok (Ü); Phitsanulok/Sukhothai/Si Satchanalai/Lampang (Ü); Lampang/Chiang Mai/Goldenes Dreieck (Ü); Rundfahrt Goldenes Dreieck (Ü); Goldenes Dreieck/ Chiang Mai (Ü); Stadtrundfahrt Chiang Mai; Flug Chiang Mai-Bangkok.

● **In 12 Tagen:**
Busfahrten Bangkok/Ayutthaya/Lopburi/Phitsanulok (Ü), Phitsanulok/Lampang/ Chiang Mai (Ü); Rundfahrt Chiang Mai und Umgebung (Ü); Chiang Mai/Lamphun/ Chiang Mai (Ü); Chiang Mai/Chiang Rai (Ü); Chiang Rai/Goldenes Dreieck/Mae Sa/Chiang Rai (Ü); Chiang Rai Bootsfahrt, Bus Chiang Rai/Phayao/Phrae/Uttara- dit (Ü); Uttaradit/Sukhothai/Lopburi (Ü); Lopburi/Khorat/Phimai/Khorat (Ü); Khorat/ Khao Yai NP/Prachinburi/Chonburi/Pattaya (Ü); Pattaya (Ü); Pattaya/Chonburi/ Bangkok.

4.3 GROßE THAILAND-RUNDREISE

Der Route dieses Reise-Handbuches liegt eine umfassende Rundfahrt zu- grunde, wie sie in dieser Ausführlichkeit meines Wissens von keinem Veranstalter angeboten wird. Es ist aber häufig möglich, zwei Rundreisen miteinander zu kombinieren, um so das gesamte Spektrum der thailändi- schen Sehenswürdigkeiten abzudecken.

Wer der unten beschriebenen Rundreise in gut fünf Wochen folgt, be- kommt jedenfalls einen kompakten, wenn auch nicht lückenlosen Über- blick über die kulturellen und natürlichen Schätze des Königreichs. Zwar sind dabei einige wenige Erholungstage am Meer eingeschlossen, aber doch nicht in dem Maße, daß man dadurch wirklich ausgeruht in die Heimat zurückfliegen könnte. Wer überdies Wasser- oder andere Sportar- ten ausüben und/oder längere Wanderungen durch die Nationalparks durch- führen möchte, muß entsprechend mehr an Zeit einplanen.

Ob die Durchführung einer solchen "Großen Thailand-Rundreise" über- haupt sinnvoll ist, hängt u.a. von der Kondition und dem Interesse jedes einzelnen ab. Oft bringt es mehr, wenn man sich in seinem Urlaub auf einzelne Regionen konzentriert (wie im KAPITEL 4.2 dargestellt), um bei einer zweiten oder dritten Reise die 'fehlenden' Ziele 'nachzuholen'.

Wer vorhat, eine solche Tour auf eigene Faust zu organisieren, braucht mindestens zehn Tage mehr Zeit! Denn die öffentlichen Verkehrsmittel sind für asiatische Verhältnisse zwar sehr pünktlich und zuverlässig, brin- gen einen aber nicht unbedingt zum gewünschten Übernachtungsort. Dann ist Umsteigen notwendig, was zusätzlichen Zeitverlust bedeutet. Wer al- lerdings bei längeren Strecken Nachtfahrten mit Bus oder Zug nicht scheut (und dabei bewußt auf einige Sehenswürdigkeiten und das Erleben schö- ner Landschaften verzichtet), kann u.U. auch als Individualtourist im un- ten skizzierten Zeitplan bleiben.

1. Tag: *Stadtrundfahrt* durch **Bangkok** mit Besichtigung des *Königspalastes* und der wichtigsten *Tempel*; abends *'Classical Thai Dinner'*.

2. Tag: Von **Bangkok** aus *Bootsfahrt* durch die Klongs von *Thonburi* und Besichtigung des *Wat Arun*; nachmittags eventuell Besuch des *Nationalmuseums*, abends Shopping und Nachtleben von *Patpong*.

3. Tag: Bus- oder Bootsfahrt Bangkok-**Ayutthaya**, Besichtigung der wichtigsten *Tempelruinen*; anschließend Fahrt über Lopburi (Mittagessen) nach **Phitsanulok**; Abendessen auf Bootsrestaurant am Nan-Fluß.

4. Tag: Besichtigung des *Wat Mahatat* in Phitsanulok; Fahrt nach **Lampang** (Besichtigung *Wat Phra That*; Mittagessen); Weiterfahrt nach **Chiang Mai**; abends nordthailändisches Essen und Folklore-Show im *Cultural Center*.

5. Tag: Ausflug in die Umgebung von **Chiang Mai** mit Besichtigung des Bergtempels auf dem *Doi Suthep*, nachmittags Besuch im Handwerksdorf *Bo Sang*; abends Shopping auf dem *Night Bazar*.

6. Tag: Vormittags Stadtrundgang **Chiang Mai** mit Besuch einiger Tempel und des Marktes, nachmittags Fahrt nach **Lamphun** (Besichtigung *Wat Phra That*), Übernachtung in Chiang Mai.

7. Tag: Fahrt zum und auf den höchsten Berg des Landes, **Doi Inthanom**, dann über **Chom Thong** (Besichtigung *Wat Phra That*) und *Ob Luang* (Schlucht) nach **Mae Sariang**.

8. Tag: Kurvenreiche *Landschaftsfahrt* durch Berge und Dschungel über **Khan Yuam** (*Wat* mit schönen *Chedis*) nach **Mae Hong Son**.

9. Tag: Vormittags Stadtbesichtigung von **Mae Hong Son**, nachmittags *Bootsausflug* auf dem Pai River zu einem *Karendorf* an der Grenze nach Myanmar; Übernachtung in Mae Hong Son.

10. Tag: Weiterfahrt mit Besuch einiger Bergstämme über **Pai** (Mittagessen) nach **Chiang Mai.**

11. Tag: Fahrt zu einem Trainingscamp für *Arbeitselefanten* in den Bergen bei Chiang Mai und/oder Besuch einer *Orchideenfarm* (Mittagessen), Weiterfahrt über **Doi Sakhet** (*heiße Quellen*) nach **Chiang Rai.**

12. Tag: Abstecher in den Norden zu den Dörfern einiger *Bergstämme*, weiter nach **Chiang Saen** zum *Goldenen Dreieck* (Mittagessen); nachmittags Besuch der Stadt **Mae Sa** mit kleinem Grenzverkehr nach Myanmar; Übernachtung in Chiang Rai.

13. Tag: Vormittags *Bootsfahrt* flußab auf dem Mae Kok und Besuch einiger *hilltribe*-Dörfer; nachmittags Zeit zur freien Verfügung.

14. Tag: Von Chiang Rai über **Phayao** (schöner See) und Uttaradit (Mittagessen) nach **Sukhothai**, nachmittags Besichtigung der wichtigsten Baudenkmäler von **Alt-Sukhothai** (u.a. *Wat Mahatat, Wat Sri Chum*).

15. Tag: Fahrt über **Nakhon Sawan** (Besichtigung; Mittagessen) nach **Lopburi**.

16. Tag: Vormittags Besuch der wichtigsten Baudenkmäler von **Lopburi** (u.a. *Affentempel*; *drei Pagoden*), dann über **Saraburi** (*Wat Phra Buddhabath*) bis nach **Khorat** (Nakhon Ratchasima).

17. Tag: Vormittags Abstecher nach **Phimai** mit Besuch des *Khmer-Tempels* und des *Banyan-Baumes*, nachmittags Fahrt zum *Khmer-Heiligtum* von **Phanom Rung** (Besichtigung), anschließend zurück nach **Khorat**.

18. Tag: Landschaftsfahrt zum und durch den **Khao Yai NP** (Mittagessen), anschließend weiter über Prachinburi zur Südostküste. Abends Bummel durch's Nachtleben von **Pattaya** (Übernachtung).

19. Tag: Erholsame Bootstour und Schnorcheln bei den vorgelagerten Inseln von **Pattaya**. Abends Besuch einer Travestie-Show. Eventuell ein oder mehrere Verlängerungstage mit Abstechern nach *Rayong* und *Ko Samet.*

20. Tag: Fahrt über Chonburi nach **Samut Prakan** (Spaziergang durch das Freilichtmuseum *Ancient City* und Besuch der *Krokodilfarm*), nachmittags zurück nach **Bangkok.**

21. Tag: Früher Start zu den *Schwimmenden Märkten* von **Damnoen Saduak**, anschließend zu den *Rose Gardens* (Folkloreshow, Mittagessen). Weiter nach **Nakhon Pathom** mit Besuch des riesigen *Chedis*. Am Nachmittag Fahrt nach **Kanchanaburi.**

22. Tag: Besichtigung der *Kriegsgräber-Friedhöfe* und der berühmten "*Brücke am Kwai*" sowie Fahrt mit der "*Death Railway*" bis zur Endstation **Nam Tok**. Nachmittags über Ratchaburi bis **Hua Hin.**

23. Tag: Vormittags Besichtigungsfahrt über Cha-Am nach **Petchburi** (*Phra Nakhon Khiri*), nachmittags Baden in **Hua Hin.**

24. Tag: Fahrt nach **Prachuap Khiri Khan** mit Besteigung des sog. "*Spiegelberges*", anschließend nach **Chumphon** (Mittagessen). Weiter über den *Isthmus von Kra* bis zur Provinzhauptstadt **Ranong**. Abends Baden in den *Thermalquellen.*

25. Tag: Entlang der Südwestküste über **Takua Pa** (Mittagessen) und den **Khao Lak NP** bis zur *Sarasin Bridge* und weiter nach **Phuket.**

26. Tag: Baden und Erholen auf **Phuket**. Abends Besuch des lebhaften Nachtlebens von *Patong*-Beach.

27. Tag: Baden und Erholen auf **Phuket**. Eventuell Inselrundfahrt mit Besuch weiterer Strände, Besichtigung des *Wat Chalong* und der Provinzhauptstadt **Phuket Town.**

28. Tag: Fahrt zurück auf's Festland und Bootsfahrt in die Bucht von **Phang Nga** mit bizarren Felsen und einem Dorf der sog. "*Seezigeuner*" (Mittagessen). Nachmittags Besuch einer *Kautschukplantage*, dann der heiligen Tropfsteinhöhle von *Tham Sawan Khua* und Weiterfahrt nach **Krabi.**

29. Tag: Fahrt über Trang nach **Hat Yai** (Einkaufsbummel) und weiter nach **Songkhla** (Stadtrundfahrt).

30. Tag: Vormittags über die Landzunge zwischen Meer und Thailands größtem Binnensee bis **Nakhon Si Thammarat** (Besichtigung *Wat Mahathat*; Mittagessen). Nachmittags weiter nach **Surat Thani** (Besichtigung).

31. Tag: Vormittags Abstecher nach **Chaiya** (Besuch *Wat Phra Boromathat Chaiya*), anschließend von Surat Thani aus Übersetzen mit der Fähre nach **Ko Samui**, Baden und Erholen.

32. Tag: *Erholungstag* auf **Ko Samui.**

33. Tag: Eventuell *Inselrundfahrt* auf **Ko Samui** oder Bootstrip zum *Ang Thong Marine National Park.*

34. Tag: Rückflug **Ko Samui – Bangkok.**

Zeiteinteilung und touristische Interessen (1)

Gebiet	Kapitel	Unternehmungen/Ausflugsziele	Tage	ca. km	Touristische Interessen
Bangkok	5.2	Stadtrundfahrt; Klongfahrt Thonburi; Museen; "Bangkok by night"	2	50	Kunst & Kultur; Shopping; Nachtleben; Geschichte; moderne Architektur
Rundfahrt Nakhon Pathom	5.4.1	Rose Gardens; Nakhon Pathom; Schwimmende Märkte	1	190	Folklore; Tempelarchitektur; exotischer Markt
Rundfahrt Samut Prakan	5.4.2	Ancient City; Crocodile Farm	1	55	Kunst & Kultur; Tierwelt; Shows
Rundfahrt River Kwai	5.4.3	Kanchanaburi; Zugfahrt; (Nam Tok; Erawan NP)	1-3	260 (360)	jüngere Geschichte; Eisenbahnbau; Landschaft; Tierwelt
Bangkok-Ayutthaya	6.1.3	Besichtigung Bang Pa-In, Ayutthaya	1	80	Kunst & Kultur; Geschichte
Ayutthaya-Sukhothai	6.1.5	Lopburi; Nakhon Sawan; Phitsanulok; Alt-Sukhothai	1-2	380	Kunst & Kultur; Museen; Geschichte
Sukhothai-Chiang Mai	6.2.3	Si Satchanalai; Lampang; Lamphun	1	300	Tempelarchitektur; Kunst & Kultur
Chiang Mai und Umgebung	6.3.4	Altstadt; Handwerkerdorf; Doi Suthep; Lamphun	2	100	Kunst & Kultur; Shopping: Folklore
Rundfahrt Nordwesten	6.2.5	Doi Inthanom; Mae Sariang; Mae Hong Son; Pai	4	700	Landschaft; Flora & Fauna des NP; Bergstämme; Kunst & Kultur
Chiang Mai-Chiang Rai	6.2.6	Orchideenfarm; Elefantencamp	1	200	Landschaft; Tierwelt; Blumen
Chiang Rai und Umgebung	6.2.7	Mae Sai; Chiang Saen; Goldenes Dreieck; Bootsfahrt	2	200	Völkerkunde; Folklore; Wandern; Landschaft

Zeiteinteilung und touristische Interessen (2)

Gebiet	Kapitel	Unternehmungen/Ausflugsziele	Tage	ca. km	Touristische Interessen
Uttaradit-Khorat (Variante 1)	6.3.3	Loei; Nong Khai; Udon Thani; Ban Chiang; Khon Khaen	2	650	Landschaft; Kunst & Kultur; Museen
Uttaradit-Khorat (Variante 2)	6.3.4	Phitsanulok; Nakhon Sawan	1	580	Landschaft; Stadtbesichtigung
Rundfahrt Nordosten	6.3.5	Phimai; Phanom Rung	1	380	Tempelarchitektur; Geschichte
Khorat-Pattaya	6.3.5	Khao Yai NP	1	280	Flora & Fauna; Landschaft
Südostküste	6.4	Pattaya (Rayong; Chanthaburi; Trat)	2-5	10 (500)	Baden; Wassersport; Landschaftsfahrt; Nachtleben; Inseln
Bangkok-Phuket	6.5.3	Hua Hin; Prachuap Khiri Khan; Chumphon; Ranong; Takua Pa	4	870	Tempelarchitektur; Landschaft; Flora & Fauna; Baden; Wassersport
Phuket	6.5.4	Badeaufenthalt (Inselrundfahrt; Phuket Town)	2-8	10 (200)	Baden; Wassersport; Nachtleben (Kunst & Kultur; Landschaft; Stadtarchitektur)
Phuket-Songkhla	6.5.6	Phang Nga; Krabi; Trang; Hat Yai	2-4	500	Landschaft; Kunst & Kultur; Shopping; Bootsausflüge (Badeaufenthalt)
Songkhla-Surat Thani	6.5.7	Waterfowl Park; Nakhon Si Thammarat	1-2	200	Tempelarchitektur; Ornithologie; Landschaft
Ko Samui	6.5.8	Badeaufenthalt (Inselrundfahrt; Ausflüge)	3-8	10 bis 100	Landschaft; Baden; Wassersport; Flora & Fauna

Entfernungstabelle Nordthailand

in Kilometern

	Bangkok	Ayutthaya	Chiang Mai	Chiang Rai	Khorat	Lopburi	Mae Hong Son	Nakhon Sawan	Phayao	Phitsanulok	Sakhon Nakhon	Sukhothai	Surin	Ubon Ratchathani	Uttaradit
Bangkok	-	76	696	785	259	153	924	240	691	377	647	427	457	629	491
Ayutthaya	76	-	623	714	215	98	856	172	620	301	603	358	413	582	419
Chiang Mai	696	623	-	182	777	578	349	449	201	333	857	298	975	937	231
Chiang Rai	785	714	182	-	870	627	364	542	94	413	937	400	1068	1014	308
Khorat	259	215	777	870	-	198	1012	327	776	457	388	514	198	370	575
Lopburi	153	98	578	627	198	-	814	130	578	259	586	583	396	568	377
Mae Hong Son	924	856	349	364	1012	814	-	683	543	637	1161	578	1210	1238	552
Nakhon Sawan	240	172	449	542	327	130	683	-	448	129	653	188	525	697	247
Phayao	691	620	201	94	776	578	543	448	-	319	843	337	974	920	214
Phitsanulok	377	301	333	413	457	259	637	129	319	-	524	59	655	601	118
Sakon Nakhon	647	603	857	937	388	586	1161	653	843	524	-	583	312	286	642
Sukhothai	427	358	298	400	514	583	578	188	337	59	583	-	712	660	100
Surin	457	413	975	1068	198	396	1210	525	974	655	312	712	-	227	773
Ubon Ratchathani	629	582	937	1014	370	568	1238	697	920	601	286	660	227	-	719
Uttaradit	491	419	231	308	575	377	552	247	214	118	642	100	773	719	-

Entfernungstabelle Südthailand

in Kilometern	Bangkok	Chumphon	Hat Yai	Kanchanaburi	Krabi	Nakhon Pathom	N. Si Thammarat	Narathiwat	Pattani	Petchburi	Phuket	Songkhla	Ranong	Trang	Yala
Bangkok	-	463	933	128	814	56	780	1149	1055	123	862	950	568	828	1084
Chumphon	463	-	483	478	363	438	330	699	604	340	412	500	117	378	633
Hat Yai	933	483	-	947	285	907	187	197	103	810	466	26	508	148	132
Kanchanaburi	128	478	947	-	828	65	795	1164	1069	144	877	964	582	842	1098
Krabi	814	363	285	828	-	788	233	491	396	691	176	313	296	131	425
Nakhon Pathom	56	438	907	65	788	-	755	1142	1029	41	837	925	542	802	1058
Nakhon Si Thammarat	780	330	187	795	233	755	-	360	266	658	336	161	356	123	295
Narathiwat	1149	699	197	1164	491	1142	360	-	92	1026	671	194	725	355	128
Pattani	1055	604	103	1069	396	1029	266	92	-	932	577	99	630	260	35
Petchburi	123	340	810	144	691	41	658	1026	932	-	740	827	445	705	961
Phuket	862	412	466	877	176	837	336	671	577	740	-	494	300	312	606
Songkhla	950	500	26	964	313	925	161	194	99	827	494	-	525	176	128
Ranong	568	117	508	582	296	542	356	725	630	445	300	525	-	403	659
Trang	828	378	148	842	131	802	123	355	260	705	312	176	403	-	288
Yala	1084	633	132	1098	425	1058	295	128	35	961	606	128	659	288	-

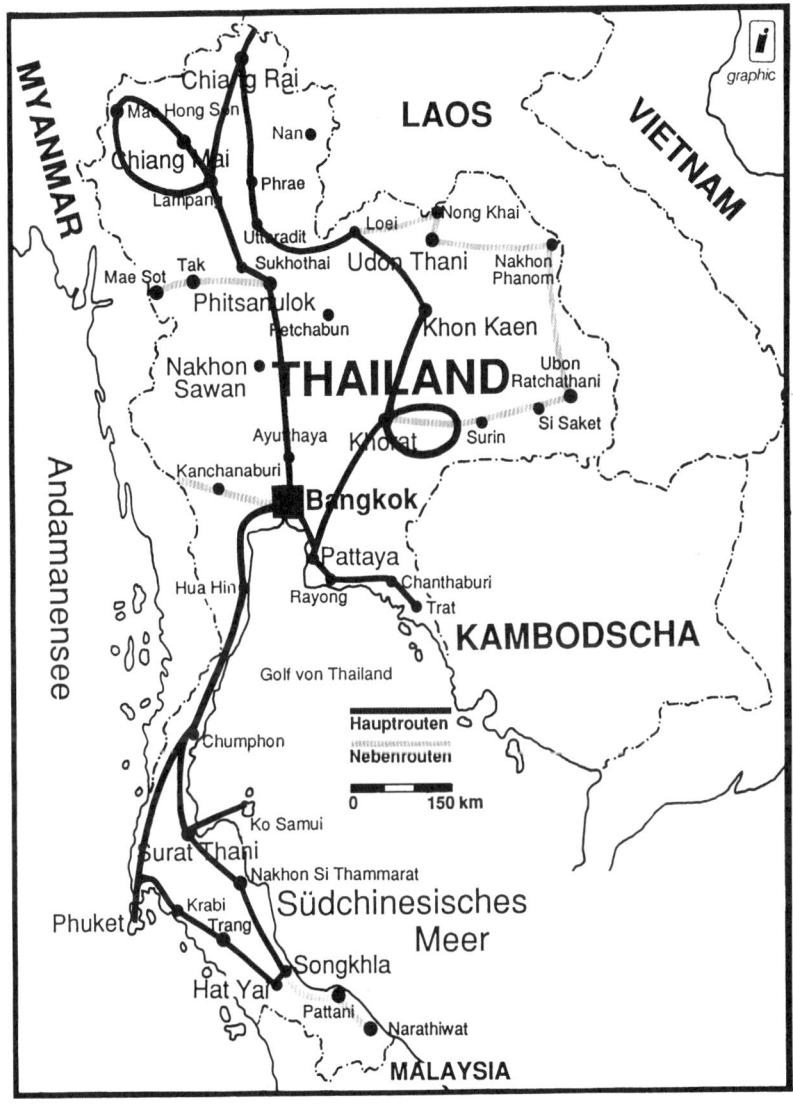

5 BANGKOK – DIE 'STADT DER ENGEL'

5.1 ÜBERBLICK

Der Besucher aus dem Westen, der zum erstenmal nach Bangkok kommt, wird sicher seine Schwierigkeiten mit dieser Stadt haben. Denn auf dem 22 km langen Weg vom Flughafen Don Muang zum 'Zentrum' scheint kaum etwas der touristischen Klischees zu stimmen. Sicher, ein goldglänzender Tempel erhebt sich bereits vis-à-vis der Start- und Landebahnen, aber ansonsten bedeutet die erste Bekanntschaft mit Bangkok: mehrspurige Autobahnen, hektischer Verkehr, endlose Staus, nervenaufreibendes stop and go, verspiegelte Bank- und Bürohochhäuser und unerträgliche Hitze.

Stop and Go auf Bangkoks Straßen

Später, auf einer Stadtrundfahrt oder auf ersten Spaziergängen, bemerkt der weitgereiste Tourist, daß die Metropole tatsächlich Sehenswürdigkeiten von Weltrang aufzuweisen hat. Aber die Müdigkeit vom Langstreckenflug, die fremden Gerüche, der brodelnde Verkehr, das ungewohnte Klima und womöglich noch unter Wasser stehende Straßen machen dem Besucher zu schaffen: der Reiz des Neuen muß zwangsläufig unter solchen Begleiterscheinungen leiden.

Nicht wenige *farangs* sagen deshalb nach dem ersten Tag: "So schnell wie möglich 'raus aus diesem Moloch!" Die Liebe zu Bangkok braucht

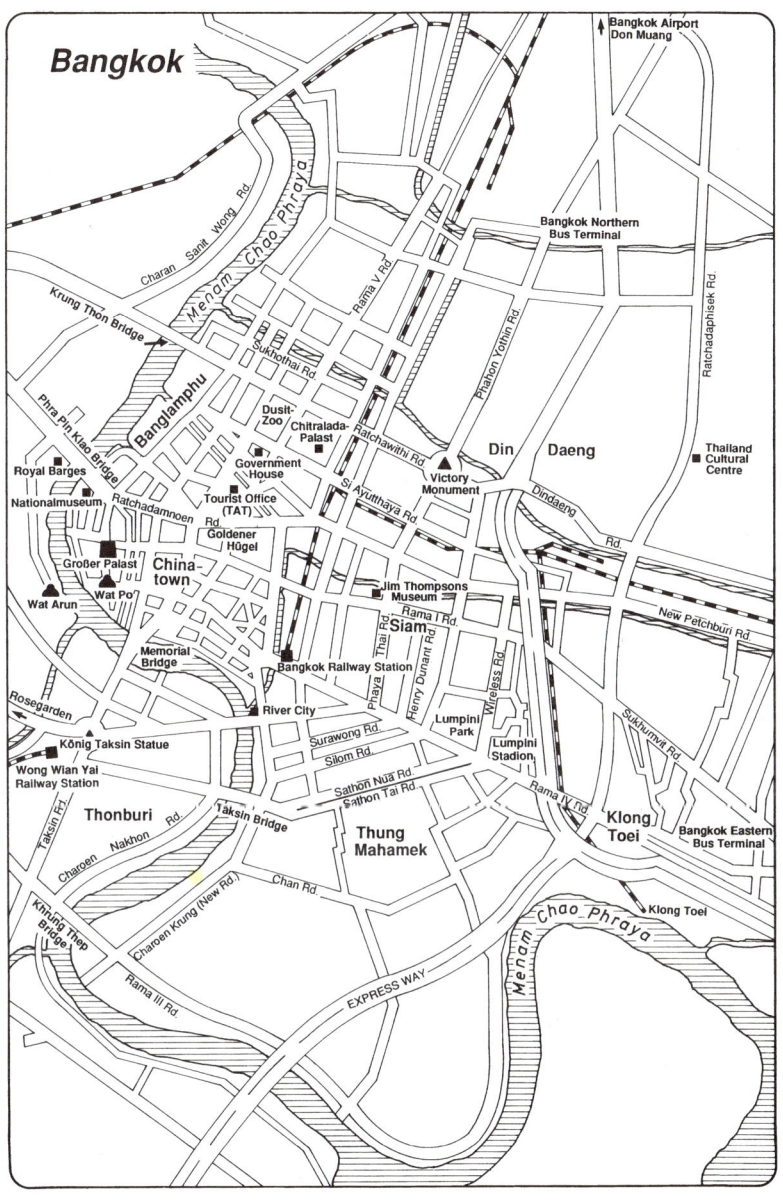

Bangkok

Bangkok Airport
Don Muang

Bangkok Northern
Bus Terminal

Charan Sanit Wong Rd.

Krung Thon Bridge

Menam Chao Phraya

Rama V Rd.

Phahon Yothin Rd.

Ratchadaphisek Rd.

Sukhothai Rd.

Banglamphu

Phra Pin Klao Bridge

Dusit-
Zoo

Chitralada-
Palast

Ratchawithi Rd.

Din Daeng

Thailand
Cultural
Centre

Royal Barges

Nationalmuseum

Ratchadamnoen

Government
House

Tourist Office
(TAT)

Si Ayutthaya Rd.

Victory
Monument

Dindaeng Rd.

Goldener
Hügel

Großer Palast

China-
town

Wat Arun

Wat Po'

Jim Thompsons
Museum

New Petchburi Rd.

Memorial
Bridge

Thai Rd.

Rama I Rd.

Siam

Phaya

Henry Dunant Rd.

Wireless Rd.

Sukhumvit Rd.

Rosegarden

Bangkok Railway Station

River City

Surawong Rd.

Silom Rd.

Lumpini
Park

Lumpini
Stadion

König Taksin Statue

Wong Wian Yai
Railway Station

Taksin Frl

Thonburi

Nakhon

Taksin Bridge

Sathon Nua Rd.

Sathon Tai Rd.

Rama IV rd.

Klong
Toei

Bangkok Eastern
Bus Terminal

Charoen

Thung
Mahamek

Chan Rd.

Khnong Thep
Bridge

Charoen Krung (New Rd.)

Rama III Rd.

EXPRESS WAY

Menam Chao Phraya

Klong Toei

219

offensichtlich ihre Zeit. Und auch bei mir persönlich hat es erst beim zweiten und dritten Mal 'gefunkt'...

Tatsächlich ist Thailands Hauptstadt eine Stadt mit zwei Gesichtern, und nur schwer wird man auf dieser Welt eine Metropole mit einer ähnlichen Vielfalt entdecken. Mehr noch als die alten Tempel und Paläste, die die Geschichte und Kultur des Landes reflektieren, prägen die Landmarken der heutigen Zeit Bangkoks Stadtbild – die modernen Fünf-Sterne-Hotels, die Bankpaläste, die klimatisierten Einkaufszentren und die in den Himmel ragenden Baukräne. Wie ein Riesenkrake greift die Regierungs- und Wirtschaftsmetropole weit ins Umland hinaus, schluckt Reisfelder und produziert Wohnsiedlungen und Industriebetriebe. Fast die Hälfte des im Land erwirtschafteten Bruttosozialprodukts entfällt auf Bangkok, das einer der größten Industriegiganten Asiens geworden ist. Für in- und ausländische Unternehmer ist die Stadt deswegen eine begehrte Adresse, aber auch für die landflüchtigen Bauern, die Landarbeiter und jungen Frauen, die ihre Träume vom sozialen Aufstieg in der Provinz nicht verwirklichen können. Durch den ungebremsten Zuzug stieg die Bevölkerung so an, daß die Stadt nun aus allen Nähten zu platzen droht. Zwar kennt keiner die genaue Einwohnerzahl (weil es in Thailand keine Ummeldepflicht gibt), aber zu den etwa 5,8 Millionen gemeldeten Hauptstädtern muß man mindestens noch eine weitere, wenn nicht sogar vier bis fünf Millionen hinzurechnen. D.h., daß hier jeder zehnte bis siebente Bürger des Landes lebt – Bangkok ist zu einer der größten Hauptstädte der Welt geworden!

Die Vermassung bringt weitaus mehr Nach- als Vorteile. Längst schon können die Straßen auf den zugeschütteten Kanälen den Verkehrsfluß nicht mehr gewährleisten. Endlose Autoschlangen schieben sich über die neuen Hochstraßen, die quer durch frühere Wohnviertel geschlagen wurden. Thai, Briten und Deutsche arbeiten fieberhaft daran, über bestehende Avenues (z.B. *Rama IV Rd.*) eine zweite 'Etage' für den Autoverkehr zu bauen. Schon heute ist absehbar, daß auch das nicht ausreicht. Pläne für Magnetschwebebahnen tauchen auf und werden wieder verworfen, die Einrichtung eines Einbahnstraßensystems und von Sonderspuren für Busse half nicht weiter, und eine U-Bahn gibt es nicht und kann wegen des sumpfigen Untergrundes auch nicht gebaut werden. Noch können Motorradfahrer dem stop-and-go entfliehen, indem sie im Slalom um den stehenden Verkehr fahren, aber auch die Zahl der Zweiräder steigt unaufhaltsam dem Kollaps entgegen. Signifikant wurde das Problem bei der Internationalen Banken-Konferenz (WB/IMF) im Herbst 1991, als die Stadtverwaltung den Bürgern einfach zwei Tage schul- und arbeitsfrei verordnete, um die Straßen halbwegs passierbar zu halten – schließlich konnte man den Finanzministern und Bankdirektoren der Welt nicht zumuten, ihre kostbare Zeit im Stau zu verbringen...

Die Lärmbelästigung und Umweltverschmutzung durch Abgase ist jedoch nur eines von vielen Problemen. So verursachen die Hauptstädter z.Zt.

mehr als 4.000 t Müll täglich, wobei die Kapazitäten zu dessen Beseitigung nur für weniger als die Hälfte davon ausreichen. Wie das Abfallproblem ist auch das des Drogenmißbrauchs, der Prostitution und der Kriminalität schlimmer geworden. Die Preise für Grundstücke und Eigentumswohnungen sind dagegen auf das Niveau etwa von Paris oder New York geklettert, so daß für viele Neuankömmlinge aus der Provinz die Stadt eigentlich unbezahlbar geworden ist. Für eine 3-Zimmer-Eigentumswohnung muß man inzwischen selbst in der Nähe des Flughafens rund 1 Mio BHT bezahlen! Die Ausbreitung von Slums war trotz (oder gerade wegen) des Wirtschaftsbooms die unausweichliche Folge. Und die Lebensqualität ist – allgemein gesehen – alles andere als gut!

Smog: auch Polizisten leiden

Hinzu kommt, daß eine geordnete Stadtplanung fast nicht existiert. Auf den teuren Grundstücken wachsen die Neubauten immer höher in den Himmel, wobei wegen fehlender Sicherheitsbestimmungen pro Wolkenkratzer mindestens ein Dutzend Bauarbeiter den Tod findet. Viele Planer scheinen bei dem unkontrollierten städtebaulichen Wildwuchs auch im wahrsten Sinn des Wortes den Boden unter den Füßen zu verlieren. Denn immer schon hatte die tiefgelegene Stadt unter Überschwemmungen zu leiden; nun aber sinkt sie schneller und wird bald Meeresspiegelniveau erreicht haben. Die Überflutungen sind ein saisonal immer wiederkehrendes Problem, das von Jahr zu Jahr akuter wird. Wenigstens hier hat Bangkok den Beinamen "Venedig des Ostens" also verdient...

Gouverneur Chamlong

Nicht alle Verantwortlichen schließen die Augen vor dieser Entwicklung. Bangkoks Gouverneur Chamlong ist nicht nur einer von denen, die in Sonntagsreden den Zustand der Stadt beklagen, sondern die sich auch ernsthaft um Verbesserungen bemühen. Der 1935 geborene und 1985 zum Gouverneur gewählte Chamlong ist im Königreich ebenso populär wie moralisch integer. Als überzeugter Buddhist lebt er geradezu asketisch, ißt nur eine vegetarische Mahlzeit am Tag, trinkt keinen Alkohol und schläft auf einer hölzernen Bank ohne Matraze. Inzwischen vertraut der Politiker, der sich durch seine Bemühungen um Sauberkeit das Image eines *"Mister Clean"* erworben hat, auf das Geld der Touristen, um Bangkok zu sanieren. *"We are trying to solve these problems. Of course – it takes time and money"*, sagte er. Ob aber sein Optimismus, daß die dreckige Stadt wieder auf die Beine kommen wird, berechtigt ist, kann nur die Zukunft zeigen. Einen prominenten Mitstreiter jedenfalls hat Chamlong gefunden. Denn wie er macht sich auch Seine Majestät, König Rama IX., Gedanken über die Zukunft und über Lösungsmöglichkeiten der dringendsten Probleme. Wie drastisch König Bhumibol die Sachlage sieht, beweist sein Satz *"Bangkok ist eine Toilette ohne Wasserspülung"*!

Es sind diese negativen Seiten des Molochs Bangkok, die auf den ersten Blick den Neuankommenden beinahe zu erdrücken drohen. Wer sich aber einläßt auf die Metropole, wer ihre historischen Bauwerke und Kunstschätze genauso besucht wie die Menschen, die in ihr leben, der wird auch die positiven und einzigartigen Seiten kennenlernen – vielleicht erst auf den zweiten oder dritten Blick! Vielleicht wird der Besucher dann aber so gepackt sein, daß er von der thailändischen Hauptstadt nur schwer wieder loskommen kann.

● ● ●

Die **Geschichte** des Ortes begann vor etwa 200 Jahren, nachdem General Taksin nach der Zerstörung Ayutthayas eine neue Hauptstadt 40 km weiter südlich am 'Königlichen Fluß' Chao Phraya errichtet hatte: Thonburi. Aus strategischen Gründen verlegte man die Residenz eine Dekade später auf das gegenüberliegende, westliche Flußufer, wo damals bereits ein kleines, mehrheitlich von Chinesen bewohntes Dörfchen existierte. Dieses wurde *"Bahn Gok"* = "Dorf der Wildpflaume (Olive)" genannt, was Westler später zu *"Bangkok"* umformten und in den internationalen Sprachgebrauch einführten. Bis heute jedoch lautet der offizielle Name *"Krung Thep"*, was "Stadt der Engel" bedeutet. Aber auch dieses 'fernöstliche Los Angeles' ist nicht der vollständige Name der thailändischen Hauptstadt. Jener ist als 'längster Städtename der Welt' ins Guiness-Buch der Rekorde gekommen, und verständlicherweise verzichten die meisten Thai (sofern sie ihn überhaupt kennen) allein aus Platz- und Zeitgründen darauf, ihn auszusprechen oder -schreiben. Er lautet: *"Krung Thep Mahanakhon Bovorn Rattankosin Mahinthar Ayutthaya Mahadilok pop Noparat Ratchathani Burirom Udomratchani Vetmahasathan Amornpiman Avatarnsathit Sakkathattiiya Vishnukarm Prasit"* – "Stadt der Engel, größte aller Städte, unsterbliches, wertvolles Kleinod, überaus mächtig, altehrwürdig, neunmal mit Juwelen geschmückte himmlische Stadt, von Vishnu errichtet"...

Die Faszination Bangkoks entsteht zu einem großen Teil aus dem Anspruch, der sich hinter diesem Namen verbirgt. Eine **göttliche, prachtvolle Stadt** sollte Bangkok werden und ist binnen kurzer Zeit zu einer solchen aufgebaut worden. Das Vorbild war das goldglänzende *Ayutthaya*, das die burmesische Armee 1767 gründlich vernichtet hatte. Und da Ayutthaya **Kanäle** hatte, sollte auch *Krung Thep* welche bekommen, genauso wie die zerstörten **Tempel** hier wiederentstehen sollten, nur eben noch größer und prachtvoller. Zunächst zog man vom Flußufer einen halbkreisförmigen Kanal und schuf auf diese Weise eine **künstliche Insel** mit dem Namen "*Rattanakosin*". Diese, im Stadtplan noch gut zu erkennen, war und ist das historische Zentrum, die königliche Stadt. In ihrem Herzen erbaute man den **Großen Palast** und den **Königstempel** mit dem größten Heiligtum des Landes, dem sog. Smaragd-Buddha. Straßen gab es damals kaum, da der gesamte Personen- und Warenverkehr über das Netz von Kanälen (Klongs) abgewickelt wurde, das Bangkok den schon erwähnten Beinamen "**Venedig des Ostens**" einbrachte.

Dem Forschungsreisenden Ernst von Hesse-Wartegg erschien das *Krung Thep* vom Ende des 19. Jahrhunderts als "*...eine Stadt von Tempeln und Palästen, wie sie in solchem Glanze, in so verschwenderischer Pracht auf dem Erdenrund kaum ihresgleichen findet*". Neun Könige aus der Chakri-Dynastie, Rama I. bis Rama IX., haben von hier aus die Geschicke des Landes bestimmt und gleichzeitig die Veränderungen Bangkoks herbeigeführt und/oder miterlebt. Unter den 'Reformern auf dem Königsthron'

Die Charoen-Krung kurz nach Fertigstellung

(vgl. KAPITEL 2.1.3) und ihren Nachfolgern setzte eine erste Verwestlichung des Stadtbildes ein. Breite Avenues bedeckten die ehemaligen Kanäle, wobei Charoen Krung (= Neue Straße) 1864 den Anfang machte. Später ersetzten Straßenbahnen die Boote, und durch Fernstraßen und den neuen Hauptbahnhof rückte die Provinz näher. Erst in verhältnismäßig junger Zeit jedoch begann

die Ausdehnung über die Stadtgrenzen des frühen 19. Jahrhunderts hinaus. Und nie waren die Veränderungen so groß wie in den letzten beiden Jahrzehnten. Neben das alte, königliche und buddhistische *Krung Thep* gesellte sich die moderne City mit ihren Vorzügen und Problemen. Noch existieren beide 'Städte' neben- und miteinander, und jede von ihnen ist sehenswert auf ihre Weise. Der eigentliche Reiz aber liegt im Kontrast von Alt und Jung, im Zusammenspiel historischer und moderner, thailändischer und internationaler Elemente.

Zweifellos hat die 'Stadt der Engel' viel von ihrer ursprünglichen Faszination verloren, dafür aber eine ganz andere gewonnen. Und was wäre *Krung Thep* heute ohne das hektische und laute Leben, ohne seine Einwohner, die trotz ihrer bisweilen mißlichen Situation das Lächeln nicht verlernt haben. Es ist ein lebendes Wesen, dieses Bangkok, dem der Besucher auf die Spur kommen sollte. Man kann die Stadt hassen, und man kann sie lieben; man kann sie zunächst hassen und dann zu lieben lernen – gleichgültig aber wird Bangkok kaum jemanden zurücklassen!

5.2 TOURISTISCHE HINWEISE

Information
Informationen, Stadtpläne, Tourenvorschläge oder sonstige Auskünfte sind beim thailändischen Fremdenverkehrsamt (in der Nähe des Democracy Monuments) erhältlich: ● *Tourism Authority of Thailand* (TAT), 4 Ratchadamnoen Nok Avenue, Bangkok 10100, geöffnet tägl. 8.30-16.00 Uhr, Tel.: 282-1143-7; 282-3668; 282-0524; 282-5264. Für kleinere Auskünfte steht das ● *Tourist Assistance Center* (Tel.: 282-8129; 281-5051) zur Verfügung. Ein kostenloser Telefonservice zum TAT wird zwischen 8.30-16.30 Uhr von besonderen gelben Telefonhäuschen angeboten, die man am Wat Phra Keo Ticket Office, am Erawan-Schrein, bei der Touristen-Polizei auf Patpong und an der Kreuzung Silom/New Road findet.

Unterkunft
1989 gab es in Bangkok 512 klassifizierte Hotels mit insgesamt über 35.000 Zimmern. Inzwischen sind etwa 4.000 neue Zimmer und Suiten hinzugekommen, und es werden ständig mehr. Gleichzeitig mit dem Bauboom und der Touristenflut explodierten die Preise in der Hauptstadt, weswegen die im Reise-A-Z (KAPITEL 3.1; Stichwort "Unterkunft") vorgenommene Klassifizierung nach Sternchen hier nicht mehr zutrifft. Ein Hotel**** kostet demnach zwar über 1.500 BHT (2 Personen im DZ der billigsten Kategorie nach Normaltarif), ist deswegen aber noch kein Luxus-, sondern nur ein besseres Mittelklasse-Hotel. Erst ab 3.000 BHT geht's in Bangkok wirklich fein zu!
Die teuerste Suite ist z.Zt. die ● "Author's Residence" im *"Oriental"* (insgesamt 8 Zimmer, 70.000 BHT), aber auch für die beste Suite im *"Regent"* sind 60.000 BHT fällig. Ähnliches gilt für das ● *"Shangri-La"*, das *"Mansion Kempinski"* und andere Nobelherbergen.
Die preiswertesten Übernachtungsmöglichkeiten (ca. 100 Baht) in **Guest Houses** sind u.a. auf der Soi Sribamphen (von der Rama IV Rd. zu erreichen) und im Stadtteil Banglampoo konzentriert. Stellvertretend für viele andere seien hier genannt:
GUEST HOUSES
● *Apple Guest House*, 10/1 Phra Athit Rd. (gegenüber UNICEF), Tel.: 281-6831; *Central Guest House*, 10 Trok Bowonrangsi, Tanao Rd., Banglampoo; *Freddy's Guest House*, 27/40 Soi Sribamphen (nahe Rama IV Rd.); *Home Sweet Home Guest House*, 27/7 Soi Sribamphen; ● *Kitchen Top Hostel & Restaurant*, 34/3 Soi Sribamphen; *Madam Guest House*, 11 Soi Saphan Khu (nahe Malaysia-Hotel auf Soi Sribamphen); *Welcome Guest House*, 27/22 Soi Sribamphen.
JUGENDHERBERGEN
Zwei einfachere **Jugendherbergen** gibt es auch: einmal das ● *Bangkok Youth Hostel* (25/2 Phitsanulok Rd., Tel.: 282-0950) und zum anderen das ● *Bangkok Christian Guest House* (Soi 2, 123 Sala Daeng Rd., Tel.: 233-6303)
HOTELS
Unter der unüberschaubar gewordenen Zahl guter, besserer und bester **Hotels** hier eine kleine Auswahl:
● *"Nana"***, 4 Soi Nana Tai, Sukhumvit Rd., Tel.: 252-1021-5; Touristenhotel der Mittelklasse mit 334 Zimmern, Swimmingpool, gut für Shopping.

- *"Manhattan"****, 13 Soi 15, Sukhumvit Rd., Tel.: 252-7141-9; architektonisch eintöniges Hotel mit 230 Zimmern, Swimmingpool, beliebt bei Alleinreisenden.
- *"Y.M.C.A. Collins International House"****, 27 South Sathon Rd., Tel.: 287-1900; kein YMCA amerikanischen Zuschnitts, sondern ein komfortables Hotel mit 240 Zimmern im Herzen des Geschäftszentrums, zwei unterschiedlich ausgestattete Flügel mit unterschiedlichen Preisen.
- *"City Inn"****, 888/37-39 Ploenchit Rd., Tel.: 252-1552; gemütliches Hotel der "Imperial"-Kette mit nur 30 zweckmäßig eingerichteten Zimmern, private Atmosphäre.
- *"Manhora"****, 412 Surawong Rd., Tel.: 234-5070; gutes Mittelklasse-Hotel mit 250 Zimmern, nicht weit vom Oriental entfernt, kleiner Hallen-Swimmingpool und Sonnenterrasse auf dem Dach.
- *"Jim's Lodge"****, 125/7 Soi Ruamrudee, Ploenchit/Wireless Rd., Tel.: 255-3100-3; 1989 eröffnetes komfortables Hotel, Mitglied der "Imperial"-Kette, 75 Zimmer, Dachgarten mit kleinem Pool auf dem 7. Stock.
- *"The Boulevard"*****, 17 Soi, 7 Sukhumvit Rd., Tel.: 255-2930; 1991 eröffnetes First-Class-Hotel der "Siam Lodge"-Gruppe, 300 geschmackvolle Zimmer mit Balkon, schöner Pool.
- *"Asia"*****, 296 Phayathai Rd., Tel.: 215-0808; gutes Mittelklasse-Hotel mit 640 neu renovierten Zimmern, mehrere Restaurants, nahe zum Siam Square, beliebt bei Reisegruppen.
- *"First Hotel"*****, 2 Petchburi Rd., Tel.: 255-0111; Hotel der oberen Mittelklasse mit 220 Zimmern, Swimmingpool, nahe zum Siam Square und WTC gelegen, mit modernerem neuen Flügel ab Mitte 1992.
- *"Tawana Ramada Hotel"*****, 80 Surawong Rd., Tel.: (2)236-0361; modernes Haus mit 265 Zimmern, alle Annehmlichkeiten.
- *"The Mandarin"*****, 662 Rama IV. Rd., Tel.: 234-1390-9; gepflegtes Hotel an der verkehrsreichen Rama IV. Rd., nahe zu Patpong und den Geschäftszentren, 343 Zimmer mit allen Facilitäten, mehrere Restaurants, der 24-Stunden-Coffee-Shop mit Life-Musik ist nachts an Wochenenden bei Thai beliebt: ein guter Standort sowohl für Stadtbesichtigungen als auch für Nachtschwärmer!
- *"Bayoke"*****, 130 Ratchaprarporp Rd., Tel.: 255-0330-41, 255-0150-62; bis 1993 höchstes und auffälliges Gebäude in Bangkok, beste Einkaufsmöglichkeiten in der Nähe, in den oberen Etagen 255 Suiten à 55 qm, Swimmingpool im 11. Stock, auf der Spitze im 43. Stock das Restaurant "Sky Lounge" mit phantastischem Blick.
- *"Impala-Hotel"*****, Soi 24, 9 Sukhumvit Rd., Tel.: 259-0053; modernes Haus der "Imperial"-Kette von 1978, 197 schöne Zimmer, gutes japanisches Restaurant.
- *"Tara-Hotel"******, Soi 26, 18/1 Sukhumvit Rd., Tel.: 259-2900-19; 1988 eröffnetes, sehr gutes Haus der "Imperial"-Kette, 196 großzügige Zimmer, schöner Swimmingpool.
- *"Siam City Hotel"******, 477 Si Ayutthaya Rd., Tel.: 247-0120/247-0130; sehr gutes Hotel mit 530 Zimmern und 6 Restaurants, alle Annehmlichkeiten in gediegenem Luxus.
- *"Grand Hyatt Erawan"******, 494 Ratchadamri Rd., Tel.: 252-9100-4; 1991 neueröffnetes Traditionshaus mit 403 Zimmern, verschiedene Restaurants, Dach-Swimmingpool, nahe zum WTC und Geschäftszentrum, alle Annehmlichkeiten.
- *"The Central Plaza"******, 1695 Phaholyothin Ropad, Bangkhen, Tel.: (2)541-1234; am nördlichen Busbahnhof gelegen, Fitness-Center, angeschlossenes Warenhaus mit 200 verschiedenen Läden, Wochenendmarkt Chatuchak und 18-Loch-Golf-Platz gleich gegenüber; ideal zum Ausspannen und Einkaufen, weniger gut für Stadtrundgänge!
- *"Rama Gardens"******, 9/9 Vibhavadi Rangsit Rd., Bangkhen, Tel.: 561-0022; 372 Zimmer mit allen Annehmlichkeiten, 2 riesige Swimmingpools, Squash, Tennis, Jogging-Pfade, parkähnliche Umgebung, 10 Minuten zum Flughafen: ideal zum Ausspannen in Stadtnähe vor dem Rückflug, weniger geeignet für Besichtigungen.
- *"Novotel"******, Siam Square Soi 6, Tel.: 255-6888; 1989 eröffnetes luxuriös ausgestattetes Hotel mit 430 Zimmer und Suiten, zwei ausgezeichnete Restaurants, großer Swimming-

pool, Fitneßcenter, an einer kleinen Seitenstraße im geschäftigen Siam Square gelegen.

● *"Dusit Thani Hotel"******, Rama IV. Rd., Tel.: 236-0450-9; großes Luxushotel mit 525 Zimmern, mehrere Restaurants, alle Annehmlichkeiten, zentral am Anfang der Silom Rd. gelegen.

● *"Dusit Princess Hotel"******, 269 Larn Luang Rd., Tel.: 281-3088; luxuriöses Haus ohne Massenandrang, 170 großzügig eingerichtete Zimmer.

● *"Hilton International"******, 2 Wireless Rd., Tel.: 253-0123; internationales Luxushotel mit mehreren Restaurants, 343 Zimmern, Einkaufs- und Sportanlagen und dem wohl schönsten Swimmingpool der Stadt.

● *"Dusit Bel-Aire Princess Hotel"******, 16 Sukhumvit Rd., Tel.: 253-4000; sehr gutes Luxushotel, 150 Zimmer mit allem Komfort.

● *"Landmark Hotel & Plaza"******, 138 Sukhumvit Rd., Tel.: 254-0404; neues Luxushotel an der belebten Sukhumvit, blockhaftes Hochhaus mit 415 Zimmern und Suiten, bei Geschäftsleuten beliebt.

● *"Holiday Inn Crowne Plaza"******, 981 Silom Rd., Tel.: 238-4300; riesiges Hotel mit 730 Zimmern inmitten der quirligen Silom Rd., alle Annehmlichkeiten auf höchstem internationalen Niveau.

● *"P.R. Union Inn"******, 296/1-9 Issaraphap Soi 10, Tel.: 438-0111; gediegenes Hotel in nächster Nähe zum Großen Palast, 150 Zimmer mit allen Annehmlichkeiten: idealer Standort für Stadtrundgänge im historischen Zentrum.

● *"Le Meridién President"******, 135/26 Gaysorn Rd., Tel.: 253-0444; 400 Zimmer.

● *"Airport Hotel"******, 333 Chert Wudthakes Rd., Tel.: 566-1020-1; 1991 eröffnetes luxuriöses Hotel der "Siam Lodge"-Gruppe, das direkt mit dem Internationalen Flughafen Don Muang verbunden ist; 300 Zimmer mit allen Annehmlichkeiten: bei kurzen Stop-overs oder frühen Rückflügen ideal für die letzte Nacht in Bangkok, nicht gut für Stadtbesichtigungen!

● *"Nikko"******, Ratchadapisek Rd. (zwischen Flughafen und Königl. Palast); Luxushotel mit 600 Zimmern, japan. und chin. Restaurant, Eröffnung Ende 1993.

● *"Indra Regent"******, 120/126 Rajaprarob Rd., Bangkok 10400, Tel.: 251-1111, 252-0111; Luxushotel mit 439 Zimmer und Suiten, 2 Swimmingpools, Tennisplatz etc., mehrere Restaurants, darunter "Thai Sala", die Replik eines Teak-Hauses aus dem 13. Jahrhundert, nahe zum Siam Square gelegen.

● *"The Imperial Hotel"******, 6-10 Wireless Rd., Tel.: 254-0023-100, 254-0111; 1973 gebautes luxuriöses Haus mit phantastischer Innen- und Gartenarchitektur, 370 bestens ausgestattete Zimmer und Suiten, mehrere Restaurants, nahe zum Lumpini-Park und dem Botschaftsviertel gelegen.

● *"The Imperial Queen's Park"******, Sukhumvit Rd. Soi 22; 1992 eröffnetes neues Flaggschiff der "Imperial"-Kette mit 39 Stockwerken, vis-à-vis zum neuen Queen's Park gelegen, 1.400 Zimmer (davon 160 Suiten in drei Stilrichtungen: japanisch, thailändisch, westlich), ansprechende moderne Architektur, Geschäfts- und Konferenzzentrum, 2 Schwimmbäder, Einkaufs- und Restaurantarkade, Bars, Diskotheken, Kino, Fitneß-Center.

● *"Shangri-La Hotel"******, 89 Soi Wat Suan Plu, New Rd., Tel.: 236-7777; absolutes De-Luxe-Hotel am Chao Phraya mit Blick auf den Königspalast, Hochhaus mit wenig attraktivem Äußeren, innen verschwenderischer Luxus, besonders im neuen "Krungthep-Wing" mit viel Grün, sechsmal täglich Helikopter-Service zum Flughafen.

● *"The Mansion Kempinski"******, 75/23 Sukhumvit Rd. Soi 11, Tel.: 255-7200; mit an der Spitze der Bangkoker Hotellerie, intimes Haus mit 127 Suiten, Luxus ohne Abstriche: ein besonderes Erlebnis, das seinen Preis hat!

● *"The Regent of Bangkok"******, 155 Ratchadamri Rd., Tel.: 251-6127; Luxushotel mit 406 Zimmern, alle Annehmlichkeiten und Sportmöglichkeiten, mehrere Restaurants, darunter die vielleicht beste Hotelküche für thailändische Spezialitäten in der Stadt.

● *"Oriental"******, 48 Oriental Avenue; eine Hotel-Legende mit 394 Zimmern und Suiten; vgl. Beschreibung in KAPITEL 5.3.5.

Restaurants

An Restaurants jeglicher Art und für jeglichen Geschmack herrscht in Bangkok wahrlich kein Mangel! Man muß meist nur wenige Schritte laufen, um auf Garküchen, chinesische Gaststätten oder westlich orientierte Restaurants zu stoßen. In den großen Kaufhäusern (z.b. Siam Center) hat man auf engstem Raum eine noch größere Auswahl. Beliebt sind ferner die sog. *"Food Centres"* mit ihrer Bandbreite asiatischer Küchen – an dieser Stelle seien nur die besseren genannt: im ● *Robinson Department Store* auf der Silom Rd., im ● *Maboonkhrong Shopping Centre* auf der Phayathai Rd., in der ● *Central Plaza* am Lard Phrao und ● *Bangkok's Food Centre* am *"Ambassador"-Hotel* in der Sukhumvit Rd. Wer über das nötige Kleingeld verfügt, kann in Top-Restaurants mit luxuriösem Ambiente fürstlich speisen. Oft sind es aber die kleineren, selbst 'entdeckten' Lokale, die am längsten im Gedächtnis haften bleiben. Es ist sowieso fraglich, ob es Zweck hat, auf Empfehlung von Bekannten oder Reiseführern hin zu einer bestimmten Adresse durch die halbe Stadt zu fahren, anstatt sich ein Restaurant dort zu suchen, wo man sich gerade aufhält. Wer es am bequemsten will und im Hotel essen möchte, muß dafür einen entsprechend höheren Preis bezahlen.

Apropos Preise: in den besseren Restaurants muß man 18-25% auf die Speisekarten-Preise aufschlagen (11% Government Tax und Service Charge)! Im folgenden finden Sie die Liste einiger ausgewählter Restaurants, die keinen Anspruch auf Vollständigkeit erheben kann und will. Im KAPITEL 5.3.7 werden weitere Hinweise auf empfehlenswerte Lokale an der Sukhumvit Rd. und Umgebung gegeben. Auf eine außerordentliche Erfahrung sei jedoch vorweg hingewiesen: Das *Tum Nak Thai-Restaurant* (131 Rachadapisek Rd., Tel.: 276-1810) ist das größte Restaurant der Welt – laut Guiness-Buch. Etwa 125 Köche und mehr als 1.000 Angestellte sorgen für das Wohl der Gäste, für die 3.000 Plätze bereitstehen. In dem 4 ha großen Gartenrestaurant mit seinen 60 Pavillons flitzt die Bedienung auf Rollschuhen umher. Die Speisekarte umfaßt etwa 250 Gerichte, meist thailändische Spezialitäten. Auch klassische Thai-Tanzvorführungen werden abgehalten (20.00-21.30 Uhr). Leider liegt das Restaurant ziemlich weit außerhalb (in der Nähe des Thailand Cultural Centre). Übrigens kassiert der findige Besitzer eines Restaurants mit ähnlichem Namen bei Taxifahrern Provision, die ihre Gäste zu ihm bringen, wo daran eine Handvoll Kellner ebenfalls auf Rollschuhen bereitstehen. Also: bei der Anfahrt auf dem "originalen *Tum Nak Thai*" bestehen!

RESTAURANTS MIT KLASSISCHEM THAI-TANZ

● *Baan Thai*, Soi 32, 7 Sukhumvit Rd., Tel.: 258-5403, 258-9517; jeden Abend von 21.00-22.00 Uhr

● *Maneeya's Lotus Room*, Soi 4, 518 Phloenchit Rd., Tel.: 252-6312, 251-0382; jeden Abend von 20.15-21.00 Uhr

● *Nopakao Room*, Chao Phraya Restaurant, Pinklao Bridge, Arun Amarin Rd., Tel.: 424-2389; jeden Abend von 20.00-21.00 Uhr

● *Piman*, Soi 49, 46 Sukhumvit Rd., Tel.: 258-7866; jeden Abend von 20.45-21.30 Uhr

● *Ruen Thep*, Silom Village Trade Centre, 286 Silom Rd., Tel.: 233-9447; jeden Abend von 20.30-21.30 Uhr

● *Sala Rim Naan*, gegenüber dem Oriental Hotel, Charoen Nakhon Rd., Tel.: 437-9417; jeden Abend von 20.30-21.30 Uhr

● *Sala Thai*, Hotelrestaurant des "Indra Regent", Tel.: 251-3121; 252-1111; jeden Abend ab 20.30 Uhr

(Die angegebenen Zeiten beziehen sich nur auf die Tanz-Vorführungen; Einlaß ist eher, eine vorherige Reservierung anzuraten, das Essen besteht meist aus thailändischen Spezialitäten.)

THAI-KÜCHE

Neben den oben genannten Restaurants mit Tanz-Vorführungen und den unten genannten Seafood- bzw. Schwimmenden Restaurants bieten auch die Luxus-Hotels in der Regel vorzügliche thailändische Spezialitäten an. Im ● *Spice Market* des "Regent"-Hotels herrscht die vielleicht beste Thai-Cuisine! Außerdem sind empfehlenswert:

- *Lemongrass*, Soi 24, Sukhumvit Rd., Tel.: 258-8637; intimes Restaurant mit hervorragender Thai-Küche
- *Sorndaeng Restaurant*, Dinso Rd./Democracy Monument, Tel.: , traditionsreiches Haus mit schönem Ambiente
- *D'Jit Pochana*, 62 Soi 20, Sukhumvit Rd., Tel.: 258-1597

SEAFOOD-RESTAURANTS

- *Seafood Market*, Sukhumvit Rd./Ecke Soi Phaisingto, Tel.: 259-6580; größte Auswahl frischer Fische und Meeresfrüchte
- *Savoey Seafood*, River City, 23 Yotha Rd., Tel.: 235-2970; direkt am Chao Phraya gelegen
- *Blue Moon/Moon Shadow*, 149 Gaysorn Rd., (zwischen "President"-Hotel und WTC), Tel.: 253-7607; Doppelrestaurant in einem schönen, altes Holzhaus, Life-Musik, nicht billig, vorwiegend jugendliches Publikum (soll leider 1993 abgerissen werden!)

SCHWIMMENDE RESTAURANTS

Eine gemütliche und beeindruckende Art zu dinieren, sind die Abendessen auf Restaurant-Booten, die auf dem Chao Phraya verkehren:

- *Ban Khun Luang-Restaurant*, 20.00-22.30 Uhr, An- und Ablegestelle Ban Khun Luang-Restaurant/Rama IX. Bridge, 50 BHT plus Essen, Tel.: 243-3235
- *Dinner Cruise* Ltd., 18.00-20.00 und 20.00-22.00 Uhr, An- und Ablegestelle River City, 50 BHT plus Essen, Tel.: 234-5599,
- *Khanab-Nam-Restaurant*, 19.00-22.00 und 20.00-23.00 Uhr, An- und Ablegestelle Krung Thon Bridge/Rama IX. Bridge, 50 BHT plus Essen, Tel.: 433-6611
- *Loy Nava* Co., Ltd., 18.00-20.00 und 20.00-22.00 Uhr, An- und Ablegestelle River City/Wasukri/Krung Thon Bridge, 600 BHT einschl. Essen, Tel.: 437-4932
- *River Side* Co., Ltd., 20.00-22.45 Uhr, An- und Ablegestelle River Side Plaza Hotel/Rama IX. Bridge, 50 BHT plus Essen, Tel.: 434-0090-4
- *River Sight Seeing*, 19.30-22.00 Uhr, An- und Ablegestelle River City/Rama IX. Bridge, 30 BHT plus Essen, Tel.: 437-4047
- *Yok-Yor-Restaurant*, 20.00-22.00 Uhr, An- und Ablegestelle Yok-Yor-Restaurant an der Rama IX. Bridge, 40 BHT plus Essen, Tel.: 281-1829

CHINESISCHE KÜCHE

- *Golden Dragon*, 108-114 Sukhumvit Rd., Tel.: 251-4553
- *Hoi Thien Lao*, 1449 Latya Rd. (Thonburi-Seite, Fähre ab River City), Tel.: 437-1121

JAPANISCHE KÜCHE

- *Shochiku*, 62/9-10 Soi Thaniya, Silom Rd., Tel.: 233-9694
- *Akamon*, Asoke Tower, Soi Asoke, Tel.: 252-5986
- *Hanaya*, 683 Si Phraya Rd., Tel.: 234-8095

VEGETARISCHE KÜCHE

- *Whole Earth Cafe*, 93/3 Soi Lang Suan, Ploenchit Rd., Tel.: 252-5574

DEUTSCHE KÜCHE

- *Bei Otto*, 250 Sukhumvit Rd., Tel.: 252-6836
- *Haus München*, Soi 15, Sukhumvit Rd., Tel.: 252-5776
- *Ratsstube*, 18/1 Soi Ngam Duplee, Rama IV. Rd., Tel.: 236-0361
- *Singha Bier Haus*, Soi Asoke, Sukhumvit Rd., Tel.: 258-9713-4

FRANZÖSISCHE KÜCHE

- *Le Petit Moulin*, Soi 22, 2/33 Sukhumvit Rd., Tel.: 252-6753
- *Le Metropolitain*, 135/6 Gaysorn Rd. (am WTC), Tel.: 252-8364

ITALIENISCHE KÜCHE

- *Mario's Pizza*, 135/18 Gaysorn Rd., Tel.: 251-6427
- *Italian Pavillon*, Soi 4, 19 Sukhumvit Rd., Tel.: 250-1550

Amüsement
ABENDUNTERHALTUNG
● **Diskotheken**
Der Diskothekenbesuch gehört bei der reicheren Jugend unverzichtbar zu einem gelungenen Wochenende, deshalb sind die Tanzpaläste in der Hauptstadt auch reichhaltig vertreten. Einige von ihnen können sich an Größe und technischer Raffinesse mit jeder Diskothek der Welt messen.

Normalerweise sind sie zwischen 20.00-2.00 Uhr geöffnet und kosten 100-150 BHT Eintritt, samstags bis 300 BHT, wobei zwei Drinks eingeschlossen sind. Eine der gigantischsten Diskos ist *Nasa Spacedrome* (Ramkhamhaeng Rd. 999; ziemlich weit im nordöstlichen Stadtteil Prakhanong gelegen), die Platz für mehr als 2.000 Tanzwütige hat und mit futuristischem Spektakel aufwartet. Noch größer ist die *Paradise Music Hall* in Thonburi (Arun-Amarin Rd.).

In Flughafennähe lockt *The Palace* (Vipawadee Rangsit Rd.) die Großstadt-Jugend an, während im *Freakout* und in *The Stadium* (Silom Plaza) sowie im *Superstar* und im *Rome Club* (Patpong) auch Ausländer tanzen oder auf Partnersuche sind. Ruhiger und gediegener geht es in den Hoteldiskotheken zu, in denen meist internationale Oldies gespielt werden. Einen guten Klang haben hier *M.A.D.* im "Mandarin", *Bubbles* im "Dusit Thani", *Flamingo* im "Ambassador", *Hollywood* im "Central Plaza", *Talk of the Town* im "Shangri-La" und *Diana's* im "Oriental".

● **Cocktail Lounges**
In den größeren Hotels sind die Cocktail Lounges zur 'Happy Hour' und bis spät in die Nacht ein gepflegter Treffpunkt, wo man sich zur Musikbegleitung eines Pianisten oder einer kleinen Band angeregt unterhalten und (nicht nur) Cocktails trinken kann. Einen besonders guten Namen haben die Lounges in den Nobelhotels, insbesondere *Suralai Bar* im "Royal Orchid Sheraton", *Terrace Bar* im "Intercontinental", *President's Lounge* im "Hilton", *The Lobby* im "Regent", *Captain's Bar* im "Shangri-La" und die *Bamboo Bar* im "Oriental".

● **Live-Musik**
Es gibt in Bangkok verschiedene Musik-Kneipen, in denen am Wochenende und z.T. auch werktags einheimische Bands Jazz, Rock, Reggae oder thailändischen Pop zum besten geben (kein Eintritt). Manchmal werden dort auch Speisen angeboten, allerdings ist es meistens sehr laut und dunkel, so daß solche 'Pubs' zum Mekhong-Whisky besser geeignet sind als für ein gepflegtes Abendessen. Einige Anregungen:
- *The Glass*, Soi 11, Sukhumvit Rd., Tel.: 254-3566; ein Modetreff mit gelegentlicher Live-Musik, viele schöne Menschen (u.a. Filmstars und Models), an Wochenenden brechend voll.
- *Round Midnight*, Soi Lang Suan, Tel.: 251-0652; täglich Auftritte verschiedener Bands, vorherrschend Rock-Musik, studentisches Publikum, Speisekarte.
- *Brown Sugar*, 231/20 Soi Sarasin, Tel.: 250-0103; an Wochenenden Live-Bands mit Rock, Reggae und Pop, junges Publikum, manchmal Trinkgelage.
- *Blue Moon*, 149 Gaysorn Rd., Tel.: 253-7607; auf der dritten Etage des Doppelrestaurants ab 20.00 Uhr niveauvolle Live-Musik von z.T. berühmten Künstlern, Rock&Roll, Folk, gutes Essen (soll leider 1993 abgerissen werden!).
- *Bobby's Arms*, Patpong II, Tel.: 233-6828; sonntags abends Dixieland im 2. Stock auf der sündigen Meile Patpong.
- *Peter Valentine's Food & Music Gallery*, Wireless Rd.; Jazz-Treff traditioneller und manchmal modernerer Richtung, gespielt wird am Wochenende.
- *Saxophone*, 3/8 Phayathai Rd (am Victory Monument), Tel.: 246-5472; ebenfalls Wochenend-Jazz.
- *Tawana Coffee Shop*, "Tawana Ramada Hotel", 80 Surawong Rd., Tel.: 236-0361; freitags bis sonntags ist ab 21.30 Uhr "Jazz-Time" im Coffee Shop des Hotels.
Immer beliebter werden auch in Bangkok die *Karaoke*-Bars, bei denen Gäste zur Musikbegleitung einer Band oder zum Play-Back bekannte Hits nachsingen, wobei sie den Text auf

einem Bildschirm verfolgen können. Der fehlende musikalische Genuß wird durch den Spaß, den alle Beteiligten daran haben, allemal wettgemacht.

● **Nachtclubs und Revues**

Es gibt, gerade in den sog. Vergnügungsvierteln, Nightclubs von völlig unterschiedlichem Niveau und unterschiedlicher 'Zielsetzung'. Gehobenere Unterhaltung, z.T. mit Tanz- und Transvestiten-Shows, findet man u.a. in einigen Nobelhotels, wie z.B. den populären *The Club* im "Ambassador", *The Cat's Eye* im "Le Meridien President" oder *Tiara* im "Dusit Thani". Im *Calypso Cabaret* (688 Sukhumvit Rd., zwischen Soi 24 & Soi 26, Tel.: 258-8987) gibt es täglich niveauvolle Transvestiten-Shows um 20.15 und 22.00 Uhr, 720 Sitzplätze, Eintritt 150 BHT.

● **Vergnügungsviertel**

Die bekanntesten Vergnügungsviertel mit Go-Go-Bars, Restaurants, Striptease- und anderen Shows sind *Patpong* zwischen Surawong und Silom Rd. (vgl. KAPITEL 5.3.6), *Soi Cowboy* an der Kreuzung Asoke/Sukhumvit Rd. und *Soi Nana* (Soi 4, Sukhumvit).

VERGNÜGUNGSPARKS, TIERGÄRTEN UND PARKANLAGEN

Bangkok und Umgebung ist reich an Parkanlagen, in denen man sich vom hektischen Stadtleben erholen oder eine andere Art von Hektik genießen kann. Am nächsten zum historischen Zentrum liegen der *Dusit Zoo* (s. KAPITEL 5.3.4) und der *Lumpini Park* (s. KAPITEL 5.3.5). Auch das *Magic Land (Dan Neramit)* an der Lard Phrao Rd., unmittelbar nördlich des Hotels "Central Plaza", ist noch zentrumsnah; dieser größte Vergnügungspark der Stadt kann als 'thailändisches Disneyland' mit Kirmesbetrieb charakterisiert werden. Weiter außerhalb liegt der *Rama IX Park*. Dieser große Park wurde anläßlich des 60. Geburtstages des Königs im Jahre 1987 eingerichtet. Er enthält öffentliche Grünanlagen, einen Wasserpark und botanische Gärten. Im modernen Zentralgebäude gibt es eine Ausstellung über das Leben des Monarchen. Der Rama IX. Park kann mit den Buslinien 2 und 23 bis zur Soi Udomsuk (Sukhumvit Soi 103), ab da mit Songtaos erreicht werden, der Eintritt beträgt 10 BHT.

Noch weiter entfernt, nämlich in der östlichen Vorstadt Minburi, ist der *Siam Water Park* (ca. 35 km östlich von Bangkok, Sukhapiban II Rd.), ein Aktiv-Park mit allem, was zum Thema "Wasser" gehört, u.a. Seen mit künstlichen Wellen, Wasserfällen, Rutschbahnen, Thermalpools etc. sowie einem kleinen Zoo und einem Wachsfiguren-Kabinett. Der Park ist tägl. 10.00-18.00 Uhr, an Wochenenden 9.00-19.00 Uhr geöffnet, der Eintritt beträgt 150 BHT. Man erreicht ihn ab dem Victory Monument mit den Buslinien 26, 27.

In seiner Nähe befindet sich die *Safari World*, ein ausgedehnter Tierpark mit über 600 Tieren in natürlicher Umgebung (u.a. Löwen, Tiger, Giraffen, Zebras, Bären, Schimpansen, Nashörner). Zum Tierpark gehört auch Asiens größte Volière (über 4.000 Vögel), ein *Marine Park* mit Delphinen, Haien, Robben etc. und verschiedene Spielhallen, Restaurants und Souvenirläden. Man erreicht die Safari World mit der Buslinie 26 ab dem Victory Monument (bis Minburi, ab da Songtaos) bzw. als Selbstfahrer über den Hwy 304 (Ram Indra Hwy).

Zwei weitere interessante Parks sind 32 km westlich vom Stadtzentrum, nämlich das *Rose Garden Country Resort* und, von diesem nur 1 km entfernt, der *Samphran Elephant Ground & Zoo* (vgl. KAPITEL 5.4.1).

THEATER & CLASSICAL THAI DANCING

Das Angebot an Thai-Tänzen, Puppenspielen, Konzerten, Gastspielen ausländischer Künstler, Dramen in englischer Sprache oder in Thai ist reichhaltig. Das TAT-Büro und die Tageszeitungen informieren über Sonderveranstaltungen und die aktuellen Spielpläne. Die wichtigsten Häuser sind das *Nationaltheater* (am Pramane-Platz neben dem Nationalmuseum; an den Wochenenden Konzerte und klassische Thai-Dramen), das *Thailand Cultural Centre* (an der Ratchadapisek Rd.) und das *Montien Thong Theatre* (im Hotel "Montien"). Im Theater des Hotels "*Siam Intercontinental*" werden regelmäßig britische Stücke (meist Komödien) mit sehr guten Schauspielern aufgeführt. In einigen Restaurants gibt es außerdem die Gelegenheit, **Classical Thai Dancing** im Zusammenhang mit einem landestypischen Abendessen zu erleben (s.o.).

PFERDERENNEN

Auf den Plätzen des *Royal Turf Club* (Phitsanulok Rd.; erster und dritter Sonntag im Monat) und *Royal Bangkok Sports Club* (Henry Dunant Rd.; zweiter und vierter Sonntag im Monat) finden vor grandioser Kulisse Rennen statt (ca. 10 Läufe). Eintritt 50-150 BHT.

THAI BOXING

Das berühmte Thai-Boxen wird außer im Fernsehen die ganze Woche über live gezeigt, und zwar im *Ratchadamnoen Stadion* (So um 13.00 Uhr, Mo/Mi/Do um 18.00 Uhr) und im *Lumpini Stadion* (Di/Fr/Sa um 18.00 Uhr). Der Eintritt für die besten Plätze kostet 150-500 BHT.

Einkaufen

Was für Thailand im allgemeinen gilt, stimmt in Bangkok ganz besonders: Touristen können hier ein Einkaufsparadies erwarten, in dem man nahezu alle Artikel zu äußerst günstigen Preisen bekommt, sofern man die Kunst des Handelns beherrscht. Für Lebensmittel, Blumen, vor allem aber viel Lokalkolorit mit herrlichen Fotomotiven ist ein Besuch einer der **Märkte** anzuraten, sei es nun der *Pak Khlong Talat* (nahe der Memorial Bridge auf der Maha Rat Rd., Schnittblumen, Orchideen u.a.), sei es der berühmteste der 'Blumenmärkte', *Thewet* (von der Samsen Rd. abgehend am Ufer des Klongs Phadung Krung Kasem gelegen), sei es der billige *Lang Krasuang* (Atsadang Rd.) mit seinen Second-Hand-Waren oder sei es der *Suan Chatuchak* (Phahonyothin Rd., schräg gegenüber dem nördlichen Busbahnhof), ein populärer Wochenendmarkt (Sa-So 7.00-18.00 Uhr) mit Waren aller Art, u.a. Textilien, Schuhen, Spielsachen, Lebensmitteln und einer exquisiten Blumen-Abteilung.

Aber auch mitten im Zentrum und beim Spaziergang durch die angrenzenden Stadtteile wird man immer auf ein umfangreiches Warenangebot stoßen, das durch Marktstände, fliegende Händler, kleine Boutiquen, Juwelierläden, große Warenhäuser, Supermärkte und die eleganten Einkaufspassagen der Hotels und *Shopping Arcades* besteht. Man kann grob **sechs hauptsächliche Einkaufsgebiete** unterscheiden:

1.) Der Stadtteil Chinatown mit meist kleinen Läden und Boutiquen für Kunsthandwerk, Antiquitäten, Schmuck, religiöse Kunst und Alltagswaren (vgl. KAPITEL 5.3.3).

2.) Die New Rd. und der westliche Bereich der Silom Rd. mit seinen Märkten, Department Stores, Kunst-Gallerien und dem River City Shopping Complex (vgl. KAPITEL 5.3.5).

3.) Der Bereich der Silom Rd. und Surawong Rd. mit ihren Nebengassen, in dem sich der quirlige Nachtmarkt und das Vergnügungsviertel von Patpong, aber auch riesige Kaufhäuser, rund um die Uhr geöffnete Supermärkte, Boutiquen und Buchläden befinden (vgl. KAPITEL 5.3.5).

4.) Das Viertel um die Straßen Ploenchit Rd./Phyathai Rd./Rama I Rd./Ratchadamri Rd. und Petchburi Rd., in dem die größten Kaufhäuser und Supermärkte, die Zentren Amarin Plaza, Siam Square, Siam Center, das World Trade Center (WTC) und Hotels mit Textil- und Seidengeschäften, Juwelieren, Boutiquen und Kinos konzentriert sind (vgl. KAPITEL 5.3.6).

5.) Die langgestreckte Einkaufs- und Geschäftsstraße Sukhumvit Rd. mit ihren Abertausenden von Einkaufsmöglichkeiten und Vergnügungszentren (vgl. KAPITEL 5.3.7).

6.) Der direkt nördlich an das historische Zentrum anschließende Stadtteil Banglampoo mit Märkten, Handwerksläden, aber auch größeren Kaufhäusern (vgl. KAPITEL 5.3.8).

Krankenhäuser und Ärzte

Bei der Botschaft der Bundesrepublik in Bangkok ist eine Liste der 13 empfehlenswertesten Hospitäler nebst Hinweisen auf deutschsprechende Ärzte erhältlich.

Man unterscheidet dabei zwischen staatlichen Krankenhäusern, gemeinnützigen Stiftungen, Privatkliniken und kirchlich gebundenen Hospitälern. Als besonders zuverlässig haben sich erwiesen:

● *Bangkok General Hospital*, 2 Soi Soonvijai 7 (Ecke New Petchburi Rd.), Tel.: 318-0066-77, Ambulanz: 318-0066-7; 24-Stunden-Dienst, Labor, Röntgengerät, Intensivstation, auch ambulante Behandlung

● *Bangkok Mission (Adventist) Hospital*, 43 Pitsanuloke Rd. (in der Nähe des Dusit-Zoos), Tel.: 281-1422, 281-3020; 24-Stunden-Dienst, Labor, Röntgengerät, Notfallstation, Zahnklinik, auch ambulante Behandlung

● *Chulalongkorn University Hospital*, Rama IV. Rd. (in der Nähe des Dusit Thani Hotels), Tel.: 252-8181; Universitätskrankenhaus, bekannte neurochirurgische Abteilung, Gefäßchirurgie, Herz-Lungen-Chirurgie, Behandlung von Schockwirkungen, Brandwundenchirurgie

● *Police General Hospital*, Rajdamri Rd. (gegenüber Erawan Hotel, Ecke Rama I. Rd.), Tel.: 252-8111-25, Ambulanz: 252-2171-5); Unfallkrankenhaus, Chirurgie. Das *Police General Hospital* hat u.a. einen deutschsprechenden Arzt, Dr. Vibool Watanayakorn, der bereit ist, Hilfe zu leisten. Tel.: 8.30-15.30 Uhr s. o., bis abends 251-8927, danach privat: 314-2352

● *Thai Red Cross Society*, 1871 Rama IV. Rd., Tel.: 252-7789, 251-6964; Tollwutklinik, Labor und Hospital mit Spezialeinrichtungen für Impfungen (Cholera, Typhus, Tetanus, Polio, Gamma Globolin, Hepatitis, Enzephalitis) und Schlangenbisse

Flüge

Die meisten Ausländer betreten zum ersten Mal thailändischen Boden auf dem **Internationalen Flughafen Don Muang**, der ca. 22 km nördlich der Stadt liegt. Normalerweise muß man nach Ankunft im modernen Flughafengebäude ein wenig Geduld haben, denn es dauert seine Zeit (bis zu einer Stunde), bis man zu den Schaltern des *Immigration Office* vorgedrungen ist. Dort wird das Visum erteilt, oder man bekommt zu dem bereits erteilten Visum einen Stempel. Dann holt man eine Etage tiefer sein Gepäck vom Fließband (*Luggage Claim*) und passiert die Zollkontrolle (*Customs*). In der Ankunftshalle, in der es meist ziemlich hektisch zugeht, sind außer sauberen sanitären Einrichtungen einige Institutionen untergebracht, die für den Neuankömmling hilfreich sind. Wer keinen Abholservice in Anspruch nehmen kann, sollte zunächst an einem der drei **Wechselschalter** Geld eintauschen. Erste touristische Informationen sind beim Auskunftsbüro der **TAT** zu bekommen, solche zu Hotelpreisen, freien Zimmern und Reservierungen beim Schalter der *Thai Hotel Association*. Wer bereits nach kurzer Zeit aus Bangkok wieder abfliegt, kann bei den Schaltern der Luftgesellschaften seinen Rückflug bereits jetzt bestätigen lassen. Für den **Transfer in die Innenstadt** kann man dann auf verschiedene Transportmittel zurückgreifen: Beim *Thai Limousine Service* (neben dem TAT-Büro) können Sie Mitfahrgelegenheiten in **Minibussen** (Abfahrt alle 30 Minuten, 60 BHT) buchen oder **Limousinen** für 300 BHT (maximal 5 Passagiere). An einem weiteren Stand bieten die organisierten **Taxifahrer** für Fixpreise (150-300 BHT) Transfermöglichkeiten zum Hotel in der Innenstadt an. Außerhalb des Flughafengebäudes stehen am Expressway außerdem andere Taxen bereit, wobei hier der Fahrpreis ausgehandelt werden muß; gleiches gilt bei den Fahrern von **Privatautos**, die hier auf Zusatzverdienste hoffen. Der Pkw-Transfer in die Innenstadt dauert, je nach Verkehrslage, von weniger als 40 Minuten bis zu 2 1/2 Stunden!

Ebenfalls am Expressway sind die Haltestellen für die öffentlichen Buslinien (AC-Busse: Linie 4, 10 und 29; Ordinary-Busse: Linie 29 und 59).

Der **Flughafen-Bahnhof** liegt jenseits des Expressways und ist über eine überdachte Fußgängerbrücke zu erreichen (Abfahrten mehrmals stündlich, Fahrpreise 5-100 BHT; vgl. auch Stichwort "ZÜGE").

Telefonauskünfte erhält man bei den einzelnen Fluggesellschaften (vgl. KAPITEL 3.1, Stichwort "FLÜGE") oder direkt beim Internationalen Flughafen unter Tel.: 535-1111).

Der 1987 eröffnete **Inland- und Frachtflughafen** (*Domestic Airport*) liegt gleich neben dem International Airport und ist mit diesem durch Shuttle-Busse verbunden. Hier gibt es ebenfalls sanitäre Einrichtungen, Shops, Restaurant, Bank, Informationsschalter und Gepäckaufbewahrung (geöffnet 6.00-23.00 Uhr).

Fluß- und Klongfahrten

Bangkok und die Sehenswürdigkeiten der Umgebung kann man auf dem Chao Phraya und den Klongs (Kanälen) mit Fähren, Longtail-Booten, Expreßbooten, Restaurantschiffen, Kreuzfahrtschiffen, Reisbarken und anderen Wasserfahrzeugen erkunden. Hinweise zu den Wassertaxis und Klongfahrten nach Thonburi finden Sie unter KAPITEL 5.3.2; Hinweise zu Kreuzfahrten nach Nonthaburi, Bang Pa-In und Ayutthaya unter KAPITEL 6.1.; solche zu schwimmenden Restaurants weiter oben.

Wer sich schon in Bangkok um Fluß- und Kreuzfahrten oder Paddel- und Bambusfloß-Touren in anderen Teilen des Landes (u.a. Phuket, River Kwai) kümmern möchte, sei an die Reisebüros verwiesen. Über ein breit gefächertes Angebot verfügen u.a. *Diethelm Travel* (Kian Gwan Building II, 140/1 Wireless Rd., Bangkok 10330, Tel.: 255-9150) und *CATS Travel* (6th Fl., Akaranupornpong Building, 130/2 Krung Kasem Rd., Bangkok 10200, Tel.: 282-8131).

Busse

Mindestens 5.000 Busse befahren auf über 100 Linien das Bangkoker Straßennetz. Man unterscheidet zwischen Bussen mit Air Condition (AC-Busse, blau) und solchen mit oder ohne Ventilator (Ordinary-Busse, rot bzw. blau). Kleine grün-silberne Busse verkehren zusätzlich auf den gleichen Strecken wie die Ordinary-Busse, haben die gleichen Nummern und den gleichen Fahrpreis. Die seit langem angekündigten Doppeldeckerbusse waren 1991 noch nicht im Einsatz. Moderne V.I.P.-Busse werden nur im Überlandverkehr eingesetzt. Da bei Bussen und Haltestellen die Beschriftung normalerweise auf Thai ist, kann man sich hier nur orientieren, wenn man einen guten Stadtplan mit eingezeichneten Buslinien hat (s.u.). Achtung: Die Linien für die AC-Busse (großgedruckt) sind nicht mit denen der Ordinary-Busse (kleingedruckt) identisch!

Bei Stadtfahrten bezahlt man in Ordinary-Bussen 2 BHT, in den etwas moderneren roten 5 BHT, bei längeren Strecken (z.B. Don Muang-Flughafen 7 BHT). Die blauen AC-Busse kosten 5 BHT, bei längeren Strecken 15 BHT.

Die Überland-Busbahnhöfe sind:

● Für Verbindungen in den Norden/Nordosten: *Northern & Northeastern Bus Terminal*, Phaholyothin Rd., Tel.: 279-4484-7 (AC-Busse), 271-0101-5 (Non-AC-Busse)

● Für Verbindungen in den Süden: *Southern Bus Terminal*, Pinklao Nakhon Chaisri Rd., Thonburi, Tel.: 411-4978-9 (AC-Busse), 411-0511 (Non-AC-Busse)

● Für Verbindungen in den Osten: *Eastern Bus Terminal*, Sukhumvit Rd., Tel.: 392-9227, 391-9829 (AC-Busse), 391-2504, 392-2521 (Non-AC-Busse)

Taxis und Tuk-Tuks

Zehntausende von Taxis und Tuk-Tuks sorgen im Stadtgebiet für den Personentransport. Tuk-Tuks kosten innerhalb des Zentrums je nach Entfernung, Verkehrsdichte und Verhandlungsgeschick 20-80 BHT, Taxis 30-150 BHT. In der Hauptverkehrszeit geht es allerdings auch bei Tuk-Tuks nicht schneller voran, hinzu kommt die enorme Belästigung durch die Autoabgase. In den klimatisierten Taxis kann man sich leicht eine Erkältung einfangen. Vgl. auch die Hinweise zum Stichwort "VERKEHRSMITTEL" im KAPITEL 3.1.

Achtung, Fußgänger!

Bei dem enorm dichten Verkehr und der Kamikaze-Fahrweise einiger motorisierter Verkehrsteilnehmer kommt die Überquerung einer stark befahrenen Straße einem Abenteuer mit ungewissem Ausgang gleich!

Fatal wäre es, nach Motto *"Mir wird schon nichts passieren"* einfach loszumarschieren. Orientieren Sie sich immer am Verhalten der einheimischen Fußgänger, und benutzen Sie möglichst die Fußgängerbrücken, die Sie in gewissen Abständen an den wichtigsten Avenues finden.

Züge

Für den innerstädtischen Verkehr spielen die Zugverbindungen keine Rolle. Im **Bangkoker Hauptbahnhof** *Hua Lumpong* (Rama IV Rd.) bündeln sich die wichtigsten Fernverbindungen in den Norden, Osten, Nordosten und Süden (vgl. KAPITEL 3.1, Stichwort "ZÜGE"). Fahrkarten können bis zu 90 Tagen im voraus beim *Advance Booking Office* (Mo-Fr 8.30-18.00 Uhr und Sa-So 8.30-12.00 Uhr geöffnet; Tel.: 223-3762, 224-7788, 223-0341; englischsprachig) gekauft werden. Zu Fahrplänen und Tarifen gibt die **Zug-Information** Auskunft unter Tel.: 223-7010, 223-7020.

Die touristisch interessante Strecke nach Kanchanaburi/River Kwai/Nam Tok geht nicht vom Hauptbahnhof, sondern von der **Thonburi-Station** (Bangkok Noi; vgl. KAPITEL 5.4.3) ab. Eine weiterer Bahnhof liegt ebenfalls auf der Thonburi-Seite, nämlich die **Wongwian-Station** (Taksin Rd., nahe der Taksin-Statue auf dem großen Kreisel). Ab hier fahren Züge in einer Stunde nach Samut Sakhon, in einer weiteren nach Samut Songkhram; auch diese Strecke ist landschaftlich reizvoll und touristisch interessant.

Für die **An-/Abreise** zum/vom **Flughafen** sind die Zugverbindungen eine billige und evtl. auch zeitsparende Alternative zum Taxi-Service. Von der Flughafen-Station aus erreicht man über eine Fußgängerbrücke den Internationalen Airport, den Domestic Airport ab da mit dem Shuttle-Bus. Der Fahrpreis schwankt je nach Zugkategorie zwischen 5-35 BHT. Ein **neuer klimatisierter Dieselzug** verbindet neuerdings Flughafen und Hauptbahnhof ohne Zwischenstop in 35 Minuten. Die Fahrkarte kostet 100 BHT und ist außer im Hauptbahnhof an den "*Thai's Limousine*"-Schaltern im Internationalen und Inlandflughafen erhältlich. Z.Zt. gilt folgender **Fahrplan:**

● ab Bangkok	7.35	10.35	13.35	15.45	17.55	20.45
an Don Muang	8.10	11.10	14.10	16.20	18.30	21.20
● ab Don Muang	8.50	11.40	14.35	16.55	19.40	22.05
an Bangkok	9.25	12.15	15.10	17.30	20.15	22.40

Hinweis

Die wichtigsten Zugverbindungen und Fahrpläne finden Sie unter den touristischen Hinweisen jeweils zu Beginn der Kapitel 6.1 bis 6.5.

Telefonnummern/Adressen
● **Polizei**
Tourist Police Centre, Sektion 4, Crime Suppression Division, 509 Worachak Rd., tägl. 8.00-24.00 Uhr geöffnet, Tel.: 221-6206-9/10; in Notfällen Tel.: 195
● **Kreditkarten**
- *American Express*, IBM Bldg., Phahonyothin Rd., Tel.: 273-0033 (24-Stunden-Service)
Diners Club International, Dusit Thani Bldg., Rama IV. Rd., Tel.: 233-2645 (24-Stunden-Service)
- *Visa, Mastercard (Eurocard)*, Thai Farmers Bank Bldg., Phahonyothin Rd., Tel.: 270-1801-10; 8.30-15.30 Uhr
● **Immigration Office**
Immigration Office, Soi Suanphlu, Sathon Thai Rd., geöffnet Mo-Fr 8.30-12.00 und 13.00-16.30 Uhr, Tel.: 286-4231
● **Hauptpostamt**
General Post Office, New Rd. (zwischen Surawong und Siphya Rd.), geöffnet Mo-Fr 8.00-20.00 Uhr und Sa-So 8.00-13.00 Uhr. Rechts daneben befindet sich das *Telecommunication Center*, von dem aus Ferngespräche geführt werden können, tägl. 24 Stunden geöffnet
● **Deutschsprachige Institutionen**
- *Evangelische Gemeinde Deutscher Sprache*, Soi 53, 75 Sukhumvit Rd., Tel.: 258-7626
- *Thai-Deutsche Handelskammer*, 699 Silom Rd., Tel.: 236-2396
- *Deutsche Bank*, 21 South Sathon Rd., Tel.: 240-9401-21

- *Goethe-Institut*, 18 Soi Attakamprasit, Sathon Thai Rd., Tel.: 286-9002-4; reichhaltiges Kulturprogramm, deutschsprachige Zeitungen, Magazine und Filme
- *Go Thailand Tours*, CCT Building (5.Stock), 109 Surawong Rd., Tel.: 237-6910-4; zuverlässige Reiseagentur mit ausgefeiltem Ausflugs- und Hotelprogramm

Stadtpläne
In fast allen größeren Hotels gibt es kostenlose Stadtpläne oder Touristenzeitungen, in denen solche enthalten sind. Sie sind für eine erste Orientierung bestens geeignet. Bangkok-Besucher, die öffentliche Verkehrsmittel benutzen wollen, sollten sich jedoch zusätzlich den *"Latest Tour Guide to Bangkok & Thailand"* mit den eingezeichneten Buslinien kaufen; ihn gibt es in Hotels, Buchläden und im TAT-Büro (35 BHT). Für unternehmungslustige Traveller ist außerdem die jährlich aktualisierte *"Nancy Chandler's Map of Bangkok"* zu empfehlen, die zwar wie ein bunter Flickenteppich aussieht, aber eine Fülle nützlicher Informationen und Tips enthält.

5.3 BANGKOK – SEHEN UND ERLEBEN

Um die 'Stadt der Engel' wirklich sehen und erleben zu können, sollte man über genügend Zeit verfügen. Wer die nicht hat, sollte sich wenigstens einen Überblick verschaffen, wozu sich bei zwei Tagen vor allem das historische Zentrum anbietet. Folgendes Programm ist vorstellbar:

● **Bangkok in 2 Tagen**

1. Tag: Stadtrundfahrt und Spaziergänge durch das historische Zentrum mit Besichtigung u.a. des Königspalastes und der wichtigsten Tempel: Wat Phra Keo und Wat Po (KAPITEL 5.3.1).
2. Tag: Bootsfahrt durch die Klongs von Thonburi, Besichtigung der Königlichen Barken und des Wat Arun (KAPITEL 5.3.2). Zusätzlich vielleicht Besuch des Nationalmuseums.
Als Ausgleich zum Kulturprogramm kann man abends den großen Einkaufs- und Vergnügungszentren einen Besuch abstatten. Dazu zählen vor allem die Surawong und Silom Rd. mit dem berüchtigten Patpong (KAPITEL 5.3.5) und die langgestreckte Sukhumvit Rd. (KAPITEL 5.3.7).

Bei etwa vier Tagen Aufenthalt könnte man nach folgendem Programm vorgehen:

● **Bangkok in 4 Tagen**

1.-2. Tag: Wie oben.
3. Tag: Besuch des Goldenen Hügels, des Wat Suthat mit der Großen Schaukel, Spaziergang durch Chinatown, Besichtigung des Wat Trimitr (KAPITEL 5.3.3).
4. Tag: Jim Thompson's House, Schlangenfarm, Lumpini-Park, Vimarn Mek, Nationalversammlung, Erawan-Schrein (KAPITEL 5.3.5 und 5.3.6).

Wer sich eine Woche für die Metropole Zeit läßt, hat entweder die Möglichkeit, das Besichtigungsprogramm ganz geruhsam anzugehen oder die

Stadt näher kennenzulernen und sich weitere Attraktionen anzuschauen (KAPITEL 5.3.8) oder zusätzlich zum Vier-Tages-Programm einige Ausflüge in die nähere Umgebung einzuschließen. Vorstellbar wäre dabei u.a. folgendes Programm:

● **Bangkok in 7 Tagen**

1-4. Tag: Wie oben.
5. Tag: Tagesausflug nach Samut Prakhan zur Ancient City und Krokodilfarm (KAPITEL 5.4.2).
6. Tag: Tagesausflug Schwimmende Märkte von Damnoen Saduak und Rose Garden (KAPITEL 5.4.1).
7. Tag: Tagesausflug nach Kanchanaburi und zur River Kwai Bridge (KAPITEL 5.4.3).

5.3.1 DAS HISTORISCHE ZENTRUM

Das historische Zentrum Bangkoks wird von jener künstlichen Insel ("Rattanakosin") gebildet, die unter Rama I. durch den Bau des Kanals Klong Lot und der Biegung des Chao Phraya entstanden ist. Auf ihr befinden sich die bedeutendsten Sehenswürdigkeiten der Stadt, außerdem wissenschaftliche und kulturelle Institutionen von hohem Rang und verschiedene Ministerien.

Die Dauer einer Besichtigung hängt in erster Linie von der zur Verfügung stehenden Zeit und vom Grad des Interesses für Kunst, Kultur und Geschichte ab. Aber selbst bei einer nur oberflächlichen Sightseeing-Tour wird ein Tag kaum ausreichen, um auch nur die wichtigsten Baudenkmäler zu genießen. Sowohl für den Großen Palast als auch für das Nationalmuseum sind mindestens einige Stunden zu veranschlagen, und wer darüber hinaus auch Wat Po und/oder andere Tempel besuchen möchte, wird wohl konditionelle und Zeitprobleme bekommen. Denn spätestens um 17.00 Uhr steht man auch bei den Gebäuden, die längere Öffnungszeiten haben, vor verschlossenen Toren! Wer nur einen Tag zur Verfügung hat, muß also auswählen, wobei der Große Palast wohl die absolute Priorität genießen sollte.

In diesem Kapitel wird ein Rundgang vorgeschlagen, der am Pramane-Platz beginnt und am Wat Po endet. Da die Objekte des historischen Zentrums relativ nahe beieinander liegen, braucht man für die Besichtigungen keine öffentlichen Verkehrsmittel.

Der zentrale Pramane-Platz (Sanam Luang) wird von insgesamt 18 Linien der einfachen Busse und von den Linien 3, 6, 7, 9, 11, 12 der AC-Busse angefahren, ist also praktisch aus jeder Himmelsrichtung und zu jeder Uhrzeit bestens zu erreichen. Außerdem liegt er in Fußnähe zu den Expreßboot-Anlegestellen "Mahatat" und "Chang".

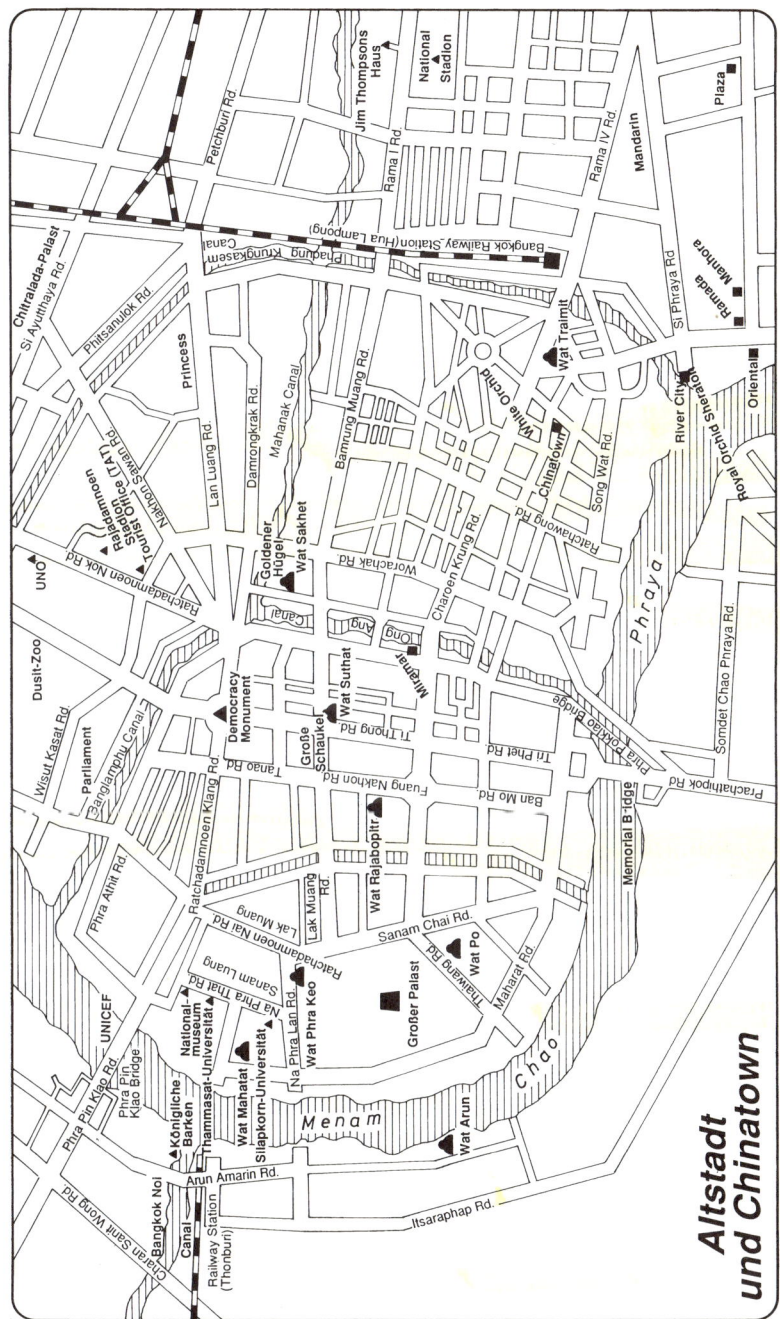

Altstadt
und Chinatown

237

Der Pramane-Platz (Sanam Luang)

Das weite Rasenoval des Sanam Luang bündelt die Sehenswürdigkeiten der Umgebung und läßt sie aus der Distanz und hinter einem grünem Vordergrund um so schöner erscheinen. In der Regenzeit allerdings kann sich der 'Platz der Könige' leicht in ein schlammiges Feld verwandeln. Auf diesem Platz und um ihn herum ist eigentlich immer etwas los: im privaten Rahmen tummeln sich dort Kinder, und es werden Fußballspiele und Picknicks abgehalten. Der Sanam Luang ist aber auch Kulisse für Konzerte, Volksfeste und die berühmten Papierdrachen-Wettkämpfe, die von Ende Februar bis April ausgetragen werden. Nicht zuletzt hat er seinen festen Platz bei verschiedenen religiösen Festlichkeiten, unter denen die Königliche Pflugzeremonie (vgl. KAPITEL 3.2.2) die bedeutendste ist.

Ein Rundgang um den Platz, der die Eindrücke von Mal zu Mal steigern kann, sollte am südöstlichen Ende beginnen, wo schräg gegenüber dem Großen Palast ein ständiger Straßenmarkt mit allen möglichen Artikeln abgehalten wird. Der repräsentative Bau, vor dem alte Kanonen stehen, ist das thailändische Verteidigungsministerium. Jenseits der Ratchdamnoen Noi Rd./Ecke Lak Muang Rd. liegt ein tempelähnliches Gebäude:

Lak Muang

Diesen Schrein ließ Rama I. über dem Grundstein seiner neuen Hauptstadt *Krung Thep* errichten (das Gebäude ist später allerdings stark verändert worden). Außerdem ist er Wohnort des Schutzgeistes von Bangkok, was viele Einheimische mit Opfergaben zur Erfüllung ihrer Wünsche hierhin bringt. Wer Glück hat, kann die (kostenlose) Aufführung eines Tempeltanzes im Nebengebäude erleben. Vom Obergeschoß des Lak Muang hat man einen schönen Blick auf die Mauer und vergoldeten Spitzen des Großen Palastes.

Spaziert man nun an der Längsseite des Pramane-Platzes auf die belebte Kreuzung zu, kann man an dessen nördlichem Ende gegenüber dem Hotel "*Royal*" einen weißen Pavillon entdecken:

Thorani-Brunnen

In ihm befindet sich ein Springbrunnen mit der kleinen und kunsthistorisch wertlosen, aber weithin bekannten Statue der hinduistischen Erdgöttin *Thorani*. Der Legende nach soll sie durch das Wasser, das sie aus ihren nassen Haaren wrang, feindliche Geister von Buddha vertrieben haben. Der Brunnen wurde während der Regierung König Chulalongkorns (1868-1910) zur öffentlichen Trinkwasser-Versorgung eingerichtet.

Von hier aus kann man nun zur westlichen Seite des Sanam Luang spazieren, wo im Nationalmuseum die erste kulturelle Kraftanstrengung verlangt wird. Zwei weitere Baudenkmäler könnten vorher noch 'eingeschoben' werden: wer es wagt, schräg nach links durch den brodelnden Verkehr auf die andere Seite der großen Chao Fa Road (= Auffahrt zu Phra Pinklao-Brücke über den Menam) zu gehen, steht dort vor der

Nationalgalerie

In dieser Institution gibt es ständige und Wechselausstellungen sowohl älterer als auch zeitgenössischer Werke thailändischer Künstler.

Öffnungszeiten
National Arts Gallery, Chao Fa Rd., Tel.: 281-2224; geöffnet tägl. außer Mo und Fr 9.00-16.00 Uhr, Eintritt 10 BHT

Ihr gegenüber liegt das

Nationaltheater

Das Nationaltheater hat sowohl klassische Thai-Dramen als auch internationale Bühnenstücke in seinem Repertoire. Außerdem ist es mit seiner Kinder- und Jugendlichenabteilung die wichtigste Schule zur Erlernung des Tanztheaters. Der Bau wurde 1960 durch einen Brand zerstört und anschließend originalgetreu wiederaufgebaut.

Information
The National Theatre, Na Phra Lan Rd., Tel.: 224-1342. Über das aktuelle Programm können Sie sich in den Zeitungen oder telefonisch Mo-Fr 8.30-16.30 Uhr informieren. Am letzten Freitag eines jeden Monats werden von 17.30-21.00 Uhr Sonderaufführungen im klassischen thailändischen Tanz mit entsprechender Musik angeboten (Eintritt 40 BHT).

Kehrt man jetzt zum Pramane-Platz zurück, erreicht man nach wenigen Minuten das

Nationalmuseum

Öffnungszeiten
The National Museum, Na Phra That Rd., Tel.: 224-1333; 224-1396; geöffnet Mi-So 9.00-16.00 Uhr; Eintritt 20 BHT. Es werden einstündige **Führungen** in englischer, französischer und deutscher Sprache angeboten, Treffpunkt ist der Kartenschalter jeweils um 9.30 Uhr. In Englisch: jeden Donnerstag "Pre-Thai and Thai Art" und jeden Mittwoch "Buddhism". In Deutsch: jeden Donnerstag "Thailändische Kunst und Kultur".

Das Nationalmuseum ist eines der größten und bedeutendsten Museen in Südostasien, das aus mehreren sehenswerten alten Gebäuden und modernen Anbauten besteht und unzählige Exponate vom Neolithikum bis zur Kunst der Bangkok-Zeit enthält. In seinen ältesten Teilen stammt der

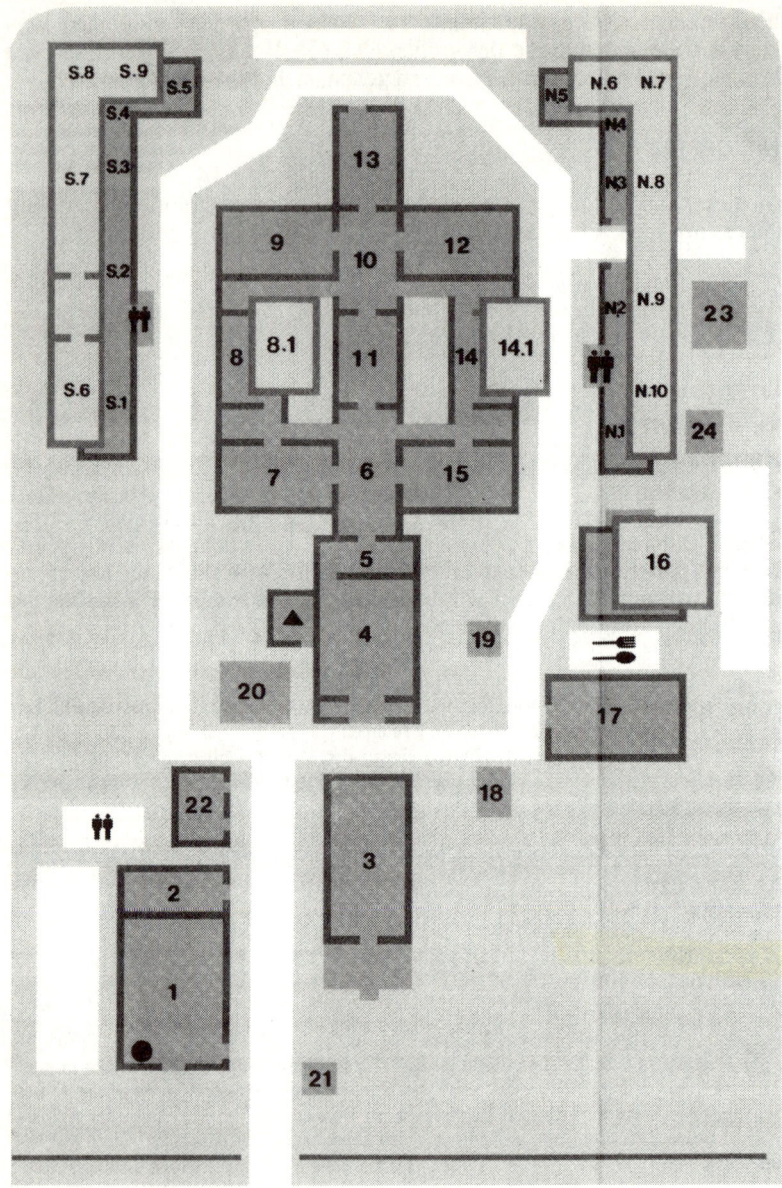

ถนนหน้าพระธาตุ   NA PHRA THAT ROAD

Komplex aus dem Jahre 1782; damals stand hier der Palast des sog. 'Zweiten Königs', also des königlichen Stellvertreters. Unter König Rama V. wurde das erste öffentliche Museum mit Exponaten aus königlichem Besitz eröffnet, das 1926 zum "Bangkok Museum" und später zum "National Museum" erklärt wurde.

Für eine Besichtigung der historischen Gebäude und der Sammlungen sollte man einige Stunden Zeit und gute Kondition mitbringen. Hilfreich ist es, wenn man sich schon vorab über Grundzüge der thailändischen Kulturgeschichte informiert hat; vgl. dazu die einzelnen Abschnitte im KAPITEL 2.3, insbesondere KAPITEL 2.3.3!

Da es in den Räumen keine Klimaanlage, sondern allenfalls Ventilatoren gibt, kann der Besuch zu einer schweißtreibenden und anstrengenden Angelegenheit werden. Das Fotografieren ist im Inneren verboten, aber für das kunstvolle Äußere und einige im Freien aufgestellte Objekte ist die Mitnahme der Kamera empfehlenswert. Was Sie wo sehen können, ist im folgenden stichpunktartig genannt; die Nummern beziehen sich auf den Lageplan:

● **Eingang (21)**. Der Eintritt erfolgt von der Phrathat Rd.; die Eintrittskarten erhalten Sie im Gebäude (1). Bewahren Sie die Karten auf, da Sie sie an verschiedenen Sperren nochmals vorzeigen müssen! Die große Halle links vom Eingang wurde unter Rama I. gebaut und ist in zwei Abteilungen getrennt. Zuerst betreten Sie die

● **Galerie thailändischer Geschichte (1)**, in deren Eingangsraum sich Schließfächer, Bücher- und Kartenverkauf und Museumspläne befinden. Auf dem verschlungenen Rundgang durch die Galerie sehen Sie Fotodokumente, Steininschriften, Schaukästen mit nachgestellten Szenen aus der thailändischen Geschichte sowie originale Exponate aus Mittelalter und Neuzeit. In der zweiten Abteilung der großen Halle sind Funde aus

● **Stein-, Bronze- und Eisenzeit (2)** ausgestellt. Anhand von Originalen oder Kopien erleben Sie die Bandbreite der prähistorischen Kulturen auf thailändischem Boden, u.a. Felszeichnungen, Funde aus Ban Chiang, Gräber, Gerätschaften und Schmuck. Gegenüber liegt die

● **Buddhaisawan-Kapelle (3)**. In diesem herrlichen Bau von 1795 sind u.a. die originalen Wandmalereien und eine hochverehrte goldene Buddha-Statue sehenswert. Ihrem östlichen Teil gegenüber liegt das sog.

● **Rote Haus (22)**. Das Teakholz-Gebäude mit seiner edlen Möblierung war für die Schwester Ramas I. errichtet worden. Mit der Giebelseite zu einem kleinen Platz erhebt sich nun, zur Linken flankiert vom schönen Samram-Mukkhamat-Pavillon (20), die

● **Isaravinichai-Halle**, die ehemalige Thronhalle des 'Zweiten Königs', an die sich im Osten der Palast mit seinen drei Flügeln anschließt. Bei einer Besichtigung des labyrinthartigen Inneren (z.T. in zwei Geschossen) kommen Sie durch folgende Ausstellungsräume:

● Wechselausstellungen (4), Goldschmuck aus Ayutthaya, Elfenbeingegenstände (5), Sänften, Elefantentragesessel (6), Schattenspiele (7), Keramik, Porzellan (8), Perlmutt-Gegenstände (8.1), Elfenbeingegenstände (9), Waffen (10), Königliche Regalien (11), Steininschriften (12), Holzschnitzereien (13), Textilkunst (14), buddhistische Kultgegenstände (14.1), Musikinstrumente (15).

Kehrt man zum Eingang zurück sieht man links davon den

● **Samram-Mukkhamat-Pavillon (20)**, dessen offene, goldgeschmückte Halle zu den schönsten Bauten des Museums zählt. Den ehemaligen Palast umrundet man nun durch die modernen zweigeschossigen Seitenflügel, die einen Überblick über die thailändische Kunstgeschichte geben. Der Chronologie folgend sollte man zunächst das

● **Südgebäude** betreten. Hier sehen Sie im

Untergeschoß: Kunst der **Gandhara-** und **Lopburi**-Periode, insbesondere schöne Götterbilder im Khmerstil **(S.1-S.3)**.

Obergeschoß: Kunst der **Dvaravati**-Periode, vor allem herrliche 'Gesetzesräder'**(S.6-S.7)**.

Im östlich anschließenden

● **südlichen Quergebäude** sind im

Untergeschoß die Kunst des **Hinduismus (S.4)** und aus der **Lopburi**-Periode **(S.5)** und im *Obergeschoß* die religiöse Kunst aus Java **(S.8)** und des **Srivijaya**-Reiches **(S.9)** ausgestellt, insbesondere eine phantastische Ganesha-Figur.

Gesetzesräder im Südgebäude

Geht man nun um den Ostteil des Palastes auf die andere Seite, erreicht man das

● **nördliche Quergebäude**, wo im *Untergeschoß* Kunst der **Lanna**-Periode (N.5-N.6), **Münzen (N.3)** und riesige Buddha-Bilder aus der **Chiang Saen**-Periode **(N.4)** und im Treppenhaus sowie im *Obergeschoß* Buddha-Bildnisse aus dem Reich von **Sukhothai (N.7-N.8)** ausgestellt sind.

Im westlich anschließenden

● **Nordgebäude (21)** sehen Sie im

Untergeschoß: Textilien und Kleinkunst der **Bangkok**-Periode **(N.2-N.3)** und im

Obergeschoß: Kunstgegenstände, vor allem herrliche Buddha- und Götterbildnisse, aus der **Sukhothai**- und **Ayutthaya**-Periode (N.9-N.10). Nach so viel Kunsterlebnis tut wahrscheinlich ein Besuch des kleinen

● **Restaurants** gut, in dem man Softdrinks und einfaches, aber gutes Essen (z.B. fried rice für 25 BHT) oder leckere Eiscreme bekommt.

Das westlich davon gelegene Gebäude enthält die

● **Königlichen Prunk-** und **Leichenwagen (17)**, die wegen ihrer Größe und reichgeschnitzten Dekorationen außerordentlich beeindruckend sind.

Auf dem Weg zum Ausgang sollte man noch auf die Architektur des

● **Pavillon** des Kronprinzen **(18)** achten.

Geht man nach dem Besuch des Nationalmuseums an der Längsseite des Pramane-Platzes weiter, kommt man an einer Reihe wichtiger Sakral- und Profanbauten vorbei. Direkt links vom Museum ist das zunächst die

Thammasat-Universität

Die 1934 gegründete Hochschule, eine der größten des Landes, war und ist mit ihren Fakultäten für Rechts- und Sozialwissenschaften ein Brennpunkt der politischen Tätigkeit von Professoren und Studenten. Inzwischen ist ein Teil der Universität in die modernen, großzügigen Anlagen zwischen dem Flughafen Don Muang und Ayutthaya umgezogen.
Der Nachbar zur Linken ist die

Nationalbibliothek

Sie wurde 1905 von König Rama VII. gegründet und 1917 im heutigen Gebäude installiert, dessen Architektur sich an die des Khmer-Tempels von Angkor Wat anlehnt. Ursprünglich fungierte der Bau als Tribüne für prominente Zuschauer, die den diversen Festlichkeiten auf dem Pramane-Platz beiwohnen wollten. In der Nationalbibliothek werden in z.T. phantastischen Teakholz-Schränken (mit Lack-, Perlmutt- und Goldblatt dekoriert) umfangreiche Steininschriften, Manuskripte und wertvolle Bücher aufbewahrt.
Hinter der Nationalbibliothek befindet sich – mit der Rückseite zum Pramane-Platz – der berühmte

Wat Mahatat

Öffnungszeiten
Wat Mahatat, Na Phra That Rd., Tel.: geöffnet 9.00-17.00 Uhr

Der 'Tempel des Großen Chedi' ist eine der ältesten Kultstätten in Bangkok, die schon existierte, bevor die Stadt zur Residenz erhoben wurde. Das heutige Kloster freilich wurde vom jüngeren Bruder Ramas I. ab 1782 errichtet und besteht aus einem kleinen Bot, mehreren Viharn (in einem stehen zwei große und wertvolle Buddha-Statuen aus Lopburi) und einem Chedi, der eine kostbare Reliquie enthält. In zahlreichen modernen Anbauten wird gebetet, meditiert und studiert.

Der große Name des Wat Mahatat rührt auch daher, daß das Kloster Sitz einer buddhistischen Hochschule (*Maha Chulalongkorn-Universität*) ist, und zwar der zweitwichtigsten im Königreich. Auch für Ausländer werden Kurse in buddhistischer Meditation angeboten; wer daran interessiert ist, sollte sich an die Sektion 5 wenden, in der Informationen und praktische Übungen in englischer Sprache, je nach Verfügbarkeit fremdsprachiger Mönche, arrangiert werden. Im Klostergelände gibt es außerdem auch einen offenen Markt, auf dem traditionelle Thai-Medizin (gewöhnlich in Pflanzen- oder Wurzelform; Einfuhr nach Deutschland verboten!) verkauft wird und der besonders an religiösen Feiertagen stark frequentiert ist.

Das südwestliche Ende des Pramane-Platzes, wo die Na Phra That Rd. auf die Na Phra Lan Rd. stößt, wird von den Gebäuden des *Fine Arts Department* und der **Silpakorn Universität** (1921 gegründet und damit älteste Universität in Thailand) flankiert. Von hier aus hat man über die belebte Straße eine gute Aussicht auf die weiße Mauer, die die größte Sehenswürdigkeit der Stadt umgibt: den Großen Palast mit dem Königstempel.

Großer Palast und Königstempel (Wat Phra Keo)

Öffnungszeiten
Großer Palast (Grand Palace) und Königstempel (Wat Phra Keo), Na Phra Lan Rd., Tel.: 222-8181; tägl. geöffnet 8.30-15.30 Uhr, Eintritt 100 BHT

Amulett-Markt am Wat Mahatat

Wer Bangkok besucht, ohne den Großen Palast mit seinem Königstempel zu besichtigen, würde wahrscheinlich auch Rom verlassen, ohne den Petersdom und den Vatikanstaat gesehen zu haben! Die Residenz von 1783, von einer knapp 2 km langen zinnenbewehrten Mauer umgeben und eine Fläche von 218.400 qm umschließend, ist tatsächlich eine 'Stadt in der Stadt' und die größte Sehenswürdigkeit der Metropole, ja sogar eine der beeindruckendsten Attraktionen von Thailand und ganz Südostasien.

Wer auf dem Pramane-Platz gegen das aufragende Labyrinth aus Prunk und Gold schaut, mag verstehen, wie sich Ernst von Hesse-Wartegg fühlte, der am Ende des 19. Jahrhunderts den Großen Palast noch ohne die Abgase und den Lärm des heutigen Straßenverkehrs sehen durfte. Er notierte bei dieser Gelegenheit: *"Eine starke Mauer schließt diese Stadt gegen das Gewirr von Straßen und Kanälen des asiatischen Venedig ab. Aber sie ist nicht hoch genug, um die zahllosen Türme und Pyramiden, die eigentümlich geschwungenen Dächer und Riesenstatuen zu verbergen, welche in den Strahlen der heißen tropischen Sonne glitzern und leuchten und das Auge des verwirrten, entzückten Reisenden blenden"* ...

Heutzutage ist das Betreten des Palastes nicht mehr königliches Privileg (die Königsfamilie residiert nun im Chitralada-Palast unweit des Dusit-Zoos; vgl. KAPITEL 5.3.4), sondern auch dem Normalsterblichen möglich. Allerdings sind noch immer große Teile für die Öffentlichkeit unzugänglich und für staatliche oder monarchische Anlässe reserviert. Deswegen betritt man den Bezirk auch nicht durch das Hauptportal (zur Sanam Chai Rd.), das nur an bestimmten Tagen vom König geöffnet werden

Blick auf den Wat Phra Keo

darf, sondern durch den von Soldaten stark bewachten Nebeneingang an der Na Phra Lan Road. Durch diese gelangt der Besucher in den äußeren Hof, der zur Rechten von Amtsgebäuden und links von einem großen Rasenplatz begrenzt wird. Von hier aus schweift der Blick zum herrlichen Panorama des Wat Phra Keo, der sich mit seinem vergoldeten Chedi, den Stufendächern der Tempel und aufragenden Prangs hinter einer überdachten Mauer erhebt. Für viele eilige Bangkok-Touristen ist wenigstens ein Erinnerungsfoto von dieser Stelle aus ein 'Muß'.

Hinter dem Platz und vor dem Doppeltor zum Palast ist linkerhand das Kartenhäuschen untergebracht.

● **Kartenhäuschen (Ticket-Office, 1)**

Öffnungszeiten
Das Ticket-Office ist von 8.30-12.00 Uhr und 13.00-15.30 Uhr geöffnet. In diesen Zeiten ist auch der Einlaß in den Tempel und Palast. Wer vor 12.00 Uhr in den Bezirk gegangen ist, wird während der 'Mittagsruhe' nicht vertrieben, zwischen 12.00-13.00 Uhr kann man also die Architektur und Kunstschätze ohne den sonst üblichen Menschenauflauf genießen!

Das Kombi-Ticket kostet 100 BHT und berechtigt zum Eintritt in den Königstempel, den königlichen Palast, das Wat Phra Keo-Museum, die königliche Münz- und Dekorationssammlung sowie den Teakholz-Palast

Vimanmek (vgl. KAPITEL 5.3.4). Lassen Sie sich beim Kauf der Eintrittskarte den gut illustrierten und mit einer Planskizze versehenen "*Guide to the Grand Palace*" (kostenlos) geben. Ebenfalls erhältlich ist hier das Büchlein "*Geschichte des Tempels des Smaragd-Buddhas*" von Prof. Subhadradis Diskul (20 BHT). Bevor Sie die Eintrittskarte kaufen, sollten Sie überprüfen, ob Sie angemessen gekleidet sind. **Wer in Shorts oder mit unbedeckten Schultern das Gelände betreten will, wird von den Wachen unweigerlich zurückgeschickt.**

Für die Besichtigung der öffentlich zugänglichen Palast- und Tempelanlagen empfiehlt sich folgender Rundgang (die Nummern beziehen sich auf den Tempel- bzw. Palastplan):

Gehen Sie zunächst linkerhand am Kartenhäuschen (1) vorbei und direkt auf den Königstempel zu. Nachdem Sie einige Andenkenläden, eine kleine Cafeteria und einen Shop (Filme, Postkarten) passiert haben, können Sie unmittelbar vor dem Eingang zum Tempel rechts ein Museum besuchen – oder den Besuch auf das Ende der Besichtigungen verschieben, da die durch eine starke Klimaanlage gut gekühlten Räume nach den anstrengenden Touren besonders erfrischend sind:

● **The Royal Thai Decorations & Coins Pavillon (2)**

Öffnungszeiten
Das Museum ist tägl. außer Sa 9.00-15.30 Uhr geöffnet, es gilt ein eigener Eintrittsschein, den man beim Kauf des Kombi-Tickets bekommt

In diesem modernen Gebäude ist im unteren Stockwerk die Entwicklung des thailändischen Münzgeldes von Barren und Kugeln des 11. Jahrhunderts bis zur heutigen Zeit ausgestellt, außerdem sieht man Sonderprägungen, Orden, Wappen u.ä. Erfreulich, daß (im Gegensatz zum Wat Phra Keo-Museum) die Exponate auch auf Englisch beschriftet sind. Weitaus interessanter ist die zweite Etage, in der u.a. Königs-, Könniginnen- und Prinzenkronen, Hüte, Schwerter, Uniformen der königlichen Familie sowie die thailändischen Reichsinsignien zu sehen sind. Besonders wichtig sind die drei Gewänder des Smaragd-Buddhas (s.u. unter Punkt 13.), mit denen er entsprechend der Jahreszeit vom König geschmückt wird. Das Kostüm der heiligsten Statue des Landes wird für die heiße Jahreszeit im März gewechselt und ist dann von goldglitzernder Farbe. Für die Regenzeit wird es im Juli gegen ein Gewand von blau-kristallenem Gepräge ausgewechselt, für die kühlere Jahreszeit schließlich im November gegen ein weiß-kristallenes.

● **Königstempel (Wat Phra Keo)**
Nachdem man den Eingang (Sperre mit Ticket- und Kleiderkontrolle) zum Königstempel passiert hat, wird man zunächst einmal ungläubig staunend vor dem verwirrenden und mit Prunk überladenen Tempellabyrinth

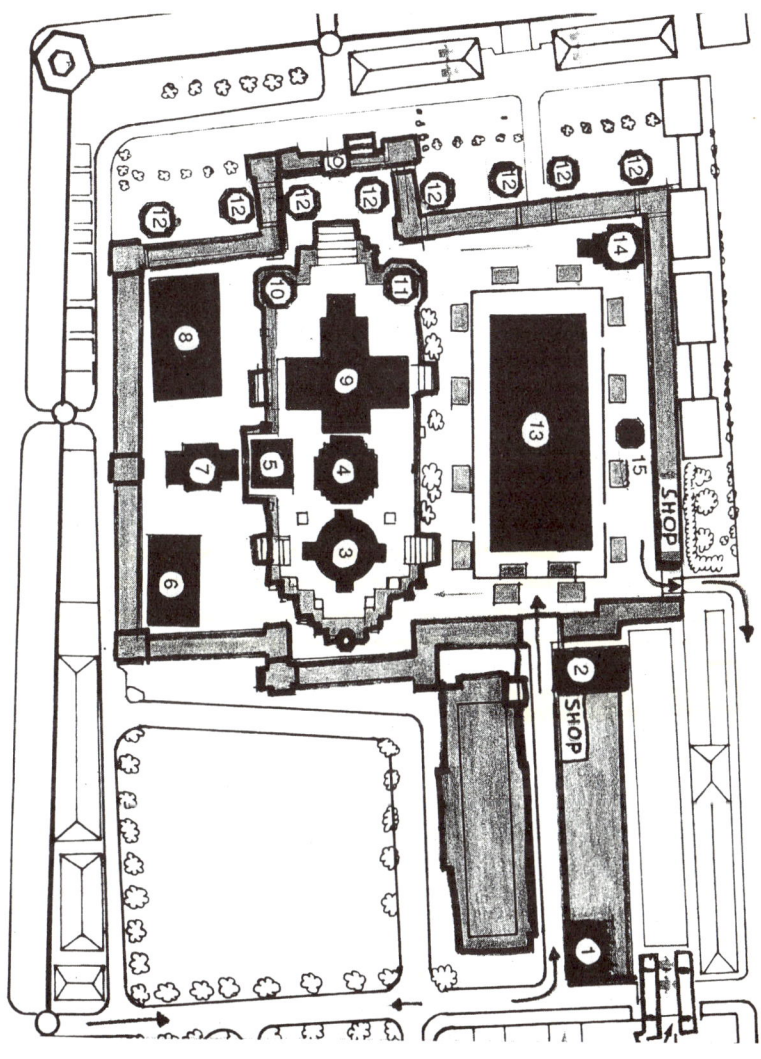

Wat Phra Keo

stehen, einem der prächtigsten Architektur-Ensembles der Welt! In der Nordostecke des Palastbezirkes gelegen und von diesem durch eine eigene Mauer (mit Galerien) abgetrennt, umfaßt der heilige Bezirk etwa ein Zehntel der gesamten Residenz. Im Jahre 1785 unter Rama I. entstanden, wurden die Tempelanlagen zuerst 1832 zum 50jährigen Stadtjubiläum Bangkoks, im Jahre 1957 zur buddhistischen 2.500-Jahres-Feier und zuletzt 1982 zum 200jährigen Stadtjubiläum Bangkoks restauriert. Sie bestehen aus einer Fülle von Statuen, Plätzen, Treppen sowie kleineren und größeren Gebäuden – nur die Unterkünfte der Mönche, wie sie für einen Wat typisch sind, sucht man im Wat Phra Keo vergebens. Unter Anleitung eines thailändischen Kunsthistorikers könnte man Stunden, ja sogar Tage hier verbringen und fände doch nicht die Zeit, alle sehenswerten Details zu würdigen.

Aus dem Gewirr von Formen und Farben mag der Besucher sich zunächst den kleineren Details zuwenden, so etwa jener Statue eines Asketen (*rishi*), die direkt gegenüber dem Eingang von ihrer hohen Basis herablächelt. Die Statue wird flankiert von zwei kleineren Pavillons, wobei das linke 33 bronzene Buddhabildnisse in verschiedenen Haltungen beherbergt, die den 33 Königen von Ayutthaya gewidmet sind, und das rechte acht Buddha-Statuen zu Ehren der acht Könige von Bangkok. Auch andere Skulpturen fallen schon am Anfang des Rundganges ins Auge, weitere Buddha-Figuren, Zwerge, Kühe, Löwen, Elefanten, Fabelwesen. Besonders furchtgebietend sind die *Yakshahas*, die grimmigen Tempelwächter, die paarweise und mit grellen Farben bemalt als riesige Figuren vor allen sechs Portalen stehen. Das große rechteckige Gebäude gegenüber dem Eingang ist der Tempel des Smaragd-Buddhas (13), sozusagen das nationale Allerheiligste. Zunächst aber führt der Rundgang nach links, wo über Treppenaufgänge eine Terrasse mit drei mächtigen Turmbauten zu sehen ist. Neben vier Denkmälern für die Chakri-Könige erhebt sich am auffälligsten, geradezu als Wahrzeichen des Wat Phra Keo, an ihrem westlichen Ende der

- **Goldene Chedi** (*Phra Si Ratana Chedi*, (3). Das weithin sichtbare Bauwerk wurde unter König Mongkut (Rama IV.) nach dem Vorbild des zerstörten Wat Si Sanphet in Ayutthaya errichtet. Die Form des goldglänzenden Turmes ist ungewöhnlich: auf einem runden Postament mit vier Eingangspforten sitzt eine umgestülpte Glocke, die an ihrem oberen Ende aber zu einem quadratischen Block ausläuft, der wiederum einen spitz zulaufenden, runden Helm trägt. Die

Der Goldene Chedi

ser Turm ist der höchste des gesamten Tempels und erhält seinen überirdischen Glanz durch die Abertausenden von vergoldeten Fayencen, die ihn vollständig bedecken. Hinter den vier Türen, die allerdings immer verschlossen sind, führen Gänge zu dem schwarzen, inneren Chedi, in dem sich eine Reliquie Buddhas befindet.

Geht man nun vor dem Goldenen Chedi nach rechts, kommt man zum nächsten hochaufragenden Bauwerk, dem

- **Mondhop (4)**, dessen gleichmäßig gestaffeltes Stufendach in der zweithöchsten Spitze des heiligen Bezirks ausläuft. Der harmonische Bau – zweifellos einer der schönsten im Tempelbezirk – erhebt sich über einem fast quadratischen Grundriß mit hohen Wänden und filigranen Säulen. Er ist über und über mit vergoldeten Schnitzereien und farbenprächtigen Glasmosaiken bedeckt. Insbesondere verdienen die bronzenen Naga-Schlangen, die dämonischen Türwächter und die mit Perlmutt eingelegten Portalflügel Beachtung. Letztere führen in das für Touristen nicht zugängliche Innere, das die Heiligen Schriften des Theravada-Buddhismus birgt, die *Tripitakka*.

Durch die schmale Öffnung zwischen Mondhop und dem nächsten Gebäude zur Rechten, dem Pantheon (9), geht man auf die andere Seite der Plattform und sieht sich unvermittelt einem Miniaturtempel gegenüber. Dabei handelt es sich um das

- **Modell von Angkor Wat (5)**. Das Tempelmodell wurde übrigens nicht deswegen hier aufgestellt, weil die wenigsten Besucher das kambodschanische Weltwunder in natura sehen können. Sondern König Rama III. ließ es anfertigen, weil Thailand aus historischen, religiösen und kulturellen Gründen mit dem Khmer-Reich eng verknüpft ist (vgl. KAPITEL 2.1.1). Der kambodschanische Haupttempel, zu Anfang des 12. Jahrhunderts in nur 37 Jahren gebaut, war dem Hindugott Vishnu geweiht, als dessen Inkarnation sich die thailändischen Könige sehen. Es ist bemerkenswert, wie dieses Modell dem tatsächlichen Tempel ähnelt. Denn als es angefertigt wurde, war Angkor Wat noch nicht von französischen Archäologen wiederentdeckt worden und lag verschollen im Dschungel.

Gehen Sie nun vor dem Tempelmodell wieder nach links auf den Goldenen Chedi zu, und verlassen Sie die Terrasse über die rückwärtige Treppe. Hier haben Sie einen schönen Blick auf das Gebäude in der äußersten Nordwest-Ecke, die

- **Ho Phra Nak (6)**. In der Halle mit ihrem imposanten grün-rot-weißen Staffeldach werden die Urnen mit der Asche der Chakri-Könige aufbewahrt. Damit ist Ho Phra Nak eine Art Mausoleum der herrschenden Dynastie. Den Namen trägt das Bauwerk nach einem 4 m hohen kupfernen Buddha-Bildnis, das aus Ayutthaya stammt.

Nun geht man nach rechts auf den

- **Viharn Yod (7)** zu. Das etwas profan wirkende Äußere wird durch einige herrliche Details aufgelockert und geadelt. Schauen Sie sich beispielsweise den aufgesetzten Turm ein wenig genauer an, der mit glänzenden Keramik-Blumen übersät ist und insgesamt an eine Krone erinnert. Die meiste Beachtung verdienen jedoch die geschnitzten Türen mit ihren Einlegearbeiten aus Perlmutt, die noch aus der ehemaligen Hauptstadt Ayutthaya stammen. Etwas Qualitätvolleres wird man in ganz Thailand vergeblich suchen! Im Inneren des *Viharn Yod* befindet sich u.a. jene Steinplatte (*Mananga Sila*), die der erste Thai-König Rama Khamhaeng als Thron benutzte (vgl. KAPITEL 6.1.5).

Hinter dem Viharn erhebt sich das rechteckige Gebäude

- **Ho Monthien Dharma** (8). Auch diese Halle ist mit goldfarbenen Schnitzereien und Perlmutt-Intarsien geschmückt, die z.T. noch aus Ayutthaya stammen, wo sie vor der Zerstörungswut der Burmesen gerettet werden konnten. Ihrer außerordentlichen Qualität und kunsthistorischen Bedeutsamkeit wegen bezeichnet man die Giebelseite des Monthien Dharma als eine der schönsten im Königreich. Das Gebäude wird als 'ergänzende Bibliothek' genutzt und birgt im Inneren Heilige Schriften des Theravada-Buddhismus.
Nun ist es Zeit, über den Treppenaufgang wieder die Tempelterrasse hinaufzusteigen, um den einzigartigen Blick zu genießen. Hier steht man direkt vor dem

- **Königlichen Pantheon** (*Prasat Debidorn;* 9). Zusammen mit Mondhop und Goldenem Chedi prägt es entscheidend die Tempelsilhouette. Über dem Gebäude auf kreuzförmigem Grundriß erheben sich vielfach gestaffelte Teleskop-Dächer. In deren Mitte ragt ein hoher Prang mit hellgelber Farbe als dritthöchste Spitze in den Himmel. Es wird angenommen, daß der große Raum darunter ursprünglich für den Smaragd-Buddha vorgesehen war.
Heute jedenfalls dient er als Ahnenkultstätte für die Chakri-Dynastie, deren verstorbene Regenten durch lebensgroße Statuen (Rama I.-IV. in Landestracht, Rama V.-VIII. in Uniform) vertreten werden. Nur einmal im Jahr, nämlich am 6. April ("Chakri-Tag"), werden die Tore für die Bevölkerung geöffnet, die dann mit Blumen und Weihrauchstäbchen die Vorfahren des Königs ehrt.

Vor dem Pantheon stehend hat man nun zum Osten hin eines der phantastischsten Panoramen des Wat Phra Keo vor sich. Die Terrasse selbst wird links und rechts durch zwei **goldene Chedis (10/11)** begrenzt, die an die Eltern Ramas I. erinnern sollen. Ihre Basen werden von einer Kette mythologischer Affenkönige umringt, deren filigrane Ausarbeitung höchste Bewunderung verlangt. In ihrer Nähe, ebenfalls noch auf der Plattform, befinden sich weitere vergoldete Metallfiguren, unter denen die der *Kinarri* zu den beliebtesten Fotomotiven gehören. Schaut man nun auf den kleinen Vorplatz hinunter, sieht man die westliche Tempelmauer mit dem Hauptportal, das von zwei riesigen *Yakshahas* mit Keulen bewacht wird. Zu deren Füßen sind Altäre mit Statuen und Sockeln der Schauplatz tiefer

Kinarri

Volksfrömmigkeit; man sieht Räucherstäbchen, Votivgaben, Speisen und Blumen darbringende Gläubige. An der Westmauer erstreckt sich die Reihe der **acht Prangs (12)**, von denen nur zwei innerhalb des heiligen Bezirks stehen, die anderen aber über der Mauer aufragen. Die mächtigen Ziertürme im Khmer-Stil sind durch Fayencen und farbige Glasmosaike prächtig geschmückt. Ihre Anzahl symbolisiert die im Buddhismus früher besonders verehrten acht Planeten, zugleich aber auch Buddha, seine Lehre, die Gemeinschaft der Gläubigen, die Jünger, die Mönche, den König, die früheren und die zukünftigen Existenzen Buddhas.

Rechterhand (südlich) wartet jetzt das Allerheiligste auf einen Besuch, also der

- **Tempel des Smaragd-Buddhas/Bot (13)**. Die Heiligkeit des langgestreckten, rechteckigen Bauwerks mit seinem imposanten Staffeldach wird schon durch die acht aufwendig installierten *Ba-Sema*-Steine unterstrichen, die es umstehen. Der Tempel selbst steht auf einem hohen Marmor-Sockel, auf den vier Treppenaufgänge zu ebensovielen von Bronzelöwen bewachten Eingangstoren führen. Das Löwenpaar am Hauptportal, das allein dem König vorbehalten ist, wurde von Rama I. nach einem Feldzug nach Kambodscha mitgebracht und gilt als Musterbeispiel der Khmer-Kunst. Die Eingänge befinden sich an den Längsseiten im Norden und Süden. Das Äußere ist mit verschwenderischer Pracht ausgestattet, die sich an der schlanken Säulenumfriedung, den Giebelfeldern, dem Wandschmuck aus blau-goldenem Stuck und bunten Glasmosaiken sowie an den Tür- und Fenstereinfassungen entfaltet. Unter den zahllosen prunkvollen Details sind besonders hervorzuheben: die geschnitzten Giebelfelder, in denen der Hindugott *Vishnu* mit seinem Reittier *Garuda* dargestellt ist; die Perlmutt-Intarsien an den Portalen; die 112 *Garuda*-Figuren, die an der Basis des Bot nebeneinandergereiht sind, jede von ihnen eine *Naga*-Schlange haltend.

Der Tempel steht auch Touristen offen, sofern sie anständig gekleidet sind. Am Eingangsportal zieht man seine Schuhe aus und betritt den hallenartigen Bot. Um andere Besucher nicht zu stören, setzt man sich auf den Boden (darauf achten, daß die Fußsohlen nicht dem Buddha-Bildnis zugewandt sind!) und läßt dann erst einmal den Raum auf sich wirken. Der Blick schweift über die vollständig ausgemalten Wände, geht hoch in den offenen Dachstuhl und wird doch immer magisch angezogen von dem kleinen Standbild des Smaragd-Buddhas (s.u.), das auf einem hohen Sokkel thront. Doch zunächst zu den anderen Sehenswürdigkeiten im Inneren: Die **Wandmalereien** an der westlichen Wand hinter dem Smaragd-Buddha (das buddhistische Universum) und an der östlichen Schmalseite (Buddhas Erleuchtung) stammen aus der Regierungszeit Ramas I. Rama III. ließ die anderen Wände neu bemalen; dargestellt werden Szenen aus dem Leben des Erleuchteten und aus dem *Jataka* (Buddhas frühere Existenzen), eine königliche Prozession und eine Flußprozession.

Mehrere **Buddha-Bildnisse** umstehen die allerheiligste Statue. Darunter stechen zwei stehende und 3 m hohe Figuren hervor, die 1841 in Bronze gegossen wurden und an Rama I. und Rama II. erinnern sollen. Ein kleiner sitzender Bronze-Buddha wurde vor den Thron des Smaragd-Buddha gestellt, um diesen zu beschützen, und zehn bronzene und mit Gold bedeckte Bildnisse des Erleuchteten im Königsornat (gekrönt) wurden paarweise auf Sockeln angeordnet.

Auch der **Thron** aus vergoldetem Holz, auf dem der Smaragd-Buddha in einem Baldachin sitzt, ist von großer künstlerischer Qualität. Unter Rama I. angefertigt und später erweitert, erreicht er heute eine Höhe von insgesamt 11 Metern.

Der **Smaragd-Buddha** (engl.: *Emerald-Buddha*) selbst, das heiligste Bildnis Thailands, ist demgegenüber von nur bescheidenen Ausmaßen. Seine Höhe beträgt 66 cm, die breiteste Breite 48 cm! Das Material ist nicht Smaragd, sondern thailändische Jade (Nephrit). Seine Stellung ergibt sich aus der Geschichte der Statue und ihres Symbolgehalts. Und als Objekt der dreimal jährlich stattfindenden Zeremonie des Kleidungswechsels (s.o. unter Punkt 2.) ist sie für den Festtagskalender der buddhistischen Gläubigen von zusätzlicher Bedeutung.

---

i *Die Geschichte des sog. Smaragd-Buddhas*

Im Gegensatz zu ihrer geringen Größe steht die wechselvolle Geschichte der Statue, die aufzeigt, welche enorme Bedeutung sie für Thailand und die umgrenzenden Königreiche besaß. Nach der Chronik soll sie im Jahre 1434 in der nordthailändischen Stadt Chiang Rai aufgetaucht sein, nachdem ein Blitzschlag einen Chedi zerstörte und eine von Stuck bedeckte Statue freigab. Der Klostervorsteher ließ später den Stuck entfernen: der Smaragd-Buddha war geboren! Während die meisten Kunsthistoriker die Statue ins 15. Jahrhundert datieren, halten andere sie für älter und indischen Ursprungs. Jedenfalls wurde der kleine Buddha bald weithin bekannt und verehrt, und der König von Chiang Mai versuchte, ihn in seinen Besitz zu bekommen. Über Lampang, wo die Statue 32 Jahre lang blieb, erreichte sie 1468 die Hauptstadt des Lanna-Reiches, Chiang Mai, wo sie im Chedi Luang eine vornehme Heimstätte erhielt. Da der damalige König Tiloka ohne einen männlichen Erben starb und eine seiner Töchter mit dem König von Laos verheiratet war, gelangte das Bild-

nis nach Luang Prabang, der damaligen Hauptstadt des Nachbarreiches. Das Versprechen, die Statue den Thai zurückzugeben, wurde nie eingelöst. Stattdessen brachte man sie 12 Jahre später mit der Verlegung der Residenz ins südlichere Vientiane, wo sie die nächsten 214 Jahre verblieb.

Im Jahre 1778 unternahm General Chakri (der spätere König Rama I.) im Auftrag König Taksins eine Strafexpedition nach Laos, eroberte Vientiane und brachte von dort den Smaragd-Buddha in die thailändische Hauptstadt Thonburi. Mit der Gründung von Bangkok als Hauptstadt und dem Bau des Großen Palastes und Königstempels unter Rama I. wurde das Bildnis am 22. März 1784 von Thonburi zu seinem neuen Standort gebracht. Seitdem gilt die Statue als religiöses Symbol für Thailand und dessen Königshaus, und der Tempel des Smaragd-Buddhas wurde zum nationalen Schutzheiligtum.

Nach dem Verlassen der Halle steigt man die Treppen hinunter und wendet sich nach rechts. Dort steht in der südöstlichen Ecke des Heiligen Bezirks der Viharn

- **Hor Phra Khantaraj (14).** Der Bau besteht aus einem mit bunten Terrakotten getäfelten und schönen Türen ausgestatteten Viharn mit einem Prang-Oberbau (unter dem ein alter, aus Nordthailand stammender Chedi versteckt ist) und einem kleinen Vorbau. In diesem befindet sich eine bronzene Buddhastatue (*Gandhara Buddha*), die als eine Art 'Wettergott' bei der Bitte um Regen angerufen wird. Das Bildnis mit einem Heiligenschein in Form einer Lotosblütenknospe und einer Mönchsrobe chinesischer Art spielt eine Rolle bei der alljährlichen Königlichen Pflugzeremonie auf dem Pramane Platz (vgl. KAPITEL 3.2.2).

Geht man nun, parallel zur Längsseite des großen Bot, auf den Ausgang zu, stößt man unweigerlich auf den

- **Glockenturm (15)**, der zu den schönsten Thailands gezählt wird. Auch er ist mit bunten Fayencen verziert und wird von einem herrlichen filigranen Baldachin mit kronenartiger Spitze abgeschlossen.
Bevor man nun nach wenigen Metern den Heiligen Bezirk nach links zum Großen Palast verläßt (oder zum Haupteingang zurückkehrt), sollte man – sofern man dies vorher noch nicht getan hat – wenigstens noch einmal kurz in die

- **Galerien (16)** schauen, die die gesamte Tempelanlage umgeben. Was nach außen als weiße, abweisende Mauer erscheint, ist zum sakralen Bezirk hin ein schattiger Wandelgang mit mehreren Statuen und großflächigen Wandmalereien, deren Motive dem Nationalepos *Ramakien* (vgl. KAPITEL 2.3.6) entnommen sind.

● **Großer Palast** (Grand Palace)

Das Gelände des Königspalastes ist zehnmal so groß wie der Heilige Bezirk. Es ist in einen äußeren (für die Öffentlichkeit zugänglichen) und einen inneren Bezirk unterteilt, wobei die 'Grenzlinie' mitten durch die drei wichtigsten Gebäudegruppen geht. Die von einer Mauer umschlossene Palastanlage bildet zusammen mit dem Wat Phra Keo den Kern der neuen Residenz, die Rama I. sofort nach seiner Inthronisation anstelle von Thonburi errichten ließ. Die meisten Gebäudeteile stammen jedoch aus der Zeit der nachfolgenden Regenten, d.h. aus der Mitte und zweiten Hälfte des 19. Jahrhunderts. Der Zugang zum Palast erfolgt entweder durch das **Doppeltor** hinter dem Kartenhäuschen (**1**) oder durch das **Portal** (**17**) vom Wat Phra Keo aus. Bei dem hier beschriebenen Rundgang

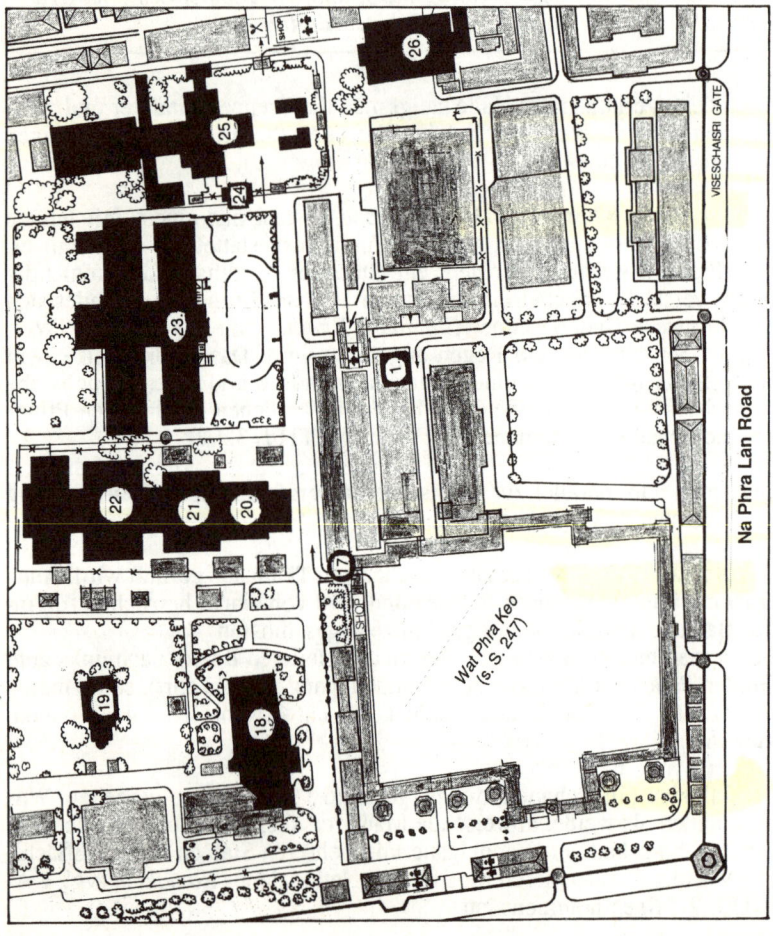

nimmt man den letztgenannten Eingang und steht dann zunächst vor einigen Bauwerken des nicht zugänglichen inneren Bezirks. Hier ist der auffälligste Palast der europäisch anmutende

Boroma Phihan (18), heutzutage ein Gästehaus für Staatsbesucher, ursprünglich die Residenz des Kronprinzen. Dahinter erstreckt sich der herrliche **Shivalaya-Garten**, in dem die königlichen Gartenfeste abgehalten wurden und werden. In dessen Zentrum befindet sich die **Kapelle des Kristall-Buddhas** (19), in der in einem marmornen Schrein ein bedeutendes Kultbild aufbewahrt wird. Das Gelände wird von weiteren Pavillons und Palästen umringt.

Für Besucher teilweise zugänglich sind die drei Gebäudekomplexe, die sich rechterhand anschließen. Dabei kommt man zuerst zum

Maha Montien, einem Architekturensemble an der Ostseite des inneren Hofes, das wiederum aus drei hintereinander angeordneten Hauptgebäuden besteht. Das vorderste (nördlichste) ist die **Audienzhalle von Amarinda (20),** wo früher die höfischen Zeremonien abgehalten wurden. In ihrem Zentrum steht der prächtige Thron mit einem neunfach gestaffelten Schirm, flankiert von filigranen Goldbäumchen. Hinter dem heutigen Königssitz sieht man den ehemaligen Thron in Bootsform, der nun als Altar benutzt wird. Vor der Audienzhalle befindet sich die sog. "Elefantenplattform", wo früher die heiligen weißen Elefanten des Monarchen angebunden wurden. Hinter der Halle schließt sich der für Touristen verschlossene **Paisal-Krönungssaal** (*Coronation Hall*, 21) an, in dem die Feierlichkeiten der Königskrönungen abgehalten wurden. Mittelpunkt des Raumes ist ein achteckiger, von weiteren Sitzen umstandener Thron und ein Altar mit der Symbolfigur des alten Siam (*Phra Siam*). Dahinter wiederum befindet sich die ebenfalls unzugängliche **Königliche Residenz** (*Chakrabadi Biman*,22) von Rama II. und seinen beiden Nachfolgern. Das traditionelle Ritual sah vor, daß hier der neu gekrönte Monarch mindestens eine Nacht verbringen und damit offiziell die Residenz seiner Vorfahren einnehmen mußte.

Der zweite Gebäudekomplex besteht aus der sog.
Chakri-Gruppe (23), die sich hinter einem schönen Garten mit Skulpturen und Zwergbäumen sowie hinter einer Freitreppe erhebt. Dieses Ensemble ließ König Mongkut von einem englischen Architekten 1867 erbauen, wobei ein repräsentativer Bau im Stil des europäischen Neoklassizismus entstanden ist, verbunden mit Elementen der Thai-Architektur. Auch hier ist nur der vordere (nördliche) Teil für die Öffentlichkeit zugänglich, der aus einem Foyer, dem zentralen Thronsaal und den beiden links und rechts abgehenden Flügeln besteht. Zu sehen sind in den Empfangsräumen u.a. die Porträts thailändischer Prinzen und andere wertvolle Gemälde, sowie in der **Großen Empfangshalle** (*Chakri Maha Prasat/ Reception Hall*) die ehemalige Residenz von König Chulalongkorn (Rama

V., 1868-1910), die noch für Staatsempfänge genutzt wird. Mit ihren Kassettendecken, Marmorsäulen, Kristallüstern (= Geschenke fremder Monarchen an König Chulalongkorn) und Historiengemälden macht sich der europäische Stil bemerkbar, der durch den 'Reformer auf dem Königsthron' nach Thailand gelangte. Von besonderem Interesse sind die großen Gemälde. Auf einem sieht man den Empfang des Botschafters König Mongkuts durch Königin Victoria in London, auf einem anderen den Empfang der siamesischen Delegation König Narais durch Ludwig XIV. von Frankreich im Spiegelsaal zu Versailles, auf einem dritten König Mongkuts Empfang einer französischen Delegation und auf einem weiteren Ölgemälde schließlich den Empfang einer siamesischen Gesandtschaft durch Napoleon III. in Fontainebleau.

Verläßt man den Komplex der Chakri-Gruppe in westlicher Richtung, stößt man auf die Gebäude der **Dusit-Gruppe,** die die ältesten und berühmtesten Baudenkmäler aufweist. Sie erheben sich hinter einem Vorhof, der durch eine Balustrade mit prächtigen Toren vom übrigen Bezirk abgetrennt ist.

Die Dusit-Gruppe

Ein äußerst anmutiges Haus befindet sich gleich links vom heute benutzten Portal auf dem Vorhof. Dabei handelt es sich um die sog. **Umkleidehalle** *(Abhorn Phimok Pavillon,* **24)** aus der Zeit von König Mongkut. An diesem palastartigen, auf einen Sockel gestellten Bau stieg früher der König bei besonderen Anlässen aus seiner Sänfte und legte die Zeremonialgewänder ab, ehe er in die Audienzhalle ging.

Der Hauptbau der Dusit-Gruppe ist die sog. **Aufbewahrungshalle** (*Funeral Hall/Dusit Maha Prasat*, **25**), die 1782 unter Rama I. als Krönungs- und Empfangshalle gebaut wurde. Über dem Grundriß eines griechischen Kreuzes erheben sich die glänzend weißen Wände der vier Flügel mit ihren goldenen Fenstereinfassungen, darüber die vierfach gestaffelten Dächer mit rot und grün glasierten Ziegeln. In der Mitte ragt wie eine Krone das spitze Dach empor, von vier *Garudas* getragen. Der Baldachin einer im Norden angebauten Vorhalle (rechts neben dem Eingang) schützt den Thron. Im Inneren sind alle Wände mit Blumenmotiven bemalt. In die Südwand ist an erhöhter Stelle eine Loge für Rama I. eingelassen, dahinter schließen sich Privatgemächer an. Vor der Loge steht unter einem neunstufigen Schirm (= Symbol für den gekrönten König) und von vier Goldbäumchen umgeben der innere Thron, der mit seinen schwarzen Lackarbeiten und Perlmutt-Intarsien eine Sehenswürdigkeit ersten Ranges darstellt.

Wenn man den Vorhof der Dusit-Gruppe durch das westliche Portal verläßt und dann sofort nach rechts geht, kommt man zu einem Shop, einer kleinen Cafeteria und schließlich zum

Wat Phra Kheo-Museum (**26**). Hier können Sie im Erdgeschoß die verschiedenen Restaurierungsarbeiten anhand von Fotodokumenten betrachten, u.a. einige *Yakshahas* und *Garudas* im Originalzustand sehen und viel über die Bau- und Konservierungsarbeiten an Palast und Tempel erfahren. In der zweiten Etage, deren Boden aus Teakholz besteht (Schuhe ausziehen!), werden u.a. Opfergaben, die Mönche dem Smaragd-Buddha darbrachten, Geschenke hochrangiger Geistlicher zur Krönung Ramas VI. (1912), Perlmutt-, Kristall- und Elfenbeingegenstände, archäologische Fundsachen, Keramik- und Silberwaren, Sänften und Tragen mit Goldbrokat, Modelle der wichtigsten Baudenkmäler (darunter ein sehr großes, das die gesamten Tempel- und Palastanlagen in Bangkok enthält) und eine wertvolle indonesische Buddha-Statue aus Vulkanstein (8. Jahrhundert) gezeigt.

● ● ●

Wer nun noch Energie für den Besuch einer weiteren Attraktion des historischen Zentrums hat, dem berühmten Wat Po, geht vom Eingang an der Na Phra Lan Rd. ein Stück nach rechts, dann wieder rechts den breiten Boulevard der Sanam Chai Rd. entlang, bis der große Komplex des Klosters auftaucht.

Wat Po (*Wat Jetubon, Wat Chetuphon*)

Öffnungszeiten
Wat Po, Jetubon Rd., Tel.: 222-0933; tägl. geöffnet 8.00-17.00 Uhr, Eintritt 10 BHT

Wat Po

In unmittelbarer Nachbarschaft zum Großen Palast und von diesem durch die Thai Wang Rd. getrennt befindet sich der Wat Po, die größte Klosteranlage des Landes und das neben dem Wat Phra Keo wichtigste Sakralbauwerk Bangkoks. Auch dieses geht auf die Bautätigkeit Ramas I. zurück, der im Jahre 1793 an der Stelle eines älteren Klosters die Gesamtanlage in nur 12 Jahren errichten ließ. Vom Namen des Vorgängerbaus ("*Wat Potaram*" = 'Tempel des Bodhi-Baumes') leitete sich der volkstümliche Name des Klosters ab, während Rama I. sein architektonisches Wunderwerk Wat Jetubon (Wat Chetuphon) taufte. Unter Rama III. wurde der Klosterbezirk auf fast 8 ha vergrößert, u.a. um allen möglichen Wissenschaften darauf Raum zu geben. Noch heute befindet sich deshalb im Wat Po ein Zentrum der traditionellen Thai-Medizin, wozu auch das Erlernen von Massagetechniken gehört. Besucher können sich an Ort und Stelle massieren lassen oder den Massage-Schülern für einen späteren Termin die Adresse ihres Hotels geben (1 Stunde ca. 140 BHT). Das Kloster wird von ungefähr 300 Mönchen bewohnt und verfügt über eine weithin anerkannte Bibliothek.

Zu dem von einer Mauer umgebenen Gelände, das von den Straßen Thai Wang Rd., Mahachai Rd., Sanam Chai Rd. und Jetubon Rd. (Soi Wat Po) begrenzt wird, führen 16 Tore, von denen allerdings nur zwei geöffnet sind. Während von den Reiseleitern bei Stadtrundfahrten der westliche Eingang bevorzugt wird, um den Gästen möglichst schnell die Hauptattraktion (= Liegender Buddha) zu zeigen, sind die sonstigen Schönheiten durch den südlichen Eingang (Jetubon Rd./Soi Wat Po) besser erschließbar. Die achsensymmetrische Anlage mit ihren **vier Viharn**, die durch doppelte Umgänge verbunden sind und das zentrale Heiligtum (Bot) umgeben, liegt nun genau vor einem. Ein Kranz von nicht weniger als **73**

kleinen Chedis, zwischen denen kleine Gärten blühen, ist in strenger Ordnung um die Viharn gelegt. Geht man nun durch einen schmalen Zugang am südlichen Viharn vorbei, passiert man die doppelten, nach außen geschlossenen **Umgänge,** in denen nicht weniger als **394 Buddha-Statuen** aufgereiht sind. Schließlich kommt man in den großen **Innenhof,** über dessen vier Ecken sich jeweils ein prächtiger **Prang** erhebt. Im Zentrum des Hofes trägt eine Marmorplattform, deren Zugänge von Bronzelöwen bewacht werden, den **Bot.** Diese 1990 restaurierte Perle thailändischer Baukunst und Dekoration ist von ausgewogenen Proportionen. Beachtenswert sind außen u.a. die **152 Reliefs** am Sockel, die Szenen des *Ramakien* illustrieren, die Perlmutt-Einlegearbeiten an vergoldeten Fensterläden und mächtigen Teakholztüren, sowie die Türwächter-Figuren, die ihren Weg als Schiffsballast aus China hierhin fanden und unter denen auch einige Gestalten mit Zylinder (= Europäer) zu entdecken sind. Auch der hohe Innenraum mit seinem von massiven Teakholzpfeilern getragenen Dachstuhl hat etliche Details aufzuweisen, die jeden Kunstfreund begeistern werden.

Verläßt man den Bot in westlicher Richtung, sieht man bald vor der Mauer, die den östlichen vom westlichen Klosterbezirk trennt, einen phallusartigen, schwarzen Stein (*Lingan*), der von Frauen mit unerfüllten Kinderwünschen verehrt wird. Daneben befinden sich **medizinische Pavillons,** in denen traditionelle Massage angeboten wird – an 20 Steinfiguren werden die dabei zu beachtenden Reflexzonen erläutert. Nun betritt man durch die linke Portalöffnung den westlichen Bezirk, passiert zunächst linkerhand den schönen **Glockenturm,** dann den **Schildkrötenteich** und kommt nach rechts zu einer Terrasse mit **vier großen,** farbigen **Chedis:** der grüne erinnert an Rama I., der weiße an Rama II., der gelbe an Rama III. und der blaue an Rama IV.

Am Ende der Plattform geht man, an Souvenirständen und Handlesern sowie einem umfriedeten **Bodhi-Baum** vorbei zur "Hauptattraktion" des Wat Po: der in einem schmucklosen Viharn untergebrachte **Liegende (Ruhende) Buddha** (engl.: *Reclyning Buddha*). Die gigantische Figur aus verputzten Ziegelsteinen mißt 46 m in der Länge und hat eine Höhe von 15 m. Sie ist innen hohl, während Blattgold den Außenflächen Glanz verleiht – bei der Restaurierung anläßlich des 60jährigen Geburtstags König Bhumibols hat man 1987 das Blattgold erneuert, wobei etwa eine Million Blättchen aufgetragen wurden! Der unter Rama III. gearbeitete Buddha wird in jenem Zustand dargestellt, als er die Welt verließ und ins Nirvana hinüberglitt. Die wahren Dimensionen sind nur zu erkennen, wenn man einmal die liegende Figur umschreitet; Fotografen werden dabei trotz Weitwinkel-Objektiv zur Verzweiflung getrieben. Besonders interessant sind die Fußsohlen, die parallel zueinanderliegen und damit den Eingang ins Nirvana symbolisieren. An jeder Fußsohle sieht man 108 Bilder aus Perlmutt-Täfelchen, die u.a. Buddhas Inkarnationen und das 'Rad der Lehre' darstellen.

5.3.2 DER MENAM CHAO PHRAYA
UND DIE THONBURI-SEITE

Der 'königliche Fluß' Chao Phraya trennt Thonburi von Bangkok, die alte von der neuen Residenzstadt, heutzutage den westlichen Stadtteil (ca. 1 Million Einwohner) von der Metropole und ihren östlichen Randgebieten. Während sich aber Bangkok gerade in den letzten Jahren zu einer modernen City mit Hochhauskulisse entwickelt hat, ist in Thonburi vieles beim alten geblieben. Vielleicht ist es der hohe chinesische Bevölkerungsanteil (ca. 30%), der noch eher in den Traditionen verwurzelt ist und einen allzu schnellen Wandel verhindert. Noch ist es also möglich, in Thonburi einiges von dem zu erleben, was in Bangkok längst schon zur Geschichte gehört. Vor allem die vielen Klongs mit ihren schwimmenden Märkten und einem ländlich geprägten Leben inmitten von Pfahlhäusern vermitteln den Reiz jener alten Tage, die in nicht allzu ferner Zukunft auch auf der westlichen Seite des großen Stromes gezählt sein werden. Denn bereits jetzt schon erobern sich die mächtigen Hotelkomplexe die schönsten Uferabschnitte und sind einige Märkte zur bloßen Touristenattraktion herabgesunken...

Wer Thonburi richtig erleben will, sollte mit der Fähre übersetzen und sich zu Fuß oder mit Bussen die einzelnen Stadtteile erobern. Nicht Dutzende, sondern Hunderte von Tempeln warten dort, kleine Handwerksläden, chinesische Restaurants und vieles mehr. Das alte portugiesische Viertel um die Kirche Santa Cruz vermittelt den Charme abbröckelnder kolonialer Fassaden, während wenige Gehminuten entfernt der größte buddhistische Viharn des Landes sein steiles Dach erhebt. Nur die wenigsten Besucher werden jedoch über soviel Zeit verfügen, sich alle sehenswerten Punkte intensiv anzuschauen. Auf drei Dinge sollten sie aber nicht verzichten:

● das **Wat Arun,** eines der prächtigsten Baudenkmäler und Wahrzeichen Bangkoks
● die **Königlichen Barken**
● eine Bootstour durch die schönsten **Klongs**

Das Exotische an Thonburi ist die Durchdringung des Landes mit Flüssen und Kanälen. Deswegen ist eine Besichtigungstour von der 'Seeseite' auch am schönsten. Eine solche kann man bei vielen Reiseveranstaltern und Hotels buchen, wobei die Route, die oft identisch ist, mit kleinen Longtail-Booten, breiteren Motorbooten oder dickbauchigen Reisbarken abgefahren wird. Manchmal sind Erfrischungen und Imbisse im Fahrpreis enthalten.

 Klongfahrten-Organisation
Stellvertretend für viele Organisationen, die mehrstündige Klongfahrten vermitteln, seien hier die zuverlässigen *East-West Tours* (Tel.: 253-0681-6, Bootstouren zum Klong Prawet täglich 15.00-19.00 Uhr) und *CATS Travel* (Tel.: 282-8131) genannt.

Genausogut kann man einen Bootsausflug aber auch ohne Schwierigkeiten auf eigene Faust organisieren. Am westlichen Flußufer gibt es an den Haltestationen der Expreßboote etliche Privatunternehmer, die auf Kundenfang für ihre "**Longtail-Boats**" sind, insbesondere am Pier Tien, am Oriental-Hotel und River-City. Die 'Langschwanz-Boote' (thail.: *Rya Hang Yao*) sind schmale Wasserfahrzeuge mit einem starken Lkw-Motor. Dieser treibt eine Schraube an, die an einem langen, wendigen Stab befestigt ist. In diesen Booten sitzt man, möglichst gut ausbalanciert, in einer Reihe hintereinander.

Wer nur zu bestimmten Punkten auf der Thonburi-Seite möchte, etwa zum Bahnhof oder zum Wat Arun, kann eine der vielen **Fähren** (thail.: *Rya Kham Fak*) benutzen, die zum Spottpreis von 50 Satang von fast jedem Pier aus operieren.

Die einzelnen Piers entlang des Menam Chao Phraya, von denen nur wenige auf der Thonburi-Seite liegen, sind untereinander durch die schnellen **Express-Boote** oder "River Taxis" (thail.: *Rya Duen*) verbunden. Ihre Benutzung empfiehlt sich auch für diejenigen, die in der Hauptverkehrszeit z.B. vom Oriental-Hotel zum Großen Palast gelangen wollen. Obwohl man sich dann auf ihnen wie die sprichwörtliche Sardine in der Büchse fühlt, erreicht man das Ziel doch viel schneller als mit dem Bus, Tuk-Tuk oder Taxi, nämlich in 20-30 Minuten. Der Fahrpreis ist entfernungsabhängig und beträgt 3-7 BHT, für die genannte Verbindung "Oriental"-Hotel zum Haltepunkt Chang (Großer Palast) 5 BHT. Die Boote fahren tägl. von 6.00-18.00 Uhr. Nicht an jedem Haltepunkt wird automatisch gehalten, am besten verfolgt man deshalb den Fahrtverlauf anhand einer Karte mit.

Die wichtigsten (aber nicht alle!) Haltepunkte der Chao Phraya Express-Boote sind (von Süden nach Norden):

Stationen	Sehenswürdigkeiten/Hotels	Bus-/Verkehrsverbindungen
Thanon Tok		Ende Charoen Krung Rd./Bus 1,22
Krung Thep	Wat Dao Khanong	Bus 15,17,75,89
Wat Sawetchat	"Menam"	Khrung Thep-Brücke, Bus 6,86,88
Sathorn	"Shangri-La", Bangrak-Markt	Bus 1,15,35,75,76,77
Oriental	"Oriental"	Bus 1,35,36,115
Wat Muang Kae	Hauptpostamt	Bus 1,35,36,75,93
Siphya	"Royal Orchid Sheraton", River City	Bus 36,93
Ratchawong	Chinatown, Diebesmarkt	
Saphan Phut	Märkte Pahura und Klong Ong Ang	Memorial Bridge
Rachini	Pak Klong Talaat-Markt	
Tien	Tathien-Markt, Wat Po	Fähre zum Wat Arun
Chang	Wat Phra Keo, Großer Palast	Pramane Platz
Mahathat	Wat Mahatat, Thammasat-Universität, Nationalmuseum	

Stationen	Sehenswürdigkeiten/Hotels	Bus-/Verkehrsverbindungen
Prannock	Thonburi	Bus 81
Rot Fai	Königliches Barken-Museum	Bahnhof Thonburi, Bus 58,83,91
Pinklao	Thonburi	Bus 19,42,79,80,91,203
Phra Athit	UNICEF	Bus 15,53
Samphraya	Banglampoo, Wat Bovonvivet, Königliche Barken	
Wisut Kasat	Bank of Thailand	Bus 6
Tewes	Blumenmarkt	Bus 3,9,30,31,32,33,64,65,90
Sang Hee	"Royal River Hotel", Thonburi-Seite	
Payab		Bus 9,14
Kiak Kai		Bus 30,31,32,33,64,65,90
Pibul Songkhram		Rama IV. Bridge
Nonthaburi		Bus 30,31,32,33,64,90

Klong-Fahrten

Wer sich auf eigene Faust die Klongs von Thonburi anschauen möchte, hat dazu u.a. auf folgenden Wasserwegen Gelegenheit:

● **Klong Mon.** Die Boote fahren von 6.30-18.00 Uhr alle 30 Minuten von der Station Tien (hinter dem Wat Po) zum Klong Mon – zwischen Wat Arun und Wat Rakang – ab; der Preis beträgt in einer Richtung 4 BHT. Dabei kommt man an Tempeln, Gemüsegärten, Orchideenfarmen und authentischem Thonburi-Leben vorbei.

● **Klong Bang Waek.** Abfahrtsort ist der Pier der Memorial Bridge, der Fahrpreis beträgt 10 BHT. Die Bootstour, vorbei an Tempeln und Feldern, startet alle 15 Minuten von 6.00-21.30 Uhr.

● **Klong Khu Wiang & Bang Yai.** Vom Pier Chang (hinter dem Großen Palast) fahren Boote an schönen Holzhäusern, den Königlichen Barken und Tempeln vorbei zum **Schwimmenden Markt** Khu Wiang, der werktags von 4.00-7.00 Uhr abgehalten wird. Wer den Markt noch in Aktion erleben will, sollte das erste Boot um 6.15 Uhr nehmen, weitere Abfahrten sind im 20-Minuten-Takt bis 20.00 Uhr, der Fahrpreis beträgt 10 BHT.

Die Klongs – Leben mit dem Wasser

● **Klong Bangkok Noi.** Boote in den langgestreckten und breiten Kanal, an dessen Einmündung u.a. die Königlichen Barken zu sehen sind, fahren von früh bis spät und in kurzen Abständen von der Anlegestelle hinter dem Wat Mahatat ab, Fahrpreis 5 BHT.

● **Klong Om.** Diese Bootsfahrt erschließt das Wassersystem der nördlichen Gemeinde Nonthaburi mit ihren Tempeln, Pfahlhäusern und Durian-Plantagen. Vom Pier Pibul Songkhram aus (mit dem Expreßboot zu erreichen) starten Boote alle 15 Minuten zwischen 4.00-21.00 Uhr.

Einige Sehenswürdigkeiten auf der Thonburi-Seite

Wer den empfehlenswerten Weg einer Bootstour auf dem Menam-Fluß wählt, kann – falls das Expreßboot nicht zu voll ist! – in Muße die Aussicht zu beiden Seiten genießen und dabei auch einiges von Thonburis Schönheit erkennen. Die folgende **Übersicht der Sehenswürdigkeiten** auf der Thonburi-Seite gibt deswegen keinen Rundgang an, sondern orientiert sich an der Route der Wassertaxis, und zwar flußaufwärts (von Süden nach Norden):

Nachdem man das Boot bestiegen hat – dazu bieten sich die Anlegestellen am Wat Sawetchat (hinter dem *"Menam"*-Hotel), an der Sathon Rd. (in der Nähe des *"Shangri-La"*), am *"Oriental"*, am Hauptpostamt oder links vom *"Royal Orchid Sheraton"* an –, geht es flußaufwärts durch die weite Biegung des Menam-Flusses. Im Süden sieht man die stark befahrene **Taksin Bridge**, auf der Thonburi-Seite z.Zt. noch Baukräne und Lagerschuppen, bald schon die eindrucksvolle Silhouette neuer Luxus-Hotels wie dem *"Royal Garden Riverside"*. Rechterhand gleitet das Boot an Chinatown vorbei, und bald hat man die beiden Brücken **Phra Poklau** und **Memorial Bridge** erreicht, die in kurzem Abstand aufeinander folgen. Von diesen ist die zweite, die Memorial-Brücke (*Phra Phutayotfar*), architektonisch interessanter. Ihren Namen trägt sie, weil sie das Gedenken an den Stadtgründer Rama I. wachhalten soll, dessen Denkmal an der nördlichen Rampe aufgestellt wurde. Zur Thonburi-Seite hin führt von der Brücke die breite Pracha Tipok Rd. schnurgerade auf den großen Kreisel Wongwian mit dem **Reiterstandbild** von General Taksin zu. Ganz in der Nähe befindet sich auch der Bahnhof **Wongwian**, von wo aus Bummelzüge nach Samut Sakhon und Samut Songkhram abfahren.

Sofort hinter der Brücke sieht man linkerhand die Spitzen vom **Wat Prayun Wong Sawat**, einer Klosteranlage aus der Zeit Ramas III. Der interessante Tempel mit schönem Giebelzierat und geschnitzten Portalen hat als außergewöhnliche Attraktion einen Teich, in dem sich ständig Tausende von Wasserschildkröten (im Buddhismus symbolisieren sie langes Leben) aufhalten. Auch wenn das Wasser trüb ist, muß man nie lange warten, bis man etliche der Tiere zu Gesicht bekommt...

Sofort anschließend erstreckt sich am Ufer das ehemalige portugiesische Viertel, deutlich sichtbar an der Kuppel der katholischen Kirche

● **Santa Cruz**

Schon seit dem 18. Jahrhundert steht an dieser Stelle ein christliches Gotteshaus als Zentrum einer europäischen Gemeinde. Die Portugiesen waren die ersten Westler, die dauerhaft Handel betreiben konnten (seit dem 16. Jahrhundert) und diplomatische Beziehungen zum alten Siam aufnahmen (vgl. KAPITEL 2.1.2). Nach der burmesischen Eroberung Ayutthayas folgten sie General Taksin und ließen sich in der neuen Residenz nieder. Noch heute merkt man dem Viertel eine gewisse südeuropäische Prägung an, wenn auch der Verfall schon längst eingesetzt hat und die Kirche ein Neubau des Jahres 1913 ist. Wer hierhin auf Fotosafari und Entdeckungstour gehen will (garantiert kaum Touristen), nimmt am besten die Fähre ab dem Expreßboot-Pier Rachini (0,5 BHT).

Wenige hundert Meter weiter flußaufwärts bestimmt die Silhouette des

● **Wat Kanlayanimit**

das Flußufer. Dieses Kloster der *Mahayana-Buddhisten* wird besonders von der chinesischen Bevölkerung Thonburis aufgesucht. Dominierend ist das steile Dach des Viharn, der größte und höchste Bangkoks. Darunter befindet sich die gigantische Figur eines sitzenden Buddhas. Auch die bronzene Glocke ist wegen ihrer außergewöhnlichen Größe bekannt. Die unter König Rama IV. (Mongkut) erbaute Tempel-Bibliothek besitzt einige wertvolle Schriften.

Hinter dem Kloster mündet der **Klong Bangkok Yai** in den Menam. Von ihm aus bis zum Wat Arun (s.u.) erstreckt sich das Gelände des ehemaligen königlichen Palastes von General Taksin, von dem noch die gut bewahrte **Festungsmauer** und andere Bauteile erhalten sind. Heute weht die Flagge der Kriegsmarine über den Gemäuern, in denen u.a. eine Schule für Seekadetten eingerichtet wurde. Jetzt aber schiebt sich ein anderes Gebäude deutlich in den Vordergrund:

● **Wat Arun**

Öffnungszeiten
Wat Arun, Arun Amarin Rd., tägl. geöffnet 8.00-16.30 Uhr, Eintritt
10 BHT

Zweifellos ist der 'Tempel der Morgenröte' eine der auffälligsten Landmarken am Ufer des Menam-Flusses. Kein Wunder, daß der 86 m hohe Chedi in Prangform, bekrönt vom mythischen Dreizack des Gottes Shiva, zum vielleicht bekanntesten Wahrzeichen Bangkoks wurde. Die Klosteranlage geht wie die gesamte ehemalige Residenz-

Bangkoks Wahrzeichen: Wat Arun

stadt auf König Taksin zurück. Sein Palast lag sofort neben dem Wat Arun, der wiederum 1780 eine ältere chinesische Tempelanlage (*Wat*

Cheng) ablöste. Als architektonisches Juwel geplant und ausgeführt, nahm Wat Arun den sog. Smaragd-Buddha (vgl. KAPITEL 5.3.1) bis zu seinem 'Umzug' in den Wat Phra Keo auf. Die markantesten Gebäudeteile freilich wurden erst unter Rama II. und Rama III. vollendet.

Um das Kloster zu besuchen, verläßt man das Expreßboot am Pier Tien und nimmt die im Pendelverkehr operierende Fähre. Wer auf der Thonburi-Seite von der Anlegestelle (schöner Pavillon) durch die gepflegte Grünanlage auf das Kloster zugeht, sieht rechterhand das von zwei riesigen *Yakshahas* bewachte Viharn und den Bot, von merkwürdigen Granitfiguren umgeben (Ballast für chinesische Reisbarken, u.a. Europäer darstellend). Am beeindruckendsten ist jedoch der 'ehrwürdige Tempelturm' (*Phra Prang*) selbst, der vor dem Besucher wie ein Gebirge aus Porzellanscherben aufzusteigen scheint. Um den Hauptturm sind vier kleinere Prangs gruppiert, die die vier niedrigen Bergspitzen symbolisieren, die den heiligen Berg *Meru* im hinduistischen Weltbild umgeben. In unzähligen Variationen blicken Geister, Götter und göttliche Wesen (*Garuda*, *Indra*, *Erawan* usw.) auf den Betrachter herab. Nicht versäumen sollte man, die steilen Treppenstufen hinaufzusteigen. Vor allem von der zweiten Etage hat man eine herrliche Aussicht, besonders nachmittags, wenn das gegenüberliegende Bangkok-Ufer (u.a. Wat Po) von der Sonne beschienen wird. Von dort aus wirkt der Tempel, wie sein Name schon sagt, bei Sonnenaufgang am schönsten.

Bei der Weiterfahrt flußaufwärts wird die Aufmerksamkeit des Touristen natürlich von der grandiosen Anlage des Königspalastes mit dem Wat Phra Keo und dem königlichen Boots-Anlegeplatz auf der rechten Seite gefangengenommen. Währenddessen zieht linkerhand die Einmündung des **Klong Mon** und kurze Zeit später der Tempel **Wat Rakang** vorbei. Wer Zeit hat, vom Pier Chang aus hierhin überzusetzen, sollte nicht nur das Kloster besuchen, sondern auch den Gassen dahinter einen Besuch abstatten: interessant für alle, die auf der Suche nach Bronzestatuetten und originalen Thai-Musikinstrumenten sind.

Als nächste Landmarke taucht der Klotz des **Siriraj-Krankenhaus**es auf, dem ersten westlich geprägten Hospital des Landes, das aber auch über eine anerkannte Abteilung für Akupunktur verfügt. Dahinter ist einer der Märkte von Thonburi und der **Bahnhof**, von dem aus morgens um 8.00 Uhr der Zug zur 'Brücke am Kwai' abfährt. An seiner nördlichen Seite mündet der Kanal **Klong Bangkok Noi** in den Menam-Fluß. Schräg gegenüber, nur wenige Meter von der Mündung entfernt, liegt das

● **Museum der Königlichen Barken**

Öffnungszeiten
Royal Barges Museum, Klong Bangkok Noi, Tel.: 424-0004; tägl. geöffnet 8.30-16.30 Uhr, Eintritt 10 BHT

Die offene Museumshalle birgt unter einer Kuppel einige der schönsten und größten Königlichen Holzbarken (weitere dieser Prachtschiffe kann man am östlichen Ufer des Menam, nahe der Expreßboot-Station Samphraya sehen). Die z.T. über 200 Jahre alten und reichverzierten Ruderboote werden heute nur noch bei religiösen Festen und besonderen Anlässen benutzt, früher jedoch auch zu Kriegszwecken. Ihre einzigartige Formgebung und die Pracht der dekorativen Details machen jede der Barken zu einer Sehenswürdigkeit ersten Ranges.

Unter ihnen befindet sich auch das schönste und bekannteste Schiff, die "Suphanna Hong". Auf ihr nimmt der König an der Fluß-Prozession beim *Tod Kathin-Fest* (vgl. KAPITEL 3.2.2) teil. Außer dem König, seinem Bannerträger und Sänger sowie einem Rhythmusschläger trägt das 45 m lange und 3,14 m breite Wasserfahrzeug 50 Ruderer sowie jeweils zwei Steuermänner und Offiziere. Den Anblick der über und über verzierten Barke mit dem schlangenähnlichen Rumpf und einem prächtigen Bug (als Schwan geschnitzt) kann man sich nicht exotisch genug vorstellen. Zwei weitere Boote ragen aus dem ohnehin schon phantastischen Ensemble heraus, ein 43 m langes, dessen Bug als siebenköpfige Naga-Schlange gearbeitet ist, und ein unter Rama V. gebautes Schiff, das mit 45,40 m das längste dieser Art darstellt. Leider ist das Fotografieren der Königlichen Barken in der Halle nicht mehr erlaubt, aber bei guten Lichtverhältnissen kann ein Bild von außen gelingen.

Wer das Museum besuchen will und sich nicht mit dem Tuk-Tuk/Taxi dort hinbringen läßt, sollte vom Pier Wat Mahatat aus mit dem Klong-Boot hierhin übersetzen oder ab dem Expreßboot-Pier Thonburi Bahnhof (*Rot Fai*) zu Fuß gehen: die Gasse nach links auf der nördlichen Seite der Gleise entlang, dann über die Brücke über den Klong, dann über die Holzbrücke bis zum Museum.

Wer ab hier dem Menam noch weiter flußaufwärts folgen will, unterquert nicht weit von der Klongmündung die **Pinklao Bridge** mit den neuen Wolkenkratzern und sieht anschließend am rechten Ufer den Stadtteil **Banglampoo** mit einigen Tempeln, das **UNICEF**-Gebäude, eine weitere Aufbewahrungsstätte **Königlicher Barken**, den Klotz der thailändischen **Nationalbank**, den berühmten **Tewes-Blumenmarkt**, die **Nationalbibliothek** sowie einige **christliche Gebäude** ("*Church of Holy Conception*", Kirche und Kloster von "*St. Francis Xavier*").

Schließlich unterquert man die **Khrungthong Bridge** und erreicht kurz dahinter linkerhand den großen Hotelkomplex des "*Royal River*", dem auf der Bangkok-Seite der Tempel **Wat Khemasiri** gegenüberliegt. Wer jetzt nicht aussteigt und umkehrt, gelangt kurze Zeit später zur nördlichen Nachbargemeinde **Nonthaburi**.

5.3.3 VOM GOLDEN MOUNT NACH CHINATOWN

Ein Spaziergang vom Goldenen Hügel nach und durch Chinatown, evtl. bis zum Wat Trimitr und am Hauptbahnhof endend, ist ein ganz besonderes Erlebnis. Auf ihm sind kulturelle Baudenkmäler zu sehen und die typische, lebhafte Atmosphäre der Chinesenstadt, man kommt an großen Märkten und zahlreichen Kunsthandwerksläden vorbei, geht durch kleine Gassen und breite Boulevards. Freilich sollte man sich dafür schon einen Tag Zeit lassen oder aber mit einem Tuk-Tuk größere Entfernungen überwinden. Das hier vorgestellte Viertel liegt zwischen dem historischen Zentrum im Westen (vgl. KAPITEL 5.3.1), Banglampoo im Nordwesten (vgl. KAPITEL 5.3.8), der Gegend um den Dusit-Park im Norden (vgl. KAPITEL 5.3.4) sowie den östlichen Geschäftszentren von Silom/Surawong Rd. und Petchburi/Rama I. Rd. (vgl. KAPITEL 5.3.5 bzw. 5.3.6).

Hinweis
Ein geeigneter Startpunkt für den Spaziergang ist die Worachak Rd., die von der Lan Luang Rd. in der Nähe des Demokratie-Denkmals (s.u.) abgeht. Der Ausgangspunkt ist mit einer ganzen Reihe von Buslinien zu erreichen, etwa den Ordinary-Bussen Nr. 8,15,17,37 und 49 sowie den AC-Bussen Nr. 11 und 12.

Stadtbefestigung und Goldener Hügel

Wer sich von der Worachak Rd. dem aufragenden künstlichen Berg mit seinem markanten Chedi nähert, kommt rechterhand zunächst an den ausgedehnten Klosteranlagen des **Wat Sakhet** (tägl. geöffnet 8.00-18.00 Uhr, kein Eintritt) vorbei, zu denen auch der Goldene Hügel gehört. Der Ursprung des Tempels liegt in der Regierungszeit Ramas I. – damals lag er noch außerhalb der Stadtmauer der neuen Hauptstadt. Im Kloster selbst sind der Bot (Wandmalereien, Buddha-Bildnis aus dem 18. Jahrhundert) und der Viharn (Teakholztore, große Buddha-Figur aus Ayutthaya) sehenswert. Im dazugehörigen Krematorium finden oft Einäscherungen statt.

Goldener Hügel (Golden Mount)

Westlich vom Wat Sakhet führen spiralförmig etwa 300 Stufen an den Seiten des künstlich angelegten und später zementierten Hügels empor. Der Aufstieg zur Plattform mit ihrem goldglänzenden Chedi ist unbedingt lohnend – für Touristen wegen der Aussicht, für Buddhisten wegen der kostbaren Reliquie Buddhas, die man 1899 mit großem Aufwand aus Indien geholt hatte. Als Zeichen des Tempelfestes wird im November ein gelbes großes Tuch um den Chedi gespannt. Nach dem Aufstieg erreicht man zunächst eine Etage unterhalb der Aussichtsterrasse, in deren Zentrum ein vergoldeter Aufbau die Reliquie enthält. Verschiedene Buddha-Statuen sind zu sehen, die die verschiedenen Phasen im Leben des Erleuchteten charakterisieren. Außerdem kann man hier Postkarten und Erfrischungen kaufen, sich auf den Bänken ausruhen und die Lagepläne über den Golden Mount und die umgebenden Tempel studieren. Von hier aus führt eine kleine Treppe mit 17 Stufen zur oberen Plattform (Eintritt 5 BHT), von der aus eine sehr schöne Aussicht zu allen Seiten besteht. Wer allerdings auf gute 'Luftbilder' vom Großen Palast spekuliert, sollte ein starkes Teleobjektiv mitbringen und nur morgens hierhinkommen.

Am besten zu sehen sind natürlich die mit klösterlichem Leben erfüllten Gebäude des Wat Sakhet. Auf der entgegengesetzten Seite (Westen) sieht man am Fuß des Golden Mount, jenseits des kleinen Klongs mit Überresten der Stadtbefestigung, den Tempel

Wat Rajanadda

Er wurde unter Rama III. erbaut und verfügt über einen Bot mit sehenswerten Fresken und einer großen Buddha-Figur aus Ayutthaya, umgeben von merkwürdigen Ba-Sema-Steinen. Am ungewöhnlichsten ist der Tempelturm *Loha Prasat*, der sich mit vielen Türmchen über mehreren Terrassen nach oben verjüngt. Er hat die Form einer dreistufigen Pyramide, auf der sich ein Pavillon befindet, mit vier Türen ausgestattet und von einem kleinen Chedi bekrönt. Wer den Tempel besichtigen möchte, findet ihn an der Maha Chai Road. In seiner Nähe lohnt außerdem der Amulettmarkt einen Besuch. Dahinter, aber nicht gut zu erkennen, liegt das **Democracy Monument**. Es besteht aus vier Betonstreben, die einen kleinen Schrein – Symbol für die Verfassung von 1932 – umgeben. Das Demokratie-Denkmal wurde 1933 errichtet und befindet sich mitten im Verkehrsgetümmel der breiten Ratchadamnoen Road. Zum Südwesten hin ist deutlich die große Schaukel (s.u.) sichtbar, die nächste Station des Rundganges.

Auf dem Weg passiert man die schmale Boripat Rd. mit vielen Schreinerwerkstätten, biegt dann rechts auf die breite Bamrung Muang Rd. (an der Kreuzung Maha Chai Rd. kann man einen Abstecher zum oben erwähnten Wat Rajanadda einlegen) und kommt dann geradewegs zu jenem runden

Platz, in dessen Mitte die **Große Schaukel** (*Giant Swing*) steht. Die über 20 m hohen rotbemalten Teakholzpfosten waren bis in die 1930er Jahre hinein Schauplatz merkwürdiger brahmanischer 'Schaukelspiele', bei denen sich vier Personen auf einer Schaukel immer höher hinaufschwangen, um eine an einem Stab angebrachte Geldbörse herunterzuholen. Wegen der dabei vorkommenden Unfälle wurden die Spiele schließlich untersagt. In der Nähe des Platzes gibt es viele chinesische Handwerksläden, in denen religiöser Schmuck und Buddhafiguren aller Größen und Variationen gearbeitet werden.

Wat Suthat

Öffnungszeiten
Wat Suthat, Bamrung Muang Rd., tägl. geöffnet 9.00-17.00 Uhr, kein Eintritt

Zum Süden hin wird der Platz vom Kloster Wat Suthat begrenzt, das als eines der sehenswertesten in Bangkok gilt. Der Bau der großen Anlage wurde im Jahre 1782 unter Rama I. begonnen und 27 Jahre später fertiggestellt. Hat der Betrachter die Eingangspforte durchschritten, ist er zunächst überwältigt von den 160 vergoldeten Buddha-Figuren, die an der Mauer des überdachten Wandelganges um den Viharn stehen; sie sind jeweils Geschenke von vermögenden Mitgliedern der chinesischen Gemeinde. Der Viharn selbst, auf einem Sockel stehend und von ehemaligen chinesischen Ballast-Plastiken (u.a. Europäer, Soldaten etc.) als Wächterfiguren umgeben, beherbergt eine große bronzene Buddhasta-

Große Schaukel und Wat Suthat

tue, die im 14. Jahrhundert in Sukhothai gegossen und von Rama II. hierhin gebracht wurde. Beachtenswert auch die **Fresken** auf einer Fläche von 2.585 qm (mit die größten des Landes; 1982-85 mit deutscher Hilfe restauriert) und phantastischen Portalschnitzereien. Noch auffälliger ist der mit 80 Metern ungewöhnlich lange Bot mit seinem vierfachen gestaffelten Dach. Wer ihn durch die schwarzlackierten Teakholz-Tore betritt, sieht neben vielen anderen Statuen einen großen goldenen Buddha, vor allem aber die großflächigen **Wandfresken**, für die der Wat Suthat zu Recht berühmt ist. Während die Wände mit Szenen aus Buddhas Leben bemalt sind, zeigen sich an den Tür- und Fensterläden so viele Gestalten des hinduistischen Götterhimmels wie sonst nirgends in Thailand!

Wer vom 'Platz mit der Großen Schaukel' (*Si Tak Sao Ching Cha*) in westlicher Richtung geht, kommt schließlich zum Königspalast mit dem Wat Phra Keo. Auf dem Weg dorthin (Atsadang Rd.) passiert man zwei weitere sehr sehenswerte Sakralbauwerke:

● Erstens den **Wat Rajabopitr** (ca. 500 m von der Großen Schaukel entfernt) mit seinem 43 m hohen, vergoldeten Chedi inmitten eines runden Wandelganges.

● Zweitens den **Wat Rajaprathit**, der sich westlich anschließt und mit seinem Bot (schöne Schnitzereien am Giebel), den beiden Prangs und dem Chedi ein eindrucksvolles Ensemble abgibt.

Will man jedoch nach Chinatown, sollte man der Burapha Rd. in südlicher Richtung folgen. Nach kurzer Zeit hat man die Kreuzung zur breiten **Charoen Krung Road** (New Road) erreicht, die als erste moderne Straße in Bangkok über einem zugeschütteten Klong installiert wurde. Folgt man weiterhin der Burapha Rd. südwärts, gelangt man zum Kleidermarkt **Pahurat**, auf dem sehr viele indische, aber auch malaiische und thailändische Händler Textilwaren zu äußerst günstigen Preisen verkaufen. Aber nicht nur fabrikneue oder Second-Hand-Kleider, Batik und Sarongs sind hier zu bekommen, sondern auch Edelsteine und Goldschmuck oder Alltagswaren. Und im *Pahurat Plaza* gibt es ein größeres Kaufhaus (ATM-Department Store).

An seinem östlichen Ende geht der Pahurat-Markt jenseits der Chakrapeth Rd. in einen weiteren Markt (*Saphan Han*) zu beiden Seiten des Kanals **Klong Ong Ang** über, auf dem hauptsächlich Fisch, Süßigkeiten, Spielzeug und Elektrowaren verkauft werden. Von ihm geht in östlicher Richtung schnurgerade die schmale **Sampeng Lane** ab, die für viele Chinatown schlechthin bedeutet. Da man auf die Gasse jedoch noch mehrfach stoßen kann, ist es empfehlenswerter, auf dem Saphan Han-Markt zunächst wieder ein Stück in nördlicher Richtung zu gehen, bis man auf die breitere Yaowaraj Rd. stößt, hier nach rechts abbiegt und nach wenigen Minuten dem bekannten **Diebesmarkt** (*Thieves' Market*; *Nakhon Kasem*) einen Besuch abstattet. Entgegen dem Namen wird hier nicht mehr und nicht weniger Hehlerware verkauft als anderswo auch, und gefährlich ist es ebensowenig. Auf dem Markt ist fast alles zu bekommen – Auspuffrohre und Küchengeräte, Musikinstrumente und Campingartikel, Uniformen und Walkmen, aber auch Kunsthandwerk und Möbel, chinesische und thailändische Antiquitäten und Porzellan.

Hier ist man nun wirklich in **Chinatown**, jenem alten Geschäftszentrum, in dem die Chinesen leben, seitdem sie ihre Wohnungen am Menam-Ufer verlassen haben. Damals, zur Zeit der Gründung von *Krung Thep* durch Rama I., war ihre Siedlung dem Bau des Königspalastes im Weg gewesen... Das wahre Chinatown ist eine eigene Welt mit vielen kleinen Gassen, voller Kramläden, Garküchen, Goldschmieden und Werkstätten, und stets mit Leben erfüllt. Wer zur Zeit des **chinesischen Neujahrsfestes** in

Geschäft in Chinatown

Bangkok weilt, sollte die Gelegenheit nutzen und sich die bunten Aktivitäten in diesem Viertel anschauen. Das Neujahrsfest hat keinen festen Termin, sondern wird im zweiten Monat nach der Wintersonnenwende begangen, und zwar am ersten Tag des zunehmenden Mondes. In den Großfamilien werden zum Jahreswechsel wahre Eßorgien abgehalten, und den Kindern werden kleine Geldgeschenke überreicht. Zusammen feiert man dann die Ankunft des Neuen Jahres, das nach dem chinesischen Kalender mit einem von 12 Tiernamen belegt wird (1992 ist das Jahr des Affen, 1993 das des Hahns, dann kommen Hund, Schwein, Ratte, Büffel, Tiger, Katze, Drache, Schlange, Pferd und Ziege).

Es ist nicht notwendig – wahrscheinlich wäre es sogar sehr schwierig! –, nach einem festen Plan Chinatown zu erobern. Lassen Sie Ihrem Gespür freien Lauf, und denken Sie daran, daß die schmalen, kleinen Gassen mehr zu bieten haben als die breiten Boulevards. Insbesondere die schon genannte **Sampeng Lane** ist äußerst pittoresk (sie endet im Osten an der Song Sawat Rd., wo der Tempel **Wat Samphatawong** (Wat Ko) einen Besuch wert ist). Nur die Himmelsrichtung sollte man nicht aus den Augen verlieren, und dabei kann man sich am Verlauf der Charoen Krung Rd. und Yaowaraj Rd. orientieren (die Sampeng Lane verläuft unterhalb und parallel zur Yaowaraj Rd.). Wer immer nach Osten geht, kommt an etlichen chinesischen Restaurants, kleinen Hotels, Straßenläden mit chinesischen Aufschriften und bunten Lampions, der chinesischen Bank und zahlreichen, von Weihrauchduft erfüllten Tempeln vorbei. Da nicht alle Chinesen Buddhisten sind, kann man auch katholische Kirchen und sogar eine kleine Moschee entdecken.

Einer der schönsten chinesischen Tempel liegt an der Charoen Krung Rd. (New Road), nahe zur Kreuzung mit der Mangkon Rd.: Der **Wat Leng Noi Yih** aus dem Jahr 1871 gilt als das Zentrum chinesischer Gläubigkeit, ist prachtvoll ausgestattet und immer gut besucht. Allerdings muß man sich zu ihm durchfragen, da sich der Tempel hinter einem 9stöckigen Gebäude versteckt. Einige Schritte weiter östlich verläuft die Gasse **Isara Nuphap** in Nord-Süd-Richtung. Sie ist zusammen mit der Sampeng Lane die für Chinatown typischste Straße. Wer ihr in südlicher Richtung folgt, kommt jenseits der Kreuzung mit der Yaowaraj Rd. zum 200 Jahre alten, zentralen Markt **Talaat Khao**.

Aus Chinatown heraus führt die genannte **Yaowaraj Rd.**, wobei man am **chinesischen Opernhaus** vorbeikommt; hier werden manchmal um 12.00 Uhr traditionelle chinesische Opern aufgeführt, ansonsten gibt's in dem Haus Kinoprogramm. Hinter der Kreuzung mit der Song Sawat Rd., kurz vor dem Hauptbahnhof und einige Schritte in die Gasse der Trimitr Rd. (Traimit Rd.) hinein, wartet die letzte große Sehenswürdigkeit auf diesem Rundgang:

Wat Trimitr (Wat Traimit)

Öffnungszeiten
Wat Trimitr, Trimitr Rd., tägl. geöffnet 9.00-17.00 Uhr, kein Eintritt

Dem wenig attraktiven Tempelgebäude sieht man von außen nicht an, welche Kostbarkeit es innen birgt. Dort aber befindet sich eine der berühmtesten Buddha-Statuen der Stadt, und die kostbarste dazu. Der vielbestaunte **Gold-Buddha** wurde 1956 bei Bauarbeiten während der Vergrößerung des Bangkoker Hafens gefunden. Damals war noch nicht abzusehen, welchen Fund man gemacht hatte, denn die mit einer Gipsschicht überzogene Statue war eher unscheinbar. Trotzdem wurde sie natürlich geborgen und zum Wat Trimitr gebracht.

Der Gold-Buddha

Ein Mißgeschick offenbarte dabei ihren Wert: beim Transport löste sich die Figur aus der Halterung des Kranwagens, fiel zu Boden, und die Gipsschicht zerbrach. Was darunter durchschimmerte, war pures Gold! Es stellte sich heraus, daß der Gold-Buddha während der Sukhothai-Periode geschaffen und später – beim Angriff der Burmesen auf Ayutthaya – 'getarnt' wurde, damit er nicht in die Hände der Eroberer fallen sollte. Über 200 Jahre hinweg ist das einzigartige Kunstwerk dadurch der Bewunderung entzogen worden. Heute hat die 3 m hohe, sitzende Figur im Wat Trimitr den von Elfenbein-Stoßzähnen eingerahmten Ehrenplatz, der ihr gebührt. Der Buddha aus massivem Gold hat ein Gewicht von nicht weniger als 5,5 Tonnen!

Hua Lumpong kurz nach seiner Fertigstellung

Nur wenige hundert Meter entfernt, über das Ende der Yaowaraj Rd. und dann eine Klongbrücke zu erreichen, liegt hinter einem Platz am Beginn der Rama IV Rd. der **Hauptbahnhof Hua Lumpong**. In und um das Gebäude, für das der Frankfurter Bahnhof (andere sagen: der von Manchester) Pate gestanden haben soll, herrscht ständig geschäftiges Treiben. Viele Buslinien enden hier, außerdem warten unzählige Taxis, Tuk-Tuks und Motorrad-Taxis auf Kunden, so daß man vom Bahnhof aus Transportmöglichkeiten zu jeder beliebigen Adresse finden wird.

5.3.4 RUND UM DEN DUSIT-PARK

Abseits vom hektischen Verkehrsgetümmel kann man auf diesem Rundgang einen bedeutenden Tempel, gepflegte Parkanlagen, das politische Zentrum des Königsreichs, den Dusit-Zoo sowie den größten Teakholz-Palast der Welt erleben.
Auch hierfür sollte man sich einen Tag Zeit nehmen oder aber nur gewisse Punkte mit Bus/Tuk-Tuk/Taxi anfahren. Ein guter Startpunkt ist der sog. Marmortempel, der an der belebten Si Ayutthaya Rd. liegt und mit öffentlichen Verkehrsmitteln gut erreichbar ist. Von hier aus kann man zu Fuß weitergehen, um schließlich nach Besichtigung des Vimanmek-Palastes auf der Ratchawithi Rd. wieder gute Verkehrsverbindungen für die Rückfahrt zu haben.

Wat Benchamabophit (Marmortempel)

Öffnungszeiten
Wat Benchamabophit, Si Ayutthaya Rd., Tel.: 281-2501; tägl. geöffnet 9.00-17.00 Uhr, Eintritt 10 BHT

Der Besuchereingang zum sog. Marmortempel liegt an der schmalen Nakhon Pathon Rd., die durch einen Kanal von der Rama V Rd. getrennt ist. Die beste Zeit für einen Besuch ist der frühe Morgen, wenn man die Gesänge der Mönche aus dem Tempel hört.

Der um 1900 unter König Chulalongkorn (Rama V.) gebaute Wat Benchamabophit (= "Tempel des fünften Königs"), der jüngste der königlichen Tempel in Bangkok, ist aus mehreren Gründen einen Besuch wert.

Die Architektur der Anlage gilt als gelungenstes Beispiel religiöser Baukunst, in der sich moderne westliche Elemente mit traditionellen thailändischen vereinigen. Die europäischen Anleihen betreffen nicht nur den Stil, sondern auch das Baumaterial: wegen des reichlichen Gebrauchs von Carrara-Marmor hat der Tempel schließlich seinen Beinamen erhalten. Zweitens ist die Sammlung von Buddhafiguren im Wandelgang interessant und drittens die parkähnliche Umgebung, in der die Mönchsunterkünfte liegen.

Von der Nakhon Pathon Rd. geht man zunächst auf die östliche Vorderfront des Bot zu und bestaunt die ausgewogenen Proportionen des Bauwerks. Das Portal wird von zwei mächtigen Marmor-Löwen bewacht. Für Rama V., der den Marmor aus Italien hierhin schaffen ließ, bedeutete der Prachtbau so viel, daß er verfügte, nach seinem Tod seine Asche unter dem Altar des Bots beizusetzen. Dessen Interieur überzeugt durch die Eleganz des Fußbodens, den prächtigen Dachstuhl, die Fresken und wertvollen Statuen.
Auf der Rückseite des Bot kommt man auf einen Innenhof, der völlig mit Marmorplatten ausgelegt ist. Auch hier findet man die mächtigen Singhas als Wächterfiguren.

Singhas im Marmortempel

Der Hof wird von einer Galerie umschlossen, in der über 50 Buddha-Nachbildungen aus allen Epochen den vielleicht besten Überblick über die buddhistische Kunst bieten können. Geht man durch eines der äußeren Portale, gelangt man in den südlich anschließenden Garten, in dem ein ehrwürdiger Bodhi-Baum steht. Schauen Sie sich in dieser ruhigen Oase auch den kleinen Kanal mit seinen vielen Wasserschildkröten und schönen Brücken an, hinter dem sich die Mönchswohnungen, weitere Sakralgebäude und Glokkentürme befinden.

Anschließend geht man vom Eingang aus nach links, wo man dann auf der großen Si Ayutthaya Road nochmals links abbiegen sollte. Einige hundert Meter weiter rechts, hinter der Kreuzung Si Ayutthaya/Rama V Rd., erstreckt sich das stark bewachte Gelände des

Chitralada-Palastes

in dem die Königsfamilie residiert. Das durch einen Wassergraben und eine Mauer abgetrennte Gebiet (ca. 1 ha) hat außer der königlichen Residenz u.a. einen künstlichen See, einen Zoo und, dem besonderen Interesse des Monarchen entsprechend, eine landwirtschaftliche Versuchsstation. Für die Öffentlichkeit ist der Palast nicht zugänglich.

Ihm gegenüber liegt auf der anderen Seite der Si Ayutthaya Rd. die **Pferderennbahn** (*Royal Turf Club*) mit ihrer mächtigen Besuchertribüne.

Wer in die andere Richtung geht, passiert zunächst linkerhand das durch hohe Gitter abgetrennte Gelände des Marmortempels (s.o.) und kommt nach einigen Minuten zur Kreuzung Ratchadamnoen Nok Rd. Auf dieser liegt zwei Straßen weiter nach links das **TAT-Hauptbüro**. Rechterhand jedoch erstreckt sich ein breiter Paradeplatz, dessen Anfang das hohe **Reiterstandbild König Chulalongkorns** markiert. Fast immer sieht man hier Blumenkränze für den beliebten König, dessen Verehrung natürlich

Vor der Nationalversammlung

am Chulalongkorn-Tag (23. Oktober) ihren Höhepunkt erfährt. Links des Platzes stellt der **Amphorn-Park** eine von Bangkoks 'Grünen Lungen' dar. Dominiert wird das Bild jedoch vom nördlich gelegenen, riesigen Kuppelbau der **Nationalversammlung** (*Assembly Hall*), der von einem italienischen Architekten im Stil der Neorenaissance 1907 entworfen und 1916 vollendet wurde. Bis zur Revolution von 1932 wurde das Gebäude als Thronhalle benutzt, anschließend für die Parlamentssitzungen. Heute hat die Nationalversammlung einen modernen Sitzungssaal etwas weiter nördlich, neben dem alten **Dusit-Palast**, der vor dem Bau des Chitralada-Palastes die königliche Residenz war (eine Besichtigung der Nationalversammlung ist nur mit Sondergenehmigung möglich).

Geht man über die Uthong Nai Rd. auf die Nationalversammlung zu, gelangt man nach kurzer Zeit zum Eingang des

Dusit-Zoos (*Khao Din*)

Öffnungszeiten
Dusit-Zoo, Uthong Nai Rd., Tel.: 281-0000, tägl. geöffnet 8.00-18.00 Uhr; Eintritt 10 BHT, bei Benutzung eines Fotoapparates sind 1 BHT, einer Film- oder Videokamera 5 BHT zu zahlen

Ein Besuch lohnt sich nicht wegen der Gehege für Flußpferde, Nashörner und Elefanten (deren altertümliche Enge allen Tierfreunden ein Dorn im Auge ist), sondern wegen der dschungelartigen Landschaft mit ihrem künstlichen See und einem aufgeschütteten Aussichtsberg. Besonders an Wochenenden strömen die Thaifamilien hierhin, um unter dem Geschrei von Papageien und Affen ein Picknick abzuhalten, Ruderboote zu mieten oder die Vögel zu füttern. Auch auf Liebespaare scheint der Dusit-Zoo eine große Anziehungskraft zu besitzen. Außer einem kleinen Restaurant ist das **Zoomuseum** erwähnenswert (geöffnet 10.00-16.00 Uhr, Eintritt 5 BHT). Im gut beschilderten Park mit seinen Geh- und Radwegen findet man leicht zu den größten zoologischen Attraktionen, u.a. siamesische Krokodile, graue Känguruhs, die riesigen Wildrinder Gaur, Affen, exotische Vögel und kleinere Nagetiere. Die berühmten Weißen Elefanten jedoch sucht man im Dusit-Zoo vergeblich. Sie sind vielmehr in der Obhut des Königs in seinem Chitralada-Park – jeder in Thailand entdeckte Albino-Elefant wird sofort dorthin gebracht und dem Monarchen geschenkt.

Nach dem Zoo-Besuch sollte man der Uthong Nai Rd. bis zur Ratchawithi Rd. folgen, in die man links einbiegt. Entlang der Mauer des Dusit-Palastes kommt man nach wenigen hundert Metern zu einer kleinen Stichstraße, die nach links zum nächsten Besichtigungspunkt führt:

Vimarn Mek-Palast (*Celestial Residence*)

Öffnungszeiten
Vimarn Mek, Ratchawithi Rd., Tel.: 222-0859; tägl. geöffnet 9.30-16.00 Uhr, Verkauf von Eintrittskarten nur bis 15.00 Uhr, Eintritt 50 BHT, Kinder 20 BHT (es gilt auch die Eintrittskarte für den Königspalast!), Führungen in englischer Sprache (obligatorisch) alle 30 Minuten von 9.45-15.15 Uhr

Am großen Busparkplatz (Restaurant) befindet sich der Eintrittskarten-Verkauf (auf angemessene Kleidung wird Wert gelegt, am Eingang werden Fotos von 'schlecht gekleideten' Touristen in Shorts gezeigt), anschließend gelangt man in einen modernen klimatisierten Pavillon (Getränke, Souvenirs), wo man auf die Führung warten muß.

Der Vimarn Mek-Palast wurde unter König Chulalongkorn im Jahre 1901 gebaut, und zwar in nur sieben Monaten. Es ist dasjenige Gebäude in Bangkok, das am besten die innere Öffnung zum

Vimarn Mek-Palast

Westen des königlichen 'Reformers' widerspiegeln kann. Baustil und Einrichtung scheinen weit eher einer Mischung amerikanisch-britischen Kolonialstils und wilhelminischer Architektur zu entstammen als dem traditionellen Thailand. Das prächtige Teakholzgebäude – das größte der Welt – besteht aus einem dreigeschossigen oktogonalen Hauptbau und einem Querflügel. Die einzelnen Stockwerke sind durch breite Treppen und offene Galerien miteinander verbunden. Alles macht einen gleichermaßen lichten, gemütlichen und eleganten Eindruck, zu dem besonders die exquisite Einrichtung der 32 Haupträume beiträgt. Mit Ausnahme der Böden ist der Holzbau ohne einen einzigen Nagel errichtet worden.

Gehen Sie nach der Besichtigung auch durch den schönen Park mit seinem See, seinen Pavillons und Stuckfiguren (leider ist das Fotografieren hier nicht erlaubt, da auf dem benachbarten Grundstück der Kronprinz wohnt).

Sechs Jahre lang war Vimarn Mek die offizielle Residenz des Königs, bevor er in eine neue Villa im Dusit-Palast umzog. Nach dem Tod des

Monarchen im Jahre 1910 mußte das Gesinde das Schloß verlassen, das ab nun (mit Ausnahme eines kurzen Intermezzos im Jahre 1925) leerstand und dem Verfall preisgegeben war. Erst Königin Sirikit stellte Mittel zur umfangreichen Restaurierung bereit und übergab den Palast 1982 seiner neuen Bestimmung als Museum. Auch die Adelspaläste der Umgebung werden nunmehr wieder instandgesetzt, so daß sich die Gegend vielleicht bald wieder völlig im alten Glanz zeigt.

5.3.5 ZWISCHEN ORIENTAL-HOTEL UND LUMPINI PARK

Dieser Ausflug führt in das modernere Bangkok und enthält nur wenige kulturelle Sehenswürdigkeiten, dafür aber um so mehr Einkaufsmöglichkeiten. Ein guter Startpunkt (mit vielen Buslinien oder Expreßbooten gut zu erreichen) ist das Ufer des Chao Phraya, wo sich die neue "River City" ausgebreitet hat.
Wer anschließend, am berühmten "Oriental" vorbei, über Surawong oder Silom Road in Richtung Rama IV Road gehen möchte, passiert etliche Hotels und mehrere Kaufhäuser. Ein gemütlicher Bummel allerdings scheitert am Verkehrslärm und den Autoabgasen, wobei die Belästigung auf der breiteren Silom Rd. nicht ganz so arg ist. Ein Besuch des berüchtigten Patpong-Viertels ist tagsüber weniger interessant.

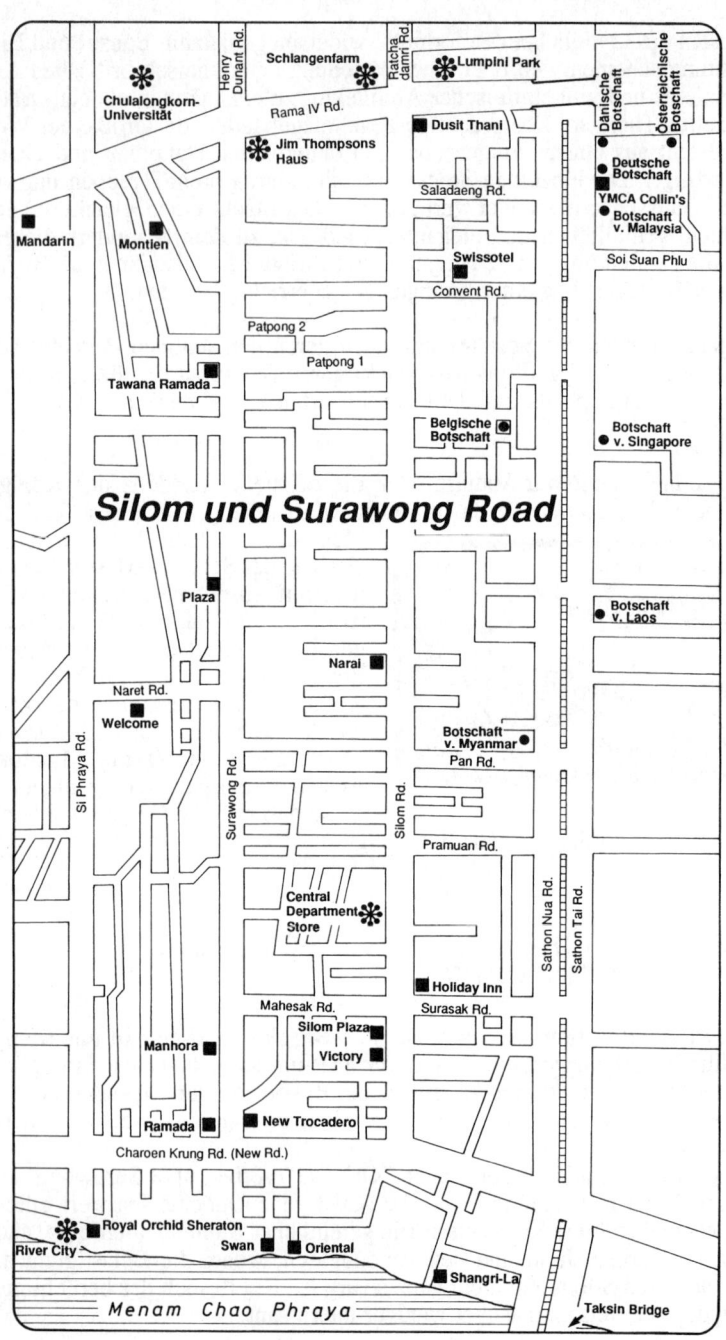

Schlangenfarm

Chulalongkorn-Universität

Lumpini Park

Dänische Botschaft

Österreichische Botschaft

Rama IV Rd.

Jim Thompsons Haus

Dusit Thani

Deutsche Botschaft

YMCA Collin's

Botschaft v. Malaysia

Saladaeng Rd.

Soi Suan Phlu

Mandarin

Montien

Swissotel

Convent Rd.

Patpong 2

Patpong 1

Tawana Ramada

Belgische Botschaft

Botschaft v. Singapore

Silom und Surawong Road

Plaza

Botschaft v. Laos

Narai

Naret Rd.

Welcome

Botschaft v. Myanmar

Pan Rd.

Si Phraya Rd.

Surawong Rd.

Silom Rd.

Pramuan Rd.

Sathon Nua Rd.

Sathon Tai Rd.

Central Department Store

Holiday Inn

Mahesak Rd.

Surasak Rd.

Manhora

Silom Plaza

Victory

Ramada

New Trocadero

Charoen Krung Rd. (New Rd.)

Royal Orchid Sheraton

River City

Swan

Oriental

Shangri-La

Taksin Bridge

Menam Chao Phraya

River City

Die klimatisierte 'Einkaufsstadt' des *River City Shopping Complexe* liegt direkt am Flußufer an der Soi Captain Bush/New Rd. Sie beherbergt nicht nur 70 exklusive Geschäfte auf zwei Etagen, in denen man u.a. qualitätvolle Seide und Antiquitäten (im *Art & Antique Centre*) kaufen kann, sondern auch mehrere gute Restaurants (sehr empfehlenswert, wenn auch nicht billig, sind "*Savoey Seafood*" und "*The Atrium*", beide Tel.: 237-0954-5). Am Menam befindet sich die lebhafte Fähr- und Bootsanlegestelle, von der aus man auch zu Klongfahrten oder Flußkreuzfahrten nach Ayutthaya starten kann. In einem eigens eingerichteten Pavillon auf der seeseitigen Terrasse gibt es eine Vielzahl entsprechender Angebote sowie einen Informationsstand.

Von hier aus überquert man den Klong und geht parallel zum Flußufer auf der Charoen Krung Rd. auf das hochaufragende "*Royal Orchid Sheraton*"-Hotel zu. An dem kleinen Platz davor (eigentlich nur eine Straßenverbreiterung, auf der jede Menge Touristenbusse mit laufenden Motoren auf ihre Gäste warten) führt eine kleine Gasse etwa 50 m zurück zur schönen neugotischen Rosenkranzkirche (*Holy Rosary Church*), in der katholische Messen in chinesischer und thailändischer Sprache (So ab 6.00 Uhr) abgehalten werden. Unter der beherrschenden Madonnafigur im Inneren fühlt man sich fast nach Süditalien versetzt. Um das Gotteshaus herum befinden sich einige Gebetshäuser der katholischen Chinesen.

Auf dem weiteren Weg in südlicher Richtung passiert man links hinter dem "*Royal Orchid Sheraton*" die Anlegestelle der Expreßboote und die portugiesische Botschaft, bevor man zu einem lebhaften Marktviertel kommt. Wer den Autoverkehr der stark befahrenen Charoen Krung Rd. leid ist, kann versuchen, sich auf verschlungenen Pfaden und kleinen Gassen mitten durch die Verkaufsstände zu drängen. Hier stößt man auch auf das Hauptpostamt (*General Post Office*), nicht weit von der Einmündung der **Surawong Rd.** (s.u.) in die Charoen Krung Rd. entfernt. Noch etwas weiter südlich liegt zwischen Charoen Krung Rd. und dem Menam-Fluß die französische Botschaft und das "*Swan*"-Hotel. Schließlich stößt man auf die sog. Oriental Lane und die Oriental Plaza, die ihren Namen vom berühmtesten Hotel der Stadt ableiten, dem

Oriental Hotel

Eigentlich ging dieses legendäre Haus aus einem Heim für Seeleute hervor. Seit 1880 aber existiert 'das Oriental', dessen Ruf durch exzellenten Service und eine komfortable Ausstattung, vor allem aber durch eine Reihe illustrer Gäste – besonders viele Schriftsteller – begründet wurde: Joseph Conrad, Somerset Maugham, James Mitchener, Graham Greene, John le Carré und viele andere kehrten hier ein. Der amerikanische 'Seidenkönig' Jim Thompson war nicht nur häufiger Gast, sondern von 1945-50 auch Direktor des Hotels. Die Modernisierungsmaßnahmen

Das Oriental Hotel

(Bau zweier neuer Flügel) haben dem *Oriental* zwar nicht optisch, aber ökonomisch gut getan. Und in regelmäßigen Abständen wurde die Herberge von Fachzeitschriften zum "besten Hotel der Welt" gekürt. Das Haus mit seinen 394 Zimmern und Suiten und 1.200 Angestellten kann jeder, der nicht allzu schäbig gekleidet ist, besuchen – jedenfalls für eine (teure) Tasse Kaffee oder mehr in einer der Lounges. Die größte Aufmerksamkeit verdient das alte Haupthaus im Kolonial-Stil mit seiner Gartenterrasse (*Riverside Terrace*).

Feinschmecker seien an "*The Normandie*" verwiesen, eines der besten französischen Restaurants in Südostasien. Etwas einfach geht es in *The Verandah* zu (Snacks), während man sich in *The Bamboo Bar* zum Cocktail trifft. In der *Author's Lounge* zwischen Garten und Haupthaus kann man zur Piano-Begleitung die Fotos berühmter Gäste studieren. Und für alle Hobby-Köche bietet das Haus eine *Thai Cooking School* an. Natürlich kann man hier auch übernachten: Zimmer sind im *River Wing* ab 5.000 BHT, im *Garden Wing* ab 6.300 BHT und in den exklusiven Suiten ab 11.000 BHT zu haben...

Von der Oriental Plaza aus geht man nun auf einer kleinen Gasse parallel zum Flußufer weiter südlich, bis man zum riesigen Hotelkomplex des "*Shangri-La*" kommt, das wie das "*Oriental*" an der Spitze der vielen Nobelherbergen Bangkoks anzusiedeln ist. Zur Stadtseite hin wird das Gelände von der Charoen Krung Rd. (New Rd.) begrenzt, an der es u.a. Kunst-Galerien gibt. Schräg gegenüber geht als Schlucht durch das Häusermeer die Silom Rd. stadteinwärts, etwas weiter der Doppel-Boulevard der Sathon Rd. und einen Block zurück (hinter dem *Oriental*) die Surawong Rd.

Wer Zeit hat und die klimatisierte Einkaufswelt der Silom Rd. noch ein wenig warten lassen will, kann südlich des Hotels dem schönen **Bangrak**-Markt einen Besuch abstatten. Er ist nicht besonders groß, bietet aber mit seinen duftenden Blumen-Ständen (Girlanden, Blumensträuße, Orchideen etc.) ein exotisches und farbenprächtiges Erlebnis.

Für den Weg zur Rama IV Rd. bieten sich mehrere Möglichkeiten an. Wählt man die Surawong Rd., kommt man an Hotels wie dem *Trocadero, New Fuji, Manhora, Peninsula* und *Ramada* sowie an der schönen **Nielson-Bücherei** vorbei, bis man das Vergnügungsviertel von Patpong erreicht (s.u.).

Dahinter, an der Einmündung in die Rama IV Rd., hat in einem schönen weißen Gebäude die **Jim Thompson Thai Silk Company** ihren Sitz, das wohl bekannteste Seidengeschäft des Landes, in dem die beste Qualität (allerdings auch höhere Preise) erwartet werden darf. Das Geschäft wurde durch den berühmten amerikanischen 'Seidenkönig' gegründet (vgl. KAPITEL 5.3.6).

Öffnungszeiten
Jim Thompson Thai Silk Company, 9 Surawong Rd., Tel.: 234-4900; tägl. geöffnet 9.00-21.00 Uhr

Empfehlenswerter für den Gang ist die **Silom Road**, vor allem wegen der eleganteren Atmosphäre und besseren Einkaufsmöglichkeiten. Dazu gehören Modeboutiquen genauso wie große Warenhäuser, z.B. das **Central Department Store** (schräg gegenüber vom *"Holiday Inn"*), das hier etwas kleiner, aber dafür auch übersichtlicher als das gleichnamige Kaufhaus auf der Ploenchit Rd. ist. Hinter der Kreuzung Pramuan Rd. kann man linkerhand das *Silom Village* besuchen, in dem es Geschäfte und zwei gute Thai-Restaurants gibt. Auf der anderen Seite der Silom Rd. lohnt der 1870 gegründete hinduistische **Mariamman-Tempel** einen Besuch. Hinter den Hotels *"Tower Inn"* (links) und "Narai" (rechts) erreicht man das Einkaufs- und Geschäftszentrum **Silom Plaza**, in dem sich u.a. der Duty Free Shop der *Thai International* befindet. Drei Blocks weiter kommt man rechterhand am **Soi Lalai Sap** vorbei, auf dem es ein ähnliches Angebot gibt wie auf dem Nachtbazar von Patpong.
Dieses berühmt-berüchtigte Viertel liegt wenige Geh-Minuten weiter zur Linken und reicht bis zur parallelen Surawong Rd.

Patpong

Es soll Leute geben, die zwar schon mehrfach in Thailand und Bangkok gewesen sind, aber noch nie etwas anderes kennengelernt haben als Patpong. Kein Zweifel: Patpong, ein Viertel von drei parallelen und miteinander verbundenen Gassen zwischen Silom und Surawong Road, ist die "sündige Meile" der Hauptstadt, ist jener Ort, an dem *farangs* Sex-Shows besuchen und sich ihren männlichen oder weiblichen Partner für die Nacht suchen. Und inzwischen ist der Bezirk mit seiner Vielzahl an Restaurants und dem quirligen Nachtmarkt ('Night Bazar') auch mehr als nur das Mekka der Sextouristen. Ursprünglich war das Gelände nur ein Stück Ackerland, später standen hier die Gebäude einer britischen Bank. Im Jahre 1946 kaufte schließlich ein eingewanderter chinesischer Geschäftsmann namens Poon Pat das Viertel für 59.000 BHT auf. Sein Sohn, Udom **Patpong**, machte sich dann an den Ausbau der drei Gassen zu einem internationalen Vergnügungszentrum. 1956 öffnete das *"Onsen"* – der erste 'Massagesalon' in Thailand – seine Tore. In diesem arbeiteten damals freilich nur japanische Masseusen für das leibliche Wohlbefinden von Geschäftsleuten aus Nippon. 1969 führte ein amerikanischer Barbesitzer die erste Go-Go-Bar (*"Grand Prix"*) im Distrikt ein.

Und in den 1970ern schließlich explodierte das Gewerbe zu dem, was es bis heute geblieben ist: ein pulsierendes Viertel mit einem legendären Nachtleben, mit Bars, Diskos, Massagesalons, Restaurants, einem Night Bazar und "Live Sex

Shows" in der zweiten Etage, die zwar illegal sind, gleichwohl aber von der Polizei toleriert werden (weil sie daran mitverdient!). Thailändische Geldgeber oder solche aus den USA, aus Deutschland, den Niederlanden und Frankreich eröffneten Bars und andere Etablissements, und Namen wie "*Baby-à-Go-Go*", "*Goldfinger*", "*Lipstick*", "*Memphis Queen*", "*Penthouse*", "*Pink Panther*", "*Pussy Galore*", "*Pussy Collection*", "*Safari*", "*Supergirl*", "*Queen's Castle*" und "*Rififi*" wurden weit über Thailands Landesgrenzen hinaus genauso berühmt wie berüchtigt. Mit einem Schlag war Patpong – weit mehr als das Viertel "Soi Cowboy" an der Sukhumvit Rd. – zum Synonym für 'Bangkok by Night' geworden und ein Touristenmagnet ersten Ranges. Beispielsweise sollen nicht weniger als 1.756.000 Gäste zwischen 1969 und 1981 allein das "*Grand Prix*", die erste Go-Go-Bar am Ort, passiert haben... In dem berühmten Hollywood-Streifen "*The Deer Hunter*" spielte Patpong die Rolle Saigons, und jene Szene, in der Nick (Christopher Walken) einer Prostituierten folgt, spielt in einer echten Patpong-Bar (nämlich der "*Mississippi Queen*"), und das Mädchen war ein echtes Patpong-Girl namens Noi!

Wenn es Nacht wird in Patpong ...

Die weiblichen Beschäftigten in den Bars und sonstigen Etablissements sind meist sehr jung. Wer mit ihnen eine angeregte Unterhaltung führen will, ist hier fehl am Platz. Die Englischkenntnisse beschränken sich auf wenige Sätze, deren Reihenfolge eine Art Programm vorgibt. Nach dem einleitenden "*Hi. What's your name?*" werden die notwendigsten Informationen ausgetauscht ("*What hotel you stay?*"; "*Where you from?*"; "*How long you stay in Bangkok?*"), bis man bald zum geschäftlichen Teil übergeht, eingeleitet durch die Frage "*You buy me drink?*". Nachdem man sich einig geworden ist, folgt unweigerlich das "*Where we go?*"...

Im horizontalen Gewerbe arbeiten jede Nacht mehr als 4.000 Frauen auf Patpong. Aber auch männliche Prostituierte und Transvestiten haben ihre Reviere, wobei sich eine Art Arbeitsteilung ergeben hat: Patpong I. gilt als 'heterosexueller Markt', Patpong II. als 'gemischter' und Patpong III. als 'homosexueller'. Für die japanischen Sextouristen (1 Million Männer jährlich!) gibt es sogar einen eigenen Bezirk mit Ginza-ähnlichem Aussehen. All das hat zu Bangkoks Beinamen "*The prostitution capital of the world*" oder "*The Candy Store*" erheblich beigetragen, kann aber das Phänomen Patpong nicht gänzlich erklären.

Was kann man für den Besuch von Patpong empfehlen? Eigentlich nichts, denn die Interessen der Touristen sind aus naheliegenden Gründen unterschiedlich. Immerhin ein paar Vorschläge: Was Sie auch unternehmen möchten, Vorsicht ist immer angebracht! Dies gilt beim Handeln im Night Bazar genauso wie beim Eintritt für Bars oder Shows oder bei näheren zwischenmenschlichen Kontakten mit möglichen gesundheitlichen Risiken. Wer in eine **Bar** oder **Go-Go-Bar** einkehrt, ist zu nichts verpflichtet. Es gelten die angegebenen Preise und zur 'Happy Hour' günstigere Sondertarife. Wer einem Mädchen einen Drink spendiert, sollte den höheren Preis des 'Lady's Drink' ohne Einwände bezahlen – schließlich investiert das Mädchen seine Arbeitszeit!

Wenn Sie eine **Sex-Show** in irgendeinem zweiten Stockwerk besuchen möchten (was dort geboten wird, ist übrigens zum großen Teil äußerst unappetitlich), sollten Sie beachten, daß für solche Shows andere Preise gelten als eine Treppe tiefer. Aus 50 BHT für ein Singha in der ebenerdigen Bar können hier durchaus 150 oder 300 BHT werden. Vergewissern Sie sich außerdem, ob eine "*Cover Charge*" erhoben wird, also ein Eintrittsgeld für die Show. Bezahlen Sie sofort nach Erhalt der Getränke, so sind Sie vor unangenehmen Überraschungen sicher. Als verhältnismäßig ehrlich hat sich das "*Lipstick*" erwiesen, das auch ohne Cover Charge auskommt.

Wer **einkaufen** möchte, sollte dies nicht gleich beim erstbesten Stand tun. Sie bekommen auf Patpong vorzügliche Imitationen von Marken-Textilien und Uhren, aber auch guten Schmuck und sonstiges Kunsthandwerk. Wer die Kunst des Handelns beherrscht, kann hier günstigere Preise erzielen als an anderen touristischen Orten im Land! **Diskotheken** mit heißen Rhythmen gibt es auch, z.B. das "*Superstar*" (Eintritt 100 BHT). Auf Patpong III ist der "*Rome Club*" (geöffnet 19.00-02.00 Uhr; Eintritt 120 BHT, Fr-Sa 160 BHT) interessant, ein In-Treff für Tanzwütige und Nachtschwärmer aus dem Show-Biz und der Schwulenszene. Lebensmittel gibt es auf Patpong II im Supermarkt *Foodland* (mit Drogerie, rund um die Uhr geöffnet). Keine Schwierigkeiten wird man haben, eine Imbißgaststätte zu finden. Zu den **besseren Restaurants** gehören auf Patpong II die "*Trattoria da Roberto*" (gute italienische Küche im zweiten Stock), der "*Thai Room*" (preiswertes chinesisches und thailändisches Essen, Erdgeschoß) und das "*Bat Boat*" mit gutem Seafood. Auf der Soi Bobby (Patpong II) gibt es ein empfehlenswertes vietnamesisches Restaurant und "*Bobby's Arms*" – ein Pub mit Dart-Spielern und gutem Dixieland Jazz am Sonntagabend. Auf der Gasse Thaniya (parallel zu Patpong, ein Block näher an der Rama IV Rd.) bekommt man im "*Shangri-La*" chinesisches Essen in großen Portionen, im "*Angus*" Steaks bester amerikanischer Machart und im "*Shochiku*" gute japanische Küche. Schließlich sind auf oder nahe Patpong auch einige **Buchläden** zu finden, z.B. *The Bookseller, Bangkok Bookstore* und *Suriyaban Bookstore* auf Patpong I, sowie Patpong I gegenüber auf der Surawong Rd. *DK Book House* (alles gut sortierte Buchhandlungen mit fremdsprachiger Literatur).

Geht man von Patpong aus auf der Silom Rd. das letzte Stück bis zur Rama IV Rd., hat man im riesigen *Robinson Department Store* noch einmal allerbeste Einkaufsmöglichkeiten. Das moderne Kaufhaus bietet Waren von hochstehender Qualität zu Fixpreisen; die Lebensmittelabteilung (*Food Market*) im Keller ist bis Mitternacht geöffnet.

Gegenüber liegt das Luxushotel *"Dusit Thani"* und auf der anderen Seite der Rama IV Rd. der **Lumpini Park** (s.u.).

5.3.6 ZWISCHEN LUMPINI PARK UND SUAN PAKKARD-PALAST

In diesem Kapitel werden einige Sehenswürdigkeiten und Einkaufszentren im östlichen Stadtgebiet vorgestellt, die allerdings ziemlich weit auseinanderliegen. Die Strecke zwischen Lumpini-Park bzw. Schlangenfarm und Jim Thompson's Thai House und von dort bis zum Suan Pakkard-Palast sollte man deshalb mit öffentlichen Verkehrsmitteln zurücklegen. Der Besuch der großen kommerziellen Zentren kann wegen der langen Öffnungszeiten auch auf den Abend verlegt werden.

Am südöstlichen Rand des hier vorgestellten Gebietes liegt an der Rama IV Road der

Lumpini-Park

Der Hauptpark von Bangkok ist zwar der Grundfläche nach ein wenig kleiner als das Gelände des königlichen Chitralada-Palastes, dafür aber für die Öffentlichkeit bestimmt. Zum Park, der seinen Namen übrigens nach jenem Hain hat, in dem Buddha geboren wurde, gibt es mehrere Eingänge, wobei der an der südwestlichen Ecke (Rama IV/Ratchadamri Rd.) am häufigsten benutzt wird. Hier ist auch eine 'Filiale' der Touristen-Polizei untergebracht. Mehr Aufmerksamkeit verdient freilich das große Denkmal für König Mongkut. Besonders sehenswert ist der Park im Morgengrauen, wenn – meist ältere – Chinesen ihre Thaichi-Übungen praktizieren (Schattenboxen) und Jogger ihre Runden drehen. Frühstücken (Reissuppe und anderes) kann man an Ort und Stelle an mehreren zu diesem Zweck aufgestellten Ständen. Ansonsten kann man es den Liebespärchen gleichtun und Ruderboote mieten. Zwischen Februar und April steigen im Lumpini-Park die bunten Flugdrachen in den Himmel, und zum Loy Kratong Fest (vgl. KAPITEL 3.2.2) setzen die Gläubigen ihre Lichterschiffchen auf den beiden Seen aus. Nachts ist der Park leider ein beliebter Treffpunkt für Drogenabhängige.

Zurück auf der Rama IV Rd. geht man nun wenige Minuten stadteinwärts, überquert die Ratchadamri Rd. und passiert das **Chulalongkorn Hospital**, in dem sich auch der Sitz des thailändischen Roten Kreuzes befindet. Das Krankenhaus und die angeschlossene *Thai Red Cross Society* verfügen über eine weithin bekannte Impfstation. Dazu gehört auch das **Pasteur-Institut**, das jenseits der Henri Dunant Rd. rechterhand in einem schönen Gebäude untergebracht ist (Henri Dunant/Rama IV Rd., Tel.: 252-0161-4; tägl. geöffnet 8.30-16.30 Uhr, Eintritt 40 BHT). Hier gelangt man durch das Haupthaus zur rückwärtigen

Schlangenfarm (*snake farm*)

Diese Institution, 1923 gegründet und nach dem brasilianischen Sao Paulo die zweitgrößte der Welt, beherbergt bis zu 1.000 Giftschlangen, um von ihnen Gegengifte zu erhalten. Die Schlangen kommen aus dem ganzen Königreich (selbst aus dem Stadtgebiet von Bangkok), wobei den Fängern eine Art Kopfprämie gezahlt wird. In einem kleinen Ausstellungshaus kann man sich anhand von Schaubildern und einer Dia-Vorführung über die thailändischen Giftschlangen informieren.

Anfassen gestattet – In der Schlangenfarm

Obwohl durch die Arbeit des Instituts die Zahl der Todesfälle in Thailand und anderen Ländern erheblich reduziert werden konnte, sind die Reptilien immer noch für den Tod von etwa 400 Menschen jährlich verantwortlich. Zwar sind Giftschlangen nicht von Natur aus aggressiv, beißen aber zu, wenn sie sich gestört fühlen. Vor allem Reisbauern, die bei ihrer Arbeit zufällig auf eine Schlange treten, sind davon betroffen. Zu den gefährlichsten gehören die gelb-schwarze *Krait*, einige Vipernarten (u.a. malaysische und grüne *Pitviper, Russels-Viper*) und die *Brillenschlange (Kobra)*. Am gefürchtetsten ist die größte Giftschlange der Welt, die bis zu 4 m lange *Königskobra*, deren Biß schon nach sechs Stunden zum Tod führen kann.

> ℹ️ *Information zur Gewinnung von Schlangenbiß-Serum*
>
> *Die in der Schlangenfarm gehaltenen Tiere leben in Gruben und werden artgerecht gefüttert, bis sie zur Giftentnahme fähig sind. Dabei wird ihr Giftzahn gegen ein Glas gedrückt, das das gelbliche Sekret aufnimmt. Nach einigen Tagen, spätestens nach 2 Wochen, können die Giftdrüsen erneut 'gemolken' werden. Nachdem man hier im Institut oder an Außenstellen das Schlangengift gewonnen hat, wird es in genau berechneten Dosierungen Pferden injiziert. Nach mehrmaligen Tests, ob die Tiere schon die erforderlichen Abwehrstof-*

> *fe in ihrem Blut gebildet haben – dieser Prozeß kann mehr als 8 Monate dauern –, wird ihnen Blut entnommen und das Serum herausgefiltert. Nach weiteren Tests mit Mäusen kommt das sterilisierte, portionierte und tiefgefrorene Serum in den medizinischen Handel.*

Tip
Ein Besuch des Instituts lohnt sich vor allem während der **Giftentnahme** (täglich um 10.30 Uhr, an Werktagen außerdem um 14.00 Uhr). Dabei sitzt man auf einer Tribüne, während von mutigen Angestellten die einzelnen Tiere vorgeführt und schließlich 'gemolken' werden. Anschließend werden Touristen zum Fototermin geladen.

Über die mehrspurigen und von vielen Buslinien befahrenen Boulevards Ratchadamri Rd., Henri Dunant Rd. oder Phayathai Rd. legt man die nächsten 1,5 km in nördlicher Richtung bis zur Rama I Rd. zurück. Auf den beiden letztgenannten Straßen passiert man das Gelände der **Chulalongkorn-Universität**, die 1917 von Rama VI. gegründet und nach seinem Vater benannt wurde. Inmitten eines grünen und ruhigen Campus mit kleinen Seen liegt die Hochschule, die in traditioneller Thai-Architektur errichtet wurde. Besucher finden hier einen sehr guten Buchladen und kommen mit den Studenten (Natur-, Geistes-, Politik-, Handelswissenschaften, Technik, Architektur) leicht ins Gespräch.

Auf der Rama I Rd. biegt man nach links ab und erreicht gegenüber dem National-Stadion das etwas versteckt in der Seitenstraße Soi Kasemsa liegende Museum

Jim Thompson's Thai House

Öffnungszeiten
Jim Thompson Thai House, 6 Soi Kasemsa 2, Rama I Rd., Tel.: 215-0122. Tägl. außer So 9.00-16.30 Uhr geöffnet, Führungen; Eintritt 100 BHT, für Besucher unter 25 Jahren nur 40 BHT

Die alten Holzhäuser, sechs an der Zahl, sind nur wenige Schritte vom brausenden Verkehr inmitten eines grünen Gartens und direkt an einem Klong gelegen und wirken wie eine Idylle im Moloch Bangkok. Neben der Lage ist am Museum besonders die Architektur und das Interieur sehenswert.

Die traditionellen Teakholz-Gebäude können als bestes Beispiel der einheimischen Architektur in Bangkok bezeichnet werden. Freilich haben die Häuser nicht von Anfang an in dieser Form und nicht an diesem Platz existiert. Auf Betreiben des berühmten Amerikaners *James H.W. Thompson* (s.u.) wurden sie an verschiedenen Orten, u.a. in der alten Hauptstadt Ayutthaya, aufgekauft, demontiert und an der jetzigen Adresse als privates Wohnhaus wiederaufgebaut. Die meisten Bestandteile der Architektur sind mindestens zwei Jahrhunderte alt. Die rot gestrichenen Wände – der herkömmliche Schutzanstrich vor Witterung – sind in der traditionellen Thai-Bauweise leicht nach innen geneigt, um der Konstruktion

Jim Thompson's Thai House

mehr Stabilität zu geben. Da am Chao Phraya immer die Gefahr der Überflutung bestanden hatte, wurden die Häuser auf Pfähle gesetzt, so daß unter ihnen ein Freiraum entstand. Beachtenswert sind auch die Ziegel der elegant geschwungenen Dächer, die nach einer uralten Methode in Ayutthaya gebrannt wurden. Am schönsten an diesem Ensemble ist die Terrasse, die vom Wohnzimmer aus den Blick auf den Klong erschließt (die Geruchsbelästigung durch das Brackwasser ist ein Produkt der heutigen Zeit!). Die Häuser waren im Frühjahr 1959 bezugsfertig und wurden von Thompson erst von dem Tag an genutzt, der von buddhistischen Astrologen als besonders glückbringend errechnet wurde. Schon während der Montage wurden alle alten religiösen Vorschriften und Zeremonien berücksichtigt. Auf der anderen Seite des Klongs befand sich die alte Seiden-Fabrik der Handweber.

Besucher können in *Jim Thompson's Thai House* nicht nur die hohe Zimmermannskunst Thailands mit einer luftigen und angenehmen Atmosphäre warmer Farben bewundern, sondern darin eine der vorzüglichsten Sammlungen südostasiatischer Kunst. Neben alten Malereien auf Baumwolle, Holzschnitzereien, Intarsienarbeiten und religiösen Skulpturen (darunter ein wunderschöner Kalkstein-Buddha aus dem 7. Jahrhundert n.Chr.) besticht die Sammlung chinesischen und thailändischen Porzellans. Allein die elektrischen Lampen sind moderneren Datums, stammen allerdings aus Bangkoker Palästen des 19. Jahrhunderts.

Schon kurz nach Fertigstellung wurden Haus und Kunstgegenstände über Thailands Grenzen hinaus bekannt, so daß sich Thompson entschloß, sie dem Publikum zugänglich zu machen und das *"Thai House"* als Museum einzurichten. Nach seinem Verschwinden wurden die Gebäude (mit Ausnahme der Dienstboten-Häuser, die sich heute im Privatbesitz befinden) als Museum erhalten und stellen eine der größten Sehenswürdigkeiten Bangkoks dar. Das hohe Eintrittsgeld dient zu ihrem Erhalt bzw. fließt der Blindenschule der *"James H.W.Thompson-Stiftung"* und anderen Wohlfahrtseinrichtungen zu.

Wer war Jim Thompson?

Der 1906 in Greenville, Delaware, geborene James H.W. Thompson war der wohl berühmteste Ausländer, der nach dem Zweiten Weltkrieg in Thailand lebte und arbeitete. Überdies war Thompson – den man Jim nannte – eine äußerst interessante Gestalt, um die sich schon zu Lebzeiten Legenden rankten und erst recht natürlich nach seinem mysteriösen Verschwinden. Vor Kriegsbeginn führte er in Amerika das Leben eines erfolgreichen, beliebten und als Junggeselle begehrten Architekten, der u.a. in New York tätig war und eine steile Karriere vor sich hatte.

Aus patriotischen Motiven, wohl aber auch aus Abenteuerlust, brach er mit seinem bequemen Leben und meldete sich freiwillig zur US-Armee, für die er auf den europäischen Kriegsschauplätzen kämpfte. Dann ließ er sich für geheime Kommandounternehmen ausbilden und wurde nach Thailand geschickt, das damals noch völlig unter der Kontrolle der Japaner stand. Als Offizier der Geheimorganisation OSS nahm er an einer Mission teil, die durch Sabotageakte und gezielte Operationen die Befreiung des Landes einleiten sollte. Bevor die Gruppe ihren Marsch durch den Dschungel zu Ende geführt und ihr Vorhaben verwirklicht hatte, bewirkte die Kapitulation der Japaner ein Ende des Krieges, und die Agenten konnten ohne Kampfhandlungen in Bangkok einrücken. Hier lernte Thompson zum erstenmal die thailändische Gesellschaft mit ihrer hochstehenden Kultur kennen und lieben.

Deswegen kehrte er nach seinem Ausscheiden aus der Armee nach Bangkok zurück und lebte ab nun ständig in Thailand, wo er sich eine völlig neue Existenz aufbaute. Sein besonderes Interesse galt der Seiden-Handweberei, die trotz ihrer hohen Qualität damals weder von Thai noch von Ausländern größere Beachtung fand. Seine Lebensaufgabe sah Jim Thompson ab nun darin, dieses lange vernachlässigte Kunsthandwerk wiederzubeleben. Er förderte die Heimindustrie und kümmerte sich um den Vertrieb und die Vermarktung der Seidenstoffe in aller Welt. Hierbei war er genauso erfolgreich wie er es als Architekt in Amerika gewesen war: die Tatsache, daß die Handweberei – 1945 noch als aussterbender Beruf bezeichnet – aufblühte und für Ausländer schließlich "Thailand" immer auch "Thai-Seide" meinte, ist in hohem Maße sein Verdienst. Allein 500 Weber standen bei Thompson in Lohn und Arbeit, und 1967 gab es bereits wieder mehr als 20.000 Seidenweber im Königreich! Außerdem entwickelte Thompson als hochbegabter Designer und Textilkolorist neue und eigenständige Formen, die heute zu den 'Klassikern' der Seidenweberei gezählt werden.

Daneben entwickelte sich der Amerikaner zu einem bedeutenden Sachverständigen südostasiatischer Kunst, der sich auch an archäologischen Untersuchungen beteiligte und sich eine exquisite Sammlung aufbaute. Jim Thompsons Haus wurde bei Einheimischen und farangs zu einer begehrten Adresse, in der sich Künstler, Wissenschaftler, Geschäftsleute, Politiker, Schauspieler und Literaten ein Stelldichein gaben.

Über die Ostertage des Jahres 1967 brach Thompson mit einer Bekannten, Frau Mangskau, nach Malaysia auf, wo sie im Wochenendhaus der befreundeten Familie Ling in den Cameron Highlands *ausspannen wollten. Nach einem Mittagsschlaf verließ der 61jährige am 27. März das Haus zu einem kurzen Spaziergang und kehrte nie wieder zurück. Alle Nachforschungen ergaben in den folgenden Jahren keinen Hinweis für den Grund seines Verschwindens. Thompson war gesundheitlich fit, hatte mehrfach lange Dschungelwanderungen hinter sich gebracht und kannte sich in der Gegend aus.*

Jim Thompson im Jahre 1943

Deswegen wurden in den Massenmedien natürlich wilde Spekulationen über den Verbleib des "Thai Silk King" und "American Millionaire" angestellt. Es gab Mord- und Selbstmord- sowie Entführungstheorien, die u.a. mit seiner Geheimdiensttätigkeit und der Aktivität kommunistischer Guerillagruppen in Verbindung gebracht wurden. Selbst Jahre später behaupteten Zeitgenossen, sie hätten den berühmten Mann in Hongkong oder Rotchina gesehen. Tatsache aber ist, daß niemals wieder ein Lebenszeichen von Thompson auftauchte. Allein sein bekanntes Haus in Bangkok, seine Kunstsammlung und seine Verdienste für die Seidenweberei zeugen heute noch von seinem kreativen Engagement und seiner Liebe zu Thailand...

Buchtip
Warren, William: Jim Thompson – The legendary American of Thailand, 6. Auflage Bangkok 1990. Ein über weite Strecken spannend zu lesendes Buch, das auf 261 Seiten nicht nur die Lebensgeschichte des berühmten Jim Thompson ausbreitet, sondern auch auf die politische Situation Thailands während und nach dem Zweiten Weltkrieg eingeht.

Zurück auf der Rama I Rd. kann man nun oder später Attraktionen ganz anderer Art bewundern: hier hat sich zwischen Phayathai und Ratchadamri Rd. der moderne und **größte Einkaufs-, Handels- und Hotelkomplex** der Metropole etabliert. Ab der Kreuzung mit der Phayathai Rd., der **Rama I Rd.** nach Osten folgend, wo sie in die **Ploenchit Rd.** übergeht, gehören u.a. zu diesem Konglomerat an mehrgeschossigen, klimatisierten Einkaufspalästen und Luxushotels:

● Das **Ma Boon Khrong Centre** mit dem *Tokyo*-Kaufhaus, noch jenseits der Kreuzung gelegen, in dem man in vielen Geschäften hauptsächlich Textilien und Elektroartikel bekommt. Im 6. Stock etliche Restaurants und Fast-Food-Stände.

● Der **Siam Square**, ein riesiger Komplex, der den gesamten Block zwischen Phayathai und Henri Dunant Rd. ausfüllt. In Tausenden von Geschäften können Sie praktisch alles kaufen, hier gibt es auch einige sehr gute Buchläden, daneben chinesische und Thai-Restaurants, westliche Fast-Food-Ketten, eine *"Pizza-Mall"*, folkloristische Textilien der Bergstämme usw. Mittendrin befindet sich das *"Novotel"*-Hotel.

● Das **Siam Center** auf der anderen Straßenseite mit 150 Läden und Boutiquen, u.a. Schuhe und andere Lederwaren, Seide. Zwei Fußgängerbrücken führen vom Siam Center zum Siam Square über die Rama I Rd. Etwas gemütlicher geht es in der Freiluft-Kneipe *Kloster Bier Garten* links vom Center zu.

● Der Hotelkomplex des *"Siam Intercontinental"*, der außer durch seine geschwungene, auffällige Architektur mit einem riesigen Garten beeindruckt, in dem es u.a. einen Minizoo, Teiche sowie Jogging- und Trimm-Dich-Pfade gibt. Östlich (rechts) davon gibt es noch einen hübschen Tempel, das **Wat Pathum Wan**, der unter Rama IV. erbaut und unter Rama V. mit sehenswerten Fresken ausgestattet wurde. Der Beiname "Lotostempel" verweist auf den Teich auf der Rückseite des Bot, in dem unzählige Wasserlilien und Lotosblumen blühen.

● Das **World Trade Center** (WTC), ein großer Block an der Kreuzung Rama I/Radchadamri Rd., in dem außer Messen und Ausstellungen mehrere Kaufhäuser ihren Sitz haben. U.a. der *Central Department Store*, in dem fast alles zu haben ist. Allein die große Lebensmittelabteilung *Central Supermarket* ist einen Besuch wert. Z.Zt. wird an dem Komplex noch gearbeitet, und demnächst wächst hier das hypermoderne 500-Zimmer-Hotel *"The Watergate"* (1993) und in der Nähe ein weiterer Wolkenkratzer in die Höhe, der mit 100 Stockwerken der höchste Südostasiens sein wird.

● Schräg gegenüber, auf der anderen Seite der Kreuzung, liegt an der Ratchadamri Rd. hinter einer neoklassizistischen Fassade der verspiegelte Hotelbau des *"Grand Hyatt Erawan"*, vor dem sich in einem abgezäunten Bezirk der berühmte **Erawan-Schrein** befindet. Das wohl berühmteste Geisterhäuschen des Landes wurde in den 1950ern Jahren errichtet, nachdem es bei der Konstruktion des Hotels zu mehreren tragischen Unfällen gekommen war. Der Schrein wird noch heute täglich von vielen Glücksu-

Tanzszene am Erawan-Schrein

chenden verehrt, die den Elefantengott *Ganesha* mit Kerzen, Räucherstäbchen und Blumengirlanden um die Erfüllung ihrer Wünsche bitten. Fast immer können Touristen hier das farbenfrohe Schauspiel klassischer Thai-Tänze beobachten.

Ab der Kreuzung kommt man in jeder Richtung zu weiteren exquisiten Kaufhäusern, Märkten und Hotelanlagen. Geht man geradeaus, reizen auf der **Ploenchit Road** (die Fortsetzung der Rama I Rd.) die **Amarin Plaza** mit u.a. dem *Sogo*-Kaufhaus und dem *Ratchaprasong Shopping Center* zu einem Einkaufsbummel. Linkerhand gibt es im Luxushotel *"Le Meridien President"* weitere Boutiquen.

Dann wird die Ploenchit Rd. von der **Wireless Rd.** gekreuzt, einer regelrechten "Botschafts-Straße", an deren Ecke das große *"Imperial"*-Hotel steht. Dahinter, kurz vor der Expressway-Unterführung, locken schließlich links *John Fowler's* und die *"Ploenchit Arcade"* mit u.a. dem Lebensmittelladen *Foodland Supermarket*, gegenüber der *TAT-Duty Free Shop*. Hinter dem Expressway beginnt die **Sukhumvit Rd.**, die östliche Verlängerung der Ploenchit Rd., auf der das geschäftige Treiben seine Fortsetzung findet (vgl. KAPITEL 5.3.7).

Geht man von der Kreuzung auf der **Ratchadamri Rd.** in südlicher Richtung, erreicht man die *Peninsula Plaza* mit u.a. den *Galeries Lafayette*. Sofort dahinter erhebt sich der Hotelkomplex des *"Regent"* mit Einkaufsarkaden und einem Gewürzemarkt. Schräg gegenüber befindet sich die große Pferderennbahn des *"Royal Bangkok Sports Club"*.

Auf dem Weg der **Ratchadamri Rd.** entlang in nördlicher Richtung sollte man rechterhand der engen **Gaysorn Rd.** (gegenüber des WTC) einen Besuch abstatten, auf der es noch alte Holzhäuser, vorzügliche Restaurants und einen lebhaften Markt gibt. Allerdings ist das ganze Viertel vom Abriß bedroht. Weiter nördlich befindet sich das unter staatlicher Aufsicht stehende zweigeschossige Kunsthandwerkszentrum **Narayanaphand**, in dem man zu Fixpreisen Thai-Seide, Keramik, Holzschnitzereien, Lackwaren, Bronzeobjekte, Khon-Masken u.v.m. erstehen kann. Dahinter liegt das 400-Zimmer-Hotel *"Arnoma"* und anschließend die Verkaufspassagen der *Ratchadamri Arcade*, des *Thai Daimaru Department Store* und des *Robinson's Department Store*.

Auf einer stark befahrenen Brücke geht es nun über den verdreckten **Klong Saen Sap**, bis man zur Kreuzung mit der **Petchburi Road** kommt. In diesem Viertel erstreckt sich der weitläufige **Pratunam-Markt**, dessen schmale Gassen mit ihrer Vielzahl von Ständen, Garküchen und volkstümlichen Leben zu den klimatisierten Kaufhäusern einen reizvollen Kontrast bieten. Wer es trotzdem lieber "westlich" hat, findet auf der Petchburi Rd., einige hundert Meter links vom Pratunam Markt, im *City Department Store* ein reichhaltiges Angebot. Gleiches gilt für das *Panthip Department Store*, das schräg gegenüberliegt und neben Läden, Boutiquen und Imbiß-Gaststätten auch zwei Kinos beherbergt.

Wer hingegen der Straße über den Pratunam-Markt hinaus weiter in nördlicher Richtung folgt (aus der Ratchadamri Rd. ist inzwischen die **Ratchaprarop Rd.** geworden), stößt linkerhand auf das Luxushotel *"Indra"* mit einer der größten Hotel-Einkaufspassagen der Stadt. Wer die zurückgelegte Strecke aus der Vogelperspektive erleben möchte, sollte im dahinterliegenden **Bayoke-Hochhaus** in das Restaurant (*Sky Lounge*) auf dem 43. Stock fahren, von dem sich eine prächtige Aussicht bietet.

Nach einigen hundert Metern, hinter der Bahnüberführung, stößt die Ratchaprarop Rd. auf die **Si Ayutthaya Road**. Wenn man hier links einbiegt (in Richtung Phaya Thai Rd.), kommt man zur letzten Station dieses Kapitels, dem sehenswerten

Suan Pakkard-Palast

Öffnungszeiten
Suan Pakkard-Palast, 352 Si Ayutthaya Rd., Tel.: 245-4934; geöffnet Mo-Sa 9.00-12.00 und 13.00-16.00 Uhr, Eintritt 50 BHT

Nach den Märkten, glitzernden Einkaufspalästen und dem Verkehrsgetümmel der großen Straßen hat man hier die Möglichkeit, in einer Oase der Ruhe schöne Holzarchitektur, **gepflegte Grünanlagen** und hochwertige Kunstsammlungen zu genießen. Der Palast war einst das Domizil der Prinzessin Chumbhot, die sich einen Namen als führende Kunstsammlerin des Königreichs gemacht hat. Der 'Palast' besteht aus **fünf hübschen Thaihäusern**, die denen Jim Thompson's (s.o.) ähnlich sind, aber aus der Mitte des 19. Jahrhunderts stammen. In ihnen wird eine exquisite **Antiquitäten-Kollektion** aufbewahrt, mit Waffen, Möbeln, Porzellan, Holzarbeiten und einer Münzsammlung. Beachtenswert ist ferner die Ausstellung von Seemuscheln, Mineralien und bemalter Keramik der prähistorischen Ban Chiang-Kultur sowie der prächtige **Lack-Pavillon**, der aus einem Kloster nördlich von Bangkok stammt und nun innerhalb eines japanischen Gartens aufgestellt wurde. In seiner Nähe kann man das aus einem Stamm gefertigte **Boot** bewundern, das König Chulalongkorn benutzte.

5.3.7 ENTLANG DER SUKHUMVIT ROAD

Eigentlich besitzt die Sukhumvit Rd. keine 'Sehenswürdigkiten', sondern ist nur eine lange, verkehrsreiche Straße an der östlichen Peripherie. Daß sie trotzdem bei *farangs* bekannt und beliebt ist, liegt an den vielen Hotels, Banken, Einkaufszentren, Airline-Büros und Mode-Boutiquen, die zusammen mit dem 'Ausländerviertel' (die meisten der in Bangkok arbeitenden Europäer wohnen hier in Appartements) die sehr westlich geprägte

Modernes Bangkok: an der Sukhumvit Road

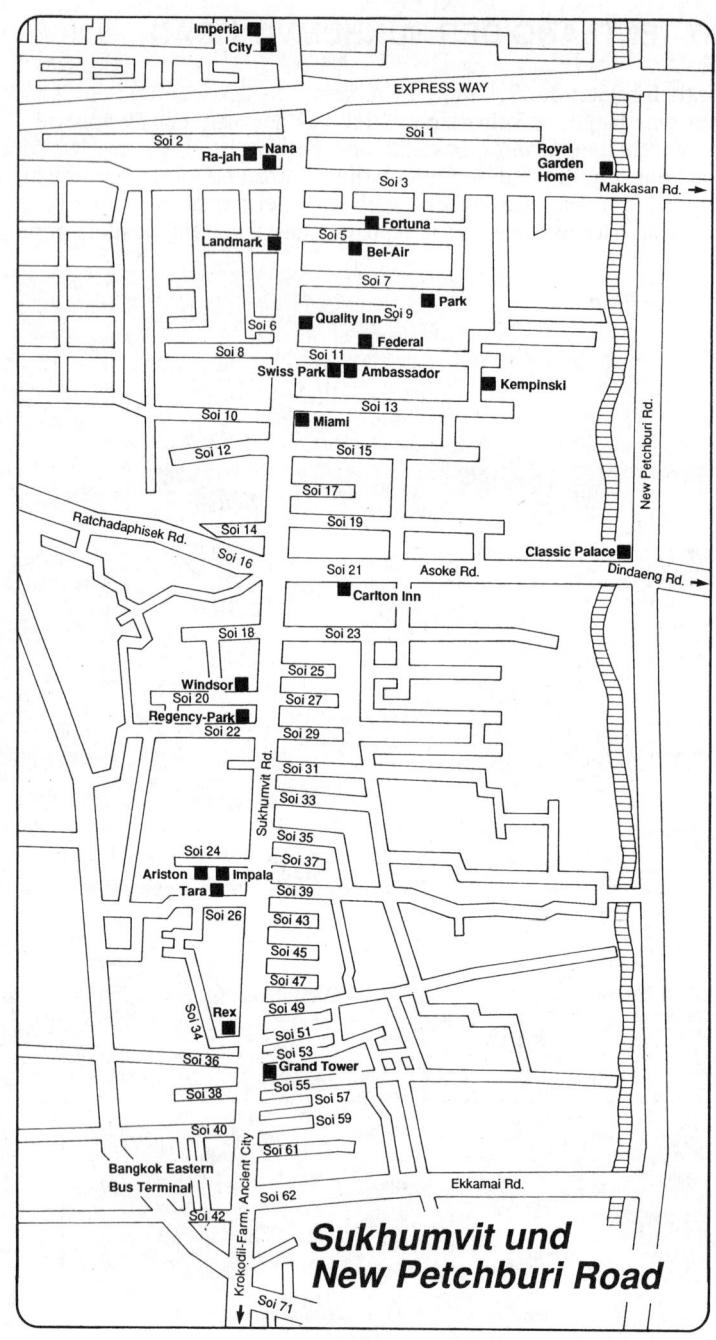

Sukhumvit und
New Petchburi Road

Atmosphäre der Sukhumvit Rd. ausmachen. An den Spiegelglasfassaden eben fertiggestellter Luxushotels und Baukränen für neue Bankhochhäuser ist ablesbar, daß die Straße weiterhin 'boomt'. Schließlich lockt auch das Vergnügungsviertel vor der Soi 21, auch *Soi Cowboy* oder einfach *The Strip* genannt, für den Bekanntheitsgrad der Sukhumvit Rd. verantwortlich.

Die gesamte Länge der Straße wird kaum ein Tourist zu Fuß abgehen wollen oder können. Stattdessen nimmt man sich einen bestimmten Abschnitt vor, den man zusammen mit den davon abgehenden Gassen (Soi) auf einem Einkaufsbummel erforscht. Längere Strecken können bequem mit dem Bus zurückgelegt werden, wobei u.a. die AC-Buslinien 1,8,11 und 13 (auch nach Samut Prakhan) und die Ordinary-Busse 2,25,38,40,48 und 98 hier verkehren.

Im folgenden sind einige der markantesten Gebäude, Sehenswürdigkeiten, Hotels und Restaurants genannt, und zwar von West nach Ost. Achten Sie bei Ihrem Spaziergang darauf, daß die Soi mit geraden Nummern alle rechts abgehen, die ungeraden nach links, und daß die Abstände zwischen den Gassen nicht gleich groß sind (mit anderen Worten: Soi 11 liegt nicht Soi 10 oder Soi 12 gegenüber).

Nachdem man von der Ploenchit Rd. aus unter dem Expressway zum Anfang der Sukhumvit Rd. gekommen ist, können Besucher, die weitergehende Informationen über den Buddhismus haben möchten, auf der linken Seite dem Hauptquartier der **World Fellowship of Buddhists** (WFB; 33 Sukhumvit Rd. – zwischen Soi 1 und Soi 3) einen Besuch abstatten. Für Fragen steht der WFB Mo-Fr (möglichst morgens) zur Verfügung. Außerdem werden hier englischsprachige Kurse abgehalten, z.B. ein Meditationskurs jeden Mittwoch 17.00-20.00 Uhr und eine Vorlesung über den Buddhismus jeden ersten Mittwoch im Monat 18.00-20.00 Uhr.

Dann passiert man die Soi Nana (Soi 3/4; rechts das Hotel "*Nana*" und das Restaurant *Italian Pavillon*), anschließend die Luxushotels "*Dusit Bel-Aire*" und das "*Landmark*" auf der gleichnamigen Plaza (darin auch der gute Buchladen *Asia Books*). An der Soi 11 gegenüber liegt die Nobelherberge "*Mansion Kempinski*" und das indische Restaurant *Moghul Room*. Daneben erhebt sich das "*Ambassador*"-Hotel, bei dem links neben dem Haupteingang ein hübscher Vogelzoo mit Flamingos, Papageien etc. zum Verweilen anhält (Eintritt frei). Rechts gibt es im *Ambassador City Food Center* etliche gute Imbißstände vorwiegend asiatischer Küchen. Zwischen Soi 13 und 15 befindet sich das "*Manhattan*"-Hotel, daneben auf der Soi 15 der gutsortierte Buchladen *Asia Bookshop* und das deutsche Restaurant *Haus München*, schließlich auf der Soi 17 das neue Luxushotel "*The Boulevard*".

Jetzt hat man sich bereits jenem Bezirk genähert, der als **Soi Cowboy** dem Vergnügungsviertel Patpong Konkurrenz macht. Dabei handelt es sich um eine schmale, nachts durch Neonreklamen leicht zu identifizierende Gasse kurz vor der Soi Asoke (Soi 21), in der **Go-Go-Bars, Massage-Salons, Sex-Shows**, aber auch nette **Kneipen** auf Kundschaft warten.

Unerwartet in dieser Nachbarschaft ist eine einzigartige kulturelle Sehenswürdigkeit, nämlich das

Ban Kamthieng

Öffnungszeiten
Ban Kamthieng, 131 Soi Asoke, Sukhumvit Rd.; Tel.: 258-3491; geöffnet Di-Sa 9.00-12.00 und 13.00-17.00 Uhr, Eintritt 20 BHT

Auf dem Gelände der **Siam Society**, eine 1904 gegründete botanische, historische und ethnographische Vereinigung, steht an der Ecke Sukhumvit Rd./Soi Asoke das sog. Kamthieng-Haus. Das alte Holzgebäude wurde vor mehr als 200 Jahren in Chiang Mai konstruiert und an dieser Stelle wiederaufgebaut. Neben der Architektur sind die darin ausgestellten Gebrauchsgegenstände von Bauern und Fischern sehenswert, ebenfalls die aus Nordthailand stammenden Kunstgegenstände und Textilien. Im dazugehörigen Garten werden Beispiele für die Vielfalt thailändischer Flora und Fauna gegeben.

Restaurant-Tip
Wer sich auf der Soi Asoke in gepflegter Umgebung stärken möchte, sei an das japanische Restaurant *Akamon* im Asoke Tower oder das deftige *Singha Bier Haus* (deutsche Küche) verwiesen.

Gegenüber der Kreuzung mit der Sukhumvit Rd. liegt der *Seafood Market* mit einer großen Auswahl frischer Fische und Meeresfrüchte. Geht man die breite Ratchadapisek Rd. südwärts, gelangt man nach wenigen hundert Metern an den See hinter der Firma *Thai Tobacco Monopoly*, bei dem man mit etwas Glück einem Elefanten beim Baden zuschauen kann.

Weiter ostwärts auf der Sukhumvit Rd. passiert man hinter der Fußgängerbrücke auf der rechten Seite das Restaurant *D'Jit Pochana* und das "*Windsor*"-Hotel (beide Soi 20), dann auf der Soi 22 das französische Feinschmeckerlokal *Le Petit Moulin*. Hier gibt es seit 1992 auch die mit 39 Stockwerken höchste Landmarke der Straße, nämlich das luxuriöse Hotel "*Imperial Queen's Park*", das seinen Namen von der neuen Grünanlage "Queens Park" ableitet. Schräg gegenüber, an der Soi 33, kann man im *Villa Market* gut einkaufen und im *Pan Pan* originale italienische Küche genießen. Wer es eher skandinavisch mag, ist auf der folgenden Soi 35 in den *Two Vikings* bestens aufgehoben. An der nächsten Soi rechts, an der auch die Hotelanlagen "*Impala*" und "*Ariston*" liegen, wartet dagegen das stimmungsvolle *Lemongrass* mit bester thailändischer Cuisine auf.

Hinter der Soi Aree (Soi 26) mit dem *"Tara"*-Hotel ist das touristische Angebot ein wenig dünner gesät, aber immer noch eindrucksvoll genug. Kulinarische Akzente setzen hier u.a. das edle *Baan Thai* (Soi 32) und auf der Soi 49, gegenüber vom *"Rex"*-Hotel, das *Piman*. Ein ganzes Stück weiter östlich können naturwissenschaftlich Interessierte dem **Science Museum** mit seinem Planetarium (hinter der Soi 40) einen Besuch abstatten. Kurz dahinter liegt der Busbahnhof für die Verbindung zu den östlichen Landesteilen **(Eastern Bus Terminal)**.

Zwei sehenswerte Tempelanlagen folgen, von denen die eine, **Wat That Thong**, nicht weit entfernt ist, während die andere weit hinter der Vereinigung der Rama IV Rd. mit der Sukhumvit Rd. zu finden ist: an der Soi 101 besitzt der nach neun Jahren Bauzeit kürzlich fertiggestellte **Wat Thammamongkul** als neueste Bereicherung des Stadtbildes einen knapp 100 m hoher Chedi!

Zum Schluß noch ein **Tip für einen alternativen Spaziergang**:
Wer anstelle der verkehrsreichen Sukhumvit Rd. ursprünglicheres thailändisches Leben sucht, sei auf die Möglichkeit verwiesen, auf schmalen Gassen sozusagen durch die Hintergärten zu spazieren. Entlang der Strecke liegen außerdem einige der besten Restaurants, was Atmosphäre, Einrichtung und Qualität der Speisen angeht. Zu dieser **"grünen Route"** gelangt man, wenn man am Anfang der Sukhumvit in die Soi Nana/Soi 3 links abbiegt, hinter dem *"Grace"*-Hotel nach rechts und im Zickzack-Kurs parallel zur Sukhumvit nach Osten wandert. Dabei kommt man am empfehlenswerten *Mandalay*-Restaurant (burmesische Küche) vorbei, an der internationalen Kirche und Schule *Wattana*, überquert die Soi Asoke etwas nördlich vom Hotel *"Carlton Inn"*, dann um die Sukhumvit Clinic (empfehlenswertes Thai-Restaurant *Tollgate*) herum, dahinter nach links und wieder geradeaus bis zur Soi 39 (empfehlenswertes Restaurant *L'Opera*; italienische Küche). Schräg gegenüber dann in die Soi Promsri einbiegen und bis zur Soi Klang durchgehen (gutes griechisch-libanesisches Restaurant *The Cedar*), dort nach rechts und gleich wieder nach links in die Soi Akkapat (gutes Thai-Restaurant *Lai Cram*); hier die Soi Thong Lor/Soi 55 überqueren und schräg gegenüber in die Soi Charoen Suk einbiegen, bis zur Soi Ekama/Soi 63 gehen und nach rechts wieder zur Sukhumvit Rd. zurückkehren (vorbei am empfehlenswerten chinesischen Restaurant *Chao Sua*).

5.3.8 WEITERE STADTTEILE UND SEHENSWÜRDIGKEITEN

Es ist klar, daß eine Riesenstadt wie Bangkok über eine Vielzahl von Attraktionen aller Art verfügt, die in einer Übersicht keine Erwähnung finden können. Allein die Zahl der Tempel geht schon in die Hunderte. An dieser Stelle sei nur auf einige wenige Sehenswürdigkeiten hingewiesen, die den bisherigen Kapiteln nicht zuzuordnen waren. Ansonsten bleibt in der Hauptstadt Raum genug, um auf eigenen Expeditionen jenseits der ausgetretenen Touristenpfade eine ganze Welt zu entdecken!

Banglampoo

Dieser Stadtteil liegt am nächsten zum historischen Zentrum und ist nur wenige Minuten vom Pramane-Platz (Sanam Luang) entfernt. Wer am nördlichen Ende des Platzes die breite Ratchadamnoen Rd. überquert und der **Chakrapong Rd.** folgt, kommt gleich in das quirlige Treiben des immer noch sehr ursprünglichen Viertels.

Bekannt ist Banglampoo vor allem bei Travellern mit schmalem Geldbeutel, auf die sich die Geschäftsleute eingestellt haben und billige Restaurants, Guest Houses und Hotels anbieten. Früher waren hier die Einheimischen unter sich, heutzutage sieht man immer mehr Touristen. Sie werden angelockt von den Straßen-Märkten, Maßschneidereien und kleinen und größeren Geschäften, in denen man u.a. Handtaschen, Schuhe, Kosmetika und Kuriositäten billig ersteht.
Außerdem kann man im großen und betriebsamen Kaufhaus *New World Department Store* (Phrasumen Rd./Ecke Chakraphong Rd.) einkaufen. Die Phrasumen Rd. verläuft parallel zum Klong Banglampoo und führt nach links zu den Resten der Stadtbefestigung und des **Fort Phrasumen**, das unter Rama I. angelegt wurde. Nach rechts kommt man auf der Phrasumen Rd. zum sehenswerten Tempel

Wat Bovornvivet

Die schöne, aber von Touristen nicht oft besuchte Tempelanlage Bovornvivet wurde um 1840 unter Rama III. erbaut. Sein Bruder und Nachfolger verbrachte hier einen Teil seines 27jährigen Mönchlebens und gründete bei der Gelegenheit den Thammayut-Orden, eine strenge Richtung des Theravada-Buddhismus. Alle männlichen Nachkommen der Chakri-Dynastie verbringen traditionell ihre Zeit als Mönch in diesem Wat, so auch der jetzige Monarch im Jahre 1956. Äußerst interessant ist das Kloster für Besucher wegen mehrerer Einrichtungsgegenstände und künstlerischer Details.
Der T-förmige Bot, von einer doppelten Reihe Ba-Sema-Steinen umgeben, hat merkwürdige Fresken, die u.a. europäische Sitten des 19. Jahrhunderts illustrieren. Die hochverehrte Bronzestatue des 'ruhm- und siegreichen Buddha' soll 1257 in Sukhothai gegossen worden sein; Rama III. ließ sie aus Phitsanulok hierher bringen. Daneben enthält der Bot eine noch größere Figur (aus Petchburi) und ein benachbarter Pavillon einen Fußabdruck Buddhas. Die riesigen Torwächter, der Chedi mit einer Höhe von immerhin 50 m, die beiden Viharn mit ihren vielen Buddha-Bildnissen sowie ein alter Bodhi-Baum sind weitere Sehenswürdigkeiten.

Nördlich von Banglampoo

Wenn man über die Samsen Rd. Banglampoo nördlich verläßt, stößt man nach einigen hundert Metern, am Gebäude der *Bank of Thailand*, auf die Wisukasat Rd. Diese kommt von der Ratchadamnoen Rd., wo das TAT-Hauptbüro ist, und geht bis zum Flußufer des Menam mit einer Anlegestelle für die Expreßboote und einem Schuppen mit **Königlichen Barken** (kein Museum!).
Die größte Sehenswürdigkeit an dieser Straße, rechts von der Samsen Rd. aus gesehen, ist

● **Wat Indra Viharn**

Öffnungszeiten
Die Anlage ist täglich 8.30-17.00 Uhr für die Öffentlichkeit zugänglich (kein Eintritt)

Über eine kleine Gasse mit vielen Souvenir- und Eßständen kommt man zu einem offenen Platz, auf dem nicht so sehr die niedrigen Klosteranlagen beeindrucken, sondern vielmehr die freistehende riesige Buddhafigur. Das unter König Rama IV. errichtete und kürzlich restaurierte Monument ist über 32 m hoch und über 10 m breit.
Auf dem Kopf der Statue ist eine Reliquie untergebracht, die aus Sri Lanka stammt. Besucher können den stehenden Buddha durch eine innere Treppe besteigen und haben von oben eine prächtige Aussicht.

Folgt man der Samsen Rd. noch wenige Minuten weiter in nördlicher Richtung, kann man am *Phadung-Krung-Kasem-Klong* einen Abstecher nach links zum berühmten **Theves-Blumenmarkt** unternehmen. Auf dem großen, ruhigen Markt werden vor allem Topfpflanzen angeboten, aber auch Schnittblumen. Schon morgens früh um 2 Uhr gehen die Einkäufer (überwiegend Frauen) zu den Großmärkten, von denen sie ihre Waren zum Theves- und anderen Märkten transportieren.

Wat Indra Viharn

Die Vielzahl der Blumenmärkte im Königreich ist ein Indiz dafür, wie wichtig z.B. Orchideen und Lotosblumen für die Thai sind. Man braucht sie für die Dekoration der Geisterhäuser und Hausaltäre, aber auch für Privatwohnungen und Büroräume.

Bangkok Doll Factory & Museum

Öffnungszeiten
Bangkok Doll Factory & Museum, Soi Ratchataphan (Soi Mo Leng), abgehend von der Ratchaprarop Rd.; Besucher sind tägl. außer Sonntag von 8.00-17.00 Uhr willkommen, Tel.: 245-3008

Ein Tip für alle, die sich an Puppen erfreuen oder ihren Kindern ein ungewöhnliches Exemplar mitbringen möchten. In der Nähe des Pratunam-Marktes und Suan Pakkard-Palastes, aber östlich vom Expressway, werden in dieser Fabrik alle möglichen Arten von thailändischen Puppen gefertigt. Man kann den Handwerkern über die Schultern schauen, die ausgestellten Exemplare bewundern und hat natürlich auch die Möglichkeit zum Einkauf.

Thailand Cultural Centre

An der Ratchadaphisek Rd., nördlich der Rama IX/New Petchburi Rd., gibt es diese Kulturinstitution, die anläßlich des 60. Geburtstages seiner Majestät im Jahre 1987 gegründet wurde. Unter einem Dach findet man hier die verschiedensten Kulturaktivitäten und Ausstellungen. Mehrere Auditorien für Konzerte u.ä., Theater, Bücherei, Lesesaal, Sprachlabor etc. stehen zur Verfügung. Über die laufenden Programme und Wechselausstellungen kann man sich in der Tagespresse oder unter Tel.: 247-0028 informieren.

Chatuchak Wochenend-Markt (Suan Chatuchak)

Öffnungszeiten
Sa-So 7.00-18.00 Uhr

Dieser riesige und populäre Wochenendmarkt befindet sich schräg gegenüber des **nördlichen Busbahnhofs** (*Northern & Northeastern Busterminal*) an der Phahonyothin Rd./Kamphaeng Phet Rd. Hier findet man Waren aller Art, die in verschiedenen Abteilungen zusammengefaßt sind. Neue Textilien, Second-Hand-Ware, Schuhe, Spielsachen, Lebensmittel, Fische, lebende Tiere, echte und gefälschte Antiquitäten, religiöser Bedarf (u.a. Tempelglocken) sowie die Blumen-Abteilung mit Orchideen, Schnitt- und Topfblumen werden feilgeboten. Darüber hinaus gibt es jede Menge Nudel-Stände, chinesische und Thai-Restaurants, sofort neben dem Busbahnhof auch ein gutes und billiges vegetarisches Restaurant (*Chamlong's*) sowie Buchläden. Am nördlichen Ende des Marktes werden Hahnenkämpfe abgehalten. Daneben ein Steingarten mit Bonsai-Bäumchen. Am südöstlichen Ende, auf der anderen Seite der Straße, kann man auch werktags einkaufen oder aber dem schönen **Chatuchak-Park** einen Besuch abstatten.

Klong Toey

Am unteren Ende der Rama IV Rd. liegt in einer weit geschwungenen Biegung des Menam-Flusses der Stadtteil Klong Toey mit dem Bangkoker Hafen. Idyllische Partien oder kulturelle Highlights sind hier freilich nicht zu erwarten, dafür die harte Lebensrealität von Menschen, die unter Slum-ähnlichen Bedingungen leben müssen. Lohnend sind hier vor allem verschiedene Märkte, so der Klong-Toey-Markt und besonders der **Penang-Markt**. Wem selbst die billigen Preise für Uhren, Textilien, Elektrowaren und Lebensmittel in den Department Stores noch zu hoch sind, bekommt hier die genannten Artikel zu einem Bruchteil des Geldes – vorausgesetzt, man beherrscht die Kunst des Handelns mit Verkäufern, die des Englischen überhaupt nicht mächtig sind!

5.4 BANGKOKS NÄHERE UMGEBUNG

Südlich, südwestlich und westlich von der Hauptstadt gibt es nahe Sehenswürdigkeiten, die man auf einem Tagesausflug kennenlernen kann. Solche Exkursionen werden von verschiedenen Veranstaltern in Reisebüros und Hotels zuhauf angeboten, können aber auch auf eigene Faust organisiert werden. Die drei interessantesten Ziele sind im folgenden beschrieben.

5.4.1 RUNDREISE NACH NAKHON PATHOM, ZU DEN SCHWIMMENDEN MÄRKTEN UND ZUM ROSE GARDEN

Auf diesem ersten Ausflug wird man in die Ebene geführt, die sich zwischen den Flüssen Chao Phraya und Tha Chin sowie der Bucht von Bangkok ausbreitet. Für die Gesamtstrecke von etwa 180 km braucht man schon einen vollen Tag, wer in Eigenregie anreist, evtl. länger (mehrere Übernachtungsmöglichkeiten sind im Rose Garden und in Nakhon Pathom vorhanden). Es ist empfehlenswert, für die Rundfahrt zunächst die südliche Route zu wählen, weil der Schwimmende Markt von Damnoen Saduak nur morgens wirklich sehenswert ist und sich ab 11.00-12.00 Uhr langsam auflöst.
● **Verbindungen mit öffentlichen Verkehrsmitteln von Bangkok nach Damnoen Saduak:** Vom südlichen Busbahnhof (*Southern Bus Terminal,* Pinklao-Nakhon Chaisi Rd., Thonburi) fahren Busse ab 5.00 Uhr jede halbe Stunde bis 8.30 Uhr; AC-Busse jede Stunde von 6.00-20.30 Uhr. Ab der Haltestelle in Damnoen Saduak kommt man mit Booten weiter in die Klongs hinein. Eine Eisenbahnverbindung gibt es zwischen Bangkok/Thonburi (Wongwiang Station) und Samut Songkhram, ab da Ordinary-Busse oder Minibusse.

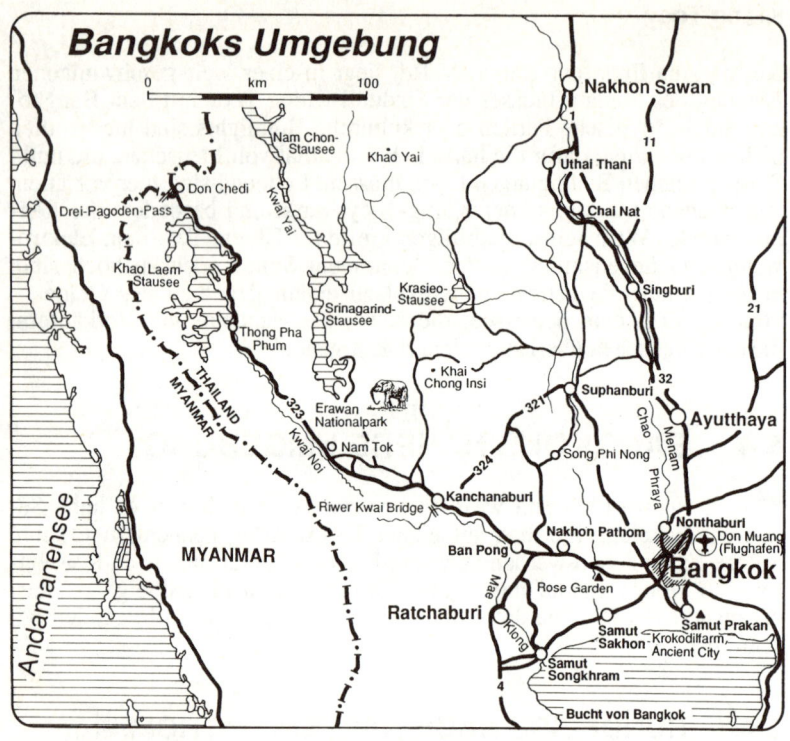

Bangkoks Umgebung

● **Vorschlag für einen Tagesausflug in Eigenregie:** 6.00 Uhr Abfahrt am *Southern Bus Terminal* nach Damnoen Saduak, 8.30-10.30 Uhr Bootsfahrt und Erkundungen am Schwimmenden Markt; 12.00-13.30 Uhr Aufenthalt in Nakhon Pathom, Besichtigung und Mittagessen; 14.30 Uhr Ankunft in Rose Garden, Teilnahme an der Show; 17.00 Uhr Abfahrt nach Bangkok.

Wer an einer organisierten Gruppenreise teilnimmt, wird Bangkok über den Expressway (10 BHT Mautgebühr für Selbstfahrer) verlassen, die auf der **Rama IX. Bridge** den Chao Phraya überquert. Dieses imposante Bauwerk soll die längste Hängebrücke dieser Art auf der Welt sein (die Stahlseile sind zwischen zwei Pylonen in der Mitte der Fahrbahn aufgehängt). Die ästhetisch geschwungene Brücke wurde anläßlich des 60. Geburtstages von König Rama IX. im Jahre 1987 eröffnet, von ihr ergibt sich ein herrlicher Panoramablick auf die Stadt, den Fluß und den Hafen.

Weiter geht es durch schier endlose, moderne Wohnsiedlungen, bis der Stadtrand erreicht ist und es ländlich wird. Man fährt an ausgedehnten

302

Hainen mit **Nipa-Palmen** vorbei, deren Wedel direkt aus dem Boden wachsen – man benutzt sie als traditionelle und das Gebäude kühl haltende Dachabdeckung, die etwa sieben Jahre hält.

Kurze Zeit später wird das Landschaftsbild der Ebene von den **Salinen** bestimmt, in denen aus Meerwasser Salz gewonnen wird. Man sieht Hunderte von kleinen Windmühlen, mit denen das Wasser aus den Kanälen in die kleinen Becken hineingepumpt und dann der Verdunstung ausgesetzt wird. Gleichzeitig ist entlang des Highways mit mehreren Fabriken ein wichtiges Zentrum der Fischsoßen-Herstellung (*Nam Pla*) entstanden. Der Highway 35 nähert sich bald darauf dem Fluß **Tha Chin** mit der geschäftigen Hafenstadt **Samut Sakhon**. Hier liegt stets ein Flotte von Fischerbooten, und in den Restaurants am Landesteg (neben der Turmuhr und dem Fischmarkt) kann man den Lebenserwerb auf der Speisekarte wiederfinden. Wer eher an Kulturellem interessiert ist, kann sich von hier mit dem Longtail-Boot zur hübschen Tempelanlage **Wat Chom Long** übersetzen lassen.

Die nächste Stadt, **Samut Songkhram**, besitzt den größten Fischereihafen Thailands. In der Ortschaft verläßt man den Highway und biegt rechts auf die Straße 325 ein, die einen in etwa 15 km zum Schwimmenden Markt bringt. Auf dem Weg dorthin fährt man durch dichte Kokoswälder, deren Bäume man universell verwendet. Daß hier Kokosnüsse geerntet werden, sieht man an den regelrechten Halden von Schalen, die entlang der Wegstrecke aufgetürmt sind. Außer Nüssen liefern die Kokospalmen auch den lokalen Brennstoff, Baumaterial und den Rohstoff für die Zuckerherstellung. Eine **Zuckerkocherei** sieht man auf halber Strecke bei der **Schmetterlings- und Orchideenfarm**, an der viele Touristenbusse einen Stop einlegen (Souvenirs, Schmuck, Cafeteria, sanitäre Anlagen).

Kurze Zeit später hat man **Damnoen Saduak** bzw. den Haltepunkt Tha Semsuk erreicht, ab wo man den Wasserweg der weiteren Busfahrt vorziehen sollte (bei den meisten Reisegruppen im Programm enthalten). Mit den schmalen und schnellen Longtail-Booten geht es nun durch eine amphibische Landschaft mit einer Vielzahl von Klongs, vorbei an Gemüse- und Obstgärten, prachtvoll blühenden Pflanzen, Pfahlhäusern und badenden Kindern.

Nach etwa 10 Minuten kommt man dann mitten hinein in den geschäftigen Trubel des **Schwimmenden Marktes**. Hier spielt sich alles in den kleinen Booten ab, in denen dunkelblau gekleidete Frauen täglich, meist zwischen 7.00-11.00 Uhr, von den nahen Feldern herangepaddelt kommen. Die äußerst geschickt navigierten Boote sind mit allen möglichen tropischen Früchten und Gemüsen beladen, aber auch andere Produkte wie Hüte und Textilien werden angeboten oder sogar kleine Garküchen betrieben. Immer noch ist Damnoen Saduak ein wichtiges Handelszentrum für alle, die abseits der Straßen an den Ufern der Kanäle und Flüsse

Marktszene in Damnoen Saduak

wohnen. Allerdings ist auch dieser 1868 gegründete Markt in Gefahr, zur bloßen Touristenattraktion herabzusinken und dann allmählich zu verschwinden.

Von Holzstegen und Brücken aus können Sie dem lebhaften Treiben zuschauen oder sich in der großen Halle den Souvenirläden zuwenden. Wen das touristische Leben zu sehr stört, sollte die Fortsetzung des Marktes jenseits des Busparkplatzes besuchen, hier geht es (noch) etwas ursprünglicher zu. Die ganze Exotik und Farbenpracht jedoch kann man nicht beschreiben – man muß sie gesehen haben!

Die nächste Station ist das etwa 60 km nördlich gelegene Nakhon Pathom, das man über die Straße 325 und den Highway 4 in etwa einer Stunde erreicht.

Nakhon Pathom

● **Verbindungen nach Nakhon Pathon mit öffentlichen Verkehrsmitteln:** In Bangkok fahren vom südlichen Busbahnhof in Thonburi (*Southern Bus Terminal*) alle 15 Minuten **Busse** ab, AC-Busse alle 30 Minuten. In Nakhon Pathon steigt man auf der Phaya Pan Rd. zu, letzte Abfahrt nach Bangkok 20.00 Uhr. Da die Busse den Highgway 4 benutzen, gilt die gleiche Verbindung auch für Rose Garden und Samphran. Von Damnoen Saduak aus fährt die Buslinie 78 jede halbe Stunde nach Nakhon Pathon. **Zugverbindungen** gibt es vom Hauptbahnhof oder der Thonburi Station (Bangkok Noi) aus.

 Hotel
*"Nakhon Indra Hotel"**, 55 Ratchavithi Rd., Tel.: 251-152; einfaches, aber sauberes Haus, Restaurant, Coffee Shop

Eigentlich ist Nakhon Pathom eine ziemlich gesichtslose Stadt mit ca. 50.000 Einwohnern und, so wird gesagt, ebensovielen Lastkraftwagen. Daß sie trotzdem zu den bevorzugten Zielen in- und ausländischer Besucher gehört, liegt an zwei Dingen: erstens an der Geschichte des Ortes, die weiter zurückreicht als in irgendeiner anderen Stadt in Thailand, und zweitens an dem großartigen Chedi, den man als das höchste buddhistische Bauwerk der Welt bezeichnet!

Die **Geschichte** der Stadt ist durch archäologische Ausgrabungen relativ gut belegt. Man weiß, daß sich hier schon im ersten vorchristlichen Jahrtausend eine Siedlung von beachtlicher Größe ausbreitete. Als vor mehr als 2.250 Jahren König Ashoke von Indien Mönche auf dem Seeweg ausschickte, damit sie den Buddhismus verbreiteten, kam eine Gruppe von ihnen auch bis Nakhon Pathon, das damals noch direkt am Meer lag. Sie führten Reliquien von Buddha mit sich, und man kann annehmen, daß sie dafür einen Chedi errichteten, den ersten in Thailand. Von hier breitete sich die Religion über das ganze Land aus. Später stieg die Stadt (die damals noch *Nakhon Chaisi* hieß) für einige Zeit sogar zur Hauptstadt des Dvaravati-Königreichs auf. Bodenfunde in Nakhon Pathom bewiesen, wie groß und kulturell hochstehend die damalige Residenz gewesen sein muß. Ihr Glanz wurde im 11. Jahrhundert durch die Khmer (andere sagen durch die Burmesen) schlagartig zerstört. Der altehrwürdige Platz veranlaßte irgendwann danach die Gläubigen, anstelle des zerstörten Chedi einen 34 m hohen Prang zu errichten. Aber auch dieser verfiel, wurde wie die Stadt selbst vergessen und vom Dschungel überwuchert.

Der historisch bewanderte König Mongkut (Rama IV.) pilgerte auf der Suche nach dem verschwundenen Ort zu den Ruinen des Prangs und beschloß, hier ein neues und größeres Heiligtum errichten zu lassen. Im Jahre 1853 begannen die Bauarbeiten an dem riesigen Chedi, dem heutigen *Phra Pathom Chedi*. Die Anwesenheit des Königs und die Arbeiten veranlaßten andere, sich hier niederzulassen, und die Stadt entstand aufs neue. Zur Erinnerung an die historische Bedeutsamkeit gab man ihr den Namen "Nakhon Pathom", d.h. 'Die erste Stadt'.

Phra Pathom Chedi

Phra Pathom Chedi

Der schon von weitem sichtbare Chedi gilt mit seinen 127 Metern als das höchste buddhistische Gebäude der Welt, noch vor der berühmten Schwedagon-Pagode in Rangoon (Myanmar). Die Bauarbeiten nahmen soviel Zeit in Anspruch, daß sie erst unter Rama V. abgeschlossen werden konnten. Der glokkenförmige, massive Chedi besteht aus Ziegelsteinen und Erde, die über den alten Prang gewölbt wurden. Da dieser wiederum wahrscheinlich den originalen Chedi der Frühzeit birgt, kann man sagen, daß hier Thailands höchster Tempel über Thailands ältestem Tempel steht. Die Oberfläche besteht aus gelbbraun glasierten Fliesen, die bei Sonnenschein herrlich glänzen. Beim **Auf-**

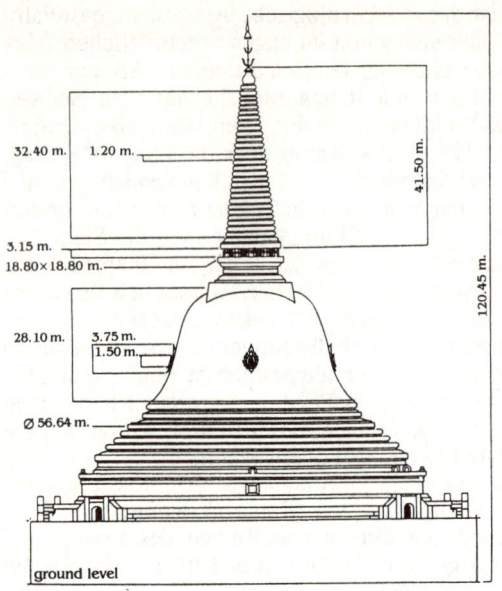

bau des Chedis wurde auf den älteren Ayutthaya-Stil zurückgegriffen. Innerhalb einer Einzäunung sieht man die massive quadratische Plattform, auf der im Osten der kleine Bot, im Süden das neue Tempelmuseum und im Westen der Bodhi-Baum stehen.

In der Mitte erhebt sich eine kreisrunde Terrasse, zu der im Norden (Haupteingang) eine breite Treppe hinaufführt, auf den anderen Seiten kleinere Aufgänge. Dann folgt eine zweite Terrasse, die völlig von einem runden Wandelgang mit Klosterzellen eingeschlossen ist. Die ringförmige Galerie und die vier Viharn (in jeder Himmelsrichtung einer) sind in einen äußeren und einen inneren Bereich mit Rundarkaden unterteilt. Von hier aus ist der Blick hinauf zur 'umgestülpten Glocke' des mittleren Teils und der zierlichen oberen Spitze einfach unbeschreiblich.

Einige Zahlen:

Höhe der untersten Plattform:	7,00 m	Umfang der Galerie:	912,00 m
Höhe des Mittelteils:	28,10 m	Umfang der Basis:	233,50 m
Höhe der Kegelspitze:	41,50 m	Durchmesser des Rundbaus:	56,64 m
Gesamthöhe ab der 2. Terrasse:	120,45 m		

Bei der Besichtigung des Tempels sollte man aber nicht nur auf die Architektur achten. In den Kapellen und im Museum befinden sich z.T. sehr kostbare und hochverehrte Statuen.

Die erste sieht man, wenn man die Treppe des Haupteingangs (Norden) hochgeht: die 8 m hohe stehende Buddhafigur _Phra Ruang Rojanaridhi_ mit ausgestreckter rechter Hand. Ihr Kopf ist von Rama V. aus Sukhothai nach Bangkok gebracht, dort mit einem neu gegossenen Körper versehen und 1915 hier aufgestellt worden. Unter ihrem Fundament wird ein Teil der Asche Ramas IV. aufbewahrt.

Ebenfalls im Norden gibt es eine vergoldete Buddhafigur mit zwei Schülern, einem Elefanten und einem Affen. In der östlichen Kapelle sieht man Buddha in der Meditationshaltung, in der südlichen Kapelle Buddha mit der Naga-Schlange, im Westen den liegenden Buddha. Auf der südlichen Seite sind im **Tempelmuseum** (geöffnet Mi-So 9.00-16.00 Uhr, Eintritt 10 BHT) seltene Objekte ausgestellt, die man bei den Bauarbeiten in der Umgebung des Chedi gefunden hat, u.a. ein 'Rad der Lehre' aus dem dritten Jahrhundert v.Chr. Hingewiesen sei auch auf das weiße Modell des Prangs, der unter dem Chedi begraben ist, und das des großen Chedi von Nakhon Si Thammarat (vgl. KAPITEL 6.5.7) sowie auf die chinesischen Tempelfiguren und künstlichen Steingebirge.

Außerhalb der Umzäunung herrscht zu Füßen des *Phra Pathom Chedi* fast immer ein **Markt**, in dem es Imbiß- und Verkaufsstände für Textilien, religiöse Artikel, Zigaretten und Alltagswaren gibt. Besonders lebhaft geht es an einem der Tempelfeste zu, die mehrfach im Jahr stattfinden und bis zu 10 Tagen andauern. Im September und im November erstrahlt abends der Chedi im Glanz einer Lichterkette.

Sonst gibt es in der Stadt nicht viel zu sehen. Allenfalls der Palast **Sanam Chan** mit seinem schönen Garten, den Rama V. bei seinen Aufenthalten in Nakhon Pathom bezog, ist von Interesse. Er liegt 2 km vom Chedi entfernt in westlicher Richtung und sieht aus wie ein neugotisches englisches Landschloß. Heute ist hier die Stadtadministration untergebracht.

Sanam Chan-Palast

Auf der Rückfahrt nach Bangkok über den Hwy 4 erreicht man auf halber Strecke, etwa 32 km vor der Hauptstadt, zwei nahe beieinanderliegende Attraktionen:

Rose Garden

Öffnungszeiten
The Rose Garden, Country Resort, Hotel, Golf Course & Thai Village Show, Tel.: 253-0295-7; das Gelände ist tägl. 8.00-18.00 Uhr geöffnet; Eintritt für die Gartenanlage 10 BHT, Eintritt zur Show (tägl. 15.00 Uhr) 170 BHT

Diese populäre Touristen-Attraktion besteht aus einem gepflegten Parkgelände am Ufer des Tha Chin-Flusses. Der Park wurde als Erholungsgebiet für die Hauptstädter angelegt, zu einer Zeit, als es in Bangkok nur eine Grünanlage gab. Der Name leitet sich vom benachbarten Dorf "Rosengarten" ab. Zu dem anfänglichen Parkgelände mit seinen vielen verschiedenen Pflanzen und Blumen gesellte sich später ein Hotelbetrieb und eine Golfanlage, auch Bungalows kann man hier mieten.

Unterkunft
"The Rose Garden Hotel"***, 21 Mu 2 Petchkasem Rd., Tel.: 311-171; gutes Haus mit Swimmingpool, Tennis- und Golfplatz, Restaurant.

Daneben gibt es mehrere gute Restaurants, direkt am Tha Chin-Fluß mit schönem Blick auf das gegenüberliegende Ufer und die vorbeitreibenden Wasserhyazinthen. Thai besuchen Rose Garden vorzugsweise an Wochenenden, wenn sie die großen Gärten für ihr Familien-Picknick nutzen. Die Hauptattraktion für Touristen ist das abgegrenzte **"Thai Village"**, in dem man Kunsthandwerk und Souvenirs kaufen, auf Elefanten reiten oder sich mit Schlangen, Affen und Papageien fotografieren lassen kann. In einer großen Halle mit Holztribünen findet um 15.00 Uhr die tägliche Show statt. Hier werden im besten Englisch verschiedene Tänze und andere Aktionen kommentiert, die allerdings deutlich für den vermeintlich 'westlichen Geschmack' aufgearbeitet worden sind. Trotz einiger touristischer Entgleisungen (z.B. die Melodie von "Ein Schiff wird kommen" auf traditionellen Thai-Instrumenten) ist die Show durchaus sehenswert, vor allem, wenn man nur für kurze Zeit im Königreich weilt. Sie besteht u.a. aus folgenden Programmpunkten:

- **Mönchsprozession.** Nachgestellte feierliche Prozession zur Mönchsordination. An der Spitze des Zuges die Eltern des Mönches, der selbst auf einem Elefanten hereinreitet und noch die weiße Robe trägt.
- **Fingernageltanz.** Tanz aus Nordthailand zur Begrüßung der Gäste.
- **Thai-Boxen.** Kurze Vorführung eines thailändischen Boxkampfes mit 'spaßigen Einlagen'.

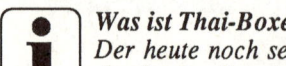

Was ist Thai-Boxen?
Der heute noch sehr populäre thailändische Boxkampf wurde als eine Form der Selbstverteidigung während der Ayutthaya-Ära (1350-1767) entwickelt und ist eine Mischung aus Konzentrationsübung, Artistik und Kampfsport. Die Kämpfer betreten

den Ring, begleitet von einer traditionellen Musikgruppe. Sie sind mit einem Blumenkranz sowie einem Stirn- und/oder Armband geschmückt, unter dem sie ihr Amulett tragen. Bevor der Kampf beginnt, versinken die Sportler für einen Moment in Meditation und führen dann einen langsamen, rituellen Tanz auf. Dann wird in drei Runden à drei Minuten 'geboxt', wobei außer den Fäusten auch die Beine, Ellenbogen, Schultern und die bloßen Füße eingesetzt werden. Für die Angriffe sind Fußtritte üblicher als Faustschläge. Ringen und Beißen sind erlaubt, Anrempeln und Stoßen nicht.

Früher hatten die Kämpfer keine Boxhandschuhe, sondern umwickelten ihre Hände mit Hanfstricken; außerdem wurde so lange agiert, solange die Sportler noch stehen konnten. Heutzutage hat man international gültige Regeln eingeführt, da das Thai-Boxen auch in anderen Ländern zunehmend populärer wird. Die unumstrittenen Meister sind jedoch nach wie vor die Thai selbst, die ihre geringe Größe durch Wendigkeit, Zähigkeit und Artistik wettmachen. Darüber hinaus sind Thai auch in den westlichen Boxkampfarten (u.a. Fliegengewicht) geübt und stellen einige Weltmeister und Olympiasieger.

● **Tanz aus dem Nordosten.** Vorstellung verschiedener Tänze aus der ärmsten Region des Königreichs.
● **Hahnenkampf.** Kurze Demonstration des Kampfes zweier Kampfhähne; diese 'Sportart' ist in Thailand äußerst populär, wobei hohe Summen auf die Tiere gewettet werden.
● **Bambus-Tanz.** Faszinierender nordthailändischer Tanz, bei dem Männer und Frauen artistisch zwischen Bambusstangen tanzen, die rhythmisch gegeneinandergeschlagen werden.
● **Schwertkampf.** Nachstellung eines traditionellen Zweikampfes, bei dem Männer und Frauen beteiligt sind und im wahren Wortsinn die 'Funken fliegen'.
● **Hochzeitszeremonie.** Aufwendige Feier im Haus der Braut, bei der dem Hochzeitspaar Geschenke überreicht werden und die Brautleute vor dem Altar liegend gesegnet werden.
● **Kala-Tanz.** Tanz aus Südthailand, bei dem Kokosnußschalen eine wichtige Rolle zukommt.
● **Yoey Tanz.** Tanz aus Zentral-Thailand.

Nur 1 km vom Rose Garden in Richtung Bangkok entfernt, kann man einen weiteren Aufenthalt einplanen, den

Samphran Elephant Ground & Zoo

Information und Öffnungszeiten
Samphran Elephant Ground & Zoo, Informationen in Bangkok unter Tel.: 284-1873; 294-5211; tägl. geöffnet 9.00-18.00 Uhr, Eintritt 170 BHT. Showzeiten (So= nur an Sonn- und Feiertagen):
Krokodilshow 10.30 (So), 12.45, 14.20, 16.30 (So) Uhr
Elefantenshow 11.30 (So), 13.45, 15.30 Uhr

Auf dem 9 ha großen Gelände werden dem Besucher mehrere unterschiedliche Attraktionen geboten, wobei die Vorführung dressierter Elefanten die wohl aufwendigste ist. Wenn Sie die Dickhäuter immer schon mal beim Fußballspielen beobachten wollten oder beim Tauziehen mit

Yoota Hari

einer Männerriege, dann sind Sie hier richtig. Informativer geht es zu, wenn man die Elefanten in ihrer traditionellen Arbeitsrolle mit Baumstämmen sieht. Der Höhepunkt der Show ist ein nachgestellter Kampf (*Yoota Hari*) von König Naresuan mit einem burmesischen Prinzen, bei dem ein Angriff auf ein Fort geführt wird und die prächtig herausgeputzten Kriegselefanten inmitten von Gewehrfeuer, Kanonenschüssen und Toneffekten agieren.

Weiter besitzt Samphran die neueste Krokodilfarm in Thailand mit Tausenden von Reptilien, u.a. das größte 'weiße Krokodil' der Welt. Auch hier werden die Tiere zur kommerziellen Nutzung gehalten, was man spätestens an den Verkaufsständen (Handtaschen, Gürtel, Schuhe usw. aus Krokodilleder) sieht.

In einer englisch kommentierten Show beweisen Angestellte ihren Mut, indem sie die Tiere mit der bloßen Hand fangen oder ihren Kopf in deren geöffneten Rachen stecken. Natürlich kann man wie bei der Krokodilfarm von Samut Prakan (vgl. KAPITEL 5.4.2) solchen Veranstaltungen kritisch gegenüberstehen.

Zum Gelände gehören außerdem ein Zoo mit vielen verschiedenen Wildtieren, eine riesige Orchideenfarm und ein Restaurant.

310

Wer auf dem Rückweg nicht den schnellsten Weg (Hwy 4), sondern die alte Landstraße Pinklao-Nakhon Chaisi Rd. (Hwy 338) benutzt, hat unweit der beiden genannten Sehenswürdigkeiten noch die Möglichkeit, dem **Thai Human Imagery Museum** (KM 31) einen Besuch abzustatten. Hier illustrieren lebensechte Figuren aus Fiberglas historische und religiöse Szenen. Die Skulpturen wurden von thailändischen Künstlern in zehnjähriger Arbeit hergestellt und zeigen u.a. "Die großen Mönche des Buddhismus", "Könige der Chakri-Dynastie" und "Thailändisches Leben".

Öffnungszeiten
Thai Human Imagery Museum, Pinklao-Nakhon Chaisi Rd., Tel.: (01)211-6261; geöffnet 9.00-17.30 Uhr, Sa-So 8.00-18.00 Uhr, Eintritt 140 BHT

5.4.2 AUSFLUG ZUR KROKODILFARM UND ANCIENT CITY

Die Nachbarstadt **Samut Prakan**, etwa 27 km südlich von Bangkok und am östlichen Ufer des Cha Phraya gelegen, eignet sich für einen äußerst interessanten Tagesausflug. Ob dabei die sog. Krokodilfarm unbedingt enthalten sein sollte, hängt davon ab, wie man zu solchen Zuchtanlagen steht. Das Freilichtmuseum *Ancient City* jedoch ist eine der eindrucksvollsten Sehenswürdigkeiten, die es in Bangkoks Umgebung gibt.

Dieser Ausflug wird von mehreren Veranstaltern angeboten und kann in jedem größeren Hotel gebucht werden. Billiger wird es, wenn Sie ihn auf eigene Faust durchführen. Dazu nehmen Sie möglichst früh (ca. 7.30-8.00 Uhr) an einer der vielen Bushaltestellen auf der Sukhumvit Rd. den AC-Bus Nr. 8 und fahren bis zur Endstation in Samut Prakan durch (die Anreise ist auch mit AC-Bus 11 und Ordinary-Bussen 25,102,119 möglich). Dort stehen Songtaos (Minibusse) oder Tuk-Tuks bereit, die Sie die letzten 6 km bis zur Ancient City (*Muang Boran*) bringen. Auf dem Gelände haben Sie die Möglichkeit, ein Mittagessen einzunehmen. Wenn Sie auch die Krokodilfarm besuchen möchten, sollten Sie etwa gegen 15.00 Uhr von der Ancient City mit einem Songtao/Tuk-Tuk dorthin fahren – bei Wahl eines Tuk-Tuks ab Samut Prakan können Sie ja mit dem Fahrer einen Zeitpunkt ausmachen, wann er Sie ab dem Freilichtmuseum wieder abholen soll. Es ist zweckmäßig, zur letzten Show um 16.00 Uhr in der Krokodilfarm einzutreffen. Etwa gegen 17.30/18.00 Uhr bringt Sie dann der AC-Bus wieder nach Bangkok zurück.

The Ancient City (*Muang Boran*)

Information und Öffnungszeiten
Ancient City, Samut Prakan, Informationen in Bangkok unter Tel.: 224-1057, in Samut Prakan unter Tel.: 323-9253; tägl. geöffnet 8.30-17.00 Uhr, Eintritt 50 BHT

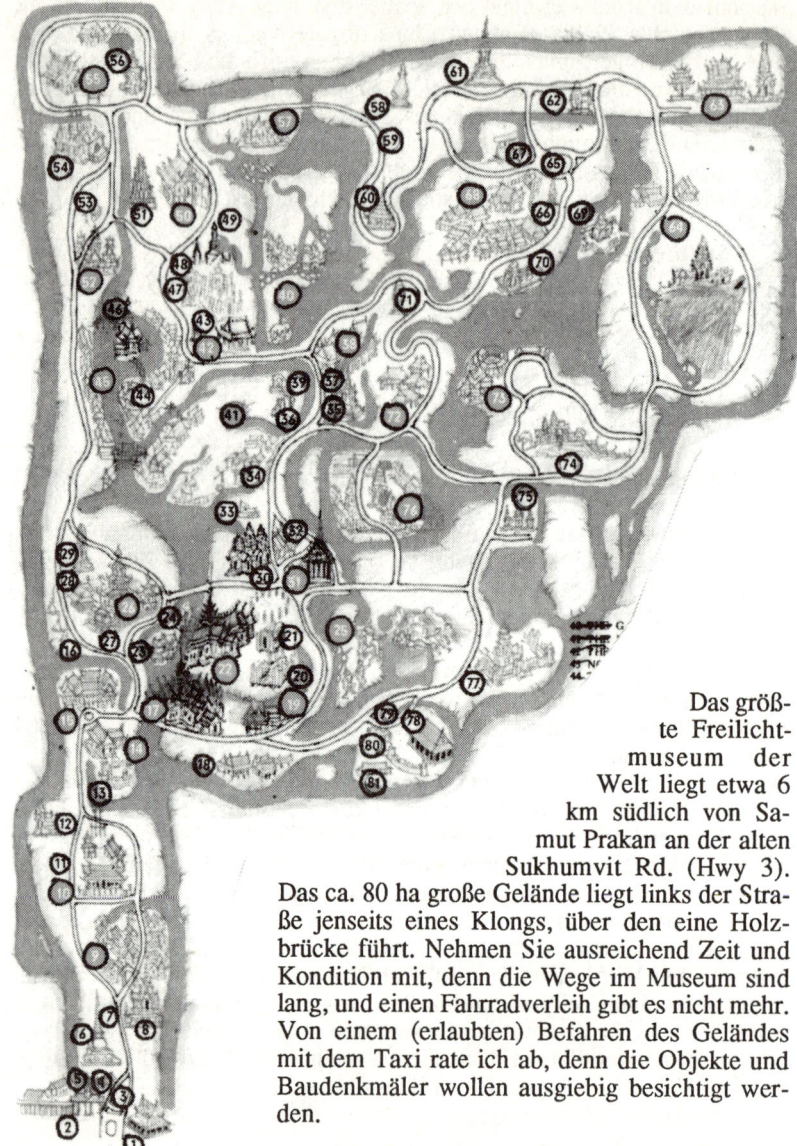

Das größte Freilichtmuseum der Welt liegt etwa 6 km südlich von Samut Prakan an der alten Sukhumvit Rd. (Hwy 3). Das ca. 80 ha große Gelände liegt links der Straße jenseits eines Klongs, über den eine Holzbrücke führt. Nehmen Sie ausreichend Zeit und Kondition mit, denn die Wege im Museum sind lang, und einen Fahrradverleih gibt es nicht mehr. Von einem (erlaubten) Befahren des Geländes mit dem Taxi rate ich ab, denn die Objekte und Baudenkmäler wollen ausgiebig besichtigt werden.

Das Freilichtmuseum wurde am 11. Februar 1972 vom thailändischen Königspaar und Elizabeth II. von England eingeweiht. Es ist deswegen so interessant und wichtig, weil es auf einem überschaubaren Platz inmitten herrlicher Gärten verkleinerte Kopien der meisten berühmten Gebäude aus allen Provinzen Thailands enthält. Der dabei betriebene Aufwand und das kunsthandwerkliche Geschick kommen den originalen Bauten sehr nahe. Außerdem sind auf dem Gelände künstliche Berge aufgeschüttet und Seen angelegt worden, die der wirklichen Topographie entsprechen. Aber auch originale Kunstgegenstände sind hier zu sehen und Inneneinrichtungen, die am ursprünglichen Ort inzwischen verlorengegangen sind. Dadurch bietet sich der Besuch nicht nur für diejenigen an, die mangels Zeit nur Teile des Königreichs bereisen können, sondern für alle Kunst- und Geschichtsinteressierten. Es ist kein Wunder, daß bei Staatsbesuchen ausländische Gäste mit Vorliebe in die Ancient City geführt werden. Mein Ratschlag: Besuchen Sie Ancient City an einem der letzten Tage Ihres Aufenthaltes in Thailand – so können Sie die Stationen Ihrer Reise noch einmal nachvollziehen und Erinnerungen auffrischen. Das Schöne ist auch, daß Ancient City so wenig museal in Szene gesetzt wird – in den Häusern leben Menschen, man kann Handwerkern über die Schulter schauen, zwischen den Tempelruinen laufen Hirsche, und Störche fliegen über's Wasser...

Lassen Sie sich beim Eintritt im Informations-Pavillon (1) die kostenlose Übersichtskarte geben. Ein Blick darauf zeigt Ihnen, daß die Umrisse des Freilichtmuseums in etwa den Landesgrenzen Thailands entsprechen, das man sozusagen an der Grenze nach Malaysia betritt. Sehr hilfreich ist auch der Kauf des gut illustrierten Heftes "*Muang Boran – A City with a Cultural Conscience*".

Die Vielzahl der Sehenswürdigkeiten verbietet an dieser Stelle eine zu ausführliche Beschreibung. Bei der nachstehenden Auflistung sind die wichtigsten Baudenkmäler hervorgehoben, die Nummern beziehen sich auf den Übersichtsplan:

1. Informations-Pavillon. Altes Zollgebäude
2. Stadtmauer und -tor (12./13. Jhd.) aus Sukhothai
3. I-Nao-Garten. Mythologische Figuren
4. City Sala. Öffentliche Halle aus Chonburi
5. Manhora Garten. Einer von 7 Gärten mit mythologischen Figuren
6. Chedi des Phra Mahatat in Nakhon Si Thammarat, Südthailand
7. **Pallava-Gruppe.** Drei überwachsene Gesichter (Vishnu, Lakshmi, Shiva) aus Phang-Nga, Südthailand
8. **Stupa von Wat Phra Mahatat in Chaiya**, Südthailand, Stil des Srivijaya-Reiches
9. Nakhon Sayam-Markt. Souvenirs, Erfrischungen, Kunsthandwerk
10. **Phra Chao Sua**, königliche Halle aus Petchburi, Südthailand
11. Glockenturm und Bibliothek, Samut Songkhram
12. Wat Phra Mahatat von Ratchaburi, Prang im Khmer-Stil
13. Palastgarten Ramas II., originale Steine und Skulpturen
14. **Audienzhalle von Thonburi**, Teil des Palastes von König Taksin

15. Dvaravati-Haus, Holzhaus aus Nakhon Pathom

16. Drei Pagoden, vom berühmten Grenzübergang nach Burma

17. **Aufbewahrungshalle des Grand Palace**, Bangkok, rekonstruierte Inneneinrichtung mit Wandmalereien

18. Museum of Decorative Arts

19. Rattanakosin-Haus, Holzhaus auf Pfählen

Aufbewahrungshalle des Grand Palace (Ancient City)

20. Viharn des Wat Phra Și Sanphet, Ruinen innerhalb des Großen Palastes von Ayutthaya, 1499

21. Chom Thong Palasthalle, Ruinen aus Ayutthaya

22. **Sanphet Prasat-Palast**, Rekonstruktion des zerstörten Palastes von Ayutthaya, 1448

23. Khun Phen-Haus (Ayutthaya-Haus), sechs hölzerne Pfahlhäuser

24. Kham Yat-Palast, königlicher Palast aus Ang Thong von 1758

25. Ramayana-Gärten, mythologische Figuren, Wasserfall

26. Viharn des Kristall-Buddhas

27. Vier heilige Teiche

28. Khun Chang-/Khun Phaen-Garten, Skulpturengruppen mit literarischen Motiven

29. Prang Mafuang, Tempelturm der frühen Ayutthaya-Periode aus Sawanburi

30. Prang Sam Yod, Khmer-Architektur aus Lopburi

31. **Phra Buddhapad**, Palastanlage aus Phra Buddhapad

32. Mönchswohnung, Teakholzgebäude aus Tak

33. Viharn des Wat Po Kao Ton, Skulpturengruppe

34. Thai-Dorf der Zentralen Ebene

35. Chedi des Wat Phrathat in Sam Muen, Provinz Chayaphum, Nordthailand

36. Portal des Wat Po Prathap Chang aus der Zeit König Narais

37. Meditationsräume, alte Holzhäuschen buddhistischer Mönche

38. Viharn von Alt-Sukhothai

39. Prang des Wat Chulamanee, 14. Jhd., Lopburi

40. Garten der Götter, Garten mit mythologischen Bronzeskulpturen

41. Krai-Thong-Garten

42. Klagebank, Glockenhaus für öffentliche Anklagen

43. Noen Prasat, Palastruinen aus Alt-Sukhothai

44. Festungsmauer mit Zinnen aus Kamphaeng Phet

45. **Schwimmender Markt**, riesige Anlage mit etlichen Holzhäusern, einer Kirche und einem Tempel, Brücken, Booten, Läden, Restaurant, Souvenirverkauf, schöne Inneneinrichtungen

46. Turm der Lotosblüten, Chedi der Sukhothai-Zeit aus Tak

47. Großer Saal des Wat Mahatat aus Alt-Sukhothai, Säulen und Buddha-Figur

48. Haupt-Chedi des Wat Mahatat aus Alt-Sukhothai

49. Phra-Lo-Garten mit Frauenfiguren eines Volksmärchens

Schwimmender Markt in Ancient City

50. **Ho Kham**, prächtiges Holzhaus aus Lampang, Residenz des Gouverneurs

51. Chedi der Chamathewi, pyramidenartiger Tempelturm aus Haripunchai

52. Wat Chong Kham, originaler Holztempel der Shan, Nordthailand

53. Viharn aus Sa-Moeng, offene Holzhalle

54. **Chedi von Jed Yot**, Tempelturm mit sieben Spitzen aus dem Chiang Mai des 17. Jhds

55. Viharn des Wat Chiang Khong, originaler Holztempel aus der Provinz Chiang Mai

56. Phra That Chomkitti, Chedi aus Chiang Saen

57. Viharn Wat Phumin aus Nan

58. Phra That Si Song Rak, merkwürdige Chedi-Form aus Loei, seit 1925 in Ruinen

59. Mondhop aus Uttaradit

60. Phra That Bang Phuan, Chedi aus Nongh Khai, 1960 eingestürzt

61. Phra That Narai Cheng Eng aus Sakhon Nakhon

62. Phra That Phanom, Tempelturm im Amaravati-Stil, 1975 eingestürzt

63. **Kao Phra**, Khmer-Heiligtum (11. Jhd) auf 54 m hohem künstlichen Berg, aus dem Grenzgebiet zu Kambodscha

64. Sang-Thong-Garten mit Bronzestatue

65. Chedi That Ya Ku, oktogonaler, merkwürdig geformter Chedi

66. Nang Usa, prähistorisches Felsenheiligtum aus der Provinz Udon Thani, darüber **Aussichtsturm**

67. Anthropological Museum, große völkerkundliche Ausstellung mit originalen oder rekonstruierten Exponaten

68. Ku Khu Mahathat, Prang (= Ku) aus Mahasarakham in Form einer Stufenpyramide

69. Prasat Nong Khu, Tempelturm in Form einer Stufenpyramide 13./14. Jhd

70. Prang Sithep, Khmer-Tempelturm aus Petchabun

71. Bergstamm-Dorf, in dem Akha-Familien leben

72. Oktogonaler Pavillon, auf Plattform im Wasser stehender, offener Holzbau mit Innenhof, im Nordosten für religiöse Feste gebraucht

73. Prasat Hin Phanom Rung, Tempelturm der Khmer (10.-12. Jhd) aus dem Nordosten

74. Prasat Sikhoraphum, reich verzierter Tempelturm aus der Provinz Surin (11. Jhd)

75. **Prasat Phimai**, großartiges Khmer-Heiligtum aus der Nähe von Khorat (12. Jhd)

76. **Prasat Sadok Kok Thom**, prächtige Tempelanlage der Khmer

77. Viharn, offene Holzhalle des Wat Nimit in Trat

78. Phra Aphaimani-Gärten, Brunnen mit mythologischen Figuren

79. Wehrmauer mit Rundturm zur See hin, Chachoengsao (Provinz Chanthaburi)

80. Tuek Daenk, Fort im Kolonialstil aus Chanthaburi

Auf dem Weg nach Samut Prakan kommt man an der Abzweigung vorbei, die zur Krokodilfarm führt.

Krokodilfarm (*Crocodile Farm*)

Öffnungszeiten
Samut Prakan Crocodile Farm & Zoo, 777 Taiban Rd., Tel.: 387-0020; 387-1166; tägl. geöffnet 8.00-18.00 Uhr, Eintritt 120 BHT; Tiervorführungen mit Show sind um 9.00, 10.00, 11.00, 14.00, 15.00 und 16.00 Uhr, an Sonn- und Feiertagen zusätzlich um 17.00 Uhr

Es gibt inzwischen mehrere sog. Krokodilfarmen in Thailand, aber die in Samut Prakan kann für sich in Anspruch nehmen, die älteste (gegründet 1950) und vor allem größte zu sein: nicht weniger als **30.000 Krokodile** leben hier.

Über deren Anwesenheit sollte sich kein Tourist Illusionen machen: Die Tiere warten nur, bis sie ihr 'ideales' Alter erreicht haben, um dann geschlachtet und zu Taschen, Schuhen usw. verarbeitet zu werden. Wegen der beengten Verhältnisse kommt es zu aggressivem Verhalten der Tiere untereinander, aber meistens sind die Reptilien eher schläfrig und zeigen wenig 'Action'. In der Zwischenzeit dürfen sie die Besucher unterhalten, indem sie sich von Wächtern mit Bambusstangen traktieren oder mit wirklichen Mutproben konfrontieren lassen. Deswegen kann man seine berechtigten Bedenken solchen Zuchtfarmen gegenüber haben – wenn dem auch manche entgegenhalten, daß die Aufzucht von selten gewordenen Tieren zum Zweck der Schlachtung trotzdem einige Arten vor dem Aussterben gerettet hat! (Gleiches gilt für den *Samphran Elephant Ground & Zoo*; vgl. KAPITEL 5.4.1.)

Die Krokodile und Alligatoren kommen aus allen Teilen der Welt, darunter befinden sich sowohl Süßwasser- als auch Salzwasser-Reptilien. Eine zoologische Sensation ist das (laut Guiness-Buch von 1989) größte jemals in Gefangenschaft gehaltene Krokodil der Welt: das auf den Namen 'Yai' getaufte Ungetüm ist 6 m lang, über 1.114 kg schwer und wurde im Juni 1972 geboren. In der Zooabteilung des Geländes ist weiterhin eine ganze Reihe anderer Tiere zu sehen, wie z.B. Elefanten, Gibbons, Löwen und Schlangen. Gepflegte Gärten, ein Restaurant (mit Krokodilsuppe auf der Speisekarte) und sanitäre Anlagen gehören selbstverständlich ebenfalls zur Anlage.

5.4.3 AUSFLUG NACH KANCHANABURI UND ZUM RIVER KWAI

Der Ausflug zur Provinzhauptstadt Kanchanaburi, 126 km westlich von Bangkok gelegen, führt in eine schöne Landschaft, in der als besondere Attraktion die mehr berühmte als schöne 'Brücke am Kwai' zu sehen ist. Die reizvollste Gegend mit drei Nationalparks erstreckt sich jedoch zwischen Kanchanaburi und der Grenze nach Myanmar. Auf den Flüssen Kwai Noi und Kwai Yai kann man zudem an Rafting-Touren teilnehmen oder auf andere Weise die Natur genießen.

Auch verdienen einige kulturelle Sehenswürdigkeiten einen längeren Besuch. Für einen Ausflug in die Region bedeutet dies:
● Entweder nimmt man sich ausreichend Zeit mit – je nach beabsichtigter Aktivität etwa drei bis fünf Tage – und lernt die Schönheiten der Provinz auf einem längeren Aufenthalt kennen.
● Oder man unternimmt einen Ganztagsausflug, der sich freilich auf Kanchanaburi und Nam Tok beschränken muß. In Bangkok werden solche Ausflüge von etlichen Reiseveranstaltern angeboten, die zumeist eine Bahnfahrt über die berüchtigte 'Bahn des Todes' (Death Railway) mit der Brücke am Kwai und weitere Besichtigungspunkte enthalten. An Wochenenden kann man an Sonderfahrten der thailändischen Staatsbahn teilnehmen (75 BHT), wobei der Zug um 6.35 Uhr den Bahnhof Thonburi verläßt. Nach 45 Minuten Aufenthalt in Nakhon Pathom (s.o.) und kurzem Stop an der berühmten Brücke geht es zur Endstation Nam Tok (2,5 Stunden Aufenthalt), ab da zurück nach Kanchanaburi (Stop) und schließlich nach Bangkok; Ankunft in Thonburi 19.35 Uhr. Dieser Ausflug ist auch bei Thai sehr beliebt und sollte deshalb frühzeitig gebucht werden.

Eine Fahrt nach Nam Tok ist aber jeden Tag auch auf eigene Faust möglich. Dazu sollte man gegen 7.30 Uhr am Thonburi-Bahnhof (Bangkok Noi) sein und sich die Fahrkarte sichern (80 BHT in der zweiten Klasse). Die geruhsame und interessante Reise ist unten kurz beschrieben.

Der Zeitplan der normalen **täglichen Zugverbindung Bangkok (Thonburi) – Nam Tok und zurück** (2. und 3. Klasse) ist:

Hinfahrt:		Rückfahrt:	
ab Thonburi	08.00	ab Nam Tok	12.35
Nakhon Pathom	09.18	River Kwai Bridge	14.25
Kanchanaburi	10.31	Kanchanaburi	14.30
River Kwai Bridge	10.36	Nakhon Pathom	15.58
an Nam Tok	12.20	an Thonburi	17.10

Im folgenden eine kurze **Wegbeschreibung der Zugfahrt nach Nam Tok**. Da an den einzelnen Stationen kaum Zeit für Besichtigungen bleibt, ist es empfehlenswert, nur für die Hinfahrt die Bahn zu benutzen und die Rückreise nach Bangkok mit dem Bus durchzuführen.

Die ruckelige, kleine Bahn verläßt die **Thonburi**-Station, und durch Bangkoks Stadtrandgebiet mit ärmlichen Hütten und Häusern geht es langsam in ländlicheres Gebiet. Man sieht Klongs, Bananenstauden und Reisfelder, überquert den **Tha Chin-Fluß** und erlebt eine Wasserlandschaft mit vielen Palmen und Lotosblumen, einen großen und mehrere kleine Tempel, kurzum: eine ländliche Idylle. Schließlich kündigt sich die Stadt **Nakhon Pathom** durch den riesigen Chedi an, in dessen Nähe sich der Bahnhof befindet. Weiter geht es durch eine landwirtschaftlich intensiv genutzte Ebene, immer nahe zum Fluß **Mae Klong** entlang, bis man 2,5 Stunden nach Abfahrt die Provinzstadt **Kanchanaburi** (s.u.) erreicht. Die bisher nur geruhsame Reise wird ab nun erst richtig spannend. Denn erstens überquert man den Fluß **Kwai Yai** (*Kwae Yai*) auf der Brücke am Kwai, zweitens benutzt man den interessantesten Abschnitt der sog. 'Eisenbahn des Todes', und drittens weicht die Ebene einer zusehends wilderen Landschaft, deren Höhepunkte auf den letzten 30 Minuten der Fahrt liegen. Kurz hinter Kanchanaburi (4 km) macht der Zug einen kurzen Stop an der

Brücke am Kwai (*River Kwai Bridge*)

Die Brücke selbst ist mit ihrer Eisenkonstruktion weder architektonisch interessant noch groß. Ihre Berühmtheit erlangte sie jedoch durch jene Ereignisse des Zweiten Weltkrieges, die in Pierre Boulles Bestseller und in der gleichnamigen Hollywood-Verfilmung (mit Alec Guiness in der Hauptrolle) beschrieben sind. Damals ließen die Japaner eine 419 km lange Eisenbahnverbindung zwischen Thailand und Burma bauen, um den Nachschub für ihre Militäraktionen gegen die Alliierten zu sichern. Das

Projekt war auf mehrere Jahre veranschlagt, jedoch drängte die japanische Generalität auf Vollendung innerhalb eines Jahres. Deswegen wurden 60.000 Kriegsgefangene ('POW' = Prisoner of War) und mindestens 100.000 Zwangsarbeiter in den malariaverseuchten Dschungel gebracht und unter unmenschlichen Bedingungen zur Arbeit angetrieben. Seuchen, Hunger und Entkräftung forderten ihren Tribut: etwa 16.000 der Kriegs-

Die "Brücke am Kwai"

gefangenen und noch mehr Zwangsarbeiter kamen um, aber auch viele Japaner. Die Verbindung nach Burma (über den Drei-Pagoden-Paß) war deshalb für die Japaner so wichtig, weil die Alliierten den Seeweg kontrollieren konnten. Die erzwungenen Strapazen und das harte Durchgreifen aber hatten Erfolg: in nur 16 Monaten – vom 12.09.1942 bis zum 25.12.1943 – war die Trasse von Nakhon Pathom bis Thanbyuzayat (119 km hinter der burmesischen Grenze) fertiggestellt. Das von westlicher Seite für unmöglich gehaltene Projekt ging quer durch unwegsames Gelände, durch Dschungel sowie über Flüsse und Berge.

Ein Kernstück der Eisenbahnverbindung war die Brücke über den Fluß Kwai Yai bei dem kleinen Dorf Ban Thama Kharm. Allein hier sollen 9.000 Menschen ihr Leben gelassen haben. Die ursprüngliche Holzkonstruktion wurde noch von den Japanern durch Stahlteile ersetzt, die ihre Armee aus Java herangeschafft hatte. Anfang 1945 bombardierten Engländer und Amerikaner diesen so wichtigen Bahnabschnitt und zerstörten die mittleren Bogensegmente. Später wurde dort das heutige Mittelstück eingebaut.

Wer den Film mit seiner Baumstamm-Brücke gesehen hat, wird von der Beton- und Stahlkonstruktion enttäuscht sein. Abgesehen davon 'stimmt' auch die Landschaft nicht – kein Wunder, denn der Hollywood-Streifen wurde nicht am Originalschauplatz, sondern in Sri Lanka gedreht...

Der Zug fährt hinter der Brücke in südwestlicher Richtung und kommt bald darauf dem Ufer des Kwai Noi nahe. Man passiert in einiger Entfernung **Ban Kao** mit seinem archäologischen Museum und etwas später die Khmer-Ruinen von **Prasat Muang Sing** (zu den einzelnen Besichtigungspunkten s.u.). Je mehr man sich Nam Tok nähert, desto eindrucksvoller wird die Strecke, die sich nun durch das Flußtal und an steilen Berghängen entlang windet. Beim Blick auf die schwindelerregenden Holzviadukte des *Hell Fire Pass* kann man die Schwierigkeiten erahnen, die die Planung und Durchführung des Trassenbaus machen mußte. Und man versteht, warum die Zugverbindung den Beinamen *Death Railway* bekam. Da die eingesetzten Kriegsgefangenen natürlich wenig Interesse an einem funktionierenden Nachschub der Japaner hatten, wurde übrigens bewußt nachlässig gearbeitet und Sabotageakte wurden verübt. Als später die thailändische Staatsbahn die Linie übernahm, mußte sie deswegen den unwirtschaftlichen nördlichen Teil stillegen und den Abschnitt bis Nam Tok mit großem Aufwand ausbauen.

Schließlich hat man die Bahnstation von **Nam Tok** erreicht, an der heute die Geleise enden. Nach einem kurzen Aufenthalt von 15 Minuten, während dessen man sich mit Erfrischungen und Snacks versorgen kann, fährt der Zug wieder zurück über Kanchanaburi und Nakhon Pathom nach Bangkok.

Wer außer der bloßen Zugfahrt und gelegentlichen Stopps mehr von der Region erleben möchte, ist auf die Teilnahme an einer organisierten Gruppenreise oder auf andere Verkehrsmittel angewiesen. Wenn man z.B. ab Nam Tok die Rückfahrt mit Bussen organisiert, lassen sich bequem Besichtigungen in der Umgebung (Kao-Pang-Wasserfall) und in Kanchanaburi (Kriegsgräberfriedhof; Brücke am Kwai) in einen Tagesausflug einschließen. Noch reizvoller ist es, sich am Kwai Noi ein Quartier zu suchen und ab da Rafting-Touren, Besuche der Nationalparks und weitere Besichtigungen durchzuführen, evtl. sogar bis zum Drei-Pagoden-Paß an der Grenze nach Myanmar.

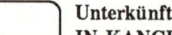

Unterkünfte

IN KANCHANABURI gibt es Guest-Houses und mehrere einfache, aber auch gute Mittelklasse-Hotels.

● Das beste ist das *"Rama River Kwai Hotel"***, 284/3 Saengchuto Rd., Kanchanaburi, Tel.: 511-184; Mittelklasse-Hotel mit Restaurant und Swimmingpool.

Einfache Unterkunftsmöglichkeiten IN DER UMGEBUNG gibt es beispielsweise in den Nationalparks und auf einigen Dutzend 'Schwimmender Hotels' oder Rafting-Flößen. Das thailändische Energieministerium *EGAT* unterhält an den Staudämmen des Kao Laem- und Srinagarind-Sees Bungalows, die auch von Touristen benutzt werden können (Auskunft in Bangkok unter Tel.: 424-0101). Im TAT-Büro in Kanchanaburi ist man bei der Zimmersuche behilflich. Zu den besseren Einrichtungen nördlich von Kanchanaburi zählen:

"Floating Hotel" auf dem River Kwai

320

● *"Home Phu Toey"****, zu buchen in Bangkok bei *P.B.R. Discovery Hotel Group*, CCT. Building, 5. Fl., 109 Surawong Rd., Tel.: 235-4030-9; eine 1984 eröffnete, stilvolle Anlage direkt am Flußufer des Kwai Noi und von hohen Bambusbäumen umgeben, gutes Restaurant, 50 traditionell eingerichtete, großzügige Zimmer mit viel Teakholz und AC.

● *"Pung Waan Resort"****-****, 123/1 Thasao, Saiyoke, Kanchanaburi 71150, Tel.: (034)591-017/18; zu buchen in Bangkok auf der 166 Krung Kasem Rd., Tel.: 281-3221-5; großzügige Anlage in parkähnlicher Umgebung, direkt am Kwai Noi, Unterkunft in modernen Stein-Bungalows mit AC oder in *Floating Houses* (2.000 BHT für 4 Personen), Restaurant und Swimmingpool, auch Zeltverleih für Camping-Gäste, Arrangement von Rafting-Touren, Flußfahrten, Transport ab/bis Bangkok.

● *"River Kwai Raft Ltd."**, Tel.: 539-0488; nördlich vom Pung Waan Resort gelegenes *Floating Hotel* mit 30 Zimmern, auf Bambus-Flößen gebaut, von der Bahnstation Nam Tok aus mit Minibussen und Longtail-Boat (40 BHT p.P.) in etwa einer halben Stunde zu erreichen; Organisation von Elefantentrips durch den Dschungel und weiteren Ausflügen.

Verkehrsverbindungen
Ab Bangkok fahren vom *Southern Bus Terminal* alle 15 Minuten Ordinary- und AC-Busse nach Kanchanaburi ab. Gute Verbindungen bestehen auch mit Nakhon Pathom und Nam Tok. 4 x tägl. fährt ein Bus am Kwai Noi entlang bis nach Thong Pha Phum vor dem Drei-Pagoden-Paß. Der Busbahnhof in Kanchanaburi liegt zentral an der Lakmuang Rd., wo auch Trisha-Fahrer und Songtaos auf Kundschaft warten. Mit Pick-Up-Fahrern kann man gute Preise für ein- oder mehrtägige Exkursionen aushandeln (NPs, Grenze nach Myanmar). Am Hafen von Kanchanaburi und an der Brücke am Kwai kann man Longtail-Boote für Fahrten auf dem Kwai Noi, Kwai Yai oder Meklong mieten. Für die Stadtbesichtigung von Kanchanaburi lohnt es sich auch, ein Fahrrad oder Moped zu mieten (nahe des TAT-Büros möglich).

Information
Das TAT-Büro in Kanchanaburi liegt an der Saengchuto Rd., Tel.: (034)511-200, und ist tägl. 8.30-16.30 Uhr geöffnet. Hier gibt es reichhaltiges Informationsmaterial für die gesamte Provinz und Hilfen bei der Zimmersuche oder Zusammenstellung von Ausflügen.

Kanchanaburi

Die moderne Kleinstadt (ca. 35.000 E.) liegt von Hügeln umgeben am Rande der zentralen Ebene. Sie besitzt zwar keine idyllischen Gassen oder bemerkenswerten Tempel, ist aber wegen der Erinnerungen an den Zweiten Weltkrieg und wegen ihrer reizvollen Lage am Zusammenfluß des Kwai Noi (= *Kleiner Kwai*) und Kwai Yai (= *Großer Kwai*) zum Meklong einen Besuch wert. Vom Bahnhof aus kann man zu Fuß, vom Busbahnhof mit einer Fahrrad-Riksha den großen Kriegsgräberfriedhof erreichen. Er liegt vom Zentrum aus etwa auf halbem Weg zur 'Brücke am Kwai'. Wer alle sehenswerte Punkte (Friedhöfe, Museum, Brücke, Tempel) anschauen möchte, sollte ein Fahrrad oder ein Songtao für etwa 4 Stunden (ca. 350 BHT) mieten.

● Kriegsgräberfriedhof
An der Saengchuto Rd. liegt nördlich vom Zentrum, schräg gegenüber vom Bahnhof, der größte Soldatenfriedhof der Stadt. Hier sind 6.982

Gefallene beigesetzt, von denen die meisten beim Bau der Todesbahn umkamen. Die Hälfte davon waren Briten, aber auch sehr viele Holländer, Australier, Malaien, Neuseeländer, Kanadier, Inder und Angehörige anderer Nationen sind darunter. Das Grundstück des Friedhofs ist ein "Geschenk des thailändischen Volkes als letzte Ruhestätte für die Soldaten, die hier geehrt werden", so kann man auf einer Tafel am Eingang lesen. Eine weitere Inschrift lautet:

"In ehrwürdiger Erinnerung an den Mut und die Opferbereitschaft der tapferen Soldaten, die während ihrer langen Gefangenschaft beim Bau der Eisenbahn von Thailand nach Burma umkamen. Derjenigen, deren Grabstätte unbekannt ist, wird mit Inschriften in Rangoon, Singapore und Hongkong gedacht, ebenso wie der Kameraden, die auf den drei Kriegsgräber-Friedhöfen von Kanchanaburi, Chungkai and Thanbyuzayat beigesetzt sind."

Südlich vom Soldatenfriedhof liegt der ausgedehnte **chinesische Friedhof** mit sehr wertvoll gestalteten Gräbern, dahinter der **chinesische Tempel**. Über die Saengchuto Rd. oder eine schmale Parallelstraße am Flußufer gelangt man von hier nach ca. 1 km zur

● Brücke am Kwai

An ihrem östlichen Ende erinnert eine Dampf-Lok an die Vergangenheit. Der historische Hintergrund der Bahnlinie (s.o.) wird auf einigen Schautafeln und Inschriften mitgeteilt. Schöne Ausblicke auf den Kwai Yai hat man von der Brücke selbst, die nicht nur begangen werden kann, sondern auch von Fahrrad- und Mopedfahrern benutzt wird. Sollte ein Zug kommen, gibt es extra Nischen, um sich in Sicherheit zu bringen! Der Blick auf die Brücke ist am schönsten von den Restaurants, die un-

Originale Lok der "Death Railway"

terhalb am Flußufer liegen. Außerdem kann man hier Boote mieten. Wer Ende November/Anfang Dezember in der Gegend ist, sollte sich nach

dem Termin der **Licht-und-Ton-Schau** erkundigen, die direkt an der Brük-
ke mit großem Aufwand abgehalten und in der die Ereignisse beim Bau
und der Verteidigung der Brücke in Szene gesetzt werden.

Wer in Kanchanaburi vom Busbahnhof oder dem TAT-Büro zum Flußufer geht (Lakmuang Rd.), kommt am **Stadttor** vorbei und schließlich
zum kleinen **Hafen**, genau gegenüber vom Zusammenfluß der beiden
Kwai zum Mae Klong. Boote setzen Besucher zu den schwimmenden
Restaurants über. Wer die Flußfähre benutzt und auf der anderen Seite
etwa 1 km die kleine Uferstraße entlang wandert, kommt zum zweiten
Soldatenfriedhof (*Chungkai War Cemetery*). Auf ihm sind in sehr schöner landschaftlicher Umgebung 1.750 alliierte Soldaten beigesetzt. Wanderer (oder Fahrradfahrer) können ein Stück weiter nach rechts zur Brük-
ke am Kwai und über sie wieder zum östlichen Ufer gelangen. Von und
bis Kanchanaburi ist die Strecke etwa 7 km lang.

In Kanchanaburi liegt etwa 300 m südlich des Hafens am Ufer des Mae
Klong der Tempel **Wat Chai Chumphon** und direkt daneben das **JEATH
War Museum**. Der Name des 1977 eingerichteten Museums setzt sich
aus den Anfangsbuchstaben der hauptsächlich am Bau der Death Railway
beteiligten Nationen zusammen (Japan, England, Amerika, Thailand, Holland). Teil der erschütternden Ausstellung, die die Lebens- und Arbeits-
verhältnisse der Kriegsgefangenen und Zwangsarbeiter dokumentiert, sind
nachgebaute Bambushütten, wie sie den Gefangenen als Unterkünfte dien-
ten.

Öffnungszeiten
JEATH War Museum, Pak Praek Rd., tägl. geöffnet 8.30-16.309 Uhr, Eintritt 20
BHT

• • •

Wer von Kanchanaburi zu weiteren, eventuell mehrtägigen Ausflügen
startet, tut das entweder in nordwestlicher Richtung, wo man entlang des
Kwai Noi nach Nam Tok und noch weiter zum Sai Yok Nationalpark,
nach Thong Pha Phum und schließlich zur Grenze nach Myanmar am
Drei-Pagoden-Paß gelangt. Oder man orientiert sich etwas weiter östlich,
wo einen der Kwai Yai, die Nationalparks Erawan und Srinagarind sowie
die Edelsteinstadt Bo Phloi erwarten. Schließlich kann man auch den Mae
Klong hinabfahren und einige sehenswerte Tempelanlagen besuchen.

Von Kanchanaburi den Kwai Noi entlang

Von Kanchanaburi aus kommt man bis Nam Tok mit dem Zug oder Bus,
bis Thong Pha Phum mit dem Bus und bis zum Drei-Pagoden-Paß nur mit
Pick-ups, Mietwagen oder Motorrad. Die wichtigsten Sehenswürdigkeiten
sind (von Süden nach Norden):

● **Ban Kao**

Etwa 15 km hinter Kanchanaburi hatte ein holländischer Kriegsgefangener bei der Ortschaft Ban Kao während des Baus der Death Railway aufsehenerregende Funde gemacht, die später ins Neolithikum (= jüngere Steinzeit) datiert werden konnten. Von Dänen und Thailändern durchgeführte archäologische Ausgrabungen in den 1960er Jahren förderten noch mehrere, ca. 10.000 Jahre alte Gegenstände und Skelette aus dem Boden. Die wichtigsten Exponate sind im Nationalmuseum in Bangkok zu sehen, einiges davon wird aber auch im kleinen **archäologischen Museum**, 1 km westlich der Ortschaft, ausgestellt. Es ist Mi-So von 9.00-16.00 Uhr geöffnet und kostet keinen Eintritt.

● **Prasat Muang Sing**

Etwa 8 km nördlich von Ban Kao, unweit der Bahnstation Wang Po, ist

Prasat Muang Sing

eine Ruinenanlage zu besichtigen, die man in dieser Gegend nicht erwartet hätte. Denn bei der Befestigung von Prasat Muang Sing (= 'Stadt der Löwen') handelt es sich um Überbleibsel eines Forts mit Mauer und Wassergraben sowie eines Tempels aus der Lopburi-Periode (11.-13. Jhd), als die Khmer das Land beherrschten. Die Ruinen sind das einzige Beispiel für Khmer-Architektur im westlichen Thailand. Sie und das Museum mit Fundstücken aus den archäologischen Ausgrabungen können tagsüber besichtigt werden (Eintritt 20 BHT). Die Bedeutung der Anlage wird durch die Tatsache veranschaulicht, daß Muang Sing 1987 als erster *Historical Park* des Königreiches eingeweiht wurde.

Mehrere Kilometer nördlich ist der beeindruckendste Teil der *Death Railway*, nämlich der **Hell Fire Pass**, wo die Kriegsgefangenen an einem Steilhang mit primitivsten Mitteln die Trasse anlegen mußten. Drei Minuten davon entfernt liegt in idyllischer Umgebung die Hotelanlage *Home Phu Toey*.

● **Nam Tok**

An der Bahnstation von Nam Tok stehen Pick-ups bereit, um einen in die Ortschaft und weiter zu Wasserfällen und Höhlen in der Umgebung zu bringen. Etwa 3 km entfernt, auf der Asphaltstraße 323 nach rechts, kommt man zum **Kao Phang-Wasserfall**. Rechts der Straße, gegenüber von einem Platz mit mehreren Ständen (Imbisse, Früchte, Getränke, Souvenirs usw.) fällt das Wasser in Kaskaden herab und bildet Pools, in denen man baden kann. Allerdings nur in der Regenzeit, während von Oktober bis Juni die 'Wassermassen' nur auf Postkarten zu bestaunen sind. Nicht weit entfernt (vom oberen Ende des Wasserfalls auf einem ausgeschilderten, 2 km langen Pfad) kommt man zu sehenswerten **Tropfsteinhöhlen** (Eintritt 5 BHT).

Lava-Höhle

Weiter nördlich befinden sich auf der anderen Seite des Kwai Noi berühmte **Lava-Höhlen** ('Palast der Engel') mit schönen Tropfsteinformationen. Zu den *Lawa Caves* kommt man am besten mit gecharterten Booten von Nam Tok (Pak Saeng) aus, die Touristen auch zum Sai Yok Yai Nationalpark bringen.

● **Sai Yok Yai Nationalpark**

Der schöne Nationalpark liegt am Kwai Noi, etwa 100 km nordwestlich von Kanchanaburi; von dort aus gibt es jede halbe Stunde eine Busverbindung zum NP (und zu allen anderen Zielen entlang des Hwy 323). Den Transport auf der letzten Strecke (3 km) vom Highway zum gut ausgeschilderten Parkeingang besorgen (manchmal) Motorradtaxis. Unterkunftsmöglichkeiten sind in 10 Bungalows und Hausbooten vorhanden. Ausflüge zum Park werden von Agenturen in Kanchanaburi und den oben genannten Hotels organisiert.

Das 1980 eingerichtete Naturschutzgebiet (500 qkm) ist berühmt wegen seines gleichnamigen **Wasserfalls**, mehrerer **Tropfsteinhöhlen** (am bekanntesten *Rawa Cave* und *Dawadung Cave*) und eines reichen Tierlebens. Nur wenige Wege führen durch das Gelände, das im Westen bis zur Grenze nach Myanmar reicht. Der Kwai Noi wird von einer eindrucksvollen Hängebrücke überquert. In den Wäldern des Tenasserim-Gebirges leben u.a. wilde Elefanten, Tiger, Gibbons und der Sambar. Eine zoologische Sensation gelang dem Naturforscher Kitti Thonglongya, der 1973 in einer Höhle **das kleinste Säugetier** der Welt entdeckte, die sog. Kitti's Fledermaus. Das nur 1-2 g leichte Tier lebt in Kolonien von wenigen hundert Exemplaren und taucht nur hier (und an zwei weiteren Plätzen in Thailand) auf.

Bei dem weiteren Weg in den Norden gelangt man mit dem Bus nur noch bis zur unattraktiven Kleinstadt **Thong Pha Phum** am südlichen Ende des **Kao Laem-Stausees**. Übernachtungsmöglichkeiten hat man u.a. in den Bungalows des "*Bangkok Flower Resort*"* in der Nähe des Staudamms. Sehenswert in Thong Pha Phum sind am Ortsausgang die riesige weiße Buddhafigur, auf einem Lotosthron aus Beton sitzend, und davor die gleiche Statue im Kleinformat.

Für die letzten 26 km bis zur Grenze muß man auf Songtaos zurückgreifen. Dort markieren die Stupas des **Drei-Pagoden-Passes** den uralten Weg nach Burma, der heutzutage allerdings offiziell geschlossen ist. Zu Fuß wandern einige Touristen nach Myanmar und besuchen dort – zusammen mit vielen Schmugglern – ein kleines Dorf.

!!!

Achtung
Obwohl es keine Grenzkontrollen gibt, ist der Übertritt illegal und nicht ungefährlich. Der Reisepaß muß bei einem Polizeiposten auf der Straße Thong Pha Phum hinterlegt werden. Unter den Schmugglern befinden sich manchmal kriminelle Elemente; außerdem kann es zu Zwischenfällen mit den Rebellen oder der burmesischen Armee kommen. Solange die Zustände nicht halbwegs gesichert sind, sollte keiner aus 'Abenteuerlust' die Grenzbestimmungen verletzen!

Von Kanchanaburi den Kwai Yai entlang

Wer von Kanchanaburi dem Großen Kwai-Fluß (Kwai Yai) nach Norden folgt (mit Bus/Songtao oder Mietwagen über die Hwys 323 und dann rechts abbiegend 3199 oder mit dem gecharterten Boot), tut das, um die Naturschönheiten zweier beliebter Nationalparks zu besichtigen. Zunächst kommt man dabei zum 550 qkm großen **Erawan-Nationalpark**, dem populärsten aller thailändischen Nationalparks. Er liegt etwa 65 km von Kanchanaburi entfernt und wartet mit einem ursprünglichen, bewaldeten Tal, prächtigen Tropfsteinhöhlen (besonders *Phra That*), Seen, Wasserfällen und einem reichhaltigen Tierleben auf. Die meistbesuchte Attraktion ist der **Erawan-Wasserfall**, der in sieben Kaskaden in den Fluß fällt. Der Park ist mit Parkplätzen, Bungalows, Camping-Plätzen und einem modernen Besucherzentrum ausgestattet (vgl. auch KAPITEL 3.2.4). Direkt nördlich schließt sich an den Erawan NP der

● **Srinagarind-Nationalpark**
an. Die größten Attraktionen des 1981 eingerichteten Naturschutzgebietes (1.534 qkm) sind der **Stausee** mit seinem riesigen **Damm** und der Huai-Kamin-**Wasserfall**, der in mehreren Kaskaden herabstürzt. Weiter ist die **Höhle** *Phra Cave* sehenswert, in der sich eine hunderte Jahre alte Buddha-Statue befindet und Gänge, die im 18. Jahrhundert von Thai als Zuflucht vor der burmesischen Invasionsarmee genutzt wurden. Das **Tierleben** des Parks wird von vielen Vogelarten dominiert, aber auch Fledermäusen und Großtieren wie dem Leopard. Die touristische Infrastruktur ist mit der des Erawan-NPs nicht zu vergleichen: die Unterkunftsmöglichkeiten sind primitiv und rar gesät, die Verkehrswege nicht asphaltiert und z.T. nur in der Trockenzeit befahrbar.

Östlich des Kwai Yai gibt es einige Sehenswürdigkeiten, zu denen man von Kanchanaburi aus über den Hwy 323 und die rechts abgehende Straße 3086 gelangt. Ein Bus fährt vormittags mindestens einmal in der Stunde über Bo Phloi nach Nong Phru, ab wo einen Pick-ups zum Rattanakosin NP bringen; der letzte Bus geht um 15.00 Uhr von Nong Phru aus zurück. Bequemer und teurer ist es, wenn man in Kanchanaburi ein Songtao chartert.

Die erste größere Ortschaft auf der Strecke, etwa 45 km hinter Kanchanaburi, ist das als Edelsteinstadt weithin bekannte **Bo Phloi**. Hier werden nach traditionellen Abbau-Methoden in der Umgebung des Ortes blaue Saphire und Halbedelsteine gewonnen, weiterverarbeitet und verkauft. Die Minen können besichtigt werden. 50 km weiter nördlich kommt man zum

● **Rattanakosin-Nationalpark**
Der kleinste der vier NPs der Provinz (59 qkm) wurde 1980 eingerichtet und verfügt über eine herrliche Landschaft mit einer reichhaltigen Flora und Fauna. Die bizarren Kalksteinfelsen erreichen im Kao Kamphaeng ihre höchste Erhebung mit 1.260 m. Vom Hauptquartier aus geht man in wenigen Minuten zur 300 m langen Höhle *Than Lod Noi*, durch die ein Bach fließt. Von ihr geht ein ganzes System (beleuchteter) Gänge und Höhlen ab. Über einen 2 km langen ausgeschilderten Wanderweg kann man entlang des Flusses Kraphroi zu anderen Höhlen, schönen Wasserfällen und merkwürdig geformten Steinformationen gelangen. Weitere Wanderwege führen u.a. zu einigen der etwa 200 Karendörfer, die es innerhalb des Naturschutzgebietes gibt.

Hinweis
Selbstfahrer brauchen nicht nach Kanchanaburi zurückkehren, sondern können sowohl vom NP als auch von Bo Phloi aus über Asphaltstraßen nach **U Thong** und von dort aus entweder nach **Nakhon Pathom** (Süden) oder **Suphanburi** (Norden) weiterfahren.

Südlich von Kanchanaburi

Wer mit einem Boot den Mae Klong hinabfährt oder die Eisenbahn bzw. ein Songtao über die Straße 323 benutzt, erreicht nach ca. 10 km die Ortschaft **Tha Muang**. Auf der anderen (westlichen) Seite des Flusses warten zwei immens große Tempelanlagen auf einen Besuch: **Wat Tham Kao Noi** und **Wat Tham Sua**. Beide liegen nebeneinander auf einem Hügel, von dem sich eine prächtige Aussicht ergibt. Die nördliche Klosteranlage macht sich mit ihrem Großen Buddha, dem hohen Chedi und den aufragenden Staffeldächern schon von weitem bemerkbar. Ihr südlicher Nachbar ist im chinesischen Stil eingerichtet. Zwischen beiden Tempeln gibt es keine Verbindung, d.h. man muß jeweils zu ihnen den Hügel hinauf- und wieder hinabsteigen!

6 RUNDREISEN IN THAILAND

6.1 ZU DEN HÖHEPUNKTEN DER ZENTRALREGION

6.1.1 ÜBERBLICK

Die thailändische Zentralregion ist nicht nur geographisch, sondern auch wirtschaftlich, politisch und kulturell das Herz des Königreichs. Von der Millionen-Metropole Bangkok und ihrem direkten Umland abgesehen, in dem sich die industrielle Entwicklung bündelt, hat die zentrale Ebene aber ihr bäuerliches Gepräge bewahrt. Die etwa 30.000 qkm große Schwemmlandebene ist die 'Reisschale' Südostasiens, die von Flüssen, Dämmen und Kanälen durchzogen wird. Die langgezogenen, rechteckigen Reisfelder können – je nach Saison und Niederschlägen – als eine glitzernde Seenplatte, als saftiger, grüner Teppich oder als eine braune, fast verbrannte Steppe wirken. Der Menam Chao Phraya, der 'königliche Strom', zu dem sich bei Nakhon Sawan die Flüsse *Ping*, *Wan*, *Yom* und *Nan* vereinigen, ist der historische Lebensnerv der Ebene. Aber auch er kann nicht dazu beitragen, daß diese Region vor allem von Naturfreunden geschätzt würde. Nein, es sind die kulturellen Akzente, deretwegen Touristen anreisen. Großartige Tempel und Ruinen, historische Monumente und sehenswerte Museen ziehen seit vielen Jahren Besucher in ihren Bann. Allen voran natürlich die drei Königsstädte Ayutthaya, Lopburi und Sukhothai, von denen allein schon jede einzelne die Fahrt nach Thailand lohnt. Zu der einzigartigen Kulturlandschaft haben aber nicht nur die Thai beigetragen, sondern in gleichem Maße die Mon und die Khmer, die vor ihnen hier siedelten.

Kulturinteressierte sollten also genügend Zeit mitbringen, wenn sie die Kunstschätze und Baudenkmäler der Region ausführlich besichtigen wollen. Dabei kann ein Tagesausflug von Bangkok nach Ayutthaya und zurück nicht mehr bieten als eine oberflächliche Übersicht. Wer über Ayutthaya hinaus weiter in den Norden fährt, braucht einschließlich der Besichtigungen von Lopburi, Phitsanulok und Alt-Sukhothai etwa drei Tage. Sollen außerdem noch Stätten wie Nakhon Sawan, Kamphaeng Phet oder Si Satchanalai aufgesucht werden, ist eine Woche für die Zentralregion nicht zu viel.

Die Reiseroute hängt u.a. auch von den Zielen ab, die man vorher oder nachher ansteuert. Wer z.B. nach Nordthailand weiterreisen und dann in den Nordosten oder an die östliche Golfküste will, kann Punkte wie Lopburi, Alt-Sukhothai und/oder Phitsanulok für den Rückweg (etwa auf der Strecke nach Khorat) einplanen.

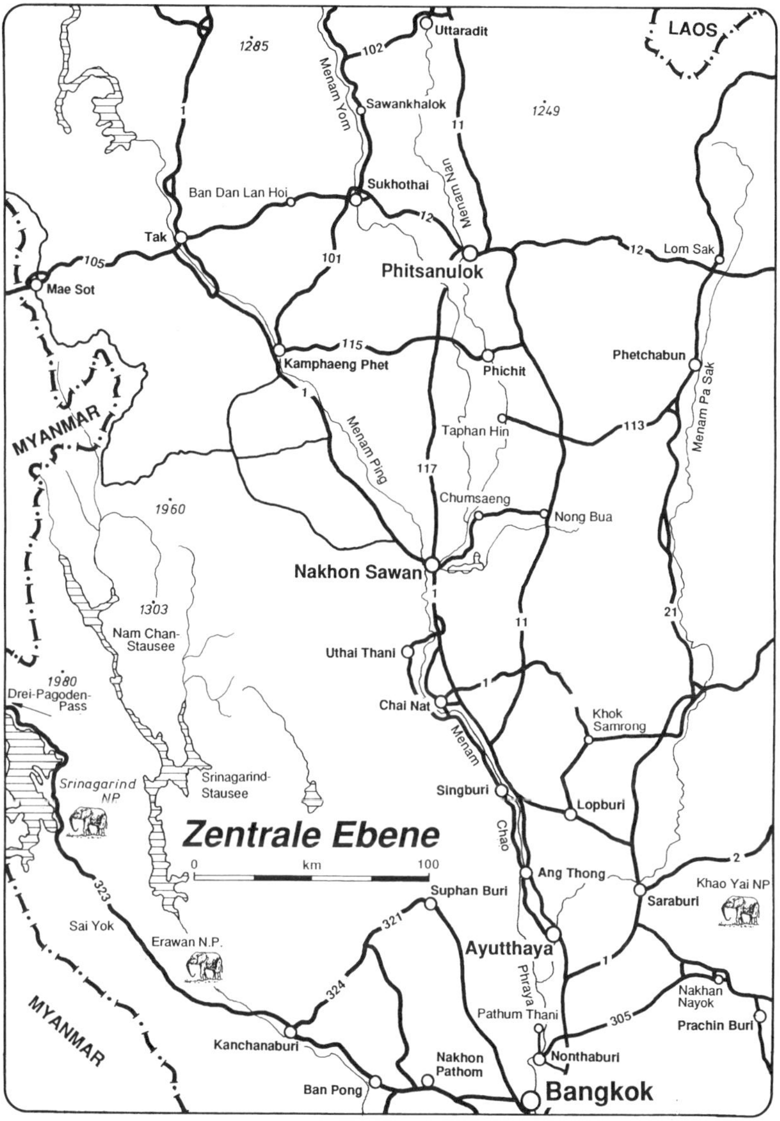

A map of the central region of Thailand, showing cities and roads including Uttaradit, LAOS, Sawankhalok, Sukhothai, Ban Dan Lan Hoi, Tak, Mae Sot, Phitsanulok, Lom Sak, Kamphaeng Phet, Phichit, Phetchabun, Taphan Hin, MYANMAR, Chumsaeng, Nong Bua, Nakhon Sawan, Nam Chan-Stausee, Uthai Thani, Drei-Pagoden-Pass, Chai Nat, Khok Samrong, Srinagarind NP, Srinagarind-Stausee, Singburi, Lopburi, **Zentrale Ebene**, Ang Thong, Khao Yai NP, Sai Yok, Erawan N.P., Suphan Buri, Saraburi, Ayutthaya, Nakhan Nayok, Pathum Thani, Prachin Buri, Kanchanaburi, Nakhon Pathom, Nonthaburi, Ban Pong, **Bangkok**.

6.1.2 TOURISTISCHE HINWEISE

Informationen
über die Region sind bei Reisebüros und dem TAT-Büro in Bangkok erhältlich; an Ort und Stelle bei lokalen Touristen-Infoständen oder dem regionalen TAT-Büro in Phitsanulok.

Busverbindungen

Die **Busverbindungen** in die Zentralregion gehen in Bangkok vom *Northern Bus Terminal* aus.

Nach *Ayutthaya* und *Bang Pa-In* fährt von 5.00-19.00 Uhr alle 10 Minuten ein Ordinary-Bus.

AC-Busse starten nach *Lopburi* ab 5.00 Uhr alle 20 Minuten, nach *Phitsanulok* 11x zwischen 7.00-22.30 Uhr, nach *Nakhon Sawan* 7x zwischen 5.00-18.00 Uhr, nach *Phichit* um 11.50, 16.00, 22.10 Uhr, nach *Sukhothai* um 10.40, 22.20, 22.40 Uhr, nach *Uttaradit* um 10.40, 11.00, 21.45, 22.00 Uhr und nach *Kamphaeng Phet* um 12.00, 22.30 Uhr.

Flugverbindungen

An das **Flugnetz** sind *Phitsanulok* und *Nakhon Sawan* angeschlossen (Thai Airways), demnächst auch *Sukhothai* (Bangkok Airways).

Autorouten

Für **Autofahrer** ist die wichtigste Straßenverbindung der Hwy 1, der von *Bangkok* über *Ayutthaya*, *Nakhon Sawan* und *Kamphaeng Phet* nach Nordthailand führt. Ab Nakhon Sawan erreicht man *Phitsanulok* über den Hwy 117 am schnellsten und *Sukhothai* über den Hwy 12 ab Phitsanulok bzw. den Hwy 101 ab Kamphaeng Phet.

Schiffsverbindungen

Mehrere Unternehmen bieten **Schiffstouren** zwischen Bangkok und Ayutthaya an. Entsprechende Hinweise finden Sie unter 6.1.3.

Zugverbindungen

Wichtige Stationen des **Eisenbahnnetzes** der *Northern Line* sind *Bang Pa-In*, *Ayutthaya*, *Lopburi*, *Nakhon Sawan*, *Pichit*, *Phitsanulok*, *Sukhothai* und *Uttaradit*:

● **Zugverbindungen zwischen Bangkok und Phitsanulok**
(zur Weiterfahrt von Phitsanulok in Richtung Uttaradit-Chiang Mai siehe unter KAPITEL 6.2.2):

Stationen	RAP	ORD	ORD	RAP	EXP	EXP	RAP	RAP
ab Bangkok	06.40	07.05	08.30	15.00	18.00	19.40	20.00	22.00
ab Don Muang	07.23	07.48	09.15	15.40	18.40	20.20	20.40	22.43
ab Bang Pa-In	xx	08.27	09.55	xx	xx	xx	xx	xx
ab Ayutthaya	08.03	08.40	10.10	16.20	19.24	21.00	21,21	23.23
ab Ban Phachi	08.23	09.01	10.38	16.41	xx	xx	xx	23.44
ab Lopburi	09.03	09.57	11.33	17.28	20.24	xx	22.22	00.26
ab Ban Takhli	09.54	11.02	13.07	18.23	xx	xx	xx	xx
ab Nakhon Sawan	10.36	12.04	14.06	10.08	21.59	23.32	23.59	02.02
ab Taphan Hin	11.37	13.36	15.52	20.13	22.57	xx	01.23	03.13
ab Phichit	11.59	14.09	16.24	20.37	23.20	xx	01.50	03.48
an Phitsanulok	12.33	14.55	17.25	21.15	23.56	xx	02.27	04.26

● **Zugverbindungen zwischen Phitsanulok und Bangkok:**

Stationen	EXP	EXP	RAP	ORD	DRC	ORD	RAP	DRC	RAP	DRC	RAP
ab Phitsanulok	00.15	xx	04.09	06.05	08.50	09.27	13.50	16.55	21.42	22.45	22.55
ab Phichit	00.55	xx	04.35	06.53	09.23	10.12	14.26	17.28	22.24	23.21	23.37
ab Taphan Hin	xx	xx	05.18	07.26	xx	10.50	14.50	xx	22.56	xx	00.02
ab Nakh. Sawan	02.20	04.28	06.23	08.52	10.49	12.23	15.54	18.46	00.16	00.50	01.18
ab Ban Takhli	xx	xx	07.04	10.10	xx	13.23	xx	xx	xx	xx	xx
ab Lopburi	03.55	xx	07.57	11.34	xx	14.34	17.29	xx	02.02	xx	03.05

Stationen	EXP	EXP	RAP	ORD	DRC	ORD	RAP	DRC	RAP	DRC	RAP
ab Ban Phachi	xx	xx	08.46	12.36	xx	15.48	18.20	xx	xx	xx	03.48
ab Ayutthaya	05.00	07.00	09.05	13.01	xx	16.16	18.41	xx	03.01	xx	04.08
ab Bang Pa-In	xx	xx	xx	13.28	xx	16.29	xx	xx	xx	xx	xx
ab Don Muang	05.43	07.41	09.43	14.07	13.40	17.07	19.23	21.49	03.41	04.04	04.48
an Bangkok	06.25	08.25	10.25	14.55	14.15	17.50	20.05	22.25	04.25	04.45	05.30

Für Übernachtungen
bieten sich größere Orte wie *Ayutthaya, Phitsanulok, Uttaradit, Sukhothai, Nakhon Sawan* und *Lopburi* an, in denen es sowohl kleinere Guest Houses, als auch einfache bis sehr gute Hotels gibt. Hinweise auf empfehlenswerte Unterkünfte der gehobenen Kategorie finden Sie bei den entsprechenden Orten.

6.1.3 VON BANGKOK NACH AYUTTHAYA

Auf dem Landweg

Die Auto- bzw. Busfahrt von Bangkok nach Ayutthaya ist im Gegensatz zu einer Flußkreuzfahrt nicht besonders interessant. Wer den weiter unten erwähnten Sehenswürdigkeiten entlang des Chao Phraya einen Besuch abstatten möchte, sollte auf kleineren Straßen weiter westlich fahren (zuerst Hwy 306, dann immer parallel zum Fluß). Ansonsten benutzt man die Nationalstraße Nr. 1, die aus dem Stadtgebiet als vielspurige Autobahn heraus- und am **Flughafen** Don Muang vorbeiführt. Nach der dichten Bebauung des Zentrums kommt man nun an endlosen Siedlungen mit modernen Reihenhäusern für die obere Mittelschicht vorbei, aber auch an vielen Industriebetrieben. Links des Highways sieht man den großzügigen Komplex der **Thammasat-Universität**, der die innerstädtische Universität entlasten soll. Etwa 30 km nördlich vom Flughafen wird die Nationalstraße einspurig, was zu regelmäßigen Staus führt. Besserung erwartet man sich von der neuen Trasse, die wahrscheinlich 1993 eröffnet werden kann. Zwischen den Reisfeldern sieht man nun einige **Fabriken** für die Verarbeitung von Marmor. Während noch König Chulalongkorn Marmor aus Carrara (Italien) nach Thailand bringen ließ, sind inzwischen die heimischen Marmorbrüche für ihren qualitätvollen Stein bekannt.

Nach den letzten Monumenten des Industriezeitalters bestimmen bald nur noch **Reisfelder** das Landschaftsbild. Wer die königliche Sommerresidenz **Bang Pa-In** (s.u.) besuchen will, sollte nun auf der Straße 32 den Hwy 1 verlassen (Richtung Ayutthaya) und kurze Zeit später die Abzweigung 308 nehmen. Wer Bang Pa-In schon kennt und direkt nach **Ayutthaya** möchte, bleibt auf der N-1, bis 4,5 km vor der Stadt die Straße 309 links vom Highway abgeht. Der große Chedi des *Wat Yai Chai Mongkul* und andere Ruinen der ehemaligen Hauptstadt lassen einen das Ziel kaum verfehlen (zu Ayutthaya s. 6.1.4).

Auf dem Wasserweg

Zu Recht werden die Flußkreuzfahrten auf dem Menam Chao Phraya immer beliebter. Denn auf der geruhsamen, 4-5stündigen Fahrt sieht man idyllische Dörfer und großstädtisches Leben, Industriebauten und Tempelanlagen, kurz: einen repräsentativen Querschnitt dessen, was die Zentralregion ausmacht. Auf dem träge dahinfließenden Strom begegnet man auch heute noch den Reisbarken, zumeist zwei oder drei aneinandergekoppelt, die von kleinen Booten flußaufwärts gezogen werden. Die flachen und kiellosen Lastschiffe waren früher aus Holz, nun sind sie meist aus Stahl und mit Autoreifen behängt. Wenn sie mit Reis gefüllt sind, dem Hauptexportartikel der Region, nehmen sie ihren Weg aus der fruchtbaren Ebene hinunter nach Bangkok und zu den überseeischen Schiffshäfen.

Solche stimmungsvollen Bilder erlebt man, wenn man sich auf dem Wasserweg Ayutthaya nähert. Allerdings gibt es nur an Wochenenden und offiziellen Feiertagen einen Personentransfer mit öffentlichen Verkehrsmitteln, nämlich den Bangkoker Expreßbooten. Sie haben gegenüber den luxuriöseren Schiffen nicht nur einen Preisvorteil, sondern halten auch an mehreren interessanten Punkten an, z.B. am Handwerksdorf Bang Sai und am Tempel Wat Phailom mit seinem Vogelschutzgebiet. Empfehlenswert ist die Reise aber nur auf dem Oberdeck und wenn nicht allzuviel Andrang herrscht.

Private Firmen bieten Arrangements an, bei denen man die Wahl zwischen der Hin- oder Rückfahrt mit dem Schiff bzw. einem klimatisierten Bus hat. Eine wohlschmeckende warme Mahlzeit (Buffet) an Bord, Reiseleitung, Eintrittsgelder in Ayutthaya und Bang Pa-In sowie der Transfer zu einigen Bangkoker Hotels ist meist im Preis inbegriffen. Wer eine solche Tagesexkursion unternehmen möchte, sollte m.E. die Schiffspassage als erholsamen Ausklang, also für die Rückreise wählen. Wegen des großen Aussichtsdecks hat mir persönlich das Schiff der "Horizon Cruise" sehr gut gefallen.

Flußschiffe auf der Strecke Bangkok – Bang Pa-In/Ayutthaya

● *"Ayutthaya Princess"* (Kian Gwan Building 1, 140 Wireless Road, Bangkok 10330, Tel.: 255-9200-04; zu buchen auch über Diethelm Travel). Ausflugszeiten: tägl. 8.00-17.00 Uhr. Hin- oder Rückfahrt mit dem Bus. Pier in Bangkok: Shangri-La. Preis: 1.000 BHT einschl. Essen und Besichtigung.

● *"Horizon Cruise"*, 660 Room, 11 Rama Arcade Rama IV. Road, Tel.: 235-3340, 235-4540. Ausflugszeiten: tägl. 8.45-17.30 Uhr. Hin- oder Rückfahrt mit dem Bus. Pier in Bangkok: River City. Preis: 900 BHT einschl. Essen, Besichtigung und Hoteltransfer.

● *"Oriental Queen"*, Oriental-Hotel, Tel.: 236-0400-39. Ausflugszeiten: tägl. 8.00-17.30 Uhr. Hin- oder Rückfahrt mit dem Bus. Pier in Bangkok: Oriental-Hotel. Preis: 1.000 BHT einschl. Essen und Besichtigung.

● *"River Sun Cruise"*, River City, Tel.: 237-7608, 237-0077-8. Ausflugszeiten: tägl. 7.45-17.00 Uhr. Hin- oder Rückfahrt mit dem Bus. Pier in Bangkok: River City. Preis: 900 BHT einschl. Essen und Besichtigung.

● *"Chao Phraya Express Boat"*, Tel.: 222-5330; 411-0418. Ausflugszeiten: jeden Sonn- und Feiertag 8.00-17.30 Uhr. Hin- und Rückfahrt mit dem Schiff. Stops in Wat Phailom, Bang Sai, Bang Pa-In und Ayutthaya. Pier in Bangkok: Maharat. Preis: 180 BHT Unterdeck, 240 BHT Oberdeck (nur Transport).

Von ganz anderem Charakter ist eine **zweitägige Kreuzfahrt** auf einer über 35 Jahre alten Reisbarke aus Teakholz, bei der maximal 12 Passagiere mitfahren. Man übernachtet in komfortablen Kabinen und genießt die Landausflüge ebenso wie das gute Bord-Restaurant.

Information

"Mekhala", Infos: Asia Voyages, Charn Issara Tower, Tel.: 235-4100-4; Zwei-Tages-Tour von Bangkok nach Bang Pa-In und Ayutthaya, Preis: ab 3.000 BHT einschl. Flußfahrt, Übernachtung, Vollpension und Rück- oder Abreise per Bus.

Im folgenden sind **die wichtigsten Orte und Sehenswürdigkeiten zwischen Bangkok und Ayutthaya** genannt. Zeit zur Besichtigung hat man freilich (mit Ausnahme der Expreßboot-Verbindung) nur in Bang Pa-In.

Bangkok

Man verläßt die Metropole vom Pier *River City* (vgl. KAPITEL 5.3.5) oder einem Hotel in unmittelbarer Nähe. Die nächste halbe Stunde verlangt die Hauptstadt die gesamte Aufmerksamkeit: auf der linken (=Thonburi-) Seite u.a. die Kirche *Santa Cruz*, der riesige Viharn vom *Wat Kanlayanimit*, die weiße Mauer von General Taksins altem Palast, *Wat Arun* und die Klongeinmündungen, auf der rechten Seite u.a. *Wat Po* und der *Große Palast*. Nachdem man das *"Royal River Hotel"* passiert hat, erreicht man bald die Anlagen der *Singha*-Brauerei und das an seinen vielen Radarmasten erkennbare *Military Transportation Service Building*.

Nonthaburi

7 km flußaufwärts fährt man an Bangkoks nördlichem Nachbar Nonthaburi vorbei. Als Mittelpunkt einer der ältesten Provinzen der Zentralregion hat die Stadt besonders dem Kulturinteressierten viel zu bieten, z.B. den Tempel *Wat Kema Pitaram*, der bereits in der Ayutthaya-Ära gegründet und unter Rama I. und Rama III. restauriert wurde. Auch das Kloster *Wat Chaolerm Phrakiat*, von Rama III. zu Ehren seiner Eltern erbaut, muß erwähnt werden. Berühmt ist Nonthaburi ferner für die herrlichen Gärten und Parkanlagen am Chao Phraya, vor allem *Palmyra* (Suan Tan Noi) und *Suan Thip*. Interessenten können mit geräumigen Booten die amphibische Landschaft auf einem eigenen Ausflug kennenlernen. Dabei kommt man an fruchtbaren Gemüsebeeten, traditionellen Thai-Häusern, blühenden Gärten und einigen Dörfern der Mon vorbei. (Palmyra und Suan Thip sind mit dem Auto ab Innenstadt in etwa 30 Minuten und mit dem Expreßboot ab der Pinklao-Brücke in etwa 1 Stunde zu erreichen; der Besuch kostet jeweils 30 BHT Eintritt, Informationen unter Tel.: 583-9297 (Palmyra) und 583-7853 (Suan Thip).

Vom Schiff aus sieht man davon freilich nur wenig, dafür um so deutlicher das große, im postmodernen Stil errichtete weiße *Rathaus*. Ganz in der Nähe erstreckt sich ein riesiger industrieller Komplex: hier hat die Verarbeitung der thailändischen Durian-Früchte ihr Zentrum, und von hier aus werden sie exportiert, insbesondere nach Singapore.

Im weiteren Verlauf der Fahrt unterquert man zwei Brücken, kommt an Fabriken (u.a. "Misubishi" und "Pepsi Cola") vorbei, dann aber nur noch an mittelständischen Betrieben, besonders an vielen Sägenwerken und Werften, in denen unter freiem Himmel die Reisbarken zusammengeschweißt werden. Selten muß man mehr als fünf Minuten warten, bis wieder ein buddhistischer Tempel am linken oder rechten Ufer auftaucht. Vor allem bei der nächsten Ortschaft gibt es dafür prächtige Beispiele:

Pathum Thani

In dem Dorf, das eine intensivere Besichtigung wert wäre, erheben sich die Staffeldächer von gleich mehreren Klosteranlagen, darunter *Wat Chinvararam*, eine der ältesten des Landes, und *Wat Ko Kriang*. Besondere Beachtung verdient der Tempel *Wat Phailom*, da er gleichzeitig als Nistgebiet für Störche berühmt geworden ist. Von Dezember bis Juni halten sich Tausende von Störchen, aber auch andere Vögel in den Bäumen des Tempelgeländes und am Flußufer auf.

Weiter geht die Fahrt den Menam hinauf, der hier sehr breit wird und in seiner Mitte einer großen Insel Platz läßt. Hinter den vorübertreibenden Wasserhyazinthen sieht man an seinen Ufern mehrere buddhistische Tempel im thailändischen oder chinesischen Stil. Tatsächlich leben hier viele Chinesen, deren Lebenserwerb vor allem in der Töpferei besteht.

Dort, wo der Chao Phraya eine scharfe Biegung nach Osten macht und von Norden der ebenfalls breite Menam Noi einmündet, liegt das Handwerkerdorf Bang Sai.

Bang Sai Folk Arts & Crafts Centre

Öffnungszeiten
Royal Folk Arts & Crafts Centre, Bang Sai, Tel.: (035)242-655; tägl. außer Mi geöffnet 8.30-16.00 Uhr, Eintritt 10 BHT

In Bang Sai wurde 1976 dieses Projekt unter königlicher Schirmherrschaft eingerichtet, damit die Bauern der Umgebung, aber auch solche aus anderen Provinzen, die traditionellen Techniken und Stilarten des Kunsthandwerks wieder erlernen. Das Zentrum darf nicht als 'Volkshochschule' mißverstanden werden, denn die Handwerker haben hier ihren wirklichen Arbeits- und Lebensplatz gefunden. Beim Besuch kann man also traditionelles Kunsthandwerk in allen Phasen bis zum fertigen Produkt kennenlernen und gleichzeitig etwas über den Lebensalltag der Bauern erfahren. Unter den Produkten des Dorfes, die hier und an vielen Stellen im Königreich verkauft werden, finden sich Keramik und Porzellan, Flechtwerk, Kunstblumen, Waren aus gewebter Seide und Baumwolle, Holzschnitzereien, thailändische Puppen und Rattan- oder andere Möbel.

Außer mit den Expreßbooten (So) kann man ab Bangkok mit dem Bus ab dem *Northern Bus Terminal* jede halbe Stunde ab 5.30 Uhr oder mit gecharterten Booten ab Bang Pa-In hierhinkommen.

Nun sind es noch etwa 24 km flußaufwärts bis Bang Pa-In, wo einige Kreuzfahrtschiffe anlegen. Der Pier ist ca. 5 Minuten von der Sommerresidenz entfernt.

Bang Pa-In

Öffnungszeiten
Bang Pa-In Palace, Tel.: 224-3273; tägl. geöffnet 8.30-15.00 Uhr, Eintritt 50 BHT

Mitten auf einer Insel im Chao Phraya liegt dieses merkwürdige Meisterstück der Architektur, in dem die klassische Thai-Kunst mit europäischen und amerikanischen Vorbildern eine gelungene Verbindung eingeht. Schon in der Ayutthaya-Zeit entfaltete sich auf der Insel königliche Pracht: König Prasattong (1628-1655), Siams 24. Monarch, ließ hier einen großen Teakholz-Bau errichten, in den er sich in der heißen Jahreszeit zurückzog. Nach der Zerstörung Ayutthayas blieb Bang Pa-In 158 Jahre lang verlassen und verfiel. Unter dem Chakri-König Chulalongkorn wurden einige Bauten wiederhergestellt, hauptsächlich aber über den Ruinen ein völlig neues Sommerschloß aufgebaut. Auch der heutige Monarch setzt die Tradition fort und besucht Bang Pa-In mindestens einmal im Jahr.

Bei einem **Rundgang** kommt man zunächst zur Eintritts-Pforte (Erfrischungen, Souvenirs), wo man auch das vorzüglich illustrierte und beschriftete Heft *Guide to the Bang Pa-In Palace* (kostenlos) bekommt.

Architekturjuwel Bang Pa-In

Dann betritt man das Gelände und geht parallel zu einem langen, herrlichen Kanal. Jenseits sieht man die klassizistischen Fassaden des **Äußeren Palastes**, der von Rama V. für die heiße Jahreszeit errichtet wurde und in dem heute noch königliche Zeremonien stattfinden. Links des Gehwegs erhebt sich ein großer **Bodhi-Baum** mit 8 Ba-Sema-Steinen, sofort daneben ein kleiner **Prang** im Khmer-Stil (1880). Wenige Schritte weiter hat man bereits den prächtigsten Ausblick auf die **inneren Palastanlagen**: von Wasser umgeben und untereinander mit Brücken verbunden, reihen sich Gebäude, die alle einen unterschiedlichen Stil repräsentieren. Vom modernen Aussichtspavillon (Kinder verkaufen hier für 10 BHT Brot zum Füttern der kapitalen Fische) schaut man auf ein wahres

Juwel der klassischen Thai-Architektur: der mitten im See stehende **Königliche Pavillon**. Er wurde zuerst unter König Prasattong gebaut und unter König Chulalongkorn rekonstruiert; in ihm steht nun dessen Bronze-Standbild in Lebensgröße.

Nun hält man sich links und geht über eine europäisch wirkende **Brücke** mit Statuen aus der griechisch-römischen Mythologie. Das nächste größere Gebäude ist ein zweistöckiges, grün-türkis gestrichenes **Holzhaus** im amerikanischen Kolonialstil. Es wurde von Chulalongkorn während der Regenzeit benutzt und ist 1877 errichtet worden; 1938 brannte es ab und wurde 1989 nach Fotografien rekonstruiert. Der merkwürdige Dachanstrich rührt daher, daß Pink als Farbe dem Dienstag (= Geburtstag des Königs) zugeordnet ist.

Weiter geht man durch einen gepflegten **Park** mit herrlichen Bäumen und Pflanzen (indische Korkeiche, Königspalme usw.; die botanischen Namen

sind angeschrieben), überquert eine weitere Brücke und sieht auf einmal Elefanten, Büffel und Löwen – allerdings nur als Heckenskulptur! Dann passiert man das auf einem Inselchen plazierte **Observatorium** aus dem Jahr 1881, von dem aus der König die Umgebung betrachtete; mit seinem kuppelbekrönten Turm sieht es aus wie eine Mischung aus Minarett und Leuchtturm.

Mehr Aufmerksamkeit verlangt das prächtigste Gebäude von Bang Pa-In, das sich nun zur Linken erhebt: der **chinesische Palast** (*Phra Thinang Wehart Chamrun*). Die 1991 renovierte Residenz war das Geschenk des chinesischen Wirtschaftsministers an König Chulalongkorn und wurde ihm als Wohnsitz für die kalte Jahreszeit 1889 übergeben. Der in nur zwei Jahren errichtete Prachtbau besticht von außen durch die glasierten Ziegel und die Stuck-Drachen auf dem Dach, im Inneren durch

Das Observatorium

den Thron im chinesischen Stil (Erdgeschoß) und den Altar für die Könige Mongkut und Chulalongkorn nebst ihren Frauen (Obergeschoß). Der chinesische Palast war außerdem der Lieblingsort von Rama VII.

Bevor man das Gelände über zwei weitere Brücken verläßt, sollte man noch die beiden **Denkmäler** beachten, von denen der Marmorobelisk an die Lieblingsfrau des Königs erinnert. Sie ertrank 1881, weil sich keiner

Chinesischer Palast

getraute, ihr zu helfen (die Berührung von Angehörigen des Königshauses war für die Untertanen tabu). Die Inschrift in Thai und Englisch ist von Chulalongkorn selbst angebracht worden. Das Denkmal daneben erinnert an eine weitere Frau des Monarchen, die zusammen mit ihren drei Kindern umkam.

Nur wenige Minuten entfernt liegt südlich des Palastes die Anlage **Wat Nivet Thamprawat**, zu der Besucher den Fluß mit einer Seilbahn (kostenlos) überqueren können. König Chulalongkorn ließ den Tempel merkwürdigerweise im neogotischen Stil einer christlichen Kirche erbauen.

6.1.4 AYUTTHAYA

Die Bedeutung Ayutthayas ist das Resultat einer glanzvollen Geschichte, in der die Stadt 417 Jahre lang die Hauptstadt des gleichnamigen Reiches war und sich zu einer der prächtigsten Metropolen der damaligen Welt aufschwang. Deswegen zunächst ein kurzer **historischer Überblick:**

Nach der Vereinigung zweier kleinerer Fürstentümer unter dem Prinzen *U Thong*, der um 1350 unter dem Namen **Rama Thibodi I.** das Königreich Ayutthaya gründete, nahm die Stadt am Unterlauf des Chao Phraya einen rasanten Aufstieg. Kurze Zeit später bereits war das Reich von Sukhothai zum Vasallen degradiert und die mächtigsten Feinde (Khmer, Lanna, Burmesen) zurückgedrängt. Die 33 Könige übernahmen dabei von den Khmer ein feudales Staatssystem und die Idee des Gottkönigtums. Die gefährlichste Bedrohung für Stadt und Reich waren und blieben die Burmesen. Im 16. Jahrhundert marschierten sie zum ersten Mal gegen Ayutthaya, das sie 1564-1569 erobern konnten. 1584 besiegte König **Naresuan** im Zweikampf den burmesischen Rivalen und stellte die alte Macht Ayutthayas wieder her. Die prächtigsten Tempel und Paläste wurden unter ihm und seinen Nachfolgern gebaut, und im 17./18. Jahrhundert stand das Reich auf dem Höhepunkt seiner Macht. Europäer, die zu dieser Zeit Siam besuchten, erlebten staunend den Glanz Ayutthayas, das nicht nur größer als Paris oder London war, sondern mit seiner Unzahl von Kanälen und Brücken, der 12 km langen Mauer, dem riesigen Königspalast sowie nicht weniger als 29 Festungen, 94 Stadttoren und 375 Tempeln wie ein exotisches Traumbild gewirkt haben muß. Unter König **Narai** (1656-1688) und seinem griechischen Berater Phaulkon (vgl. KAPITEL 6.1.5), der die Hauptstadt zeitweilig nach Lopburi verlegte, bahnten sich jedoch Differenzen mit den europäischen Handelsnationen an, die in Ayutthaya eigene Kompanien unterhielten. Schließlich mußten alle Ausländer das Königreich verlassen: eine 150jährige Isolation begann, und Ayutthaya mit seinen ca. 300.000 Einwohnern wurde zur 'verbotenen Stadt'.

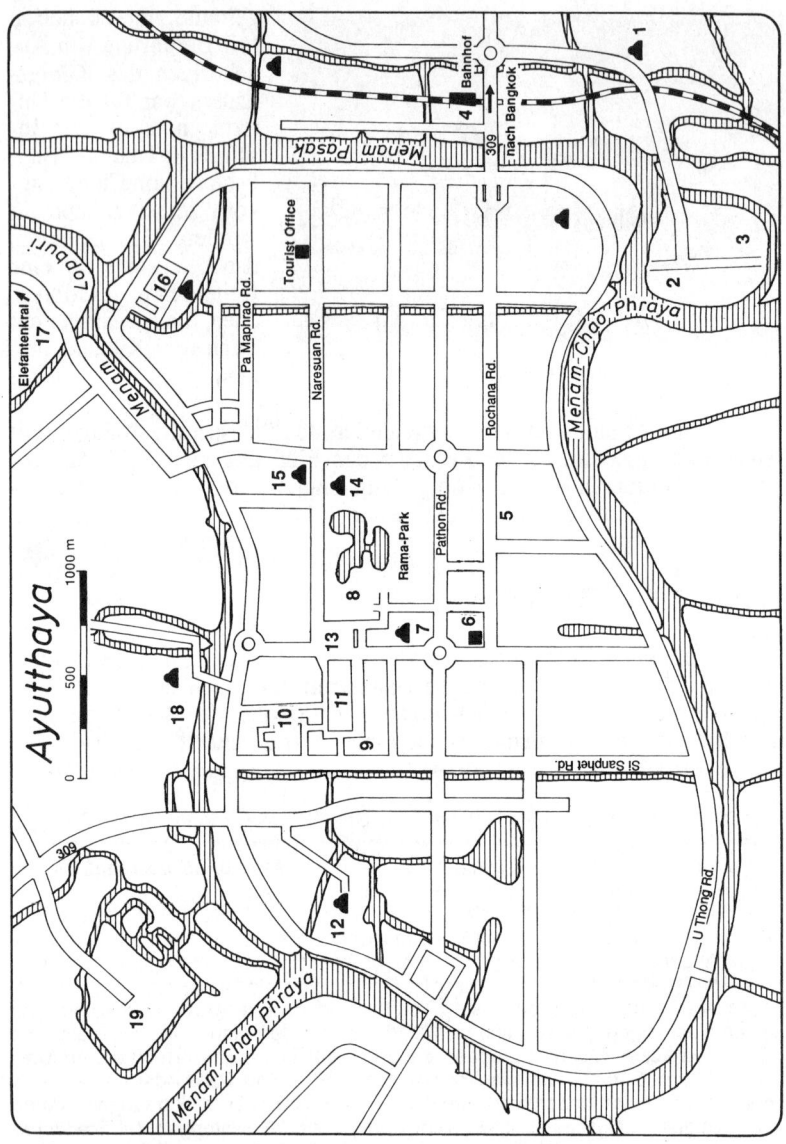

Das endgültige Aus ereilte die Stadt durch den burmesischen Feldzug von 1765, der nach zweijähriger Belagerung in der Plünderung und völligen Zerstörung Ayutthayas mündete. Die Baudenkmäler, Schätze und Dokumente einer 417 Jahre währenden glanzvollen Epoche versanken in Schutt und Asche (vgl. auch KAPITEL 2.1.2).

338

Die markanten Ruinen gehören zu den wichtigsten Sehenswürdigkeiten des Königreichs und sind das ganze Jahr hindurch das Ziel von Kulturtouristen aus aller Welt, besonders aber Anfang April, wenn hier die zehntägige Licht-und-Ton-Show *"Glory of Ayutthaya"* abgehalten wird.

Die Könige der Chakri-Dynastie erweckten Ayutthaya auf zweierlei Art wieder zum Leben: Erstens bauten sie die neue Hauptstadt *Krung Thep* (Bangkok) nach ihrem Vorbild auf, so daß die Besucher heute von den Palästen und Tempeln der Millionen-Metropole auf die Pracht der untergegangenen Residenz schließen können. Zweitens unternahmen sie alle Anstrengungen, Ayutthayas Ruinen zu bewahren, zu restaurieren oder über ihnen Rekonstruktionen zu errichten. Vor allem unter Rama IV. bis Rama VII. wurde hier Bewundernswertes geleistet. Hinzu kommen Einrichtungen der neuesten Zeit (Museen, Forschungszentren etc.), in denen in- und ausländischen Gästen wertvolle Informationen geliefert werden. Darüber hinaus entwickelte sich im Osten der alten Hauptstadt zwischen den Ruinen eine neue Ortschaft mit Markt, Bahnhof, Rathaus usw., die inzwischen immerhin mehr als 60.000 Einwohner zählt.

Information
In zwei Touristen-Informationsbüros können Sie Lagepläne oder Auskünfte über Übernachtungsmöglichkeiten, Ausflugsarrangements etc. erhalten: eine befindet sich auf der Naresuan Rd. neben dem *"Si Samai"*-Hotel, das andere auf der Rochana Rd. neben dem Nationalmuseum; Öffnungszeiten tägl. 8.00-17.00 Uhr.

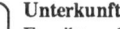

Unterkunft
Es gibt mehrere billige Guest Houses und Pensionen (ab 40 BHT). Die besten Hotels (Mittelklasse) sind:
● *"U-Thong Inn"***-***, 210 Mu 5, Rochana Rd., Tel.: (035)242-236-9; 100 klimatisierte Zimmer, 300 m östlich der Stadt an der Straße 309 gelegen (nicht zu verwechseln mit dem schlechteren *"U-Thong Hotel"**!).
● *"Ayutthaya Grand Hotel"***-***, 55/5 Rochana Rd., Tel.: (035)244-483-92; 122 Zimmer, zentral.
● *"Si Samai"**, 12/19 Naresuan Rd., Tel.: (035)245-228-9; 78 Zimmer mit AC oder Ventilator, zentral gelegen.

Transport
Wer außerhalb einer Gruppe reist, ist auf den Transport in Ayutthaya und in den weitläufigen Ruinenfeldern angewiesen. Vom *Bahnhof* (am östlichen Ufer des Menam Pasak) aus fahren *Songtaos* für 5 BHT in die Stadt. Die Halbtages-Miete eines *Tuk-Tuks* kostet etwa 300 BHT – in Ayutthaya sind die Tuk-Tuks zwar dreirädrig, vorne aber verkleidet und haben seitlich angebrachte Sitzbänke. *Songtaos nach Bang Pa-In* (ca. 30 BHT) starten regelmäßig ab 6.30 Uhr an der Chao Prom Rd., Fahrtdauer ca. 50 Minuten. An mehreren Stellen kann man sich *Fahrräder* (ca. 30 BHT/Tag) oder *Motorräder* (ca. 120 BHT/ Tag) mieten – z.B. im "New B.J. Guest House", 16/7 Naresuan Rd., Nähe Bahnhof. Am Wat Phanom Choeng (2) und am Chandra-Kasem-Palast (16) kann man sich *Boote* mieten und auf den Wasserläufen einmal um die Stadt fahren (ca. 250 BHT pro Boot), ein sehr empfehlenswertes Erlebnis! Das Chartern von Booten nach Bang Pa-In ist möglich und kostet etwa 800 BHT für die Hin- und Rückfahrt.

Stadtbesichtigung

Ayutthaya liegt auf einer künstlichen Insel, die durch die Biegung des Chao Phraya sowie die einmündenden Flüsse Menam Pasak und Menam Lopburi gebildet wird und von weiteren Wasserläufen durchzogen ist. Deswegen kann man sich auf einer Bootstour einen guten Überblick über die Ausdehnung der historischen Stadt und die Lage der wichtigsten Tempel verschaffen. Wer mit Bus oder Pkw vom Highway kommt, gelangt auf der Straße 309 ins Zentrum.

Auf den gängigen Sightseeing-Touren der Busgesellschaften wird man normalerweise in etwa 2-3 Stunden nur zu den markantesten Sehenswürdigkeiten gebracht, in aller Regel zum *Wat Yai Chai Mongkol* (1), zum *Viharn Phra Mongkol Bophitr* (9) und zum alten *Königspalast* (10) mit dem *Wat Phra Si Sanphet* (11). Kulturinteressierten mit mehr Zeit sei darüber hinaus wenigstens der Besuch des *Nationalmuseums* (6), des *Chandra-Kasem-Palastes* (16), des *Elefanten-Krals* (17) und der Tempelanlagen *Wat Lokaya Sutha* (12), *Wat Mahatat* (14), *Wat Na Phra Men* (18) und *Chedi Phu Kao Thong* (19) ans Herz gelegt.

Die folgende **Kurzbeschreibung der wichtigsten Sehenswürdigkeiten** orientiert sich an der üblichen Busroute von Bangkok her kommend, geht also von Osten nach Westen vor (die Ziffern beziehen sich auf den Lageplan).

Schon vom Hwy 1 und der links abzweigenden Straße 309 sind die aufragenden Ruinen zu sehen und kündigen die alte Hauptstadt an. Bevor man zum eigentlichen Stadtgebiet kommt, biegt man nach links zur Tempelanlage mit dem auffälligsten Chedi ab und erreicht

1. Wat Yai Chai Mongkol

Unter König U Thong (= Rama Thibodi I.) 1357 erbaut, gehört das große Kloster zu den ältesten und wichtigsten Tempeln im alten Siam. Es diente jenen Mönchen als Unterkunft, die in Ceylon den Theravada-Buddhismus studiert hatten. Der dominierende, 62 m hohe Chedi stammt aus der Zeit König Naresuans: nachdem der siamesische Herrscher die burmesische Invasion zurückgeschlagen hatte und 1592 den feindlichen Kronprinzen in einem Duell mit Kriegselefanten (bei Suphanburi) eigenhändig bezwungen hatte, ließ er zur Erinnerung an das denkwürdige Ereignis diesen Bau errichten. Damals war fast das gesamte Nachbarland unter thailändische Kontrolle geraten. Man sollte nicht zögern, die steilen Stufen zum Tempelturm bis zur oberen Kapelle hinaufzuklettern, denn von oben bietet sich eine phantastische Aussicht auf das Kloster. Um den Haupt-Chedi im typischen Ayutthaya-Stil

Wat Yai Chai Mongkol

sind auf der quadratischen Terrasse an den Ecken vier kleinere Exemplare gereiht. Beeindruckend sind besonders die beiden großen Buddhafiguren in sitzender Pose (= Anrufung der Erde) und die 135 modernen Repliken des Erleuchteten, die normalerweise mit gelben Tüchern behängt sind. Der ehemalige Viharn wurde in kleinerem Maßstab rekonstruiert, so daß man noch Teile der alten Mauern in der typischen, leicht nach innen geneigten Struktur sehen kann. Dort, wo früher die Sala stand, ist nun ein wunderschöner Rosengarten angelegt.

Bevor man das Klostergelände verläßt, sollte man auf dem Weg zum Parkplatz der riesigen Figur des Ruhenden Buddha einen Besuch abstatten; sie wurde 1965 auf originalen Überbleibseln restauriert. Z.Zt. legt man in der Nähe einen Garten an, den eine Statue für König Naresuan schmücken soll (Eintritt zum Wat Yai Chai Mongkol: 10 BHT).

Folgt man nun der Straße noch ein Stück weiter, kommt man jenseits der Bahnlinie und südlich des Menam Pasak zum Tempel

2. Wat Phanom Choeng

Dieser auf einer kleinen Insel plazierte, mehrfach restaurierte (zuletzt in den 70er Jahren) Tempel soll Chroniken zufolge aus dem Jahr 1324 stammen. Damit wäre er nicht nur älter als der *Wat Yai Chai Mongkol*, sondern hätte bereits vor der Erhebung Ayutthayas zur Hauptstadt existiert. Seine größte Sehenswürdigkeit ist die hochverehrte Kolossalstatue des sitzenden Buddhas aus Backstein und Stuck, die mit einer Höhe von 19 m und beträchtlicher Breite fast den gesamten Viharn ausfüllt. Die Legende weiß zu berichten, daß bei der Eroberung Ayutthayas durch die Burmesen aus den Augen der Statue Tränen geflossen sein sollen...
Im Bot dahinter gibt es weitere Buddhafiguren zu sehen, einige davon sind mit ihrer Gold- und Silberlegierung sehr wertvoll.

Auf der gleichen Insel befindet sich heute eine Anlegestelle, an der man Boote mieten kann. Der Platz dafür ist gut gewählt, denn früher lag hier der hauptstädtische **Hafen**. In dem Zusammenhang muß erwähnt werden, daß die Überseeschiffe der Chinesen, Japaner und Europäer den Menam-Strom ohne weiteres hinauffahren konnten. Der Fluß war damals nicht nur breiter, sondern die Strecke auch erheblich kürzer: erst durch die Ablagerungen der letzten 400 Jahre ist Ayutthaya so weit vom Meer entfernt. Direkt am Hafen, südlich vom Tempel, hatten die Japaner, Holländer, Engländer und Portugiesen ihre **Handelsniederlassungen** (3), während die bevorzugten Franzosen näher in der Stadt wohnen durften. Einige der Gemäuer sind noch erhalten und restauriert (*Dutch Building*; *English House*). Gegenüber sieht man auf der anderen Flußseite noch als bescheidenen Rest der ehemals mächtigen **Stadtbefestigung** das Fort *Phom Phet*.

Um zur eigentlichen Stadt zu gelangen, fährt man nun die gleiche Strecke zurück und biegt dann auf der Straße 309 (Rochana Rd.) nach links ab. Über die **King Naresuan-Bridge** geht es, am **Bahnhof (4)** und dem neuen **Wat Phichai** vorbei, über den Menam Pasak, an dessen jenseitigem Ufer das 'schwimmende Restaurant' *Ruenpae* (empfehlenswert!) liegt. Nun ist man bereits auf dem Areal des eigentlichen historischen Ayutthaya. Die breite Straße führt einen etwa 1,5 km geradeaus, bis linkerhand das hypermoderne *Historical Study Centre* auffällt.

5. Ayutthaya Historical Study Centre

Das 1990 eröffnete Haus, für dessen extravagante Form ein japanisch-thailändisches Architektenteam verantwortlich zeichnet, zeigt die wohl detaillierteste Darstellung des Königreichs von Ayutthaya und seiner Hauptstadt. Auf eine Weise, die auch historischen Laien verständlich wird (Schautafeln, Modelle, Dioramen usw.) wird die siamesische Gesellschaft mit ihrer Kunst und Kultur, ihrem Außenhandel und ihrer Wirtschaftspolitik, ihrer Religion und ihrem Alltagsleben anschaulich zum Leben erweckt.

Öffnungszeiten
Ayutthaya Historical Study Centre, Rochana Rd., Tel.: 245-123-4; geöffnet Mo-Fr
9.00-15.00 Uhr, Sa-So 9.00-16.30 Uhr, Eintritt 100 BHT

Einen halben Kilometer weiter liegt rechts an der Rochana Rd. eine kleine Touristeninformation und das

6. Nationalmuseum
In dem 1961 eröffneten Gebäude sind vor allem unzählige Buddhastatuen aus allen Stilepochen aufgereiht. Daneben sind diejenigen Exponate sehenswert, die man bei archäologischen Ausgrabungen zutage förderte und die nicht ins Bangkoker Nationalmuseum abgeführt wurden. Zu diesen Kostbarkeiten gehören u.a. bronzene Tempelmodelle, buddhistische Altäre, wunderbare Holzschnitzereien und Kleinode aus Gold, Edelsteinen, Elfenbein und Perlen.

Öffnungszeiten
Chao Sam Phraya National Museum, Rochana Rd., Tel.: 251-587; geöffnet Mi-So
9.00-12.00 und 13.00-16.00 Uhr, Eintritt 10 BHT

Hinter dem Nationalmuseum fährt man nach rechts und wirft einen Blick auf das gelb angestrichene **Rathaus** mit seinen sechs Bronzestatuen der 'Helden von Ayutthaya'. Hinter dem nächsten Kreisel sieht man auf der rechten Seite das **Wat Phra Ram (7)** mit seinem typischen Chedi der mittleren Ayutthaya-Periode, der die von den Khmer beeinflußte Form des Tempelturms (= Prang) ablöste. Dahinter erstreckt sich der hübsche **Rama-Park (8)** mit seinem Wasserrosen-See (Eintritt 5 BHT). Nun biegt man nach links ab und kommt zu einem großen Busparkplatz mit etlichen Eßständen, Souvenirshops, Wahrsagern und Händlern, die gefälschte Edelsteine verkaufen wollen. Auf dem Platz wurden früher die Einäscherungszeremonien für die Könige abgehalten. An seiner Stirnseite erhebt sich der

9. Viharn Phra Mongkol Bophitr
Das große, rot-weiße Gebäude mit hohen Staffeldächern ist eine getreue Replik des Viharn, der durch die Burmesen zerstört wurde. Im Lauf der Zeit mußte das Gebäude jedoch mehrfache Rekonstruktionen und anschließende Brände (zuletzt 1958) erleiden. Der heutige Bau stammt aus den 1960er Jahren. Berühmt ist die im Inneren sitzende, riesige Figur des Erleuchteten, die mit einer Höhe von 12,45 m und einer Breite von 9,55 m den vielleicht größten Bronzeguß Buddhas überhaupt darstellt. Eine genaue Datierung ist den Kunsthistorikern nicht möglich, man nimmt aber an, daß die Figur aus dem 15./16. Jahrhundert stammt.

An der Nordseite des Platzes ist, neben einer Schautafel über die Lage des gesamten Geländes, der Eingang (Eintritt 20 BHT) zum

10. Alten Palast
Wer den Königspalast in Bangkok besucht hat, wird sich vielleicht in dem Ruinenfeld mit den Grundmauern und Relikten vieler Einzelgebäude besser zurechtfinden. Denn bei dem Versuch, nach der Zerstörung durch die Burmesen ein neues Ayutthaya zu erschaffen, hielt man sich beim Aufbau Bangkoks in Planung und Zweckbestimmung der Bauten getreu an das Vorbild. Auch in diesem ehemaligen Palastbezirk gibt es repräsentative Hallen, verschiedene Residenzen, die Emp-

fangsräume für ausländische Staatsgäste und natürlich den Königstempel (Wat Phra Si Sanphet). Der erste Palast wurde bereits anläßlich der Stadtgründung im Jahre 1350 errichtet, später allerdings immer wieder vergrößert, in der Zuordnung der Gebäude verändert und umgebaut. Betritt man den Alten Palast vom Platz vor dem *Viharn Phra Mongkol Bophitr* aus, gelangt man zunächst zum abgetrennten heiligen Bezirk, dem

11. Wat Phra Si Sanphet

Das unmittelbar südlich an den eigentlichen Palast anschließende Gelände war der Anlage des Königstempels vorbehalten, der dem *Wat Phra Keo* in Bangkok entspricht. Genau wie dort lebten in der Klosteranlage keine Mönche. Der Tempel

diente ausschließlich als königliche Privatkapelle sowie den höfischen und Staatszeremonien; drei Jahrhunderte lang galt er als der prächtigste Wat des Königreichs.

Rings entlang der Tempelmauer sieht man kleinere Chedis mit Kapellen, in denen die Urnen von Angehörigen des Königshauses aufbewahrt wurden. Dominiert wird die Anlage jedoch durch die langgestreckte Terrasse, auf der sich drei große weiße Chedis erheben (15./16. Jahrhundert).

Die drei Chedis

Sie repräsentieren den Idealtypus des sog. Ayutthaya-Stils: Über einem hohen, durch Simse gegliederten Sockel steht der glockenförmige Unterbau; er wird in jeder Himmelsrichtung von Kapellen umgeben, zu denen steile Treppen hinaufführen und die von einem Miniatur-Chedi bekrönt werden; über dem Unterbau befindet sich der säulenumkränzte Reliquienschrein und darüber die hohe, waagerecht gerillte Spitze. Die Chedis enthielten die Asche von drei Königen, nämlich von Rama Thibodi II., seinem Vater und seinem Bruder; zu jedem Bau gehört im Osten noch ein kleiner Mondhop.

An die Terrasse schließt sich östlich der Haupt-Viharn an, von dem noch Säulen mit Lotosblütenkapitellen zu sehen sind. Die unter Rama Thibodi II. 1499 erbaute Halle beherbergte die Statue eines 16 m hohen, stehenden Buddhas. Die Kolossal-Figur war völlig mit Gold überzogen (343,2 kg!) und deswegen das erste Ziel der burmesischen Plünderung: die Invasoren legten Feuer unter das Standbild und schmolzen in diesem Glutofen das Gold heraus; dabei brannte der gesamte Tempel ab. Nur die zerschlagenen Stücke der Statue blieben zurück und wurden später von Rama I. in einem Chedi des *Wat Po* in Bangkok beigesetzt.

Der Haupt-Viharn wird von vier Gebäuden flankiert, von denen drei weitere Viharn sind und das kleinste, erkennbar an den Ba-Sema-Steinen, der Bot ist. Östlich davon sieht man noch die quadratische Basis des ehemaligen Glockenturms, hinter der sich der Haupteingang zur Tempelanlage befindet.

Im Norden des Wat Si Sanphet erstreckt sich das viel größere Gelände des königlichen Palastkomplexes. Im Gegensatz zum Tempel sind die erkennbaren Ruinen allerdings von bescheidenen Ausmaßen. Geht man in nördlicher Richtung, kommt man nacheinander an folgenden Bauten vorbei:

- **Chakravatphaichayon**, eine Halle am östlichen Ende des Bezirks, im 17. Jahrhundert erbaut für die Abnahme der festlichen Umzüge durch den Monarchen
- **Viharn Somdet**, eine Zeremonienhalle des 17. Jahrhunderts
- **Tri-Muk-Halle**, ein offener Holzpavillon, der unter Rama V. 1907 anläßlich des 40jährigen Thronjubiläums restauriert wurde
- **Sanphet Prasat**, ein Empfangsgebäude für Staatsgäste aus dem Jahre 1448
- **Suriyat Amerin**, eine der beiden Residenzen König Narais (1656-1688)

Westlich des Königstempels, inmitten eines Kanalsystems und nahe am Chao Phraya, befindet sich der

12. Wat Lokaya Sutha
Es ist ein etwas schwieriges Unterfangen, zu ihm hinzufinden (zuerst vom östlichen Eingang des Alten Palastes auf der großen Straße nach links (Norden) bis zur U-Thong Rd., hier wieder links und die erste Straße nach dem Kanal ein weiteres Mal links, dann nach ca. 200 m auf dem kleinen Feldweg nach rechts), aber der Besuch lohnt sich. Vom Tempel selbst sind zwar nur noch spärliche Überreste vorhanden, dafür aber liegt nun der 'Ruhende Buddha' unter freiem Himmel und in malerischer Umgebung. Die weiße Stuckfigur mit dem Kopf auf einem lotosförmigen Kissen ist mit ca. 20 m Länge das größte liegende Buddha-Bildnis von Ayutthaya.
Näher sind die sich östlich an den Alten Palastes anschließenden, sehenswerten Tempel. Auffälligster Blickpunkt ist aber zunächst das **U-Thong Monument (13)**, eine Bronzestatue für Rama Thibodi I., dem Begründer der Hauptstadt Ayutthaya. Fährt man von hier aus den schönen Rama-Park entlang über die Naresuan Rd. nach Osten, passiert man nach etwa 400 m auf jeder Straßenseite jeweils eine große Tempelanlage. Rechts kommt man zum

14. Wat Mahatat
Das riesige Klostergelände markiert das Zentrum des mittelalterlichen Ayutthaya. Mit dem Bau wurde während der Regierungszeit des dritten siamesischen Königs (Boromaraja I.; 1370-1388) begonnen, aber die Arbeiten zogen sich bis ins 16. Jahrhundert hin, als man den mächtigen Haupt-Prang errichtete. Der mehrfach eingestürzte und immer wieder aufgebaute Tempelturm im Khmer-Stil soll ursprünglich über 50 m hoch gewesen sein und eine Reliquie Buddhas enthalten haben. Aber auch die Asche einiger Monarchen wurde hier beigesetzt. Außerdem war das Kloster die Residenz des obersten Patriarchen der Mönchsgemeinde.
Bei Ausgrabungen, die das *Department of the Fine Arts* ab 1956 im Prang unternehmen ließ, wurden wertvolle Objekte gefunden, die man wohl während der Belagerung durch die Burmesen vergraben hatte. Darunter waren u.a. Schatzkästchen mit goldenen Buddha-Bildnissen, buddhistische Votiv-Tafeln, Kultgegenstände aus Marmor, Edelsteinen und Silber. Die Funde sind nun in den Nationalmuseen von Ayutthaya und Bangkok zu sehen. (Der Eintritt zum Wat Mahatat beträgt 20 BHT.)
Dem Wat Mahatat gegenüber, nördlich der Naresuan Rd., liegt der

15. Wat Ratchaburana
Den Tempel ließ der 7. König von Ayutthaya (Boromaraja II., 1424-1448) zur Erinnerung und als Begräbnisstätte für seine beiden Brüder errichten. In dem Trümmerfeld sind noch einige Wände oder andere Architekturteile erhalten. Besonders zu nennen ist der große Prang im Khmer-Stil, unter dem man bei Ausgrabungen 1958 zwei Krypten mit Fresken und unschätzbaren Kostbarkeiten fand. Die Krypten sind nicht immer zugänglich, dafür können die aufgefundenen Kleinodien im Nationalmuseum (4) studiert werden. (Der Eintritt zum Wat Ratchaburana kostet 20 BHT.)

Folgt man nun der Naresuan Rd. ostwärts und biegt an der zweiten Straße (Klong Makhamriang Rd.) nach links ab, gelangt man in das quirlige Zentrum des heutigen Ayutthaya mit einigen Märkten, Hotels, Gästehäusern und einer Bootsanlegestelle hinter dem Chandra-Kasem-Palast. Dort, also in der nordöstlichen Ecke des Stadtgebietes am Zusammenfluß des alten Menam Lopburi und des Menam Pasak, befindet sich eine weitere Konzentration historischer Relikte. Im Zentrum steht der

16. Chandra-Kasem-Palast
Die weitläufigen Gebäude wurden auf den mittelalterlichen Fundamenten unter König Mongkut (Rama IV.) als Sommerpavillon und Observatorium errichtet und beherbergen heute einen Teil der Stadtverwaltung. Die gelungene Rekonstruktion kann einen Eindruck vom tatsächlichen Aussehen der Residenz König Naresuans aus dem Jahre 1577 vermitteln. Das Observatorium auf der anderen Seite des Flusses besteht aus Teilen der Befestigungsanlage König Narais. In einem hölzernen Gebäude (*Chaturamuk-Pavillon*; 19. Jahrhundert) des Palastes ist ein Teil des **Nationalmuseums** untergebracht (geöffnet Mi-So 9.00-16.00 Uhr), wobei die Ausstellungsstücke des *Chao Sam Phraya-Nationalmuseums* auf der Rochana Rd. (4) sehenswerter sind.

Zu weiteren Besichtigungen verläßt man die Insel, auf der das alte Ayutthaya lag. Von der parallel zum alten Lopburi-Fluß angelegten U-Thong Rd. benutzt man die Brücke in nördlicher Richtung und kommt über die Paniat Rd. zum

17. Elefanten-Kral (*Paniat*)
Innerhalb der weit in den Dschungel hineinreichenden Umzäunungen und des inneren quadratischen Walls wurden früher die wilden Elefanten hineingetrieben, gezähmt und zu Kriegselefanten 'ausgebildet'. Die heutige Stein-Erde-Konstruktion mit mächtigen, rotgestrichenen Teakholzpfählen und einem Pavillon für den königlichen Thron ist das Resultat der Renovierungsarbeiten von 1957. Die letzte wirkliche Elefantenzähmung wurde hier 1903 abgehalten, als König Chulalongkorn seinem Gast, Großfürst Boris von Rußland, dieses prächtige Schauspiel bieten wollte. Heutzutage bildet der Elefanten-Kral die Kulisse für das alljährliche Volksfest "*Elephant Round-Up*" im Januar.
Westlich davon und näher zum historischen Stadtzentrum liegt in landschaftlich schöner Umgebung der

18. Wat Na Phra Men (*Pramane*)
Im Gegensatz zu den Ruinen des Alten Palastes kann man hier eine teilweise erhaltene bzw. restaurierte Klosteranlage sehen, deren Bot den Brandschatzungen der burmesischen Invasion entging. Das als gutes Beispiel typischer Ayutthaya-Architektur vielgerühmte Gebäude hat prächtig ausgestaltete Giebelfelder und Portale, Vorhallen, seitliche Säulenreihen und dahinter die charakteristischen "Spaltfenster". Im Inneren befindet sich eine bekannte und wertvolle Buddhastatue aus Bronze, die den Erleuchteten im Königsornat zeigt. Der kleinere Viharn daneben ist chinesisch beeinflußt und besitzt ebenfalls eine außerordentlich wertvolle Figur: einen 3 m hohen Buddha aus schwarzem Stein, der in 'europäischer Art' auf einem Stuhl sitzt und vermutlich aus der Dvaravati-Periode (6.-11. Jahrhundert) stammt.
Noch weiter westlich, an der Straße 3060 (Kao-Thong-Rd.) jenseits des Hwys 309, kommt man zum

19. Chedi Phu Kao Thong
Die etwa 80 m hohe Spitze dieses Tempelturms gehört zweifellos zu den eindrucksvollsten von Ayutthaya. Das Kloster stammt aus dem 14. Jahrhundert,

wurde aber von den Burmesen zum Andenken an ihren Sieg und die erste Erobe-
rung der siamesischen Hauptstadt im Jahre 1569 umgebaut und mit einem enor-
men Chedi im Mon-Stil geschmückt. Zwei Jahrhunderte später veränderten die
Thai das Monument in ihrem Stil, indem sie über der verfallenen Ruine einen
Chedi auf viereckigem Grundriß und mit zweifach gebrochenen Kanten erbauten.
Beim Aufbau Bangkoks war der Tempelberg das Vorbild für den *Golden Mount*.
Die 2,5 kg schwere Goldkugel auf der Spitze setzte man 1956 anläßlich des
2.500jährigen Jubiläums des Buddhismus auf.

6.1.5 ZWISCHEN AYUTTHAYA UND SUKHOTHAI

Für die etwa 350 km lange Fahrt zwischen Ayutthaya und Sukhothai, den
beiden historischen Vorgängerinnen Bangkoks, sollte man sich mindestens zwei Tage Zeit lassen, wenn man noch den einen oder anderen
Abstecher machen will. Schon auf den ersten knapp 100 km gibt es
einiges zu sehen. Bleibt man nämlich auf dem Hwy 1, der einen ja bereits
von Bangkok nach Bang Pa-In und Ayutthaya brachte, gelangt man bald
nach Phra Buddhapad mit seinem gleichnamigen Kloster und nach Lopburi, das auch eine "Königsstadt" ist. Als Streckenvariante sei auf den
Hwy 32 hingewiesen, der von Ayutthaya aus direkt in Richtung Nakhon
Sawan führt, aber nicht durch Lopburi geht.

Streckenhinweise
Von Lopburi aus kann man auf mehreren Routen nach Sukhothai kommen. Auf
der kürzesten Strecke benutzt man weiterhin den Hwy 311, von dem vor Singburi
die Straße 32 in Richtung Norden abgeht und sich nach etwa 50 km mit dem Hwy
1 vereinigt. Ab Nakhon Sawan kann man bis Kamphaeng Phet (vgl. KAPITEL 6.1.7) weiterfahren, wo man die Nationalstraße 1 verläßt und über die Straße 101 in 80 km Sukhothai
erreicht. Eine Abkürzung ist der Hwy 117, der von Nakhon Sawan gerade nach Norden zur
Stadt Phitsanulok führt. Diese Route wird im folgenden beschrieben. Alternativ kann man
auch weiter östlich fahren, und zwar ab Lopburi über den Hwy 1, nach ca. 80 km bei Tak Fa
dann auf den Hwy 11 und ab Wang Thong die letzten 30 km bis Phitsanulok auf dem Hwy
12.

Nach der Besichtigung von Ayutthaya fährt man auf dem Hwy 309 ostwärts, bis man nach ca. 20 km in **Wang Noi** wieder auf die Nationalstraße
1 kommt. Dieser folgt man in nördlicher Richtung und erreicht nach
knapp 30 km die Ortschaft **Hing Kong**. Nach weiteren 4 km kann man
auf einem rechts abgehenden Weg dem großen chinesischen Tempel mit
seinem farbenprächtigen Markt einen lohnenden Besuch abstatten. Weiter
geht es in Richtung Saraburi, wobei man etwa 8 km vor der Stadt zum
Tempel *Phra Buddha Chai* (= "Buddhas Schatten") hinaufsteigen kann.
Das auf einer Felskuppe gelegene Kloster (steiler Weg, dafür aber prächtige Aussicht!) hütet als kostbarsten Schatz die Umrisse von Buddhas
Schatten, die der Lehrer selbst eingraviert haben soll. Nur etwa 1 km von
Phra Buddha Chai entfernt, stellt der *Sam Lan-Nationalpark* zur Abwechs-
lung eine natürliche Sehenswürdigkeit dar. Kurz vor Saraburi geht die
Nationalstraße 2 als schnellste Verbindung in den Nordosten ab (vgl.

KAPITEL 6.3.3). **Saraburi** selbst ist eine sehr schmutzige Bergwerks-stadt, deren Dunst und Staub von den Bergsprengungen bei den Marmor-brüchen und von der Marmorverarbeitung herrühren. Die gut sichtbaren Brüche liegen oben auf den Hügeln, die durch den Abbau immer niedri-ger werden.

30 km hinter Saraburi kommt man zur Ortschaft

Phra Buddhapad

die ihren Namen nach dem berühmten Tempel trägt, der ca. 1 km südlich des Hwy 1 liegt. Hier sollte man unbedingt anhalten und eine mindestens

Wat Phra Buddhapad

einstündige Besichti-gungspause einlegen. Der heilige Fußabdruck Buddhas befindet sich in einem herrlichen Mond-hop, zu dem drei von Naga-Schlangen flan-kierte Treppen hinauf-führen. Ständig sind hier Pilger und singende Mönche zu sehen, vor al-lem aber während des Phra Buddha-Festes und des Tempelfestes (etwa dritte Woche im Januar

und erste Woche im Februar) strömen Zehntausende zum hochverehrten Heiligtum. Auch die Mitglieder der Königsfamilie kommen einmal jähr-lich nach Phra Buddhapad.

Die **Legende** berichtet, daß in der Regierungszeit von *König Song Tham* (1620-1628) siamesische Mönche häufig nach Ceylon fuhren, um dort dem berühmtesten Fußabdruck Buddhas ihre Ehrerweisungen zu erbieten. In Ceylon wurden sie aber gefragt, warum sie den weiten Weg auf sich nähmen, besäße Thailand doch selbst einen heiligen Fußabdruck des Lehr-meisters. Nach ihrer Rückkehr erzählten sie dies dem König, der darauf-hin jene Stelle suchen ließ. Fündig wurde man durch den Bericht eines Jägers, der in der Provinz ein angeschossenes Reh verfolgte. Er hatte das Tier hinter Büschen verschwinden und ohne die geringste Verwundung wieder auftauchen sehen. Der Jäger vermutete, daß das Reh aus einer Pfütze getrunken habe, die sich in einer fußähnlichen Vertiefung im Bo-den befand; er trank selbst von dem klaren Wasser und wurde sofort von einer Hautkrankheit erlöst, die ihn seit Jahren plagte.

Aufgrund dieses Berichtes besuchte König Song Tham selbst den Ort und erklärte ihn zu dem gesuchten, heiligen Platz des Fußabdrucks Buddhas

(*Phra Buddhapad*). Er ließ über der Vertiefung einen Mondhop errichten und Straßen anlegen, damit Pilger besser dorthin gelangen konnten. Seit dieser Zeit wurde das Heiligtum von vielen Königen besucht und immer wieder baulich verändert. Die Zerstörungen der Burmesen (1766) und Brände machten großangelegte Renovierungen notwendig. Die heutigen Gebäude stammen aus dem 18. Jahrhundert, sind allerdings unter Rama I., Rama IV. und Rama V. stark verändert worden.

Der Klosterbezirk besteht aus einer Ansammlung unterschiedlicher Bauten, die im einzelnen nicht alle genannt werden können. Im Zentrum der Anlage erhebt sich unübersehbar der **Mondhop** auf einem 33 m hohen Hügel. Er steht auf einer marmorausgelegten Plattform mit Balustraden,

zu der phantastisch dekorierte Treppenaufgänge hinaufführen. Der Mondhop selbst ist von fast quadratischem Grundriß und trägt ein von Teakholzsäulen getragenes, blau-goldenes Dach, das sich pyramidenförmig nach oben verjüngt. Im Inneren ist der etwa 1,50 m große 'Fußabdruck' mit Gold ausgelegt. Die Größe und anatomisch 'falsche' Form, durch die sich der Erleuchtete von den normalen Menschen absetzt, müssen symbolhaft gedeutet werden.

Buddhas Fußabdruck

Zu den auffälligsten weiteren Gebäuden und Skulpturen gehört der Tempel **Kao Yont** mit seinen fünf weißen Türmen, nördlich davon ein **Chedi** im Ayutthaya-Stil, in dem König Mongkut Buddha-Reliquien beisetzen ließ, zwei mächtige Tempelwächter (*Yakshahas*) vor dem Haupteingang, mehrere **Viharn** mit Statuen von liegenden und sitzenden Buddha-Figuren und Abbildungen verehrter Einsiedler (*Rishis*), eine Halle mit vier weiteren Fußabdrücken und der **Bot** aus dem frühen 17. Jahrhundert. Tierskulpturen aus weißem Stuck und die sog. Froschhöhle gehören ebenfalls zum unmittelbaren Tempelbereich. Am Parkplatz unterhalb der drei Naga-Treppen gibt es einen schwunghaften Handel mit Kräutern, die gegen alle möglichen Krankheiten helfen, auch Räucherstäbchen, Goldblättchen, Lotosblüten und Vögel in Käfigen (die man als gute Tat freizulassen hat) werden verkauft. Wer noch ein wenig Zeit hat, sollte auf den angrenzenden **Hügel** (*Bodhi Langka Hill*) steigen, wo sich nicht nur ein schöner Blick auf die Gesamtanlage ergibt, sondern weitere Tempel, Grotten mit Buddha-Statuen und Gebäude für die Pilger zu sehen sind. Auffällig ist der hohe Anteil chinesischer Gläubiger, die gerade auf diesem Hügel einige besondere Stätten der Verehrung aufsuchen.

Von Phra Buddhapad sind es noch 18 km, bis man über den Hwy 1 und die abzweigende Straße 311 Lopburi erreicht.

Lopburi

Die Frage, ob nach den Eindrücken von Ayutthaya ein Besuch Lopburis sinnvoll ist, darf gestellt werden. Denn mit der direkten Vorgängerin Bangkoks kann die gesichtslose Provinzstadt in keiner Weise mithalten, und auch die erhaltenen Relikte aus Lopburis 'großer Zeit' sind nach dem Besuch der Tempel- und Palastruinen Ayutthayas nicht dazu angetan, in Begeisterungsstürme auszubrechen. Trotzdem: eine Besichtigung lohnt sich, gerade weil hier die Zahl der erhaltenen Baudenkmäler überschaubar bleibt. Vom historischen Standpunkt hat die Stadt eine Beachtung allemal verdient! Deshalb ein kurzer Blick in die **Geschichte**:

Seine besondere, ja einzigartige Stellung unter allen Städten Thailands erhält Lopburi (oder *Lavo*, wie sie früher genannt wurde) dadurch, daß sie in drei völlig unterschiedlichen Epochen eine wichtige Rolle spielte. Lange vor der Einwanderung der Thai siedelten die Mon an der Ebene des Menam Chao Phraya. Und in Lopburi war es, wo ihr stolzes Dvaravati-Reich seinen Anfang nahm – im 6. Jahrhundert n.Chr. Drei Jahrhunderte später drängten die **Khmer** die Mon aus der zentralen Ebene zurück und beherrschten weite Teile des Landes. Sie machten Lopburi zum Zentrum ihrer thailändischen Provinz, von dem wirtschaftliche, politische und kulturelle Impulse ausgingen. Nicht umsonst bezeichnet man die Phase, in der sich der kambodschanische Kunststil u.a. in der Architektur von *Lopburi, Prasat Phanom Rung, Phimai* und *Prasat Hin Muang Khek* äußerte, als **Lopburi-Periode**. Schließlich geriet die Stadt auch während der 400jährigen Herrschaft der Ayutthaya-Könige in den Blickpunkt des Geschehens: sie bevorzugten Lopburi als zweite Großstadt des Landes, und unter König Narai wurde sie sogar offiziell zur königlichen Residenz. Hier war es, wo sich europäische mit siamesischen Diplomaten trafen, und hier war es auch, wo mit dem Tod des griechischen Abenteurers Phaulkon ein tragischer Schlußstrich unter die 'Öffnung zum Westen' gezogen wurde.
So hat Lopburi ab dem 6. Jahrhundert alle politischen Veränderungen erlebt und z.T. auch gestaltet. Es ist aber dabei nie zerstört und vertilgt worden wie Ayutthaya oder vergessen und vom Dschungel überwuchert wie Sukhothai, sondern es existiert weiter bis in unsere Zeit, in der es mit ca. 40.000 Einwohnern allerdings nur noch von regionaler Bedeutung ist.

Unterkunft
Es gibt einige billige Pensionen und recht laute Hotels der unteren Mittelklasse. Die beste Adresse in der Stadt ist das *"Lopburi Inn"***, 28/9 Narai Maharach Rd., Tel.: (036)412-300, 412-609; ein 6stöckiges, modernes Haus mitten im Zentrum, gegenüber dem Sportstadium, obere Mittelklasse.

Transport
Der Busbahnhof (Verbindungen nach/ab Bangkok) liegt etwa 1,5 km außerhalb des Zentrums am zweiten Kreisverkehr, auf halber Strecke auf dem Hwy 311 zur N-1. Von dort können Songtaos (5 BHT) oder lokale Busse ins Zentrum genommen werden. Der Bahnhof (tägl. mehrere Zugverbindungen nach Bangkok und zum Norden) liegt näher zu den Sehenswürdigkeiten, ca. 500 m vor dem *San Phra Karn-Schrein*.

Stadtbesichtigung

Für eine Besichtigung der wichtigsten Baudenkmäler sind etwa zwei Stunden ausreichend. Zugreisende in den oder vom Norden können in Lopburi die Fahrt kurz unterbrechen, um in 10 Minuten zu den Wahrzeichen der Stadt, dem *Prang Sam Yod* und dem *San Phra Karn-Schrein,* zu spazieren. Diese Baudenkmäler stehen immer zur Besichtigung offen, während die wichtigsten anderen Attraktionen Mo und Di geschlossen sind. Busreisende, die aus Richtung Bangkok kommen, werden schon im ersten Kreisverkehr auf die Geschichte der Stadt eingestimmt, wenn sie König Narai auf seinem Sockel begrüßt. Die Touristenbusse halten meist auch vor den drei Türmen des *Prang Sam Yod*, ab wo die Stadtbesichtigung zu Fuß durchgeführt werden kann. Die folgende **Kurzbeschreibung der wichtigsten Sehenswürdigkeiten** beginnt an den beiden genannten Attraktionen (am Hwy 311) und beschreibt einen etwa 1,5 km langen Rundgang:

- **San Phra Karn-Schrein**

Mitten im brausenden Verkehr am Kreisel (Hwy 311/Na Prakan Rd.) erhebt sich auf einem Sockel der äußerlich wenig beeindruckende Tempel, der über den Ruinen eines hinduistischen Schreines errichtet wurde. Seine touristische Anziehungskraft besteht in den Unmengen von **Tempelaffen**, die dem Glauben nach Wächter des Gottes sind. Sie sitzen auf den Treppen, dem Dach oder im Tempel und klettern durch den mächtigen Banyan-Baum, immer auf der Suche nach Eßbarem. Besucher sollten sich vor der Aggressivität der Tiere in acht nehmen und ihre Handtaschen, Kameras, Plastiktüten etc. gut festhalten. Vor einigen Jahren ha-

Tempelaffe in Lopburi

ben etliche Affen aus Nahrungsmangel die Züge okkupiert und sind in die benachbarten Gemeinden eingefallen. Man verfügte damals, daß die Stadt Lopburi ihre Tempelaffen zu versorgen habe, und hat die bettelnden Tiere wieder zurückgebracht. Wer den Schrein aufsucht, wird tatsächlich immer Opfergaben sehen können sowie Einheimische, die den Tieren neue Nahrung bringen.

Mit etwas Glück kann man innerhalb des Tempelbaus einen traditionellen Thai-Tanz beobachten, der hier häufig von Mädchen vorgeführt wird.

- **Prang Sam Yod**

Auf der anderen Seite der Bahnlinie erheben sich an der Hauptstaße die drei charakteristischen und oft abgebildeten Prangs. Die Tempeltürme aus dem 11./12. Jahrhundert können am besten verdeutlichen, was es mit dem Khmer-Stil bzw. seiner lokalen Abart, dem Lopburi-Stil, auf sich hat. Der Tempel besteht aus drei erhöht stehenden und untereinander durch Galerien verbundenen Türmen; er

Lopburis Wahrzeichen: Prang Sam Yod

hat insgesamt acht Portale mit kurzem Vorbau: jeweils drei an den Längsseiten und jeweils einen an den Schmalseiten. Sein Material besteht aus hartem Laterit, während für Türstürze und die dekorativen Elemente Sandstein, Stuck oder Ziegelstein verwendet wurde. Auch der *Prang Sam Yod* ist ein Refugium einer Unzahl von Tempelaffen, was für Fotografen sehr reizvolle Kontraste bedeuten kann.

Geht man die verkehrsreiche Straße (Wichayen Rd.), an der der *Prang Sam Yod* liegt, weiter stadteinwärts, passiert man linkerhand den mitten auf der Kreuzung liegenden

● **Prang Khaek**

Auch dieses Baudenkmal kann mit seinen drei Türmen und dem hinduistischen Reliefschmuck der Khmer-Periode zugerechnet werden. Im mittleren Baukörper befindet sich ein sog. *Lingam*, der als Phallussymbol dem Fruchtbarkeitsgott *Shiva* zugeordnet ist.

150 m weiter sind rechts die Überreste eines europäischen Palastes zu sehen: Der

● **Phaulkon-Palast**

Leider ist das Gelände ziemlich verwahrlost und außerdem nicht zur Besichtigung freigegeben. Gerade aus historischen Gründen verdiente es allerdings die höchste Beachtung. Denn die Backsteingebäude innerhalb des ummauerten Bezirks wurden, höchstwahrscheinlich von einem französischen Architekten, für Chevalior do Chaumont, den ersten Gesandten Ludwigs XIV., eingerichtet, einschließlich einer katholischen Kapelle, Wohn- und Empfangshäusern. Eine der interessantesten Figuren der thailändischen Geschichte, nämlich Constantine Phaulkon, hatte hier ebenfalls seine Residenz.

Wer war Constantine Phaulkon?

Kaum eine Person, die jemals in Siam zu Amt und Würden gekommen ist, hat eine solch schillernde und phantasieanregende Lebensgeschichte wie der griechische Abenteurer Konstantin Phaulkon: Der 1647 auf der Insel Kephalonia geborene Konstantin Gerakis begann bereits als 10jähriger das unstete Leben eines Schiffsjungen auf Handelsschiffen. Nach mehreren Jahren auf See erreichte der intelligente junge Mann, der sich bald auf französisch "Constantine Phaulkon" nannte, im Jahre 1670 zum erstenmal Indien. Hier bekam er schnell freundschaftliche Kontakte zu britischen Händlern und der British East India Company, in deren Dienste er schließlich trat. Über Tätigkeiten in Indonesien kam Phaulkon im Jahre 1670

*schließlich nach Ayutthaya, wo König Narai bereits seine franzosen-
freundliche Linie eingeschlagen hatte. In Siam sollte Phaulkon nun
die Interessen der ostindischen Kompanie verfolgen und sie möglichst
gegen die französischen durchsetzen. Mit dieser Aufgabe gelangte er
an den königlichen Hof und machte die persönliche Bekanntschaft mit
dem Monarchen. Phaulkon kam dabei zugute, daß er nicht nur flie-
ßend die wichtigsten europäischen und mehrere asiatische Sprachen
beherrschte (darunter auch Thai), sondern sich ebenfalls als geschickter
Diplomat und Handelskundiger erwiesen hatte. Jedenfalls muß der
König so beeindruckt von ihm gewesen sein, daß er ihn in seine
Dienste aufnahm und mit verschiedenen Auslandsmissionen betraute.
Alle Aufgaben löste Phaulkon bravourös mit großem diplomatischen
und finanziellen Erfolg. Auf diese Weise rechtfertigte er das Vertrau-*

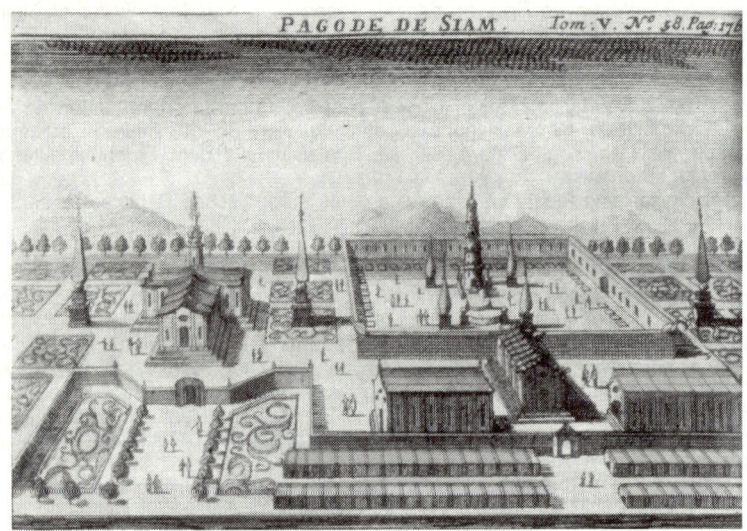

"Siamesische Pagode" zur Zeit Phaulkons

*en, das Narai in ihn gesetzt hatte, und erlangte bald die Stellung
eines führenden Beamten, schließlich die eines königlichen 'Freun-
des' und eines 'Reichskanzlers' – sehr zum Unwillen des einheimischen Adels. Man munkelte damals in Ayutthaya, daß der Gottkönig
ihn sogar zu seinem Adoptivsohn auserwählt habe. Entgegen der Interessen seines ehemaligen Arbeitgebers setzte auch Phaulkon ganz
auf die französisch-siamesische Partnerschaft. Er wurde deren treibende Kraft und scheint Ludwig XIV. die Missionierung des Monarchen sowie des ganzen Landes in Aussicht gestellt zu haben. Persönlich trat der Grieche, der sich inzwischen mit einer Japanerin verheiratet hatte, zum katholischen Glauben über. Jedoch bleibt unklar, ob*

> *die 600 schwerbewaffneten französischen Soldaten, die 1687 eine Ab-*
> *ordnung von Missionaren begleiteten, auf seinen Wunsch hin nach*
> *Thailand gekommen sind. Als sein Fürsprecher Narai schließlich ernst-*
> *haft erkrankte, mußte vor dem Hintergrund dieser Streitmacht der*
> *siamesische Adel befürchten, Phaulkon wolle als neuer Herrscher das*
> *Reich übernehmen. Fast zwangsläufig richtete sich die Palastrevolte*
> *deswegen gegen ihn, dem man Hochverrat vorwarf und den man*
> *schlimmen Folterungen unterzog. Schließlich wurde Constantine Phaul-*
> *kon im Jahre 1688 in Lopburi geköpft (wenn auch in einigen thailän-*
> *dischen Geschichtsbüchern zu lesen ist, er sei aus dem Land verbannt*
> *worden!). (vgl. dazu auch KAPITEL 2.1.2)*

Schräg gegenüber kehrt man nun in die Rue de France ein und passiert rechterhand den Komplex des

● **Wat Thong Thong**
Diese Klosteranlage des 16. Jahrhunderts wurde unter König Narai renoviert,
wobei sich westliche (französische) Architekturelemente mit der Baukunst der
Thai vermengten. Der elegante Bot mit seinen Teleskopdächern und Pilastern
diente in der kurzen Zeit des siamesisch-europäischen Austausches als christliches Gotteshaus für die *farangs*. Und die beiden kleinen Pavillons wurden damals
als Suiten für ausländische Würdenträger und Missionare genutzt.

Wenige Schritte weiter stößt man am Ende der Rue de France auf die Ratchadamnoen Rd., der man nun nach links folgt. Ihre südliche Begrenzung ist das
riesige Gelände des

● **Narai Ratcha Nivet-Palastes**

Narai Ratcha Nivet-Palast

Neben dem *Prang Sam Yod*
ist die Residenz von König
Narai (1566-1688) zweifellos
die größte Sehenswürdigkeit
der Stadt. Den Bau der enormen Anlage (und damit
gleichzeitig die Ernennung
Lopburis zur Hauptstadt) trieb
der umstrittene Herrscher aus
mehreren Gründen voran, in
erster Linie wohl als Vorsichtsmaßnahme gegenüber
den vielen Europäern, die sich
damals in Ayutthaya niedergelassen hatten. In einer Zeit,
als holländische Kanonenboo-
te im Golf von Siam kreuzten
und missionierende Jesuiten
mit einer 'Ehrengarde' von
600 französischen Soldaten
auftauchten, waren Befürch-
tungen über einen Koloniali-
sierungsversuch wohl durch-

aus berechtigt. Andererseits hatte Narai selbst die Entwicklung ins Rollen gebracht, nicht zuletzt durch die Protegierung des Griechen Phaulkon. Deswegen richtete sich der Groll thailändischer Adliger und Höflinge sowie buddhistischer Mönche gegen den König. Eine offene Palastrevolte führte zur Hinrichtung Phaulkons und zur Vertreibung aller Ausländer aus Lopburi und Ayutthaya. Der schwerkranke Narai überlebte den Putsch nur für kurze Zeit.

Sein von hohen, zinnenbewehrten Mauern geschützter Palast ist durch weitere Mauern im Inneren in vier etwa gleichgroße Zonen unterteilt, die durch riesige Portale zugänglich sind. Jeweils voneinander getrennt sind die Bereiche des Waffenarsenals und der Ställe für Pferde und Kriegselefanten, der Harem des Königs, die eigentliche Residenz (*Chantara Phisan*) und die Audienzräume. Im *Chantara Phisan* ist das **Nationalmuseum** untergebracht, das hauptsächlich Exponate zur Lopburi-Kunst enthält (geöffnet Mi-So 9.00-16.00 Uhr, Eintritt 20 BHT). Ein weiteres Museum benutzt die Räume des Harems als **Farmer's Museum**, in dem bäuerliche Alltagsgegenstände aufbewahrt werden.

Unter König Mongkut (Rama IV.) wurden Teile des Palastes restauriert, und für kurze Zeit erblühte Lopburi erneut als königliche Residenzstadt.

Südöstlich vom Palast ist auf dem Weg zurück zum Bahnhof noch eine weitere Tempelanlage sehenswert:

● **Wat Mahatat**
Das enorm große Kloster steht wahrscheinlich über den Resten eines alten Hinduheiligtums und stammt aus dem 12. Jahrhundert. Allerdings ist die Tempelanlage in der Sukhothai-, Ayutthaya- und Bangkok-Ära mehrfach umgebaut und teilweise restauriert worden, so daß vom ursprünglichen Aussehen nur wenig übrigblieb. Unter den Ruinen können noch der Viharn, mehrere Chedis, Galerien und der Haupt-Prang im typischen Lopburi-Stil ausgemacht werden, teilweise mit gut erhaltenen Friesen und dekorativen Stuckelementen versehen. Der Wat ist geöffnet Mi-So 9.00-16.00 Uhr; Eintritt 20 BHT.

Auf der Weiterfahrt nach Phitsanulok bzw. Sukhothai sind keine großen Attraktionen zu erwarten. Für die erste Teilstrecke bis Nakhon Sawan (ca. 140 km) benutzt man den Hwy 311, kurz vor Sing Buri dann den Hwy 32 oder den parallel westlich geführten Hwy 311. Auf letzterem kommt man auch zu den kleinen Provinzstädten Sing Buri und Chai Nat.

Sing Buri hat einige Ruinen aus der Sukhothai- und Ayutthaya-Periode zu bieten, u.a. die Tempelanlage *Wat Phra Non Chaksi*, die jedes Jahr viele Pilger anlockt. Auch die Statue *Phra Buddha Saiyad* und die westlich gelegene *Bang Rachan*-Festung sind lohnende Ziele eines Zwischenstops. Entlang des Menam Chao Phraya geht die Fahrt an ausgedehnten Reisfeldern vorbei, und man passiert die Kleinstadt **Chai Nat**, zu der nach links die Straße 3283 abgeht. Im Ort und in der näheren Umgebung lohnen einige Baudenkmäler die Besichtigung. Besondere Erwähnung verdient der *Wat Baromma That*, der in der Ayutthaya-Periode erbaut wurde, und der *Wat Thammanum*, in dem eines der wichtigsten Buddha-Bildnisse der Provinz aufbewahrt wird.

Weiter fährt man am gesichtslosen **Uthai Thani** vorbei, bis man schließlich zum Ende des 'königlichen Flusses' gelangt:

Nakhon Sawan

Oberhalb der Stadt wird der *Menam Chao Phraya* durch das Zusammentreffen der Flüsse *Ping, Nan* und *Yom* gebildet, was für die wirtschaftliche Entwicklung der Stadt von ausschlaggebender Bedeutung war. Denn durch die ausgezeichneten Verkehrsverbindungen auf den Wasserstraßen spielte Nakhon Sawan als Handels-Umschlagplatz zwischen Nord und Süd eine überragende Rolle. Dies gilt insbesondere für das Geschäft mit Teakholz, das aus dem Norden hierhin abgeflößt werden konnte.

Trotz ihrer Größe (ca. 100.000 Einwohner) und ihrer guten Infrastruktur und obwohl viele Reisegruppen hier eine Zwischenübernachtung auf dem Weg zum oder vom Norden einlegen, kann die Provinzhauptstadt dem Touristen nicht viel bieten.

Die größte Sehenswürdigkeit der Stadt zeigt sich schon bei der Vorbeifahrt auf dem Hwy 1 oder 117: auf dem Berg *Kao Kop*, jenseits des Chao Phraya, überragt eine riesige sitzende Buddha-Figur die gesamte Stadt und gehört damit zu ihrer charakteristischen 'Skyline'. Sie gehört zur Tempelanlage *Wat Chomkiri Nagaproth*, die daneben einige schöne Gebäude aus der Sukhothai-Periode, einen Fußabdruck Buddhas und eine mächtige Bronzeglocke aufweist. Neben dem sitzenden Buddha, dessen Thron von Dämonen getragen wird, wirken die Masten der benachbarten Fernsehstation ziemlich unpassend.

Im Stadtzentrum selbst breitet sich dort, wo der Hwy 117 nach Phitsanulok abzweigt, ein hübscher See aus, der Bestandteil des "*Sawan Parks*" ist. In diesem grünen Aushängeschild der Stadt gibt es auf einer Insel auch einen Japanischen Garten, zu dem man über eine Fußgängerbrücke gelangt.

 Unterkunft
Nakhon Sawan verfügt über ein breites Angebot billiger und einfacher Unterkünfte. Das beste Hotel, oft von Reisegruppen frequentiert, ist das "*Piman*"**-***, 605/244 Asia Rd., Tel.: (056)222-097; zentrale Lage in Nähe des Busbahnhofs, 124 moderne Zimmer, Restaurant, Coffee-Shop und Swimmingpool, Diskothek, Arrangements von Besichtigungstouren.

Ab Nakhon Sawan nehmen alle, die direkt nach Sukhothai oder Chiang Mai fahren wollen, am günstigsten die Nationalstraße 1 bis Kamphaeng Phet. Ein Besuch der alten Stadt ist äußerst lohnend (vgl. KAPITEL 6.1.7). Wer als nächstes Ziel Phitsanulok hat, sollte auf dem Hwy 117 geradewegs nach Norden fahren. Nach etwa 70 km kann man bei viel Zeit auf dem Hwy 111 in östlicher Richtung zur Stadt **Phichit** fahren, die im Stadtzentrum als größte Sehenswürdigkeit die Tempelanlage *Wat Tha Luang* mit einer bedeutenden Buddha-Figur aus der Sukhothai-Zeit hat. Sollte man zufällig am ersten Wochenende im September in der Nähe sein, lohnt sich der Besuch zusätzlich wegen eines der berühmtesten Bootsrennen auf dem Nan-Fluß, an dem Mannschaften aus dem ganzen Königreich beteiligt sind.

Wenn man das Stadtgebiet von Phitsanulok erreicht hat, bleibt man am besten auf dem Hwy 117 bis zur Kreuzung mit dem Hwy 12, hier biegt man rechts ein und überquert auf der *King Naresuan Bridge* den Nan-Fluß. Von der Brücke sieht man dann bereits linkerhand den berühmten *Wat Mahatat.*

Phitsanulok

Obwohl Phitsanulok im Jahre 1955 fast gänzlich von einem Großfeuer zerstört wurde und der Neuaufbau einen ziemlich gesichtslosen Ort hat entstehen lassen, ist die Provinzhauptstadt wegen einiger Bauten unbedingt sehenswert. Ihre bedeutende Stellung innerhalb des Königreichs wird durch einen Blick auf die **Geschichte** klarer: Unter der Herrschaft des Ayutthaya-Königs Boroma Trailokanath (1448-1488) nahm die damals schon blühende Ortschaft für eine kurze Zeit den Platz von Ayutthaya, also der Landeshauptstadt ein. Dies geschah u.a. deswegen, damit der Monarch in den Kämpfen mit den nördlichen Nachbarn (Königreich Lanna) näher am Geschehen sein konnte.

Die militärischen Zwistigkeiten machten in der Folge Phitsanulok zu einem Ausbildungszentrum von Elitesoldaten. Und nicht vergessen werden darf auch, daß König Naresuan, der 1587 die Burmesen vertrieb und einer der wichtigsten Herrscher Siams war, hier geboren wurde.

Heute ist Phitsanulok eine lebhafte Provinzhauptstadt mit knapp 80.000 Einwohnern. Mit seinem Flughafen, dem Wasserweg des Nan-Flusses, der Eisenbahnlinie und den Straßenverbindungen ist es ein wichtiger Verkehrsknotenpunkt und durch seine zentrale Lage (mitten zwischen Bangkok und Chiang Mai) auch ein bedeutender Handelsort.

Informationen
über Stadt und Provinz, Stadtpläne, Restaurant- und Hotelverzeichnisse bekommt man im TAT-Büro, Boroma Trailokanat Rd., Surasi Trade Centre, Tel.: (055)252-742; tägl. geöffnet 8.00-16.30 Uhr. Direkt daneben: das Büro der *Thai Airways.*

Unterkunft
Das Übernachtungsangebot in Phitsanulok ist reichhaltig. Außer einigen billigen und sehr einfachen Hotels gibt es eine moderne Jugendherberge (*Youth Hostel*, 38 Sanambin Rd., Tel.: 242-060).
Zu den besten Hotels gehören:
● *"Pailyn Hotel"***-****, Boroma Trailokanat Rd., Tel.: (055)252-411-5; 165 elegante Zimmer, gutes Restaurant *"Mankla"*, wenige Gehminuten vom Bahnhof und dem Fluß entfernt, freier Flughafen-Transfer.
● *"Rajapruk Hotel"***-****, 99/9 Pha-Ong Dum Rd., Tel.: 258-477, 259-660; modernes Hotel der oberen Mittelklasse, über 100 gut ausgestattete Zimmer, Swimmingpool, zentral in Bahnhofsnähe gelegen, Nachtclub, Restaurant & Coffee-Shop.
● *"Amarin Nakhon Hotel"**-***, 3/1 Chao Phraya Phitsanulok Rd., Tel.: 258-588; modernes Haus mit Zimmern unterschiedlicher Kategorie, Restaurant, Swimmingpool, zentral gegenüber dem Bahnhof gelegen.

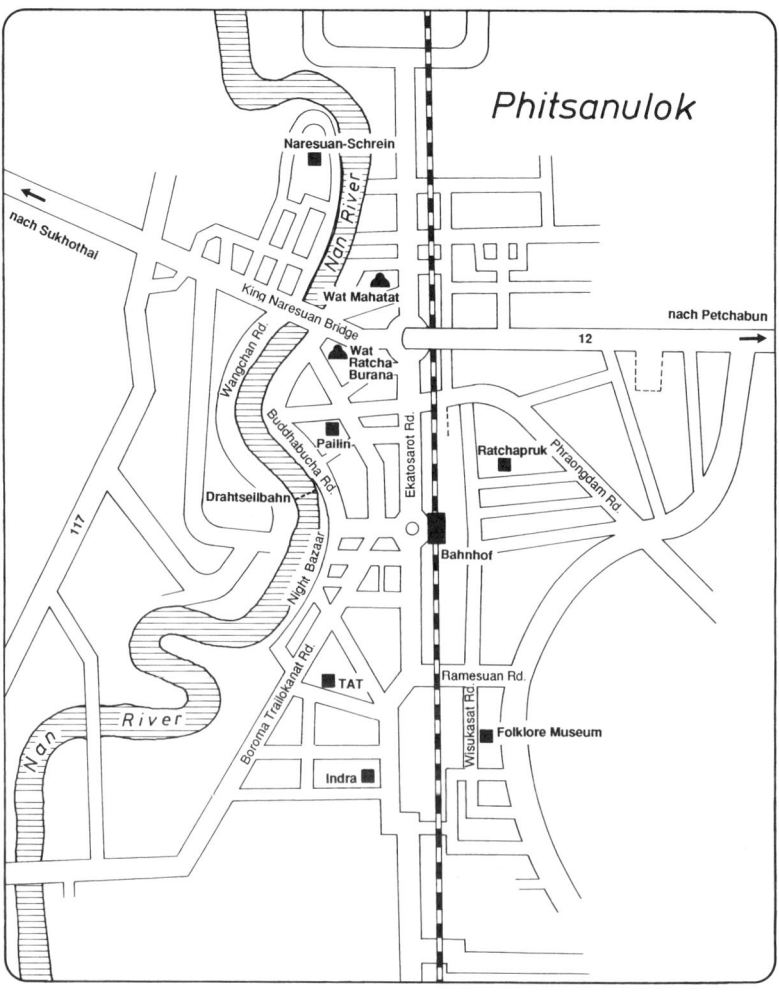

- *"Wang Nam Yen Resort"*****, Phitsanulok-Kao-Khor-Rd., Tel.: 252-753, 252-761-3; 46 km außerhalb gelegenes Resort in phantastischer Umgebung (Gärten, Bergbach, schöne Aussicht), 35 komfortable Zimmer in modernen Ferienhäusern.

Transport

Während Busbahnhof und Flughafen außerhalb der Stadtmitte liegen, ist der Bahnhof mitten im Zentrum.

Für kürzere Stadtfahrten zum Wat Mahatat oder dem Night Bazar sollte man sich ein Tuk-Tuk oder eine Fahrrad-Riksha mieten. Die Fahrer warten auf Gäste u.a. vor den größeren Hotels und sind sehr zuverlässig, wenn man sie für den Rücktransport zu einem bestimmten Zeitpunkt bestellt.

357

Wenn sich auch Phitsanulok nicht für einen längeren Aufenthalt anbietet, ist ein Stop etwa auf dem Weg nach Sukhothai oder nach Chiang Mai durchaus lohnend.

Reisende mit wenig Zeit sollten sich auf die **Besichtigung** des *Wat Phra Si Ratana Mahatat* beschränken, der nördlich des neuen Zentrums an der Uferpromenade des Nan River liegt.

● **Wat Phra Si Ratana Mahatat**

Dieser großartige Tempel (kurz *Wat Mahatat* oder *Wat Yai* genannt) beherbergt das neben dem Smaragd-Buddha in Bangkok wohl bekannteste und meistverehrte Buddha-Bildnis des Landes. Aber auch seine Architektur ist von bemerkenswerter Schönheit, die der verheerende Brand von 1955 völlig verschonte.

Man betritt das Tempelgelände von der Uferstraße ein wenig nördlich der *King Naresuan Bridge*, die nach Sukhothai führt. Zuerst überquert man einen großen, offenen Platz, in dessen Mitte sich der vergoldete Prang erhebt. Mit gut 35 m Höhe überragt der 1482 unter König Boroma Trailokanat vollendete Turm alle anderen Gebäude. In gehöriger Distanz zu ihm sind zu allen Seiten des heiligen

Bezirks weitere Bauten, ein Wandelgang und sehr viele Läden gruppiert. Hier verkauft man außer Erfrischungen natürlich in erster Linie Opfergaben und Waren für die religiösen Zeremonien. Außer Räucherstäbchen, Lotosblumen und Blattgold (5 BHT) gibt es ein sehr großes Angebot an lebenden Tieren, die die Gläubigen kaufen und ihnen dann die Freiheit schenken, was als gute Tat der zukünftigen Existenz dienlich ist. Neben Vögelchen (20 BHT) sieht man darunter auch Aale, Fische und Schildkröten, die man im nahen Nan-Fluß aussetzen soll.

Phra Buddha Chinnarai

Die eigentliche Tempelbesichtigung führt zunächst zur Galerie (*Phra Buddha Chinnarai Museum*; Eintritt 10 BHT), in der wertvolle Buddha-Statuen die Kunststile verschiedener Perioden repräsentieren.

Gegenüber dem Eingang kommt man zum Viharn, der innen und außen verschwenderisch mit Holzschnitzereien und Perlmutt-Intarsien geschmückt ist. Er beherbergt das bereits erwähnte Bronzebildnis, den *Phra Buddha Chinnarai* (Buddha als 'siegreicher König'). Beim Anblick der hohen, sitzenden Figur in ihren idealen Proportionen versteht man sofort, warum sie so berühmt und verehrt ist. Dieses Meisterwerk der Sukhothai-Periode, im Jahre 1357 gegossen, steht mit seinem Goldbelag im spannenden Kontrast zum schwarzen Hintergrund. Ungewöhnlich ist die flammengleiche Aureole, die das gesamte Bild umgibt und zu beiden Seiten in Schlangenköpfen ausläuft.

Hinweis
Beim Besuch des Tempels und des Tempelmuseums wird auf angemessene Kleidung Wert gelegt. Vergessen Sie nicht, vor Betreten des Viharn die Schuhe auszuziehen. Viel Lokalkolorit kann man erleben, wenn man während der Zeit des sechstägigen Tempelfestes, etwa Ende Februar, das Heiligtum besucht.

Nach dem Besuch des Wat Mahatat sollte man sich noch ein wenig auf der **Uferpromenade** aufhalten und das Leben und Treiben auf dem Fluß beobachten. Der 127 km lange *Nan River*, der sich in Nakhon Sawan mit anderen Flüssen zum Menam Chao Phraya vereinigt, ist der Lebensnerv der Stadt. In Phitsanulok mündet in ihn der *Kwai Noi*, weswegen die Stadt auch den Beinamen *Song Kwae* trägt, "die Stadt der beiden Flüsse". Hier, wie auch an anderen Uferabschnitten und an Seen und Flüssen weiter westlich, ist die Zahl der **Hausboote** auffällig. Rund ein Achtel der Einwohner Phitsanuloks, also etwa 10.000 Menschen, leben auf solche Weise. In Größe, Zustand und Komfort gibt es dabei freilich die gleichen Unterschiede wie bei den 'festen' Häusern. Ein besonderes Schauspiel findet übrigens an dieser Stelle am ersten Wochenende im Oktober statt, wenn sich die Mannschaften festlich geschmückter Boote im Wettkampf messen.

Wer sich länger in Phitsanulok aufhält oder dort übernachtet, hat Zeit für weitere Besichtigungen. Empfehlenswert sind zu jeder Tageszeit Spaziergänge am Ufer des *Nan*. Erstens sieht man weiter südlich noch viele Hausboote, die man sogar aus der Vogelperspektive betrachten kann: denn einige hundert Meter südlich der *King Naresuan Bridge* verbindet eine blaue **Drahtseilbahn** die beiden Ufer; der Fahrpreis beträgt pro Strecke nur 2 BHT. Zweitens kann man den lebhaften **Markt** am Flußufer besuchen, der sich links und rechts der *Cable Car Station* ausbreitet und von 18.00-03.00 Uhr zu einem quirligen *Night Bazar* mit Eßständen umfunktioniert wird. Drittens sollte man sich die Gelegenheit nicht entgehen lassen und eines der '**schwimmenden Restaurants**' aufsuchen. Auf den Booten *"Song Kwae"*, *"Than Thip"* oder *"Yard Fon Boat"* (alle geöffnet 11.00-24.00 Uhr) bekommt man gute chinesische oder Thai-Küche und kann das Essen auch auf einer geruhsamen Flußfahrt genießen.

Die weiteren Attraktionen Phitsanuloks sind schnell aufgezählt:
● **Wat Ratcha Burana.** Die stark zerstörte Anlage ist nicht weit vom Wat Mahatat (südlich der Brücke) entfernt. Sehenswert sind die Überreste des einst großen Chedi und von Fresken im Bot.
● **Dr. Tawee-Pim Folklore Museum.** In dieser privaten Sammlung (im Süden der Stadt) eines thailändischen Generals ist ein Sammelsurium von gut 10.000 Einzelstücken ausgestellt, u.a. landwirtschaftliche Geräte, Keramik, Puppen, alte Grammophone, Tierfallen, Musikinstrumente etc.
Sergeant-Major Dr. Tawee-Pim Buranakhet Folklore Museum, Wisukasat Rd., geöffnet 7.00-17.00 Uhr, Eintritt frei.
● **Buddha Casting Factory.** Nirgendwo sonst in Thailand – von Bangkok einmal abgesehen – werden so viele Buddha-Figuren hergestellt. Die berühmteste Manufaktur befindet sich schräg gegenüber dem Folklore-Museum. Bei Besuchen (geöffnet Mo-Sa 8.00-16.00 Uhr) sieht man die einzelnen Produktionsschritte vom Rohmaterial bis zum fertigen Produkt.
● **Schrein für König Naresuan den Großen.** Die Figur des größten Sohnes der Stadt wurde 1961 auf einem Schulgelände plaziert.
● **Wat Chula Mani.** Diese Tempelanlage liegt etwa 5 km außerhalb der Stadt und ist die größte kunsthistorische Sehenswürdigkeit nach dem Wat Mahatat. Ihre Entstehungszeit wird in die Khmer-Periode datiert, worauf die noch intakten Mauern, Türstürze und Details der Klosterruine hindeuten.

Bei der Weiterreise nach Neu-Sukhothai benutzt man in Phitsanulok die *King Naresuan Bridge* und legt die nächsten ca. 60 km auf dem Hwy 12 zurück. Ohne an größeren Sehenswürdigkeiten vorbeizukommen, durch-

Hausboote auf dem Nan

quert man die landwirtschaftlich genutzte Ebene zwischen den Flüssen *Nan* und *Yom*, die in der Regenzeit oft überflutet wird. Deshalb stehen hier die meisten Bauernhäuser auf Pfählen.

Sukhothai

Als Hauptstadt des ersten freien Thai-Königreiches und Vorläuferin von Ayutthaya und Bangkok ist Sukhothai von enormer historischer und kultureller Bedeutung. Deswegen auch hier zunächst ein kurzer Blick in die **Geschichte:**

Nach ihrer Einwanderung aus dem Norden konnten sich die einzelnen Thai-Stämme ab dem frühen 13. Jahrhundert gegen die mächtigen Khmer durchsetzen, diese zurückdrängen und ein eigenes Königreich gründen. Insgesamt acht Könige sah dieses Reich, dessen Hauptstadt, über einer alten Khmer-Siedlung erbaut, man 'Sukhothai' nannte, d.h. "Morgenröte der Glückseligkeit". Ihre wichtigste Herrschergestalt war **Rama Khamhaeng** (1275-1317), der "Vater Thailands", der den Staat nicht nur militärisch stark und durch Außenhandel wirtschaftlich gesund machte, sondern ihm auch durch eine neue Schrift und durch den Theravada-Buddhismus eine kulturelle Identität gab. Kunsthistorisch bedeutsam ist die Schaffung eines typisch "thailändischen" Stils, in dem die Architektur der Mon, der Khmer, der Chinesen und der Inder verschmolz und zu einer eigenen Bauidee umgeformt wurde. Gleiches gilt für die Plastik und andere Kunstformen. Der Sukhothai-Periode verdankt Thailand u.a. die 'Erfindung' des flammengleichen Kopfaufsatzes für Buddha, seinen freundlich-lächelnden Gesichtsausdruck und seine Darstellung als schreitende Person (vgl. KAPITEL 2.3.2).

Die Nachfolger Rama Khamhaengs hatten nicht dessen Genialität, so daß langsam, aber sicher die Macht des Königreichs verfiel. Zunächst als Vasallenstaat, dann als integrativer Bestandteil ging Sukhothai noch während des 14./15. Jahrhunderts im Reich von Ayutthaya auf (vgl. KAPITEL 2.1.1). Im Laufe der Zeit versank die alte Pracht der Hauptstadt, sie wurde aufgegeben und vom Dschungel überwuchert. Die heutigen Ruinen sind also nicht, wie bei Ayutthaya, das Resultat eines kriegerischen Übergriffs. Erst nach dem Zweiten Weltkrieg wurde unter großem Geld- und Arbeitseinsatz das Gelände intensiv erforscht, Restaurierungen und Rekonstruktionen durchgeführt, Wege angelegt und Alt-Sukhothai in einen **historischen Park** umgewandelt. Hierbei war die UNESCO maßgeblich beteiligt.

Inzwischen hatte sich schon längst eine neue Siedlung entwickelt, etwa 12 km weiter östlich am Ufer des *Menam Yom* gelegen. Diese trägt heute den Namen **Neu-Sukhothai** und ist mit etwa 25.000 Einwohnern eine überschaubare Provinzhauptstadt. Alle notwendigen touristischen Einrichtungen sind hier konzentriert.

Information

In Alt-Sukhothai gibt es einen Stand der Touristeninformation mit Lageplänen etc. am Rama Khamhaeng-Nationalmuseum. Auch im Museum selbst werden Informationen angeboten.

Unterkunft

In letzter Zeit haben einige Guest-Houses und kleinere Hotels in Neu-Sukhothai aufgemacht, fast alle gut, sauber und billig (ab 80 BHT). Wirkliche Luxushotels sucht man noch vergebens, aber solider Mittelklasse-Standard wird von einigen Häusern erreicht. Mit Ausnahme einer kleinen Pension und des *"Thai Village House"* sind aber alle Unterkünfte in oder bei der Neustadt, so daß zur Besichtigung des Ruinenfeldes eine 10-12 km lange An- und Abfahrt in Kauf genommen werden muß. Die m.E. drei besten Hotels sind:

● *"The Thai Village House"***, 214 Jarod Vithitong Rd., Muang Kao, Tel.: (055)611-049; zweckmäßig eingerichtete Zimmer, ca. 800 m vor Alt-Sukhothai neben dem Sukhothai Cultural Center gelegen.

● *"Ratchathani Hotel"***-***, 299 Jarod Vithitong Rd., Tel.: 611-031; fünfstöckiges, modernes Mittelklasse-Hotel mit 62 Zimmern (Ventilator oder AC), an der Straße nach Alt-Sukhothai.

● *"Northern Palace Hotel"****, 43 Singhawat Rd., Muang District, Sukhothai 6400, Tel.: 611-193, 612-252; schönes modernes Hotel mit 67 großzügigen Zimmern, alle Annehmlichkeiten, Swimmingpool, Restaurant, zentral am Highway nach Phitsanulok gelegen.

Transport

Die *Busse* nach/aus Bangkok, Uttaradit, Phitsanulok und Chiang Mai halten mitten im Zentrum von **Neu-Sukhothai** nördlich des Yom-Flusses, die nach/aus Tak auf der Jarod Vithitong Rd. etwa 300 m nördlich, die nach Alt-Sukhothai ebenfalls auf der Jarod Vithitong Rd. ca. 800 östlich. An der letztgenannten Haltestation neben der Polizei und dem *"Trirat"*-Kino fahren alle 10 Minuten zwischen 6.00-17.30 Uhr *Songtaos* nach **Alt-Sukhothai** ab. Die Fahrt dauert 20 Minuten und kostet 5 BHT. *Tuk-Tuks* brauchen für die gleiche Strecke 15 Minuten und kosten 50 BHT (die Fahrer verlangen zunächst 200 BHT!). Im weitläufigen Ruinenfeld von **Alt-Sukhothai** kann nur ein Bruchteil der Baudenkmäler zu Fuß erobert werden. Besucher mit viel Zeit sollten sich deswegen ein *Fahrrad* leihen; Angebote (ca. 20 BHT/Tag) gibt es in Neu-Sukhothai genauso wie in Alt-Sukhothai (u.a. gegenüber vom Museum). Oder man mietet ein Tuk-Tuk bzw. eine *Fahrrad-Riksha* für mehrere Stunden und läßt sich zu den wichtigsten Sehenswürdigkeiten fahren – bei den Preisverhandlungen sollten 150-200 BHT für 4 Stunden Tuk-Tuk bzw. 140 BHT für Rikshas Richtschnur sein.

Besichtigung:

Für das Gelände des historischen Parks sollte man mindestens drei Stunden einkalkulieren, um nur die wichtigsten Monumente zu sehen. Als 'touristisches Muß' gelten die Tempel *Wat Mahatat*, *Wat Si Chum* und

Rama Khamhaengs Schriftstein
(Nationalmuseum Bangkok)

Wat Sra Si, die gleichzeitig zum Standardprogramm der Gruppenreisen gehören. Interessierte Besucher können sich natürlich einige Tage hier aufhalten, denn allein innerhalb des 3,8 qkm großen, von Wällen und Wassergräben begrenzten Gebietes stehen 36 größere Baudenkmäler. Und außerhalb der Wälle bieten 90 weitere Monumente sehenswerte und teilweise einzigartige Erlebnisse. Während die oben genannten Tempel genau wie das *Nationalmuseum* und weitere Sehenswürdigkeiten auf zwei Spaziergängen (innerhalb und nördlich der Wälle) angeschaut werden können, muß man für die weiter entfernten Punkte auf Transportmittel zurückgreifen. In einem solchen Fall reicht ein halber Tag für die Besichtigung nicht aus.

Die folgende **Kurzbeschreibung der wichtigsten Sehenswürdigkeiten** orientiert sich am üblichen Anfahrtsweg, also über den Hwy 12 von Neu-Sukhothai kommend.

Etwa 10 km westlich von Neu-Sukhothai tauchen noch vor der alten Stadtbefestigung die Ruinen der ehemaligen Königsstadt auf. Rechts des Highways erblickt man außerdem das "*Thai Cultural Center*" mit Hotel, Souvenirladen (Handweberei, Seidenverkauf etc.) und dem "*Nam Kang Garden-Restaurant*", in dem Thai-Küche für *farangs* (viele Reisegruppen) angeboten wird. Einige hundert Meter dahinter geht auf der gleichen Straßenseite ein kleiner Weg zum **Wat Chang Lom** ab, von dem nur noch Ruinen vorhanden sind, u.a. ein Chedi bestückt mit den Vorderkörpern von 36 Elefanten. Noch interessanter sind die Relikte des

● **Wat Trapang Thong Luang**, zu dem man auf der gegenüberliegenden Straßenseite, etwa 400 m vor dem Stadtwall, auf einem Feldweg gelangt. Sehenswert
ist hier vor allem das Gebäude des Mondhop, das mit gut erhaltenen Stuckreliefs
aufwartet. Auf der nördlichen Seite erkennt man Buddha beim Zähmen eines
Elefanten, auf der südlichen Seite steigt der Erleuchtete vom Himmel herab,
begleitet von den Göttern Indra und Brahma.

Schließlich erreicht man auf der Straße Nr. 12 das eigentliche Stadtgebiet, in dem
der Weg durch die dreifache Stadtmauer (von der allerdings kaum noch etwas zu
sehen ist) mit ihren Wällen und Gräben führt. Diese Begrenzung markiert ein
Rechteck, dessen Seitenlänge etwa 1,4 km (Nord-Süd) und 1,8 km (West-Ost)
beträgt. Die erste Tempelruine erblickt man gleich anschließend auf der linken
Seite:

● **Wat Thrampang Thong**, der "Tempel am goldenen Teich", liegt mitten in
einem künstlichen See. Seine größte Sehenswürdigkeit ist ein Fußabdruck Buddhas aus grauem Stein, der 108 religiöse Symbole trägt. Im November wird der
Teich zum Schauplatz des besonders anmutigen Licht-und-Wasser-Festes (Loy
Kratong), das wohl hier 'erfunden' wurde und sich über ganz Thailand ausbreitete
(vgl. KAPITEL 3.2.2).
Westlich davon befindet sich in einem parkähnlichen Gelände das

● **Rama Khamhaeng-Nationalmuseum.** Das 1964 eröffnete Museum (keine
Klimaanlage) verfügt über eine umfangreiche, wenn auch nicht gut präsentierte
Sammlung von Exponaten, die aus den archäologischen Ausgrabungen in Suk-
hothai stammen, aber auch aus Kamphaeng Phet und Si Satchanalai sowie aus
den Beständen noch existierender Klöster der Umgebung. Im Erdgeschoß sind
Skulpturen und andere Kunstgegenstände des Sukhothai-Stils ausgestellt, ein-
drucksvoll insbesondere der Schreitende Buddha im zentralen Raum. Im oberen
Stockwerk sieht man Beispiele aus anderen Epochen, u.a. auch eine vorzügliche
Sammlung der sog. Sawankhalok-Keramik, die unter Rama Khamhaeng einge-
wanderte Chinesen in der Stadt produzierten und von hier aus nach ganz Asien
exportierten. Auch der im Museumsgarten aufgestellte Brennofen ist in diesem
Zusammenhang erwähnenswert.
Rama Khamhaeng National Museum, Mi-So geöffnet 9.00-12.00 und 13.00-16.00
Uhr, Eintritt 10 BHT.

Man bleibt auf der Hauptstraße in westlicher Richtung und betritt anschließend
den *Old Sukhothai Historical Park*, der die meisten Baudenkmäler innerhalb der
Stadtbefestigung umfaßt. Der Eintritt kostet 20 BHT p.P., ein Fahrrad zusätzlich
10 BHT und ein Auto 30 BHT. Bei einigen außerhalb gelegenen Tempelanlagen
muß gesondert Eintritt bezahlt werden. Beim Eingang befindet sich eine kleine
Touristeninformation.

Etwa 100 m dahinter liegt linkerhand das ausgedehnte Gelände des

● **Wat Mahatat.** Nirgendwo wird die Kontinuität der thailändischen Geschichte
besser deutlich als hier. Denn Wat Mahatat war nicht nur das größte Heiligtum
des Reiches, sondern grenzte als Königstempel direkt an den Königlichen Palast.
Er hatte keine Mönchsunterkünfte und war ausschließlich dem Monarchen für
offizielle Zeremonien vorbehalten. Wer denkt da nicht sofort an *Wat Si Samphet*
in Ayutthaya und an *Wat Phra Keo* in Bangkok! Die Vorbildfunktion von Sukhothai
für die beiden nachfolgenden Königreiche auf thailändischem Boden ist offensichtlich. Das riesige Trümmerfeld bedeckt eine Grundfläche von 240 x 280 m
und besteht aus unzähligen Ruinen. Allein 259 kleinere Chedis aus Laterit und

Ziegeln hat man hier ausgegraben, daneben haben sich noch Grundmauern, Säulen, Buddhastatuen und Stuckdekorationen etc. erhalten. Von den hölzernen Bauelementen und Dächern freilich hat die Zeit nichts mehr übriggelassen.

Betritt man das Tempelgelände von Osten, hat man rechts den ehemaligen Viharn vor sich, von dem noch Säulen, eine sitzende und zwei große stehende Buddha-Figuren zu sehen sind. Dahinter erhebt sich der Haupt-Chedi, der mit Nischen im Khmer-Stil geschmückt ist. An der hohen, quadratischen Basis ist der Fries beachtenswert, der eine lange Prozession anbetender Jünger darstellt. Der Tempelturm ist von vier Ecktürmen und Kapellen umgeben. Rechts davon meditiert ein monumentaler, mit einer gelben Robe bekleideter Buddha in der Pose der 'Anrufung der Erde'. Der einstige Bot wird durch acht Ba-Sema-Steine und sechs Säulenreihen markiert. Im südlichen Bereich reizen die Trümmer einer Stupa zur Besteigung, von oben ergibt sich eine phantastische Sicht! Westlich des Königstempels erblickt man den

● **Wat Traphang Ngon.** Genau wie sein Spiegelbild, der *Wat Thrampang Thong*, wirkt dieser "Tempel am silbernen See" durch die romantische Verbindung von altem Gemäuer und dem umgebenden künstlichen See voller Seerosen. Kunsthistorisch interessanter ist der

● **Wat Si Sawai,** der sich südlich davon in der Nähe des Stadtwalls befindet. Die drei Prangs und die unteren Teile der Mauern bestehen aus Laterit und

Buddhabildnis im Wat Mahatat

stammen wahrscheinlich aus der Zeit, als die Khmer hier siedelten und eine hinduistische Kultstätte unterhielten (12./13. Jahrhundert). Die darüber aufgemauerten Ziegelsteine kennzeichnen die zweite Bauphase, als die Thai den Tempel im 15. Jahrhundert zu einem buddhistischen Kloster umwandelten.

In entgegengesetzter Richtung, also nördlich vom *Wat Traphang Ngon*, kommt man über eine schöne Holzbrücke zum

● **Wat Sra Si**, der an drei Seiten von Wasser umgeben ist und ebenfalls einen gleichermaßen überwältigenden und romantischen Eindruck hinterläßt. Der grandiose Buddha in sitzender Position, umgeben von Säulenstümpfen, und im Hintergrund der Chedi im ceylonesischen Stil – dieses Ensemble gehört sicher zu den meistfotografierten von Sukhothai. Versäumen Sie nicht, über die kleine Brücke rechts zu dem Inselchen zu gehen, auf dem der alte Bot mit seinen Ba-Sema-Steinen mitten im Wasser einen Ehrenplatz bekommen hat. Auf der Wanderung zurück zum Eingang liegt linkerhand dann das

● **Rama Khamhaeng-Monument.** Die moderne Bronzestatue, ehrfurchtgebietend auf einem großem Plateau plaziert, zu dem in jeder Richtung niedrige Freitreppen führen, erinnert an jenen König (1275-1317), den man heute noch den "Vater Thailands" nennt.

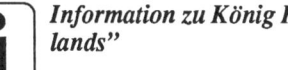

Information zu König Rama Khamhaeng – dem "Vater Thailands"

Wenn es einen König der frühen Landesgeschichte gibt, der nicht nur die politische und kulturelle Identität der Thai entscheidend beeinflußte, sondern zudem bis auf den heutigen Tag von der Bevölkerung geliebt und verehrt wird, dann ist es König Rama Khamhaeng. Dieser Ruf gründet sich auf fümf Tatsachen:

- Erstens hat der König als Oberbefehlshaber und mutiger Krieger dem Reich von Sukhothai zu einer enormen Ausdehnung verholfen. Damit knüpfte der jüngste Sohn des Staatsgründers Indratitya an die Erfolge seines Vaters an und vergrößerte das Königreich im Osten bis nach Laos und Kambodscha und im Süden bis nach Nakhon Si Thammarat, also ungefähr auf die Dimension des heutigen Staates!
- Zweitens ließ dieser Erfolg Rama Khamhaeng aber nicht zu einem asiatischen Napoleon werden. Stattdessen verfolgte er eine auf Verständigung ausgerichtete Außenpolitik, besonders zum großen Nachbarn China. Auf beschwerlichen Reisen besuchte er zweimal (1282 und 1300) das 'Reich der Mitte'. Auch mit Burma, Indien und Ceylon knüpfte er fruchtbare Beziehungen und schloß Handelsverträge ab.
- Drittens zeigte er sich seinem eigenen Volk als weiser und aufgeschlossener Herrscher. Im Gegensatz zu den unnahbaren Gottkönigen der Ayutthaya-Periode konnten sich seine Untertanen mit Rechtsstrei-

tigkeiten und Problemen direkt an ihn wenden. Er postulierte die Gleichheit aller vor dem Gesetz und sah den allgemeinen Wohlstand als höchstes Regierungsziel an.
- *Viertens war er eine kulturell und religiös prägende Gestalt. Durch seine Kontakte mit den Nachbarstaaten kamen nicht nur Händler und Handwerker, sondern auch neue architektonische Ideen und Techniken ins Land. Chinesische Keramik wurde nun auch in Sukhothai produziert, umgestaltet und bis in den Nahen Osten exportiert. In der Tempelarchitektur entwickelte man aufgrund ceylonesischer und Khmer-Vorbilder einen neuen Stil, besonders aber auch in der Plastik. Weiter unterstützte Rama Khamhaeng den aus Ceylon übernommenen Theravada-Buddhismus und machte ihn zu einer Art Staatsreligion.*
- *Fünftens schließlich kann der König als der Vater der thailändischen Schrift gelten. Aus Elementen des Mon- und des Khmer-Alphabets ließ er dabei jene Schriftsprache entwickeln, die – mit geringfügigen Änderungen – heute noch besteht.*

Will man die Energie und die Auswirkungen dieses Königs mit einem Herrscher unseres Raumes vergleichen, bietet sich eigentlich nur die Person Karls des Großen an. Auch jener war ein tatkräftiger Regent, der sein Land auf politischem, militärischem, kulturellem und religiösem Gebiet reformierte. Und obwohl das Reich von Sukhothai (wie das Frankenreich) bald nach dem Tod des Herrschers unterging, ist es also kein Wunder, daß in der thailändischen Geschichtsschreibung Rama Khamhaeng als "der Große" bezeichnet wird.

Innerhalb des historischen Zentrums gibt es noch eine ganze Reihe anderer Klöster, z.B. nördlich des Denkmals die Trümmer der Tempel **Wat Trakuan, Wat Sorasuk** (mit einem von Elefanten getragenen Chedi) und **Wat Son Kao** (mit einem Tempelturm in Form einer Lotosblütenknospe). Sie können hier jedoch nicht weiter Erwähnung finden. Denn noch interessanter sind die Sehenswürdigkeiten **nördlich des Stadtwalls:**

● **Wat Phra Phai Luang,** ein Tempel, der sich in der mittleren Achse etwa 800 m nördlich der Wälle ausbreitet, liegt wieder einmal mitten in einer künstlich geschaffenen Seenplatte. Er stammt wie der *Wat Si Sawai* wahrscheinlich aus dem 13. Jahrhundert, als Sukhothai noch zum Khmer-Reich gehörte. Forscher vermuten sogar, daß er das Zentrum der Vorgängerstadt darstellt. Sein Wahrzeichen waren drei verputzte Laterit-Prangs, von denen allerdings nur noch einer aufrechtsteht. Bei Ausgrabungen hat man noch mehrere kleinere Chedis gefunden und sie in der Restaurierung von 1965/66 aufgestellt. Die enorm große Anlage kann außer mit ihrer Architektur auch mit vielen schönen Details aufwarten, insbesondere gut erhaltenen bzw. restaurierten Stuckfiguren. Ebenfalls interessant ist das Gelände nördlich davon, jenseits des Wassers, mit den sog. **Brennöfen von Turiang.** Die kleinen Gebäudeüberreste und Relikte von knapp 50 Brennöfen – jeder etwa 3 m breit und 6 m lang – lassen darauf schließen, daß sich hier das Zentrum der chinesischen Sawankhalok-Keramikproduktion befand.

Die neben dem *Wat Mahatat* meistbesuchte Attraktion Sukhothais liegt südwest-lich: der

● **Wat Si Chum.** Das Auffälligste an diesem Kloster ist der blockhafte Mond-hop, der ein interessantes Stück Architekturgeschichte verkörpert: während bei

den buddhistischen Tempeln der Thai nor-malerweise ein oder mehrere Buddha-Figu-ren in einer großen Halle plaziert sind, hat-ten die hinduistischen Tempel etwa der Khmer oder Inder immer einen sehr engen Raum ("Cella") für das Götteridol. Hier nun gehört die Cella eindeutig zu einem Thai-Kloster, ist aber so eng, daß der kolossale Buddha darin kaum Platz findet. Schon von weitem gibt das ein merkwürdiges Bild ab, wenn man durch den schmalen Eingang das lächelnde Antlitz der Riesenfigur sieht. Die sitzende Statue stammt aus dem 14. Jahr-hundert und ist 14 m hoch, die Breite be-trägt von Knie zu Knie 11 m. Ohne das ein-stige, mit glasierten Ziegeln und Holz ge-deckte Dach macht der Mondhop also den Eindruck eines nach oben offenen, engen Käfigs. Bis 1988 konnte man auf beschwer-lichen Treppen innerhalb der 3 m dicken Mauern hinaufsteigen, um sich dort die ca. 50 eingemeißelten Szenen aus den früheren Existenzen Buddhas anzuschauen. Heute ist

Der Große Buddha

es für (männliche!) Besucher, die einen ge-wissen Leibesumfang nicht überschreiten, möglich, auf schmalen und steilen Stufen um den Buddha herumzugehen. Man nimmt an, daß der enge Raum hinter der Statue einst von Mönchen aufgesucht wurde, deren Stimmen dann durch die besondere Akustik so klangen, als ob der Erleuchtete selbst spräche...

Unter den **weiteren Tempeln**, die erwähnenswert sind, liegen viele **westlich des Stadtteils** mehrere Kilometer außerhalb, in einem Gelände, das sich bis auf die Anhöhen hinter der *Yom-Ebene* hinzieht. Wer durch das westliche Tor dorthin

fährt, passiert zunächst die spärlichen Überreste drei-er Wat, nach 2 km dann mitten im Kreisel die Rui-nen des **Wat Mangkon** und nach einem weiteren Kilo-meter, schon auf einem Hügel gelegen, die Ruinen des **Wat Chedi Ngam.** Jetzt hält man sich rechts und fährt an der Bergkette entlang in nördlicher Rich-tung auf den Hwy 12 zu. Dabei kommt man nachein-ander an den Ruinen des **Wat Thamhip**, am restau-rierten Tempel **Wat Phra**

Spuren der Geschichte

367

Bath Noi (= 'Tempel des kleinen Fußabdrucks'; schöner oktogonaler Laterit-Chedi mit dekorativen Details) und am **Wat Chang Rop** vorbei, an dessen Basis die Reste von 24 Elefanten in Lebensgröße zu sehen sind. Schließlich kann man linkerhand zum interessantesten von allen, dem **Wat Sapan Hin**, hinaufsteigen. Er besitzt einen 12,5 m hohen stehenden Buddah und einen kleineren, sitzenden im Viharn. Dessen Säulen sind mehrfach restauriert worden. Am schönsten ist von der Hügelterrasse der weite Blick auf die Reisfelder und Ruinen, besonders bei abendlich schrägstehender Sonne.

Auch **südlich des Stadtwalls** gibt es einiges zu sehen. Verläßt man das historischen Zentrum durch das Südtor, liegt ca. 1 km weiter linkerhand der Tempel **Wat Ton Chan**. Einige hundert Meter weiter folgt der stark zerstörte **Wat Jetubon**, der im ehemaligen Mondhop an der West- und Ostwand Reliefs eines gigantischen Schreitenden und Stehenden Buddhas (ohne Kopf) trägt. Noch ein wenig weiter südlich lohnt sich am **Wat Chedi Si Hong** der Chedi, dessen Basis sehr schöne Stuckdekorationen zieren.

6.1.6 VON SUKHOTHAI IN DEN NORDEN

Der einfachste Weg von Sukhothai in die Nordprovinzen ist der Hwy 101, der parallel zum Yom-Fluß verläuft und zudem den Vorteil hat, an der beeindruckenden Ruinenstadt *Si Satchanalai* vorbeizuführen. Er ist auch Bestandteil der in diesem Reise-Handbuch beschriebenen Route.

Für die weiter westlich verlaufende Variante fährt man von Sukhothai aus auf dem Hwy 12 bis Tak und von dort entweder über die N-1, am *Bhumibol-Staudamm* vorbei, nach *Lampang* bzw. *Chiang Mai*. Eine landschaftlich noch reizvollere Alternative ist der Weg ab Tak auf dem Hwy 105 in Richtung burmesischer Grenze bis *Mae Sot* (KAPITEL 6.1.7), ab dort dann über die Schotterstraße 1085 nach *Mae Sariang* und zu anderen Zielen im Nordwesten (KAPITEL 6.2.5). Natürlich kommen die genannten Streckenvarianten auch für die Rückfahrt aus dem Norden in Betracht.

Auf dem 65 km langen Weg nach Si Satchanalai über den Hwy 101 ist von der Bergwelt des Nordens noch nichts zu sehen. Die Fahrt geht an Reisfeldern vorbei durch die vom Yom-Fluss durchzogene Ebene. Nach 38 km geht bei der Ortschaft **Sawankhalok** links die Straße 1048 in Richtung Nordwesten und rechts die Straße 1046 in Richtung Uttaradit ab. Der Name der Stadt ist mit der berühmten *Sawankhalok-Keramik* verknüpft, von der im Zusammenhang mit Sukhothai schon die Rede war. Brennöfen für diese artifizielle Keramik, die von chinesischen Einwanderern im 13./14. Jahrhundert 'erfunden' und weithin exportiert wurde, findet man in den 'königlichen Städten' Sukhothai und Si Satchanalai. Sawankhalok ist übrigens die alte Bezeichnung für Si Satchanalai und deutet an, daß sich deren Einwohner nach der Verwüstung der Stadt durch die Burmesen hier niedergelassen haben. Im Zentrum ist das architektonisch auffällige **Nationalmuseum** (geöffnet Mi-So 9.00-12.00 und 13.00-16.00 Uhr; Eintritt 5 BHT) mit seiner historischen Sammlung sehenswert.

Auf dem Hwy 101 kommt man 30 km hinter Sawankhalok und etwa 11 km vor der Neustadt von Si Satchanalai zu den ausgedehnten Ruinenanlagen. Dazu fährt man an dem Schild *Historical Park* nach links und überquert den Yom River auf einer Brücke. 600 m dahinter gabelt sich der Weg, und man kann nach links zuerst zum Tempel des Ortes Chalieng fahren oder nach rechts stromaufwärts zu den Ruinen der alten Stadt:

Si Satchanalai

Dieser Ort hat wegen seiner bedeutenden Stellung im Reich von Sukhothai und der gut erhaltenen Baudenkmäler einen mehrstündigen Aufenthalt verdient. Zunächst eine kurze Zusammenfassung seiner **Geschichte**:

Das mächtige Reich von Sukhothai bestand nicht nur aus der gleichnamigen Hauptstadt! Daneben gab es Ortschaften, die an Schönheit und Größe mit der '*Morgenröte der Glückseligkeit*' wetteiferten. Unter diesen war zur Hochblüte des Reiches Si Satchanalai die bedeutendste und wurde in Chroniken als Sukhothais '*Schwesterstadt*' bezeichnet. Mit ihren zahlreichen Tempeln, Palästen und der ehemals 7 m hohen Stadtmauer stand sie nicht nur an Prachtentfaltung ihrer 'Schwester' in nichts nach, sondern hatte als Residenz des Kronprinzen auch den Status einer zweiten Hauptstadt! Auch im Reich von Ayutthaya gedieh Si Satchanalai weiter und hatte seine größte Ausdehnung im 16. Jahrhundert. Dann aber begann der unaufhaltsame Niedergang, der durch den burmesischen Feldzug gegen Ayutthaya schließlich besiegelt wurde. Die Einwohner verließen die verwüstete Stadt und überließen sie dem Dschungel, der die Gemäuer überwucherte. Allein Schatzsucher durchstöberten in der Folgezeit die alten Ruinen nach antiken Gegenständen. Im Jahre 1953 unternahm man dann die ersten archäologischen Ausgrabungen, und inzwischen ist die alte Stadt nach den Erkenntnissen der Archäologen und Historiker soweit es ging rekonstruiert worden. Die Arbeiten fanden ihren Abschluß durch die Errichtung des *Historical Park*, der Anfang 1990 eröffnet werden konnte.

Eine **Besichtigung** mag bei vielen Touristen einen größeren Eindruck hinterlassen als die des überlaufenen Ayutthaya oder des ebenfalls vielbesuchten Sukhothai. Wer nicht mit dem Reisebus oder dem gemieteten Wagen unterwegs ist, kann sich an der Weggabelung, 600 m hinter der Brücke, ein Fahrrad leihen (20 BHT). Zweckmäßig ist zunächst der Besuch der Klosteranlage *Wat Phra Si Ratana Mahatat* in **Chalieng**, zu der man sich an der Abzweigung nach links halten und etwa 1 km bis zur inneren Schleife des Yom-Flusses fahren muß.

● **Wat Mahatat** (*Wat Phra Si Ratana Mahatat*)
Dieses uralte Kloster – wahrscheinlich eine Khmer-Gründung – wurde von König Rama Khamhaeng mit einer mächtigen Mauer versehen und umgebaut. Beeindruckend und ungewöhnlich sind die zweitürigen Eingänge, durch die man auf einen offenen Platz kommt. Dieser wird von dem Prang dominiert, der sich über einer zweigeschossigen Basis erhebt. Davor deuten vier Säulenreihen den alten Viharn an, an dessen Südwand sich eine bemerkenswerte Figur des Schreitenden Buddha abzeichnet. Beachtenswert sind ferner in den noch erhaltenen Wänden die schön verzierten Spaltfenster. Außer weiteren Skulpturen auf dem Gelände verdient der kleine Bau auf der Westseite (mit einer Fußspur Buddhas) und

369

der restaurierte Buddha in Meditationshaltung Beachtung. Außerhalb der Umfassungsmauer aus Laterit-Monolithen sieht man im Westen die Trümmer eines riesigen achteckigen Tempelturms (14. Jahrhundert), auf dessen Ostseite eine Treppe hinaufführt (prächtige Aussicht).
Östlich hinter der historischen Anlage wird ein modernes Kloster noch von Mönchen bewohnt. Schön an dem Tempel ist besonders auch seine landschaftlich reizvolle Lage am Fluß. Im Dorf *Chalieng* kann man den Yom River auf einer Hängebrücke überqueren.

Nach dem Besuch des Klosters fährt man wieder zurück bis zur Weggabelung und weiter stromaufwärts. Dabei passiert man bereits die ersten Ruinen (u.a. *Wat Kok Sing Kharam*) und das Restaurant *Kang Sak* mit einem Lageplan des Ausgrabungsgeländes. Von hier aus ist es noch etwa 1 km bis zum Eingangstor des **Si Satchanalai Historical Park** (tägl. geöffnet 8.00-17.30 Uhr, Eintritt 20 BHT, zusätzlich pro Auto 30 BHT, Fahrrad 20 BHT).

Übernachtungsmöglichkeit
gibt es nahe der Ruinen in Bungalows* und im Hotel *"Song Sa Lang"***.

Das eigentliche Stadtgebiet war im Mittelalter von einer 7 m hohen und 1,5 m breiten inneren **Stadtmauer** aus Laterit-Gestein und zwei äußeren Erdwällen umgeben. Reste davon sind unschwer zu erkennen. Innerhalb dieser mächtigen Umfassung haben die Archäologen 39 Baudenkmäler freigelegt, und fast doppelt so viele sind außerhalb der Wälle nachgewiesen.

Während vom alten **Königspalast** (links vom Eingang in das Parkgelände) nur noch spärliche Überreste übrigblieben, sind einige der Tempel außerordentlich gut erhalten. Folgt man vom Eingang dem Weg geradeaus, gelangt man zu einer Reihe von drei nebeneinanderliegenden Haupttempeln, zunächst zum

● **Wat Chang Lom**. Dieses von zwei Mauern umschlossene Kloster beeindruckt durch einen Chedi im ceylonesischen Stil, der seine Entstehung König Rama Khamhaeng verdankt. Die zweigeschossige, quadratische Basis wird unten von 39 Stuck-Elefanten umgeben und im oberen Bereich von Nischen, in denen Buddha-Figuren thronen. Darüber erhebt sich der glockenförmige Hauptteil des Chedis. Davor hat man die Säulen des ehemaligen Viharn wieder aufgerichtet.

● **Wat Chedi Chet Tao**. Dieser Tempel aus dem 14. Jahrhundert schließt sich östlich an und war die Begräbnisstätte der Kronprinzen von Sukhothai. Sein Name bedeutet "Tempel der siebenfachen Denkmäler" und nimmt Bezug auf den Kranz von Chedis unterschiedlicher Baustile, die auf hohen Sockeln den Haupt-Chedi in Lotosknospenform und den Viharn umgeben. Im nördlichen Bereich gibt es gut erhaltene Stuckverzierungen und Buddha-Figuren in Nischen zu sehen, u.a. eine Sitzfigur im Schutz der Naga-Schlange.

● **Wat Nang Phaya** ist der letzte der Tempel in dieser Reihe und grenzt nahezu an die südliche Stadtbefestigung. Erhaltene Reste sind dem großen Viharn (Seitenwände mit Spaltfenstern; Stuckdekorationen) und dem Chedi im ceylonesischen Stil zuzuordnen.

Auf dem nördlichen Terrain der alten Stadt erheben sich zwei Hügel, die nicht nur von interessanten Baudenkmälern bekrönt sind, sondern auch einen herrlichen Blick auf die Gesamtanlage ermöglichen. Der rechte (östliche) ist der

● **Wat Kao Phanom Philong,** zu dem man über eine breite Treppe hinaufsteigen kann. Auf einer langgestreckten Terrasse sieht man die Säulen des ehemaligen Viharn und dahinter den hohen Chedi. Vermutlich war der Tempel die Verbrennungsstätte bedeutender Personen, worauf auch sein Name ("Berg des heiligen Feuers") hinweist.
Von hier aus kann man über die Hügelkuppe nach links (Westen) zu den Ruinen des

● **Wat Kao Suwankiri** gelangen, der ein wenig höher liegt als sein Nachbar und einen sehr schönen Chedi in Glockenform über einer dreigeschossigen, quadratischen Basis trägt.

Streckenhinweis
Bei der Weiterfahrt in den Norden hat man wieder einmal verschiedene Möglichkeiten: Über den Hwy 102 kann man zur östlich gelegenen Stadt *Uttaradit* fahren, ab wo gute Verkehrsverbindungen sowohl zum Norden, als auch zum Nordosten und Süden bestehen. Bleibt man auf der Straße 101, erreicht man nach ca. 40 km den Hwy 11, der in nordwestlicher Richtung nach *Lampang, Lamphun* und *Chiang Mai* führt (vgl. KAPITEL 6.2.3). Folgt man der Straße 101 in nordöstlicher Richtung, kommt man nach *Phrae* und *Nan* bzw. *Phayao* und *Chiang Rai* (vgl. KAPITEL 6.2.8).

6.1.7 WEITERE SEHENSWÜRDIGKEITEN IN DER ZENTRALREGION

Die landschaftlichen und kulturellen Attraktionen in der geschichtsreichen Zentralregion sind unzählig, und in einem Reise-Handbuch können davon nur die wichtigsten genannt werden. Wer neben der in diesem Kapitel beschriebenen Route eine andere oder zusätzliche Strecke fährt, wird automatisch zu Tempeln, alten Städten und interessanten Naturschutzgebieten geführt. Folgende **alternative Routen** bieten dabei besonders viel:

● Die Strecke von Nakhon Sawan nach Sukhothai über Kamphaeng Phet und dem Rama Khamhaeng-Nationalpark (Hwys 1 und 101).
● Die Strecke von Kamphaeng Phet über Tak nach Mae Sot (Hwys 1 und 105).
● Die Strecke von Tak zum Bhumibol-Stausee und nach Lampang bzw. Chiang Mai (Hwy 1).

Wer die Zentralregion und den Norden intensiv kennenlernen möchte, kann einige der genannten Ziele folgendermaßen verbinden: Nakhon Sawan – **Kamphaeng Phet – Tak – Bhumibol-Damm – Mae Sot** – Mae Sariang – Mae Hong Son – Pai – Chiang Rai – Goldenes Dreieck – Phayao – Chiang Mai – Lamphun – Lampang – Si Satchanalai – Sukhothai.

Kamphaeng Phet

Die gut 80 km südwestlich von Sukhothai am *Ping River* gelegene Stadt war zur Blütezeit des Sukhothai-Reiches einer der größten Orte des Landes und mit den beiden Residenzen Si Satchanalai und Sukhothai durch eine gepflasterte Straße verbunden. Innerhalb der heutigen lebhaften Kleinstadt liegen verstreut die Ruinen von Stadtmauern und viele archäologische Monumente. Ausgrabungs- und Renovierungsarbeiten begannen im Jahre 1955 und sind immer noch nicht abgeschlossen. Eine Schwierigkeit war und ist, daß sich die Baudenkmäler der mittelalterlichen Stadt auf schwierigem Terrain innerhalb und außerhalb der Wehrmauern und auf beiden Seiten des Ping-Flusses erstrecken.

Der für die Öffentlichkeit zugängliche Teil des Ausgrabungsgeländes (*Kamphaeng Phet Historical Park*, tägl. geöffnet 9.00-16.00 Uhr, Eintritt 20 BHT pro Person und 20 BHT pro Fahrzeug) befindet sich jedoch hauptsächlich **innerhalb der Stadtmauern** auf der westlichen Seite des Flusses. Unter der Vielzahl der sehenswerten Tempel und Monumente seien an dieser Stelle nur genannt: **Lak Muang**, der alte Schrein des Stadtgeistes gegenüber eines Teiches; **Wat Phra Keo**, ein weitläufiger Bezirk eines Palasttempels mit zwei langgestreckten Terrassen, die mehrere Chedis, Bots, Viharn und Buddhaskulpturen tragen; **Wat Phrathat**, eine Klosteranlage mit typischem Sukhothai-Chedi und Fragmenten von Figurenschmuck. Außerdem befindet sich das **Nationalmuseum** (geöffnet Mi-So 8.00-18.00 Uhr, Eintritt 5 BHT) innerhalb der Stadtmauern, das archäologische und Kunstgegenstände der Mon-, U-Thong- und Sukhothai-Periode enthält.

Außerhalb der Stadtmauern kommt man auf der östlichen Flußseite (entlang des Hwys 1 von Nakhon Sawan) am Fort **Phnom Thung Sethi** und an den Tempeln **Wat Nong Pikul, Wat Sum Ko, Wat Non Lanka** und **Wat Chedi Klang Tung** (alle rechts der Straße) vorbei. Links der Brücke über den Ping liegt das weitläufige Gelände des Wat Boromathat. Nördlich der Stadtmauer (an der Straße 101 nach Sukhothai) liegen die interessantesten Ruinen, die neben dem Wat Phra Keo und dem Nationalmuseum zu den wichtigsten Sehenswürdigkeiten gehören.

Sofort hinter der Stadtmauer geht nach links ein Weg vom Highway ab, der zuerst zum kleinen **Wat Pa Miet** mit einer Buddhafigur, dann zum mauerumfaßten großen **Wat Phra Non** mit Resten von großen Buddha-Statuen, Chedis, Bot und quadratischem Viharn führt, dann weiter zum **Wat Si Iriyabot** mit u.a. Buddha-Skulpturen in stehender (komplett erhalten), schreitender, ruhender und sitzender (nur noch in Fragmenten) Position. Der anschließend auftauchende **Wat Chang Rop** beeindruckt durch die Ruine seines Chedis, dessen quadratischer Unterbau mit Elefanten geschmückt ist und zu dem vier steile Treppen zu einer eingestürzten Krypta hinaufführen (prächtige Aussicht).

Unterkunft

Im historischen Zentrum oder seiner unmittelbaren Nähe gibt es einige sehr einfache Hotels und Gästehäuser. Klimatisierte Zimmer gibt es in den Hotels *"Chakunkrao"***, Tesa Rd., Tel.: 711-326, Restaurant, Coffee-Shop, Nachtclub; *"Navarat"***, Tesa Rd., Tel.: 711-211, Restaurant, Nachtclub; *"Phet"***, Wichit Rd., Tel.: 712-810, Restaurant, Coffee-Shop, Nachtclub, Swimmingpool.

Rama Khamhaeng-Nationalpark

Zu dem 1980 eingerichteten Nationalpark (342 qkm) gelangt man über den Hwy 101 zwischen Kamphaeng Phet und Sukhothai. 22 km vor Sukhothai geht nach links eine ausgeschilderte Straße zu dem Park-Hauptquartier. Im Zentrum des Nationalparks befinden sich vier Bergkuppen, von denen der *Kao Luang* mit knapp 1.200 m der höchste ist. Vom Hauptquartier aus kann dessen Gipfel auf zwei Wanderwegen bestiegen werden.

Der rechte Weg ist mit ca. 4 km der kürzere, aber auch steilere. Gut trainierte Wanderer benötigen hier 2-3 Stunden für den Aufstieg. Der linke Weg ist ca. 5 km lang und in 3-5 Stunden bequemer zu gehen. Auf halber Strecke vereinigen sich die beiden Pfade an einem großen Rastplatz mit natürlichen Quellen. Auf dem Weg zum Gipfel lichtet sich der Dschungel und weicht einer savannenähnlichen Landschaft, von der man den Blick auf die Ebene um Sukhothai mit ihren tiefgelegenen Reisfeldern genießen kann. Oben gibt es Übernachtungsmöglichkeiten und Duschen in einem Schlafsaal für maximal 50 Personen und auf einem Campingplatz mit 50 Zelten.

Tak

80 km westlich von Sukhothai liegt diese gemütliche Provinzhauptstadt (ca. 23.000 Einwohner) am Ufer des Ping-Flusses inmitten einer sehr schönen Landschaft. Hier lebt ein buntes Völkergemisch von Thai, Burmesen, Karen und Chinesen. Der nach Westen führende Hwy 105 ist eine alte Schmuggler-Route, auf der Edelsteine und Teakholz aus Myanmar in die Ortschaft gelangten; diese Geschäfte sind allerdings in den letzten zehn Jahren etwas ruhiger geworden. Für die thailändische Geschichte ist Tak als Geburtsort des Generals Taksin bedeutsam, der nach der burmesischen Eroberung Ayutthayas die Feinde verjagte und die neue Hauptstadt Thonburi aufbaute. Inzwischen hat der Tourismus-Boom auch Tak erfaßt und die ersten guten Hotels gebracht. Für Besucher bietet sich die Stadt als Ausgangspunkt für Touren in die landschaftlich schöne und kulturell interessante Umgebung an.

Unterkunft

Das beste Hotel ist das *"Viang Tak Hotel"**, 25 Mahat Thai Bamrung Rd., Tel.: 511-910; Restaurant, Diskothek.

Transport
Es gibt Busverbindungen mit Bangkok, Sukhothai, Mae Sot, Kamphaeng Phet und Chiang Mai. Mit Songtaos oder gemieteten Taxis kann man zu den benachbarten Nationalparks und dem Bhumibol-Staudamm fahren. Außerdem ist die Stadt in das Flugnetz der *Thai Airways* einbezogen.

Sehenswert sind im Stadtgebiet einige Tempelanlagen, z.B. der *Wat Phrae* (im nordthailändischen Stil mit vielen Holzschnitzereien) und der *Wat Bot Mani Sibunruang* (u.a. kostbare und alte Buddha-Statuen). Besonders stolz sind die Einwohner natürlich auf den berühmtesten Sohn der Stadt, dem sie nördlich des Zentrums den Schrein *Phra Chao Taksin Maharat* gebaut haben. Der Pavillon wird besonders an Wochenenden von geschichtsbewußten Thai aufgesucht und mit Blumengirlanden geschmückt; am ersten Januar ist er Mittelpunkt eines lokalen Festes zu Ehren des Generals.

Ausflug
Von Tak aus lohnt sich ein **Ausflug in den Norden**, also stromaufwärts, den man auf dem Hwy 1, besser aber auf der Straße 1107 auf der westlichen Seite des Ping-Flusses unternehmen kann.
Erste Station ist dabei nach 25 km die mittelalterliche Vorläuferin von Tak, **Ban Tak**. Neben anderen Baudenkmälern ist hier der Tempel *Wat Phra Boromthat* besonders sehenswert, zu dem eine herrliche Naga-Schlangen-Treppe hinaufführt. Die genaue Entstehungszeit des Klosters ist nicht bekannt, die ältesten Teile stammen aber vermutlich aus dem frühen 6. Jahrhundert! Schön ist auch der mit Blattgold überzogene und in der Sonne glänzende Chedi. Um den Tempelbezirk liegen mehrere Ruinen, u.a. ein Chedi im Sukhothai-Stil, der zur Zeit Rama Khamhaengs erbaut wurde. Eine 300 m lange, flache Holzbrücke verbindet in Ban Tak die beiden Flußufer miteinander. Zusammen mit einigen alten Holzhäusern auf Pfählen trägt sie zu einem sehr pittoresken Stadtbild bei.

Bhumibol-Stausee

Auf einer ca. 20 km langen Schotterpiste (Straße 1107) kommt man von Ban Tak aus mit dem gemieteten Taxi oder dem Bus (Abfahrten jede Stunde) zur kleinen Ortschaft *Sam Ngao* und schließlich zum **Bhumibol-Staudamm,** der den Ping-Fluß zum mehr als 200 km langen **Bhumibol-Reservoir** aufstaut.
Die Staumauer ist die siebtgrößte der Welt und wurde 1964 nach elfjähriger Bauzeit fertiggestellt. Sie ist vom Fundament in den Felsen bis zur Krone 154 m hoch und 486 m breit. Die Aufstauung von 12,2 Milliarden Kubikmeter Wasser wurde zur Regulierung des Flusses und zur Stromgewinnung (535 Megawatt) durchgeführt. Am Damm gibt es einen kleinen Informationsstand sowie Souvenir- und Essensstände, außerdem kann man sich Boote für eine kurze Fahrt auf dem See mieten.

Unterkunft
Komfortable Bungalows (*"Bhumibol Guest House"**) gibt es zwischen dem Damm und dem Dorf *Sam Ngao*.

Von Tak nach Mae Sot

Bei der Fahrt auf dem Hwy 105 von Tak zur Grenze von Myanmar verläßt man die Ebene mit ihren Reis- und Baumwollfeldern und begibt sich in die bewaldete Region des Tenasserim-Gebirges. Es sind also vor allem landschaftliche Akzente, die einen Besuch der Gegend lohnend machen.

Bei KM 19 kann man den Highway nach links verlassen und kommt nach 3 km zum Hauptquartier des **Lan Sang Nationalparks** (Eintritt 5 BHT). Das kleine Naturschutzgebiet (104 qkm) wurde 1979 eingerichtet und verfügt über eine nicht besonders artenreiche Flora und Fauna. Seine Hauptattraktion sind die sieben Wasserfälle, unter denen der 40 m hohe *Lan Sang* und der *Nam Phung* besonders schön sind. Der Park mit seinen steilen Granitbergen (über 1.000 m hoch) kann auf mehreren Wanderwegen durchquert werden. Informationen zur Tier- und Pflanzenwelt, zur Geologie und zu Wanderwegen und Unterkunftsmöglichkeiten (bequeme Bungalows) gibt es im Hauptquartier.

Bei der Weiterfahrt kann man bei KM 27 links dem *hilltribe centre* **Doi Musur** einen Besuch abstatten. In dieser Bergstamm-Siedlung wohnen Lahu, Lisu und Meo (vgl. KAPITEL 3.2.6), die in einem Selbsthilfeprogramm ein kunsthandwerkliches Zentrum aufgebaut haben. Insbesondere Textilien und aus Weide geflochtene Waren sind hier sehr qualitätvoll und günstig zu bekommen. Ein Wanderweg verbindet *Doi Musur* mit dem Hauptquartier des *Lan Sang Nationalparks*.

Zu einem weiteren Nationalpark gelangt man, wenn man vom Hwy 105 gegenüber der Abzweigung nach *Doi Musur* nach rechts abbiegt. Hier geht es zum **Taksin Maharat Nationalpark**, der 149 qkm umfaßt und 1981 eingerichtet wurde. Seine größten Attraktionen sind der Wasserfall *Mae Ya Pa*, der in neuen Kaskaden herabstürzt, eine 30 m lange natürliche Felsenbrücke und der größte bekannte *thabak*-Baum des Landes: er ist 50 m hoch, und mindestens 12 Menschen sind nötig, um seinen Stamm (Umfang 16,1 m) zu umfassen!

Bei der Weiterfahrt nach Mae Sot ist rechts des Highways noch der mehrere Kilometer lange Abstecher nach **Ban Mae La Moh** interessant, wo es einige heiße Quellen gibt.

Mae Sot

Unterkunft
Einige Hotels und inzwischen auch Gästehäuser haben sich auf den Andrang der Geschäftsleute und Touristen eingestellt. Zu den besten Herbergen gehören:
● *"Phorn Thep Hotel"**, Inthakiri Rd., Tel.: 532-590; zentral gelegenes, einfaches Haus mit AC-Zimmern, Restaurant und Coffee-Shop.

● *"Mae Sot Hills Hotel"****, 100 Asia Hwy, Tel.: 532-601; beste Adresse im weiten Umkreis, etwas außerhalb gelegen, 130 Zimmer mit allen Annehmlichkeiten, Restaurant, Coffee-Shop, Swimmingpool, Tennisplatz.

Transport

Mae Sot ist mit Bussen ab Bangkok, Kamphaeng Phet und Tak direkt zu erreichen, eine Busverbindung nach Mae Sariang/Mae Hong Son wird eingerichtet. Die Stadt wird durch Thai Airways viermal wöchentlich von/nach Bangkok, Tak und Phitsanulok angeflogen. Für den Transfer von/zum Flughafen (2 km westlich) stehen Songtaos bereit, genauso wie zur Grenze nach Myanmar, Mae Sariang und Startpunkten für Trekkingtouren zu den Bergvölkern.

Die aufstrebende Kleinstadt liegt 5 km östlich der Grenze nach Myanmar. Über größere Sehenswürdigkeiten verfügt sie nicht, aber das bunte Völkergemisch (Thai, Burmesen, Karen, Shan, Chinesen, Inder), der schwunghafte Schmuggel, der nahe Grenzfluß und die schöne Landschaft garantieren einen erlebnisreichen Aufenthalt. Ausländische Besucher profitieren vom Angebot der Märkte, wo äußerst günstig aus Myanmar eingeführte Edel- und Halbedelsteine (Tigeraugen, Jade, Opale, Rubine, Saphire) verkauft werden. Auch die Fülle an Korbwaren, Textilien und Kunstgegenständen ist bemerkenswert.

Die kurze Reise (5 km) zum **Grenzfluß** *Moei Noi* kann problemlos mit Songtaos durchgeführt werden. Die alte Brücke über den Fluß ist 1988 bei Kämpfen zwischen den Karen-Rebellen und der burmesischen Armee zerstört worden. Wenn auch ein von beiden Seiten geduldeter Strom von Menschen entweder zu Fuß oder mit Booten zwischen Thailand und Myanmar hin und her pendelt, ist der Grenzübertritt illegal und sollte von Touristen nicht ausprobiert werden. Es reicht, das lebhafte Treiben des 'kleinen Grenzverkehrs' zu betrachten. Essens- und Souvenirstände fehlen an der Grenze nicht.

Das gegenüberliegende Ufer wird z.Zt. von der **Karen-Guerilla** (*Karen National Front*) kontrolliert, die dort ein autonomes Gemeinwesen eingerichtet hat. Ziel der von Myanmar unterdrückten Karen ist es, in Zukunft einen unabhängigen Staat zu gründen. Nach dem blutigen Massaker von Rangoon, bei dem im Sommer 1988 mehr Menschen umkamen als etwa beim chinesischen Blutbad auf dem 'Platz des himmlischen Friedens' in Peking, sind auch sehr viele politische Flüchtlinge in dieser Region.

6.2 RUNDREISE DURCH DEN NORDEN

6.2.1 ÜBERBLICK

Thailands Norden ist die wohl vielseitigste Provinz des Königreichs. Hier findet sowohl der Kulturreisende als auch der Naturliebhaber ein wahres Eldorado, und es gibt eigentlich nur eine Attraktion, mit der sie nicht aufwarten kann: das Meer!

Der Tourist wird hier allerdings auch mit einem Paradies konfrontiert, das in Gefahr geraten ist und z.T. schon seinen ehemaligen Reiz verloren hat.

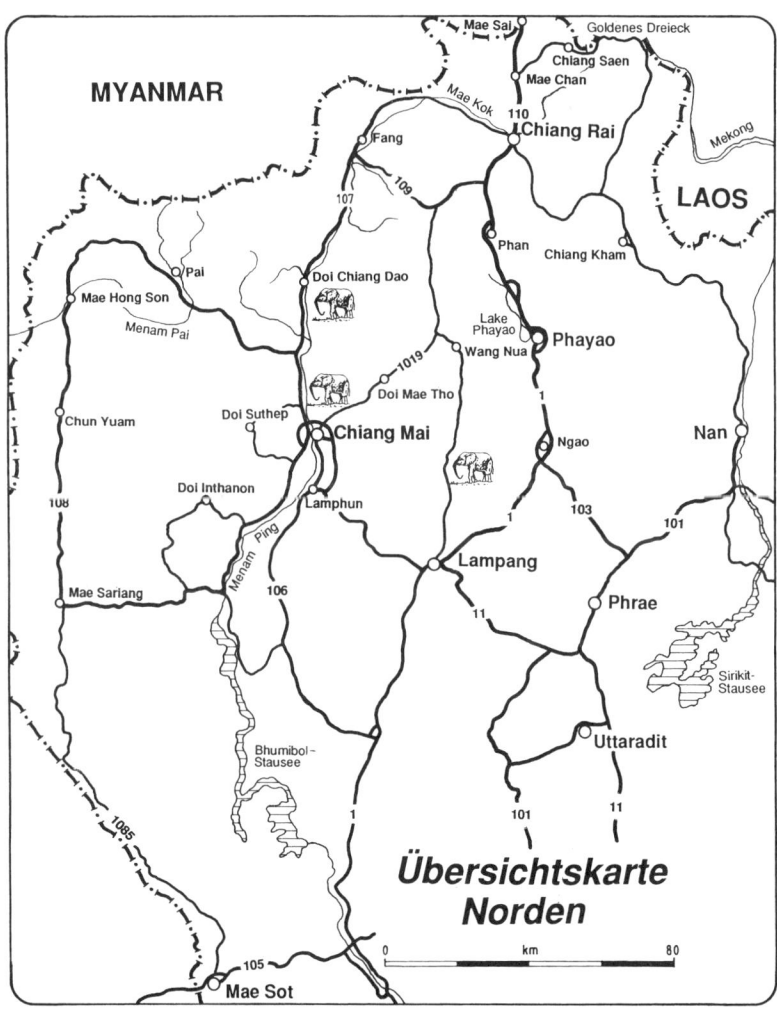

Schuld daran sind viele Faktoren, u.a. die Abholzung der Regen- und Teakholzwälder, aber auch der boomende Fremdenverkehr, der einige Bergstamm-Dörfer zu turbulenten Jahrmärkten hat werden lassen. Gerade im Umgang mit den ethnischen Minderheiten werden vom Ausländer (aber auch von den Thai) Fingerspitzengefühl und Vorinformation verlangt. Nicht jede Trekking-Tour, die einen zu 'unberührten' oder gar 'primitiven' Stämmen führen will, verträgt sich mit dem Anspruch eines sanften Tourismus. Und Besucher, die weniger an den Kultur- und Naturschönheiten als vielmehr am billigen Opiumgenuß interessiert sind, sollten besser gleich zu Hause bleiben! Sie helfen keinem und schaden vielen; außerdem schweben sie in der Gefahr, den drakonischen Strafenkatalog der thailändischen Regierung am eigenen Leib zu erfahren.

Trotz aller Gefährdungen ist der Norden jedoch immer noch mehr eine Reise wert. Von der Natur und vom Klima begünstigt, locken die Provinzen Chiang Rai, Chiang Mai, Mae Hong Son, Phayao, Lamphun und Lampang Jahr für Jahr mehr Besucher an. Geboten werden u.a. Floß- und Bootsfahrten, Elefantenritte durch den Dschungel, Expeditionen durch mächtige Tropfsteinhöhlen sowie Wanderungen zu den Nationalparks mit ihren Wasserfällen, Schluchten und Bergspitzen, unter denen sich die höchsten des Landes befinden. In folkloristischer bzw. völkerkundlicher Hinsicht gehören die Bergstämme mit ihrer spezifischen Lebensweise, ihren Sitten und Trachten auch dann zu Höhepunkten eines Thailand-Aufenthaltes, wenn man nicht versucht, sie in ihren letzten Rückzugsgebieten aufzustöbern. Man sieht sie ohnehin allenthalben auf Märkten und im alltäglichen Straßenbild, außerdem tragen die Informationen verschiedener Institutionen und selbst Folklore-Veranstaltungen dazu bei, sich mit ihrer Kultur auseinanderzusetzen.

Vom historischen Standpunkt ist der Norden ein äußerst interessantes Gebiet, in dem Mon, Khmer, Burmesen und Thai ihren Beitrag zu einer wechselvollen Geschichte leisteten und mächtige Königreiche gründeten. Dies schlägt sich bis heute in einer unverwechselbaren Kulturlandschaft nieder, in der gut erhaltene Tempelbauten und Befestigungsanlagen für ein ausgefülltes Besichtigungsprogramm sorgen. Kunstinteressierte werden von den Baudenkmälern in Chiang Mai, Lamphun, Lampang und Mae Hong Son begeistert sein!

Schließlich sind die Nordprovinzen ein Einkaufsparadies, in dem man Textilien (insbesondere Seide), Edelsteine und Schmuck, Holzschnitzereien, Lederwaren, Lackarbeiten, Schirme, Möbel und andere kunstgewerbliche Produkte zu günstigen Preisen und in hoher Qualität bekommt.

Bei einem solchen Angebot sollte man für Thailands Norden genügend Zeit mitbringen oder aber sich auf bestimmte Gebiete konzentrieren. Ausschlaggebend ist auch die Art des Reisens. Das gute Programm einer Gruppenreise hilft, unter fachkundiger Leitung einen Überblick zu gewinnen und ohne organisatorischen Aufwand die schönsten Attraktionen zu erleben. Individualtouristen haben in der Provinz die besten Möglichkeiten, sich mit dem Auto, Motorrad oder zu Fuß den Schönheiten des Landes zu nähern. Und mit einem guten Guide kann eine Wanderung zu den Bergstämmen ein Erlebnis sein, das man nie wieder vergessen wird.

6.2.2 TOURISTISCHE HINWEISE

Informationen
über die Region erhalten Sie beim TAT-Büro in *Chiang Mai*. Aber auch in Buchläden, Reiseagenturen und in Guest Houses, die sich auf Trekkingtouren spezialisiert haben, kann man sich vor allem in *Chiang Mai, Chiang Rai* und *Mae Hong Son* sehr detailliert über mögliche Routen, Übernachtungsmöglichkeiten und evtl. Gefahren informieren.

Busverbindungen
Die **Busverbindungen** in den Norden gehen in *Bangkok* vom *Northern Bus Terminal* aus.
● Nach *Chiang Mai* fahren AC-Busse 9 x zwischen 9.10 und 21.10 Uhr und fünf VIP-Busse kurz hintereinander zwischen 20.00 und 21.45 Uhr.
● Nach *Chiang Rai* fahren AC-Busse um 19.30 und 19.45 Uhr sowie VIP-Busse um 19.00, 19.30 und 20.00 Uhr.
● Nach *Mae Sai* fahren AC-Busse um 8.00, 19.00 und 19.15 Uhr sowie ein VIP-Bus um 7.30 und fünf weitere zwischen 19.00 und 19.55 Uhr.
● Nach *Phrae* fahren AC-Busse um 20.30 und 20.50 Uhr sowie VIP-Busse um 20.30 und 21.00 Uhr.
● Nach *Lampang* fahren AC-Busse um 9.30, 11.00 und 20.30 Uhr und vier VIP-Busse zwischen 20.30 und 22.00 Uhr.
● Nach *Nan* fahren AC-Busse um 20.10, 20.20 und 20.30 Uhr sowie VIP-Busse um 19.30 und 20.00 Uhr.
● Nach *Phayao* fährt ein AC-Bus um 20.00 Uhr und ein VIP-Bus um 19.30 Uhr.
● Nach *Lamphun* fährt ein AC-Bus um 20.20 Uhr.

Hinweis
Da die zweitgrößte Stadt des Nordens, *Chiang Rai*, nicht an das Eisenbahnnetz angeschlossen ist, bietet die Bahn in Zusammenarbeit mit der Agentur "Songserm Travel" ein sog. Joint Ticket für den Bustransfer ab *Chiang Mai* an, das man in Bahnhöfen kaufen kann. Leider gibt es z.Zt. nur eine Verbindung täglich, und zwar ab *Chiang Mai* 8.30 Uhr, an *Chiang Mai* 11.00 Uhr. Wer von *Bangkok* direkt in den hohen Norden durchfahren möchte, muß also am Vortag den Nachtzug um 19.40 Uhr (wahlweise auch 15.00 oder 18.00 Uhr) nehmen, um sofort Anschluß an die Buslinie zu haben. Auf der Rückfahrt startet der Bus in *Chiang Rai* um 13.00 Uhr und ist in *Chiang Mai* um 16.00 Uhr; um 17.15 Uhr hat man dann den ersten Anschlußzug nach *Bangkok*.

Flugverbindungen
An das **Flugnetz** der *Thai Airways* sind die Städte *Chiang Mai, Chiang Rai, Mae Hong Son, Nan, Lampang* und *Phrae* angeschlossen, die Einrichtung einer regelmäßigen Flugverbindung nach *Mae Sariang* ist in Vorbereitung. Außerdem wird *Mae Hong Son*, genau wie *Chiang Mai, Mae Sot* und *Loei*, in den Flugdienst der *Bangkok Airways* aufgenommen.

Auto und Motorrad
Auto- und Motorradfahrer können im Norden einige sehr schöne Rundfahrten auf gut ausgebauten bzw. akzeptablen Straßen durchführen. Der Highway 108 ist die wichtigste Straßenverbindung für den Nordwesten und beschreibt den großen Kreis *Chiang Mai – Mae Sariang – Mae Hong Son – Chiang Mai* (KAPITEL 6.2.5). Über die Hwys 107, 109, 1 und 11 kann man von *Chiang Mai* aus die Strecke *Chiang Rai – Phayao – Lampang – Lamphun – Chiang Mai* abfahren. Der Hwy 110 führt bis zur Nordspitze des Landes (*Mae Sai*) und der Hwy 101 zur östlichsten großen Stadt, nach *Nan*. Daneben gibt es etliche kleinere Straßen, die zwar nicht alle eine Asphaltdecke tragen, deswegen aber wenig befahren sind, ungestörten Landschaftsgenuß garantieren und einen Hauch Abenteuer versprechen.

Zugverbindungen
Die wichtigsten Stationen des **Eisenbahnnetzes** der *Northern Line* sind *Uttaradit*, *Lampang* und *Chiang Mai.*

● Tägliche Zugverbindungen in den Norden (ab Bangkok; zu den Stationen zwischen Bangkok und Phitsanulok siehe unter KAPITEL 6.1.2):

Stationen	RAP	RAP	EXP	EXP	RAP
ab Bangkok	06.40	15.00	18.00	19.40	22.00
an Phitsanulok	12.33	21.15	23.56	xx	04.26
ab Phitsanulok	12.35	21.17	23.58	xx	04.28
ab Uttaradit	13.55	23.02	01.32	xx	06.00
ab Sila At	14.09	23.21	01.48	02.54	06.16
ab Den Chai	15.06	00.34	02.52	03.53	07.17
ab Mae Mo	16.36	xx	04.32	xx	08.56
ab Lampang	17.08	03.00	05.10	06.01	09.40
ab Khun Tan	17.57	04.04	06.14	06.55	10.44
ab Lamphun	18.51	04.51	07.01	xx	11.33
an Chiang Mai	19.15	05.15	07.25	08.05	11.55

Der neue *Northern Line Express*-Zug verläßt Bangkok um 08.10 Uhr und erreicht Chiang Mai um 19.00 Uhr.

● Tägliche Zugverbindungen aus dem Norden (bis Bangkok):

Stationen	RAP	EXP	EXP	RAP	RAP
ab Chiang Mai	06.35	15.30	17.15	19.30	20.45
ab Lamphun	07.04	15.53	17.38	xx	21.09
ab Khun Tan	08.05	16.42	18.33	20.46	22.03
ab Lampang	08.54	17.50	19.29	21.37	23.01
ab Mae Mo	09.31	18.31	20.09	xx	xx
ab Den Chai	11.06	20.11	21.48	23.51	01.15
ab Sila At	12.10	21.17	22.54	01.04	02.31
ab Uttaradit	12.17	21.25	23.01	xx	02.43
an Phitsanulok	13.48	22.53	00.13	xx	04.07
ab Phitsanulok	13.50	22.55	00.15	xx	04.09
an Bangkok	20.05	05.30	06.25	08.25	10.25

Der neue *Northern Line Express*-Zug verläßt Chiang Mai um 20.10 Uhr und erreicht Bangkok um 07.10 Uhr am nächsten Morgen.

6.2.3 VON DER ZENTRALREGION NACH CHIANG MAI

Unter den vielen Möglichkeiten, von Zentralthailand nach Chiang Mai zu fahren, ist die Benutzung der Nationalstraße 1 (Nakhon Sawan – Kamphaeng Phet – Thoen) oder die des Hwys 101 (Kamphaeng Phet – Sukhothai) bzw. 11 (Phitsanulok) der gebräuchlichste Weg. Wer von Sukhothai und Si Satchanalai in den Norden reist, also die bis zum KAPITEL 6.1.6 beschriebene Route fortsetzt, fährt zunächst durch das Tal des Yom, dann ein wenig weiter östlich, bis man auf den Hwy 11 stößt. Die Landschaft wird nun mehr und mehr von Hügeln und Bergen bestimmt, an deren Hängen die Aufforstung mit Teakholz-Bäumen unübersehbar ist. An einer *Rest Area* rechts der Straße hat man eine schöne Aussicht auf die abwechslungsreiche Gegend und außerdem die Möglichkeit, an Essensständen einen Imbiß einzunehmen oder kunsthandwerkliche Produkte zu kaufen. Nach einem Paß erreicht man schließlich, 100 km südöstlich von Chiang Mai, die Stadt Lampang.

Lampang

Lampang ist eine uralte Siedlung mit einer bewegten Geschichte. Nach ihrer Gründung im 7. Jahrhundert war sie nacheinander ein bedeutender Ort in den Königreichen der Mon, der Khmer und des von Lanna, bevor Lampang wie alle Gebiete des Nordens unter burmesische Kontrolle ge-

Pferdekutsche vor dem Wat Chedi Sao

riet und schließlich ins siamesische Reich aufgenommen wurde. Heute ist der Ort eine lebhafte Provinzhauptstadt mit ca. 50.000 Einwohnern. Im Stadtbild haben sich noch einzelne Relikte der Vergangenheit bewahrt, so z.B. Reste der Stadtmauer mit einem oktogonalen Wachturm aus Ziegelsteinen. Es gibt pittoreske ältere Holzhäuser (besonders auf der Thalatkao Rd.), einen hübschen Markt, mehrere Läden mit Kunsthandwerk (Keramik) und zwei beachtenswerte Tempel, nämlich den *Wat Si Chum* und den *Wat Si Rong Muang*. Für eine Stadtbesichtigung bietet sich eine der Pferdekutschen an, die zwar heute fast nur noch touristisch genutzt werden, vor noch nicht allzu langer Zeit aber das selbstverständliche Transportmittel der Einwohner waren.

Die bedeutendsten Baudenkmäler, darunter einer der schönsten Tempel des Landes, liegen außerhalb des heutigen Zentrums. Am nächsten, etwa 1 km nordöstlich, kommt man über die Pratu Ma Rd. (Straße 1035) am Ufer des Flusses Wang zum

● **Wat Phra Keo Don Tao**

Hier wurde früher der berühmte **Smaragd-Buddha,** das größte Heiligtum Thailands, aufbewahrt.

Die Legende erzählt, daß die durch einen Blitzschlag in Chiang Rai 1434 ans Tageslicht gekommene Figur vom König des Lanna-Reiches zur Hauptstadt nach Chiang Mai gebracht werden sollte. Er ließ Boten auf einem Elefanten aussenden, um den Smaragd-Buddha zu holen. Aber sobald der Elefant die Kreuzung an der Stadt Lampang erreichte, lief er nicht nach Chiang Mai, sondern in diese Stadt. Nachdem der König dreimal einen Elefanten ausgesandt hatte und jedes Mal dasselbe passiert war, nahm er an, daß die Schutzgeister der Statue in Lampang bleiben wollten. Auf diese Weise wurde der Wat Phra Keo Don Tao zur Heimat der berühmten Jade-Figur, jedenfalls für 32 Jahre. Dann begann deren Odyssee, die über Chiang Mai, Luang Prabang, Vientiane und Thonburi zum Königstempel Wat Phra Keo in Bangkok führte (vgl. Kapitel 5.3.1).

Das Interessante an dem Kloster sind seine unterschiedlichen architektonischen Einflüsse. Der dominierende Chedi etwa ist ganz im Sukhothai-Stil gehalten, während eine hölzerne Halle mit vielen Schnitzereien und einem siebenfachen Staffeldach eindeutig nach Burma weist. Sehenswert ist ferner der liegende Buddha, den man im Viharn bewundern kann, und ein kleines Tempelmuseum mit Kunstgegenständen und Funden aus den verschiedenen Stilepochen.

Folgt man der Straße 1035 noch etwa 3 km weiter in nordöstlicher Richtung, sieht man den **Wat Chedi Sao** inmitten der umgebenden Reisfelder auftauchen. Sein Name heißt übersetzt "Kloster der zwanzig Chedis" und verweist auf die größte Attraktion der Anlage. Die 20 weißen Tempeltürme sind im burmesischen Stil gehalten und geben nach der Regenzeit vor dem Blau des Himmels und dem tiefen Grün der Felder ein bezauberndes Bild ab.

● **Ausflug zum Wat Phra That Lampang Luang**

Die berühmteste Tempelanlage ist allerdings etwas weiter von Lampang entfernt, nämlich etwa 19 km in südwestlicher Richtung. Man erreicht sie über den Hwy 1 (Richtung Thoen/Tak), von dem nach ca. 15 km rechts die Straße 1034 zur Ortschaft Ko Kha (westlich vom Wang-Fluß) abbiegt.

Schon vom Parkplatz an der kleinen Straße wird die besondere Stellung des Klosters deutlich: auf einer Hügelkuppe plaziert und von einer starken **Mauer** umgeben, wirkt sie wie ein Heiligtum und eine Trutzburg zugleich. Über eine **Naga-Schlangen-Treppe** gelangt man zum Hauptportal, dessen feine Stuckarbeiten und Verzierungen (vor allem an

Tempelportal

der Innenseite) von außerordentlicher Qualität sind. Vor einem liegt nun der heilige Bezirk, der Ruhe und überirdische Harmonie ausstrahlt. In der Mitte der 1.300 Jahre alten Anlage erhebt sich über einer massigen Basis der vergoldete **Chedi**, von Ehrenschirmen umringt und in einer hohen Spitze auslaufend. Mit dem Gold des 45 m hohen Tempelturms kontrastieren die vier hölzernen **Viharn**, die mit überreich geschnitzten Giebelfeldern, hohen Staffeldächern und Einlegearbeiten bezaubern. In einem Mondhop wird ein Fußabdruck Buddhas aufbewahrt. In ihrer heutigen Erscheinungsform stammen alle diese Gebäude genau wie der Chedi aus dem 15. Jahrhundert, sind allerdings später restauriert und in jüngster Zeit mit einigen Betonteilen verstärkt worden.

Vom Hauptportal aus gesehen führt links ein Weg zum hinteren Teil der Klosteranlage, den man nicht versäumen sollte. Dabei passiert man einen

Stützstäbe am Bodhi-Baum

Baum mit Jack-Früchten und einen heiligen **Bodhi-Baum**, dessen weit ausladende Äste mit buntbemalten Stangen abgestützt werden, damit sie nicht abbrechen. Rechterhand liegt ein kleines **Museum** (geöffnet Mi-So 9.00-16.00 Uhr), in dem Buddha-Statuen, Votivgaben, Amulette und weitere Gegenstände in einem bunten Durcheinander und verwirrender Anordnung angehäuft sind. Seine wertvollste, hinter einem Gitter geschützte Statue ist ein kleiner Buddha aus Jade, der aus dem gleichen Steinblock geschnitten sein soll wie der berühmte Smaragd-Buddha des Wat Phra Keo in Bangkok.

Zurück auf dem Hwy 11, sind es ab Lampang noch 73 Straßenkilometer bis zur nächsten Stadt, Lamphun. Die Reise geht nun durch deutlich höhere Lagen. Man sieht über 1.200 m hohe Bergspitzen und dichte Wälder, in denen sich einige Karen-Dörfer befinden. Parallel zur Autostraße verläuft die Eisenbahnlinie Lampang – Chiang Mai, bei deren Bau man hier 1919 die größten Hindernisse zu bewältigen hatte. An einer Stelle mußte man einen Tunnel graben, wobei viele Arbeiter den Tod fanden. Für sie (und für die Opfer des Straßenverkehrs) hat man oben auf der Straße, in der Nähe des Passes, Dutzende von Geisterhäuschen und Statuen von Tigern, Elefanten usw. aufgestellt.

Wer an dieser Stelle anhält, kann die starke Verwurzelung des Geisterglaubens bei den Thai erfahren: kein Autofahrer läßt es sich nehmen, durch dreimaliges Hupen den Geistern seinen Gruß auszurichten, verbunden mit der Bitte um Schutz.

Auf der anderen Paß-Seite windet sich der Highway zu jenem großen Tal des Ping River hinab, an dessen nördlichem Ende Chiang Mai liegt. Vorher empfiehlt sich jedoch ein 'Kultur-Stop' in der Stadt Lamphun.

Lamphun

Wie Lampang ist auch Lamphun einer der ältesten Städte des Landes, die ihre Gründung dem Haripunchai-Reich verdankt und dessen Hauptstadt es war. Dieser Mon-Staat hatte durch einige Herrschergestalten, u.a. eine Prinzessin aus Lopburi (*Chama Devi*), enge kulturelle Verbindungen mit der Menam-Ebene. Auf diese Weise kamen südliche Kunst- und Architekturideen in den Norden und hielten sich hier, sozusagen auf einer kulturellen Insel, recht lange. In der Kunstgeschichte spricht man deshalb auch von der eigenständigen *Haripunchai-Periode*. Das unabhängige Reich wurde erst von König Mengrai im Jahre 1281 dem Lanna-Staat einverleibt und ging später mit diesem den Weg in die burmesische Okkupation und schließlich in das Königreich von Siam.

Heute ist Lamphun nur mehr eine provinzielle Kleinstadt mit etwa 16.000 Einwohnern. Ein Besuch lohnt sich wegen der beiden Tempelanlagen unbedingt, wobei der *Wat Phratat Haripunchai* der bedeutendere ist (s.u.). Aber auch das Kloster *Wat Kukut*, etwa 1 km außerhalb im Westen gelegen, ist vom baugeschichtlichen Standpunkt überaus interessant:

● **Wat Kukut** (*Wat Chama Thevi*). In den Chroniken wird die Entstehung dieses Tempels dem König Mahandayok zugeschrieben, der hier im Jahre 715 die Asche seiner Mutter *Chama Devi* zusammen mit den Stoßzähnen zweier Elefanten beisetzen ließ. Die auffälligsten Baudenkmäler des Tempelbezirks sind zwei Chedis, von denen der größere im 12. Jahrhundert errichtet und nach einem Erdbeben 1218 wiederaufgebaut wurde. Mit seinem fünfstöckigen Aufbau und den 60 Nischen, in denen sich Buddhastatuen befinden, ist er das beste Beispiel für die Mon-Architektur der *Haripunchai-Periode*. Der kleinere Chedi stammt ebenfalls aus dem 12. Jahrhundert und unterscheidet sich von seinem Nachbarn nicht nur in der Größe, sondern auch durch seinen oktogonalen Grundriß.

● **Wat Haripunchai**
Wer den Tempel zunächst aus der Distanz betrachten will, sollte jenseits der Straße über die Holzbrücke bis zur Mitte des Flusses gehen. Der Haupteingang ist ebenfalls zur Flußseite ausgerichtet und empfängt den Besucher mit einem prachtvollen **Portal**, das von zwei riesigen Wächterlöwen (*singhas*) flankiert wird. Betritt man nun den heiligen Bezirk, sieht man vor sich den hohen **Viharn**, der nach einem Brand im Jahre 1915 völlig rekonstruiert werden mußte. Mit seinen Schnitzereien, Einlegearbeiten und Fresken wirkt er älter als er ist. Bei einem Rundgang im entgegengesetzten Uhrzeigersinn fällt rechterhand zunächst der riesige **Gong** auf, der in einem zweistöckigen Glockenturm hängt. Mit einem Durchmesser von etwa 2 m soll es der größte der Welt sein. Sein Alter

Nagaschlangen als Portalwächter

schätzt man auf etwa 700 Jahre. An offenen Hallen vorbei geht es nun auf den **großen Chedi** zu, der das mit Abstand älteste Gebäude des Klosters ist. Bereits im Jahre 897 erbaut (damals war er rund 10 m hoch), wurde er immer wieder verändert, mit Goldschirmen und Ehrenkronen ausgestattet und bis zu seiner heutigen Höhe von 46 m aufgestockt. Der völlig vergoldete Chedi enthält eine heilige Reliquie Buddhas. Rechts von ihm steht ein weiterer, ziemlich verwitterter **Chedi** des 13. Jahrhunderts (*Suwana Chedi*), der eine völlig andere Formensprache hat. Im Gegensatz zu seinem goldglänzenden Nachbarn ist er aus Ziegelsteinen erbaut und erhebt sich in fünf Terrassen wie eine Stufenpyramide. Seine Wände sind durch Nischen aufgelockert, in denen Buddhafiguren stehen. Neben dem Chedi des *Wat Kukut* (s.o.) bildet er das beste Beispiel für die Architektur des Mon- oder Dvaravati-Stils.

Nun wendet man sich nach links und sieht das hübsche Gebäude des **alten Museums**. Auf dem Rückweg zum Eingang ist dann die **Bibliothek** beachtenswert, die als eleganter Holzbau über einem rotgestrichenen Backstein-Unterbau thront. Sie stammt aus dem 19. Jahrhundert, wurde aber über den Resten einer älteren Bibliothek erbaut. Die exponierte Lage soll verhindern, daß Ameisen oder andere Schädlinge zu den heiligen Schriften gelangen.

Eine kleine, aber beachtenswerte Sammlung enthält das **National Museum**, das sich gegenüber der Straße zur Stadt hin befindet (Intha Yongyod Rd.). Ausgestellt werden Buddhastatuen aus mehreren Epochen und z.T. sehr alte Dekorationen aus Stuck (7.-9. Jahrhundert). Das Museum ist geöffnet Mi-So 9.00-12.00 und 13.00-16.30 Uhr, Eintritt 5 BHT.

Von Lamphun aus sind es bis Chiang Mai nur noch 26 km, die man auf der Straße 106 oder, östlich des Flusses, auf dem Hwy 11 ("Super Highway") zurücklegt. Dabei kommt man durch ausgedehnte Gärten mit unzähligen *Longan*-Bäumen. Auf ihnen werden von Juli bis September die kleinen Früchte mit ihren dünnen Schalen geerntet und auf den Märkten in Büscheln verkauft. Die Gegend um Chiang Mai gilt als Heimat der beliebten Frucht, die man in einem eigenen Longan-Fest gebührend feiert.

6.2.4 CHIANG MAI UND UMGEBUNG

Touristische Hinweise

Als touristisch stark frequentierte und voll erschlossene Stadt kann der Besucher in Chiang Mai auf alle möglichen Informationsquellen zurückgreifen.

Information
In den größeren Hotels und Restaurants gibt es das monatlich erscheinende Magazin *"Welcome to Chiang Mai & Chiang Rai"*, das außer Tausenden von Anzeigen auch eine Hotelübersicht und Stadtpläne hat. Die solideste Information bekommt man natürlich beim TAT-Büro, das einen Schalter am Flughafen unterhält und ein Büro jenseits des Ping-Flusses (über die Nawarat Bridge und sofort nach rechts). Hier sind ausführliche Unterkunftsnachweise und Listen über Reiseagenturen erhältlich: **TAT-Office Chiang Mai**, 105/1 Chiang Mai-Lamphun Rd., Tel.: (053)248-604, 248-607; tägl. geöffnet 8.30-12.00 und 13.00-16.30 Uhr.
Wer an Trekking-Touren interessiert ist, sollte in einige der vielen Agenturen gehen und sich genau über das Programm, die Dauer und die Preise informieren lassen. Dabei spielt auch eine Rolle, welchen persönlichen Eindruck man von den Angestellten des Büros bekommt.
Für Stadtrundgänge in und um Chiang Mai ist der Kauf der Karte *"Nancy Chandler's Map of Chiang Mai"* empfehlenswert, auf der tausend gute Tips für Besuche abseits der ausgetretenen Touristenpfade eingezeichnet sind.

Unterkunft
Der vom TAT-Büro herausgegebene Nachweis der Unterkünfte listete 1991 allein 62 Hotels, 21 Resorts und 102 Gästehäuser, Pensionen und Jugendherbergen auf.
Dabei wird die Bettenkapazität durch etliche Neubauten in den nächsten Jahren noch drastisch erhöht werden. Die Preisspanne zwischen der billigsten und teuersten Übernachtung reicht von 40 BHT für 2 Personen (u.a. im *"Your House"*) bis zu 16.940 BHT (in der Suite des *"Empress"*). Mit anderen Worten: Unterkunftsmöglichkeiten gibt es reichlich, und zwar für jeden Geldbeutel und jeden Komfortanspruch. Im folgenden eine kleine Auswahl durchweg besserer Hotels:
● *"Y.M.C.A."**, 2/4 Mengrai Rasami Rd., Tel.: 221-549; keine Jugendherberge, sondern Mittelklasse-Hotel mit 57 gepflegten Zimmern, z.T. mit AC, Schlafsaal (25 BHT), Restaurant.
● *"Top North Guest House"**, 15 Mun Muang Rd., Soi 2, Tel.: 278-900; modernes vierstöckiges Haus, das beste unter den vielen Gästehäusern, 43 Zimmer z.T. mit AC und Balkon, Swimmingpool, Restaurant, zentral gelegen.
● *"Montri"***, 2-6 Ratchadamnern Rd., Tel.: 211-069; sauberes Mittelklassehotel, Pizzeria, 77 Zimmer z.T. mit Balkon und AC, direkt an der Stadtmauer (Thapae Gate) gelegen.

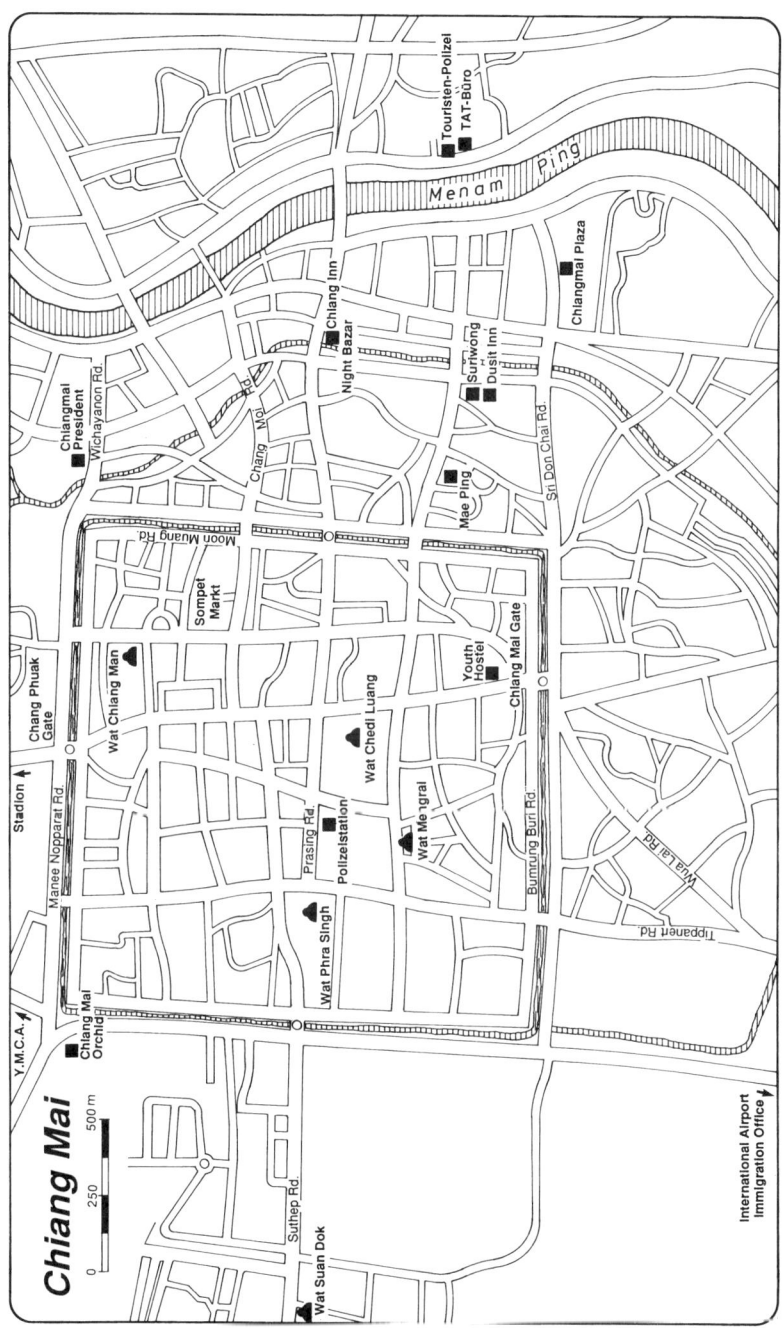

Chiang Mai

● *"Park Inn Tana"****, 10 Charoen Prathet Rd., Tel.: 271-467; 120 modern ausgestattete Zimmer in einem achtstöckigen Komplex, Swimmingpool, Restaurant und Coffee-Shop, nur 100 m vom Night Bazar entfernt.

● *"Rincome Hotel"*****, 301 Huey Keo Road, Tel.: 221044/221130; luxuriöses Hotel der Siam Lodge Group, 158 Zimmer mit allen Annehmlichkeiten, mit herrlichen Antiquitäten dekorierte Lobby, zwei Restaurants, zwei Swimmingpools, Tennisplätze, außerhalb nahe der Universität gelegen.

● *"Sheraton Chiang Mai"*****, Huey Kaew Road; Anfang 1992 eröffnetes Haus mit 304 deluxe-Zimmern, zwei Restaurants, Swimmingpool, Shopping Area, außerhalb nahe der Universität gelegen.

● *"Lanna View Hotel"*****, 558 Soi Lanna Hospital, Tel.: 217-784-6; luxuriöse Unterkunft mit 116 bestens ausgestatteten Zimmern, großer Swimmingpool, Restaurant, Coffee-Shop, Sauna, schöner Garten mit viel Wasser, außerhalb an der Straße nördlich des Super Highway gelegen.

● *"City Resort"*****, 66/4 Super Highway, Tel.: 247-790-6; komfortable Anlage mit Bungalows oder Appartements im vierstöckigen Haupthaus, alle Annehmlichkeiten, außerhalb im Osten gelegen.

● *"Royal Garden Village"*****; sehr geschmackvolle Anlage mit Villas im nordthailändischen Stil, alle Annehmlichkeiten, die phantastische Landschaft mit Reis-Terrassen und Wasserwegen ist eine Meisterleistung des Gartenarchitekten; außerhalb nördlich des Super Hwy gelegen.

● *"Chiangmai Plaza"*****, 92 Si Donchai Rd., Tel.: 270-036-50; Luxushotel mit 450 Zimmern, alle Annehmlichkeiten, Restaurants, Bars, Swimmingpool, Diskothek, zentral in der Nähe des Night Bazar gelegen.

● *"The Empress"******, 199 Changklan Rd., Tel.: 272-020; absolutes Luxushotel mit 375 Zimmern und Suiten in 17 Stockwerken, riesiger Swimmingpool, mehrere Restaurants, Bars etc., zentral gelegen.

● *"Chiang Inn Hotel"*****, 100 Changklan Rd., Tel.: 270-070-6; Luxushotel mit 170 Zimmern, Restaurant, Coffee-Shop, Swimmingpool, Diskothek, zentral gelegen.

● *"Pornping Tower"*****, 46-48 Charoen Prathet Rd., Tel.: 235-099; mit 18 Stockwerken höchste Landmarke im Zentrum, 324 komfortable Zimmer, alle Annehmlichkeiten, mehrere Restaurants, Bars/Nightclub, Pool, zentral zwischen Night Bazar und Mae Ping River gelegen.

● *"Dusit Inn Hotel"*****, 112 Changklan Rd., Tel.: 281-033-43; modernes Haus mit 198 Zimmern, alle Annehmlichkeiten, Restaurant, Bar, Diskothek, Swimmingpool, zentral gelegen.

● *"Mae Ping"******, 153 Si Donchai Rd., Changklan, Tel.: 270-160-8; Luxushotel mit 374 Zimmern und Suiten, großer Pool, Restaurants, Biergarten, alle Annehmlichkeiten, zentral nahe zum Night Bazar gelegen.

● *"Novotel Suriwongse Hotel"*****, 110 Changklan Rd., Tel.: 270-051-63; das erste der internationalen First-Class-Hotels, 168 geräumige Zimmer, Restaurants, Bars, Swimmingpool, Diskothek, zentral gelegen.

Restaurants

Mit dem Aufschwung des Fremdenverkehrs etablierten sich Hunderte von Restaurants, und täglich werden es mehr. Sie können zwischen italienischen, französischen, deutschen, skandinavischen, indischen, chinesischen, amerikanischen und natürlich auch thailändischen Gaststätten auswählen. Ein nord-thailändisches Spezialitäten-Essen, bei dem fünf oder sechs Personen auf dem Boden um einen niedrigen Tisch gruppiert sind und mit den Händen speisen, nennt man *Khantoke*. In der verfeinerten Form bieten folgende Restaurants *Khantoke-Dinner* im Zusammenhang mit Tanzvorführungen an:

● *Khumkaeo Palace*, 252 Phrapokkhlao Rd., Tel.: 214-315

● *Lanna Khantok*, 33/10 Charoen Phrathet Rd., Tel.: 234-155

- *Old Chiang Mai Cultural Center*, 185/3 Wua Lai Rd., Tel.: 275-097
- *Khantoke Chiang Mai*, 9/1 Km 8,5 Chiang Mai-Sankampang Rd., Tel.: 331-515

Transport

Chiang Mai ist an das nationale und internationale **Flugnetz** angeschlossen. Der Flughafen befindet sich wenige Kilometer südwestlich; ab dort verkehren Songtaos für ca. 20 BHT in Richtung Innenstadt.

Der **Bahnhof** liegt weit östlich, jenseits des Ping-Flusses auf der Charoen Muang Rd. Informationen unter Tel.: 242-094. Die Gepäckaufbewahrung ist zwischen 6.00-18.00 Uhr geöffnet. Von hier aus fährt auch der Bus des *Joint Ticket* nach Chiang Rai ab.

Der Überland-**Busbahnhof** *Arcade Station* liegt zentral in der Innenstadt. Von hier aus gibt es praktisch zu jeder größeren Stadt mehrfach täglich Abfahrten.

Wer an **Mietwagen** interessiert ist, findet in Chiang Mai das größte Anbieter-Angebot in Nordthailand. Neben mehreren lokalen Firmen seien hier genannt: *Avis*, 14/14 Huai Kaeo Rd., Tel.: 221-316, 222-013; *Hertz*, 12/3 Loei Khrao Rd., Tel.: 235-496.

Möglichkeiten zum Mieten eines **Motorrades** oder eines **Fahrrades** gibt es u.a. bei mehreren Läden auf der Moon Muang Rd. und in einigen Guest Houses.

Den innerstädtischen Personenverkehr übernehmen **Fahrrad-Rikshas, Busse, Tuk-Tuks** und **Songtaos**. Einige **durchschnittliche Preise** (z.T. abhängig vom Verhandlungsgeschick) sind: Lokalbus 2 BHT, Songtao innerhalb der Stadt 4-5 BHT, Fahrrad-Riksha innerhalb der Stadt 20 BHT, Tuk-Tuk innerhalb der Stadt 10-30 BHT, Stundenmiete für ein Songtao 70-100 BHT, Tagesmiete für ein Songtao oder Taxi 500-900 BHT.

Nachtleben

Ein Nachtleben wie in Pattaya, Bangkok oder Phuket kann Chiang Mai nicht bieten, wenngleich sich bereits die ersten Go-Go-Bars und Massage-Salons etabliert haben. Establissements dieser Art und viele Bars findet man auf dem südlichen Teil der Moon Muang Rd. Natürlich haben die größeren Hotels Diskotheken; es gibt Biergärten und erfreulich viele Lokale, in denen Jazz, Folk oder Pop live geboten wird. Tip: Eine besonders angenehme Bar ist *"The Pub Bar & Restaurant"* (88 Huey Kaew Rd., Tel.: 211-550), die in einem alten Thai-Haus untergebracht ist.

Elnkaufen

Der erste Platz zum Einkaufen ist und bleibt der berühmte Nachtmarkt (*Night Bazar*). Daneben gibt es aber noch mehrere andere Märkte, auf denen u.a. Lebensmittel und Textilien angeboten werden (s.u.). Die größeren Kaufhäuser (*Department Stores*) sind zwar wie in Bangkok tägl. 10.00-21.00 Uhr geöffnet, aber längst nicht so luxuriös und geordnet wie in der Hauptstadt. Phantastisch eignet sich Chiang Mai für Käufe von Kunsthandwerk, Antiquitäten oder Textilien. So sind z.B. auf der Tapae Road viele gutsortierte Läden konzentriert, in denen man Antiquitäten und *Hilltribe*-Waren bekommt. Im *Thai Tribal Crafts Shop* auf der Bumrungrat Rd. ist ein selbstverwaltetes Geschäft von einigen Bergstämmen eingerichtet, das ohne Zwischenhandel funktioniert. Auch im *Old Chiang Mai Cultural Center* werden Textilien und andere *Hilltribe*-Waren angeboten. In den Handwerksdörfern der Umgebung schließlich bekommt man alle die Waren, die auf dem *Night Bazar* und anderswo angeboten werden, direkt ab der Manufaktur. Hingewiesen sei schließlich auf die vielen Maßschneidereien, die Ihnen selbst bei einem zweitägigen Aufenthalt Kleidungsstücke ganz nach Ihren Wünschen anfertigen. Wer klar umrissene Vorstellungen hat, sollte vielleicht Beispiele dafür aus einem Modekatalog von zu Hause aus mitbringen.

Wichtige Adressen und Telefonnummern

- **Immigration Office**, Sanabin Rd. (Flughafen-Nähe), Tel.: 213-510; geöffnet Mo-Fr 8.30-12.00 und 13.00-16.00 Uhr.

● **Postamt** (General Post Office), Charoen Muang Rd. (Bahnhofs-Nähe); geöffnet Mo-Fr 8.30-12.00 und 13.00-16.30 Uhr, Sa-So 9.00-12.00 Uhr.

● **Touristenpolizei**, 105/1 Chiang Mai-Lamphun Rd. (im Erdgeschoß des TAT-Büros), Tel.: 232-508, 222-977; tägl. geöffnet 8.30-12.00 und 13.00-16.30 Uhr

● ● ●

Chiang Mai ist nicht nur die zweitgrößte Stadt des Königreichs und wirtschaftliches Zentrum des gesamten Nordens, sondern fühlt sich mit seiner eigenständigen und stolzen Vergangenheit durchaus auch der Metropole Bangkok ebenbürtig. Das altbekannte Wort von der 'heimlichen Hauptstadt', wie es etwa das Verhältnis von München zu Berlin charakterisierte, gilt also auch in thailändischen Zusammenhängen. Deshalb zunächst ein kurzer Blick in die **Geschichte**:

Chiang Mai und Doi Suthep

Nicht in der fruchtbaren Ebene des Menam Chao Phraya, sondern im gebirgigen Norden wurden von den einwandernden Thai im 9. Jahrhundert die ersten selbständigen Reiche gegründet. Von Chiang Saen aus, nordöstlich von Chiang Rai gelegen, ging im 13. Jahrhundert der berühmte König Mengrai daran, diese Fürstentümer im Staat von Lanna (= 'Land der eine Million Reisfelder') zu vereinen. Die zweitgrößte Stadt des Nordens, Chiang Rai, trägt noch heute Mengrais Namen, aber auch Chiang Mai wurde unter seiner Herrschaft gegründet (1296). Sehr schnell stieg der Ort zum Zentrum und zur Hauptstadt von Lanna auf, das sich Schritt um Schritt gegen alle feindlichen Nachbarn durchsetzte, das Mon-Reich von Haripunchai zu seinem Landesteil machte und in wirtschaftlicher Konkurrenz zu Sukhothai und später Ayutthaya stand. Obwohl hier wie dort Thai lebten, waren die Kontakte nicht immer friedlicher Natur. So wurden blutige Kriegszüge nicht nur gegen die Burmesen, sondern auch und vor allem gegen das

Reich von Ayutthaya geführt, bis schließlich eine burmesische Invasion im Jahre 1556 Lanna über 200 Jahre lang zu einem Vasallenstaat machte. Es war General Taksin, der nach der Zerstörung Ayutthayas die Burmesen vertrieb und von ihnen das ehemalige Königreich übernahm. Erst seit dieser Zeit ist Nordthailand integrativer Bestandteil Siams bzw. Thailands, obwohl noch bis zum 20. Jahrhundert die nördlichen Provinzen wegen fehlender Verkehrsverbindungen ein Eigenleben führten. Durch den Bau der Eisenbahn Bangkok – Chiang Mai (1919) und moderner Straßen rückten die Landesteile schließlich näher zusammen, was im Zeitalter der Flugzeuge und der Telekommunikation natürlich verstärkt wurde. Viele reiche Hauptstädter genießen inzwischen das gemäßigte Klima von Chiang Mai an ihrem Zweitwohnsitz. Trotzdem besitzt die Stadt aufgrund ihrer langen Selbständigkeit immer noch genügend politische und kulturelle Eigenheiten (Sprache, Architektur, Küche, Trachten etc.), um großstädtischen Charme in einer unverwechselbaren Atmosphäre zu entwickeln.

Stadtbesichtigung

Wegen der vorzüglich ausgebauten touristischen Infrastruktur nutzen immer mehr Urlauber Chiang Mai als festen Standort, von dem aus sie Ausflüge in die nähere und weitere Umgebung unternehmen. Wer in der Stadt nur wenige Tage zu Besuch ist, hat kaum Zeit, alle Sehenswürdigkeiten und versteckten Schönheiten aufzusuchen, und muß aus einem reichhaltigen Angebot auswählen. Die interessantesten der 75 Tempel sind im folgenden kurz beschrieben. Aber die Kultur ist nicht alles. Was wäre Chiang Mai ohne seinen turbulenten Night Bazar, ohne die Handwerksdörfer der Umgebung und ohne ein typisches Khantoke-Essen?!

Für Kurzbesucher ein **Vorschlag für eine 2tägige Stadtbesichtigung:**
1. Tag: Rundgang durch das historische Zentrum innerhalb der *Wat Phra Singh, Wat Chedi Luang, Wat Chiang Man* und *Wat Mengrai*. Nachmittags weitere Besichtigungen inner- oder außerhalb der Stadtbefestigung (*Wat Jet Yot*) odor Bo such eines Marktes (*Sompet*-Markt; *Warorot*-Markt) oder Besuch des *Nationalmuseums*. Abends Teilnahme an Folklore-Vorführung und Khantoke-Essen im *Chiang Mai Cultural Center.*
2. Tag: Vormittags Fahrt zum Handwerkerdorf *Bo Sang* und/oder *San Kamphaeng*. Nachmittags Fahrt zum *Doi Suthep* mit Besichtigung des *Wat Phratat*. Abends Besuch des *Nachtmarktes.*

● Die Stadtbefestigung

Das eigentliche Zentrum ist in jedem Stadtplan am Verlauf der Stadtmauer mit ihren Wassergräben gut zu erkennen. Die Begrenzungsanlagen dieses fast quadratischen Vierecks mit einer Seitenlänge von 1,5 km sind z.T. noch original erhalten, überwiegend jedoch rekonstruiert. Sehr alt sind die Befestigungen ohnehin nicht: sie stammen aus der Zeit nach der burmesischen Okkupation, also aus dem späten 18. Jahrhundert. Die fünf Stadttore sind ausnahmslos rekonstruiert, das zum Osten (Tapae) erst 1987. Auf der inneren und äußeren Seite der Mauer führen belebte Straßen entlang, und es macht Spaß, mit einem Tuk-Tuk die gesamte Altstadt zu umrunden. Am schönsten sind die Verteidigungsanlagen in der südwestlichen Ecke, wo man hinter der Mauer einen Park eingerichtet hat.

● Die schönsten Tempel innerhalb der Stadtmauer

- **Wat Phra Singh:** Er ist der größte und bekannteste Tempel der Stadt. Durch ein von zwei burmesischen Löwen bewachtes Portal betritt man den heiligen Bezirk, in dem um eine Rasenfläche verschiedene Gebäude gruppiert sind. Am

ältesten ist der weiße Chedi, der 1345 von einem Lanna-König zu Ehren seines Vaters aufgestellt wurde. Aus dem Jahr 1518 stammt der hohe Viharn mit den dominierenden Staffeldächern. Er birgt im Inneren eine nur 60 cm große, aber hochverehrte Buddha-Figur. Eine weitere Buddhastatue, 'Phra Buddha Singh' aus dem 14. Jahrhundert (Kopie, das Original ist im Bangkoker Nationalmuseum), ist im kleinen Viharn zu sehen. Dessen harmonischer Bau mit dem dreifachen Staffeldach hat innen außerdem sehenswerte Male-

Wat Phra Singh

reien. Interessant und schön ist der Bot, den die Burmesen nach ihrer Eroberung haben aufstellen lassen, sowie die kleine, hölzerne Bibliothek, die auf einem hohen, gemauerten Podest steht.

- **Wat Chedi Luang:** Fast scheint es, als hätten die Erbauer des Chedis im 15. Jahrhundert einen thailändischen 'Turm zu Babel' errichten wollen. Nach 50jähriger Bauzeit hatte man den Tempelturm in Form einer Stufenpyramide 90 m in den Himmel gebaut, bis ein Erdbeben 1545 das Monument einstürzen ließ. Die vorhandenen Reste sind eindrucksvoll genug. 1991 sah man den Chedi durch ein Bambusgestell eingerüstet: Die Rekonstruktionsarbeiten haben begonnen. Außer dem Chedi ist der Viharn beachtlich, der von Schlangen und dem dreiköpfigen Elefanten Erawan bewacht wird. Im Inneren birgt er u.a. eine 9 m hohe Bronzestatue eines Buddha in schreitender Position. Links vom Eingang sieht man das kleine Häuschen, in dem der Schutzgeist von Chiang Mai wohnt.

- **Wat Chiang Man:** Den Chroniken nach ließ König Mengrai diese Klosteranlage 1292 errichten, womit sie die älteste der Stadt wäre. Sehenswert ist der vergoldete Chedi, dessen blockhafte Basis 15 Elefanten in Le-

Wat Chedi Luang

bensgröße zieren. Der große Viharn trägt ein imponierendes Dach im nordthailändischen Stil und ist an der Giebelseite mit Glasmosaiken und Holzschnitzereien verziert. Im Inneren, das leider nur sonntags und an buddhistischen Feiertagen geöffnet ist, sieht man einen herrlichen Altar aus Burma, davor eine vergoldete

Sitzstatue des Erleuchteten. Szenen aus seinem Leben werden in den Wandmalereien geschildert. Vor allem aber können hier die zwei meistverehrten Buddhafiguren der Stadt bewundert werden, eine indische aus weißem Marmor (8. Jahrhundert) und eine aus dem 10. Jahrhundert, die aus Bergkristall gearbeitet ist. Bei der alljährlichen Prozession am 1. April bittet man die Statuen um Regen für den Reisanbau.

● Die schönsten Tempel außerhalb der Stadtmauer

- **Wat Suan Dok**: Der ungewöhnliche Tempel liegt in Richtung Flughafen, ca. 1 km westlich der Stadtmauer und links von der Suthep Rd. Sein oben vergoldeter Chedi, der schon von weitem zu sehen ist, birgt eine Reliquie Buddhas. In den kleineren Chedis wurde die Asche von Adeligen beigesetzt. Der Viharn des Wat Suan Dok ist als große, offene Halle konstruiert, d.h. ohne Seitenwände. Prächtig dekorierte Säulen aus Teakholz tragen das hohe Staffeldach. Darunter befindet sich auf dem Altar die vergoldete Kolossalstatue des Erleuchteten mit seinen Jüngern.

Neben dem Tempel befindet sich an der Suthep Rd. das **"Zentrum zur Förderung der Bergvölker"**. In dieser von König Bhumibol eingerichteten Institution können die Karen, Yao, Hmong, Lisu und Lahu traditionelles und neueres Kunsthandwerk verkaufen, um so eine alternative Einkommensquelle zur Opiumproduktion zu haben. Die Geschäfts- und Ausstellungsräume sind tägl. 9.00-17.00 Uhr geöffnet.

- **Wat Ku Tao**: Die Fahrt zu diesem 'Kloster mit dem Kürbisturm' lohnt sich vor allem wegen des Chedi, dessen ungewöhnliche Form in der Namensgebung anklingt. Er besteht aus fünf ungleich großen, kugelförmigen Baukörpern, die übereinander angeordnet und mit bunter Keramik ornamental verziert sind. Der Tempel aus dem 17. Jahrhundert liegt etwas versteckt, ca. 700 m nördlich des Nordtores (Chang Puak) hinter dem Stadion.

- **Wat Jet Yot**: An der nordwestlichen Umgehungsstraße ("Supor Highway") findet man diese sehenswerte Klosteranlage aus dem 15. Jahrhundert. Ihr kunsthistorischer Wert wird wieder einmal von dem außergewöhnlichen Chedi bestimmt, der nach indischen Vorbildern aufgebaut wurde. Deswegen erinnert er eher an einen richtigen Tempel als an einen Turm, nach außen über und über verziert mit Wesen der hinduistischen Götterwelt. Der von vier kleinen Türmen umringte Chedi war Schauplatz des 8. Weltkonzils im Jahre 1477, zu dem mehr als 1.000 Mönche aus allen Teilen der buddhistischen Welt kamen. Weitere reich geschmückte Bauten entstanden etwas später, fielen aber 1556 den Plünderungen der burmesischen Invasionstruppen zum Opfer. Seit dieser Zeit liegt der *Wat Jet Jot* in Trümmern.

Nach einer Besichtigung des Tempels bietet sich der Besuch des benachbarten Nationalmuseums an:

● Das Nationalmuseum

Öffnungszeiten
Chiang Mai National Museum, Doi Suthep Rd.; geöffnet Mi-So 9.00-12.00 und 13.00-16.30 Uhr, Eintritt 10 BHT.

In dem 1972 eröffneten Bau, der die traditionelle nordthailändische Architektur kopiert, werden in didaktisch guter Aufbereitung Kunstgegenstände, Buddhabildnisse und Kriegswaffen gezeigt. Im Vorhof sind Brennöfen der berühmten Lanna-Keramik ausgestellt. Im Erdgeschoß sind vor allem die Bronzearabeiten aus Chiang Saen beachtenswert, im ersten Stock profane und religiöse Gegenstände, z.T. aus dem Besitz der Lanna-Könige. Außerdem zeigt das Museum einen besonders schönen Fußabdruck Buddhas mit herrlichen Perlmutt-Einlegearbeiten, weiter Haushaltsgeräte und Trachten verschiedener Bergvölker.

● Die wichtigsten Märkte

- **Der Somphet-Markt**: Der Somphet-Markt ist der einzige größere Markt innerhalb der Stadtmauer; man findet ihn an der Moonmuang Rd., am nordöstlichen Ende der Altstadt (oberhalb vom Stadttor Tapae). Auf ihm werden hauptsächlich Lebensmittel ver- und gekauft. Er beginnt am frühen Nachmittag und dauert bis in die Abendstunden.

- **Der Warorot-Markt**: Östlich der Stadtmauer, an der Withayanon Rd. zwischen der Chang Moi Rd. und der Tapae Rd., kann man den ganzen Tag über auf Marktstände und Läden stoßen, in denen eigentlich alles verkauft wird, was man in der Küche oder im Kleiderschrank braucht. Der Warorot-Markt ist der größte in Chiang Mai, und dementsprechend vielfältig sind das Angebot und die Möglichkeiten, Lokalkolorit hautnah zu erleben. Das Hauptgeschehen spielt sich in einem zweistöckigen Gebäude ab, wo im Erdgeschoß Lebensmittel und auf den Laufgängen darüber Textilien angeboten werden. Wer nur einen Überblick bekommen oder ein Foto machen möchte, sollte das von den höheren Galerien aus tun. Nach Einbruch der Dunkelheit breitet sich das lebhafte Treiben des Nachtmarktes auch bis hierhin aus.

- **Der Nachtmarkt** (*Night Bazar*): Der *Night Bazar* ist eine Attraktion ganz eigener Art, bei der man in einen wahren Kaufrausch verfallen kann. Denn alles, was Touristen brauchen oder gerne hätten, gibt es hier, von Bademode über Souvenirs, Antiquitäten, Musikkassetten, Schmuck, *Hilltribe*-Folklore, echte und unechte Edelsteine oder echte und unechte Markenartikel internationaler Mode- und Kosmetika-Firmen. Der Markt auf der Chang Klan Rd. (zwischen Stadtmauer und *Ping River*) hat seinen Ursprung allerdings nicht in den Besucherströmen, sondern war und ist ein ganz normaler Markt auch für Thai. Wegen der vielen Ausländer sind die 'Anfangspreise' allerdings recht hoch, so daß heftig gehandelt werden sollte. Da es genügend Eßstände gibt, kann man seinen Hunger zwischendurch stillen und deshalb mehrere Stunden hier verbringen, um nach dem günstigsten Angebot Ausschau zu halten.

● Das Old Chiang Mai Cultural Center

Öffnungszeiten
Old Chiang Mai Cultural Center, 185/3 Wua Lai Rd., Tel.: 275-097; tägliche Vorstellungen 19.00-22.00 Uhr, 200 BHT, einige der Läden sind auch tagsüber geöffnet.

Am südlichen Stadtrand, etwa 1 km vom Stadttor Suan Prung entfernt, kann man *Old Chiang Mai* einen Besuch abstatten. Dahinter verbirgt sich allerdings kein alter Stadtteil, sondern ein kommerzielles Unternehmen, das die Bergstämme und ihre Produkte 'präsentiert'. Wenn auch die Firmenleitung den "authentischen Charakter" der Folklore-Darbietung betont, ist der touristische Akzent unüberseh-

Vorführung des Fingernageltanzes

bar. Trotzdem: ein Besuch lohnt sich, besonders für die, die aus Zeitmangel die *Hilltribes* in ihrer natürlichen Umgebung nicht aufsuchen können. Und die Tänze machen – im Gegensatz etwa zum *Rose Garden* bei Bangkok – wenigstens den Eindruck von Ursprünglichkeit. In Old Chiang Mai hat man Gelegenheit, die malerischen Trachten einiger Bergstämme zu sehen sowie die Nachbauten einiger Hütten, wo Szenen der Arbeitswelt vorgeführt werden. Und in mehreren Restaurants wird nordthailändisches Essen angeboten. Die meisten Besucher kommen deshalb abends zu einem Khantoke-Dinner mit Folkloreshow. Während des Essens werden normalerweise in einem ersten Teil Musikdarbietungen und die Tänze Fingernageltanz, Schwerttanz, Tanz der Schan, Tanz der Zauberhähne und Kerzentanz aufgeführt. Der zweite Teil findet in einer überdachten Halle mit Sitztribünen statt. Hier sieht man den Tanz der Lahu, Kinggalatanz der Schan, Tanz der Hmong, Tanz der Mien, Tanz zur Beschwörung der Ahnengeister, Tanz der Lisu, Feuerschwerttanz, Tanz der Akkha und Reistanz. Vor oder nach der Show hat man Gelegenheit, sich in den modernen Einkaufsläden nach Seide, Schmuck, Edelsteinen oder Kunsthandwerk der Bergstämme umzusehen.

In nächster Nachbarschaft gibt es das kleine *Lanna Folk Museum* (tägl. außer Do 10.00-16.00 Uhr geöffnet).

● **Am nordwestlichen Stadtrand**

Einige Kilometer nordwestlich der Innenstadt, auf dem Weg zum Doi Suthep (s.u.), sind links der schnurgeraden Huey Kaew Rd. einige lohnenswerte Institutionen und Parks untergebracht. Zunächst kündigen Buchläden den großen Bereich der **Universität** an. Wenn man deren Haupteingang passiert hat, kommt man zum weitläufigen Campus. Hier befindet sich im Gebäude Nr. 15, etwas versteckt und 1.400 m hinter dem Eingang, das

- **Tribal Research Center**: Ein Besuch lohnt sich für alle, die sich wirklich für die Situation, Kultur und Lebensweise der Bergstämme interessieren, insbesondere, wenn man sich anschließend auf eine Trekkingtour zu ihnen begibt. Das Museum zeigt Kult- und Gebrauchsgegenstände der ethnischen Minderheiten, und eine Bibliothek besitzt einen reichhaltigen Bestand zu diesem Thema. Das Forschungszentrum ist für Besucher Mo-Fr 8.30-12.00 und 13.00-16.00 Uhr geöffnet (vgl. zum Thema 'Bergstämme' KAPITEL 3.2.6).

600 m weiter in Richtung Doi Suthep liegt linkerhand das

- **Chiang Mai Arboretum**, ein großzügig angelegter botanischer Garten mit tropischen Blumen, Bäumen und Seen. Dieser wunderschöne Flecken Erde wird von den Einheimischen besonders am Wochenende für Picknicks genutzt. Das Arboretum ist tägl. 8.30-16.30 Uhr geöffnet (freier Eintritt). Sofort anschließend breitet sich der

- **Chiang Mai Zoo** am Fuß des Berges aus. Auch er ist landschaftlich überaus reizvoll angelegt. Hauptattraktionen sind Exemplare der asiatischen und afrikanischen Tierwelt sowie ein enorm großes Vogel-Freigehege. Es gibt Pläne, vom Zoo aus eine Gondelbahn auf den Doi Suthep zu bauen. Der Zoo ist tägl. 8.00-17.00 Uhr geöffnet (Eintritt 10 BHT).

Handwerksdörfer

Zum Standardprogramm bei Gruppenreisen nach Chiang Mai gehört ein Besuch der Handwerksdörfer östlich der Stadt. Aber auch für Individualreisende kann die kurze Fahrt lohnend sein, handelt es sich hier doch um das größte Zentrum für Kunsthandwerk im gesamten Königreich. Die Werkstätten und Geschäfte für Jade, Lack- und Silberarbeiten, Lederwa-

ren, Holzschnitzereien, Antiquitäten, Schirme sowie Baumwoll- und Seidenstoffe produzieren einen Großteil der Waren, die auf dem Night Bazar und den anderen Märkten, aber auch noch auf Phuket oder in Bangkok verkauft werden. In fast allen Manufakturen sind Besucher willkommen, denen nicht

In Bo Sang

nur in mehrsprachigen Führungen der mühselige Arbeitsprozeß erläutert wird, sondern deren Kaufstimmung man auch mit einer kostenlosen Tasse Tee oder Cola positiv beeinflussen möchte. Ob die Preise wirklich günstiger sind als auf dem Markt, bleibt jedoch fraglich. Denn der Tuk-Tuk-Fahrer oder Reiseleiter, der Kunden dorthin bringt, bekommt seine Provision, und die z.T. luxuriös ausgestatteten und klimatisierten Räume wollen ebenso bezahlt sein wie die vielen Angestellten. Deswegen gilt aus Faustregel: je schlechter ein Geschäft ausgestattet ist (kein AC) und je weiter es entfernt liegt, desto billiger sind die Waren – vorausgesetzt, man kommt ohne 'Begleitung' und kann handeln.

Seidenraupen und ihr Produkt

Zu den Handwerkerdörfern Bo Sang (10 km) und San Kamphaeng (14 km) gelangt man über die gleiche Straße: vom Stadtzentrum aus die Tapae Rd., die hinter der Nawarat Bridge zur Charoen Muang Rd. wird und am Bahnhof vorbei über den Super Hwy hinaus nach Osten führt (Straße 1006). Etwa 100 BHT kostet ein Tuk-Tuk, das Sie drei Stunden lang zu allen möglichen Fabriken bringt, wobei der Fahrer natürlich auf Provision spekuliert. Ab dem Highway breiten sich beiderseits der Straße die Handwerksbetriebe aus, mit einer ungefähren Reihenfolge von Lackwaren-Produzenten, Silberschmieden, Holzschnitzereien, Antiquitätenläden, Korbflechtereien und Seidenwebereien.

---

i *Informationen zur Lackkunst*

Der fernöstliche Lack, seit dem 17. Jahrhundert auch in Europa bekannt und geschätzt, ist im Gegensatz zu seinen europäischen Nachahmungen ein Naturprodukt. Durch Einschneiden in Bast und Rinde des Lackbaumes (rhus vernicifera) gewinnt man den grau-weißen, dickflüssigen Saft, der nicht so reichlich wie Kautschuk fließt und der an der Luft dunkelt und härtet. Der Rohlack wird gereinigt, homogenisiert und entwässert, und je nach seinem Verwendungszweck werden Zusätze wie Öl und Pigmente beigemischt. Im Gegensatz zu europäischen Harzlacken und den modernen chemischen Lacken trocknet er nur bei einer Luftfeuchtigkeit von 75-80% und bei einer Temperatur von 25-30°C. Der einmal gehärtete Lackanstrich kann dann weder von Säuren noch Alkalien oder heißem Wasser angegriffen werden. Er schützt das Holz vor Feuchtigkeit und Fäulnis und hält Wärme.

Wie vorteilhaft Lack als Schutzstoff ist, beweisen chinesische Lackgegenstände, die über tausend Jahre unbeschädigt im Wasser lagen. Die frühesten Funde stammen ebenfalls aus China, und zwar aus der Zeit des 16.-11. vorchristlichen Jahrhunderts. Als Basis für Lackarbeiten dienen am häufigsten Holz, aber auch Flechtarbeiten, Pappmaché und sogar Metall, Leder, Keramik und lackgetränkte Textilien. Da Holz nach der Lackierung noch lange arbeitet, können Risse in der Lackschicht entstehen. Aus diesem Grund werden sehr sorgfältige Grundierungsarbeiten durchgeführt und der Lack in vielen hauchdünnen Schichten aufgetragen. Die qualitätvollsten Produkte haben mehr als 30 Arbeitsgänge! Erst am Schluß erhalten die fertigen Gegenstände Verzierungen, sei es durch Lackmalerei mit einer dünnen Goldschicht oder sei es durch Gravuren, Perlmutteinlagen oder Goldstreudekor.

Das Dorf **Bo Sang** ist als "Dorf der Schirmmacher" ('The Umbrella Village') weithin bekannt. Schon seit vielen Generationen arbeiten Familien aus Bo Sang in dieser speziellen Branche und fertigen aus Bambus (für

Im Schirmemacherdorf

die Speichen), Seide, Baumwolle und Papier Schirme aller Größen und in vielen Designs an. Dabei können Kunden durchaus ihre eigenen Vorstellungen äußern und sich z.B. ihren gewünschten Sonnenschirm nach einer Skizze, einem Foto oder einer sonstigen Vorlage anfertigen lassen. Die größeren Exemplare läßt man sich am besten per Seefracht zuschicken. Für einen Schirm mit 2 m Durchmesser bezahlt man einschl. Verpackung, Versicherung und Zustellung per Seefracht 1.100 BHT, die Laufzeit beträgt maximal zwei Monate. Teurer und schneller wird's als Luftfracht.

Anschrift
Umbrella Making Centre, 111/2 Bo Sang, San Kamphaeng, P.O.Box 4, Tel.: (053)331-324, 331-687.

Ein willkommenes Nebengeschäft üben die Bemaler/innen der Schirme aus. Sie zaubern blitzschnell für 20 BHT Motive wie Elefanten, Blumen, Schmetterlinge auf Handtaschen, Fotoapparate, Schuhe oder Kleidungsstücke. Weibliche Kunden sollten sich jedoch nicht, wie man immer wieder beobachten kann, Schmetterlinge auf's Hinterteil ihrer Jeans malen lassen. Dies könnte als Erkennungszeichen von Prostituierten mißverstanden werden!

Auf der Straße nach **San Kamphaeng** und im Dorf selbst herrschen die Webereien vor, in denen Baumwolle und Seide verarbeitet werden. Auch hier kann man den Arbeitsprozeß von der Rohstoffgewinnung bis zum Endprodukt verfolgen. So sieht man, wie die Seidenraupen erhitzt und ihre Fäden zu Seide versponnen werden, ebenfalls den Färbevorgang mit traditionellen Naturfarben.

Wenn Sie aus dem überreichen Angebot an Stoffen dann einen entdeckt haben, der Ihnen am besten gefällt, werden Ihre Maße abgenommen, und in der Nacht entsteht das Kleid, der Anzug oder die Bluse. Am nächsten Vormittag ist Anprobe in Ihrem Hotelzimmer; bei Nichtgefallen werden Änderungen innerhalb weniger Stunden vorgenommen. Ob Sie nun Lederwaren, Baumwolltextilien oder Seide kaufen – es lohnt sich immer, nach einem Discount zu fragen!

Ausflug zum Doi Suthep und Umgebung

Die etwa 16 km lange Strecke zum Doi Suthep sollte kein Besucher Chiang Mais versäumen, so übersättigt er sich vielleicht auch von Tempelbesichtigungen fühlen mag! Denn der bewaldete Berg mit seiner herrlichen Aussicht und der Tempel *Wat Phratat* gelten zu Recht als bekannteste Sehenswürdigkeit und größte Attraktion der gesamten Provinz. Ideal ist der Ausflug an klaren Tagen, wenn Chiang Mai und die umgebende Landschaft von der Nachmittagssonne beleuchtet werden. Zu spät darf man allerdings nicht aufbrechen, da der Tempel gegen 16.30 Uhr seine Pforten schließt!

Hinweis

Der Ausflug wird von vielen Reisebüros angeboten, ist aber auch auf eigene Faust leicht zu organisieren: Nehmen Sie einfach eines der Songtaos, die vom nördlichen Stadttor *Chang Puak (White Elephant Gate)* oder von der Tapae Rd. etwa alle 15 Minuten abfahren. Die Fahrt dauert eine halbe Stunde (30 BHT) und bringt Sie direkt zum Parkplatz unterhalb des berühmten Tempels. Taxifahrer nehmen 200 BHT für Hin- und Rückfahrt.

Man verläßt das Stadtgebiet von der Nordwestecke der Mauer aus und fährt zunächst etwa 6 km auf der breiten, schnurgeraden Huey Kaew Rd. Dabei passiert man viele der großen Hotelneubauten ("*Chiang Mai Orchid*", "*Rincome*" usw.) sowie linkerhand den Campus der Universität und den Zoo (s.o.).

Nagatreppe zum Doi Suthep

Wenn man die Serpentinenstraße erreicht hat, die sich auf den 1.100 m hohen Berg windet, kann man vom Parkplatz neben der ersten Kurve in 10 Minuten zu Fuß den **Huey-Kaew-Wasserfall** erreichen, der zwar nicht besonders eindrucksvoll, aber bei den Einheimischen für Picknicks sehr beliebt ist. Auf der Weiterfahrt kommt man am **Denkmal** des verehrten Abtes **Si Vichai** vorbei. Er ließ 1935 die Straße anlegen, während die Pilger vorher die 800 m Höhendifferenz auf einem schwierigen Pfad zu Fuß zurücklegen mußten. Die Straße endet an einem großen **Parkplatz**, auf dem ein jahrmarktähnliches Treiben herrscht. Man sieht Hütten, Verkaufsstände, fliegende Händler, Eßstände und linkerhand eine moderne **Jadefabrik** mit Verkaufsausstellung und Restaurant. Besonders hartnäckig sind die Verkäufer/innen von Tiger-Balsam, der aber u.a. bei Kopfschmerzen und sogar Sonnenbrand gute Dienste leisten kann...

Zwei Möglichkeiten hat man nun, zum Bergtempel zu gelangen. Entweder man benutzt die **Zahnradbahn** (10 BHT) oder man geht die herrliche und vielfotografierte **Treppe**, die von zwei mächtigen siebenköpfigen Nagas flankiert wird, über knapp 300 Stufen hinauf (über eine dritte Möglichkeit, nämlich eine Gondelbahn ab dem Zoo, wird z.Zt. verhandelt).

● **Wat Phratat**

Diese bekannteste Sehenswürdigkeit der Provinz verdankt ihre Entstehung der Legende nach dem Lanna-König Ku Na. Dieser ließ im Jahre 1383 eine zerbrochene heilige Reliquie auf einen weißen Elefanten binden und diesen nach Art eines Gottesurteils einen neuen Platz suchen. Der Dickhäuter machte sich auf den Weg und kletterte den Doi Suthep hinauf, wo schon im 7. Jahrhundert der verehrte Eremit Reussi gehaust hatte. An dieser Stelle entstand also im 14. Jahrhundert die phantastische Anlage, deren Mittelpunkt ein weithin leuchtender, 32 m hoher **Gold-Chedi** bildet. Der Tempelturm im burmesischen Stil hat auf der Spitze einen siebenfachen königlichen Ehrenschirm und wird von filigranen Goldschirmen flankiert. Weiter sind zwei **Viharn** sehenswert, einer davon mit einer schönen Statue des **sitzenden Buddha**, dann der **Wandelgang**, ein ausladender **Bodhi-Baum** und die eindrucksvolle Reihe von **Glocken**. Neben dem Kunstgenuß ist die landschaftliche Umgebung reizvoll.

Wat Phratat

Von der **Aussichtsterrasse** geht der Blick über die Mönchswohnungen weit in das Tal des *Ping* hinaus, in dem sich die Stadt Chiang Mai ausbreitet.

● **Bhu Ping Palast**

In der Nähe des *Wat Phratat* stellt der Winterpalast der königlichen Familie auf dem 1.690 m hohen Doi Pui ein vielbesuchtes Ausflugsziel dar. Die 6 km westlich gelegene Anlage aus dem Jahr 1962 ist baulich uninteressant, hat aber herrliche gepflegte Gärten, die der Öffentlichkeit zugänglich sind. Dies allerdings nur an Wochenenden (Fr-So 8.30-16.30 Uhr) und nur dann, wenn kein Mitglied der königlichen Familie anwesend ist. Songtaos fahren ab dem Parkplatz am Doi Suthep für 10 BHT dorthin.

● **Doi Pui Tribal Village**
4 km neben dem Palast gibt es ein Dorf der Meo, das ebenfalls oft von Reisegruppen und Individualtouristen besucht wird. Wer auf Trekking-Tour oder Bus-Exkursion zu den Bergstämmen geht, kann auf dieses Dorf getrost verzichten. Ansonsten kann man einen Eindruck von der Bauweise der Meo gewinnen, nicht aber von ihrem Alltag, da sich dieser ganz auf den Verkauf von Souvenirs und die Zurschaustellung für Trachtenfotos konzentriert.

Trekking zu den Bergstämmen
Über 80% der ausländischen Individualtouristen in Chiang Mai sind an Trekkingtouren interessiert, und die meisten davon haben an einer entsprechenden Wanderung teilgenommen. Bei dieser Nachfrage ist es kein Wunder, daß eine vom TAT herausgegebene Broschüre allein 107 Reisebüros auflistet, die mehrheitlich Trekkingtouren im Angebot haben.

● Die beste **Jahreszeit** für ein solches Unternehmen ist von November bis Februar. Bis April leidet man unter der enormen Hitze, anschließend können die Regenfälle die Wanderung zu einem Schlammwaten werden lassen!

● Welches sind nun die bevorzugten **Trekking-Gebiete?** In den letzten Jahren sind drei Zonen von den Führern und von Besuchern favorisiert worden: Erstens im Gebiet zwischen Chiang Mai und Mae Tang, oft einschließlich einer Floßfahrt auf dem Mae Tang-Fluß. Zweitens das Gebiet von Chiang Mai und Mae Hong Son. Drittens das Gebiet um Chiang Rai mit den Zentren Chiang Dao, Mae Chan, Ngao, Phrao und Wiang Pa Pao.

● Die **Kosten** einer organisierten Trekkingtour sind natürlich abhängig von der Dauer, der Unterkunftsart, dem Anfahrtsweg (meist mit Pick-ups), dem angebotenen Essen und der Fortbewegungsart auf Teilstrecken (Floß, Elefant, Longtailboot). Als Durchschnittspreise können gelten (Stand 1991): 2 Tage/1 Übernachtung: 650-700 BHT; 2 Tage/ 1 Übernachtung, mit Elefanten: 1.600 BHT; 3 Tage/2 Übernachtungen: 750-900 BHT; 3 Tage/ 2 Übernachtungen, mit Elefanten: 1.800 BHT; 4 Tage/3 Übernachtungen: 950-1.100 BHT; 4 Tage/

Elefantensafari

3 Übernachtungen, mit Elefanten: 2.200 BHT; 5 Tage/4 Übernachtungen: 1.300 BHT; 6 Tage/ 5 Übernachtungen: 1.500 BHT; 7 Tage/6 Übernachtungen: 1.900 BHT. Längere Touren werden nur selten durchgeführt.

● Die **Gruppenstärke** liegt meistens bei etwa 10 Personen. Wer lieber allein unterwegs ist, kann sich einen privaten Führer engagieren. Dieser verlangt in Chiang Mai etwa 500 BHT pro Tag, in anderen Orten deutlich weniger.

● Die **Organisation** einer Trekkingtour wird von spezialisierten Unternehmen, Privatleuten und Besitzern von Gästehäusern übernommen. Der Erfolg hängt in erster Linie vom Führer ab, d.h. ob er Englisch spricht und die Sprache der besuchten Bergstämme beherrscht. Es ist deshalb empfehlenswert, sich erst einmal bei einigen Agenturen umzusehen und den Führer selbst zu sprechen. Wichtig ist auch, sich genau nach dem Programm, der Route, der täglichen Wanderzeit, dem Essen und den Unterkünften zu erkundigen. Einen halbwegs guten Ausbildungsstand haben die Führer jener Trekking-Organisationen (ca. 50), die Mitglied im *Jungle Tour Club* sind (Laem Thong House, 150 Charoen Prathet Rd., Chiang Mai, Tel.: 252-509). Die Touristenpolizei und das TAT-Büro geben Ihnen Auskunft, welche Organisationen einen schlechten Ruf haben, etwa weil sie Heroin anbieten.

● Zur Ausrüstung gehören unbedingt: feste Schuhe, Schlafsack, Moskitonetz, Rucksack, Sonnenschutz (Cremes, Sonnenbrille, Hut, Halstuch), lange Kleidung (= Schutz gegen Moskitos), Taschenlampe, Toilettenpapier.

● Es ist sinnvoll, den Bergstämmen, bei denen man z.T. in Privatunterkünften übernachtet, **Geschenke** mitzubringen. Bitte, schenken Sie keine Waren, die die kulturelle Identität zerstören oder die Kinder zum Betteln anregen können. Nützlich sind Kugelschreiber, Zigaretten, Lebensmittel, Nähnadeln etc.

● **Vorsichtsmaßnahmen:** Nehmen Sie keine Wertsachen auf die Wanderung mit, sondern lassen Sie diese in Chiang Mai, entweder im Hotelsafe oder besser noch im Schließfach einer Bank. Geben Sie niemals Ihre Kreditkarte aus der Hand. Lassen Sie sich nicht zum Heroin-Konsum überreden oder gar zum Transport von Rauschgift nach Chiang Mai – Sie können die größten Schwierigkeiten bekommen! Wählen Sie keine Organisation, die Ihnen leichtfertig Touren in die Nachbarländer verspricht. Der Grenzübertritt ist illegal, außerdem kann man in Kämpfe verwickelt werden. Gehen Sie auf keinen Fall allein in die Berge, es hat mehrfach Todesfälle gegeben. Gleiches gilt für Motorradfahrer!

Im Bergstammdorf

● Gerade beim Trekking wollen verschiedene **Verhaltensregeln** beachtet sein! Dazu gehört der Umgang mit den einzelnen Bergstämmen, deren Zusammenleben und religiöse Vorstellungen stark voneinander abweichen. Informieren Sie sich deshalb vorher, beispielsweise im *Tribal Research Center* (s.o.), und fragen Sie vor dem Betreten eines Dorfes den Führer nach Besonderheiten. Seien Sie nicht vorschnell dabei, Mitglieder eines Stammes zu fotografieren.

6.2.5 RUNDFAHRT DURCH DEN NORDWESTEN

Der Nordwesten Thailands, der lange Zeit Touristikern als 'unbekannt' galt, entwickelt sich mehr und mehr vom Geheimtip zu einem beliebten Reiseziel. Kein Wunder, wenn man an die phantastische Landschaft und die burmesischen Kulturdenkmäler denkt, die die Region anzubieten hat. Ihr Zentrum ist die Provinzhauptstadt Mae Hong Son, der die sprunghaft gestiegenen Besucherzahlen besonders anzumerken sind: Luxushotels, Restaurants, Trekking- und Rafting-Angebote und ein Flughafen sind dafür sichtbarster Ausdruck. Sonst aber findet man über weite Strecken noch

Unterwegs im Nordwesten

jene Ursprünglichkeit, die vor noch nicht allzu langer Zeit im ganzen Norden anzutreffen war. Ideal ist eine Rundreise durch den Nordwesten für Individualtouristen, die sich in Chiang Mai ein Auto oder ein Motorrad gemietet haben. Inzwischen wird die Tour aber auch als organisierte Busreise angeboten. Und wer weite Wege scheut, hat schließlich die Möglichkeit, von Bangkok oder Chiang Mai direkt mit dem Flugzeug nach Mae Hong Son zu kommen, um hier vom festen Standort aus Exkursionen in die nähere Umgebung durchzuführen.

Für die etwa 600 km lange Strecke von und bis Chiang Mai sollte man sich mindestens vier Tage Zeit nehmen; außer in Mae Hong Son sind einfache Übernachtungsmöglichkeiten u.a. in Mae Sariang und Pai gegeben. Beschrieben wird im folgenden die Route im Uhrzeigersinn:

Streckenhinweis
Von **Chiang Mai** aus fährt man am besten über die Wualai Rd. und auf dem Hwy 108 in südlicher Richtung durch das Tal des Ping. Noch bietet die Landschaft keine Sensationen; Reisfelder und ab und zu kleine Ortschaften prägen das Bild. Nach 57 km zweigt kurz vor der Ortschaft **Chum Thong** rechts die Straße 1009 zum **Doi Inthanom-Nationalpark** ab. Ein Hinweisschild nach links weist zum **Mae Ya-Wasserfall**, der mit einer Höhe von 260 m und 32 Stufen der höchste des Landes ist. Allerdings sind die 13 Kilometer unbefestigter Piste dorthin kurvenreich und schwierig und gerade dann, wenn der Fall am eindrucksvollsten ist – in der Regenzeit – absolut nicht zu empfehlen! Sehr viel näher zur Asphaltstraße ist da der **Mae Klang-Wasserfall**: etwa 8 km nach der Abzweigung geht von der Straße 1009 linkerhand eine kleine Straße ab, die nach 500 m an einem Parkplatz endet. Hier sieht man schon die äußerst eindrucksvollen, in mehreren Kaskaden insgesamt 90 m hinabstürzenden Wassermassen. Wer an dem Pfad neben den Fällen hinaufklettert, wird mit dem Blick auf eine weitere Kaskade belohnt.

Doi Inthanom Nationalpark

Zurück auf der Straße 1009 erreicht man bald den Eingang zum **Doi Inthanom Nationalpark** (Mautgebühr für Pkw 20 BHT, für Motorräder 5 BHT; vgl. KAPITEL 3.2.4). Gleich anschließend kommt man zum *Tourist Center* (geöffnet 8.30-16.30 Uhr), bei dem man sich über Wanderwege, Unterkünfte etc. informieren kann. Von hier aus führt der *'Doi Inthanom Highway'* in 47 km bis zum Gipfel des höchsten Berges Thailands (2.590 m) hinauf. Auf dem Weg kommt man an weiteren sehenswerten Wasserfällen vorbei, zu denen man in meist nur kurzen Wanderungen hinfindet. Bei KM 21 kann man einen Abstecher zum *Siribhum-Wasserfall* machen und bei KM 31 zu zwei parallelen Kaskaden wandern, die nach Königin *Sirikit* und König *Bhumibol* benannt sind. Eine weite Aussicht auf die Gebirgswelt des Nordens hat man bei KM 39.

Schließlich geht die Fahrt durch eine herrliche Waldlandschaft mit wilden Orchideen auf der asphaltierten *"Summit Road"* dem Gipfel entgegen. Angesichts der modernen Radarstationen (militärisches Gebiet: Fotografierverbot!) mag die romantische Vorstellung vom 'Dach Thailands' ein wenig leiden, aber die kühle Luft und die herrliche Natur mit Flechten und Rhododendren ist Entschädigung genug. Das von Einheimischen vielbesuchte Monument stellt das Grab des letzten Lanna-Königs dar, und ein neuerer Schrein erinnert an ein Hubschrauber-Unglück, bei dem mehrere Personen starben, unter ihnen der erste Verwalter des Nationalparks.

Bei der Rückfahrt durch die unterschiedlichen Vegetationsstufen kommt man zu jener Abzweigung der *Summit Road*, an der man nun nach rechts über die Straße 1192 nach **Ma Chaem** und ab da über die Straße 1088 wieder den Highway 108 erreicht. Die in einigen Karten eingezeichnete Verbindung nach Khun Yuam ist nicht befestigt und auch für Jeeps kaum passierbar – am allerwenigsten in der Regenzeit. Außerdem soll hier vereinzelt auf alleinreisende Motorradfahrer geschossen worden sein!

Chom Thong

Fährt man den gleichen Weg zurück, den man gekommen ist, gelangt man auf den Hwy 108 in Nähe des Dorfes **Chom Thong**. Hier sollte man unbedingt eine Besichtigungspause am Kloster **Wat Phratat Si Chom Thong** einlegen. Die herrliche Anlage aus dem 15. Jahrhundert hat einen Prang, der mit Blumen und mythologischen Tieren dekoriert ist. Um ihn herum stehen vier Buddhastatuen im Königsornat. Ähnlich wie beim *Wat Phra That* von Lampang beeindruckt auch hier ein Bodhi-Baum, dessen Äste von bemalten Stangen abgestützt werden. Der eindrucksvolle Viharn aus dem 16. Jahrhundert schließlich ist außen mit viel Schnitzwerk ausgestattet und besitzt im Inneren u.a. wertvolle Buddhafiguren aus Holz, Elfenbein, Bronze, Silber und Gold.

Auch in Chom Thong kann man auf einer ausgeschilderten, schlechten Straße zu den hohen Wasserfällen von Mae Ya (12 km; s.o.) abzweigen, ansonsten geht die Straße 108 weiter in südwestlicher Richtung, immer parallel zum *Ping River.* 30 km hinter Chom Thong erreicht man die Neubausiedlung **Hot**, die selbst völlig uninteressant ist, von der aus man aber reizvolle **Ausflüge** unternehmen kann:

Beispielsweise auf der Straße 1012 nach Süden, wo nach 16 km das alte Hot lag, bevor der **Mae Ping-See** eine Umsiedlung der Einwohner notwendig machte. Auf dem Weg kommt man an zwei sehenswerten Tempeln und an Bergstammdörfern vorbei. Die östlichere Straße 1103 geht von Hot ebenfalls in südliche Richtung, bevor sie nach Osten abknickt und auf den Hwy 106 mündet. Von dort aus kann man nach Lamphun und Chiang Mai zurückfahren und hätte eine lohnenswerte kleine Rundfahrt zurückgelegt. Der *Mae Ping*-See ist ein Teil des **Bhumibol Reservoirs**, das durch den mächtigen **Bhumibol-Damm** aufgestaut wird (vgl. KAPITEL 6.1.7). Dieser riesige Stausee wird in Zukunft große touristische Bedeutung haben. Schon heute können Gruppen mit einem kleinen Kreuzfahrtschiff ("*Royal Diamond*") die 130 km bis zum Staudamm zurücklegen.

Auf der Fahrt nach Mae Sariang beginnt ab Hot die eigentliche Bergstrecke. Der Hwy 108, der erst seit 1965 die Verbindung in den Nordwesten ermöglicht, führt zunächst durch das immer enger werdende Tal des *Chaem-River*, vorbei an ausgedehnten Teak-Wäldern. 17 km hinter Hot sollte man den Highway auf einer kleinen Stichstraße verlassen, die rechts nach wenigen hundert Metern zu einem Parkplatz führt. Von dort hat man Einblick in die ca. 50 m tiefe und 300 m lange Schlucht des **Ob Luang**, die der *Chaem*-Fluß ausgehoben hat. Mit dem gurgelnden Wasser, den Bambuswäldern und der Fußgängerbrücke ist die vielbesuchte Klamm durchaus sehenswert, obwohl die Bezeichnung '*Grand Canyon von Thailand*' maßlos übertreibt (mit dem gleichen Recht könnte man einen Chedi in Mae Hong Son mit dem Eiffelturm vergleichen!).

Weiter geht die Fahrt hinauf in die Berge, wo bei KM 72 die Paßhöhe von etwa 1.000 m erreicht wird. Unvermutet durchfährt man dabei Kiefernwälder, die so gar nicht in die thailändische Gebirgswelt zu passen scheinen. Sie sind das Resultat von Wiederaufforstungsprogrammen, mit denen man die Schäden der Brandrodung zu bekämpfen sucht. Mit der thailändischen Forstbehörde arbeiten zu diesem Zweck einige europäische Organisationen zusammen, insbesondere Dänen sind beteiligt. Auf herrlicher und kurvenreicher Strecke windet sich die Straße dann Mae Sariang entgegen.

Etwa 19 km vorher, bei KM 84, kann man auf einem kleinen Weg dem *Mae Hong Son Hilltribe Development & Welfare Center* einen Besuch abstatten. Hier auf dem Doi Mae Hoh werden die Bergstämme mit landwirtschaftlichen Techniken bekanntgemacht, die Ersatz für den Opiumanbau schaffen, in diesem Falle Blumen. Die Mehrheit der hier lebenden Bergstämme sind Karen. Besonders schön ist die Landschaft im November und Dezember, wenn Abertausende von Sonnenblumen das idyllische Tal in einen riesigen Blumengarten verwandeln.

Bald hat man das Tal des *Yuam*-Flusses erreicht, ab wo der Hwy 108 nach Norden führt. Hinter der Brücke über den *Mae Sariang River* kann man nach rechts, am *"Mae Sariang Resort"* vorbei, auf einem reizvollen Weg zu einer kleinen Staumauer fahren.

2 km hinter dieser Brücke liegt links des Highways die Ortschaft Mae Sariang.

Mae Sariang

Unterkunft

In Mae Sariang gibt es wenige und sehr einfache Gästehäuser und Hotels. Die beste Adresse ist noch das *"Mitaree-Hotel"**, das ein Gebäude (30 Zimmer) im Ortskern (Mae Sariang Rd.) und ein schöneres Haus am südlichen Ortseingang hat (42 Zimmer, z.T. mit AC). Der freundliche Besitzer spricht fünf Sätze Englisch und organisiert Trekkingtouren, Floßfahrten oder Elefantenritte.

Der Big Buddha von Mae Sariang

Mae Sariang ist ein kleiner Marktflecken mit einigen gut erhaltenen Holzhäusern, mehreren Tempeln im burmesischen Stil und einer freundlichen Bevölkerung. Seine Bedeutung als touristisch interessanter Ort und als Verkehrsknotenpunkt wächst in dem Maße, in dem die Bauarbeiten auf dem Hwy 1085 fortschreiten. Die 230 km lange Piste führt parallel zur burmesischen Grenze nach Süden und verbindet den Nordwesten mit *Mae Sot* (vgl. KAPITEL 6.1.7). Außerdem soll das im Norden des Dorfes gelegene Stoppelfeld zu einem kleinen Flughafen ausgebaut werden. Wer sich hier einen oder mehrere Tage aufhält, sollte einen Ausflug in westlicher Richtung machen (Pick-up kann vom Hotel organisiert werden), wo eine zunächst gute, dann sehr schlechte Straße zum Karendorf *Sam Lab* am Grenzfluß nach Myanmar führt. Auf halber Strecke, direkt hinter der Polizeistation Thattafang, lohnt der Besuch einer *Hilltribe*-Siedlung (*Ban Huay Po*), in die sich nur selten ein Tourist verirrt. Etwa 2 km außerhalb, an der Straße 1085, gelangt man über eine kurze Betonpiste zum Tempel *Wat Chom Chaeng* mit schönen Chedis und oberhalb zum '*Big Buddha*', einer großen weißen Sitzfigur, von der man einen weiten Blick auf das Tal des *Yuam* und Mae Sariang hat.

Für die Weiterfahrt zum 170 km entfernten Mae Hong Son benutzt man wieder den Hwy 108, der zunächst durch das breite *Yuam*-Tal nach Norden führt, vorbei an Reisfeldern und Dörfern der Karen. Die Straße ist auf dem ersten Abschnitt gut, später wird sie kurvig und schlecht, wird aber z.Zt. ausgebaut. Entlang der Route können Selbstfahrer (möglichst mit Jeep oder Motorrad) einige lohnende Abstecher machen, die im folgenden stichwortartig erwähnt werden:

● 2 km nach Mae Sariang am blauen Hinweisschild nach rechts durch eine Toröffnung zu einem kleinen Freizeitpark; von hier in 25 km auf sehr schlechter Straße zum Wasserfall *Huay Chom Poo*.
● Kurze Zeit später am kleinen blauen Schild nach links zu einem Damm mit schönem Blick auf den *Yom River*.
● Dahinter am nächsten Hinweisschild in 3 km zu einem Karen-Dorf.
● 31 km hinter Mae Sariang rechts auf der unasphaltierten Straße 1266 in 25 km zum Dorf *Ban-La-Up*, wo Trekking-Möglichkeiten und Elefantensafaris angeboten werden.
● Anschließend am Hinweisschild nach rechts in 7 km zum *Mae Pang-Waterfall* (der landschaftlich reizvolle Weg endet nach 2 km in einem Bergdorf), am Platz vor der Schule dann in weiteren 5 km rechterhand zu Fuß bis zum Wasserfall (nicht sehr lohnend, aber schöne Wanderung).
● Am nächsten Hinweisschild nach links, wo nach 5 km in Mae Su Rafting-Möglichkeiten bestehen.

Inzwischen klettert der Highway wieder in die Berge, wird schlechter und hat viele Schlaglöcher. Vor Khum Yuam kommt man auf einem Seitenweg nach 1,3 km zu heißen Quellen; 1991 allerdings war der Weg wegen Straßenbauarbeiten nicht passierbar. Häufig sieht man in dieser Gegend auch große Holzlager voller gefällter Bäume, die ein fragwürdiges Licht auf das 1989 ausgesprochene Abholzungsverbot werfen.

Khun Yuam

Der nächste Ort heißt **Khun Yuam**, ist der größte zwischen Mae Sariang und Mae Hong Son und hat einige sehr hübsche Holzhäuser. Übernachtungsmöglichkeit gibt es an der Hauptstraße in einem sehr einfachen Hotel. Am nördlichen Ortsausgang lohnt sich ein Halt an dem Kloster *Wat*

Chedis von Khun Yuam

Moi To, das rechts am Highway liegt. Inmitten einer Umfassungsmauer liegen der schön verzierte Viharn und Bot und rechterhand die Mönchswohnungen. Im Zentrum der Anlage erheben sich mehrere niedrige, aber außerordentlich sehenswerte Chedis.

Abstecher: Mae Surin-Wasserfall

Kurze Zeit später kann man rechts einen **Abstecher zum Mae Surin-Wasserfall** unternehmen. Die insgesamt 38 km lange Strecke ist nur für Jeeps oder Motorräder geeignet und wird in der Regenzeit zu einem lebensgefährlichen Unternehmen. Für Selbstfahrer, die ein kleines Abenteuer suchen, hier eine knappe Wegbeschreibung: nach 6,8 km Schotterpiste an der kleinen Hütte nach links fahren (grünes Hinweisschild: *Mae Yuam Luang Waterfall* 2 km, *Mae Aukhore Waterfall* 12 km, *Mae Surin Waterfall* 24 km). 2 km dahinter kann man links nach 900 m Fußmarsch den kleinen *Mae Yuam Luang*-Wasserfall sehen. An der nächsten Weggabelung (grünes Thai-Schild) fährt man geradeaus, ebenfalls bei der Abzweigung 11 km danach. Schließlich erreicht man an der kleinen Schule zur Rechten ein Bergstamm-Dorf und kommt nach einer weiteren Schlaglochpiste zu einem Hinweisschild *Hua Thong Field*, *Mae Surin Waterfall*. Auf den nächsten 11 km hält man sich am grünen Thai-Schild, auf dem man eine '3' erkennen kann, links, durchquert ein weiteres Bergdorf und sieht schließlich das Schild "*Surin Falls*", das nach links weist. Im Gegensatz zu der halsbrecherischen Straße ist der Endpunkt geradezu überstilisiert (*Car Parking*, *Keep Area Clean*, *Bikes Parking*). Am kleinen Haus mit der Fahnenstange geht links ein breiter Weg ab

Mae Surin-Wasserfall

zu verschiedenen Aussichtspunkten auf den Wasserfall, der zwar recht schmal ist, sich aber aus immerhin 80 m Höhe im freien Fall aus dem grünen Dickicht stürzt. Zum Pool hinabzusteigen, ist ein zu gefährliches Unterfangen, deshalb sollte man es mit der Betrachtung aus der Distanz bewenden lassen. Anschließend kann man sich im kleinen Restaurant mit einem Imbiß für die Rückfahrt stärken. **Hinweis:** Dieser Abstecher sollte auf keinen Fall nach Regenfällen durchgeführt werden. Von und bis zum Hwy 108 muß man gut 4 Stunden einkalkulieren, da größere Streckenabschnitte nur im ersten Gang zu bewältigen sind!

Auf der Weiterfahrt nach Mae Hong Son wird die Landschaft bald wildromantisch. Schöne Ausblicke hat man bei **Ban Mae Surian**, wo man an der Flußbrücke linkerhand den schönen Wat mit mehreren Chedis sieht. Kurz vor der Serpentinenstraße, die nach Mae Hong Son hinabführt, bietet die "*Scenic Area*" auf der rechten Seite einen Panoramablick auf Bergkuppen, Reisfelder und ein Tal mit Wasserstaumauer. Dann geht es auf über 1.000 Kurven in das Tal des Pai-River hinab. Diese Gebirgsstraße hat Mae Hong Son Titel wie "*Stadt der 1 Million scharfen Kurven*" oder "*Switzerland of Thailand*" eingebracht, aber auch den Beinamen "*Stadt, in der die Menschen schneller als Pferde gehen*", weil früher die Bauern mit kurzen Schritten die steilen Abhänge erklommen, während sich die Pferde langwierig die Serpentinenstraße hinaufmühen mußten.

Unten im Tal durchfährt man zunächst das Straßendorf *Ban Pha Bong* mit schönen alten Holzhäusern. Am Ortsende liegen links der Straße die heißen Quellen (ausgeschildert: *Hot Springs*), die vor allem von Einheimischen für ein warmes Bad und zum Picknick genutzt werden. Vor dem eigentlichen Stadtgebiet passiert man linkerhand das "*Mae Hong Son Resort*" und anschließend die beiden Luxushotels "*Tara Mae*" und "*Holiday Inn*".

Mae Hong Son

 Unterkunft
Als beliebtes Reiseziel von Travellern weist Mae Hong Son mehrere einfache Gästehäuser und Hotels im Stadtzentrum auf. Etwas außerhalb, aber mit Minibussen und Tuk-Tuks gut zu erreichen, liegen einige teurere Resorts und zwei Luxushotels. Die besten Adressen sind:

● "*Golden Pai Resort*"**, 285 Ban Pang Moo; Tel.: 612-821; 6 km nördlich der Stadt in Richtung Pai gelegen, neue, sehr schöne Bungalow-Anlage direkt am Pai River mit AC-Zimmern, Restaurant, schönem Swimmingpool, Minibusservice nach Mae Hong Son, Arrangements von Ausflügen.

● "*Mae Hong Son Resort*"**, 24 Ban Huay Dua, Tel.: 611-406; 5 km südlich der Stadt am Pai River gelegen, schöne Anlage z.T. mit AC-Zimmern, Restaurant, Arrangements von Ausflügen.

● "*Tara Mae Hong Son Hotel*"****, 140 Mu 8, Tambol Pang Mu, Tel.: 611-272, 611-473; 1990 eröffnetes Luxushotel der "*Imperial*"-Kette mit sehr schöner Innen- und Außenarchitektur, 104 Zimmer mit allen Annehmlichkeiten, Restaurant, großer Swimmingpool und parkähnliche Gartenanlage, 2 km außerhalb an der Straße nach Mae Sariang gelegen.

● "*Holiday Inn*"*****, 114/5-7 Khunlum Phraphat Rd., Tel.: 611-390; neues First-Class-Hotel mit 144 komfortablen Zimmern, riesiger Swimmingpool, Restaurant, Bar, Diskothek, Tennisplätze, Shuttle-Bus in die Innenstadt, 2 km außerhalb vor dem "*Tara*"-Hotel gelegen, Autovermietung.

Transport

Der *Flughafen* liegt mitten im Zentrum, dort warten Taxen, Tuk-Tuks und die Minibusse verschiedener Gästehäuser und Hotels auf Fahrgäste. Die *Busstation* liegt an der Khunlum Phraphat Rd. gegenüber dem *Immigration Office*; hier fahren AC-Busse nach Chiang Mai, und zwar dreimal täglich über Mae Sariang (Südroute, 9 Stunden) und um 7.30 Uhr über Pai (Nordroute, 9 Stunden). Nach Bangkok fährt ein AC-Bus um 15.00 Uhr in 15 Stunden. Für den lokalen Verkehr sorgen Taxen und Tuk-Tuks, außerdem kann man Autos, Motorräder und Fahrräder mieten.

Restaurants

Im Stadtzentrum gibt es mehrere Restaurants und Eßstände, besonders reichhaltig am Markt. Bestes Essen in gepflegter Atmosphäre im *"Bai Fern Restaurant"*.

Das ca. 1.100 km von Bangkok entfernte Mae Hong Son (ca. 8.000 Einwohner) ist eine schöne und interessante Stadt, deren Geschichte nicht allzuweit zurückreicht. Erst im 19. Jahrhundert gründete dort, wo vorher

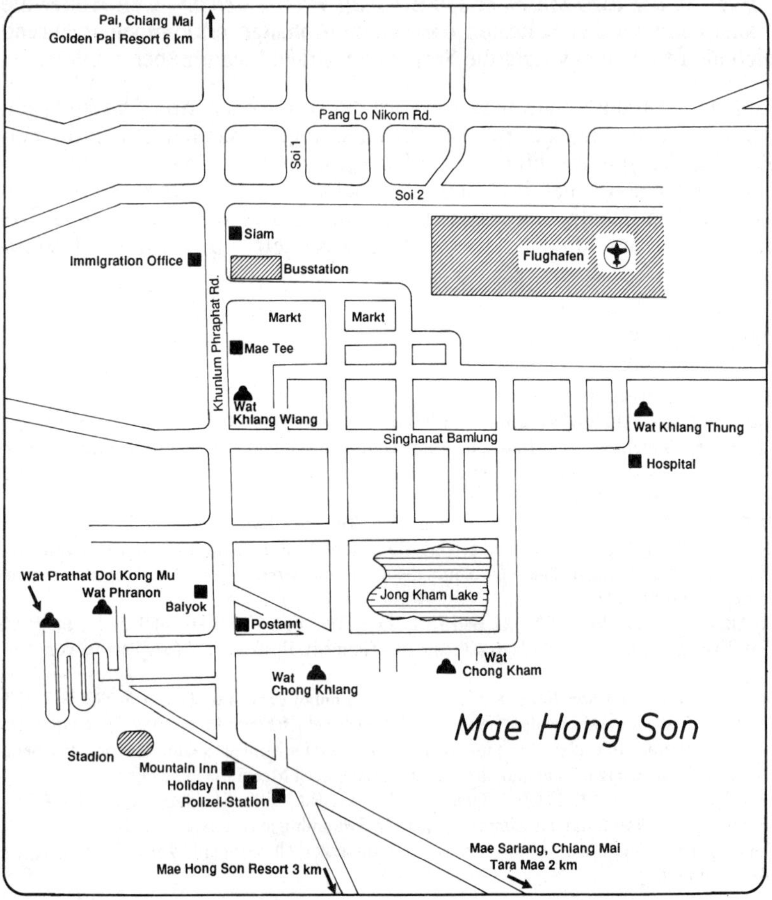

Pai, Chiang Mai
Golden Pai Resort 6 km

Pang Lo Nikorn Rd.

Soi 1

Soi 2

Siam

Immigration Office

Busstation

Flughafen

Khunlum Phraphat Rd.

Markt   Markt

Mae Tee

Wat Khlang Wiang

Singhanat Bamlung

Wat Khlang Thung

Hospital

Wat Prathat Doi Kong Mu
Wat Phranon
Balyok

Jong Kham Lake

Postamt

Wat Chong Kham

Wat Chong Khlang

Mae Hong Son

Stadion
Mountain Inn
Holiday Inn
Polizei-Station

Mae Hong Son Resort 3 km

Mae Sariang, Chiang Mai
Tara Mae 2 km

nur Räuberbanden Bauern und Händler ausraubten, ein Prinz aus Chiang Mai diese Ortschaft als Zentrum für Elefantenfang und -dressur. Lange Zeit blieb Mae Hong Son jedoch von der Außenwelt abgeschnitten und war von Chiang Mai aus nur auf einem vierwöchigen, mühseligen Treck mit Dickhäutern zu erreichen. Aus ihrem Dornröschenschlaf erwachte die Provinzhauptstadt, als in den 1960er Jahren die Ganzjahresstraße über Mae Sariang gebaut wurde. Nach Errichtung des Flughafens und dem Ausbau der Nordroute über Pai wurde Mae Hong Son binnen weniger Jahre 'entdeckt' und bei *farangs* als Geheimtip gehandelt. Inzwischen scheint der Ort nach Chiang Mai und Chiang Rai das dritte große touristische Zentrum des Nordens zu werden.

Der Reiz der Stadt liegt in ihrer herrlichen landschaftlichen Umgebung mit dschungelbedeckten Bergen, dem *Pai River*, Höhlen, Wasserfällen und heißen Quellen. Wegen der hohen Niederschläge und des häufigen Nebels hat der Ort Beinamen wie *"Stadt im Nebel"* oder *"Stadt der drei Nebel"* bekommen. Mit letzterem ist gemeint, daß in der kalten Zeit der Morgennebel die Berghänge eindeckt, in der Regenzeit dichte Wolken über dem Tal liegen und in der heißen Zeit der Rauch von den Feuern im Wald für Dunst sorgt. Zu allen Jahreszeiten läßt sich aber immer wieder auch die Sonne blicken, so daß sich keiner von einem Besuch abhalten lassen sollte.

Weiter ist Mae Hong Son für seine freundliche Bevölkerung bekannt. Zu über 45% gehören die Einwohner den Bergvölkern an, wobei die *Karen* dominieren, aber auch *Meo, Lua, Lahu* und *Lisu* sind häufig anzutreffen. In Trachten und Sprache macht sich besonders der Einfluß der *Shan* bzw. *Thai Yai* bemerkbar, die mit 50% die Mehrheit der Bevölkerung stellen. Die nur 2% 'echten' Thai werden in der Hauptsaison sogar von der Anzahl der *farangs* übertroffen! Vor kurzem sind die *Paduang*, ein Unterstamm der Karen, aus Myanmar eingewandert und haben sich am Pai niedergelassen. Zu ihnen gehören die berühmten 'Langhals-Frauen', die zum Ziel der meisten Ausflüge geworden sind.

Als *"Stadt der guten Menschen"* kannte Mae Hong Son bis vor kurzem keine ernsthafte Kriminalität. Man sagt, daß man selbst heute noch bedenkenlos ein Motorrad mit Zündschlüssel

Bergstamm-Kinder in Mae Hong Son

411

mitten in der Stadt stehenlassen kann, ohne daß es gestohlen würde. In kunstgeschichtlicher Hinsicht lohnt sich der Besuch wegen verschiedener Tempelanlagen, die deutlich burmesischen Einfluß verraten und sich damit von der Architektur anderer Landesteile unterscheiden.

Wer Anfang März in der Stadt ist, darf sich das berühmte **Poy Sang Long-Fest** nicht entgehen lassen. In keinem anderen Ort Thailands nämlich ist die Ordination der buddhistischen Novizen so farbenfroh und merkwürdig wie hier. Die kahlgeschorenen und mit prächtigem Kopfputz versehenen Jungen 'reiten' auf den Schultern ihres Vaters zum Tempel *Wat Jong Klang* (s.u.), während ein anderer Verwandter einen Schirm über sie hält. Begleitet wird die Szenerie von Musikkapellen. Teilnehmer bei diesem Fest sind hauptsächlich Shan-Jungen, aber auch aus anderen Nordprovinzen reisen etliche zukünftige Novizen zu ihrem ersten Gelübde an.

Auf dem Doi Kong Mu

Stadtbesichtigung

Die Stadtbesichtigung sollte einen zunächst auf den 425 m hohen 'Hausberg' *Doi Kong Mu* führen. Von hier aus hat man nicht nur den schönsten Blick auf Mae Hong Son und die umgebenden Berge, sondern kann auch eine herrliche Klosteranlage besuchen, den

Phra That Doi Kong Mu. Der "*Tempel auf dem Berg*" beherbergt zwei bedeutende Chedis, wovon der größere (1860 gebaut) die Asche eines buddhistischen Mönches aus Myanmar enthält und der kleinere (1874 gebaut) die sterblichen Überreste des ersten Gouverneurs von Mae Hong Son. In wunderschöner weißer Pracht leuchten die burmesischen Tempeltürme und beeindrucken durch ihre vielen Singhas, Kinnari und jeweils drei Buddhafiguren in Nischen auf jeder Seite. Der große Chedi wird von einem vergoldeten Schirm bekrönt, während der kleine Turm von vielen silbernen Laternen umkränzt ist. Auch der Viharn mit reichem Schnitzwerk und hölzernen Staffeldächern ist sehenswert, ebenso ein kleiner Pavillon mit einer Buddhafigur und dem 'Rad der Lehre', vom dem die Aussicht besonders prächtig ist. Hinter der Brüstung zum Osten liegt der alte Treppenaufgang zur Stadt, ebenfalls von zwei Wächterlöwen flankiert. Sie stellen das wahrscheinlich berühmteste Fotomotiv Mae Hong Sons dar.

Hinweis

Wer den mühseligen, halbstündigen Aufgang scheut, sollte sich von einem Tuk-Tuk-Fahrer über die Betonstraße (3 km) hierhin bringen lassen. Selbstfahrer müssen auf der Khunlum Praphat Rd. unmittelbar vor dem Sportstadion nach rechts abbiegen (Hinweisschild nur in Thai) und sich nach 2 km wieder rechts halten. Die besten Fotos von der Stadt macht man nachmittags, während man morgens den Sonnenaufgang und den Tempel selbst auf Film bannen kann.

Am Fuß des Tempelberges ist eine weitere Klosteranlage sehenswert, der **Wat Phra Non**. Unter den pagodenhaft gestaffelten Holzdächern verbirgt sich ein 12 m langer Buddha in ruhender Position. Die Steinlöwen in der Nähe markieren den ehemaligen Aufstieg zum *Phra That Doi Kong Mu*.

Ein touristisches 'Muß' einer Stadtbesichtigung ist östlich der Hauptstraße der Seerosen-Teich *Jong Kham Lake*, an dessen südlichem Ende sich gleich zwei benachbarte Tempel im Wasser spiegeln. Auf dem ummauerten Gelände geht man zunächst zum rechten Komplex, vor dem ein gelb-weiß angemalter Chedi steht:

Wat Jong Kham
Dieses Kloster, 1827 vom Gouverneur der Stadt errichtet, war der erste Tempel in der Provinz und wurde 1984 zu einem 'königlichen Wat' ernannt. Sein Name ('Goldtempel') rührt von der Verkleidung der hölzernen Stützpfeiler mit Blattgold her. Die Anlage ist ganz im burmesischen Stil erbaut und mutet mit ihrem durch neun Reihen mit jeweils fünf Säulen unterteilten Inneren wie eine große Halle an. Im hinteren Bereich findet man links ein hinter blauen Tüchern verstecktes Tempelmuseum, in dem sich herrliche Exponate befinden, z.T. 500 Jahre alt und aus Burma hierhergebracht. Man sieht geschnitzte Götterfiguren und Elefanten sowie goldene, geflügelte Wesen. Von besonderem Interessse ist die Darstellung Buddhas bei seiner Konfrontation mit einem Alten, einem Kranken und einem Toten.

Zug der Novizen

Wat Jong Klang
Während der Wat Jong Khan den burmesischen Stil repräsentiert, steht sein Nachbar zur Linken für die Baukunst der Thai. Auffällig ist hier der mit Ba-Sema-Steinen und zwei großen Löwen markierte Bot. Eine Treppe führt durch das kunstvoll geschnitzte Portal (Garuda und Pfau) zu einem rechteckigen Raum mit kleinen Fenstern. Über dem Gebäude erheben sich pagodenartige, vergoldete Türmchen. Ganz links begrenzt ein steinerner Viharn auf kreuzförmigem Grundriß den heiligen Bezirk, der mit charmanter naiver Malerei ausgestattet ist und innen einen sitzenden Buddha birgt.

Auch der **Wat Klang Tung** gegenüber dem Flughafen kann den burmesischen Einfluß nicht verleugnen. Er besitzt ein schönes Eingangsportal mit Naga-Schlangen, einen großen Viharn mit Glasspiegel-Dekoration und sehr weit ausladenden, zu allen Himmelsrichtungen gestaffelte Dächer.

Ein Aufenthalt in Mae Hong Son wäre unvollständig, hätte man nicht den **Markt** besucht, auf dem bereits früh morgens (ab 6.00 Uhr) ein lebhaftes Treiben herrscht. Der Markt ging früher nur bis 8.00 Uhr, inzwischen wird er ganztägig abgehalten. Trotzdem ist es kurz nach Sonnenaufgang am reizvollsten, wenn sich die Mönche mit ihren Almosenschalen unter die feilschenden Händler und Textilverkäufer mischen.

Ausflüge in die Umgebung von Mae Hong Son

Die meisten Besucher nutzen die Zeit in Mae Hong Son für **Ganztages-Ausflüge**. Die von Hotels und mehreren Agenturen angebotenen Standard-Exkursionen beinhalten zumeist eine Bootsfahrt auf dem *Pai River*, den Besuch eines Karendorfs mit 'Langhals-Frauen' und einen Abstecher zur Grenze nach Myanmar oder Elefantenritte durch den Dschungel mit anschließender Bootsfahrt auf dem *Pai River*. Auch Touren zum *Pha Sua*-Wasserfall, zur sog. Fisch-Höhle, zum Königlichen Palast *Pang Tong* und zur Tropfsteinhöhle *Nam Loth* kann man buchen. Die Preise variieren, je nach Ziel und Anbieter, zwischen 450-2.000 BHT pro Person.

● **Ausflug zu den Paduang-Dörfern**
Die Paduang sind ein Karen-Stamm von insgesamt etwa 7.000 Menschen, die im Grenzgebiet nach Myanmar leben und sich vor einigen Jahren in Thailand angesiedelt haben. Berühmtheit erlangten sie durch die Sitte, ihre Frauen mit Messingringen um Arme, Beine und Hals zu schmücken. Diese 'Tracht' der *'Langhals-Frauen'*, oder, wie der polnische Entdecker Golish sie nannte, *Giraffenfrauen*, ist es, die Besucher aus nah und fern zu den Stammesdörfern bringt. Es darf allerdings nicht verschwiegen werden, daß nur noch wenige Frauen der beschwerlichen und lästigen Tortur unterzogen werden, so daß man trotz 'Eintritt' keine Garantie hat, Langhals-Frauen wirklich zu Gesicht zu bekommen. Und bei einem Besuch sollte außerdem klar sein, daß es sich hier nicht um Tiere im Zoo, sondern um Menschen handelt, deren Würde man respektieren sollte. Es gibt zwei Paduang-Dörfer, die diese 'Attraktion' aufzuweisen haben. Das eine, *Ban Nam Piang Din*, liegt südlich von Mae Hong Son am Pai River (mit dem Boot zu erreichen) und ist Ziel der meisten von Agenturen angebotenen Ausflüge (Eintritt 400 BHT). Nur noch eine Handvoll der Frauen ist hier zu sehen, und es ist nicht immer sicher, daß sie auch zu Hause sind. Spektakuläre Ausblicke während der Anreise mit dem Boot lohnen die Fahrt aber allemal. Das zweite Dorf ist neu aufgebaut und beherbergt z.Zt. 16 aus Myanmar geflüchtete Langhals-Frauen. In Eigenregie erreicht man das Dorf per Songtao, Taxi oder Tuk-Tuk, indem man zunächst 10 km in nördlicher Richtung fährt, dann am *Pha Sua-Wasserfall* (s.u.) links abbiegt. Der Eintritt ins Dorf kostet 300 BHT.

Informationen zu den Langhals-Frauen
(long-necked women)

Viele rätseln über die Hintergründe der merkwürdigen Mes-
singringe, und oft ist zu hören, daß der Schmuck die Frauen ur-
sprünglich vor Tigerbissen schützen sollte. Tatsächlich sind die Ringe
aber nichts weiter als persönliches Amulett und die Kennzeichnung
der Stammeszugehörigkeit. Je höher sie getragen werden, desto höher

Eine 'Langhals'-Frau

ist auch der Wohlstand
und die soziale Posi-
tion ihrer Trägerin. Im
Alter von etwa fünf
Jahren werden dazu
dem jungen Mädchen
vom Medizinmann des
Dorfes die ersten Mes-
sing-Spiralen wie ein
Ring um den Hals ge-
legt. Der günstigste
Zeitpunkt wird durch
Tierschau von Hüh-
nerknochen bestimmt.
Später kommen in ge-
wissen Abständen
neue Spiralen hinzu,
so daß schließlich ein
Gewicht von 20 Pfund
erreicht ist. Das Mes-
sing wird zusätzlich
durch Münzen und Sil-
berplättchen ge-
schmückt, und ein
kleines Kissen unter-
halb des Kinns schützt

vor Verletzungen. Durch die Metallschale bekommt die Stimme der
Trägerin einen dumpfen Klang. Es ist aber ein Irrtum zu glauben, die
Frauen hätten tatsächlich einen 'langen Hals'. Röntgenaufnahmen im
Krankenhaus der burmesischen Hauptstadt Rangoon haben ergeben,
daß die Halswirbel völlig intakt sind. Die Streckung ist also auf das
langsame Herunterdrücken des Brustkorbes zurückzuführen. Das än-
dert nichts an der Tatsache, daß die Frauen sterben würden, wenn
man ihnen die Ringe abnähme. Der Messingschmuck an Armen und
Beinen belastet sie zusätzlich mit etwa 30 Pfund Gewicht. Das Resul-
tat ist ein unbeholfener Gang und eine spezifische Art, zu essen oder
zu trinken.

● **Ausflug zur Fisch-Höhle (*Tham Pla, Fish Cave*)**
Auf der Straße 1095 nach Pai kann man knapp 18 km hinter Mae Hong
Son an einem weißen Schild nach links zur *"Fish Cave"* (geöffnet 6.00-
20.00 Uhr) fahren. Der große Parkplatz neben einer Touristenpolizei-
Station verrät, daß dieses Ausflugsziel auch von Einheimischen oft besucht wird. Gleich nach Betreten des Geländes versuchen Kinder, einem
Fischfutter zu verkaufen (1 BHT). Über eine Brücke und einen kleinen,
befestigten Weg kommt man schließlich zu zwei dunklen Löchern, in
denen große, blaugrüne Karpfen dicht an dicht im Wasser schwimmen.
Diese 'Höhle' wird durch einen unterirdischen Bach gespeist. Warum sich
aber die Fische ausgerechnet auf solch engem Raum drängen, ist nicht
ganz klar. Offensichtlich, so sagte mir ein lokaler Guide, suchen sie die
Dunkelheit, die im Fluß selbst nicht gegeben ist. Neben der *Fish Cave*
sind Buddha-Bildnisse aufgestellt, so daß nicht nur Fischfutter, sondern
auch Räucherstäbchen und Lotosblumen verkauft werden. Sehenswert in
dem Naturpark sind ferner einige Wassermühlräder, die bei der Zerkleinerung von Reis Anwendung fanden.

● **Ausflug nach Pang Tong**
Ebenfalls nördlich von Mae Hong Son kann man auf landschaftlich sehr
reizvoller, aber schwierig zu fahrender Strecke (unbefestigt, kurvenreich,
steil) zu einem Wasserfall und einer königlichen Residenz fahren. Dazu
biegt man vom Hwy 1095 nach etwa 17 km links ab (1 km vor dem

Abzweig zur *Fish Cave*),
hält sich bei der näch-
sten Weggabelung rechts
und kommt schließlich
durch das Dorf Huai
Khan. 4 km dahinter
führt die staubige Straße
am **Wasserfall Pha Sua**
vorbei, dessen Kaskaden
und Pools man zu einem
erfrischenden Bad nut-
zen kann. Nach einem
sehr steilen Serpentinen-
weg geht anschließend
links ein Weg zum **Kö-**

Gebirgslandschaft im Nordwesten

nigspalast Pang Tong ab, der eher wie ein großzügiger Bauernhof aussieht. Ab und zu wird Pang Tong vom König oder einem Mitglied seiner
Familie bewohnt. Von hier aus führen verschiedene Wanderwege durch
dichte Bambuswälder zu Dörfern von Bergstämmen und schließlich zur
Grenze nach Myanmar.

!!! **Achtung**
Hier wie an jeder anderen Stelle ist der Grenzübertritt nicht nur illegal, sondern
auch gefährlich. Immer wieder kam es in der Vergangenheit zu Kämpfen zwi-

schen den Kuomitang, der burmesischen Armee und den Soldaten des 'Opium-Königs' Khun Sa! Unternehmen Sie Ausflüge hierhin, wenn überhaupt, nur mit einem einheimischen Führer. Seien Sie skeptisch gegenüber Trekking-Angeboten, die Ihnen einen Besuch in Myanmar und einen 'Transitpaß' versprechen.

Eine herrliche Landschaft mit hohen Bergen, tiefen Tälern und saftig-grünen Reisfeldern erwartet einen auf der Weiterfahrt nach Pai und Chiang Mai. Immer wieder sieht man dabei die charakteristischen Reisschuppen, die wie die Häuser dieser Gegend mit den Blättern der Teak-Bäume gedeckt sind. Der von der Sonne getrocknete Belag sorgt für Kühlung, muß allerdings jährlich erneuert werden. Von Mae Hong Son aus geht es über den Hwy 1095 in nordöstlicher, später in östlicher Richtung weiter. Diese Straße war früher nur in der Trockenzeit zu benutzen; inzwischen sind die Ausbauarbeiten zur Ganzjahresstraße weit vorangeschritten. Nachdem man die Abzweigungen nach **Pang Tong** und zur Fish Cave passiert hat, steigt der Weg langsam bis auf 750 m an. Einige kleinere Straßen gehen nach links zu Karendörfern an der Grenze nach Myanmar ab. Dann geht es auf schlechter Strecke in ein Tal, in dem man nach etwa 15 km das Dorf **Soppong** mit einigen Gästehäusern und Restaurants erreicht. Nur 8 km nördlich vom Ortszentrum kann man in eines der phantastischsten Naturerlebnisse Thailands eintauchen.

● **Die Tropfsteinhöhlen von Soppong**
Von Soppong aus fährt man auf einem Feldweg mit dem hochtrabenden Namen New Road durch ein Lahu- und ein Shan-Dorf etwa 8 km nach Norden. An der *"Cave Lodge"* (eine sehr einfache, aber urgemütliche Unterkunft, die vom Australier John Spies gemanagt wird; eine gute Adresse, wenn man Informationen über die Höhlengänge braucht!) beginnt der **Nationalpark**, in dem die größten Höhlengänge Thailands mit gewaltigen Stalaktiten und Stalagmiten, unterirdischen Seen, nistenden Mauerseglern und Hunderttausenden von Fledermäusen auf Entdecker warten. Zehn Höhlen in dieser Gegend sind mehr als einen Kilometer lang, die bekanntesten, **Tham Lot, Tham Nam Lang** und **Tham Mae La Na** (*"Tham"* = "Höhle") zwischen acht und zehn Kilometer.
Wenn man sich am Eingang Carbid-Lampen (50 BHT) und evtl. einen Führer besorgt hat, kann man auf Exkursion in eine wahre Wunderwelt gehen. Man kommt durch Dome von 100 m Höhe, aber auch niedrige Gänge, Abzweigungen und Kammern, durchwatet Bäche und steigt über Leitern. In den 1960er Jahren fand der Archäologe Gorman hier Spuren menschlicher Existenz, die etwa 14.000 Jahre zurückreichen. Eine Sensation war die Entdeckung, daß dieser vorzeitliche Stamm bereits um 7.000 v.Chr. Wildreis anbaute, 2.000 Jahre eher, als man die Kultivierung der Pflanze sonst nachweisen konnte. Die Geschichte dieser Menschen wird wohl für immer im Dunkeln bleiben, genau wie die jener Stämme, die in weitaus jüngerer Zeit (vor ca. 2.000 Jahren) bis zu 5 m lange Baumstämme als Särge benutzten, die man in manchen Gängen sieht. Mindestens 60 Höhlen in der Region sind als prähistorische Grabkammern inzwischen identifiziert worden.

Weiter geht es von Soppong in Richtung Pai auf dem nun besser befahr-
baren Hwy 1095. Nach etwa 10 km erreicht die Straße eine Paßhöhe von
1.261 m, nach weiteren 8 km 1.261 m. Dann geht es in engen Serpentinen
wieder hinab ins Tal des *Pai-River*. 111 km ab Mae Hong Son hat man
dann die zweitgrößte Ortschaft der Rundfahrt erreicht.

Pai

Auf halber Strecke zwischen Mae Hong Son und Chiang Mai gelegen, hat
der sympathische Ort allein schon als Zwischenstation für Reisende Vorteile im boomenden Fremdenverkehr. Das halbe Dutzend Gästehäuser und
Hotels, alle sehr einfach, ist deshalb nicht verwunderlich. Außerdem gibt
es Agenturen mit Trekking-Angeboten, Motorrad-, Fahrrad- und Kanuverleih, Restaurants, einen Busbahnhof (nach Chiang Mai steigt man hier
um), ein Hospital, ein Postamt und zwei hübsche Tempel. Wer ohne
Komfortansprüche ist und einen gemütlichen, landschaftlich schön gelegenen Standort für Trekking- und Raftingtouren o.ä. sucht, ist in Pai
genau richtig!

Auf den nächsten 94 km bringt einen die Straße 1095 in einer Berg- und
Tal-Fahrt durch eine grandiose Natur, die das Landschaftserlebnis der
bisherigen Strecke noch steigert. In rascher Folge wechseln dichter Dschungel und Ausblicke auf hohe Bergkuppen (Doi Mae Ya, 2.065 m) einander
ab, bis man schließlich über etliche Serpentinen hinab und an Reisterras-
sen vorbei in das weite Tal des Ping River kommt. Hier stößt der Weg auf
den Hwy 107, auf dem man in südlicher Richtung den Ausgangspunkt
Chiang Mai erreicht und in nördlicher Richtung bis nach Fang bzw. weiter nach Chiang Rai und Mae Sai kommt.

6.2.6 VON CHIANG MAI NACH CHIANG RAI

Für die Fahrt von Chiang Mai, der "Rose des Nordens", zur nördlichsten
Provinzhauptstadt des Landes bieten sich mehrere **Streckenvarianten** an:
● Erstens kann man den Hwy 107 bis kurz vor Fang benutzen, von dort
in östlicher Richtung über den Hwy 109 und die letzten 25 km über den
Hwy 1. Ab Fang ist die Straße eng, kurvenreich und unasphaltiert. Des-
wegen sollte man den nördlichen Routenabschnitt auf keinen Fall in der
Regenzeit zurücklegen wollen! Sehenswürdigkeiten entlang der Strecke
sind u.a. Abstecher ins *Mae Sa-Valley*, zwei *Elefanten-Trainigscamps*,
Orchideenfarmen, die *Chiang-Dao-Höhlen* und die Ortschaft *Fang*.
● Zweitens kann man auf der gut ausgebauten Straße 1019 die 182 km
am zeitsparendsten zurücklegen. Auf dem Weg reizt der Besuch einiger
heißer Quellen. Für die letzten 50 km benutzt man die Hwys 109 und 1.
● Drittens kann man einen großen Bogen schlagen und zunächst in südöstlicher Richtung über *Lamphun* und *Lampang* (Hwy 11; vgl. KAPITEL

6.2.3) bis zur Nationalstraße 1 fahren, ab hier dann wieder nördlich und über *Ngao* und *Phayao* bis Chiang Rai (vgl. Kapitel 6.2.8). Diese Strecke empfiehlt sich für alle, die nach dem äußersten Norden den Nordwesten besuchen, d.h. der Route des Kapitels 6.2.5 in umgekehrter Richtung folgen möchten. Sehenswert ist hierbei u.a. 54 km nördlich von Lampang das *Elephant Training Centre* und die Stadt *Phayao.*

Das Programm vieler Reisegruppen nimmt inzwischen Teile der ersten und solche der zweiten Variante auf. D.h., daß nach Abfahrt in Chiang Mai zunächst ein Abstecher zu dem Elefantencamp und einer Orchideenfarm im Mae Sa Valley eingelegt wird und man anschließend die Schnellstraße 1019 benutzt.

Über den Highway 107

Nachdem man Chiang Mais Zentrum vom nördlichen Stadttor aus verlassen hat, kommt man auf dem autobahnähnlichen Hwy 107 durch dichtbebautes Gelände mit modernen Siedlungen. Ein erster Abstecher bietet sich bereits nach 13 km an. Hier zweigt bei **Mae Rim** die Straße 1096 in das Mae Sa-Tal ab, in dem es u.a. ein Elefanten-Camp, Orchideenfarmen, Wasserfälle, Bergstamm-Dörfer und eine reizvolle Natur zu sehen gibt:

1 km hinter der Abzweigung taucht die erste **Orchideenfarm** ("*Mountain Orchid Farm*") auf, in der man nicht nur die farbenprächtigen Blüten bestaunen und fotografieren, sondern sie auch als Schmuck oder als Setzlinge kaufen kann. Ganz in der Nähe ist ein weiterer Betrieb, in dem diese herrlichen Pflanzen gezüchtet werden. Orchideen gibt es auf der ganzen Welt (etwa 20.000 verschiedene Arten sind bis heute bekannt), wovon allein in Thailand rund 1.000 Arten beheimatet sind. Im idealen Klima des Nordens gedeihen sowohl die sog. *epiphytischen Orchideen* (Orchideen, die sich auf anderen Pflanzen oder Bäumen ansiedeln) als auch die sog. *terristischen Orchideen*, also solche, die auf dem Erdboden wachsen. Und da eilige Reisende die ganze Pracht der wildwachsenden Blumen nicht sehen können, ist der Besuch einer solchen Farm empfehlenswert. Die Zuchtbetriebe im Mae Sa Valley verfügen über eine große Bandbreite verschiedener Arten, führen mehrsprachige Erläuterungen durch und bieten sich mit einem angeschlossenen Restaurant zudem für eine Mittagspause an.

Tip
Wer sich Orchideensetzlinge in Flaschen mit nach Hause nehmen möchte, sollte folgendes beachten: 1.) Die Setzlinge müssen in einem hellen Raum, aber im Schatten stehen. 2.) Solange sie in den Flaschen sind, dürfen sie nicht mit Wasser besprizt, befeuchtet oder gedüngt werden. 3.) Ab etwa drei Monaten oder wenn die Setzlinge 3/4 der Flasche ausgefüllt haben, müssen sie vorsichtig aus dem Behälter herausgezogen werden (falls das nicht geht, die Flasche in einer mit Wasser gefüllten Wanne zerschlagen). 4.) Die Setzlinge müssen mit klarem Wasser gesäubert, für 24 Stunden in den Schatten gelegt und dann eingepflanzt werden. 5.) Erst wenn die Setzlinge Wurzeln gebildet haben, dürfen sie

langsam der Sonnenbestrahlung ausgesetzt werden. 6.) Für die Orchideen ist Luftfeuchtigkeit wichtig, dazu genügt ein in der Nähe stehender Wassertopf. Nach Wurzelbildung müssen die Orchideen zweimal täglich mit Wasser besprüht werden, und zwar zwischen 6.00-8.00 Uhr morgens und zwischen 13.00-15.00 Uhr nachmittags. 7.) Zweimal wöchentlich sollten die Pflanzen morgens flüssigen Orchideen-Kunstdünger bekommen.

Da bei der Fortpflanzung von Orchideen **Schmetterlinge** eine wichtige Rolle spielen, ist es verständlich, daß die Zuchtfarmen für Pflanze und Tier immer nahe beieinander liegen, wenn nicht sogar in einem Komplex vereint sind. Für Schmetterlinge gilt ähnliches wie für die Orchideen: von etwa 20.000 weltweit bekannten Arten leben etwa 1.000 in Thailand. Der klimatischen Bedingungen wegen können sich die Insekten hier ständig

vermehren, sind also an keine 'Saison' für Paarung und Wachstum gebunden. Die erstaunliche Metamorphose, die diese Tiere durchleben, ist bekannt: aus den Schmetterlingseiern entstehen nach 5-15 Tagen Larven, die noch gar nichts mit dem zukünftigen Schmetterling gemeinsam haben, weder im Aussehen, noch in der Ernährungsweise, noch in der Fortbewegungsart. In durchschnittlich fünf Stadien entwächst der kleineren Larve eine größere, bis der Zeitpunkt der Verpuppung gekommen ist: die Larve wird zur sog. *Chrysaldis*. Dann, nach etwa 20 Tagen, ist in der Puppe das neue Tier herangewachsen, es durchbricht sein Gefängnis und beginnt zu fliegen: ein Schmetterling ist geboren!

Diesem kleinen Wunder begegnet man in der *"Mesa Butterfly Farm"* auf ziemlich profane Weise, da man hier die Tiere nicht nur bestaunen, sondern auch kaufen kann: aufgespießt oder zu Schmuck verarbeitet!

Etwa 3 km hinter der Schmetterlingsfarm geht links eine Straße zu den **Mae-Sa-Wasserfällen** ab. Das Gelände ist zu einer Art Landschaftspark entwickelt worden, mit Touristeninformation (geöffnet 8.30-16.30 Uhr, Eintrittsgebühr 5 BHT), Imbißbuden und angelegten Wanderwegen. Daß der Besuch trotzdem lohnend ist, liegt an der wirklich herrlichen Landschaft und der reichhaltigen Möglichkeit, Thai-Familienleben während des Picknicks zu beobachten. Die Fälle selbst können nicht gerade als Attraktion bezeichnet werden.

Noch ein wenig weiter gibt es links der Straße eines von insgesamt drei **Elefanten-Camps** in dieser Gegend (Eintritt 40 BHT, Vorführungen 9.00-11.00 Uhr). Das Programm bei solchen Veranstaltungen ist immer ähnlich. Nachdem man durch ein Spalier von Händlern gegangen ist, die zum Füttern der Dickhäuter ganze Bananenbündel verkaufen (10 BHT), betrachtet man die Tiere aus der Nähe, schaut ihnen beim Baden zu und erlebt dann von einer Tribüne aus, wie sie Baumstämme heranschleifen und kunstvoll übereinanderschichten. Anschließend hat man Gelegenheit, an einem Elefantenritt teilzunehmen (je nach Dauer 100-400 BHT).

i *Information zu den Arbeitselefanten*

Der asiatische Elefant unterscheidet sich vom afrikanischen durch seine allgemein geringere Größe, durch kleinere Ohren und kleinere Stoßzähne. Dafür aber kann er gezähmt werden und wird von den Thai seit Jahrhunderten als Arbeitstier und Transportmittel gebraucht. Schon die ersten Europäer waren beeindruckt, als sie die prächtig geschmückten Kriegselefanten Siams zu Gesicht bekamen. Mit etwa 16 Jahren ist der Elefant ausgewachsen und kann nun bis zum hohen Alter von etwa 40 Jahren Dienst tun. Die Arbeitsleistung des intelligenten Dickhäuters ist enorm: das Heben von 400 kg oder das Schleifen von 1,5 Tonnen stellen ihn vor keine Probleme.

Aber nicht nur die reine Kraft ist gefragt! Der Elefant bahnt Wege, knickt hinderliche Sträucher und Bäume um und schichtet, in Zusammenarbeit mit anderen vierbeinigen 'Kollegen', die gefällten Baumstämme im Camp aufeinander. Seine wichtigsten Hilfsmittel sind dabei Kopf und Rüssel, aber er versteht es z.B. auch, ins Rollen gelangte Stämme mit den Füßen aufzuhalten oder Lasten oberhalb des Knies abzusetzen. Es ist immer wieder erstaunlich, wie lautlos und mit welcher Eleganz sich die schweren Riesen bewegen; oft bemerkt man ein sich von hinten näherndes Tier nicht!

Die komplizierten Arbeitsschritte werden in einem etwa 6jährigen Training einstudiert, wobei die wichtigste Rolle der Elefantenführer (Mahout) spielt. Er begleitet das Tier während des gesamten Lebens, und nur seine Befehle werden vom Elefanten akzeptiert. Oft geschieht es, daß sich in dieser Arbeitsgemeinschaft von Mensch und Tier sehr enge Bindungen entwickeln, da der Führer zu Beginn des Trainings ebenfalls noch jugendlich oder im Kindesalter ist. Beim Dirigieren sitzt der Führer direkt hinter dem Schädel im Nacken des Tieres. Von dort aus gibt er seine Befehle mit Beinen und Füßen, die er gegen den Leib des Elefanten schlägt, durch Ziehen an dessen Ohren und vor allem mit einem Holzstock, an dem ein spitzer Eisenhaken befestigt ist. Wenn er mit diesem den Kopf des Tieres traktiert, kommt das zartbesaiteten Touristen manchmal grob oder tierquälerisch vor, dem Dickhäuter tut es jedoch nur selten wirklich weh.

Kräftige Arbeitselefanten, die ihr Training beendet haben und ausgewachsen sind, haben einen Wert von etwa 100.000 BHT. Allerdings ist ihre Einsatzmöglichkeit heute stark eingegrenzt. Durch das 1989 erlassene Verbot der kommerziellen Abholzung sind die meisten 'arbeitslos' geworden und kommen allenfalls im Tourismus oder in der staatlich kontrollierten Forstwirtschaft zum Einsatz. Nachdem es 1955 noch 13.000 gezähmte Tiere gegeben hatte, sank ihre Zahl bereits bis 1990 auf nur noch etwa 5.000. Viele Tiere mußten nach Myanmar oder Laos abgegeben werden.

Wer nach dem Elefanten-Camp der Straße 1096 weiter bergauf folgen möchte, kommt nach 5 km zum schönen *"Erawan Resort"* (Bungalows, Naturpark, See; Eintritt 20 BHT) und schließlich auf über 1.000 m Höhe zum *"Chiang Mai Resort"* (Bungalows, Minizoo). Ansonsten fährt man den Weg zurück bis zum Hwy 107 – wenn man es nicht vorzieht, im Mae Sa Valley zu übernachten!

Unterkunft
● *"Mae Sa Valley"***, P.O.Box 5, Mae Rim, Tel.: 248-423; 1980 eröffnete Anlage mitten in den Bergen, um ein Haupthaus mit Restaurant gruppierte 'Bambushütten', zum Gelände gehören Wasserfall, tropische Pflanzen und blühende Gärten, nordwestlich von Mae Rim gelegen und etwa eine Auto-Stunde von Chiang Mai entfernt.
● *"Mae Rim Lagoon Hotel"****, Mae Rim, Tel.: 282-8428; wunderschöne Anlage in den Bergen, direkt an einem See gelegen, beste Ausflugsmöglichkeiten.

Bei der Weiterfahrt in Richtung Fang/Chiang Mai folgt der Hwy dem Tal des *Ping River*. Nachdem man linkerhand die Abzweigung der Straße 1095 nach Pai (vgl. KAPITEL 6.2.5) passiert hat, wird die Landschaft bald deutlich hügeliger, und dichter Dschungel reicht bis an die Straße heran. Nach 4 km bzw. 6 km sorgen Abstecher auf kleinen Straßen nach rechts für Abwechslung, die einen zu jeweils recht großen Stauseen bringen (*Mae Faek Reservoir*, 3 km entfernt; *Mae Ngat Reservoir*, 13 km entfernt).

Bei KM 56 liegt rechts des Highways ein weiteres **Young Elephants Training Centre** (9.30-11.00 Uhr, Eintritt 40 BHT) mit ähnlichem Programm wie im Mae Sa Valley.

Spätestens nach weiteren 14 km kommt man der majestätischen Bergwelt Nordthailands nahe, wenn sich von der Straße der Blick auf den dritthöchsten Gipfel des Königreichs ergibt, den **Doi Chiang Dao** (2.180 m). Das Massiv stellt die Wasserscheide im Norden dar, jenseits der Berge fließen die Bäche dem Mae Kok bzw. Mekong-Strom an der laotischen Grenze zu. An der Flanke des Berges liegt das gleichnamige große Dorf (**Chiang Dao**, einfache Unterkünfte), an dessen Nordende ein 5 km langer Weg nach links zu den Höhlen abgeht.

● **Chiang Dao-Höhlen**
Mehrere Höhlen sind im Lauf der Zeit innerhalb des verkarsteten Kalksteinmassivs entstanden, und viele von ihnen wurden von Mönchen als Klosterstätte benutzt. Vom Parkplatz vor den Chiang Dao-Höhlen markieren neben einer Quelle die hinter- und übereinander gestaffelten Holzdächer den Stufenweg in den Berg, in dessen Höhlengängen sich der eigentliche Tempel befindet (Eintritt 5 BHT). Im Inneren bilden Tropfsteinformationen, vergoldete Buddhafiguren, abgestürzte Felsbrocken, Steinskulpturen und ein unterirdischer See ein eindrucksvolles und mystisches Gesamtbild. Die Höhlengänge sind hinter dem elektrisch beleuchteten Abschnitt nicht zu Ende, sondern führen noch kilometerweit in den Berg hinein.
2 km hinter dieser Höhle liegt ein weiteres Gangsystem mit noch prächtigerer Ausgestaltung. Hier wohnt der buddhistische Abt, ein weithin verehrter Mann. Auf der kleinen Straße dorthin passiert man dichten Dschungel, *kuti* (= Mönchswohnungen) und einen Chedi.

Auf hochgelegener Strecke mit aufragenden Felskuppen geht es weiter auf dem Hwy 107, an der Abzweigung der Straße 1150 vorbei und durch die Meo-Siedlung **Huay Luk**. Kurze Zeit später hat man rechts der Straße in dem ansprechenden *"Chiang Dao Hill Resort"*** komfortable Übernachtungsmöglichkeiten. Auf den nächsten ca. 30 km bis Fang gibt es verschiedentlich Gelegenheit, auf Schotterpisten zu einigen heißen Quellen oder Aussichtspunkten zu gelangen:
● Hinter KM 117 nach links, wo nach 3 km die *Tropfsteinhöhlen* von **Tubtao** mit Buddha-Statuen zu sehen sind, nach weiteren 8-10 km das Chinesendorf **Ban Mai Nong Pur** mit Tempel und *öffentlichem Thermalbad*.
● Wenige hundert Meter nach rechts eine asphaltierte Straße zum **Fernmeldeturm** mit prächtiger Aussicht.
● Bei KM 151, am Ortsanfang von Fang, nach links in 9 km zu den *heißen Quellen* von **Bo Nam Ron** (*Fang Hot Springs*) mit kleinem *Geysir* und Thermalkraftwerk.

Kurz vor Fang knickt rechts der **Highway 109** ab, der den Mae Kok überbrückt und auf äußerst schlechter Wegstrecke nach Chiang Rai führt. Das Schwierigste hat man geschafft, wenn man sich nach dem Paß ins Tal des Lao hinunterwindet wo man schließlich auf den gut ausgebauten Hwy 1019 stößt. Nach 24 km vereinigt sich dieser mit dem Hwy 1, und nach wenigen Kilometern hat man sein Fahrziel erreicht.

Wer auf dem Hwy 107 bleibt, um noch weiter in den Norden zu fahren, kommt zu den Ortschaften Fang und Tha Ton.

● Fang
Der kleine Ort galt lange Zeit als ausgesprochen unsichere Adresse. Der Grund dafür war die Nähe zur Grenze nach Myanmar, der Opiumhandel und Waffenschmuggel. Inzwischen ist es ruhiger geworden, und man schickt sich an, den Tourismus aufzubauen. Z.Zt. gibt es aber nur wenige und einfache Gästehäuser.

Noch weiter nördlich kommt man durch eine atemberaubend schöne Landschaft rund um Thailands zweithöchsten Berg, dem Doi Pha Hom Pok (2.285 m). Nach 22 km endet die Straße am Mae Kok River.

● Tha Ton
Schon von weitem sieht man die weiße **Kolossalstatue** des sitzenden Buddha, die die Ortschaft am Mae Kok überragt. Unterhalb ist eine hübsche Klosteranlage sehenswert. Ansonsten ist Tha Ton durch seine Lage am Fluß und die von hier aus durchführbaren Exkursionen touristisch interessant. Am beliebtesten sind die Fahrten mit dem **Longtail-Expreß-boot** nach Chiang Rai, das die Strecke in ca. 5 Stunden schafft. Allerdings rast die Landschaft an einem vorbei, und im Boot sitzt man unbequem. Geruhsamer geht es zu, wenn man sich auf einem **Floß** in drei Tagen gemächlich hinuntertreiben läßt. Entsprechende Arrangements bucht man am besten im voraus in Chiang Mai. Auch die Gästehäuser in Tha Ton können Exkursionen zu Fuß, auf dem Rücken von Elefanten oder per Boot organisieren. Die beste Unterkunft am Platz ist die "*Maekok River Lodge*"**, ein großes Holzhaus im Thai-Stil mit Bungalows und Restaurant.

Über den Highway 1019

Die gut ausgebaute Strecke ist für Busse, Lastwagen und Pkw die Hauptverbindungslinie zwischen Chiang Mai und Chiang Rai. Zwar ist auch diese Route landschaftlich reizvoll, hat aber im Gegensatz zum Hwy 107 keine bedeutenden Sehenswürdigkeiten aufzuweisen. Dafür kann man an modernen Rastplätzen Halt machen oder in einem der neu entstandenen Resorts und Restaurants einkehren. Nur wer auf längeren, schlechten Schotterpisten den Highway verläßt, erlebt die Schönheit des Dschungels und der Bergwelt unverfälscht.

Interessante Haltepunkte entlang der Route ergeben sich knapp 65 km hinter Chiang Mai, wo rechts der Straße **heiße Quellen** einen lebhaften, kleinen Markt haben entstehen lassen. Meo-Frauen bieten im 90° C heißen Wasser gekochte Eier an. Auch im Wasser des kleinen Flusses kann man sich verbrühen, wenn man barfuß hineingeht.

An aufgeforsteten Teak-Bäumen geht es dann in einigen Windungen die Berge hinauf. An einer hübschen *Rest Area* rechts der Straße hat man einen weiten Blick auf die Landschaft, außerdem kann man sich mit kunstvoll hergestellten Besen jeder Größe eindecken oder Hühnchen essen, die in halben Öltonnen gegrillt wurden.

Vor der Ortschaft **Wiang Pa Pao** geht links der unasphaltierte Hwy 1150 über Phrao zum Hwy 107 (Chiang Dao; s.o.) ab. Kurze Zeit später passiert man das Ausgrabungsgelände einer antiken Stadt. Schließlich weitet sich das Tal des *Lao,* und man fährt in die Ebene ein, in der nordöstlich auch Chiang Rai liegt. Bevor sich die Straße mit dem Hwy 109 vereinigt, sieht man in **Mae Suai** noch einen interessanten, hochgelegenen Tempel.

Die Hauptstadt der nördlichsten Provinz hat man nun in etwa 45 Minuten erreicht.

6.2.7 CHIANG RAI, MAE SAI UND DAS GOLDENE DREIECK

Dem Fremdenverkehr hat sich die nördlichste Spitze des Königreichs erst seit zwei Jahrzehnten geöffnet, aber schon ist sie dabei, zu einem touristischen Zentrum ausgebaut zu werden, das durchaus mit Chiang Mai oder Mae Hong Son konkurrieren kann. Im Zuge der politischen Umwälzungen im berühmt-berüchtigten Dreiländereck haben sich bereits die ersten Joint Ventures entwickelt, und Neubaupläne für Luxushotels und sogar zu einem Kasino werden auf beiden Seiten des Mekong kräftig in die Tat umgesetzt.
In nicht allzuferner Zukunft, so glaubt man, kann man von hier aus mit Kreuzfahrtschiffen den Mekong hinauf bis nach China und hinunter bis Kambodscha und Vietnam bereisen. Und die Tourismus-Manager hoffen, den internationalen Flughafen in Chiang Rai zur Drehscheibe für Kulturreisen nach ganz Indochina machen zu können.

Noch aber hat die Provinz ihr überwiegend ländliches Gepräge nicht verloren, und der Massenandrang konzentriert sich auf nur wenige Punkte. Ein ausgezeichneter Ausgangspunkt, die landschaftlichen und kulturellen Schönheiten kennenzulernen, ist die Provinzhauptstadt Chiang Rai. Von hier aus lassen sich problemlos Flußfahrten auf Mae Kok und Mekong organisieren oder Wanderungen und Songtao-Touren zu Bergstamm-Dörfern durchführen. Chiang Saen, das Dorf am sog. 'Goldenen Dreieck', profitiert von seinem Bekanntheitsgrad als Zentrum des Opiumhandels, obwohl es inzwischen ein sicherer Ort geworden ist. Auch der kleine Grenzverkehr nach Myanmar, am besten in Mae Sai zu beobachten, gilt als touristische Attraktion. Kulturelle Akzente setzen einige schön erhaltene Tempel, so z.B. auf dem Doi Tung und in Chiang Rai selbst, wo das alte Lanna-Reich seine Geburtsstunde erlebte.

Chiang Rai

Information
Beim alten *YMCA Club House* auf einer Insel im Mae Kok gibt es eine kleine Touristeninformation (Tel.: 713-009; geöffnet Mo-Sa 8.30-17.00 Uhr) mit noch dürftigem Material. In vielen Gästehäusern werden Sie kompetenter beraten.

Unterkunft
Mit dem boomenden Fremdenverkehr hat sich das Angebot an Unterkünften explosionsartig vergrößert, ein Ende ist nicht abzusehen. Und da die Entwicklung später einsetzte als in Chiang Mai, sind die einfachen Gästehäuser und Hotels durchweg moderner ausgestattet. Die Luxushotels brauchen keinen Vergleich mit den besten Adressen in Bangkok oder auf Phuket zu scheuen, obwohl sie (noch!) deutlich billiger sind.

● *"YMCA International House"**, 70 Phaholyotin Rd., Tel.: 713-785-6; das neue YMCA ist eine moderne und sehr gepflegte Unterkunft mit 46 Zimmern, z.T. mit AC, zwei Schlafsäle (50 BHT), 4 km außerhalb der Stadt am Hwy 110 gelegen.

● *"Wangcome Hotel"***, 869/90 Pemawibhata Rd., Tel.: 711-800, 713-841-8; modernes Haus mit 221 komfortablen Zimmer und Suiten, Restaurant und Cocktail Lounge, Lifemusik, Swimmingpool, gute traditionelle Massage, in Zentrumnähe gelegen.

● *"Wiang Inn Hotel"***, 893 Phaholyotin Rd., Tel.: 711-533; modernes Haus mit 260 luxuriösen Zimmern, Restaurant, Bar, Diskothek, Swimmingpool, in Zentrumnähe gelegen.

● *"Rimkok Resort"***, 6 Moo 4 Thathon Rd., Tel.: 716-445-60; Luxushotel im Thai-Stil mit 256 Zimmern, alle Annehmlichkeiten, 4 km nordwestlich des Stadtzentrums gelegen.

● *"Mae Kok Resort"***, 6 Mu 4 Chiang Rai-Thaton Rd., Tel.: 715-858-9; 1990 erbautes Luxushotel mit 394 Zimmern und Suiten, Restaurants, Bars, Swimmingpool, alle Annehmlichkeiten, in schöner Umgebung außerhalb gelegen.

● *"Dusit Island Resort Hotel"***, 1129 Kraisorasit Rd., Dusit Island, Tel.: 715-777; 1990 eröffnetes Luxushotel, auf einer eigenen Insel im Kok River gegenüber dem Stadtzentrum gelegen, 271 Zimmer und Suiten mit allem erdenklichen Komfort, Restaurants, Bars, Nachtclub, Swimmingpool, Fitneßcenter usw.

● *"Little Duck Hotel"***, 199 Phaholyotin Rd., Thambol Sunsai, Tel.: 715-620-38; 1990 eröffnetes, riesiges Luxushotel mit 350 komfortablen Zimmern und Suiten in fünf Kategorien, Restaurants, Lounge, Coffee-Shop, Bars, Swimmingpool, Business und Shopping Center etc., außerhalb des Zentrums in Flughafennähe gelegen.

Transport
● Die **Busstation** liegt zentral auf der Phaholyotin Rd. (nahe dem *"Wiang Inn Hotel"*). Hier fahren alle Ordinary-, AC- und VIP-Busse ab, und zwar die des Regionalverkehrs genauso wie die zu den benachbarten Städten im Norden (Chiang Saen, Mae Sai, Lampang, Chiang Mai) oder zu weiter entfernten Zielen (u.a. Sukhothai, Bangkok, Khon Khaen, Khorat).

● Der **Flughafen** liegt südlich der Stadt und wird z.Zt. mindestens einmal tägl. von Bangkok und Chiang Mai angeflogen; ein neuer International Airport ist im Nordosten im Bau; eine Ausweitung des Flugnetzes ist geplant.

● Am Mae Kok ist die **Bootsanlegestelle**, von der Touristenboote zu den Bergstämmen und anderen Zielen abfahren. Mit Longtail-Booten gibt es tägl. um 10.30 Uhr eine Expreß-Verbindung nach Tha Ton (stromaufwärts ca. 6 Stunden, 170 BHT; wegen möglicher Kontrollen Reisepaß mitnehmen).

● Es gibt eine **Autovermietung** und mehrere Stellen, an denen man **Motorräder** mieten kann (z.B. in der "Bierstube" schräg gegenüber vom *"Wiang Inn Hotel"*).

● Der innerstädtische Personenverkehr wird mit Bussen und Songtaos, vor allem aber mit **Fahrrad-Rikshas** organisiert. Tuk-Tuks gibt es bisher noch nicht.

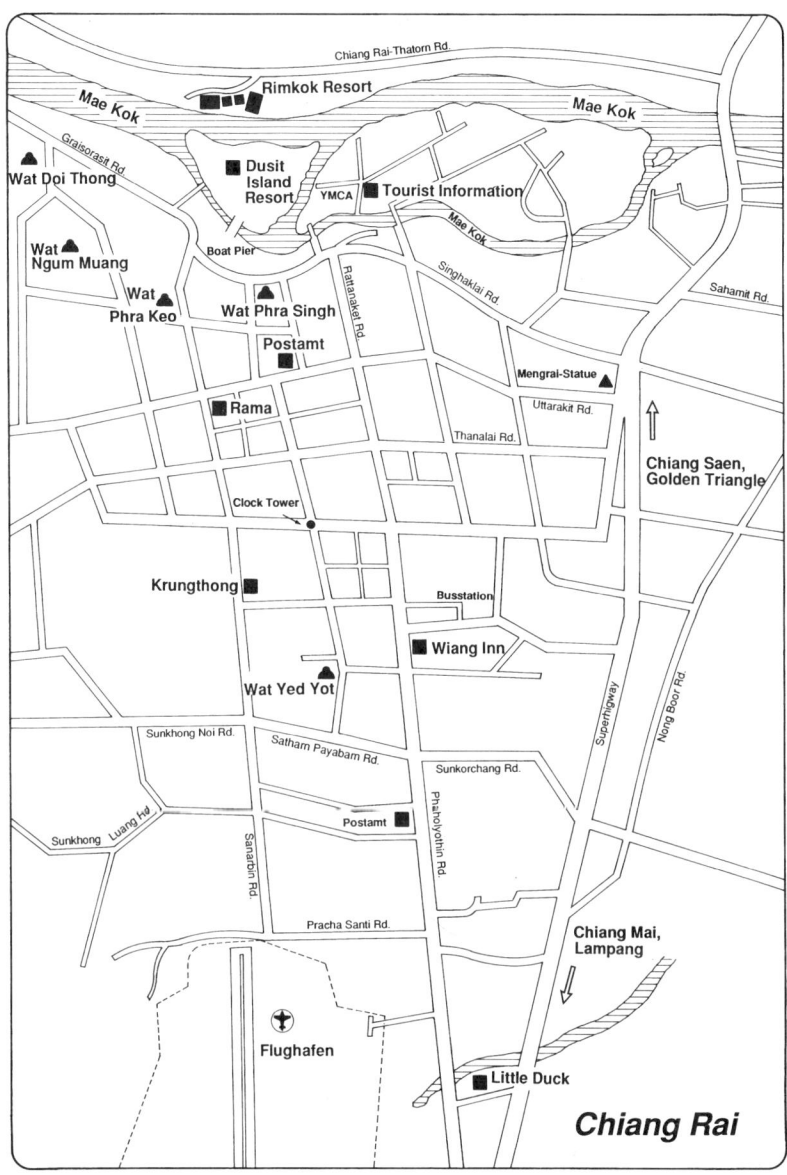

Chiang Rai

Restaurants

Chinesische und Thai-Küche bekommt man u.a. auf den Märkten, in vielen Restaurants und in einigen Lokalen direkt am Mae Kok (Nähe Anlegestelle). Internationale Akzente setzen nicht nur die Restaurants der großen Hotels, sondern inzwischen auch eine Pizzeria und eine gemütliche Bierstube (beide Phaholyotin Rd. in Nähe der Busstation).

427

Chiang Rais Namen und seine **Geschichte** geht auf das Jahr 1262 zurück, als König Mengrai von Chiang Saen aus die Stadt gründete – angeblich, weil sich sein Lieblingselefant hier so wohl fühlte. Durch erfolgreiche Kriegszüge und die Eroberung des Haripunchai-Reiches von Lamphun vereinigte Mengrai einige Fürstentümer zum Königreich von Lanna, das lange seine Selbständigkeit bewahren konnte. 30 Jahre lang galt Chiang Rai als dessen Hauptstadt, mußte dann aber diesen Status an das vom gleichen Herrscher später gegründete Chiang Mai abgeben. Bekanntermaßen wurde das Lanna-Reich von den Burmesen okkupiert und erst im späten 18. Jahrhundert wieder befreit bzw. mit Siam vereinigt.

Seit 1910 ist Chiang Rai Hauptstadt der gleichnamigen Provinz und ein bedeutender Marktflecken im äußersten Norden. Hier bieten die Bauern der Umgebung ihre Waren an, genauso wie Angehörige der Bergstämme, die z.T. aus beträchtlicher Entfernung anreisen. Eine Spezialität der Stadt sind **Litchis**, deren Erntezeit in den Mai fällt, weswegen ein Besuch wegen des dann abgehaltenen Litchi-Festes besonders interessant ist. Der Anbau der wohlschmeckenden Früchte kam vor etwa 170 Jahren nach Thailand, während die Litchis in ihrer südwestchinesischen Heimat schon seit 4.000 Jahren kultiviert werden (weitere *Litchi-Festivals* gibt es in Phayao und Fang).

Langsam beginnt Chiang Rai, nach vielen Jahrzehnten der Isolation auch als Verkehrsknotenpunkt und im Wirtschaftsleben eine wichtigere Rolle zu spielen, nicht zuletzt im Tourismus. Der am Flußufer des Mae Kok etwa 580 m hoch gelegene Ort hat rund 45.000 Einwohner.

● Stadtbesichtigung

Von der langen Geschichte bemerkt man bei einer **Stadtbesichtigung** nur wenig. Das Straßenbild der breiten Verkehrswege wird im Zentrum nicht durch die Kunstgeschichte, sondern durch provinzielles Ambiente mit farbenfrohen Märkten, Riksha-Fahrern, vielen Angehörigen der Bergstämme und mehr und mehr *farangs* bestimmt. Nur ab und zu durchbrechen Bank- und Hotelhochbauten die ansonsten wenig attraktive Architektur. Markante Orientierungspunkte sind der **Uhrenturm** auf der belebten Kreuzung Tanarai Rd./Jet Yod Rd. und die **Mengrai-Statue** an der Uttarakit Rd., die an den Gründer und ersten Herrscher der Stadt erinnert.

Die bedeutendsten Relikte der Vergangenheit stellen einige **Tempelanlagen** dar, die man innerhalb und außerhalb des Zentrums finden kann. Die wichtigsten unter ihnen sind:

Der **Wat Phra Singh** ist das zentralste Kloster und liegt am westlichen Ende der Krainsornsit Rd. Von der berühmten Statue, die hier einst gestanden haben soll, haben sich keine Reste erhalten. Auch kann der Tempel wegen der vielen Restaurierungen nicht zuverlässig datiert werden, sein Alter wird aber auf etwa 550 Jahre geschätzt.

König Mengrai

Der **Wat Phra Keo**, unweit westlich vom Wat Phra Singh auf der Ruang Nakhon Rd. gelegen, beherbergt noch sechs sehr schöne Bronzestatuen und bemerkenswerte Chedis.

In einem von ihnen soll der berühmte Smaragd-Buddha, der 1434 in Chiang Rai durch einen Blitzschlag entdeckt wurde, eine erste Heimstatt gefunden haben, bevor er auf seine lange Odyssee durch Thailand und Laos ging (vgl. KAPITEL 5.3.1).

Unweit westlich davon liegt der **Wat Ngam Muang**, in dessen altem Backstein-Chedi die Asche des Königs Mengrai beigesetzt sein soll. Und nördlich von diesem Kloster wiederum befindet sich in herrlicher Lage auf einem Hügel der **Phra That Doi Chom Thong**, von dem sich ein schöner Blick auf die Stadt, den Fluß und das Umland ergibt. Noch besser ist die Aussicht von der modernen **Provincial Hall** in unmittelbarer Nachbarschaft.

Andere Tempel wie *Wat Yed Yot, Klang Wiang, Ming Muang* oder *Mung Muang* sind weniger sehenswert.

● **Nördlich von Chiang Rai**

Die touristisch am meisten genutzte Route geht von Chiang Rai aus auf dem Hwy 110 nordwärts. Nach 29 Kilometern, vorbei an Reisfeldern, Restaurants und Markt-ständen, erreicht man die kleine Bezirksstadt **Mae Chan**. Dieses ehemalige Zentrum der Silberschmiede ist heute ein wichtiger Handelsposten, u.a. für mehrere Bergstämme der Akha und Yao.

In Mae Chan (Umgehungsstraße) teilt sich der Weg auf, und man fährt entweder nach *Chiang Saen* (Hwy 1016) oder nach *Mae Sai* (Hwy 110). Reisegruppen unternehmen meist die Rundfahrt ab Chiang Rai in der Reihenfolge Mae Chan – Mae Sai – Goldenes Dreieck – Chiang Saen – Chiang Rai. Diese Tour ist bequem an einem Tag zu schaffen und läßt noch Zeit für Besichtigungen.

Von Mae Chan nach Mae Sai

Während der Hwy 110 durch eine fruchtbare Ebene ziemlich gerade nach Norden führt, gibt es vor allem zum links liegenden Bergland immer wieder Ausflugsmöglichkeiten, die von Selbstfahrern und Reisegruppen genutzt werden. Beispielsweise geht 2 km nördlich von Mae Chan die Straße 1130 in 36 km nach **Salong**. Auf ihr kommt man nach 9 km zu einem *Hilltribe Center* sowie zu mehreren Akha- und Yao-Dörfern. In dem Gelände befand sich früher einer der Hauptstützpunkte des 'Opium-königs' Khun Sa.

---

i *Khun Sa – Kämpfer im Opiumgebiet*

Mit 'Goldenem Dreieck' (s.u.) bezeichnet man eigentlich ein Gebiet, das mehrere hundert Quadratkilometer umfaßt. Schätzungen zufolge sollen hier fast 3/4 der weltweiten Produktion von Opium gewonnen werden. An diesem Zustand hat sich trotz demonstrativer Gesten in Myanmar und Laos wenig geändert. Immer noch kontrollieren widerstreitende 'Armeen' das Gebiet, dessen Opiumhandel einige

---

Lokalmatadore zu mächtigen Bossen hat werden lassen. Die schillernd-ste und bekannteste Figur ist der legendäre Opiumkönig ("Warlord") Khun Sa. Er hat mehrere tausend Mann unter Waffen, die etliche Ge-fechte mit den nationalen Armeen der einzelnen Staaten unbeschadet überstanden haben. Seine wechselnden Stellungen in den Bergen, im Dschungel und in tiefen Höhlen sind praktisch uneinnehmbar. Eine po-litische Dimension bekommt Khun Sa dadurch, daß er sich als Anführer des Shan-Volkes sieht und seinen Kampf mit der Shan United Army gleichzeitig als Befreiungskrieg für die Unabhängigkeit der Shan-Nati-on deklariert. Würden ihn die USA und andere Staaten bei diesem Ziel unterstützen, so sagte er der internationalen Presse, könnte er als Ge-genleistung den gesamten Heroin-Handel lahmlegen lassen. Noch aber wird scharf geschossen im Grenzgebiet von Chiang Saen bis Mae Hong Son. Eine konkurrierende Wa National Army, die berüchtigten Kuomi-tang, aber auch die thailändische, burmesische und laotische Armee sind noch in den letzten Jahren in solche Kämpfe verstrickt gewesen, in denen u.a. auch Tretminen, Hubschrauber und Kampfflugzeuge einge-setzt wurden.

Nach einer Berg-und-Tal-Fahrt erreicht man am Ende der Straße das hochgelegene **Salong** (oder auch *Santikhiri*), von dem sich nicht nur präch-tige Panoramablicke bieten, sondern das auch als Dorfgemeinschaft inter-essant ist: gegründet wurde der Ort nämlich von den Kuomitang, chinesi-schen Soldaten, die als Anhänger Tschiang-Kai-Tscheks nach dem 'lan-gen Marsch' und Revolutionssieg Mao Tse Tungs nach Burma und später nach Thailand flohen. Die Kuomitang-Enklave in Salong existiert seit den 1960er Jahren und hat im lukrativen Opium-Handel immer ein Wörtchen mitgeredet. Die kleinen Tempel, der Markt, die Läden – alles ist durch und durch chinesisch geprägt.

Der nächste lohnende Abstecher ist ca. 20 km hinter Mae Chan auf der Straße 1149 möglich. Nach dem Dorf **Ban Huai Krai** biegt man dazu links ab (hölzerner Torbogen mit dem Hinweisschild *"Doi Tung"*) und fährt auf einer schnurgeraden, neu angelegten Asphaltstraße auf das mäch-tige Gebirgsmassiv zu. Nachdem man auf Serpentinen einige Bergstamm-Dörfer passiert hat, ist der 1989 fertiggestellte **"Palast der Königinmut-ter"** (*Srapathum Palace*) der erste auffällige Gebäudekomplex. Hier resi-diert die im Jahre 1900 geborene und von den Landeskindern hochverehr-te *'Grand Lady of Thailand'* oder, wie sie auf Thai heißt, *'Mae Fah Luang'*. Vor allem die Bergstämme akzeptieren sie als eine Frau, die sich immer um sie und ihre sozialen und medizinischen Belange gekümmert hat. Während sie früher mit einem Helikopter einschwebte, hat man *Mae Fah Luang* durch die breite Autostraße kürzlich den Weg zur Residenz erleichtert. Und da neben Nordthailand die Schweiz ihre Wahlheimat ist, nimmt es nicht Wunder, daß die Bauten des *Srapathum Palace* im Schwei-zer Stil errichtet wurden.

5 km danach kommt man nahe der Spitze des Berges (ca. 1.500 m hoch) zur bedeutenden Tempelanlage **Wat Phra That Doi Tung** (1991 galt auf der gesamten Bergstrecke absolutes Rauchverbot wegen der hier verlegten Gasleitungen!). Der heilige Bezirk hat eine lange Geschichte, die bis ins Jahr 911 zurückgeht. Damals hat angeblich ein König aus Chiang Saen Buddha-Reliquien hierhin bringen lassen. In der Mitte des fast quadratischen Klostergeländes befindet sich ein offener Viharn mit mehreren alten Buddha-Bildnissen. Daneben sind die beiden Chedis, der Ruhende Buddha und die lange Reihe großer Bronzeglocken sehenswert. Auf der Terrasse, von der man eine phantastische Aussicht hat, sind weitere Buddhastatuen zu sehen, darunter eine auffällige, vergoldete Sitzfigur im chinesischen Stil. In die Nabelöffnung ihres dicken Bauches stecken Gläubige Münzen und Zettel zur Erfüllung ihrer Wünsche.

Zurück auf dem Hwy 110 sind es noch etwa 30 km bis Mae Sai. Ab und zu führen Pfade zu Akha- und Meo-Dörfern in die Berge. An einem Hinweisschild kann man in 2 km den See und die Höhle von **Sao Hin** (*Phayanak*) besuchen, die linkerhand an einem Berghang liegen. Der Stausee ist nicht besonders groß, aber er vermittelt eine friedliche Stimmung inmitten des Dschungels und kann zu einem erfrischenden Bad genutzt werden. Zur Tropfsteinhöhle muß man mit Booten hinüberrudern, die am kleinen Restaurant vermietet werden. 1,5 km nördlich liegen einige weitere Höhelen, die als *"Monkey Cave"* ausgeschildert sind. Der Name bezieht sich auf die Vielzahl der Tempelaffen, die eine ganz besondere Vorliebe für Kameras zu haben scheinen. Eine steile Treppe führt zu der Tropfsteinhöhle, deren Buddha-Figuren sie als heiligen Platz ausweisen. Am Fuß der Treppe ist ein Quelloch mit vielen Fischen zu sehen, die für den thailändischen Namen **Tham Pla** verantwortlich sind.

In Richtung Mae Sai passiert man anschließend den Berg **Khao Nang Non** (= "die schlafende Bergfrau"), dessen Silhouette an eine auf dem Rücken liegende Frau erinnert.

7 km vor der Grenze ist ein letzter Abstecher möglich, wenn es linkerhand zum Gangsystem der **Tham Luang**, der "großen Höhle", abgeht. Die vier Tropfsteinhöhlen sind erst kürzlich entdeckt worden. Die größte von ihnen, eben die Tham Luang (*Big Cave*), führt nicht weniger als 7 km in den Berg hinein, wobei allerdings nur die ersten 500 m mit provisorischen Wegen und Treppen gesichert sind.

● **Mae Sai**

Die kleine Grenzstadt – 891 km von Bangkok entfernt – ist der nördlichste Ort Thailands und erhält ihren Reiz fast ausschließlich dadurch, daß sie zu einem lebhaften Handelszentrum von Thai, Burmesen, Shan und Bergstämmen geworden ist. Daß Mae Sai davon profitiert, sieht man bereits bei der Einfahrt an den vielen Banken, Geschäften, Verkaufsständen, Motorrad-Verleihstationen und Hotels. Die Straße wird kurz vor dem Grenzfluß so breit, daß sie als Parkplatz und Open-Air-Markt gleichermaßen fungiert. Sie endet an der Brücke, die von Wachposten beider Nationen beobachtet wird und tagsüber für den kleinen Grenzverkehr offensteht. Nur Thai und Burmesen ist der Übertritt gestattet, und das auch nur zwischen 6.00-18.00 Uhr. Jenseits des *Sai (Ruak) River* liegt der burmesische Ort **Tha Khi Lek**, in dem nach 500 m die Straße in einem unasphaltierten Dschungelweg endet. Aufgrund der schlechten wirtschaftlichen und sozialen Lage in Myanmar nehmen viele Burmesen den beschwerlichen Weg auf sich und verkaufen alles, was sie entbehren können, direkt diesseits der Grenze. Inter-

An der Grenze nach Myanmar

essant für die Thai sind dabei vor allem ungeschliffene Jade, Saphire und Rubine, die z.T. noch in Mae Sai weiterverarbeitet werden. Aber auch der (verbotene) Handel mit Antiquitäten läuft auf vollen Touren. Die Burmesen wiederum decken sich mit den Waren ein, die sie wegen der Mangelwirtschaft im eigenen Land nicht bekommen können und transportieren sie mit uralten Pick-ups in ihre Heimatdörfer. In der Regenzeit ist der Weg nur mit Motorrädern zu befahren, und dann kann die Heimreise schon mal zwei bis drei Tage dauern! Auf thailändischer Seite dürfen sie sich tagsüber nur in einem Radius von 5 km aufhalten. Trotzdem schaffen es einige von ihnen immer wieder, den strengen Kontrollen auszuweichen und sich eine (für burmesische Verhältnisse) gut bezahlte Arbeit im Norden, aber auch in Bangkok oder Südthailand zu suchen.

Am Parkplatz vor der Brücke warten bereits Scharen von Bergstamm-Kindern in Trachten auf die Linien- und Touristenbusse, um sich für 10 BHT fotografieren zu lassen oder Bonbons und Kugelschreiber zu erbetteln. Durch dieses Spalier kämpft man sich bis zu jenem bescheidenen Monument vor, das den "**nördlichsten Punkt Thailands**" anzeigt. Nach dem obligatorischen Erinnerungsfoto geht es auf die Brücke, wo Ausländer spätestens an der Fahnenstange in der Mitte anhalten müssen. Von den hier angebotenen amerikanischen Zigaretten darf man maximal eine Stange mitbringen, ansonsten ist Zoll zu zahlen. Anschließend stürzt man sich in das Treiben am Straßenrand, wo Burmesen im typischen Wickelrock (*Sarong*) meistens Jade verkaufen wollen. Ihre schwarzen Zahnstümpfe und großen Gebißlücken deuten übrigens auf den allzu häufigen Genuß der Bethelnuß hin.

432

Wer nach diesem Trubel etwas Ruhe sucht, findet sie auf dem kleinen Tempelberg, zu dem es ca. 200 m vor der Brücke links abgeht. Am Fuß des Hügels sieht man zunächst den eigentlichen Tempel **Wat Phra That**

Doi Wao, der einen ruhenden Buddha beherbergt und mehrere andere Statuen in kleinen Höhlengängen. Auf den Berg führt von hier aus eine prächtige, von siebenköpfigen Nagas flankierte Treppe in 219 steilen Stufen hinauf (wer den Aufstieg scheut, kann sich auf dem parallelen Feldweg von einem Einheimischen

Treppe zum Doi Wao

hochfahren lassen). Oben erwartet einen ein prächtiger Blick auf die Stadt, den Fluß und weit nach Myanmar hinein. Auf der Terrasse steht ein kleiner weißer Chedi mit einer Buddha-Figur, flankiert von vier Löwen, zwei Naga-Schlangen und vier grünen Stein-Skorpionen.

Von Mae Sai nach Chiang Saen

Eine Möglichkeit, von Mae Sai zur Ruinenstadt Chiang Saen zu kommen, ist zunächst auf dem breiten Hwy 110 zurück bis Mae Chan und ab hier über die ebenfalls gut ausgebaute Straße 1016 gegeben.

Interessanter ist es jedoch, am südlichen Ortsausgang von Mae Sai nach links abzubiegen und dann über kleinere Straßen parallel zum Sai-River nach Osten zu fahren. Nach 20 km hat man dabei die Ortschaft Mae Ma erreicht und nach weiteren 13 km das Länderdreieck von Thailand, Myanmar und Laos.

● **Das Goldene Dreieck** (*Golden Triangle*)

Unterkunft
"*The Golden Triangle Resort Hotel*"*****, 222 Golden Triangle, Chiang Saen, Tel.: (053)714-031; neu erbautes Luxushotel direkt am Goldenen Dreieck mit allem Komfort, 73 Zimmern und Suiten, Restaurant, Bars, Sauna, Swimmingpool sowie zwei '*deluxe river boats*'.

Dort, wo der Mai River (Ruak River) in den Mekong mündet und dabei eine deutlich sichtbare Sandspitze entstehen läßt, wird das riesige Gebiet des sog. Goldenen Dreiecks auf den Punkt gebracht: Ganze Heerscharen von in- und ausländischen Besuchern machen sich auf den Weg, um diesen Platz zu besuchen, angezogen von dem legendären Namen, der

Sob Ruak

blühende Mohnfelder, Bandenkämpfe und kriegerische Auseinandersetzungen bedeutet. Was sie vorfinden, ist eine Straße im Dörfchen **Sob Ruak**, an der ein Souvenirstand neben dem anderen aufgebaut ist, ein kleiner steinerner Torbogen für das Erinnerungsfoto und etliche Gästehäuser, Restaurants und ein neues Luxushotel.

Am Flußufer des Mekong kann man sich Longtail-Boote mieten und auf ganz sichere Weise jenes Gebiet erforschen, daß noch vor wenigen Jahren zwar berühmt und berüchtigt, aber touristisch wenig erschlossen war. Nur vereinzelt deuten mit Sandsäcken ausgelegte Gewehrstellungen auf die ungemütlicheren Zeitumstände hin, die es zwar immer noch gibt, aber eben nicht mehr hier. Der Ausflug ist trotzdem lohnend, nicht nur wegen des Namens, sondern weil der Blick auf die beiden Flüsse und ans jenseitige Ufer (rechts Laos, links die burmesische Provinz Shan) wirklich schön ist. Oder vielleicht sollte man sagen: war, denn Baukräne und Bulldozer beeilen sich, auf burmesischer Seite (mit Zugang von Thailand) das "*Golden Triangle Paradise*" fertigzustellen, das spätestens 1994 zahlungskräftige Besucher mit Komfort, Golfplätzen, Swimmingpool und Spielcasino verwöhnen wird...

Beim Anblick des träge dahinfließenden **Mekong** sollte man an den Weg dieses mit etwa 4.500 km **längsten Flusses von Südostasien** denken. Die "*Mutter der Gewässer*" entspringt im fernen Tibet, durchfließt die südchinesische Provinz Yünnan, um dann auf etwa 100 km die Grenze zwischen Nordthailand und Laos zu bilden. Nach einem Bogen durch das Nachbarland stößt er dann wieder an Thailand und grenzt praktisch den gesamten Nordosten zu Laos hin ab. Der inzwischen zu einem breiten Strom gewordene Mekong nimmt anschließend seinen Weg durch Kambodscha und mündet endlich in einem mehr als 70.000 qkm großen Delta an der vietnamesischen Küste ins Chinesische Meer.

---

i *Information zum größten Opiumanbaugebiet der Welt*

Im 'Goldenen Dreieck' wird fast 3/4 der weltweiten Opium-Produktion gewonnen, wovon in Sob Ruak *allerdings nur wenig zu spüren ist. Immerhin können* farangs *hier, wie in vielen Bergstamm-Dörfern, Opium-Waagen mit kunstvoll verzierten Gewichten, Opium-Pfeifen oder die getrockneten Fruchtkapseln des Schlafmohns kaufen (und*

JAIL BREAK

Mr. Gisibilo Marco aged 38 and Miss Anne Bena Daniel aged 30; both from Italy, ...ood from their cells at Mae Ping Police ...eir cells were found empty at about 6 ...th April. The couple were due ...hat same day. They were

14 KGS. OF HEROIN

From ...stig ...er being arrested
...of smug... Police and
A group of ...i...on
Chiang mai on the **WESTERN DRUG**
black Toyota **PUSHERS ARRESTED**
group of police h
P. 6442 Chian ...some On April 4th, police were tipped off that
The police ...hotel tourists staying at the Chiangmai Orchid
tried to drive ...were going to bring 4 kilos of heroin there
with a car at 5 p.m. that day.
truck and hi ...The man who ...was in
shot him dead. ...his hand ...s ...instructed the...
arrested and the po
his truck. His name
20 years and his frie
Mr. Warapool Kalan,
Province.

BORDER POLICE DESTROYED A HEROIN FACTORY

...ang rai

selbst das 'Probieren' des Rauschgiftes wird ihnen häufig angeboten). Daß der Anbau von Opium in der gesamten Region seit alters her gepflegt wird, dürfte bekannt sein. Allein folkloristisches Interesse an dieser Ökonomie und deren pauschale Verurteilung sind aber fehl am Platz! Für die traditionellen Mohnbauern, besonders die der Bergstämme, ist die bei uns geführte Diskussion nämlich von existentieller Bedeutung. Und die weltweiten Bestrebungen, den Handel einzudämmen und mit hohen Strafen zu belegen, kann sie solange nicht von der Kultivierung des Schlafmohns (papaver somniferum) *abhalten, solange man ihnen keine Alternative zum Lebenserwerb anbietet. Gerade an solchen Programmen wird in Thailand seit einiger Zeit fieberhaft gearbeitet. Zwar geht, unter dem Druck der USA, die thailändische Regierung schon seit den 1970er Jahren gegen den Mohnanbau der Bevölkerung vor, hatte damit allerdings nur wenig Erfolg. Die Bergstämme konnten die von der Luftwaffe abgeworfenen Flugblätter nicht lesen; die Napalm-Bombardierung der Felder und Zerstörung der Ernte mußten unter solchen Voraussetzungen natürlich auf Unverständnis und Verbitterung stoßen. Bald wurde den Generälen von Polizei und Armee klar, daß bloße Appelle und Zwangsmaßnahmen die Produktion nicht eindämmen konnten. Gefragt waren wirkliche Alternativen für die Bergstämme und eine allgemeine Verbesserung ihrer Lebensumstände.*

Diese versuchte man zu erreichen durch

● *Einrichtung von Gesundheitszentren und Schulen, Angebot von Kursen in Landwirtschaft, Tierzucht, Hygiene und Alltagsbewältigung.*

● *Verbesserung der Infrastruktur durch den Bau von Straßen und Einrichtungen zur Wasserversorgung.*

● *Angebot von alternativer Kultivierung* (crop substitution) *als Ersatz für den Mohn- und traditionellen Wanderfeldbau mit Brandrodung (z.B. Ananas, Gemüse, Tee, Kaffee).*

Ein Ergebnis der internationalen Zusammenarbeit bei diesem Problem ist das "Thai German Highland Development Programme" (TG-HDP), *das von der bundeseigenen* Gesellschaft für technische Zusammenarbeit (GTZ) *und dem thailändischen* Office of the Narcotics Control Board (ONCB) *gemeinschaftlich getragen wird. Deutschland trug bisher 24 Millionen DM und bis Ende 1994 weitere 9,3 Millionen. In drei verschiedenen Projektgebieten von ca. 1.400 qkm versucht man, den Lebensstandard von zusammen 25.000 Angehörigen der Bergstämme zu verbessern. Zwar kann man dieses Projekt als sehr erfolgreich bezeichnen (beispielsweise wurden in der Region Nam Lang 1982 auf 300 ha Opium kultiviert, 1990 nur noch auf 70 ha), doch ist dies angesichts der Opiumproduktion im gesamten Goldenen Dreieck allenfalls ein Tropfen auf den heißen Stein. Die entscheidenden Probleme nämlich sind:*

435

● *Der Mohnanbau ist relativ einfach und kann in den Berghängen lange Zeit unentdeckt durchgeführt werden. Hat man Mohnfelder von Hubschraubern aus gesichtet, dauert es meist einige Tage, bis Regierungstruppen zur Vernichtung anrücken.*

● *Im schwer kontrollierbaren Grenzgebiet können die Mohnbauern bequem nach Myanmar und Laos ausweichen und dort ihre Felder anlegen. Während beispielsweise unter großem finanziellen Einsatz Nordthailands Opiumernte von über 145 t (Mitte der 60er Jahre) auf 45 t (1991) verringert wurde, ist sie im benachbarten Laos auf mehr als 300 t und in Myanmar auf mehr als 2.000 t im Jahr angestiegen.*

● *Die Verarbeitung von Schlafmohn zu Heroin ist einfach und ohne große Fabriken zu bewerkstelligen: die Mohnblüte wird angeschnitten, wobei ein brauner, klebriger Saft (Fin) entsteht. Dieser wird mit Säure versetzt und zu Heroin aufgekocht. Aus 10 kg Opium kann man leicht 1 kg Heroin gewinnen.*

● *Die professionellen Opium- und Heroinhändler kümmern sich um den Vertrieb; Anfahrtswege für die Rohware gibt es für die Bauern nicht.*

Schlafmohn: Blüte und Fruchtkapsel

● *Im Goldenen Dreieck bringt 1 kg Fin zwar nur umgerechnet 200 bis 400 Mark ein, was sich angesichts der leichten Opiumkultivierung und Heroin-Herstellung aber außerordentlich lohnt. Die Preise für Tee, Tomaten, Kaffee oder Kohl können damit nicht konkurrieren.*

● *Schlafmohn kann man bereits im ersten Jahr ernten, außerdem ist Opium zwei Jahre lagerfähig und transportfreundlich. Bei der Umstellung etwa auf Kaffee muß ein Bauer vier Jahre warten, bis er erstmalig eine nennenswerte Ernte erzielen kann.*

Unter diesen Voraussetzungen scheinen alle Bemühungen und Beteuerungen der Behörden nichts daran ändern zu können, daß auch in Zukunft das Goldene Dreieck Hauplieferant für die Drogensüchtigen der westlichen Welt bleiben wird. Der schleichende Tod ist aber nicht nur Exportartikel. Denn die kulturell verunsicherten und sozial benachteiligten Bergstämme greifen selbst immer häufiger zum Rauschgift: "Was uns derzeit die größten Sorgen macht, ist der Drogenmißbrauch bei den Bergstämmen. Wir hatten schon immer rund 20.000 vorwiegend ältere Opiumsüchtige, aber in letzter Zeit müssen wir beobachten, daß vor allem jüngere Männer mit Heroin anfangen. Sie wissen nicht mehr, wo sie hingehören, und halten das für modern" – so ein deutscher Mitarbeiter des TG-HDP in einem Interview mit der Wochenzeitung "DIE ZEIT".

Von Sob Ruak geht es nun in südlicher Richtung, parallel zum Mekong, in 11 km nach

● Chiang Saen

Die ehemalige Fürstenresidenz gehört zu den frühesten Siedlungen der Thai innerhalb der heutigen Grenzen. Zwar stammen die noch sichtbaren Ruinen aus dem 14. Jahrhundert, aber in einer Kulturschicht darunter sind weitaus ältere Reste nachgewiesen worden. Wahrscheinlich sickerten bereits im 8. Jahrhundert die Thai aus der Mekong-Ebene von Norden her kommend ein und verbreiteten sich anschließend über die gesamte Region. Einer ihrer Fürsten gründete dabei Chiang Saen. Mit einem Schlag wurde diese Stadt aber im 11. Jahrhundert vernichtet. Nach einer Theorie war dafür ein Erdbeben verantwortlich, andere sprechen von einem Kriegszug der Khmer. Jedenfalls berichten die Chroniken von einer Neugründung im Jahre 1325, deren Überreste heute die größte Attraktion des verträumten Ortes bilden.

Wer vom Norden (Goldenes Dreieck) aus die alte Stadt erreicht, sieht linkerhand das Westufer des Mekong und zur Rechten Teile der 8 km langen Wehrmauer mit Graben, die Chiang Saen auf drei Seiten umgibt. Allein 66 Baudenkmäler, die meisten freilich arg zerfallen, liegen innerhalb dieses Mauergürtels romantisch zwischen den Häusern der heutigen Ortschaft verstreut. Mehr als 75 Tempelruinen und sonstige Monumente gibt es außerhalb des Bezirks.

Eine kleine Rundfahrt zu den bedeutsamsten könnte so aussehen:

- Fahren Sie sofort am nördlichen Wassergraben nach rechts auf den außerhalb der Wehrmauer gelegenen Hügel zu. Auf diesen führt eine kleine Straße oder ein Fußweg über knapp 400 Stufen. Die Spitze des Hügels wird vom **Wat Phra That Chom Kitti** bekrönt, dem ältesten Tempel der Stadt. Um 940 n.Chr. gebaut, stammt er in seiner Substanz aus der Siedlung vor der Neugründung der Stadt. Der gut restaurierte Chedi mit seiner rechteckigen Basis ist 25 m hoch und soll heilige Buddha-Reliquien enthalten. Außer dem kunsthistorischen Aspekt ist der Blick von hier aus phantastisch: man sieht auf den trägen Fluß des Mekong, davor die in diese Landschaft gebettete Ruinenstadt und dahinter weit nach Laos hinein.
- Anschließend fährt man am westlichen Verlauf der Stadtmauer entlang etwa bis zur Mitte der Wehranlage, wo grasbewachsene Hügel das alte Westtor an der Hauptstraße markieren. Direkt davor erhebt sich der treppenförmig abgestufte Chedi des **Wat Pa Sak** inmitten eines Hains mit Blumen und Teakbäumen. Der restaurierte Ziegelsteinbau ist der schönste und älteste der Stadt. Beachtenswert sind die noch erhaltenen Stuckdekorationen (Nagas, Monsterköpfe etc.) und die Lateritsäulen des ehemaligen Viharn, die über einer gemauerten Basis aufragen (Eintritt 20 BHT).
- Nun passiert man das Westtor und betritt das eigentliche Stadtgebiet. Nach 100 m auf der rechten Seite der Hauptstraße lohnt ein Besuch des **Nationalmuseums** (Chiang Saen National Museum, geöffnet Mi-So 9.00-12.00 und 13.00-16.30 Uhr, Eintritt 5 BHT). Nirgendwo sonst ist der eigenständige Chiang Saen-Stil (14./15. Jahrhundert) besser repräsentiert. Außer bronzenen Buddha-Bildnissen, Stuckdekorationen und anderen Beispielen religiöser Kunst gibt es auch eine kleine Sammlung von Funden aus der Jung-Steinzeit.

- Sofort dahinter ist ebenfalls auf der rechten Seite das Kloster **Wat Chedi Luang** zu sehen. Umgeben von schattigen Bäumen erhebt sich eindrucksvoll sein knapp 60 m (!) hoher, achteckiger Tempelturm. Er stammt aus dem Jahr 1390 und hat noch einige gut erhaltene Dekorationen aufzuweisen. Im ehemaligen Bot ist eine große Sitzfigur Buddhas beachtenswert.

Von Chiang Saen nach Chiang Rai

Der einfachste Weg, um nach Chiang Rai zurückzukehren, ist die Straße 1016 nach Mae Chan, wo man wieder auf den Hwy 110 stößt (s.o.). Dazu verläßt man Chiang Saen über die Hauptstraße und durch das Westtor, passiert rechterhand den Hügel des Wat Pa Sak und kurze Zeit später das Hospital. Hinter der Brücke über den kleinen Kam-Fluß sieht man die Ruinen des Wat Ku Tao. Wer noch etwas Zeit hat, sollte hier nach links abbiegen und in 1,3 km zu einem hübschen See (*Chiang Saen Lake*) fahren. Dort gibt es in naturschöner Umgebung ein Restaurant, eine kleine Unterkunft und einen Bootsverleih.

Weiter auf der Straße 1016 sind es nur noch 30 km bis zum Verkehrsknotenpunkt Mae Cham.

Eine **alternative Strecke** wäre ein großer Bogen, den man in östlicher Richtung auf der Straße 1129 bis nach Chiang Khong (52 km) schlagen kann, ab da über die Straße 1020 südwärts nach Thoeng und wieder westlich zurück nach Chiang Rai (139 km). Die Route ist vor allem für Selbstfahrer interessant, da den wenigsten Pauschaltouristen die notwendige Zeit für den Abstecher bleibt und die Organisation mit öffentlichen Verkehrsmitteln etwas schwierig ist. Bei gutem Wasserstand kann man allerdings mit dem Longtail-Boot über den Mekong bis Chiang Khong kommen und dort den Linienbus nehmen.

Den ersten Besichtigungspunkt entlang der Strecke kann man aber noch gut von Chiang Saen erreichen:
Der Tempel **Wat Phra That Pha Ngao** ist ein merkwürdiges Relikt sowohl modernerer als auch älterer Zeiten. Denn der gut sichtbare 30 m hohe Chedi ist das (unvollendete) Resultat eines amerikanischen Architektenplans. In nächster Nähe steht das eigentliche Kloster, dessen kleinerer Chedi landschaftlich sehr reizvoll plaziert wurde. Der Ausflug lohnt sich vor allem aber wegen des Rundblicks, den man vom Hügel aus auf den Mekong und das Nachbarland Laos genießt.

Auch das weiter entfernte und über eine schlechte Straße erreichbare **Chiang Khong** hat hauptsächlich landschaftliche Reize. Noch lebt der Ort vom Schmuggel mit Laos, aber die Öffnung des Nachbarlandes für den internationalen Fremdenverkehr wird auch Chiang Khong dem Tourismus erschließen. Sehenswert ist das ehemalige Fort der französischen Fremdenlegion jenseits des Mekong.

6.2.8 VOM NORDEN NACH UTTARADIT

Wenn man nicht auf die im Kapitel 6.2.3 vorgestellten Routen zurück-
greifen möchte, bieten sich für die Rückreise vom höchsten Norden in die
Zentrale Ebene bzw. die Weiterfahrt in den Nordosten eigentlich nur die
Nationalstraße 1 und die Hwys 103, 101 und 11 an.

Die hier skizzierte Strecke hat folgenden Verlauf: Chiang Rai – Phayao –
Ngao – Phrae – Uttaradit. Alternativ kann man auf östlichen Nebenstrek-
ken (Straßen 1021, 1120) über Thoeng und Chiang Muan nach Phrae
kommen oder noch näher zur laotischen Grenze über die Straßen 1148
und 1080 bis nach Nan, wo man auf den Hwy 101 stößt. Diese Alternativen sind allesamt landschaftlich reizvoller, aber mit öffentlichen Verkehrsmitteln nur unter erheblichem Zeitaufwand zu schaffen; Reisegruppen benutzen sie praktisch nie.

Von Chiang Rai sind die ersten 30 Kilometer auf dem breiten Hwy 1
bereits von der Hinreise bekannt. Die Fahrt geht durch das fruchtbare Tal
des *Lao*, und auch nach der Weggabelung, bei der man sich links hält
(Hwy 1), ändert sich nichts am ländlichen und ebenen Charakter der
Umgebung. Nur in weiter Entfernung erkennt man westlich mächtige
Höhenzüge. Hat man viel Zeit, kann man knapp 40 km vor Phayao einen
Abstecher zum Doi Luang-Nationalpark unternehmen, der u.a. mit einem
berühmten Wasserfall aufwarten kann.

85 km nach Chiang Rai sollte man die Umgehungsstraße verlassen und
zum Phayao-See fahren, an dessen Ufer man dann zur kleinen Provinzhauptstadt Phayao (ca. 25.000 Einwohner) kommt.

Phayao

Der Ort strahlt eine gemütliche Atmosphäre jenseits der ausgetretenen
Touristenpfade aus, wobei man in einigen Restaurants und im "Phayao-
Hotel" sogar auf englischsprechendes Personal stoßen kann. Schon im 11.
Jahrhundert gegründet, ist Phayao zwar eine alte Stadt, die aber nie eine
herausragende Rolle gespielt hat. Ihr Reiz liegt in der naturschönen Lage
am gleichnamigen See und in zwei sehenswerten Tempelanlagen.

Die erste davon liegt vor dem eigentlichen Stadtzentrum, etwa 1,5 km
nördlich direkt am See: **Wat Si Khom Kham**. Das Kloster besteht aus
mehreren Gebäuden, von denen die meisten aus unserem Jahrhundert
stammen. Gleiches gilt für die merkwürdigen, fast schon bizarren Figuren
von allerlei Kreaturen und Göttern, die in einem Skulpturengarten aufgestellt sind. Die größte Sehenswürdigkeit ist die kolossale, 17 m hohe
Sitzfigur Buddhas (*Phra Chao Thon Luang*), deren Alter auf mehr als 400
Jahre geschätzt wird.

Weiter südlich, mitten im Stadtzentrum, liegt der **Wat Luang Ratcha Santhan**, den man an seinen beiden Chedis erkennt. Sie sollen bereits im 12. Jahrhundert errichtet worden sein. Auch der Viharn scheint sehr alt zu sein, dessen schindelgedecktes, auf mächtigen Teakholzsäulen ruhendes Dach Beachtung verdient. Im Inneren birgt er eine verehrte Buddhastatue aus der Sukhothai-Periode.

Besonders schön in Phayao ist die westliche Uferpromenade, von der man einen herrlichen Blick auf den ca. 25 qkm großen *Kwan Phayao*, den **Lake Phayao**, hat. Mit 6 km Länge und 4 km Breite stellt er zwar nicht das größte Gewässer des Nordens dar, aber doch den größten natürlichen See, da die anderen allesamt aufgestaut sind. Das flache und fischreiche Gewässer wird im Westen von bis zu 1.850 m hohen Bergen begrenzt, hinter denen die Sonne manchmal in einem dramatischen Farbenspiel untergeht. Mehr noch als die anderen stehenden und fließenden Gewässer Thailands ist der *Kwan Phayao* fast völlig mit Wasserhyazinthen zugewachsen.

 Informationen zu den Wasserhyazinthen

Die Wasserhyazinthen sind ebenso schöne wie hartnäckige und lästige Pflanzen. Nach einem Staatsbesuch König Chulalongkorns (Rama V.) auf Java gelangten sie 1901 mit der Schloßgärtnerin auch nach Thailand. Hier breiteten sie sich genauso schnell aus, wie in den anderen tropischen Ländern, so daß sie bald schon den Beinamen "Wasserpest" erhielten. Innerhalb von sechs Wochen erzeugt die Hyazinthe nämlich im Durchschnitt 178 weitere! Die Folge davon sind verstopfte Klongs, unpassierbare Flüsse und völlig bedeckte Seen. Schon 1913 wurde die Pflanze auf königliches Dekret hin zum Schädling erklärt, aber alle Versu-

Wasserhyazinthen im Lake Phayao

che, sie zu entfernen, waren erfolglos. Noch heute sieht man die von Bauern abgeschnittenen Pflanzen auf den großen Flüssen dem Meer zutreiben. Es ist dem jetzigen König zu verdanken, daß – zumindest partiell – aus der Plage ein Segen geworden ist: erstens wurde herausgefunden, daß geschickte Handwerker aus den faserigen Blumenstengeln der getrockneten Wasserhyazinthen Körbe und sogar Möbel herstellen können. Damit ist sie ein billiger Ersatzstoff für den seltenen Rattan und den teuren Bambus – und genauso qualitätvoll. Zweitens haben wissenschaftliche Studien herausgefunden, daß die Wasserhyazinthe wie keine andere Pflanze in der Lage ist, Schadstoffe aus dem Wasser zu filtern, indem sie z.B. Metalle wie Eisen, Kupfer und Zink oder auch Ölfilme absorbiert. Der König hat deshalb in Bangkok und anderswo die Wasserhyazinthe als ökologisch sinnvolle und billige Waffe bei der Schmutzwasserreinigung einsetzen lassen.

Unterkunft
Wer in Phayao übernachten möchte, kann auf einige einfache Gästehäuser und Hotels zurückgreifen. Die beste Adresse am Platz ist das *"Phayao Hotel"*** (445 Phaholyotin Rd., Tel.: 054-481970-3), das über 80 gut ausgestattete AC-Zimmer und ein Restaurant verfügt.

Bei der Weiterfahrt in den Süden bleibt man auf der Nationalstraße 1, bis man knapp 60 km hinter Phayao zum Verkehrsknotenpunkt **Ngao** kommt. Hier hat man bereits die nördliche Wasserscheide überschritten, d.h. daß ab jetzt wieder alle Bäche und Flüsse dem Menam Chao Phraya und nicht mehr dem Mekong zuströmen. Wer nun die Reise in südwestlicher Richtung fortsetzt, kann nach 19 km rechterhand auf einer Abzweigung in

Im Elefanten-Camp

etwa 800 m zur vielbesuchten Tropfsteinhöhle **Tham Pha Thai** gelangen. Neben der natürlichen Attraktion gilt auch diese Höhle als heiliger Ort, was durch den weißen Chedi, die vielen Buddha-Statuen und die Mönche eindrucksvoll unterstrichen wird. Nur 8 km später kann man in **Pang-La** an einer Vorführung im *Young Elephant Training Center*
teilnehmen. Dieses Elefantencamp ist mit mehr als 100 Dickhäutern das größte und das einzige in staatlichem Besitz. Das Programm der Vorführung unterscheidet sich aber nicht von den beiden anderen Camps in der

Nähe von Chiang Mai (vgl. Kapitel 6.2.6). Nach weiteren 53 km erreicht man anschließend die Stadt **Lampang**, von der aus man gute Verkehrsverbindungen nach Chiang Mai im Norden oder Kamphaeng Phet im Süden hat.

Verläßt man in Ngao die Nationalstraße 1 und benutzt zunächst den gut ausgebauten Hwy 103, überquert man nach einer Weile den *Yom*-Fluß und stößt dann auf den Hwy 101. Dieser führt in nordöstlicher Richtung nach Nan (vgl. Kapitel 6.2.9) und in südwestlicher Richtung nach Phrae.

Phrae

Obwohl die Touristenbusse meistens die Ortschaft auf der Umgehungsstraße rechts liegen lassen, lohnt ein Besuch der Provinzhauptstadt vor allem für Kulturbeflissene. Immerhin handelt es sich bei Phrae um eine der ältesten Städte Thailands! Sie wurde von den einwandernden Thai im 12. Jahrhundert gegründet und fungierte zeitweise als Kapitale eines eigenen Königreiches.

In viele kriegerische Auseinandersetzungen verstrickt, ging sie schließlich im Lanna-Reich auf, wurde mit diesem von der burmesischen Okkupation verschluckt und erlangte schließlich ihre Freiheit innerhalb des siamesischen Staates wieder.

Baudenkmäler der eindrucksvollen Vergangenheit finden sich viele. Außerhalb des Zentrums beispielsweise lohnt eine Besichtigung des **Wat Sa Bo Keo** mit seinem gut erhaltenen Chedi im burmesischen Stil. Auch das berühmteste Kloster der Stadt, der **Wat Phra That Choe Hai**, liegt nicht in der Altstadt, sondern 8 km östlich, jenseits der Umgehungsstraße (und eignet sich deshalb für eilige Reisende besonders). Die vielbesuchte Anlage soll der Legende zufolge zu Lebzeiten Buddhas erbaut worden sein und immer noch ein Haar des Erleuchteten als Reliquie besitzen. Den *Wat Phra That Choe Hai* kann man selbst vom Highway nicht verfehlen, da sein goldglänzender, auf einem Hügel gelegener Chedi schon von weitem zu sehen ist.

Wen der Weg aber ins Zentrum hineinführt, wird mit einer verwinkelten **Altstadt** belohnt, die von einer fast kompletten **Stadtmauer** mit Wall und Wassergraben umgeben ist. In dieser kaum vom Tourismus berührten Idylle macht es Spaß, sich zu Fuß auf Entdeckungsreise zu begeben. Unschwer wird man dabei auf den **Wat Luang** stoßen, der wie fast alle Tempel der Stadt einen starken laotischen und burmesischen Einfluß aufweist.

Sehenswert ist insbesondere sein Viharn mit den monumentalen Stützsäulen aus Teakholz und das benachbarte Museum (wertvolle Kunstgegenstände aus verschiedenen Epochen, u.a. ein goldener Buddhakopf und Vitrinen mit Palmblatt-Büchern sowie Gegenstände aus dem Neolithikum).

Einige Kilometer südlich von Phrae kommt man zum Verkehrsknotenpunkt **Den Chai**, ab wo der Hwy 101 über Si Satchanalai in Richtung Sukhothai und Kamphaeng Phet weiterführt. Der direkte Weg in den Süden bildet der Hwy 11, der parallel zur Eisenbahnlinie der *Northern Railway* verläuft. Auf ihm erreicht man den Hwy 12, der den Nordosten erschließt bzw. westlich zur Provinzhauptstadt Phitsanulok abgeht. Wer den langen Weg von Chiang Rai kommt, wird spätestens dort eine Übernachtung einlegen wollen. Eine andere Möglichkeit für einen Zwischenaufenthalt bietet vorher Uttaradit, zu dem man am Nan-Fluß den Hwy 101 verläßt und wenige Kilometer auf dem Hwy 102 zurücklegt.

Uttaradit

Größere Sehenswürdigkeiten oder städtebauliche Akzente kann die Provinzhauptstadt nach dem Großbrand von 1967 nicht mehr bieten. Immerhin aber blickt sie auf eine lange Geschichte zurück, an die eine markante Bronzestatue erinnert: der dargestellte Kämpfer mit dem abgebrochenen Schwert war ein Ratsherr, der sich verzweifelt gegen die burmesischen Invasoren gewehrt hatte. Während also Uttaradit kaum alte Bausubstanz oder schöne Tempel aufzuweisen hat, wird in der Umgebung der Stadt jeder fündig, der sich für Kunst und Kultur interessiert.

Unterkunft
Uttaradit ist mit einigen einfachen und einem sehr guten Hotel für eine Zwischenübernachtung geeignet. Die beste Adresse ist das *"Seeharaj Hotel"***, 163 Barom-Asana Rd., Tel.: (055)411-106, 412-172; ein modernes First-Class-Hotel mit 124 komfortablen Zimmern, Restaurant, Coffee-Shop, großem Swimmingpool, Diskothek und freiem Transfer zur Zug- oder Busstation.

6.2.9 WEITERE SEHENSWÜRDIGKEITEN IM NORDEN

Der an kulturellen und landschaftlichen Reizen nicht gerade arme Norden hat natürlich weitaus mehr Sehenswürdigkeiten, als daß sie alle in einem Reise-Handbuch Platz finden könnten. Allein die Hinweise zu den Bergstammdörfern, die man von Mae Hong Son, Chiang Rai oder Chiang Mai aus besuchen kann, könnten ein eigenes Buch füllen.

Hingewiesen sei hier nur auf ein sehr lohnenswertes Ziel, das auch eine zunehmend große Rolle im Fremdenverkehr spielt: die alte Tempelstadt *Nan*. Sie ist sehr einfach zu erreichen: als Endpunkt des Hwys 101 gibt es täglich mehrere Verbindungen mit AC- und VIP-Bussen zu den größeren Städten des Landes. Zum Norden hin bestehen Busverbindungen auf landschaftlich äußerst reizvollen Strecken u.a. nach Chiang Klang und Thoeng. Der Ort verfügt außerdem über einen Flughafen, der z.Zt. jeweils einmal täglich von Chiang Mai, Phrae und Phitsanulok (*Thai Airways*) angeflogen wird. Eine landschaftliche Attraktion stellt südlich davon der *Sirikit-Stausee* dar, den Selbstfahrer auf dem Weg nach Phrae oder Uttaradit auf einer schönen Strecke umrunden können.

Nan

Nan ist nicht nur die Hauptstadt einer gleichnamigen Provinz, sondern die ehemalige Hauptstadt eines Königreichs, das sich am längsten gegenüber

den Nachbarn behaupten konnte. Seit der Gründung im 13. Jahrhundert war der Nan-Staat – unterbrochen nur durch zeitweilige Okkupationen des Lanna-Reiches und der Burmesen – bis 1931 als Königreich selbständig oder wenigstens autonom!

Daß diese geschichtliche Kontinuität ihre Spuren im Stadtbild hinterlassen hat, liegt auf der Hand. Der Besucher findet diese vor allem in der Wehrmauer und einem guten Dutzend Klosteranlagen. Zumindest Liebhaber der südostasiatischen Tempelarchitektur werden von

Bootsrennen in Nan

Nan begeistert sein! Einen zusätzlichen Reiz erfährt die Stadt durch ihre naturschöne Lage am westlichen Ufer des Nan-Flusses, der von kleinen, schwankenden Holzstegen überbrückt wird.

Die wichtigsten Attraktionen seien im Telegrammstil kurz vorgestellt:

● Die **Stadtmauer** ist eine Rekonstruktion der Befestigungsanlagen, die 1857 durch eine Überflutung zerstört wurden. Sie hat die Form eines Kreises oder Ringes, was auf den Einfluß der Mon hindeutet.
● **Wat Phumin.** Der interessanteste Tempel der Stadt stammt aus dem 16. Jahrhundert und ist im 19. Jahrhundert gründlich restauriert worden. Einmalig ist der Viharn, an den eine kühn geschwungene und von Nagaschlangen bekrönte Mauer grenzt. Im Inneren des kreuzförmigen Gebäudes thronen vier goldene Buddhafiguren Rücken an Rücken. Weiter verdienen die geschnitzten Tore und naiv-charmanten Fresken Beachtung.
● **Wat Chang Kham.** Die ebenfalls im Zentrum gelegene Klosteranlage fasziniert durch einen Viharn aus dem Jahre 1547. Ihren Namen (Chang = Elefant)

erhielt sie durch die Reihe von Stein-Elefanten, die den altehrwürdigen Chedi tragen. Im Inneren weisen drei Buddhafiguren (einer in stehender, zwei in schreitender Position) Stilzüge von Sukhothai auf.

● **Wat Suan Tan.** Das auffälligste an diesem Tempel ist sein weißer Prang, der einzige des Nordens. Der Viharn birgt einen außergewöhnlich wertvollen, 500 Jahre alten Bronze-Buddha in sitzender Position.

● **Wat Phaya Phu.** Ein Besuch lohnt sich vor allem wegen der beiden lebensgroßen Buddha-Statuen im Sukhothai-Stil.

● **Museum.** Das zentral gelegene Museum hat hervorragende und z.T. englisch beschriftete Exponate zur Geschichte, Kultur und Bevölkerung der Provinz. Auch die Architektur ist sehenswert: das Gebäude ist ein Adelspalast vom Anfang des 20. Jahrhunderts (geöffnet Mi-So 9.00-16.00 Uhr, Eintritt 10 BHT).

Der Sirikit-Stausee

Dieses riesige Wasserreservoir ist durch die Aufstauung des Nan-Flusses zur Stromgewinnung entstanden, dient den umliegenden Dörfern aber auch zum Fischfang. 55 km östlich von Uttaradit befindet sich der Erdwall, der 1973 fertiggestellt wurde. Mit 800 m Länge und 113 m Höhe ist er der größte dieser Art im Königreich. Östlich davon steht als botanische Attraktion der höchste bekannte Teakbaum der Welt: er ist 47 m hoch und soll natürlich 1.000 Jahre alt sein.

6.3. DIE HÖHEPUNKTE DES NORDOSTENS

6.3.1 ÜBERBLICK

Der Nordosten des Königreichs, im offiziellen Sprachgebrauch einfach **Isan** (*Isarn, Esarn*) genannt, ist ein riesiges Gebiet von ca. 170.000 qkm. Der überwiegend trockene, karge und landwirtschaftlich geprägte Landesteil gilt als unterentwickeltes 'Armenhaus'. Deswegen war der Isan mit

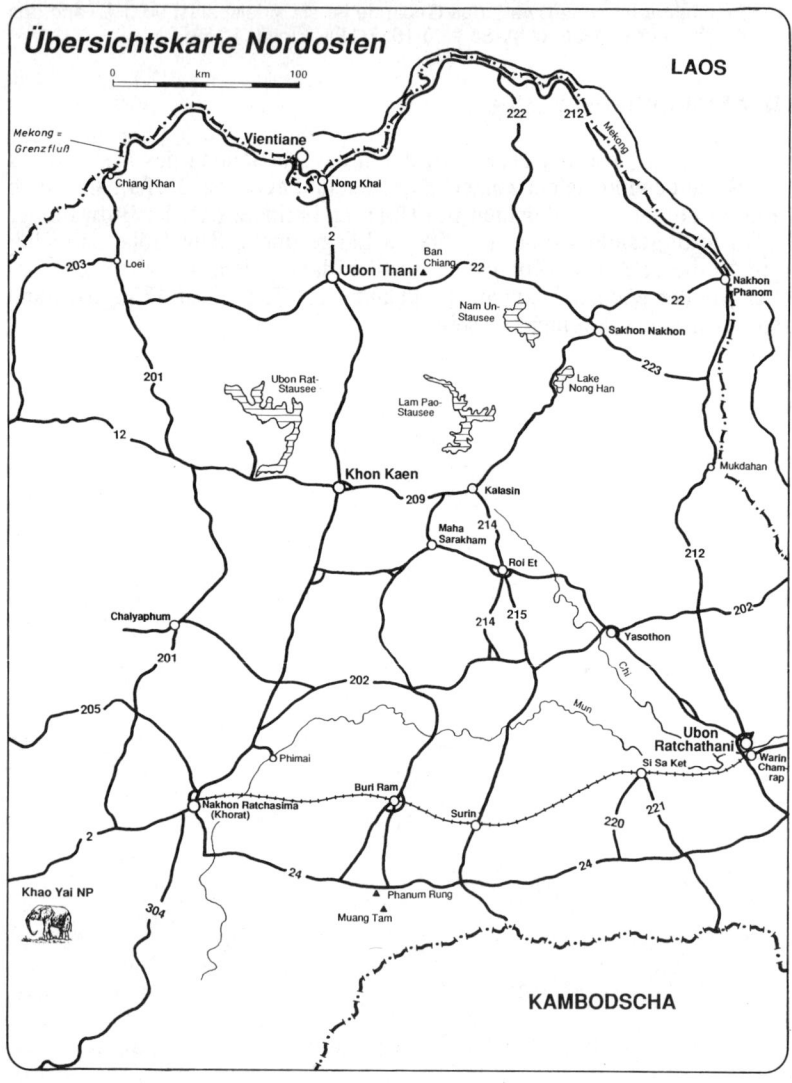

Übersichtskarte Nordosten

seinen 17 Provinzen, in denen 20 Millionen Menschen wohnen, bis vor kurzem auch touristisches Niemandsland. Mit der steigenden Zahl der 'Thailand-Wiederholer', die auf der Suche nach Alternativen zu den klassischen Zielen sind, öffnete sich aber auch diese Region dem Fremdenverkehr, kräftig unterstützt von Werbekampagnen der TAT. Die größten Pluspunkte des Isan sind:

● Eine einmalige **Kulturlandschaft**, die vor allem von den Hinterlassenschaften des Khmer-Reiches lebt. Die Ruinenstädte von Phimai, Phanom Rung und Muang Tam stehen dem kambodschanischen Weltwunder Angkor Wat kaum nach. Aber auch Ban Chiang – eine der Wiegen der Menschheit! –, Ubon Ratchatani und Nong Khai sind absolute Höhepunkte für Kulturinteressierte.

● Farbenprächtige **Volksfeste**, zu denen selbst die Feier-erprobten Thai von weit her anreisen. Am populärsten ist das "Elephant Round-Up" in Surin und die Raketenfeste, insbesondere in Yasothon.

● Eine interessante **Landschaft**, die zwar über weite Strecken kaum Höhepunkte aufweist, sondern mit ihren großen Reisfeldern überwiegend einförmig wirkt, sich aber im nördlichen (Provinz Loei) und südlichen Teil (Khao Yai) mit ausgedehnten Nationalparks, hohen Bergen und tierreichen Waldregionen zur Naturbeobachtung und zu Trekkingtouren bestens eignet.

● Zwar arme, aber gastfreundliche und liebenswerte **Einwohner**, die mit ihrer traditionellen Lebensweise und Ursprünglichkeit erfahrene Thailand-Reisende an das Urlaubsland erinnern, das vor einigen Jahrzehnten auch in anderen Regionen anzutreffen war.

● Eine gute **Infrastruktur** mit ausgebauten Straßen, Flughäfen und einer funktionierenden Eisenbahn, die das Reisen erleichtert. Dem hinkt das Hotelangebot noch etwas hinterher, aber schon haben die großen Hotelketten (Sheraton, Novotel, Dusit) die Zeichen der Zeit erkannt und planen bzw. bauen Luxusunterkünfte für die 'Destination der Zukunft'.

● Eine glänzende **Zukunftsperspektive**, die nicht nur von der Vermarktung der nordöstlichen Sehenswürdigkeiten lebt, sondern auch von der Hoffnung, demnächst als Drehscheibe für Indochina (besonders Laos, Kambodscha und Vietnam) eine wichtige Rolle zu spielen. Pläne für bessere Verkehrsverbindungen, z.B. Brücken über den Mekong, liegen schon längst auf dem Tisch und warten auf die kambodschanische Öffnung der Grenzen.

Wer den Isan bereisen möchte, sollte sich möglichst die Zeit nach dem Monsunregen, also von Oktober/November bis zum März aussuchen. In den Monaten April und Mai gibt es kaum eine heißere Provinz in Thailand. Eine grundsätzliche Überlegung betrifft auch die Reisegebiete innerhalb des Nordostens. Wer auf der Route, die diesem Reise-Handbuch zugrundeliegt, nur einen kleinen Bereich des südlichen Teils besuchen möchte, fährt durch die zentrale Ebene auf schnellstem Weg nach Khorat (Kapitel 6.3.3, Alternative A), der größten Stadt des Isan. Ab dort geht man auf Stippvisite zu den berühmtesten Khmer-Tempeln, einer der größ-

447

ten Architektur-Schätze Thailands. Auf einem etwas längeren Anfahrtsweg (Kapitel 6.3.3, Alternative B) kann man auch den Städten Phetchabun und Chayaphum einen Besuch abstatten. Eine noch größere und dementsprechend zeitaufwendigere Strecke (Kapitel 6.3.3, Alternative C) ist die kulturell und landschaftlich interessanteste: sie führt vom Norden zu den geschichtsträchtigen Orten Loei, Udon Thani und Ban Chiang, bevor man über Khon Khaen nach Khorat kommt. Weitere Sehenswürdigkeiten der Provinz (z.B. Nong Khai, Ubon Ratchathani, Surin) sind im Kapitel 6.3.6 stichwortartig aufgelistet. Schließlich verläßt man den Isan von Khorat aus nach Bangkok/Südthailand bzw. zur Ostküste über den Khao Yai-NP.

6.3.2 TOURISTISCHE HINWEISE

Informationen
über die Region erhalten Sie bei den TAT-Büros in *Khorat* (*Nakhon Ratchasima* und *Ubon Ratchatani*).

Busverbindungen
in den Nordosten gehen in *Bangkok* vom *Northern Bus Terminal* aus. Jede größere Stadt wird mehrfach am Tag angefahren, wobei die z.T. lange Distanz – genau wie im Norden – oft mit Nachtfahrten überbrückt wird. Die AC-Busverbindungen zu den wichtigsten Orten sind ab Bangkok:

- nach *Chaiyaphum* (322 km) 6.30, 8.30, 10.00, 11.30, 14.30, 17.00 und 23.00 h
- nach *Khon Khaen* (444 km) zwischen 8.00 und 24.00 h mindestens jede Stunde
- nach *Khorat* (256 km) alle 15 Minuten zwischen 5.00 und 21.40 h
- nach *Nakhon Phanom* (727 km) 8.30, 19.30, 20.00 und 20.30 h
- nach *Nong Khai* (614 km) 9.00, 21.00 und 21.30 h
- nach *Sakhon Nakhon* (633 km) 10.30 und 20.10 h
- nach *Surin* (451 km) 11.00 und 21.30 h
- nach *Ubon* Ratchathani (679 km) 8.30, 9.30, 20.30, 21.00 und 23.00 h
- nach *Udon Thani* (561 km) 10.00, 11.00, 12.00, 15.00, 19.00, 20.00, 21.00, 21.30, 22.00, 23.30 h

Flüge
An das **Flugnetz** der *Thai Airways* sind z.Zt. die Städte *Khon Khaen*, *Udon Thani*, *Khorat*, *Sakhon Nakhon* und *Ubon Ratchathani* angeschlossen.

Auto- und Motorradfahrer
finden im Nordosten viele Möglichkeiten zu interessanten Rundreisen. Das Rückgrat der Provinz ist dabei der *"Friendship Highway"* (Hwy 2), der von *Bangkok* bis nach *Nong Khai* an der Grenze nach Laos führt. Allerdings ist das Service-Netz nicht das beste, und auch Verleihstationen sind äußerst rar gesät, so daß man den Wagen/das Motorrad am besten in den Städten des Nordens oder Zentralthailands mietet.

Das Eisenbahnnetz
der *Northeastern Line* hat zwei Hauptlinien, die in verschiedene Richtungen gehen: einmal von *Bangkok* über *Saraburi* und *Khon Khaen* hoch in den Norden bis *Nong Khai*; zum anderen von *Bangkok* über *Khorat* und weit in den Osten bis *Ubon Ratchathani*. Auf der östlichen Route enden zwei Züge in *Surin* (ab Bangkok 11.05 und 21.50 Uhr), die nachfolgend nicht aufgeführt sind.

● Tägliche Zugverbindungen nach Ubon Ratchathani (ab Bangkok):

Stationen	RAP	ORD	ORD	RAP	EXP	RAP	ORD
ab Bangkok	06.50	07.15	15.25	18.45	21.00	22.45	23.25
ab Don Muang	07.35	08.01	16.12	19.26	21.42	23.26	00.09
ab Ayutthaya	08.14	08.58	16.59	20.07	22.24	00.08	00.56
ab Ban Phachi	08.35	09.23	17.24	20.29	xx	xx	01.19
ab Saraburi	08.57	10.13	17.58	20.52	23.06	00.48	01.54
ab Kaeng Koi	09.10	10.29	18.19	xx	23.25	01.03	02.21
ab Muak Lek	09.44	11.14	19.02	xx	xx	01.45	03.31
ab Pak Chong	10.17	11.55	19.40	22.24	00.38	02.36	04.08
ab Khorat	11.36	13.58	21.28	23.56	01.58	04.02	05.35
ab Thanon Chira	11.44	14.04	21.35	00.08	xx	04.09	05.41
ab Lam Phai Mat	12.53	15.28	23.41	01.15	xx	05.23	07.18
ab Buri Ram	13.17	16.01	00.12	01.46	03.35	05.52	07.55
ab Surin	14.05	16.57	01.07	02.36	04.20	06.42	08.55
ab Sikhoraphum	14.36	17.43	02.00	03.11	04.57	07.16	09.46
ab Si Sa Khet	15.40	19.21	03.13	04.16	05.57	08.26	11.03
an Ubon Ratchathani	16.45	20.35	04.20	05.20	07.05	09.35	12.20

Der neue *Northeastern Line Express*-Zug verläßt Bangkok um 09.25 Uhr und erreicht Ubon Ratchathani um 18.10 Uhr.

● Tägliche Zugverbindungen ab Ubon Ratchathani (bis Bangkok):

Stationen	RAP	ORD	ORD	RAP	EXP	RAP	ORD
ab Ubon Ratchathani	06.40	07.10	13.45	16.50	17.45	19.00	23.00
ab Si Sa Khet	07.55	08.29	14.53	17.49	18.55	20.07	00.11
ab Sikhoraphum	09.09	09.49	16.19	18.53	20.04	21.10	01.21
ab Surin	09.41	10.29	17.02	19.27	20.47	21.46	01.59
ab Buri Ram	10.30	11.22	18.04	20.14	21.38	22.31	02.54
ab Lam Phai Mat	11.00	11.55	18.37	20.43	22.06	xx	03.33
ab Thanon Chira	12.23	13.34	20.10	21.59	23.19	xx	05.17
ab Khorat	12.35	13.50	20.26	22.10	23.30	00.15	05.32
ab Pak Chong	13.57	15.34	22.25	23.47	01.06	01.49	07.32
ab Muak Lek	14.26	16.09	23.04	xx	01.46	xx	08.07
ab Kaeng Koi	14.59	16.52	23.55	01.05	xx	02.56	08.50
ab Saraburi	15.13	17.05	00.10	01.19	02.30	03.09	09.13
ab Ban Phachi	15.38	17.42	00.51	xx	02.52	xx	09.59
ab Ayutthaya	15.59	18.04	01.18	02.04	03.15	03.56	10.25
ab Don Muang	16.39	18.53	02.11	02.46	03.55	04.38	11.17
an Bangkok	17.25	19.40	03.00	03.30	04.35	05.20	12.00

Der neue *Northeastern Line Express*-Zug verläßt Ubon Ratchathani um 20.20 Uhr und erreicht Bangkok um 05.35 Uhr am nächsten Morgen.

● Tägliche Zugverbindungen nach Nong Khai (bis Bangkok):

Stationen	RAP	SPC	RAP	EXP	SPC
ab Bangkok	06.15	08.20	19.00	20.30	22.25
ab Don Muang	06.45	08.58	19.42	21.12	23.02
ab Ayutthaya	07.32	xx	20.23	21.54	xx
ab Ban Phachi	07.52	xx	xx	xx	xx
ab Saraburi	08.14	xx	21.01	22.36	xx
ab Kaeng Koi	08.27	xx	21.15	22.53	xx
ab Bua Yai	12.19	xx	01.21	02.59	xx
ab Ban Phai	13.29	xx	02.35	04.06	xx

Stationen	RAP	SPC	RAP	EXP	SPC
ab Khon Kaen	14.06	15.25	03.16	04.47	05.57
ab Udon Thani	15.56	17.05	05.15	06.33	07.35
an Nong Khai	16.50	xx	06.15	07.30	xx

Der neue *Northeastern Line Express*-Zug verläßt Bangkok um 09.25 Uhr und erreicht Udon Thani um 18.15 Uhr.

● Tägliche Zugverbindungen ab Nong Khai (bis Bangkok):

Stationen	SPC	RAP	RAP	EXP	SPC
ab Nong Khai	xx	07.40	17.40	19.00	xx
ab Udon Thani	07.55	08.34	18.41	19.55	20.35
ab Khon Kaen	09.33	10.32	20.40	21.45	22.16
ab Ban Phai	xx	11.08	21.22	22.28	xx
ab Bua Yai	xx	12.22	22.36	23.39	xx
ab Kaeng Koi	xx	16.15	02.38	03.43	xx
ab Saraburi	xx	16.29	02.52	03.56	xx
ab Ban Phachi	xx	16.54	03.17	xx	xx
ab Ayutthaya	xx	17.16	03.39	04.40	xx
ab Don Muang	15.54	17.55	04.20	05.20	05.02
an Bangkok	16.30	18.40	05.00	06.00	05.40

Der neue *Northeastern Line Express*-Zug verläßt Udon Thani um 21.05 Uhr und erreicht Bangkok um 06.15 Uhr am nächsten Morgen.

6.3.3 VON UTTARADIT NACH KHORAT

Unter einer Vielzahl von Möglichkeiten, von Uttaradit bzw. irgendeiner anderen Stadt im Norden nach Khorat zu kommen, sind im folgenden die drei touristisch meistfrequentierten mit ihren Sehenswürdigkeiten genannt.

Route A: Über Lopburi und Saraburi

Diese Route ist eigentlich keine Fahrt durch den Nordosten, sondern eine durch die Zentrale Ebene, die auf dem letzten kleinen Streckenabschnitt zur größten Stadt des Isan führt. Sie bietet die Möglichkeit, auf der Rückfahrt aus Nordthailand noch das ein oder andere Ziel anzusteuern, für das auf der Hinfahrt keine Zeit blieb oder das aus anderen Gründen nicht angesteuert werden konnte. Von Uttaradit (bzw. Chiang Rai, Chiang Mai, Mae Hong Son, Lampang usw.) geht die Reise dabei in südlicher Richtung durch fruchtbares Ackerland, wobei vielfältige Attraktionen entlang des Hwys 11 (bzw. 101, 1) zum Anhalten reizen. Im Kapitel 6.1 sind die wichtigsten davon beschrieben. Von **Nakhon Sawan**, wo sich nicht nur einige Flüsse zum Menam Chao Phraya vereinen, sondern auch verschiedene Highways zusammenkommen, geht es weiter südlich bis **Singburi**, ab wo man der Nationalstraße 1 in südöstlicher Richtung folgt; dabei lohnen Aufenthalte in Lopburi und Phra Buddhapad. An vielen Eßständen mit frischen Kokosnüssen und Mangos vorbei führt die Straße zur Bergwerksstadt **Saraburi** mit ihren Marmorbrüchen.

Auf dem Friendship Highway

Ab hier beginnt der **Hwy 2**, auch als *Friendship Highway* (thailänd.: *Mittrapap Highway*) bekannt. Diesen Hauptverkehrsweg in und durch den Nordosten gibt es schon seit längerer Zeit, so daß die oft zu lesende Aussage, die Amerikaner hätten die Trasse 'gebaut', nicht richtig ist. Allerdings haben sie mit erheblichen finanziellen Mitteln deredn Ausbau vorangetrieben, da sie ein strategisches Interesse an Flugbasen für den Vietnamkrieg hatten. Insgesamt sieben amerikanische Basen an dieser Strecke, darunter auch Khorat, wurden bis 1973 für die B-52-Einsätze gegen Vietnam und Laos genutzt. Dabei wurden aus einfachen Bauerndörfern über Nacht 'Dienstleistungszentren' für GIs mit einer Unzahl von Bars, Bordellen, Hotels und Restaurants. Inzwischen wird der *Friendship Highway* bis Nong Khai autobahnähnlich weitergebaut.

Die ersten 50 km ab Saraburi ist die Landschaft noch eben und eintönig. Kleinere Wege führen zu landwirtschaftlichen Versuchsfarmen und nach 35 km an der **Staatsmolkerei** vorbei. Der Anblick von europäischen Milchkühen mag verwundern und ist sichtbarstes Zeichen einer sehr erfolgreichen dänisch-thailändischen Zusammenarbeit (die Dänen waren die ersten, die solche Entwicklungsprojekte im Königreich durchzuführen halfen und sind deshalb bei der einheimischen Bevölkerung sehr beliebt). Der Highway steigt nun an und führt auf das **Khorat-Plateau** hinauf, das den größten Teil des Nordostens ausmacht. Etwas weiter erheben sich rechts der Straße sanfte Höhenzüge, die bereits zum Khao Yai Nationalpark gehören. Bei der nächsten Abzweigung (Hinweisschild) kann man einen kurzen Abstecher zum Kloster **Wat Punyaphithak** unternehmen, über dem ein weithin sichtbarer, riesiger wei-

Wat Punyaphithak

ßer Buddha auf den Hügeln thront. Auf landschaftlich schöner Strecke geht es auf dem Highway weiter, der hinter der Bezirksstadt **Pak Chong** eine Weile am **Lam Takhong-Stausee** entlangführt, und man erreicht die unscheinbare Ortschaft **Sung Noen.** Bei ihr befanden sich in historischer Zeit die beiden Städte *Muang Sema* und *Muang Khorakhopura*, nur wenige Kilometer voneinander entfernt, die man als Vorläuferinnen des heutigen Khorat bezeichnen kann. Ab 1660 wurden deren Einwohner 35 km weiter umgesiedelt, nachdem dort eine moderne Stadt entstanden war.

Unterkunft
Das beste Hotel im weiten Umkreis ist das *"Phu Phaya Hotel"*** in Pak Chong, 733 Mittrapap Rd. (Hwy 2), Tel.: (044)313-134-7; Neubau mit 60 sehr komfortablen Zimmern, gutes Restaurant, nahe zu den o.g. Sehenswürdigkeiten gelegen.

Von Sung Noen aus fährt man nach Khorat auf dem sehr verkehrsreichen Highway in etwa einer halben Stunde. Die Gesamtstrecke von Uttaradit bis hierhin ist an einem Tag zu schaffen, allerdings nur unter Verzicht auf längere Besichtigungen. Für eine Zwischenübernachtung böte sich Lopburi an.

• Khorat

Information
Das TAT-Hauptbüro liegt neben dem *Silver Lake Park*, 4 km westlich des Zentrums an der Abzweigung vom *Friendship Highway*: 2102-2104 Mittraphap Rd., Tel.: (044)243-427; tägl. geöffnet 8.30-16.00 Uhr. Hier sind die besten Informationen über die Stadt und den Südteil des Nordostens zu bekommen. Eine kleinere Touristeninformation befindet sich im Hauptbahnhof, etwa 2 km westlich an der Mukkhamontri Rd.

Unterkunft
In Khorat gibt es viele billige Hotels, die z.T. einen ziemlich heruntergekommenen Eindruck machen. Ein Luxushotel**** der *"Dusit Thani"*-Kette (200 Zimmer in 11 Stockwerken) soll 1993 eröffnet werden. Die z.Zt. besten Adressen sind:
● *"Chomsurang"****, 2701/2 Mahatthai Rd., Tel.: 257-087-92; sehr komfortables First-Class-Hotel, 120 AC-Zimmer und Suiten, Restaurant, Swimmingpool, sehr zentral gelegen.
● *"Sripattana Hotel"***, 346 Suranari Rd., Tel.: 246-323; 183 AC-Zimmer und Suiten, Restaurant, Nachtclub, Swimmingpool, etwas außerhalb gelegen.
● *"Muangmai Chao Phraya Hotel"***, 547 Chomsurangyat Rd., Tel.: 245-365; gutes Mittelklasse-Hotel mit 62 AC-Zimmern, Restaurant, Coffee-Shop, Diskothek.

Zugverbindung
Wer mit dem Zug anreist, hat die Möglichkeit, im *Hauptbahnhof* (Mukkhamontri Rd.) oder an der *Station Chira* auszusteigen, die näher zum Zentrum liegt (etwa 250 m südlich vom Stadtgraben – dort halten aber nicht alle Züge an!).

Der Flughafen
liegt 8 km außerhalb; es gibt einen Shuttle-Bus zum *Thai Airways*-Büro im Zentrum.

Für die Überlandbusse gibt es ebenfalls zwei Stationen: *Terminal 1* für die Ostverbindungen ist im Zentrum an der Burin Rd. zu finden; *Terminal 2* für die Nordverbindungen liegt am *Friendship Highway*, 2 km außerhalb im Norden. Für den innerstädtischen Verkehr nimmt man die billigen Stadtbusse, Fahrrad-Rikshas oder Tuk-Tuks.

Obwohl es wahrscheinlich bereits zur Khmer-Zeit eine Siedlung hier gegeben hatte, begann die eigentliche **Geschichte** des Ortes mit dem Aufbau einer Stadt auf rechteckigem Grundriß, von einer starken Mauer und Wassergräben umgeben und mit einem schachbrettartigen Straßensystem versehen. Die Anlage geht auf französische Planungen des 17. Jahrhunderts zurück. Im Lauf der Zeit nahm Khorat oder Nakhon Ratchasima, wie es heute offiziell heißt, eine stürmische Entwicklung und das Zentrum breitete sich über die geschleiften Wälle nach Westen hin aus. Als Verkehrsknotenpunkt, Handels- und Marktzentrum, militärischer Stützpunkt und Universitätsstadt spielt Khorat eine überragende Rolle. Die Bedeutung des Industriestandortes wird u.a. durch eine riesige Montagefabrik für Busse unterstrichen, mehr aber noch durch die Ausrichtung der Industrie-Weltausstellung im Jahre 1991.

Zur Bevölkerungszahl gibt es unterschiedliche Angaben: einmal soll diese etwa 100.00 Einwohner betragen, andere sprechen von 210.000 Einwohnern. Einige halten Khorat für die zweitgrößte Stadt des Isan (nach Khon Khaen), andere für die größte im Nordosten und drittgrößte des Landes, wieder andere für größer als Chiang Mai und damit für die erste Stadt hinter Bangkok. Wie dem auch sei – ihre Funktion als *"Gateway to the Northeast"* ist unbestritten, und für Ausflüge zu den bekanntesten Khmer-Ruinen bleibt Khorat ein guter Standort.

Stadtbesichtigung

Denkmal der "Dame Mo"

Die Stadt selbst hat zwar 18 Tempel und mehrere andere Monumente zu bieten, die alle aber kunsthistorisch nur wenig bedeutsam sind. Eine **Stadtbesichtigung** sollte im Zentrum beginnen, wo an den Wassergräben der westlichen Befestigungsanlagen eine **Bronzestatue** der lokalen Heldin **Khun Ying** Mo (kurz *Mo* oder *Thao Suranari* genannt) steht. Sie wird von den Einheimischen noch sehr verehrt und um Glück angerufen, denn *Mo* war es, die die Einwohner am Anfang des 19. Jahrhunderts vor den einrückenden laotischen Truppen rettete.

Damals, während der Regierung Ramas III., war das Königreich von feindlichen Mächten bedrängt. Wieder einmal bliesen die Burmesen zum Angriff gegen den im Aufbau be-

findlichen Staat und zogen auf Phuket zu. Zur gleichen Zeit überschritten die Laoten den Mekong und verheerten unter Leitung des Kronprinzen den Nordosten. Sie eroberten Khorat, in dem sich praktisch nur ältere Menschen, Kinder und Frauen aufhielten: die Männer halfen beim Aufbau Bangkoks und der Verteidigung gegen die Burmesen. Khun Ying Mo, die Frau eines Ratsherren, erwies sich in dieser Situation als mutig und weitsichtig. Der Versklavung der gesamten Bevölkerung setzten sie und ihre Mitstreiterinnen zunächst keinen Widerstand entgegen, sondern verhielten sich gegenüber den feindlichen Soldaten, die sie nach Laos abführten, sogar sehr entgegenkommend. Am dritten Tag der Verschleppung organisierten sie ein 'Fest' für ihre Widersacher, in dessen Verlauf die Soldaten betrunken gemacht und getötet werden konnten. Im Siegeszug führte Mo ihre Leute nach Bangkok, wo der König von den Geschehnissen erfuhr und ihr die höchsten Ehren zukommen ließ...

Ständig sieht man am Sockel der 1934 errichteten Statue Blumenkränze und andere Gaben der Bevölkerung, besonders aber in der letzten Märzwoche, wenn zu Ehren von *Khun Ying Mo* das **Thao Suranari-Fest** (Ausstellungen, Umzüge, Musikveranstaltungen) begangen wird.

Hinter dem Denkmal sieht man die weißen Zinnen eines Stücks der beeindrukkenden **Stadtmauer** mit einem hohen, hölzernen **Torbau**, der freilich rekonstruiert ist. 200 m weiter nördlich befindet sich auf dem zugeschütteten Wassergraben der Lebensmittel-**Markt**, auf dem schon früh morgens quirliges Treiben herrscht. Nach Einbruch der Dunkelheit wird hier der **Nachtmarkt** abgehalten. Geht man in entgegengesetzter Richtung, trifft man ca. 300 m südlich des Denkmals auf der breiten Ratchadamnoen Rd. den Tempel *Wat Suthachinda*, auf dessen Gelände das **Museum Maha Wirawong** eine sehr gute und informative Sammlung von Kunstschätzen und Funden der Vorgeschichte, der Khmer- und der Lopburi-Periode zeigt. Das Museum ist Mi-So 9.00-12.00 und 13.00-16.00 Uhr geöffnet, Eintritt 5 BHT.

Stadttor von Khorat

Betritt man am rekonstruierten Stadttor das alte Zentrum, kann man entlang der Chumphon Rd. und der südlichen Parallelstraße Mahatthai Rd. außer Geschäften auch einige hübsche Klöster besuchen, deren grüne Gärten Oasen der Ruhe im Verkehrslärm der Stadt sind.

Den bekanntesten Tempel Khorats findet man weiter entfernt, ca. 500 m jenseits der nordöstlichen Ecke der Stadtbefestigung. Hier liegt der modernistische **Wat Sala Loy** ('schwimmender Pavillon'), der nicht im üblichen Thai-Stil errichtet, sondern angeblich einer chinesischen Dschunke nachempfunden wurde. Sehenswert am Klosterbezirk, dessen ungewöhnliches Design einige Architekturpreise bekommen hat, ist die Gartengestaltung mit viel Wasser und die kolossale weiße Figur eines stehenden Buddha.

Wer bei drückender Hitze keine Lust auf Tempelbesuche oder Stadtbesichtigung hat, findet Erholung im **Silver Lake Park**, neben dem TAT-Büro am *Mittraphap Highway* gelegen. Wegen seines großen Schwimmbads, der blühenden Gärten und dem Restaurant wird er von den Einheimischen besonders an Wochenenden stark frequentiert.

Ein Aufenthalt in Khorat wird von Besuchern gern zu **Ausflügen** in zwei **Handwerksdörfer** genutzt, die auch mit Lokalbussen durchgeführt werden können:
- 27 km südlich der Stadt kommt man auf dem Hwy 304 zu der Ortschaft **Pak Thong Chai** (1 Stunde Busfahrt). Ihr guter Ruf als **Seidenstadt** rührt vom Anfang des 20. Jahrhunderts her, als man hier begann, qualitätvolle Thai-Seide nach den traditionellen Methoden in Manufakturen herzustellen. Die Waren können Sie direkt ab den Fabriken kaufen, aber es ist empfehlenswert, sich vor dem Ortseingang im neuen "*Silk & Cultural Center*" erst einmal zu informieren.

Keramik von Dan Kwian

- 14 km südöstlich von Khorat führt der schnurgerade Hwy 224/24 nach eintöniger Strecke plötzlich durch das Dorf **Dan Kwian**, wo ein **Keramik**-Laden neben dem nächsten steht. Schon seit 250 Jahren stellt man hier mit primitiv anmutenden Methoden (Erdöfen) die berühmte *Dan-Kwian-Keramik* mit ihren schönen Mustern her. Allerdings sind die meisten Produkte zu groß und zu schwer, um als Mitbringsel geeignet zu sein. Der charakteristische metallische Glanz der Töpferarbeiten rührt vom Ton aus dem *Mun*-Fluß her, der einen sehr hohen Eisenanteil hat. Durch Dan Kwian kommt man auch, wenn man der Route zu den Khmer-Tempeln (Kapitel 6.3.4) folgt.

Route B: Über Phetchabun und Chaiyaphun

Diese Strecke ist eine Alternative zur Route B, die abseits verkehrsreicher Straßen durch das Hinterland führt, ohne allerdings wirkliche Attraktionen bieten zu können. Dafür ist die Reise aber gemütlicher als auf den großen Highways und vermag bei kurzen Stops in Dörfern und Städten den ländlichen Charme einer vom Tourismus noch nicht 'heimgesuchten' Bevölkerung zu vermitteln. Welchen Weg aus dem Norden man auch immer wählt, man stößt automatisch auf den Hwy 12, der in Ost-West-Richtung Khon Khaen und Tak verbindet. Von **Phitsanulok** aus geht es auf einsamer Strecke in östlicher Richtung, wobei man langsam die fruchtbare Ebene verläßt und auf ein moderates Hügelland zufährt. Nachdem man eine Armee-Basis und ein Tal mit auffällig vielen Zuckerpalmen passiert hat, steigt die Straße an, während gleichzeitig Dschungel die Reisfelder ablöst.

Am KM 80 hat man die Möglichkeit zu einem Abstecher oder Aufenthalt im **Thung Salaeng-Nationalpark**. Dessen Hauptquartier ist rechterhand des Highways untergebracht. Ab hier erschließt sich die friedliche Natur des 1972 eingerichteten Naturschutzgebietes, das mit 1.262 qkm eines der größten des Landes ist. Von den späten 1960ern bis in die 1980er Jahre standen weite Teile des Terrains unter der Kontrolle der kommunistischen Guerilla. Das dominierende Landschaftsbild sind savannenartige Flächen, von vereinzelten Bäumen oder Wäldern unterbrochen. Die Tierwelt umfaßt u.a. Tiger, Gaure, Hirsche, Wildhunde, Wildschweine und gut zwei Dutzend Elefanten. Der **Kaeng Sopha-Wasserfall** ist sicher einer der schönsten im Königreich, wenn auch sein Beiname "Niagarafall Thailands" weit übertrieben ist und er außerhalb der Regenzeit (Mai bis Oktober) kaum beeindruckt. Besucher können auf Wanderwegen und Hängebrücken Teile des Parks besichtigen, Jeepfahrten durch die Prärie sind möglich, und für Übernachtungen stehen sechs Gästehäuser, Bungalows, ein Schlafsaal und vier Zeltplätze zur Verfügung.

Auf dem Hwy 12 fährt man durch hochgelegenes Gebiet, an Meo-Dörfern mit ihren Gemüsebeeten vorbei und wieder durch dichten Dschungel, bis man das Tal des Pasak-Flusses erreicht, wo wieder Reisfelder vorherrschen. An der Kreuzung mit dem Hwy 21 hält man sich rechts (südwärts), während der Hwy 12 weiter nach Khon Khaen geht und der Hwy 21 in nördlicher Richtung auf über 1.500 m Höhe ins Bergland von Loei führt. Wer ca. 15 km vor der Kreuzung den Hwy 12 nach rechts verläßt, kann über die Bergstraße des **Khao Kho** zum Hwy 21 fahren. Dies ist kein Umweg, und außerdem hat man die Möglichkeit, über eine 24 km lange, kurvenreiche Stichstraße den 1.174 m hohen Berggipfel des Khao Kho zu erreichen. Außer der schönen Aussicht lohnt sich der Weg wegen der vielen Überbleibsel jener Kämpfe, die in den 1970er Jahren zwischen der thailändischen Armee, der kommunistischen Guerilla und der antikommunistischen chinesischen Kuomitang wüteten. An die kriegerischen Zeiten

erinnern Monumente für die Gefallenen, Bunker, Hütten und ein Freilichtmuseum (*Armed Gallery Museum*, Eintritt 10 BHT) mit Panzern,
Helikoptern etc. Wer Informationen oder eine Führung auf dem Khao
Kho benötigt, wende sich an Herrn Paichit Kulaphab in Phetchabun, Tel.:
(056)721-709.

Der nächste größere Ort, den man erreicht, ist **Phetchabun**, dessen Wat
Mahatat Beachtung verdient. Ein wenig weiter südlich liegen die Ruinen
von **Si Thep**, das als selbständiges Fürstentum im 7. Jahrhundert, vielleicht aber schon im 5. Jahrhundert existierte.

Bei der Weiterfahrt bleibt man auf dem Hwy 21 und im Tal des Pasak,
auch nach der Abzweigung des Hwy 113. An der Kreuzung mit dem Hwy
225 jedoch biegt man links ab und fährt nun in Richtung Osten. Dabei
läßt man das fruchtbare Flußtal hinter sich und steigt auf das Khorat-
Plateau hinauf. Nach langer, einsamer Strecke kommt man 18 km vor der
Provinzhauptstadt Chayaphum an eine Abzweigung, auf der man in 6 km
zum Tempel **Bhuddabat Pha Koeng** fahren kann. Der Name sagt schon
aus, daß hier ein Fußabdruck Buddhas verehrt wird. Merkwürdige Skulpturen einheimischer Volkskünstler sind ebenfalls zu sehen. Auf dem Hwy
225 wird man dann geradewegs ins Zentrum von Chaiyaphum gebracht,
wo in einem Kreisel mehrere große Straßen (Loei, Khorat) zusammenkommen.

● **Chaiyaphum**

Die Stadt hat dem interessierten Reisenden mit Ausnahme von viel Lokalkolorit (z.B. auf dem täglichen Markt) nur wenig zu bieten. Immerhin
befindet sich 2 km nördlich (Straße 2051) **Prang Pu**, eine Tempelruine
aus Sandstein, die aus der Khmer-Zeit stammt und ein weithin verehrtes
Buddhabild beherbergt, das mindestens 1.000 Jahre alt ist. Der **Schrein**
im Ortskern erinnert an den Stadtgründer Phraya La, dem zu Ehren in der
ersten Maiwoche ein **Volksfest** abgehalten wird. Ein weiteres Fest, auf
dem lokale Honoratioren gefeiert werden, findet im Januar statt und ist
mit einem Elefantenauftrieb verbunden. Naturliebhaber sollten den 21 km
langen Weg zum **Tat Ton-Nationalpark** (Straße 2051 in nördlicher Richtung) nicht scheuen, dessen 213 qkm großes Gelände etwa 500-800 m
hoch liegt. Neben anderen Wasserfällen ist der Tat Ton-Fall berühmt, der
in einer 50 m breiten Kaskade hinabstürzt.

Auch das Rathaus der Nachbargemeinde **Khon Suwan** lohnt einen Abstecher, nämlich wegen des großen Sumpfes in unmittelbarer Nähe, in dem
viele Wasservögel leben. Anfang März wird eine 'Begrüßungszeremonie'
für die Vögel veranstaltet, zur gleichen Zeit findet ein Volksfest statt mit
einem Markt, auf dem man Kunsthandwerk kaufen kann.

Ab Chaiyaphum gibt es zwei fast gleich lange Möglichkeiten, um nach
Khorat zu gelangen. Für die westliche Alternative benutzt man zunächst
den Hwy 201, dann den Hwy 205. Die östliche Route führt über den Hwy

202 bis zum *Friendship Highway*, auf diesem dann in den Süden bis zum Ziel der Reise. Dabei kommt man an den Ruinen von Phimai vorbei (vgl. Kapitel 6.3.4).

Route C: Über Loei, Udon Thani und Khon Khaen

Der erste Streckenabschnitt ist mit dem von Route B identisch. D.h., daß man vom Norden kommend auf den Hwy 12 stößt, dem man in östlicher Richtung folgt. An der nächsten großen Kreuzung (bei **Lom Sak**) fährt man aber nicht durch das Tal des Pasak südwärts nach Petchabhun, sondern über den Hwy 203 wieder hoch in den Norden. Wer keine Zeit für die Kulturstätten im Grenzgebiet nach Laos hat, aber auf Khon Khaen nicht verzichten möchte, fährt geradeaus auf dem Hwy 12 weiter.

Von Lom Sak aus sind es knapp 135 km über den Hwy 203 bis Loei, von denen die ersten 50 km durch das nördliche Tal des Pasak mit seinen Reisfeldern führen. Dann wird es gebirgiger, und die Landschaft erinnert mehr an Nordthailand. Weit über 1.000 m hohe Paßstrecken und die Aussicht auf Täler und Berge lassen ahnen, warum die Provinz von Loei, in die man nun einfährt, den Beinamen *"thailändische Schweiz"* trägt. Im Grenzgebiet nach Laos gelegen, gibt es hier hauptsächlich landschaftliche Attraktionen. Immerhin unterstehen etwa 70% des Gebietes der Forstverwaltung, darunter einige berühmte Nationalparks. Zunächst aber gelangt man wieder in einen Talkessel und erreicht die kleine Ortschaft **Dan Sai**. Der Tempel *Phra That Si Song Rak* ist im Juni Schauplatz eines zweitägigen merkwürdigen Festes, das animistische Züge und Fruchtbarkeitsriten aufweist.

Weiter im Norden steigt die Straße wieder an. Knapp 50 km hinter Dan Sai sieht man linkerhand ein Hinweisschild zum **Phu Rua-Nationalpark**, der über eine 4 km lange Holperstraße zu erreichen ist. Seinen seltsamen Namen (= *"Bootsberg"*) hat der Park vom höchsten Gipfel (1.365 m), der an eine lange chinesische Dschunke erinnert. Ein unbefestigter und steiler Weg (nur mit Jeep zu befahren!) führt einen ganz bis zum Gipfel hinauf, von wo man eine spektakuläre Aussicht auf den Flickenteppich von Feldern und Wäldern tief unten im Tal hat. Wie die Pilger, die zu der kleinen Sitzstatue Buddhas auf den Gipfel hinaufsteigen, kann man den Bootsberg natürlich auch zu Fuß bewältigen, Wanderer schaffen den leichten Aufstieg in etwa 2 1/2 Stunden. Im thailändischen Sommer unerträglich heiß, kann die Quecksilbersäule im Dezember und Januar drastisch fallen. 1981 wurde hier mit -4° C die niedrigste Temperatur in Thailand gemessen (die jährliche Durchschnittstemperatur beträgt 28° C).

Informationen/Unterkunft
über den Phu Rua-NP sind im kleinen Besucherzentrum zu erhalten, geöffnet 8.30-16.30 Uhr; weiter gibt es ein Restaurant und **Unterkunftsmöglichkeiten** in Bungalows und Zelten.

Auf einer kurvigen Gebirgsstrecke bringt einen der Hwy 203 anschließend durch schöne Landschaft und nach 50 km schließlich in das Tal mit
der Provinzhauptstadt Loei.

In der Gebirgswelt von Loei

● **Loei**

Die Kleinstadt (ca. 20.000 Einwohner) hat im Gegensatz zu Nong Khai
oder Udon Thani kaum kulturelle Sehenswürdigkeiten aufzuweisen. Trotz
des modernen Stadtbildes hat sie aber eine spezifische Atmosphäre, die
man am besten auf dem **Nachtmarkt** spüren kann. Im Februar wird hier
das **Baumwollblütenfest** gefeiert. Dabei gibt es eine Parade von Festwagen, die prächtig mit Baumwollblüten geschmückt sind, eine Schönheits-
königin wird gewählt, und man hält ein Volksfest mit einer Verkaufsmes-
se ab. Die Baumwollfelder der Umgebung, die in der kühlen Jahreszeit
voller weißer Blüten sind, liefern das Rohmaterial für jene Waren, die
man in den vielen Geschäften von Loei günstig bekommt, insbesondere
Steppdecken und Kleidung.

Alternativrouten ab Loei:
In Loei muß man sich entscheiden, wie weit und wohin man noch fahren
möchte.
● Ein reizvoller Ausflug führt in den Norden nach **Chiang Khan**, ab wo man
entlang dem Mekong und der Grenze nach Laos bis nach **Nong Khai** und von
dort nach Udon Thani fahren kann (vgl. Kapitel 6.3.6).
● Wer direkt nach Khon Khaen, Khorat oder Chaiyaphum weiterreisen möchte,
sollte den Hwy 201 nehmen. Von ihm aus ergeben sich auf den ersten 100 km
zwei interessante Ausflugsmöglichkeiten:

- Erstens zum 1.500 m hochgelegenen **Phu Luang**-Tierschutzgebiet.
- Zweitens zum berühmten **Phu Kradung-Nationalpark**. Dessen Mittelpunkt wird durch ein 60 qkm umfassendes Hochplateau gebildet, das etwa 1.360 m hoch liegt. Dorthin gelangt man auf einer 9 km langen Wanderung (z.T. Leitern), für die man etwa 4 Stunden benötigt. Für das Gepäck kann man einen Träger nehmen. Lohn der Mühe ist eine prächtige Aussicht. Die Szenerie besteht aus grasigen Abschnitten, von lichten Wäldern unterbrochen. Von den Aussichtspunkten seien *Sunset Cliff* und *Sunrise Cliff* empfohlen.

Informationen
über den Aufstieg erhält man in der Talstation, geöffnet 8.30-16.30 Uhr. Der Park ist Juni-September geschlossen, der Eintritt beträgt 5 BHT. Auf dem Plateau gibt es **Unterkunftsmöglichkeiten** in Bungalows und Zelten.

Auf der Weiterfahrt nach Udon Thani verläßt man Loei über den Hwy 201 in südlicher Richtung, um bei der Ortschaft Wang Saphung auf den Hwy 210 abzubiegen. Etwa auf halber Wegstrecke, 54 km hinter Loei, ist der 2 km-Abstecher nach links zur "Elefantenhöhle" reizvoll, **Tham Erawan**. Das von einem Kloster verwaltete Höhlenheiligtum kann man über eine steile Treppe erklimmen. Während Funde, die dort gemacht worden sind, aus der Steinzeit stammen, ist die große *Erawan*-Statue (= dreiköpfiger Elefant) neueren Datums. Etwa 50 km vor Udon Thani fährt man nahe am **Huai Luang-Stausee** vorbei, zu dem sich ebenfalls ein Abstecher lohnt.

● **Udon Thani**

Unterkunft
In Udon Thani gibt es mehrere gute und billige Hotels, Überbleibsel der amerikanischen Ära. Die besten Adressen sind:
● *"Charoen Sri Palace"***, 60 Pho Sri Rd., Tel.: 242-611; Mittelklassehotel mit 110 Zimmern, Restaurant, Diskothek, Swimmingpool, zentral gelegen.
● *"Charoen Hotel"***, 549 Pho Sri Rd., Tel.: 221-331; gutes Mittelklasse-Hotel mit 120 Zimmern und Suiten, Restaurant, Swimmingpool.
● *"Udon Hotel"***, 81-89 Makkang Rd., Tel.: 222-166-7; sauberes Hotel mit 90 Zimmern und Suiten (Balkon), Restaurant, gute Massage-Möglichkeit.

Die Stadt Udon Thani, in der Kurzform **Udon** geannt, blühte sozusagen über Nacht auf, als während des Vietnamkrieges hier die amerikanischen GIs einen ihrer sieben Stützpunkte für die Bomberangriffe auf Vietnam unterhielten. Relikte dieser Zeit sind ein großes, immer noch militärisch genutztes Gelände zwischen dem Flughafen und dem Zentrum, aber auch eine Anzahl ziemlich moderner Gebäude, einschließlich Nightclubs, guter Hotels, Massage-Salons und westlicher Restaurants.
Inzwischen haben viele der Kneipen und Amüsierbetriebe zugemacht, aber immer noch haben die USA ein Konsulat in der Stadt. Touristen nutzen Udon hauptsächlich als Standort für Besuche im 50 km entfernten *Bang Chiang* (s.u.).

Das Zentrum wird vom Hwy 2 in Nord-Süd-Richtung durchschnitten. Von dieser Achse aus, auf der der Uhrenturm ein markantes Orientierungszeichen ist, sind die Geschäfte der Stadt, der Markt und der hübsche chinesische Tempel leicht zu Fuß erreichbar. 1 km nordwestlich gibt es am Ende der Phrachak Rd. den schönen Park **Nong Prachak** mit einem kleinen See; hier trifft man sich u.a., um die Sonnenuntergänge zu beobachten. In wenigen Minuten kommt man von hier zu den Läden an der Kreuzung Phrachak Rd./Mukhamontri Rd., wo Restaurants Udons Spezialität anbieten: gegrillte Hühnchen (*kai yang*). Liebhabern von Seidenstoffen sei empfohlen, sich 10 km außerhalb der Stadt umzusehen, wo an der Straße nach Nong Khai (Hwy 2) die Ortschaft **Ban Na Ka** liegt. Das Dorf besteht aus etlichen Familien, die sich alle seit Generationen der Herstelung und dem Verkauf von Seide verschrieben haben. Das lokale Design "*khit*" ist in ganz Thailand bekannt.

Für eine weitere Attraktion in der Umgebung von Udon muß man eine längere Anfahrt in Kauf nehmen. Nach 13 km auf dem Hwy 2 in nördlicher Richtung zweigt man auf der Straße 2021 nach links ab und erreicht schließlich nach weiteren 42 km **Ban Pue**. 20 Fahrminuten hinter dem Dorf kommt man zum hochgelegenen Tempel **Wat Phra That Phra Buddhabat Buabok**, dessen 30 m hoher Chedi weithin sichtbar ist. Er soll eine Replik des Tempels Wat That Phanom weiter östlich des Mekong sein. Eine Reliquie befindet sich im angeblich 1.500 Jahre alten Kloster, während der Fußabdruck Buddhas an der Basis des Chedis erst 1920 hinzugefügt wurde. Von hier aus kann man eine Dschungelwanderung durch bizarre Felsformationen unternehmen. Wenn Sie den Pfad nach rechts nehmen, kommen Sie nach etwa 1 km zum "*Million-Year-Old Rock Garden*", der aber mehr noch als durch seine landschaftlichen Reize durch die **Felszeichnungen** aus der Steinzeit fasziniert. Die etwa 4.000 Jahre alten Malereien haben sich in mehreren Höhlen gut erhalten, u.a. in der "*Tham Wua*"-Höhle, wo Silhouetten von Tieren, 'Strichmännchen' etc. zu sehen sind. Etwas weiter führt ein Pfad zum '*Turm der Usa*', einer merkwürdigen pilzartigen Sandsteinformation. Vermutlich wurde diese Stelle im 7.-10. Jahrhundert auch für religiöse Zeremonien genutzt.

Der wichtigste Ausflug geht von Udon Thani ca. 52 km nach Osten auf dem Hwy 22 (Richtung Sakhon Nakhon), vorbei an einem Dorf mit vielen Töpfereien. An der Abzweigung der Straße 2225 fährt man weitere 6 km nach links, bis man Ban Chiang erreicht.

● **Ban Chiang**

Die lokalen und Touristenbusse sowie die Songtaos, die an der Abzweigung bereitstehen, halten meist zuerst an den beiden **Museen**. Das erste, das **Nationalmuseum**, ist der größere, zweistöckige Bau. Hier werden in einer didaktisch exzellenten und englisch beschrifteten Ausstellung gute

Beispiele der Ban Chiang-Kultur gegeben (Keramik, Skelette, Schmuck, Waffen etc.) sowie die Kulturtechniken bei der Keramik- und Bronzeherstellung erläutert. Im oberen Stockwerk kann man sich u.a. mit Videofilmen über die Geschichte der Ausgrabungen informieren. Nachdem man in den 1960ern die ersten aufsehenerregenden Knochenfunde gemacht hatte, begannen die intensiveren und systematischen Nachforschungen im Jahre 1972. Wie sich dörfliches Leben im Gegensatz zur vorgeschichtlichen Zeit heutzutage im Isan darstellt, erfährt man in der Ausstellung "Ban Chiang Today". Das angrenzende zweite Museum zeigt verschiedene Gegenstände, die man in der Umgebung aus dem Boden holte, u.a. ein Skelett. Die Ausgrabungsstätte selbst liegt auf dem Klostergelände des *Wat Po Si Mai* und ist zu Fuß zu erreichen. Gegen die sengende Sonne schützt eine Überdachung.

Öffnungszeiten
Die Museen sind geöffnet Mi-So 9.00-12.00 und 13.00-16.00 Uhr, Eintritt 10 BHT. Der Eintritt zum Ausgrabungsgelände kostet ebenfalls 10 BHT.

i *Ban Chiang – eine Wiege der Menschheit?*

Die archäologischen Ausgrabungen bei dem heutigen Dorf Ban Chiang haben seit den 1960er Jahren eine unglaubliche Fülle an Gegenständen aller möglichen Materialien, Knochen, Waffen und Schmuck zutage gefördert. Inzwischen sind 25 Jahre vergangen, und immer noch sind die Historiker gleichermaßen verblüfft und fasziniert von dem, was an Überresten einer verschwundenen Kultur zutage gefördert wurde und wird. Neue Ausgrabungen in anderen Orten des Isan zeigen parallele Formen und Stile, so daß man nun allgemein von der "Ban Chiang-Kultur" spricht. Worin aber liegt die Bedeutung all dieser Funde? Das blühende Gemeinwesen existierte etwa von 5000 v. Chr. bis 200 n.Chr. Dieses erstaunliche Alter aber ist nicht so sensationell, wie es auf den

"Nachgemachte" Ban Chiang-Keramik

ersten Blick scheint, denn Städte in anderen Teilen der Welt (u.a. Israel, Türkei) wurden schon Jahrhunderte oder Jahrtausende vorher gegründet. Die außergewöhnliche Rolle Ban Chiangs wird vielmehr dadurch deutlich, daß es den Einwohnern zum erstenmal gelang, Wildreis zu kultivieren, daß ihre Töpferwaren eine vorher nicht gekannte

*künstlerische Qualität aufweisen und daß sie zum erstenmal bestimm-
te Metallegierungen herstellen konnten. Bei der Keramik kann man
anhand verschiedener Stile die Entwicklung der Kultur nachvollziehen. Am schönsten sind die Ausstellungsstücke mit der charakteristischen roten Färbung und einem flächendeckenden Dekor. Wie große
Daumenabdrücke sind sie mit Spiralen und Bänderungen versehen,
auf älteren Krügen findet man auch stilisierte Blätter und Tiere. Viele
der Gefäße schwingen sich von einer rundbauchigen Basis elegant
nach oben, um trompetenartig auszulaufen – nicht unähnlich den Wein-
krügen im antiken Griechenland und in Ägypten (allerdings viel älter). Offenbar waren die damaligen Menschen aber nicht nur begna-
dete Künstler, sondern auch experimentierfreudige Handwerker. Denn
nicht in Mesopotamien, wie man bisher angenommen hatte, und auch
nicht in China, sondern hier in Südostasien taucht zum erstenmal jene
Kupfer-Zink-Legierung auf, die man Bronze nennt (ca. 3600 v.Chr.).
Ebenfalls eher als ihre Nachbarn verstanden es die Ban Chiang-Leute
später, Eisen herzustellen. Die Bandbreite der Fundstücke umfaßt
aber auch Gegenstände aus Flintstein und verschiedene Halbedelsteine, kunstvolle Waffen (Äxte, Speere, Dolche) und Schmuck. Die ver-
blüffende Tatsache, daß ganz ähnliche Objekte in Nord- und Mittel-
amerika gefunden wurden, hat natürlich wilde Spekulationen über
einen möglichen kontinentübergreifenden Handel aufkommen lassen...
Es ist weder feststellbar, woher die Ban Chiang-Leute kamen, noch
warum sie plötzlich die Siedlung verlassen haben. Fest steht aber,
daß hier eine der ältesten hochentwickelten Gesellschaften der Menschheitsgeschichte zu Hause war, die in ihren Kulturtechniken und der
künstlerischen Qualität ihrer Produkte ihrer Zeit weit voraus war.
Die heutigen Bewohner, die erst vor ca. 200 Jahren einwanderten,
ließen sich also tatsächlich an einer 'Wiege der Menschheit' nieder.*

Für die lange und eintönige Fahrt von Udon Thani nach Khorat benutzt
man ausschließlich den *Friendship Highway*, der über das Khorat-Plateau
in fast gerader Linie parallel zur Eisenbahn südwärts führt. Ausflugsmöglichkeiten bestehen etwa 30 km vor Khon Khaen. Einerseits kann man
hier in **Nam Pong** der schön gelegenen Tempelanlage **Wat Phra That
Kham Kaen** einen Besuch abstatten. Im kleineren ihrer Chedis werden
Reliquien von neun Buddha-Jüngern aufbewahrt. Andererseits kann man
nach Westen in 24 zum **Ubolratana**-Damm und -Stausee fahren. Der
Damm hat eine Länge von 800 m und ist 32 m hoch. Dahinter erstreckt
sich das riesige Wasserreservoir (400 qkm), das ein kolossaler, sitzender
Buddha überblickt. Zu der dominierenden weißen Figur auf einem Berg
kann man über 1.049 Treppenstufen hinaufsteigen.

Schließlich hat man die Provinzhauptstadt Khon Khaen erreicht, an deren
großem Universitätsgelände man 4 km vor dem Stadtzentrum vorbeifährt.

● Khon Khaen

An der Kreuzung der großen Hwys 2 und 12 gelegen, ist die lebhafte Handelsstadt mit Bahnhof und Flughafen nicht nur ein wichtiger Verkehrsknotenpunkt, sondern inzwischen auch ein gefragter Industriestandort. Auch als Universitätsstadt wurde Khon Khaen zur Rivalin von Khorat, und manche halten den Ort inzwischen für größer als den südlichen Nachbarn. Die genaue Einwohnerzahl ist aber nicht sicher zu bestimmen und liegt irgendwo zwischen 100.000 und 200.000. Dem Touristen bietet Khon Khaen einige interessante Tempelanlagen, insbesondere südöstlich des Zentrums am See **Bung Khaen Nakhon.**

Ein Besuch lohnt sich besonders Anfang Dezember, wenn hier das "Seiden- und Freundschaftsfest" (_Silk Fair & Phuk Siao_) abgehalten wird. Dem Bekanntheitsgrad der gesamten Provinz als Standort der Seidenproduktion wird dadurch Rechnung getragen, daß zu diesem Anlaß ein mehrtägiges Volksfest mit Ausstellungen, Musikdarbietungen, Verkauf von Seide und anderem Kunsthandwerk usw. abgehalten wird. Überall kann man dann Einheimische beobachten, wie sie einander Bändchen um die Handgelenke binden, was als Freundschaftszeichen verstanden wird. Für Kulturreisende ist die erste Adresse das große Museum, eines der wichtigsten im Land.

Khon Khaen-Nationalmuseum
Kasikorn Tungsang Rd., geöffnet Mi-So 9.00-12.00 und 13.00-17.00 Uhr, Eintritt 10 BHT.
Die Sammlungen des mehrstöckigen Gebäudes umfassen eine prähistorische, eine volkskundliche und mehrere kunsthistorische Abteilungen. Auch die Ban Chiang-Kultur ist mit schönen und aussagekräftigen Exponaten vertreten. Im ersten Stock sind viele bedeutende Statuen religiöser Kunst (etliche Buddhas verschiedener Epochen) ausgestellt, wobei vor allem den hinduistischen Gottheiten viel Raum gegeben wird.

Auf der Weiterfahrt nach Khorat kommt man bei KM 399 (ca. 45 km hinter Khon Khaen) zu einer Abzweigung, von der aus man in 12 km das westlich gelegene Dorf **Chonnabot** erreicht. Dieses "_silk weaving village_" ist mit seinen Manufakturen, Webstühlen und Färbereien eines der bekanntesten Zentren für die traditionelle Produktion der Thai-Seide. Im Osten liegt die Provinz _Maha Sarakham_, in der 1991 Hunderte von Bauern erfolgreich gegen die illegalen Salzminen demonstrierten, deren Abwässer Flüsse und Felder der Umgebung verseuchten.

Im weiteren Verlauf des Highways tauchen immer wieder stark verwitterte Ruinen auf, die fast alle Tempelanlagen oder Städten des mächtigen Khmer-Reiches zuzuordnen sind. Zu dessen wichtigstem Ort auf thailändischem Boden, Phimai, geht 50 km vor Khorat links ein 10 km langer ausgeschilderter Weg ab. An dieser Stelle könnte man die unten beschriebene Rundfahrt zu den Khmer-Tempeln anschließen; wahrscheinlicher aber ist, daß man sich zunächst im Hotel in Khorat von der langen Strecke erholen möchte!

6.3.4 REISE ZU DEN SCHÖNSTEN KHMER-TEMPELN

Im folgenden wird eine Tour skizziert, die Sie zu den schönsten und wichtigsten Khmer-Tempeln in der weiteren Umgebung von Khorat bringt, aber längst nicht zu allen, die es im Nordosten gibt. Wer hier ein besonderes Interesse hat, sollte sich außer *Phimai, Phanom Rung* und *Muang Tham* auch die Anlagen von *Wat Ra Ngeng, Prasat Ban Pluang, Sikoraphum* und *Wat Sri Khamphaeng Yai* anschauen. Diese bedeutenden Khmer-Ruinen findet man im östlichen Grenzgebiet nach Kambodscha, vor allem in den Provinzen *Si Saket* und *Surin*. Der berühmte Felsentempel *Kao Phra Viharn* schließlich ist vom Internationalen Gerichtshof Kambodscha zugesprochen worden. Für die erweiterte Rundfahrt sollte man mindestens 2-3 Tage einkalkulieren. Überhaupt darf man die Entfernungen im Isan nicht unterschätzen und sich nicht zuviel zumuten. Allein die Rundreise zu den Ruinenstädten *Phimai* und *Phanom Rung* ist etwa 300 km lang.

Man verläßt Khorat auf dem Hwy 2 (*Friendship Highway*) und biegt am Marktflecken Talat Khae, etwa nach 44 km, rechts auf die Straße 206 ein. Die antike Stadt Phimai ist hier bereits ausgeschildert, man erreicht sie nach weiteren 10 km. Eine Einführung in das Thema Khmer-Architektur könnte der Besuch des **Wat Phanom Wan** bieten, zu dem ein ausgeschilderter Weg vom Highway abführt. Angesichts der anderen Attraktionen auf der Rundreise ist das bescheidene Heiligtum aber weniger interessant. Schöner ist cs, 1 km vor Phimai nach links abzubiegen, um einer botanischen Attraktion einen Besuch abzustatten. An der Brücke über einen Seitenarm des *Mun*-Flusses (grünes Hinweisschild) geht ein schöner Fußweg

Der Banyan-Baum von Phimai

von etwa 400 Metern über eine Schleuse, an einem großen Landschafts-Modell und an Sportplätzen vorbei, bis zu einer Insel, die fast gänzlich von einem riesigen **Banyan-Baum** (*ficus benjamini*) bedeckt wird. Der 300 Jahre alte 'Baum' besteht eigentlich nur aus einem Labyrinth von Luftwurzeln, die fast schon einen kleinen Wald abgeben. Viele der schweren Äste müssen mit Betonpfeilern abgestützt werden. In unmittelbarer Umgebung sind ein kleiner Tempel, Geisterhäuschen und mehrere Tierskulpturen (Schwäne u.a.) zu bewundern. Der *Mun*-Fluß selbst ist Schauplatz von Bootsrennen, die während des **Phimai-Festivals** im November abgehalten werden.

Phimai

Da der Eingang zum historischen Park im Süden liegt, man aber von der Straße 206 aus dem Norden kommt, fährt man zunächst an der gesamten archäologischen Zone bis zum Parkplatz entlang. Dabei kommt man unmittelbar hinter der Brücke über den *Mun* auch am **Freilichtmuseum** vorbei, in dem das *Fine Arts Department* zahlreiche Skulpturen, Buddhafiguren, Phallussymbole und Türstürze aus den umliegenden Khmer-Tempeln aufgestellt hat. Die **Tempelstadt** selbst lag inmitten eines ummauerten Rechtecks von 1.100 x 600 m.

Ihre enorme Bedeutung für das Khmer-Imperium wird schon dadurch sichtbar, daß im 12. Jahrhundert von ihr eine schnurgerade, 240 km lange und gepflasterte Straße zur Hauptstadt Angkor ausging. Allerdings sind die ersten Gebäude in Phimai schon *vor* Angkor Wat errichtet worden, nämlich unter dem Khmer-König Suryavaraman I. (1002-1050 n.Chr.), so daß Phimai das Vorbild für das '*kambodschanische Weltwunder*' gewesen sein mag. Die meisten Bauteile stammen vom späten 11. bis zur Mitte des 12. Jahrhunderts. Der letzte große Khmer-Monarch Jayavaraman VII. baute dann im 13. Jahrhundert noch einen Prang hinzu. Der gesamte Komplex vereint den reinen Khmer-Stil mit Einflüssen aus Ayutthaya, mit anderen

Baukunst der Khmer in Phimai

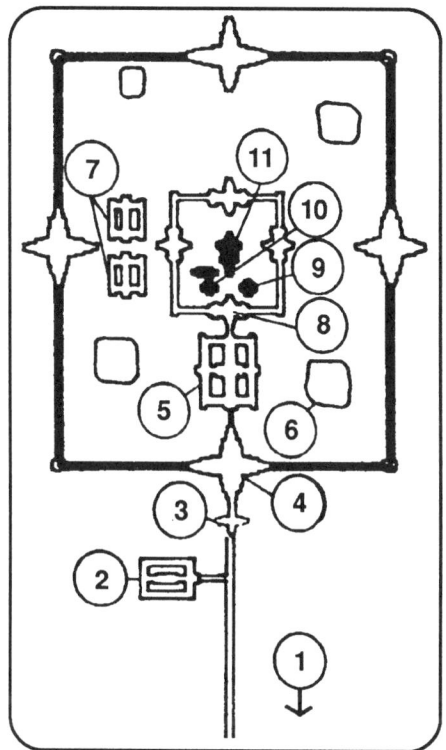

Tempelplan von Phimai

Worten: hinduistische und buddhistische Bautradition. Außerdem diente der Königstempel, zu dem die gemeine Bevölkerung wahrscheinlich keinen Zugang hatte, auch den Zeremonien eines Wasser- und Fruchbarkeitskultes. Nach der phantastischen Restaurierung in den 1970er Jahren erstrahlt **die bedeutendste Sehenswürdigkeit des Isan** heute wieder im alten Glanz.

Vom Parkplatz aus wird die achsensymmetrische Struktur deutlich. Weit im Süden sieht man im Rücken die Überreste des sog. **Siegestores (1)**. Vor einem führt ein gerader Weg zu verschiedenen Terrassen, Brücken und mehrfach ummauerten Bezirken. Geht man auf das Heiligtum zu, sieht man linkerhand die ehemalige **Schatzkammer** (*Khlang Ngoen*) **(2)**. Dann kommt man zum eigentlichen Eingang des Tempelbezirks, die von Löwen bewachte **Nagaschlangen-Balustrade (3)**. Dahinter erhebt sich die 3,50 m hohe äußere Tempelmauer, die in jeder Himmelsrichtung Torbauten, sog. **Gopuram**, hat **(4)**, die man durch dreischiffige Durchgangshallen und Vorhallen betreten konnte. Nun steht man in der **Passage (5)** des Zweiten Hofs, auf dem sich vier **heilige Teiche (6)**, weitere Terrassen und Gebäude befanden, u.a. zwei prächtige **königliche Pavillons (7)**, die auch als Bibliothek bezeichnet werden. Im Zentrum erhebt sich der rechteckige Innere Hof bzw. Heiligste Bezirk (86 x 64 m), der durch eine Galerie mit vier **Torbauten (8)** und Blindfenstern abgetrennt ist. In seinem Inneren wiederum sieht man rechts den **Bhramathat-Prang (9)** aus Laterit und links den sog. **Red Stone Prang (10)**. Die Mitte wird vom **Zentralen Heiligtum (11)** ausgefüllt, das aus einem hohen Turm mit quadratischem Grundriß besteht, der zu allen vier

Das Zentral-Heiligtum nach der Restaurierung

Seiten mit überwölbten Vorhallen umgeben ist. Ihre Seitentüren und Balustraden verdienen genauso Beachtung wie das pyramidenförmige, mit Nagaschlangen, Dämonen und Garudas geschmückte Dach des Hauptheiligtums. Der ganze, wahrscheinlich *Shiva* geweihte Komplex steht auf einem hohen Sockel und überzeugt mit seinen ausgewogenen Proportionen, den genial dekorierten Türstürzen und der wechselweisen Verwendung von weißem und rötlichem Sandstein.

 Öffnungszeiten
Der *Phimai Historical Park* ist tägl. 7.30-18.00 Uhr geöffnet, Eintritt für Ausländer 20 BHT. Englischsprachiges Informationsmaterial gibt es rechts vom Parkplatz in einem kleinen Pavillon. Das Freilichtmuseum ist tägl. 8.30-16.00 Uhr geöffnet, Eintritt frei.

Während die nächste Station der Rundreise, **Phanom Rung**, von Khorat aus relativ leicht zu erreichen ist, hat man von Phimai einen etwas komplizierteren Anfahrtsweg. Will man auf den großen Highways bleiben, sollte man zurück zum Hwy 2 fahren, dann auf den Hwy 207 und später auf den Hwy 202 abbiegen. Ab **Phutthaisong** geht es auf dem Hwy 219 südlich in Richtung **Buri Ram** und über die Stadt hinaus bis zum Hwy 24, wo die Tempelruinen ausgeschildert sind. Näher ist die kleine Straße 2163, die vom Siegestor in Phimai in südlicher Richtung nach **Huai Thalaeng** führt. Ab hier nimmt man die Straße 2162 in östlicher Richtung bis Buri Ram, wo man auf dem Hwy 219 wieder nach Süden abbiegt.

Phanom Rung

Die kunsthistorische Bedeutung von Phanom Rung liegt u.a. darin, daß der Khmertempel nicht – wie so viele andere – später von den Thai zu einem buddhistischen Heiligtum umgestaltet wurde. Nachdem das *Fine Arts Department* den Tempel 1971-85 für 2 Millionen US$ restaurieren ließ, erstrahlt er im alten Glanz und stellt inzwischen die meistbesuchte Attraktion des Isan dar. Die Gesamtanlage einschließlich Naga-Brücke, Allee und Treppe stammt aus der Regierungszeit von *Suryavarman II.* (Anfang des 12. Jahrhunderts). Er war der wohl mächtigste Khmer-König, unter dem auch Angkor Wat gebaut wurde. Einige Bauteile von Phanom Rung sind allerdings mindestens 200 Jahre älter!

Der Besuch der Tempelanlage lohnt sich allein schon wegen ihrer herrlichen Lage auf einem Hügel, der sich 160 m aus der flachen Ebene erhebt. Ein **Besucherzentrum** in der nahen Ortschaft **Nang Rong** verfügt über gutes Buchmaterial und Informationen, aber auch am Tempel selbst gibt es auf dem Hügel ein informatives Parkbüro. Entlang der Straße, die auf Phanom Rung zuführt, bieten unzählige Verkaufsstände Souvenirs an, vor allem handgefertigte Modelle von "*Phanom Rung en miniature*". Auf kurvenreicher Straße kommt man dann bis zum Parkplatz am Fuß der sog. Nagabrücke. Südlich davon sieht man noch die Überreste einer gepflasterten **heiligen Allee**. Sie endete an einem hölzernen Torbau, von dem nur das kreuzförmige Sandstein-Fundament übriggeblieben ist. Ganz in der

Nähe erheben sich die Überreste eines **Khmer-Pavillons,** den man den *'Stall des weißen Elefanten'* nennt. Zum Tempel hin verlangt zunächst die imposante, dreistufige **Naga-Brücke** Beachtung, die eine Senke vor der Hügelkuppe überspannt. Mit ihrer Schlangenkörper-Brüstung gilt sie als

bestes Beispiel der Khmer-Kunst dieser Art. Dahinter führt eine grandiose, steile **Treppe** in vier Absätzen zur Tempelterrasse hinauf. Hier erhebt sich eine rechteckige **Galerie** (66 x 88 m) mit vier Eingängen (*Gopuram*), in deren Innenhof das **Allerheiligste** mit dem Hauptprang steht. Dieses bemerkenswerte Beispiel bester Khmer-Baukunst besticht vor allem durch die Dekorationen an den Fenster- und Türstürzen. Weltberühmt ist jener Fries, der einen nach dem Aufstieg begrüßt: 1960 wurde er in das *Chicago Art Institute* gebracht und kehrte 16 Jahre später an seinen angestammten Platz zurück. Außer den Skulpturen, Reliefs, Zierleisten und Gesimsen,

Das Allerheiligste von Phanom Rung

deren Details der Hindu-Mythologie und besonders der Geschichte des Gottes Shiva entstammen, ist auch der Ausblick von der Terrasse beeindruckend, von der man bis nach Kambodscha sehen kann.

Öffnungszeiten
Der *Phanom Rung Historical Park* ist tägl. 7.30-18.00 Uhr geöffnet, Eintritt 20 BHT. Auch hier gibt es ein kleines Museum.

Nur 8 km von Phanom Rung entfernt liegt ein weiterer Khmer-Tempel: **Muang Tam.** Der direkte Weg zwischen beiden Tempeln ist in einem solch schlechten Zustand, daß er nicht mehr befahren werden kann. Deswegen erreicht man Muang Tam am besten vom Hwy 24 aus, von dem an der Polizeistation die Straße 2075 nach Westen abzweigt (ausgeschildert). Nach 17 km kommt man zur Ortschaft Chorake Mak, an deren Ende das Ruinenfeld beginnt.

Muang Tam

Zwar ist die Gesamtanlage äußerst sehenswert, nach dem Höhepunkt von *Phanom Rung* allerdings ein wenig enttäuschend. Innerhalb einer Umfassungsmauer aus Lateritquadern (114 x 150 m) erhoben sich fünf Prangs aus Ziegelstein, Sandstein und Laterit, von denen nur noch drei zu sehen sind. Sie waren von vier mit Naga-Balustraden umzäunten, heiligen Teichen umgeben, wovon sich in einem noch Wasser befindet. Gegen Ende des 10. Jahrhunderts wurde mit dem Bau des Komplexes begonnen, aber die Arbeiten zogen sich fast über 100 Jahre hin, so daß Muang Tam in seiner Gesamtheit dem 11. Jahrhundert zuzurechnen ist (also etwa 120 Jahre älter ist als Phanom Rung). Wahrscheinlich war hier eine Zwischenstation auf dem Weg von Angkor Wat nach Si Thep, jener Straße, die das mächtige Khmer-Imperium mit seinen wichtigsten Außenposten verband. Schön in Muang Tam ist das Zusammenspiel von schattigen Bäumen, Seerosenteichen, überwucherndem Rankenwerk, zerfallenen Ruinen und einigen sehenswerten Details der Steinmetzarbeiten, u.a. Wesen des hinduistischen Götterhimmels.

 Öffnungszeiten
Das Ruinenfeld ist tagsüber geöffnet und kostet 20 BHT Eintritt.

Für die Rückreise nach Khorat benutzt man den Hwy 24. 14 km vor der Stadt durchfährt man dabei das Dorf **Dan Kwian**, das für seine **Keramik**-Produktion berühmt ist (vgl. Kapitel 6.3.3).

6.3.5 ZWISCHEN KHORAT UND PATTAYA

Von Khorat, dem *Gateway to the Northeast*, zur *thailändischen Riviera* verläuft eine Strecke, die vom Khorat-Plateau über dicht bewaldete Bergrücken in die tiefe Ebene an der Küste führt. Diese kann man auf zwei Routen zurücklegen:
● Entweder nimmt man den Hwy 304 geradewegs in den Süden, überquert den *Prachinburi*-Fluß und den Hwy 33 und stößt schließlich auf den Hwy 331. Dieser macht einen weiten Bogen um Chonburi und bringt einen geradewegs nach Pattaya (oder über den Hwy 36 nach Rayong). Dieser Weg ist gut an einem halben Tag zu schaffen.
● Oder man macht einen landschaftlich reizvollen Abstecher zum **Khao Yai-Nationalpark**, ab wo man über **Prachinburi** in den Süden fährt. Dieser Weg wird im folgenden beschrieben.
Wer von Khorat zurück nach **Bangkok** möchte, braucht auf den Ausflug zum **Khao Yai-NP** nicht zu verzichten. Ab Nakhon Nayok bringt einen dann der Hwy 305 zur Hauptstadt. Auf direktem Weg führt von Khorat der *Friendship Highway* in die Millionenmetropole.

Ab Khorat geht es zunächst auf dem altbekannten Hwy 2 in südwestlicher Richtung Bangkok entgegen. Nachdem man rechterhand eine zeitlang am **Lam Takhong-Stausee** vorbeigefahren ist, gelangt man nur wenige Kilometer später an die Abzweigung der Straße 2090. Auf dieser fährt man

Lam Takhong-Stausee

weiter südlich und kommt schnell in dichtbewaldetes Gebiet. Nachdem man einige neue Hotel- und Bungalowanlagen passiert hat (u.a. das *"Golden Valley Resort"*) wird die Straße kurvenreicher und windet sich zum **Khao Yai Nationalpark** hoch. 10 km bevor man zum Park-Hauptquartier kommt, muß man an einer Sperre Eintritt bezahlen (5 BHT, Motorräder zusätzlich

10 BHT, Autos 30 BHT), anschließend kann man an einigen Aussichtspunkten anhalten oder auf kurzen Wanderwegen erste Stippvisiten in den Dschungel unternehmen.

Der Khao Yai-Nationalpark

Khao Yai (= "großer Berg") ist der erste und bekannteste der vielen Nationalparks des Landes. Auf seinen fast 2.000 qkm beherbergt er 153 geschützte Tierarten (u.a. Affen, Tiger, Bären, Elefanten, Riesennashornvögel) und eine äußerst artenreiche Fauna. Durch seine Höhenlage von durchschnittlich 800 m (höchste Erhebung **Khao Laem**, 1.351 m) verfügt er zudem über ein sehr angenehmes Klima (vgl. Kapitel 3.2.4). Seine landschaftlichen Höhepunkte lernt man am besten auf den unzähligen Wanderpfaden kennen, von denen 12 als besondere Trails ausgeschildert sind. Informationen über Wege, Aussichtspunkte, Wasserfälle, Unterkünfte usw. erhält man im **Visitors Center**, das links der Straße 2090 liegt. Dahinter befinden sich das Hauptquartier und Imbißstände, und eine (befahrbare) Straße biegt linkerhand zum Golfplatz, Campingplatz und einigen der schönsten Wasserfälle ab.

Weiter südlich ist an der Hauptstraße eine weitere Konzentration touristischer Einrichtungen, u.a. Tankstelle, Restaurant, TAT-Büro, Motor Lodge und Hubschrauber-Landeplatz.

Da Bangkok nur weniger als 200 km bzw. 3 Autostunden entfernt ist, sind besonders in den Schulferien und an Wochenenden viele

Im Khao Yai-Nationalpark

Hauptstädter im Nationalpark. Hinzu kommen die Pauschalreisenden aus Pattaya, so daß insgesamt das Naturschutzgebiet nicht nur schön, sondern ebenso voll sein kann. Die Einrichtung von 18-Loch-Golfplätzen tat ihr übriges, um den Fremdenverkehr anzukurbeln. Trotzdem lohnt sich ein Besuch unbedingt, vor allem, wenn man zwei Tage Zeit mitbringt, um ausführlich den Dschungel zu durchwandern.

Unterkunft

Von allen Nationalparks hat der Khao Yai-NP die größte Palette an Unterkunftsmöglichkeiten. In der Nähe des Hauptquartiers gibt es Einrichtungen des **TAT** (*-****), die man in Bangkok (Tel.: 282-1143-7; 282-5209) buchen kann. Dazu zählen Bungalows, Campingplätze mit sehr großen Zelten (Liege 15 BHT) und die noble *"Khao Yai Motor Lodge"*. Sehr gute Privatunterkünfte gibt es an der nördlichen Straße 2090. Die drei besten:

● *"Golden Valley Resort"******, 188 Mu 5, Tambol Mu-Si, Tel.: (01)355-0296; eine 1991 eröffnete Luxusunterkunft mit 200 Zimmern, allen Annehmlichkeiten, Restaurant, Swimmingpool, gepflegter Parkanlage und Golfplatz.

● *"Juldis Khao Yai Resort"*****, 54 Moo 4, Thanarat Rd., Tel.: 235-2414-21; 1991 eröffnete großzügige Anlage, 90 geräumige Zimmer, Parkanlage mit künstlichem See und Restaurant, Pub, Swimmingpool, Golf- und Tennisplatz.

● Gut ist auch die *"Garden Lodge"***, die unter deutscher Leitung steht und in Bangkok unter Tel.: 255-5578 gebucht werden kann.

Bei der Weiterfahrt in den Süden bleibt man auf der Hauptstraße, die nun die Nummer 3077 trägt. An schönen Wasserfällen vorbei geht es jetzt wieder abwärts, und bald streckt sich vor einem die Ebene aus, die bis zur Bucht von Bangkok reicht. Die Straße endet am Hwy 33 nahe der Ortschaft Prachinburi. Hier kann man entweder in westlicher Richtung nach Nakhon Nayok (und über den Hwy 305 weiter nach Bangkok) fahren oder sich auf dem Hwy 319 weiter südlich halten. Nennenswerte Sehenswürdigkeiten sind nun nicht mehr zu erwarten, stattdessen prägen landwirtschaftliche Nutzflächen, Siedlungen, Reklame- und Hinweisschilder auf Industrieprojekte die Strecke, deren deutlich höheres Verkehrsaufkommen die Nähe der Hauptstadt verrät. Über die Hwys 304 und 331 wird man in weitem Schwung an **Chonburi** vorbeigeführt (vgl. Kapitel 6.4.3), bis schließlich am Horizont die Hochhauskulisse von **Pattaya** zu sehen ist.

6.3.6 WEITERE SEHENSWÜRDIGKEITEN IM NORDOSTEN

Der Isan, der ein Drittel der thailändischen Landesfläche ausmacht, hat natürlich noch weitaus mehr sehenswerte Ziele zu bieten als die bisher genannten. Wer über ein gemietetes Auto oder Motorrad verfügt, könnte bei entsprechender Zeit einige schöne Rundfahrten unternehmen, von denen die drei lohnendsten im folgenden skizziert werden. Mit Zug oder Bus lohnen sich Reisen zu bestimmten geschichtsträchtigen Städten (Ubon Ratchathani) oder zu Orten, an denen besondere Feste abgehalten werden.

Eine Tour im Norden:
Loei – Chiang Khan – Nong Khai – Udon Thani

Auf dieser Route fährt man zunächst von Loei auf dem Hwy 201 durch die Gebirgswelt der gleichnamigen Provinz bis zum Mekong, dem Grenzfluß nach Laos. Hier endet die Straße in **Chiang Khan**, einem netten kleinen Ort, der für den Tourismus von zunehmender Bedeutung ist. Außer viel Erholung in naturschöner Umgebung bietet er auch kulturelle Sehenswürdigkeiten, z.B. im Ortszentrum den Tempel **Wat Pa Klang** und am östlichen Ende das Kloster **Wat Tha Khok**. Man verläßt Chiang Khan auf der Straße 2186, die über weite Strecken parallel zum Mekong verläuft. Kurz hinter der Ortschaft sieht man die *Khut Ku-Stromschnellen* und in unmittelbarer Nachbarschaft den 600 Jahre alten Tempel **Wat Tha Khaek**.

Die Provinz Loei verläßt man nach der Ortschaft **Sangkhom**. Sofort dahinter, 83 km vor Nong Khai, lohnt ein Abstecher zu den **Than Thong**-Fällen, die eigentlich eher Stromschnellen eines Mekong-Nebenflusses sind als wirkliche Wasserfälle. Bei KM 83 sollte man der Klosteranlage **Wat Hin Mak Peng** einen Besuch abstatten. In diesem friedlichen Meditationszentrum leben buddhistische Nonnen (*Mai Chai*) in kleinen Bungalows am Flußufer unter schattigen Bambusbäumen. Etwas weiter verbreitert sich die Straße und wird zum Hwy 211. Die nächste Ortschaft heißt **Si Chiang Mai** und hat eine zahlenmäßig beachtliche vietnamesische Gemeinde. Am sehenswerten Tempel **Wat Phra That Bang Puan** vorbei erreicht man den Hwy 2, der einen nach wenigen Fahrminuten in nördlicher Richtung nach Nong Khai bringt.

● Nong Khai

Die Provinzhauptstadt, am Ende des *Friendship Highways* und direkt am Ufer des Mekong gelegen, war immer schon ein wichtiger Grenzübergang nach Laos. Die **laotische Hauptstadt Vientiane** ist nur 25 km entfernt und wird durch die Brücke, die z.Zt. mit australischer Hilfe gebaut wird, bald noch enger an Thailand angebunden sein. Es kann als sicher gelten, daß sich dann auch das bisher so beschauliche Leben Nong Khais verändern wird. Noch aber überqueren Fähren im schnellen Wechsel den Fluß, und viele Laoten setzen nach Nong Khai über, um hier ihre Waren zu verkaufen. Das geschäftige Treiben kann am besten am **Tha Sadet-Bootspier** beobachtet werden (westliche Ausländer können ohne Genehmigung aus Bangkok nicht nach Laos übersetzen!). Interessant ist die kulturelle Atmosphäre der Stadt. Denn so nahe am ehemaligen französischen Kolonialgebiet gelegen, haben viele Kultureinflüsse den Weg über den Mekong gefunden. Beispielsweise, so sagt man, gibt es hier das beste Baguette im Königreich. Aber auch in der Architektur ist französisches Erbe ablesbar. Etwa auf der Meechai Rd., wo es neben einigen alten Holzhäusern auch mehrere schöne Kolonialbauten zu sehen gibt. Das beste Beispiel dafür ist die ehemalige Residenz des Gouverneurs. Kein Besucher Nong Khais darf den **Markt** (Rim Khong Rd.) versäumen. Außer dem Angebot an Lebensmitteln, Textilien, Ginseng und Schokolade findet man hier so merkwürdige Waren wie russische Uhren und Kameras, Fellmützen im Stil des Moskauer Politbüros, Kessel, die aus dem Aluminium abgeschossener US-Kampfflugzeuge gefertigt wurden, oder vietnamesische Seife. Wer Ende November in der Stadt ist, sollte das prächtige Bootsrennen nicht verpassen, das auf dem Mekong abgehalten wird. In einer weiteren Regatta messen Mannschaften aus Nong Khai und Vientiane ihre Kräfte.

Auch Tempelenthusiasten hat Nong Khai einiges zu bieten. Etwa den außergewöhnlich schönen **Wat Po Chai**, in dem sich ein weithin verehrtes goldenes Buddha-Bildnis (*Luang Po Phra Sai*) befindet. Wandfresken erzählen die abenteuerliche Geschichte, wie die Statue nach einem Sturm auf den Grund des Mekong versank, dort Jahrhunderte blieb und schließlich gerettet werden konnte. In der Nähe des Tempels kann man günstig in einem Weberdorf einkaufen. Die Siedlung wurde 1980 gegründet, um etwas gegen die Abwanderung arbeitsloser Frauen und Männer nach Bangkok zu tun. Inzwischen leben hier ca. 350 Familien von der Produktion indigoblauer Baumwolle.

Wat Khaek von Nong Khai

Als Hauptattraktion von Nong Khai gilt der Tempel **Wat Khaek**, eine bizarre Anlage ca. 5 km östlich der Stadt. Er ist das Vermächtnis des Mönches *Luang Pu*, dessen Anhänger den großen Skulpturengarten voller Götter, Göttinnen, Heiligen, Teufeln, Dämonen und Monstern schufen. In der 1978 fertiggestellten Anlage sieht man zwar hauptsächlich Gestalten der buddhistischen und hinduistischen Mythologie, aber auch solche anderer Weltreligionen. Beim Spaziergang durch die riesenhaften Steingebilde kommen sich menschliche Besucher wie Zwerge vor.

Über den Hwy 2 kommt man südlich nach **Udon Thani** und hat dort Anschluß auf die weiter oben genannte ROUTE C.

Den Mekong entlang:
Nong Khai – Bun Khan – Nakhon Pathom – That Phanom

Motorisierte Touristen können von Nong Khai aus auf dem Hwy 212 eine Rundfahrt durch spektakuläre Landschaften unternehmen, immer am Ufer des Mekong entlang. Nachdem man die Ortschaft **Phon Phisai** passiert hat, ist die erste kulturelle Sehenswürdigkeit der Waldtempel **Chedi Kiri Viharn**, einige Kilometer hinter Pu Tao gelegen. Über Fels-Treppen und Brücken kann man hier vier Terrassen einer Sandsteinklippe besteigen, von deren oberster und vom Gipfel man einen sehr schönen Ausblick hat. Das Kloster mit seinen Grotten und Höhlen ist sowohl von Nonnen als auch von Mönchen bewohnt. 30 km hinter der Abzweigung erreicht man

Wat Phratat Phanom

Bun Khan, das direkt am Mekong der laotischen Stadt Pak Sane gegenüberliegt. Hier zweigt der Hwy 222 in südlicher Richtung ab, während die Straße 212 weiter dem Lauf des Mekong folgt. Von ihr aus kann man auf halbem Weg nach Nakhon Phanom einen Abstecher zu den **Tat Kham-Wasserfällen** machen.

Der nächste größere Ort ist **Nakhon Phanom,** wo der Hwy 22 in westlicher Richtung nach Sakhon Nakhon und Udon Thani abzweigt. Den Reiz der Stadt macht ihre Atmosphäre und ihre Lage dem laotischen Thakhek gegenüber aus. Sehenswert ist der Tempel **Wat Srithep.** Folgt man dem Hwy 212 weiter in den Süden, kommt man zur alten Ortschaft **That Phanom.** Deren größte Sehenswürdigkeit ist mitten im Zentrum der **Wat Phratat Phanom,** dessen 52 m hoher Tempelturm die 4.000-Seelen-Stadt überragt. Der im laotischen Stil erbaute Tempel birgt eine Buddha-Reliquie, zu der früher tausende Pilger aus Nordostthailand und Laos kamen. Sie legten ihre Opfergaben am Fuß des Turms nieder, der etwa 1.500 Jahre alt sein soll. 1975 eingestürzt, ist er inzwischen rekonstruiert und trägt eine vergoldete Spitze.

Ein 10-km-Ausflug führt von That Phanom zum Webereidorf **Rhenu Nakhon,** das einen schönen Dorftempel besitzt. Über den Mekong kann man außerdem mit dem Boot zum 55 km weiter südlich gelegenen **Mukdahan** kommen.

Von Udon nach Ubon:
Ban Chiang – Sakhon Nakhon – Mukdahan – Ubon Ratchathani

Bei dieser Tour verläßt man Udon Thani über den Hwy 22 in östlicher Richtung, wo nach ca. 50 km das Ausgrabungsgelände von Ban Chiang fast schon touristische Pflicht ist. Der nächste sehenswerte Ort ist **Sakhon Nakhon**, eine geschichtsträchtige Stadt am Ufer des *Nong Han*, dem größten natürlichen See des Königreichs. Viele sehenswerte Tempel, Ruinen und andere Baudenkmäler, aber auch einen lebhaften Markt, farbenprächtiges Lokalkolorit und eine schöne Seenlandschaft bietet Sakhon Nakhon. Die größte Sehenswürdigkeit ist **Phra That Chong Chum**, ein 25 m hoher, alter Chedi, der seit der Gründung der Stadt im 11. Jahrhun-

Beim "Wachsschloß-Fest" von Sakhon Nakhon

dert existiert haben dürfte. Auch sein reich ausgestatteter Bot verdient Beachtung. Andere Tempel, die von der lokalen Bevölkerung sehr verehrt werden, sind u.a. *Phra That Narai Cheng Weng* (6 km außerhalb) und *Phra That Phu Pek*. Ein Besuch der Stadt lohnt sich besonders im Oktober, wenn hier das sog. '*Wachsschloß-Fest*' abgehalten wird. Als Opfergaben bringen dann Gläubige in einer Prozession Miniaturschlösser aus Bienenwachs zum Tempel, um den Verstorbenen zu huldigen. Zwei Tage später findet ein traditionelles Bootsrennen statt.

Von Sakhon Nakhon fährt man über den Hwy 223 in südwestlicher Richtung und trifft bei **That Phanom** (s.o.) auf den Hwy 212. Auf diesem geht es in einigem Abstand zum Mekong zur Provinzhauptstadt **Mukdahan**, die immerhin ca. 90.000 Einwohner hat. Ihr gegenüber liegt die laotische Stadt Savanakhet. Mukdahan hat einige schöne Tempel aufzuweisen, in denen sich der kulturelle Einfluß der ethnischen Gruppen (Thai, Laoten, Chinesen, Vietnamesen) widerspiegelt.

Der Hwy 212 verläßt nun das Mekong-Tal und führt geradewegs in südlicher Richtung. Bei der Kreuzung mit dem Hwy 202 geht es rechts nach **Yasothon** ab, wo am zweiten Wochenende im Mai eines der bedeutendsten Feste des Isan abgehalten wird, das sog. **Raketenfest** (*Bun Bong Fai*). Traditionell wird überall im Nordosten um diese Zeit der Wettergott

Phraya Thaen daran erinnert, daß er doch bitte zur Saatzeit den notwendigen Regen schicke. Und auch an anderen Orten geschieht dies mit Hilfe von Feuerwerkskörpern. In Yasothon jedoch werden die längsten Raketen gebaut und wird das Fest am ausgelassensten gefeiert – oft in einer sehr freizügigen Weise, die an den brasilianischen Karneval erinnert. Die rund 80 selbstgefertigten Flugkörper starten in drei Klassen (ein, zwei und drei Meter), wobei die besten Exemplare, vollgestopft

"Raketenabschußrampe"

mit 200 kg Schwarzpulver, bis zu 1.000 m hochgeschossen werden. Entscheidend jedoch ist nicht die Flughöhe, sondern die Dauer – der Rekord liegt bei etwa 70 Sekunden.

Wer auf dem Hwy 212 weiter in den Süden fährt, erreicht schließlich Ubon Ratchathani.

● Ubon Ratchathani

Die Provinzhauptstadt Ubon Ratchathani, die *"Königliche Stadt der Lotosblume"* und in der Kurzform einfach **Ubon** genannt, ist trotz der abgelegenen Lage ein Zentrum des Isan. An das Flug-, Eisenbahn- und Straßennetz angeschlossen, ist Ubon mit seinen vielen Sehenswürdigkeiten zudem ein lohnendes Ziel für Touristen. Nach der beabsichtigten Öffnung der Grenzen nach Laos und Kambodscha und der Fertigstellung des neuen Flughafens (1992) wird die Bedeutung der Stadt für den Fremdenverkehr noch zunehmen. Schon seit längerem hat man sich auf Besucher eingestellt: es gibt ein **TAT-Büro** (264/1 Khuan Thani Rd.; Tel.: (045)243-770-1) mit vorzüglichem Infomaterial über die Stadt und die nordöstlichen Provinzen, es gibt einige gute Hotels, für Ausflüge kann man u.a. Wagen mit Fahrer mieten (800-1.300 BHT pro Tag), und für Touristen werden Folklore- und Musikveranstaltungen angeboten (z.B. tägl. 19.00-22.00 Uhr im *"Patumrat Hotel"*).

Von den ca. 100.000 Einwohnern sind viele kambodschanischer, vietnamesischer, laotischer oder chinesischer Abstammung. Diese Vermengung unterschiedlicher kultureller Einflüsse macht sich in der Sprache, im Straßenbild und in der Architektur bemerkbar. Besonders sehenswert ist Ubon im späten Juli, wenn hier das *Wax Candle Festival* abgehalten wird. Schön geschmückte Festwagen mit großen, geschnitzten Kerzen werden dann in einer Prozession durch die Straßen getragen, und die schönsten Kreationen werden prämiert. Später gibt man die einzelnen Kerzen als Opfergaben zu verschiedenen Tempeln. Einblicke in das Alltagsleben erhält man am besten auf den **Märkten:** Der Morgenmarkt (*Talat Sod*) am Flußufer beginnt mit der aufgehenden Sonne, daneben gibt es noch den kleinen Markt (*Talat Noi*). Ganz in dessen Nähe, auf der Pichit Rungsun Rd. (New Powate), befindet sich ein Zentrum traditioneller thailändischer

Ubon: Wat Nong Bua

Massage (eine Stunde 100 BHT). Und wer es den Einheimischen gleich tun möchte, sollte auf der kleinen Insel *Hat Wat Thai* in der Mitte des *Mun*-Flusses ein Picknick organisieren.

Tempel-Enthusiasten kommen im **Wat Thung Si Muang** (Luang Rd.) auf ihre Kosten. Das von einem künstlichen Teich umgebene Bauwerk ist ein gutes Beispiel für den traditionellen Tempelstil des Isan. Besonders eindrucksvoll ist die 150 Jahre alte, hölzerne Bibliothek, in der sich heilige Schriften und alle möglichen Amulette befinden. Die Wandmalereien illustrieren u.a. die Geschichte der Stadt. Ein außergewöhnlicher Tempel ist auch der

3 km nördlich vom Zentrum (Chayang Hun Rd.) gelegene **Wat Nong Bua**. Der pyramidenförmige, weiße Chedi mit seiner goldenen Spitze wurde dem indischen Tempel in *Phra That Bothkayah* nachgebildet, wo Buddha die Erleuchtung fand.

Von Khorat zur laotischen Grenze:
Khorat – Surin – Ubon – Khong Chiam

Dieser Ausflug kann von Khorat (oder Bangkok) bis Ubon Ratchathani auch mit dem Zug durchgeführt werden. Von dort aus geht es mit Songtaos, Bussen oder Mietwagen bis zum Mekong weiter. Interessant ist er wegen der Khmer-Ruinen bei Khorat (s.o.), wegen des Elefantenfestes in Surin sowie wegen der interessanten Atmosphäre im Grenzgebiet nach Laos. Informationen zu den schönsten Khmer-Tempeln in der Umgebung von Khorat wurden bereits im Kapitel 6.3.4 gegeben.

Die östlich gelegene Provinzhauptstadt **Surin** (40.000 Einwohner) erreicht man am schnellsten über die Hwys 24 und 214. Weithin bekannt wurde der Ort durch den alljährlichen **Elefanten-Auftrieb** (*Elephant Round-Up*), den am dritten Wochenende im November Einheimische und Touristen aus aller Welt besuchen. Bei diesem berühmtesten aller Elefantenfeste werden zwischen 100-200 Dickhäuter aufgeboten. In einem zweitägigen Spektakel kann man von Tribünen verfolgen, wie die Elefanten gefangen und gezähmt werden und welche Arbeitsvorgänge sie beherrschen, es finden Paraden und nachgestellte mittelalterliche

Beim Elefanten-Auftrieb in Surin

Kriegsszenen statt, und die geschicktesten Tiere werden prämiert. Individualtouristen werden um diese Zeit kaum ein freies Zimmer in Surin bekommen. Von Bangkok, Pattaya und anderen Orten aus organisieren die TAT und private Reiseagenturen Pauschalausflüge per Bahn oder Bus zum *Elephant Round-Up*.

Bei der Weiterreise sollte man die kleine Straße 2080 parallel zur Bahnlinie nehmen. Nach 31 km kommt man dabei bei der Ortschaft *Sikhoraphum* an der phantastischen Khmer-Ruine **Wat Ra Ngeng** vorbei, von der fünf Prangs mit Ornamenten und Skulpturen geschmückt sind. Kurz vor Si Sakhet lohnt ein Besuch bei dem Tempel **Wat Sra Kamphaeng Yai**. Ab der nächsten Kreuzung geht es über die Straße 2193 und die Provinzhauptstadt **Si Sakhet** weiter in Richtung Ubon. 30 km vor der Großstadt lohnt für alle, die an Meditation oder buddhistischer Philosophie interes-

479

siert sind, ein Besuch des **Wat Ba Na Chat**. Hier leben ausschließlich westliche Mönche (deswegen auch der Name *Wat Farang*), die aus Kanada, den USA, England, Deutschland, Frankreich, der Schweiz, Holland, Neuseeland und Australien kommen.

Von **Ubon Ratchathani** (s.o.) nimmt man den Hwy 217 in östlicher Richtung. Nach 45 km erreicht man den Tempel **Wat Po Khao Keo**, der schön auf einem Hügel gelegen ist und dessen Basis besondere Beachtung verdient. 1 km danach kommt man zur Stadt **Phibun Mungsahan** und nach weiteren 20 km zum **Sirindhorn-Damm**, der ein riesiges Wasserreservoir aufstaut. Schließlich erreicht man in der Stadt **Chong Mek** die **Grenze nach Laos**. Auf dem lebhaften Markt wird u.a. die lokale Spezialiät angeboten: Frösche. Offiziell dürfen Sie hier 200 m weit laotisches Gebiet betreten und haben Gelegenheit, amerikanische Zigaretten, chinesisches Bier, vietnamesische Seife, Keramikelefanten oder kleine Tee-Service zu kaufen. Wegen des Einkaufs allerdings lohnt sich der weite Weg natürlich nicht; zumindest aber kann man anschließend behaupten, einmal in Laos gewesen sein.

Auf dem Rückweg kann man einen kleinen Abstecher machen: dazu biegt man an der Einwanderungs-Kontrolle ab und kommt nach etwa 8 km auf einer sehr schlechten, unbefestigten Straße zum **Kaeng Tha Na-Nationalpark**. Dessen größte Attraktion sind die *Tha Na-Stromschnellen*. Wer hier im heißen Sommer ein erfrischendes Bad nehmen möchte, sollte das große Warnschild beachten: wegen der Strudel ist das Schwimmen tatsächlich lebensgefährlich!

Ein interessanterer Ausflug ist vom Hwy 217 aus möglich, wenn man bei **Phibun Mungsahan** in Richtung Khong Chiam rechts abbiegt. Über die neue Brücke überquert man den *Mun*-Fluß. Nach einer weiteren Brücke gelangt man auf den Hwy 2222. Auf einer landschaftlich sehr reizvollen Strecke kommt man auf einen Berg mit einer phantastischen Aussicht: tief unten sieht man die Ortschaft **Khong Chiam** an der Mündung des Mun in den Mekong.

Unbedingt sollte man anschließend über den Hwy 2112 nach **Pha Taem** abfahren. Das lohnende Ziel der Reise ist eine lange, überhängende Klippenwand mit weitem Blick bis nach Laos. Direkt darunter (800 m auf einem steilen Pfad) sieht man an der Klippe 4.000 Jahre alte **Felszeichnungen**. Deutlich sind Handabdrücke, Menschen, schwimmende Elefanten, Schildkröten und ein riesenhafter Fisch zu erkennen. Die Wissenschaftler waren nicht nur vom guten Erhaltungszustand dieser steinzeitlichen Gemäldegalerie überrascht, sondern auch von der Darstellung einer kompletten 'Kücheneinrichtung'. Insgesamt sind die Szenen etwa 180 m lang und 3 m hoch, wobei 300 Einzelzeichnungen in roter und brauner Farbe zu identifizieren sind. Wenige Kilometer entfernt befinden sich weitere prähistorische Felsmalereien.

6.4 DIE ÖSTLICHE GOLFKÜSTE

6.4.1 ÜBERBLICK

Als östliche Golfküste bezeichnet man das Gebiet zwischen Bangkok und Hat Lek, wo im Osten die Grenze zum Nachbarland Kambodscha und im Westen der Golf von Thailand einen immer schmaler werdenden Landstreifen übriglassen. Seit den Zeiten des Vietnamkrieges kennt dieses Gebiet ein touristisches Zentrum: Pattaya! Für viele, die es nicht besser wissen und vielleicht noch nie in Thailand gewesen sind, ist Pattaya sogar identisch mit dem Thailand-Urlaub schlechthin. Inzwischen sind aber auch Ko Samet, Rayong und Ko Chang auf dem besten Weg, sich von der ruhigen Idylle vergangener Tage zu turbulenten, international bekannten Seebädern zu entwickeln. Außer den genannten Zielen kann die östliche Golfküste jedoch immer noch unberührte und vom Fremdenverkehr eben erst entdeckte paradiesische Flecken anbieten. Besonders sind hier Hun-

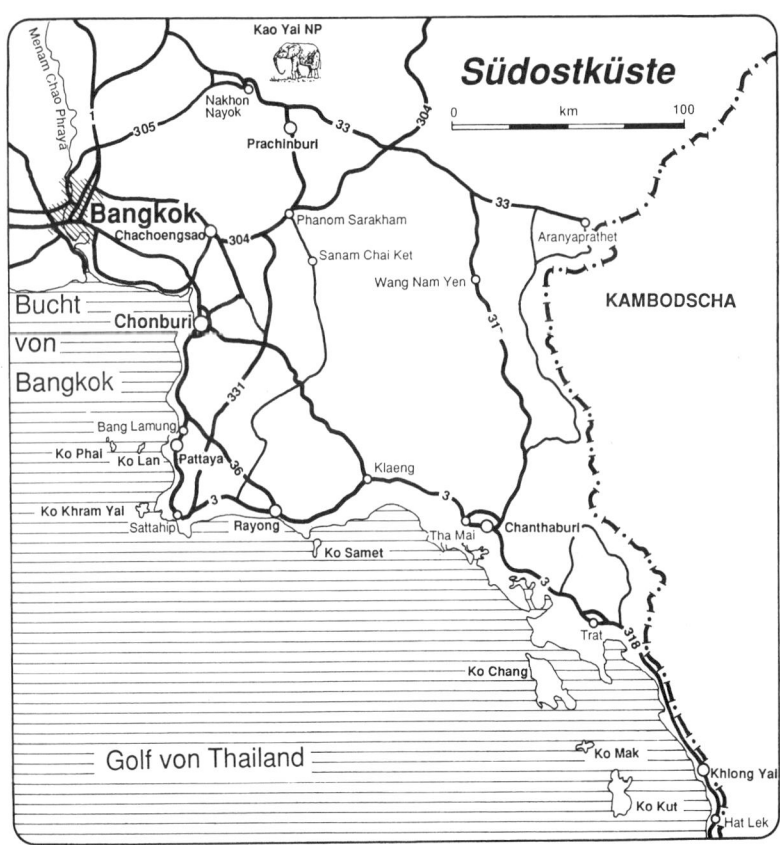

derte von vorgelagerten Inseln gemeint, von denen manche in Naturschutzgebieten zusammengeschlossen sind. Daneben wurden auch auf dem Festland an den schönsten Stellen Nationalparks eingerichtet, die auf naturliebende Besucher warten.

Erwähnt werden muß allerdings auch, daß die gesamte Region nicht nur in der Kalkulation von Tourismus-Managern eine Rolle spielt, sondern zunehmend in den begehrlichen Blick der Großindustrie gerät. Erste Resultate sind die neuerbauten Hochseehäfen mit ihrer Container-Verladung, 'Industrieparks' zwischen Bangkok und Pattaya sowie bei Rayong, Erdgasfördertürme im Golf sowie Fabriken und Kraftwerke entlang der Küstenlinie. So sehr Urlauber den Anblick petrochemischer Anlagen bei Rayong auch bedauern mögen, für die aufstrebende Wirtschaftsmacht Thailand bedeuten sie Arbeitsplätze, die nicht zuletzt der Bevölkerung zugute kommen. Es bleibt zu hoffen, daß die industrielle Erschließung so sanft vonstatten geht, wie es von offizieller Seite immer beteuert wird, und daß weder die herrliche Natur mit ihren Sandstränden, Korallen und reichen Fischbeständen noch der Fremdenverkehr beeinträchtigt werden.

6.4.2 TOURISTISCHE HINWEISE

Informationen
über die Region erhalten Sie über das thailändische Fremdenverkehrsamt sowie beim TAT-Büro in Pattaya. Mehrere Touristen-Zeitschriften in Pattaya (auch in deutscher Sprache) geben Hinweise zu Hotels, Restaurants, Kneipen, Veranstaltungen und Ausflugsmöglichkeiten.

Busverbindungen
zur östlichen Golfküste gehen in *Bangkok* vom *Eastern Bus Terminal* (Sukhumvit Rd.) aus. Die meisten Verbindungen gibt es natürlich zwischen *Bangkok* und *Pattaya*. Hier verläßt der erste Bus Bangkok um 6.30 Uhr und der letzte um 20.30 Uhr. Nichtklimatisierte Busse befahren die Strecke *Bangkok-Pattaya* von 5.25-21.00 Uhr zum Preis von 29 BHT. Private Firmen unterhalten einen Zubringerservice vom *Flughafen Don Muang* zu den wichtigsten Hotels in *Pattaya*. Nach *Rayong* fahren tagsüber alle 30 Minuten Ordinary- und jede Stunde AC-Busse, nach *Trat* fahren AC-Busse 6x zwischen 8.00-17.00 Uhr, nach *Chantaburi* 4x täglich.

Der Schiffsverkehr
von der östlichen zur westlichen Golfküste bzw. nach Bangkok wird erst langsam aufgebaut. Tragflügelboote russischer Herkunft verkehrten eine Zeitlang auf der Dreiecksroute *Bangkok/Pattaya/Hua Hin* bzw. *Cha-Am*, dann wurde sie wegen mangelnder Nachfrage eingestellt; z.Zt. ist eine Wiederaufnahme im Gespräch. Gleiches gilt für die Einrichtung von Jumbo-Fähren und Luftkissenbooten nach Bangkok sowie Personenfähren nach *Songkhla* und *Ko Samui*. Mit einer ständigen und funktionierenden Verkehrsverbindung zu Wasser haben die sonst so zuverlässigen Thai offensichtlich einige Probleme. Man erkundige sich deshalb in den örtlichen Reisebüros genau, ob, wann und wo die vielfach angepriesenen Personenfähren ablegen.
Die Fährverbindungen zu den vorgelagerten Inseln finden Sie unter den entsprechenden Kapiteln.

Flüge
An das nationale und internationale **Flugnetz** ist z.Zt. nur der ehemalige Militär-flughafen **U-Tapao** angeschlossen, 50 km südlich von *Pattaya* gelegen. Er wird u.a. von der kleinen Privatlinie *"Dragon Air"* 4x wöchentlich von Bangkok aus angeflogen. Ab *U-Tapao* gibt es einen Bus- und Limousinen-Service nach *Pattaya* (150 BHT) und nach *Rayong*. Seit 1991 unterhält die Privatfirma *Tropical Sea Airlines* außerdem einen Service mit Wasserflugzeugen (*Yellowbirds*) von Bangkok direkt nach Pattaya.

Auto- und Motorradfahrer
können von *Pattaya* aus Abstecher ins Landesinnere (z.B. Khao Yai-NP) oder an der Küste entlang unternehmen. Bis *Trat* führt einen dabei der Hwy 3, zwischen *Pattaya* und *Rayong* garantiert der besser ausgebaute Hwy 36 ein schnelleres Vorwärtskommen. Von *Trat* bis in den südöstlichen Zipfel geht der Hwy 318, der allerdings nicht jederzeit für Ausländer zugänglich ist.

Mit der **Eisenbahn**
waren einige Orte der östlichen Golfküste zwischen *Bangkok* und *Platuluang* zu erreichen; diese Strecke wurde stillgelegt, ist aber z.Zt. an Wochenenden bis *Pattaya* wieder in Betrieb (Abfahrt Bangkok Hbf 06.20 Uhr, Abfahrt Pattaya 19.25 Uhr). Der geplante Hochgeschwindigkeits-Zug von *Bangkok* über *Pattaya* nach *Rayong* wird, wenn es überhaupt zum Bau kommt, nicht vor dem Jahr 2000 fertiggestellt sein. Anders sieht es im Norden der Region aus, wo eine Zugverbindung zwischen *Bangkok* und *Aranyaprathet* an der kambodschanischen Grenze besteht. Diese Linie könnte interessant sein für Besucher des Khao Yai NPs (ab *Prachinburi*) und für alle, die sich abseits der üblichen Touristenpfade bewegen wollen:

● **Von Bangkok nach Aranyaprathet:**

Stationen	DRC	DRC	DRC	DRC	MIX	DRC	DRC	DRC
ab Bangkok	06.00	07.00	08.05	09.40	11.25	13.10	15.10	17.25
ab Makkasan	06.12	07.19	08.17	09.53	11.46	13.21	15.21	17.37
ab Hua Mak	06.26	07.39	08.34	10.12	12.03	13.35	15.35	17.51
ab Hua Takhe	06.59	08.04	08.59	10.36	12.21	13.58	15.59	18.20
ab Chachoengsao	07.40	08.40	09.31	11.12	13.28	14.32	16.35	18.57
ab Prachinburi	08.55	xx	10.41	12.15	15.30	15.56	17.59	20.00
ab Prachanthakham	09.15	xx	10.00	xx	15.58	16.17	18.16	xx
ab Kabin Buri	09.45	xx	11.30	xx	16.35	16.45	18.45	xx
an Aranyaprathet	11.30	xx	xx	xx	xx	18.20	xx	xx

● **Von Aranyaprathet nach Bangkok:**

Stationen	DRC	MIX	DRC	DRC	DRC	DRC	DRC	DRC
ab Aranyaprathet	xx	xx	xx	06.40	xx	xx	xx	13.05
ab Kabin Buri	xx	05.05	07.05	08.13	xx	12.35	xx	14.47
ab Prachanthakham	xx	05.41	07.33	08.37	xx	13.04	xx	15.17
ab Prachinburi	05.20	06.08	07.50	08.58	xx	13.22	14.15	15.38
ab Chachoengsao	06.22	07.53	09.10	10.17	12.35	14.34	15.21	17.00
ab Hua Takhe	06.58	09.01	09.50	10.57	13.11	15.08	16.01	17.37
ab Hua Mak	07.24	09.32	10.11	11.25	13.36	15.36	16.26	18.10
ab Makkasan	07.40	09.49	10.24	11.38	13.49	15.49	16.38	18.23
an Bangkok	07.55	10.10	10.35	11.50	14.00	16.00	16.50	18.35

6.4.3 ZWISCHEN BANGKOK UND PATTAYA

Wer seine erste Bekanntschaft mit Thailand auf der Transferstrecke zwischen dem Bangkoker Flughafen und Pattaya macht, wird sicher enttäuscht sein. Denn links und rechts neben der vierspurigen Autobahn (Hwy 34) breitet sich eine endlos scheinende, planierte Industrielandschaft aus. Der trostlose Anblick von Fabriken und den Baracken, in denen die Arbeiter wohnen, wird allenfalls durch die riesigen, grellbunten Werbetafeln aufgelockert.

Interessanter wird es, wenn man den küstennahen alten Hwy 3 benutzt und sich auf dem Weg Zeit läßt für den einen oder anderen Abstecher. Dazu bieten sich in der näheren Umgebung der Hauptstadt bei **Samut Prakan** die **Krokodilfarm** und insbesondere das Freilichtmuseum **Ancient City** an (vgl. KAPITEL 5.4.2). 35 km weiter kommen die Autobahn und der Hwy 3 wieder zusammen, und über eine Brücke überquert man den *Pakong-Fluß*. 3 km bevor man die Provinzhauptstadt **Chonburi** erreicht, lohnt der Abstecher nach links zum hochgelegenen Kloster **Wat Buddhapad**. Der Tempel und der Fußabdruck Buddhas sind weniger sehenswert als die Aussicht, die sich von hier über die Stadt und bis zum Meer bietet.

Chonburi

Die Provinzhauptstadt ist ein bedeutender Hafen- und Handelsort, der größte an der östlichen Golfküste, dessen Einwohnerzahl inzwischen mit 100.000-250.000 angegeben wird! Für Kulturtouristen ist er wegen zweier Tempelanlagen interessant, die sich beide im Zentrum befinden. Einmal ist dies der auf einem Hügel gelegene **Wat Dhama Nimitr**, der eine riesige, goldeingelegte Buddhafigur birgt. Außergewöhnlich ist die Darstellung des Erleuchteten in einem Boot – sie erinnert an eine Seereise Buddhas zu einer choleraverseuchten Stadt in Indien, bei der er viele Erkrankte heilen konnte. Neben dem Kloster befindet sich ein chinesischer Friedhof. Der zweite sehenswerte Tempel liegt in der Nähe des Marktes und heißt **Wat Yai Intharam**. Das von General Taksin gegründete Bauwerk besticht durch seine charakteristische Architektur im Ayutthaya-Stil und durch sehr gut erhaltene Wandfresken des 18. Jahrhunderts.

Ein Besuch Chonburis (z.B. als Ausflug von Pattaya aus) lohnt sich vor allem im Oktober, wenn das Ende der Fastenzeit mit einem **Rennen der Wasserbüffel** (*Chonburi Buffalo*

Wasserbüffelrennen von Chonburi

Races) gefeiert wird. Tausende von Zuschauern lassen es sich nicht nehmen, von Tribünen aus die Schnelligkeit der massigen Tiere zu verfolgen. Während des Volksfestes herrscht allgemein eine sehr ausgelassene Stimmung, bei der u.a. die Tiere und Reiter angemalt und Schönheitswettbewerbe veranstaltet werden.

8 km südlich von Chonburi erreicht man über eine Abzweigung das Städtchen **Ang Sila**, das früher einmal als Ferienaufenthalt der Königsfamilie diente. Bekannt ist der Hafenort für seine Baumwollwebereien, seine Austernzuchten und die Steinmetzwerkstätten, in denen hauptsächlich Mörser zur Zerkleinerung von Chilis hergestellt werden.

Etwas weiter südlich ist das Kloster **Sampao** sehenswert, das die ungewöhnliche Form eines Schiffes trägt. Auch die ca. 300 Zellen der Mönche und Nonnen sind Booten nachgebildet und zeigen alle mit dem Bug zur See. Die Architektur nimmt auf jene Legende Bezug, nach der hier vor der Küste ein großes Schiff mit chinesischen Einwanderern versank.

Südlich von Ang Sila kommt man über die Straße 3134, vorbei an Austern- und Muschelfarmen, zum Badeort **Bang Saen**. Diese Kleinstadt mit ihrem Sandstrand und netter Atmosphäre ist für die Bangkoker Stadtbevölkerung das nächste erreichbare Seebad und wird dementsprechend an Wochenenden und in den Ferien oft besucht. Über die palmengesäumte Strandpromenade gelangt man im Norden zu einer kleinen Fischersiedlung und dahinter zum **Sammuk Hill** mit dem größten Golfplatz des Landes. Vom Gipfel, auf den eine Straße hinaufführt, hat man einen prächtigen Panoramablick. Eine bei Jung und Alt beliebte Attraktion von Bang Saen ist die *"Ocean World"*, ein Vergnügungszentrum mit Wasserrutschbahnen, mehreren Pools und einem Wellenbad (tägl. geöffnet 11.00-19.00 Uhr). Interessanter ist das 1964 eröffnete *"Marine Science Centre"*, das seit 1984 in einem neuen Gebäude auf dem Campus der Universität untergebracht ist. Der Aquarium-Komplex mit seinen sieben Abteilungen ist der größte Südostasiens; er enthält Korallen, Schalentiere sowie farbenprächtige Klein- und Großfische, u.a. auch viele Haie. Dem Aquarium ist ein **Naturwissenschaftliches Museum** angeschlossen, in dem u.a. das Riesenskelett eines Wales beeindruckt, der 1975 am Bang Saen Beach entdeckt wurde.

Öffnungszeiten
Das Marine Science Centre ist tägl. außer Mo geöffnet 8.30-16.00 Uhr, an Wochenenden bis 17.00 Uhr, Eintritt 40 BHT

Etwas weiter östlich, 4 km vom Hwy 3 (KM 112) entfernt, lohnt der *"Khao Khiao Open Zoo"* einen Besuch. In dem fast 5 qkm großen Gelände sieht man in Freigehegen viele asiatische und afrikanische Großtiere. Und in der zweitgrößten Voliere Südostasiens kann man eine Unmenge exotischer Vögel betrachten.

Öffnungszeiten
Khao Khiao Open Zoo, Hwy 3, tägl. geöffnet 07.00-18.00 Uhr, Eintritt 10 BHT

Die nächste Ortschaft entlang des Hwys 3 ist **Si Racha**, ein Städtchen, das mit einem Sandstrand, einer reizvollen Landschaft und einigen Tempeln aufwarten kann. Über einen Damm gelangt man zum Felsklotz vor der Küste, auf dem das ehemalige Meditationszentrum **Wat Si Maharaja** mit seinen thailändischen und chinesischen Details, einem Fußabdruck Buddhas und einem schönen Ausblick auf die Bucht lockt. Von Si Racha aus kann man mit einem Boot zur vorgelagerten Insel **Ko Si Chang** übersetzen.

Zwischen Si Racha und Pattaya gelangt man vom Hwy 3 auf Stichstraßen zur Küste, wo allerdings nur der **Red Cliff Beach** ein lohnendes Ziel darstellt. Dominiert wird die Gegend nämlich von der nahen Großraffinerie und dem 1990 eröffneten Hafen **Laem Chabang**. Als Entlastung für Bangkoks Klong Toey wurde er zum größten Hochseehafen Thailands ausgebaut, der von bis zu 120.000 BRT großen Containerschiffen angelaufen wird. Mit seinem computergesteuerten Kontrollsystem, den vier Container-Piers, riesigen Kränen, einer Werftanlage (im Bau) und einem 'Industriepark' (*Laem Chabang Industrial Estate*) ist die Ortschaft das neueste Vorzeige-Projekt der thailändischen Wirtschaft.

Auf den letzten Kilometern begleiten Zuchtfarmen für Austern und Hummer (die modernste Anlage ist die *Bang Lamung Shrimp & Lobster Farm*) und Tapioka-Plantagen den Hwy 3. Kurze Zeit später hat man die Bucht von Pattaya erreicht.

6.4.4 PATTAYA

Was Frank Sinatra über New York sang, trifft auch auf Pattaya zu: eine "Stadt, die niemals schläft"! Während sich tagsüber Sonnenhungrige und Wassersportler am und im Golf von Thailand tummeln, ziehen nach Einbruch der Dunkelheit glitzernde Neon-Leuchtreklamen die Besucher zu Diskotheken, Travestie-Shows, Restaurants, Nightclubs und Bars. Von allen Touristenorten Thailands hat Pattaya die wohl erstaunlichste 'Karriere' hinter sich gebracht. Noch Ende der 1950er Jahre war es ein verträumtes, kleines Fischernest, dessen 4 km langer Sandstrand noch nicht einmal in Bangkok bekannt war. Die Zeiten änderten sich, als die Amerikaner vom Militärstützpunkt U-Tapao aus Einsätze nach Vietnam flogen und sich gerade diesen Ort als *"Rest & Recreation Area"* für ihre GIs aussuchten. Binnen weniger Jahre explodierte das Dorf zu einem turbulenten Zentrum des Amüsements, in dem nachts nicht weniger los war als tagsüber. Und nach dem Ende des Vietnamkrieges wurden die ehemaligen Gäste schnell ersetzt durch Urlauber aus Amerika, Europa und Japan, die auch nichts anderes wollten und sich kaum anders benahmen als die Soldaten vor ihnen. Und der Boom hielt bis Anfang der 1990er Jahre unvermindert an! Die größten Steigerungsraten erfuhr das mittlerweile auf über 50.000 Einwohner angewachsene Pattaya in der zweiten Hälfte der 1980er. Waren es 1985 immerhin schon 577.700 ausländische Touristen, die es zur Kapitale der 'thailändischen Riviera' zog, wurden 1989 daraus

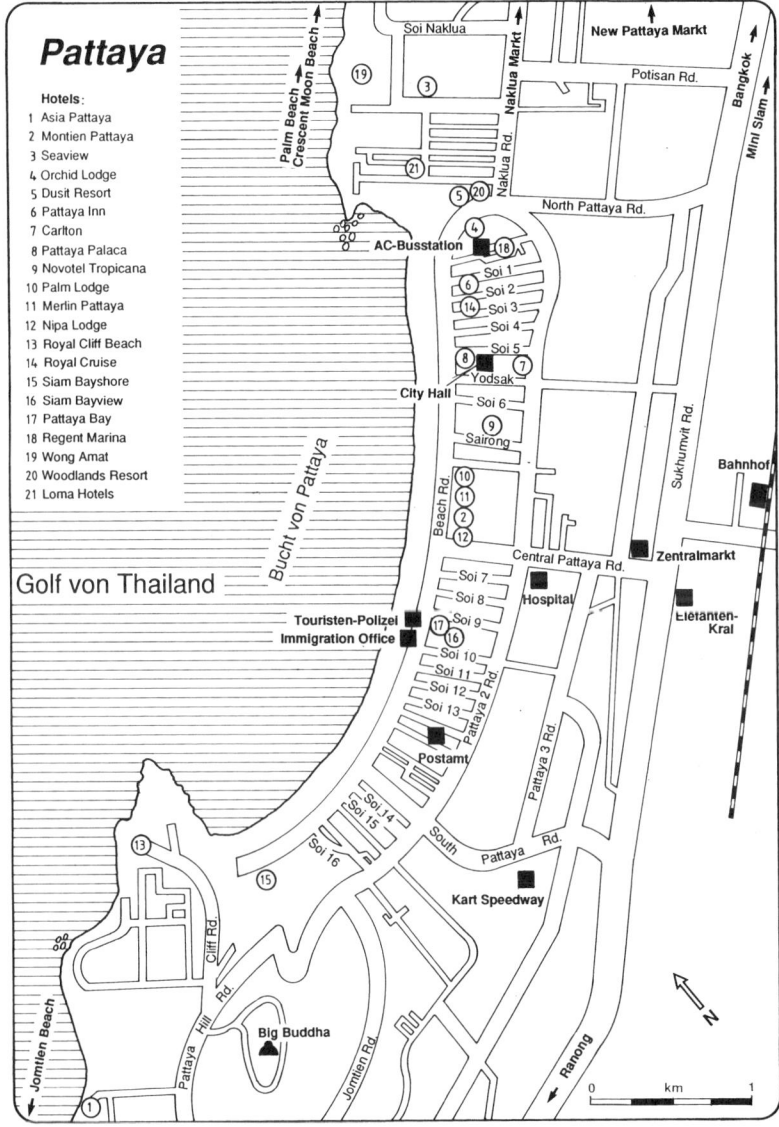

1.316.600 *farangs* plus 141.550 Tagesbesucher. Die Beliebtheit färbte offensichtlich auf die Thai ab, denn auch sie steigerten ihren Besucheranteil im gleichen Zeitraum von 282.800 auf über 1.309.000 Personen.

Es ist klar, daß eine solche Menschenlawine erst einmal verdaut sein wollte – und das gelang nur unzureichend! Die **Schattenseite von Pattaya** war ein planloser und ungeordneter Wildwuchs von Bars und Hotels, Geschäften und Animierlokalen. Der einst so friedliche Sandstrand wurde von Hotelburgen besetzt. 1991 boten nicht weniger als 237 Etablissements – von der Primitivpension bis zum De-Luxe-Hotel – den Gästen Unterkunft, und trotzdem zogen Baukräne neue Herbergen in Tag- und Nachtschichten hoch. Die Bebauungspläne wurden dabei stets überzogen und die Umwelt schwer geschädigt. Mit der Trinkwasserversorgung haperte es, und die Wasserverschmutzung durch Abwässer erreichte stark gesundheitsgefährdende Ausmaße. Auch die Müllabfuhr war dem Kollaps nah und die Strände alles andere als sauber. Daß die Prostitution florierte, lag in der Natur der Sache und störte die wenigsten Gäste, aber der Drogenhandel und die damit verbundene Kriminalität verschreckten immer häufiger auch alte Pattaya-Liebhaber. Die Folgen der Misere waren abzusehen: Seit einigen Jahren verlangsamte sich der Touristenstrom, und die Deviseneinnahmen hatten rückläufige Tendenz.

Pattaya und die "thailändische Riviera"

In dieser Situation setzte die thailändische Regierung ein deutliches Zeichen: sie erklärte Pattaya zum Modellprojekt für den Umweltschutz und stellte Mittel in Höhe von 3,6 Milliarden BHT (= ca. 260 Mio DM) zur Sanierung bereit. 1991-1994 sollen in neun Einzelprojekten die Abwasserproblematik gelöst (bislang wird nur ein Achtel der täglich verbrauchten 30.000 Kubikmeter Wasser geklärt), die Frischwasserversorgung und Müllabfuhr verbessert, Strände saniert, Gehwege, Straßen, ein Drainagesystem und Bootsanlegestellen gebaut werden. Außerdem will man nach Angaben der Behörden auch den Kampf gegen Prostitution und Drogenhandel konsequenter führen. Dabei denkt man an eine Verlegung der Go-Go-Bars und anderer Animierlokale in sperrbezirksähnliche Viertel, an eine zahlenmäßige Einschränkung solcher Etablissements sowie an eine strengere Kontrolle der Prostitutierten.

Sollte der ehrgeizige Sanierungsplan greifen, wird wohl auch in den nächsten Jahrzehnten Pattaya der strahlende Stern des thailändischen Fremdenverkehrs bleiben. Außer den vielfältigen Attraktionen des Nachtlebens im "Village" hat die Stadt nämlich einiges zu bieten: eine Hotellerie auf höchstem Niveau, ein Sport- und Unterhaltungsangebot, das seinesgleichen sucht, eine fast ständig scheinende Sonne und einen Kranz von Inseln und Inselchen mit weißen Sandstränden, farbenprächtigen Korallen und kristallklarem Wasser.

Busverbindungen
Der gewöhnliche Weg der An- und Abreise nach/von Pattaya ist der mit dem Bus. Flugzeuge, Bahn und Schiffe fallen demgegenüber kaum ins Gewicht. Nach Bangkok fahren vom Busbahnhof in der North Pattaya Rd. AC-Busse im 40-Minuten-Takt von 6.30-19.45 Uhr (50 BHT); Ordinary-Busse alle 35-40 Minuten zwischen 3.40-19.30 Uhr. Mit bequemen Reisebussen privater Firmen kann man direkt zum Flughafen in Bangkok kommen, der Preis liegt bei 100-250 BHT.

Taxis
Das gebräuchlichste innerstädtische Verkehrsmittel sind die **Songtaos** (Sammeltaxen), die auf den beiden Hauptverkehrsstraßen in einem großen Kreis fahren, immer auf der Suche nach Kundschaft. Die meist blauen und durchnumerierten Sammeltaxen werden an der Straße per Handzeichen angehalten; mit einer Klingel (an der Decke) gibt man dem Fahrer Bescheid, wann man aussteigen möchte. Der Fahrpreis, zahlbar beim Ausstieg, ist 5 BHT pro Person und Fahrtrichtung, obwohl von *farangs* oft mehr verlangt wird. Vor den großen Hotels warten außerdem Sammeltaxen, die man chartern kann. Hier muß der Preis mit dem Fahrer ausgehandelt werden. Als Richtschnur können 30 BHT für Fahrten innerhalb von Pattaya und 40 BHT für den Transport zum Jomtien Beach gelten.

Mietfahrzeuge
Wer unabhängig sein will, kann sich in einer der zahlreichen Verleihstationen einen **Mietwagen** oder ein **Motorrad** besorgen. Das Risiko trägt allerdings allein der Kunde: die fahrbaren Untersätze sind schlecht gewartet, brechen häufig nach kurzer Fahrt zusammen und haben fast alle keinen ausreichenden Versicherungsschutz!

Unterkunft
Kaum sonstwo gibt es ein solch gedrängtes Angebot von guten, besseren und besten Hotels wie in Pattaya. Aus der unüberschaubar gewordenen Liste hier eine kleine Auswahl:

● *"Green"***, Soi 9, Beach Rd., Tel.: (038)429-644/423-555; im mittleren Teil von Pattaya Beach und etwa 300 m vom Strand entfernt gelegen, kleiner Swimmingpool, freundliches Personal, vorwiegend männliche Gäste.

● *"Champ"***, 561/10 Pratamnak Rd., Tel.: 428-434-1; am Ortsrand von Süd-Pattaya und 500 m vom Geschäfts- und Vergnügungsviertel entfernt gelegenes Mittelklasse-Hotel, vorwiegend alleinreisende Gäste.

● *"Beach View"****, 389 Soi 2, Tel.: 422-660-2; im nördlichen Teil von Pattaya gelegenes Mittelklasse-Hotel mit 128 Zimmern.

● *"Cosy Beach"****, 400 Cliff Rd., Pattaya Beach, Tel.: 429-334; oberhalb des Sandstrandes von Cosy Beach und 2 km vom Zentrum entfernt gelegen, zum Strand gelangt man über Treppen, Mittelklasse-Hotel mit 101 zweckmäßig eingerichteten Zimmern im Gartenflügel und 215 komfortableren Zimmern im Tower.

● *"Loma Hotels"****, 193 M 5, Soi Wongamat, Tel.: 427-026; im ruhigen Teil von Nord-Pattaya gelegene Anlage, 8 Gehminuten vom Wongamat-Strand entfernt, Resort mit 125 Zimmern (alle mit Balkon oder Terrasse), L-förmig um den sehr großzügigen Swimmingpool gebaut.

● *"Orchid Lodge"*****, 240 Moo 5, Naklua Rd., Tel.: 428-616; sehr großzügige Anlage im ruhigen Nordteil, 234 Zimmer mit allen Annehmlichkeiten, riesiger Pool, mehrere Restaurants.

● *"Nipa Lodge"*****, Beach Rd., Tel.: 428-195; überschaubares, freundliches Hotel mit 148 geschmackvollen Zimmern, großer Swimmingpool, Tennis- und Squash-Platz, schöne Gartenanlage mit Kokospalmen.

● *"Ambassador City Jomtien"*****, 21/10 Sukhumvit, Km 155 Na Jomtien, Tel.: 231-501; Hochhaus mit 1.070 Zimmern am Jomtien-Beach, Luxusanlage mit mehreren Pools, Restaurants, Bars und allen Wassersportmöglichkeiten.

● *"Novotel Tropicana"*****, 89 Moo 9, Second Rd., Tel.: 428-645-8; schöne, zweistöckige Anlage mit 186 Zimmern im polynesischen Stil, alle Annehmlichkeiten, Restaurant, 2 Swimmingpools.

● *"Royal Garden Resort"******, 218 Beach Rd., Tel.: 428-126-7; Luxushotel mit allen Möglichkeiten zur Erholung in komfortabler Umgebung, Swimmingpools, 200 der 375 Zimmer sind 1991 fertiggestellt worden.

● *"Siam Bayshore"*****, 559 Moo 10, Tel.: 428-678-81; am Ende der Uferstraße in Süd-Pattaya gelegene Anlage, nur wenige Minuten vom Vergnügungszentrum entfernt, 270 komfortable Zimmer in 14 Gebäuden, die durch Wege und Brücken miteinander verbunden sind, schöner Tropengarten und Atrium-Lobby.

● *"The Royal Cruise Hotel"******, 499 North Pattaya Beach Rd., Tel.: 428-015; originelles Luxushotel in Form eines riesigen Kreuzfahrtschiffes, mitten im quirligen Treiben Pattayas gelegen, 200 "Kabinen" mit allen Annehmlichkeiten, Restaurants und Pools.

● *"Royal Cliff Beach Resort"******, 353 Moo 12 Cliff Rd., Tel.: 421-421-30, 428-513-5; oberhalb des hoteleigenen Sandstrandes der Royal Cliff Bay gelegen, imposante Empfangshalle, 4 Restaurants, 3 Swimmingpools, Sportmöglichkeiten, 420 elegante Zimmer, im *"Royal Cliff Terraca Building"****** (Tel.: 679-819) zusätzlich 64 sehr geräumige Suiten.

● *"Royal Wing"******; wie das angeschlossene *Royal Cliff Beach Resort* an der Royal Cliff Bay gelegen, terrassenförmige, luxuriöse Anlage, 84 großzügige Suiten mit allen Annehmlichkeiten, die erste Adresse in Pattaya und weit darüber hinaus: 1991 von der *Asia Travel Association* als "bestes Ferienhotel im pazifischen Raum" gewertet.

Restaurants

So vielfältig wie die Gäste, so vielfältig ist auch das Restaurant-Angebot von Pattaya. Kaum eine Küche dieser Welt, die hier nicht vertreten wäre. An dieser Stelle nur einige Anregungen:

● *Nang Nual* auf der Beach Rd. ist das wohl bekannteste Fischrestaurant im Bereich der Fußgängerzone.

● Im *Angus* (Tel.: 426-193) und *El Toro*, beide auf der Second Rd. gelegen, bekommt man gute Steaks.

• Die *P.J.C.-Kitchen* (Soi 5, Tel.: 428-387, geöffnet 8.00-24.00 Uhr) bietet klassische Thai-Küche und europäisches Essen in einer sehr geschmackvollen Atmosphäre, nicht gerade billig; im zweiten Stock sollen zwischen 19.00-01.00 Uhr Jazz-Bands spielen (wovon bei meinen Besuchen dort jedoch nichts zu sehen und zu hören war!).

• Im *Ruen Thai* (Soi 2, Süd-Pattaya, Tel.: 425-911; geöffnet 11.00-24.00 Uhr), einer schönen, offenen Anlage, werden thailändische Spezialitäten serviert; von 19.30-23.00 Uhr gibt es traditionelle Tanz- und Musikvorstellungen.

• Die *Peppermill* (Soi 16, Süd-Pattaya, Tel.: 424-284) ist ein bekanntes Restaurant unter Schweizer Leitung, in dem man in sehr gediegener Atmosphäre französische Küche genießen kann.

• Der *Lobster Pot* (228 Beach Rd., Tel.: 426-083) liegt direkt am Wasser und bietet hervorragendes Seafood und gute internationale Küche.

• Der *Thai Market* im *"Royal Cliff Hotel"* (ab 19.00 Uhr) sei mit seinen täglich wechselnden Kreationen Buffet-Freunden ans Herz gelegt .

Unterhaltung

Pattaya steht nicht nur für Sonne und Wassersport, sondern mindestens genauso für sein Unterhaltungsprogramm, das auf jedem erdenklichen Niveau stattfindet. Man schlendere nur einmal durchs "Village" in Süd-Pattaya; hier findet jeder das, was er sucht. Wer weniger an **Nachtclubs, Go-Go-Bars, Massagesalons** oder **Thai-Boxen,** sondern eher an heißen Rhythmen interessiert ist, besuche eine der

DISKOTHEKEN

Die bekanntesten sind:

• *"Palladium Discotheque"*, Second Rd., größte Diskothek mit Lasershow und eindrucksvollen Lichteffekten, internationales Publikum, geöffnet 22.00-03.30 Uhr.

• *"Disco Duck"*, Central Pattaya Rd., Diskothek im Hotel *"Little Duck"*, die vorwiegend von thailändischen Teenies besucht wird, geöffnet 22.00-02.00 Uhr.

• *"Marine Discotheque"*, Beach Rd., größere Diskothek in der Nähe der Karusselbar mit internationalem Publikum, geöffnet 22.00-04.00 Uhr.

• *"Dice Cafe"*, Naklua Rd., Diskothek und Restaurant neben dem *"Summer Resort Hotel"*, ausschließlich Live-Musik und thailändisches Publikum, geöffnet 22.00-06.00 Uhr.

CABARET

Weltberühmt ist Pattaya inzwischen für seine Cabaret- bzw. Travestie-Shows, die wirklich auf allerhöchstem Niveau stehen und ihr Eintrittsgeld von ca. 200 BHT wert sind. Neben kleineren Bühnen (*"Cock Pit"*, *"Nautilus"*, *"Simon Cabaret"*) sind am bekanntesten und am besten:

• *"Tiffany"* (Pattaya Sport Bazar Bldg., Second Rd., Tel.: 429-642) und • *"Alcazar"* (78/14 Second Rd., Tel.: 428-746) – beide bieten tägl. drei Shows um 19.00, 20.30 und 22.00 Uhr an, Sa zusätzlich um 23.30 Uhr.

Sport

Wer sich sportlich betätigen will, hat in Pattaya die Qual der Wahl. Einmalig ist das Angebot an Wassersportarten, das z.T. im Übernachtungspreis der größeren Hotels enthalten ist. Etliche **Tauchschulen** bilden in Schnellkursen jüngere wie ältere Schüler aus, **Windsurfen** wird vor allem am Jomtien Beach großgeschrieben, **Segeln** kann man ebenso gut am Jomtien Beach (*Pattaya Sailing Center, Olympic Sailing Team*) und anderswo und **Hochseeangler**, die es auf Marline, Königsmakrelen, Thunfische oder Haie abgesehen haben, wenden sich am besten an den *Pattaya Game Fishing Club* oder an den *Bang Saray Fishing Club* gleich südlich von Pattaya. Überall am Strand werden Sie angesprochen, ob Sie nicht einmal *Parasailing* (ca. 400 BHT) probieren, *Wasserski* fahren oder *Waterscooter* (ca. 300 BHT pro Stunde) ausleihen möchten.

Achtung:
Diese genannten Sportarten sind nicht ungefährlich. Achten Sie deshalb auf die Wetterlage, auf Strömungen und auf den Zustand des Sportgerätes. Bedenken Sie auch, daß selbst bei guten äußeren Bedingungen immer ein Restrisiko bleibt. Unfälle, die auf Material- oder Bedienungsfehler zurückzuführen waren, sind in der Vergangenheit insbesondere beim Parasailing und mit Wasserscootern vorgekommen!

Wer das trockene dem nassen Element vorzieht, findet eine Vielzahl von Betätigungsmöglichkeiten.

Fitneßstudios, Squashzentren, Tennis-, Minigolf- und **Golfplätze** sind reichlich vorhanden. Wer **reiten** möchte, kann dies Tag und Nacht auf der *Reo Ranch* tun, die über mehrere aus Australien importierte Vollblüter verfügt.

Freunde des **Motorsports** können auf dem 15 km östlich am Hwy 36 gelegenen *Bira International Pattaya Circuit* (eine 2,4 km lange Bahn) nationale und internationale Auto- und Motorradrennen verfolgen.

Einkaufen

Farbenfrohe **Märkte**, auf denen tagsüber Lebensmittel (insbesondere Gemüse, Gewürze, Fleisch und Fisch), Blumen, Früchte, Textilien, Haushaltswaren und Souvenirs angeboten werden, gibt es gleich zwei in Pattaya: Auf der Central Pattaya Rd. und auf der South Pattaya Rd. Sonntags lohnt sich ein Besuch des *Sunday Market* in der Ortschaft Naklua. Neben der Unzahl kleinerer Märkte und Verkaufsstände gibt es zwei große **Kaufhäuser** mit einem guten Warenangebot: das *"Day & Night"*-Kaufhaus in der South Pattaya Rd. und den *"Mike Departement Store"* in der Secoond Rd., beide täglich bis 22.00 Uhr geöffnet. Wer an Schmuck und **Edelsteinen** interessiert ist, sei an den "Pan Siamese Juwelier" verwiesen (Beach Rd.), schräg gegenüber dem "Siam Bayshore Hotel"), der seine Produkte mit Echtheits-Zertifikat verkauft und sich bisher als sehr zuverlässig erwiesen hat. Das Angebot von guten, zuverlässigen und perfekt arbeitenden **Maßschneidereien** ist überwältigend. In den meisten Fällen wird Ihnen die abends bestellte Ware am nächsten Vormittag geliefert. Als besonders zuverlässig haben sich u.a. *"Dolly's Fashion"* (gegenüber dem "Woodland Resort Hotel"; Tel.: 426-836) und *"Harrods Schneider"* (im "Orchid Lodge Hotel"; Tel.: 425-441) erwiesen – beide mit Abholservice und guten Englisch- und Deutschkenntnissen. Eine gute Auswahl an **Büchern** und **Karten**, auch an englischer und deutscher Literatur, Zeitungen und Magazinen, findet man im *"DK Bookstore"* gegenüber dem Postamt, täglich 10.00-22.00 Uhr geöffnet.

Wichtige Telefonnummern und Adressen

● **Information:** TAT-Büro, 382/1 Chaihat Rd., Tel.: 428-750; 429-113. Direkt neben der Touristen-Information befindet sich die **Touristenpolizei** (Tel.: 429-371). Das **Immigration Office** liegt auf der Soi 8 (Tel.: 429-374). Ein **Telefonamt** (tägl. 24 Stunden geöffnet) befindet sich in Süd-Pattaya auf der South Pattaya Rd. Von hier aus kann man Auslandsgespräche billiger als in den Hotels führen.

● **Gesundheit:** Eine hypermoderne, gut geführte Klinik mit englischsprachigem Personal ist *"P.I.C. – Pattaya International Clinic"*, Soi 4, zwischen Beach Rd. und Second Rd., Tel.: 428-374-5. *Dr. Lopachok* unterhält eine deutschsprechende Arztpraxis gegenüber dem *"Nipa Lodge Hotel"*, Central Rd., Tel.: 429-357. Bei Problemen mit den Zähnen ist die Klinik *"JTL Clinic"*, 336/19 Central Pattaya Rd., Tel.: 428-815, eine empfehlenswerte Adresse.

Strände und Stadtteile

Der Besucher von Pattaya tut gut daran, zunächst eine Übersicht zu gewinnen, wo genau an der weit geschwungenen Bucht sich sein Hotel befindet, welche Strände in der Nähe sind und wo das Nachtleben konzentriert ist. Geht man von Norden nach Süden vor, dann liegt einige Kilometer vor Pattaya die Ortschaft **Naklua** mit einem bedeutenden Markt und dem **Naklua Beach.** Obwohl auch hier kräftig gebaut wird, geht es insgesamt etwas ruhiger zu, und die Wasserqualität ist noch akzeptabel. Die Bucht von Naklua wird südwestlich von einem Kap begrenzt, in dem zwei hübsche, von Felsen eingerahmte Badebuchten liegen: **Crescent Moon Beach** und **Palm Beach**. Durch den Bau von riesigen Hochhäusern mit Eigentumswohnungen hat das Kap allerdings seinen landschaftlichen Reiz verloren. Südlich davon schließt sich der **Wongamat Beach** an, hinter dem die ersten Hotels von Pattaya die Skyline bestimmen. Er eignet sich für Strandspaziergänge oder zum Sonnenbaden (Leihgebühr für Sonnenschirm mit Liegestuhl ca. 10 BHT), hat aber kein besonders gutes Wasser.

Unterhalb des Strandes beginnt die Bucht von Pattaya mit dem 4 km langen Sandstreifen des **Pattaya Beach,** den man in verschiedene "Zonen" einteilen muß. Gemeinsam ist ihnen, daß der Strand nicht sehr breit und das Wasser sehr schmutzig ist. Seit 1989 warnen die Behörden vor dem Baden in bestimmten Zonen, insbesondere im südlichen Abschnitt zwischen der Siam Commercial Bank und der Einmündung des Kanals. Genau dort geht es auch am lautesten zu und entfaltet nach Einbruch der Dunkelheit "Pattaya by Night" sein hektisches Treiben. An der weit in die Bucht ragenden Felsnase endet Südpattaya. Hinter dem Privatstrand des "Royal Cliff Hotels" und dem anschließenden "Cosy Beach" beginnt dann der langgestreckte **Jomtien Beach**. Er ist die beste Adresse für alle, die an der Festlandsküste schwimmen oder

Am Royal Cliff Hotel

eine der zahlreichen Wassersportmöglichkeiten wahrnehmen möchten. Hier sind auch die Strandhändler freundlicher und weniger aufdringlich als am Pattaya Beach. Beim *Royal Varuna Yacht Club* in der *Ocean Marina* (Tel.: 428-959) und an anderen Stellen kann man alle Arten von Wasserfahrzeugen chartern (zwischen 1.500 und 20.000 BHT pro Tag, je nachdem, ob es ein kleines Boot oder eine große Yacht sein soll). Und auch die über 20 Windsurfing-Shops allein in Jomtien Beach sprechen eine deutliche Sprache.

Zu den **schönsten Stränden** allerdings muß man eine kleine (und schöne) Anreise zu einer der **vorgelagerten Inseln** in Kauf nehmen.

Besichtigungen

Pattaya-Touristen können nicht annähernd die gleiche Vielfalt an kulturellen Sehenswürdigkeiten erwarten, wie sie für die meisten Orte des Königreichs so typisch ist. Wer aber nicht nur an den Stränden oder am Nachtleben interessiert ist, kann auch hier einiges unternehmen. Unzählige Reisebüros bieten pauschale Arrangements etwa nach Bangkok, zum Khao Yai-NP, zu Austernfarmen und zu Tierparks an.

● Im Ort selbst führt ein empfehlenswerter Spaziergang auf den **Pattaya Hill** im Süden der Stadt, dessen herausragende Landmarke der **Big Buddha** ist. Zwei Tempelanlagen und der weite Ausblick über die Bucht und das Hinterland von Pattaya machen den Ausflug zusätzlich lohnend, der von den Bequemeren auf der Hill Rd. auch mit dem Auto oder Moped durchgeführt werden kann.

● Eine Attraktion ganz anderer Art ist der **Elefantenkral**, der sich nördlich der Central Pattaya Rd. und westlich der Sukhumvit Rd. befindet. In zwei täglichen Shows (10.00 und 14.30 Uhr) kann man hier trainierten Elefanten beim andressierten Spiel beim Arbeiten zuschauen oder, wenn man möchte, auch auf ihnen reiten. Ein größeres Programm bietet das **Elefantendorf** (*Pattaya Elephant Village*), das unweit des Siam Country Clubs liegt. Hier sieht man die Dickhäuter u.a. auch Fußball spielen, tanzen und in historischen Kostümen als Kriegselefanten. Pattaya Elephant Village, tägl. geöffnet 8.00-22.00 Uhr, Eintritt 160 BHT, Vorführungen um 14.30 und 16.30 Uhr.

● Am Anfang des Jomtien Beach ist der **Pattaya Park** ein idealer Platz für ein ganztägiges Wasservergnügen mit großem Pool, Wasserrutsche, mehreren Restaurants und schönem Strand (Eintritt 50 BHT, Kinder 30 BHT). Dem Parkgelände ist das "*Pattaya Park Beach Resort*" angeschlossen, ein modernes und komfortables Hotel mit 270 Zimmern.

● Nördlich vom Stadtzentrum liegt an der Sukhumvit Rd. die wohl größte Touristenattraktion, **Mini Siam**. Nicht nur für die Bequemen, denen das Reisen durchs Land zu lästig ist, sondern selbst für diejenigen, die fast alle Sehenswürdigkeiten des Königreichs schon erlebt haben, ist ein Besuch in "Mini Siam" eine durchaus empfehlenswerte Sache! Denn die Modelle der wichtigsten Baudenkmäler (im Maßstab 1:25) sind mit sehr viel Akribie und Kunstverstand hergestellt und außerdem in einer schönen Parkanlage plaziert. So kann man beispielsweise den Khmer-Tempel von *Phanom Rung*, Wat Mahatat in *Sukhothai*, den Tempel von *Nakhon Phanom*, den Königstempel *Wat Phra Keo* in Bangkok, die Ruinen von *Ayutthaya*, den *Goldenen Berg*

Mini Siam

oder die Attraktionen *Mae Hong Sons* eingehend studieren und nebenbei phantastische 'Luftaufnahmen' machen. Empfehlenswert ist die Besichtigung am späten Nachmittag, so daß man nach Einbruch der Dunkelheit noch die schöne Illumination der Gesamtanlage mitbekommt. Inzwischen hat man dem Mini Siam ein **Mini Europe** zur Seite gestellt. Hier sind u.a. die herausragenden Kulturmonumente von Städten wie *Amsterdam, Athen, Köln, Kopenhagen, London, Mailand, Moskau, Paris, Rom* und *Sevilla* zu bewundern, und auch *Neuschwanstein* darf da natürlich nicht fehlen. Mini Siam & Mini Europe, 387 Moo 6, Sukhumvit Rd., Tel.: 424-232, tägl. geöffnet 07.00-22.00 Uhr, Eintritt 200 BHT (Kinder 100 BHT).

● In der Umgebung Pattayas locken daneben noch weitere Attraktionen wie z.B. das "Orchideen-Wunderland" **Nong Nooch Village** und einige schöne Strände und Nationalparks weiter südlich (s. Kapitel 6.4.5). Was jeder Pattaya-Urlauber aber unbedingt erleben sollte, das ist ein Ausflug zu einer der **vorgelagerten Inseln** (s. Kapitel 6.4.6) – sei es, um dort zu tauchen, schnorcheln und schwimmen, sei es, um auf der Fahrt dorthin zu angeln, oder sei es einfach, um dem Gedränge und dem schmutzigen Wasser von Pattaya-Beach zu entfliehen.

6.4.5 ZWISCHEN PATTAYA UND HAT LEK

Bei der Reise in den Südostzipfel des Landes bleibt man am besten auf der Küstenstraße, die von Pattaya bis Trat durch den Hwy 3 (Sukhumvit Rd.) gebildet wird. Etwa 15 km südlich von Pattaya Beach, am öffentlichen Strand von Jomtien und anschließend an mehreren Privatstränden vorbei, erreicht man eine Abzweigung, an der es 3,5 km zum **Nong Nooch Resort** geht.

Diese Attraktion wird vor allem von Pattaya-Touristen auf einem halbtägigen Ausflug besucht. Geboten werden hier Elefantenshows und kulturelle Darbietungen (Tänze etc.), daneben kann man durch eine gestaltete, aber ursprünglich wirkende Landschaft spazieren (Felsen-, Kaktus-, Palmen- und Farngarten), die Tiere des Zoos betrachten, die Orchideenfarm besuchen und sich im Restaurant stärken. Außerdem hat das Nong Nooch Resort Unterkunftsmöglichkeiten in hübschen Thai-Häusern.

Öffnungszeiten

Nong Nooch Village, Sukhumvit Rd., KM 163, Tel.: 429-372-3; tägl. zwei Vorstellungen: 10.00-11.30 Uhr und 15.00-16.30 Uhr

Die nächste Ortschaft, in einer weit geschwungenen Bucht gelegen, heißt **Sattahip**, dessen Strände und Inselchen Besuchern nicht zugänglich sind (militärisches Sperrgebiet). Neben Klong Toey in Bangkok, Laem Chabang vor Pattaya sowie Songkhla und Phuket im Süden besitzt Sattahip den fünften Hochseehafen des Landes, der fast ausschließlich von der Königlichen Kriegsmarine genutzt wird.

Südlich der Stadt ragt eine Halbinsel ins Meer, an deren Spitze die Ortschaft **Chong Samaesan** liegt, über eine 12 km lange Stichstraße vom Hwy 3 aus zu erreichen. Abgesehen von der schönen Aussicht ist Chong

Samaesan für Besucher wegen der Möglichkeit interessant, auf Fischerbooten zu einer der **vorgelagerten Inseln** überzusetzen.

Der Hwy 3 folgt nun in gehörigem Abstand der Küstenlinie. Eine Stichstraße geht rechts zum Flughafen **U-Tapao** ab, kurz darauf in Ban Chang
eine weitere zum Sandstrand, an dem sich ab Ende 1992 die Ferienanlage

"Eastern Seapoint" ausbreitet, deren niedrige Appartementhäuser um einen riesigen Swimmingpool grup-
piert sind.

11 km vor Rayong biegt eine
6 km lange Straße nach **Mab
Tha Phut** ab, dem jüngsten
der sechs großen Häfen Thailands (z.Zt. noch im Bau).
Auf dem Gelände des ehe-
maligen *"Golden Beach"*
entsteht hier nicht nur ein
enormer Hochseehafen, sondern auch ein riesiger Indu-
striekomplex, von dem ein
petrochemischer Betrieb
schon fertig ist. Mab Tha
Phut profitiert von den Erd-
gasfeldern im Golf von Thai-

Großindustrie bei Rayong

land, deren Landterminal hier entsteht, ab 1995 auch mit der vierten
Erdölraffinerie des Landes. Diese Joint Venture mit dem niederländischen
"Shell"- und dem amerikanischen "Caltex Oil"-Konzern wird eine tägl.
Kapazität von 136.000 Barrel haben und Tausende von Arbeitsplätzen

schaffen. Die Touristen an
den nahen Stränden wer-
den davon allerdings we-
niger begeistert sein!

Die nächste größere Ort-
schaft heißt **Rayong**. Dieses Zentrum der Fischso-
ßen-Produktion (*nam pla*)
hat außer einem pittores-
ken Hafenviertel nicht viel
zu bieten. Dafür aber um
so mehr der nun folgende
Küstenabschnitt bis
Klaeng, der am besten
von der ufernahen Straße

Sandstrand vor Klaeng

3145 und nicht vom vielbefahrenen Hwy 3 zu erkunden ist. Hinter der Ortschaft **Ban Phe**, ab der die Boote nach **Ko Samet** und anderen Inseln abfahren, kommt man an vielen herrlichen Sandstränden vorbei, die von pittoresken felsigen Abschnitten getrennt sind. Kasuarinen und Palmen, Restaurants mit ausgezeichnetem Seafood, billigere und Luxushotels und insgesamt recht wenig Trubel machen diesen Küstenabschnitt zum vielleicht schönsten am östlichen Golf.

In der Nähe der Ortschaft **Laem Mae Phim** wurde im Dorf Ban Kram der wohl bedeutendste Poet Thailands, Sunthorn Phu (1786-1855), geboren. Ein *Memorial Park* mit Statuen des Dichters und mit Figuren seiner berühmtesten Werke liegt im Zentrum des Ortes. In Ban Kram hat man bereits die Uferstraße verlassen, von der aus man den Hwy 3 nach 16 km bei der Kleinstadt **Klaeng** erreicht.

Unterkunft
Unter den vielen **Unterkunftsmöglichkeiten** entlang der Strecke sind diese besonders gut:

● *"Baanphe Resort"****, 109 Moo 3 Tambol Chakpong, Klaeng, Tel.: (01)321-0990; 100 Zimmer.

● *"Hinsuay Namsai Resort Hotel"****, 250 Moo 2 Tambol Chakpong, Klaeng, Tel.: (038)671-470; 174 Zimmer.

● *"Novotel Rim Pae Rayong"*****, 4/5 Moo 3 Pae Klaeng Kram Rd., Klaeng, Tel.: 614-678; 109 Zimmer, 2 Swimmingpools, Shuttle-Bus zum/vom Flughafen, Wassersportangebote, Restaurants und Bars, Fitneß-Center.

Von Klaeng bis Chantaburi geht es wieder auf dem Hwy 3 weiter, der in weitem Abstand zur Küste durch eine landwirtschaftlich intensiv genutzte Ebene führt. Linkerhand führen kleinere Straßen zu den Nationalparks im Hinterland oder Klosteranlagen (vgl. Kapitel 6.4.7). Endlich erreicht man die Provinzhauptstadt, etwa 15 km hinter der Ortschaft **Tha Mai**, am gleichnamigen Fluß.

Chantaburi

Drei Dinge sind es, die das Leben und den offensichtlichen Wohlstand Chantaburis bestimmen: **Edelsteine, Kautschuk** und **Obst.** Nachdem in den 1970er Jahren Prospektoren im Auftrag der thailändischen Juwelenmanufaktur auf reiche Rubinvorkommen in der Grenzprovinz Chantaburi stießen, ist ein wahres Edelstein-Fieber ausgebrochen.
Deutlich sichtbar wird dies an den Werkstätten, in denen Rubine und Saphire geschliffen und poliert werden, sowie an den Gold- und Silberschmieden, die die Einfassungen herstellen. Die nächsten Minen liegen im Bergbaugebiet von **Khao Phloi Waen**, 14 km nördlich der Stadt gelegen. Der 150 m hohe Edelsteinberg, der von einem Tempel mit Buddhas Fußabdruck bekrönt wird, ist von den Schächten und Gängen der Glücksritter bereits völlig durchlöchert, und sensationelle "20.000-Baht-Steine"

wird man hier wohl kaum noch finden können. Die Suche nach den wertvollen Steinen hat sich inzwischen nach **Bo Rai** und dem kambodschanischen Grenzgebiet verlagert (vgl. Kapitel 6.4.7). Immer noch ist Chantaburi aber der wichtigste Ort für die Bearbeitung und den Verkauf der Rubine.

Die landwirtschaftliche Komponente der 40.000-Einwohner-Stadt machen die reichhaltigen Ernten für Durian, Rambutan und Mangusten aus. Auf den Obstplantagen und in den Kautschukpflanzungen arbeiten viele Vietnamesen und Chinesen, die sich seit einigen Generationen hier niedergelassen haben und das Straßenbild deutlich prägen. Für Touristen ist der Ort u.a. durch eine hübsche Grünanlage (*Taksin Park*), einige Tempel und Holzhäuser interessant, die auf Pfählen im *Chantaburi River* stehen. Die merkwürdigste Attraktion ist aber wohl die katholische **Kirche von der Unbefleckten Empfängnis**, die 1880 am anderen Flußufer erbaut wurde. Das im französischen Kathedralstil errichtete Gotteshaus ist das größte in Thailand.

Ca. 5 km südlich der Stadt lohnt ein Ausflug nach **Laem Sing** (Straße 3146), wo man nahe der Flußmündung die Überreste einer alten **Militärfestung** finden kann. Schon General Taksin soll sich 1767 hierhin zurückgezogen haben, um Soldaten zu rekrutieren und eine Flotte zu bauen, bevor er den Kampf gegen die Burmesen aufnahm. Die heute sichtbaren Relikte – darunter mächtige Kanonen, Mauern und Wälle – stammen aus der Zeit Ramas III.

Will man von Chantaburi noch weiter in den Südosten vorstoßen (die meisten tun dies, um in Laem Ngop zur Insel Ko Chang überzusetzen), fährt man weiterhin auf dem Hwy 3 in 75 km nach Trat. Entlang der Strecke laden einige Sandstrände und felsige Abschnitte mit Korallen zum Baden oder Schnorcheln ein.

Trat ist die Hauptstadt der gleichnamigen Provinz, der östlichsten des Königreiches. Mit Ausnahme des idyllischen **Wat Chai Mongkul** und des **Wat Bupharan** hat der Ort aber wenig zu bieten, es sei denn, man findet an dem modernen Einkaufszentrum Gefallen, das in dieser Umgebung ein wenig deplaziert wirkt.

Während die Straße 3148 in südwestlicher Richtung nach **Laem Ngop** führt, geht der Hwy 318 noch ein ganzes Stück weiter auf einem Landstreifen, der durch die näherrückende kambodschanische Grenze immer enger wird. Hier findet man Strände, zu denen kaum noch ein Tourist vorstößt. Vorläufiger Endpunkt sollte das Fischerdorf **Klong Yai** sein, das fast vollständig auf Stelzen ins Meer hinausgebaut ist. Die letzten 16 km bis **Hat Lek** sind der Nähe zu Kambodscha wegen für Ausländer häufig gesperrt. Schon kurz nach Trat hat man übrigens des öfteren mit Kontrollen und Militärposten zu tun.

6.4.6 DIE VORGELAGERTEN INSELN

Zu den landschaftlichen Höhepunkten der östlichen Golfküste zählen die vorgelagerten Inseln, die alle Möglichkeiten der Erholung und des Wassersports bieten, ohne dabei unter einem beängstigenden Menschenandrang zu leiden. Im folgenden sind die schönsten Inseln übersichtsartig von Norden nach Süden aufgelistet:

Ko Si Chang

Die Insel war ursprünglich der Verladehafen für Ozeandampfer, der heute von Laem Chabang an der Festlandsküste ersetzt wird. Touristen können etwa jede Stunde von Si Racha mit dem Boot hierhin übersetzen, allerdings fährt das letzte Schiff zum Festland bereits am frühen Nachmittag zurück. Ko Si Chang ist insbesondere für trainierte Taucher interessant, die im klaren Wasser (am besten zwischen November und Juni) nicht nur Korallen und Fische erwarten können, sondern auch verrostete Industrieanlagen und ein Schiffswrack. Am Nordteil der Insel erstreckt sich ein schöner Strand.

Die Inseln vor Pattaya

Vor dem südlichen Ende der Bucht von Pattaya liegt ein Kranz kleiner Inseln, die fast alle das bieten können, was Pattaya Beach nicht hat: klares Wasser, gute Tauchgründe und herrliche Badegelegenheiten. Wer also einige Tage im Touristenzentrum verbringt, sollte den erholsamen und völlig problemlos zu organisierenden Trip dorthin nicht versäumen.

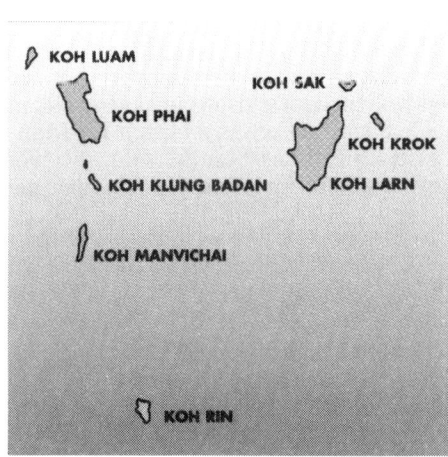

Die Inseln vor Pattaya

In Pattaya gibt es etliche Fischer, die für 700-2.000 BHT bis zu 10 Personen mitnehmen; dabei kann man während der Fahrt angeln und den Fang gleich an Bord grillen lassen. Die meisten Boote haben auch einige Taucherbrillen dabei. Alleinreisende können sich für ca. 250 BHT (einschließlich Mittagessen) einer solchen Tour anschließen oder auch mit einem Glasbodenboot zu den Inseln fahren (Abfahrten in Pattaya um 9.30 und 11.30 Uhr; ca. 350 BHT).

● Das populärste Ziel eines mehrstündigen Ausflugs ist **Ko Larn** und seine beiden Ableger **Ko Sak** und **Ko Krok**. Da die Insel nur 1 Stunde entfernt liegt, ist hier der Besucherandrang allerdings am stärksten, was sich durch lärmende Wasserscooter, etliche Freizeitboote und hohe Preise in den Strandrestaurants unangenehm bemerkbar macht.

● Doppelt so weit entfernt liegt **Ko Phai** im azurblauen Meer. Doch der ca. 2stündige Trip lohnt sich unbedingt, da die Insel mit ihrem 150 m hohen Kalksteinfelsen und den vielen verschwiegenen Badebuchten land-

schaftlich schöner und außerdem viel ruhiger ist. Vor den weißen Sandstränden findet man hervorragende Tauch- und Schnorchelgründe. Als Naturschutzgebiet, das von der Marine verwaltet wird, ist Übernachten oder gar Wohnen auf der Insel nicht erlaubt.

Inselhüpfen mit dem Fischerboot

● Ko Phais nördlicher Nachbar ist das Eiland **Ko Lin**, immerhin 1,5 km lang und bis zu 143 m aus dem Wasser ragend. Auch hier hat man phantastische Tauchmöglichkeiten in dem Korallenriff, das die Insel umgibt.

● Südlich von Ko Phai kann man sich zu mehreren Felskuppen bringen lassen, am nächsten zum Inselchen **Ko Huchgang**, dann zum knapp 100 m langen **Ko Klung Badan** und schließlich zum etwas größeren **Ko Manwichai**, das regelmäßig von Wasserschildkröten besucht wird, die hier ihre Eier ablegen. Weitab im Süden ragt das idyllische **Ko Rin** über die Meeresfläche.

Die Inseln vor Sattahip

Die Sattahip vorgelagerten Inselchen erreicht man von der südlich gelegenen Ortschaft Chong Samaesan mit gemieteten Fischerbooten.
Während **Ko Samaesan** als militärischer Sperrbezirk nicht zugänglich ist, lohnt das nahe **Ko Airaet**, mehr aber noch die Inseln **Ko Khram**, **Ko Chuang** und **Ko Chan**.

Die drei letztgenannten Eilande haben schöne, weiße Sandstrände, an denen man kaum auf Touristen trifft, und die Korallen von Ko Khram laden zum Tauchen und Schnorcheln ein.

Ko Samet

Die 6 km lange Insel ist seit 1981 mit mehreren kleinen Ablegern und einem schmalen Küstenstreifen zum gleichnamigen *"maritimen National-park"* zusammengeschlossen (vgl. Kapitel 3.2.4), der außerordentlich beliebt und dementsprechend stark frequentiert ist. Unter den Besuchern befinden sich hauptsächlich Tagesausflügler aus Pattaya und der Provinz Rayong, aber nicht wenige schlagen hier für mehrere Tage oder sogar Wochen ihr Urlaubsdomizil auf: es gibt primitive Bambushütten genauso wie komfortable Bungalows mit Klimaanlage. Ko Samet erreicht man von der Ortschaft Ban Phe aus innerhalb von 40 Minuten mit Booten, die in kurzen Abständen ab 8.00 Uhr verkehren (20 BHT). Nach Ban Phe wiederum gelangt man problemlos von Bangkok und Pattaya mit AC- und Ordinary-Bussen bzw. Songtaos ab Rayong. Der Reiz der Insel liegt in ihrer paradiesischen Landschaft: bewaldete Hügel inmitten des blauen Meeres, von weißen Sandstränden, Grotten und Korallenriffen umgeben – was braucht man mehr zum Sonnenbaden, Schwimmen, Schnorcheln und Entspannen?! Die schönsten Strände befinden sich auf der östlichen Seite, allen voran der **Hat Sai Kaeo** (*Crystal Sand Beach*), daran südlich anschließend die Buchten **Ao Phai** (*Bamboo Bay*), **Wong Duan** (*Full Moon Bay*) und **Chaw** (*Nuan Beach*).

An Wochenenden und in der Hochsaison sind einige der Strände aber bereits ziemlich bis sehr voll. Die Folgen des Massenandrangs sind erste Anzeichen einer 'Urbanisierung' (Straßenbauprojekte, Hotels, Diskotheken), Abfall- und Wasserprobleme sowie eine Unmenge von lärmenden Wasserscootern und Motorbooten. Auch darf nicht verschwiegen werden, daß eine ernstzunehmende Gefahr durch Malaria besteht.

Ko Chang

Die "Elefanteninsel" ist mit 30 km Länge und 8 km Breite nach Phuket und vor Ko Samui die zweitgrößte des Landes. Seit 1982 bildet sie zusammen mit etwa 50 kleineren Inseln einen 651 qkm großen *"National Marine Park"*, der mit dichtem Dschungel, hügeligem Inland (höchste Stelle 744 m), langen Sandstränden und vielfältigem Tier- und Pflanzenleben aufwartet.

Das 'Sprungbrett' für einen Inselbesuch ist Laem Ngop in der Nähe von Trat, wo mehrmals täglich Fähren zur Nordspitze der Insel (Park-Hauptquartier) abgehen. Auch die Ortschaft Ban Dan Mai ist einmal am Tag mit Laem Ngop verbunden. Auf Ko Chang sorgen Motorrad-Taxis und Boote für den Personentransfer zu den schönsten Stränden.

Lange Zeit war die Insel mehr oder weniger unbekannt und ein berüchtigter Zufluchtsort von Piraten. Von historischer Bedeutung war immerhin ein Scharmützel zwischen siamesischen Soldaten und Franzosen – die einzige militärische Auseinandersetzung, die Thailand mit einer Kolonialmacht je erlebte. In den frühen 1980er Jahren geriet Ko Chang als Anlaufpunkt vietnamesischer Boatpeople in die Schlagzeilen. Ansonsten lebten die wenigen Einwohner still und friedlich von Fischerei, Obstanbau und der Kokosnußernte. Die Zeiten der Ruhe sind allerdings bald vorbei. Denn die herrliche Natur rief zuerst die Rucksacktouristen, dann die Fremden-verkehrs-Manager auf den Plan. Und eine wahre Besucherexplosion (1991 über 200.000 Menschen) machte innerhalb von fünf Jahren Ko Chang vom Geheimtip zur "Destination der Zukunft". Mit ihren langen, palmen-gesäumten Sandstränden (besonders an der Westküste), Wasserfällen und Korallenriffen sind dafür auch die besten Voraussetzungen gegeben. Seit 1988 sprießen überall Bungalowsiedlungen aus dem Boden, und schon gibt es die ersten First-Class-Hotels ("Ko Chang Resort"**** am White Sand Beach), Surfbrettverleiher und Ausflugsagenturen. Bulldozer bre-chen eine Schneise durch den Dschungel für die Ringstraße, die bald die schönsten Strände verbinden wird. Und wahrscheinlich ist es nur eine Frage der Zeit, wann Ko Chang als 'zweites Ko Samui' auch einen Flug-hafen bekommt!

Weitere Inseln bei Ko Chang

Rund um Ko Chang, besonders aber zum Süden hin, warten Dutzende von kleineren und größeren Inseln auf Robinsons.

Ko Mak, die nächste größere Insel südlich von Ko Chang, ist von Kokos-nußhainen bedeckt, hat einen schönen Sandstrand an der nordwestlichen Bucht und korallenreiche Tauchgründe. Unterkünfte gibt es in einfachen und besseren Bungalows mit Aircondition.

Die völlig flache Insel **Ko Kradat**, nordöstlich von Ko Mak gelegen und im Besitz einer reichen Thai-Hongkong-Familie, ist ebenfalls bereits in den Sog des Fremdenverkehrs geraten. Es gibt ein luxuriöses Resort, dessen Gäste sich auf menschenleeren Sandstränden vergnügen und die Korallenriffe auf Schnorchelexkursionen erkunden können.

Ko Kut ist nach Ko Chang die zweitgrößte Insel vor der östlichen Golf-küste. Auch sie ist mit ihren bewaldeten Bergen und Sandstränden als Urlaubsziel der Zukunft prädestiniert.

6.4.7 WEITERE SEHENSWÜRDIGKEITEN

Im relativ kleinen Hinterland der östlichen Golfküste gibt es hauptsäch-lich von der Natur geschaffene Attraktionen zu sehen, die in mehreren Nationalparks zusammengefaßt sind. Sie eignen sich für Tages- oder mehr-tägige Ausflüge vom festen Standort in Pattaya oder bei Rayong aus. Aber auch ein Abstecher zum Kloster Wat Khao Sukim und zur 'Rubi-nenstadt' Bo Rai ist interessant.

● **Der Khao Chamao – Khao Wong-Nationalpark**
Diesen Nationalpark erreicht man, wenn man 7 km hinter Klaeng vom Hwy 3 aus links auf die Straße 3377 einbiegt. Nach 16 km kommt man

zum Dorf Nam Sai, wo man die Straße nach rechts verläßt und nach 1 km zum Park-Hauptquartier gelangt. Der 84 qkm große Nationalpark bekam seinen Namen nach zwei benachbarten Berggipfeln, beide knapp über 1.000 m hoch.

Die meisten Tagesbesucher wandern vom Hauptquartier in 2 km zum **Khao Chamao-Wasserfall.** Kurze Abstecher führen dabei immer wieder zu idyllischen Pools. Wer mit Zelt und Schlafsack ausgestattet ist, kann von dort aus bis zur Spitze des Berges wandern. Eine weitere Attraktion stellen die **Khao Wong Caves** dar, ein Gelände mit etwa 80 Höhlen und mehreren Wasserfällen. Die interessantesten Höhlen sind *Tham Samit* und *Tham Lakon.* Der einfachste Weg hierhin ist die Straße 3433, die etwas weiter östlich vom Hwy 3 abgeht.

● Der Khao Khithchakut-Nationalpark

Dieser Nationalpark liegt 28 km von Chantaburi entfernt und ist vom Hwy 3 aus über die Straße 3249 (bei KM 324) zu erreichen. Von ihr geht für die letzten 800 m ein kleiner Weg nach rechts zum Parkeingang ab. Mit einer Fläche von 59 qkm ist der 1977 eingerichtete Nationalpark einer der kleinsten des Landes.

Sein Landschaftsbild wird durch bis zu 1.000 m hohe Granitfelsen bestimmt, wovon der Berg **Phrabat** auf einer 3-4stündigen Wanderung erklommen werden kann. Auf ihm wird einer von Buddhas Fußabdrücken verehrt. In merkwürdigen Felsformationen kann man mit etwas Phantasie eine Riesenschildkröte und einen Elefanten erahnen. 100 m vom Parkhauptquartier entfernt ist der **Krathin-Wasserfall** mit seinen 13 Kaskaden sehenswert.

● Der Namtok Phliu – Khao Sabap-Nationalpark

Zum Khao Sabap-NP kommt man über den Hwy 3, den man 17 km hinter Chantaburi nach links verläßt (2 km). Der 135 qkm große und 1975 eingerichtete Nationalpark besteht aus einem isolierten Granitmassiv, das die umgebende Ebene weithin dominiert. Der hohe Niederschlag hat hier einen artenreichen Regenwald entstehen lassen.

Die größte Attraktion ist der **Phliu-Wasserfall**, zu dem jährlich mehr als 600.000 Besucher pilgern. Damit ist der Nationalpark der am viertstärksten frequentierte im ganzen Königreich. Der kleine Chedi am Fuß des Wasserfalls wurde unter Rama V. errichtet, dessen Gemahlin 1876 bei einem Unglück ertrank.

● Wat Khao Sukim

Eine kulturelle Sehenswürdigkeit ist ein modernes Kloster, das durch seine Größe und die gepflegten Gartenanlagen überrascht. Vom Hwy 3 biegt man dazu vor Chantaburi auf die Straße 3322 nach links ab und erreicht nach 13 km einen Hügel, auf den man mit einer Bergbahn (kostenlos) hinauffahren kann. Oben erwarten einen die Klostergebäude, ein Museum mit einer Galerie lebensecht gestalteter Mönche und Antiquitäten, ein Miniaturzoo und eine prächtige Aussicht.

Ausflug nach Bo Rai

Zwischen Chantaburi und Trat, ca. 20 km hinter der Ortschaft Khlung, geht beim Marktflecken Ban Ta Jod die Straße 3159 in nordöstlicher Richtung nach **Bo Rai** und bis an die **kambodschanische Grenze.** Weniger für den Tourismus als vielmehr für den thailändischen Exportschlager "Edelsteine" ist diese Route von Bedeutung: seit den 1980er Jahren gilt die Gegend um Bo Rai als wichtigster Fundort für Rubine! Hier kann man Edelsteinschleifern oder -sortierern bei der Arbeit zuschauen oder auch Rubine kaufen; ein Mindestmaß an Kennerschaft ist dabei allerdings unerläßlich!

 Informationen zum "Rubin-Rausch" im Grenzgebiet nach Kambodscha

Rubin, das rote Korund-Kristall, das in Thailand immer schon als magischer und machtvoller Stein verehrt wird, wurde bei Bo Rai in solchen Unmengen aus dem Boden eines ehemaligen Gemüseanbaugebietes geholt, daß die Region inzwischen deutlich gezeichnet worden ist: da ragen Telegraphenmasten aus meterhohen Erdinseln, um die herum der Boden ausgeschürft wurde, da gibt es Baggerseen, in denen die Edelsteinsucher ihr Schürfgut auswaschen, da reiht sich ein Erdloch an das nächste. In den vergangenen Jahren hat der Rubin-Boom vielen Leuten Glück gebracht – etwa jener Familie, die unter ihrer Tankstelle eine wahre Fundgrube an Edelsteinen entdeckte. Aber auch fündige Schürfer geringerer Mengen, Kleinunternehmer, die Fördermaschinen betreiben, und Besitzer von Kleinschleifereien profitierten nicht schlecht.

Das Fördern der kostbaren Steine ist eine mühselige Arbeit. Der lehmige Boden muß in den Erdlöchern mit Wasser ausgewaschen und zum Grubenrand gepumpt, anschließend gesiebt werden. Der vom Lehm befreite Kies wird mit starken Lampen angestrahlt. Mit etwas Glück funkeln dann einige wenige Rubine auf. Anschließend bringt man das Fundgut zu den Kleinschleifereien in Bo Rai, wo die Rubine mit rotierenden Zylindern facettiert werden. In der Hauptstraße des Ortes wird über das Rohmaterial oder die geschliffenen Steine täglich ab 9 Uhr bei fliegenden Händlern und etablierteren Geschäftsleuten gefeilscht, bis die Käufer (meist Agentinnen der großen Bangkoker Juwelenhändler) gefunden sind. Kriterien des Kaufpreises sind Größe, Farbe und Lichtdurchlässigkeit der Steine. Touristen allerdings, die an diesem profitablen Geschäft teilhaben wollen, seien dringend zur Vorsicht ermahnt: erstens werden sie in einer Atmosphäre, in der die Einheimischen sich untereinander kennen, leicht übervorteilt, und zweitens hat der Rubin-Rausch auch synthetische Steine in Umlauf gebracht...

Ab Ende der 80er Jahre blieben jedoch im "Eldorado" des Distrikts Bo Rai immer weniger Rubine im Bastsieb. Ein abruptes Ende des Booms trat freilich nicht ein. Denn es bestätigte sich, was Geologen bereits längere Zeit vermutet hatten: jenseits der Grenze zu Kambodscha barg die Fortsetzung des Edelsteinfeldes eine mindestens genauso gute, wenn nicht sogar bessere Fundlage! Der einflußreiche thailändische Lokalmatador mit Sitz im Bangkoker Parlament, Khun Thanit, brachte es in einem Interview mit dem "Geo"-Magazin (Nr. 11/1991) auf den Punkt: "Die Rubinvorkommen um Bo Rai, ja in ganz Thailand, sind bald erschöpft. Unsere Juwelenmanufaktur, ein Exportschlager, braucht aber Rohstoffe. Und die Minenarbeiter brauchen Jobs. Beides gibt es in Kambodscha."

Nun ist das Schürfen im Nachbarland natürlich keine einfache Sache! Zum einen gibt es technische Schwierigkeiten: anstelle von Förderanlagen müssen die thailändischen Grenzgänger hier mit primitiven Eimern und ohne jedweden Schutz im Grundwasser nach rubinhaltigem Kies graben. Die Arbeits- und hygienischen Verhältnisse in den bis zu 10 m tiefen Erdlöchern, in denen man mit den bloßen Händen und bei Kerzenlicht schürft, sind alles andere als gut. Dazu kommen die verworrenen politischen Verhältnisse: nach Abzug der Vietnamesen im Jahre 1989 herrschte Kleinkrieg zwischen der Roten-Khmer-Guerilla und dem Regime Heng Samrin. Seit 1990 kontrollierten die Roten Khmer das Grenzgebiet und ließen die thailändische Rubinförderung zu, freilich nicht ohne sich ihre Tolerierung kräftig mit Devisen bezahlen zu lassen. Auch die thailändischen Behörden schritten nicht gegen diese merkwürdige Arbeitsteilung ein, wohl wissend, daß dabei ständig gegen das Völkerrecht verstoßen wurde: erstens betreibt man hier Raubbau an den Ressourcen eines fremden Staates, zweitens verstößt man permanent gegen die Visumspflicht des Grenzübertritts! Den Hunderttausenden von thailändischen Glücksrittern und Minenarbeitern, die täglich illegal über die Grenze strömen, ist das alles egal. Ab der letzten Ortschaft Ban Mouendan geht es auf Schleichwegen über die streng bewachte Grenze und über Kambodschas Nationalstraße 10 (auf der noch das reguläre Militär patrouilliert) zu den Rubinlagerstätten bei Pailin. In diesem Niemandsland ist das Schürfen nach Edelsteinen eine gefährliche Arbeit. Denn 20 Jahre Guerillakrieg haben etliche Tretminen hinterlassen, denen mancher Glücksritter Gliedmaßen oder das Leben opfern mußte. Außerdem ist die Gegend malariaverseucht. Die Rubinsucher bringen die Seuche aus dem Dschungel mit und verbreiten sie in erschreckend steigendem Maß über Thailand: allein zwischen 1988 und 1990 verdoppelte sich die Zahl der Malariakranken in den Grenzprovinzen, und inzwischen müssen sich jährlich nicht weniger als 20.000 Infizierte behandeln lassen...

6.5   RUNDREISE DURCH DEN SÜDEN

6.5.1   ÜBERBLICK

Blendend weiße Sandstrände unter blauem Himmel, Inselarchipele mit unberührter Natur und bizarrer Landschaft, herrliche Tauchreviere im Golf von Thailand oder der Andamanensee – das verspricht und hält der thailändische Süden. Gut 1.200 Kilometer erstreckt sich der 'Elefantenrüssel' von Bangkok hinab bis an die Grenze zu Malaysia, wobei die ersten 500 Kilometer strenggenommen noch zu Zentralthailand gehören. Der eigentliche Süden Thailands beginnt mit der Provinz Chumphon, etwa dort, wo das Königreich mit 30 Kilometern am schmalsten ist (*Isthmus von Kra*). Nördlich dieser Landenge haben Orte wie *Cha-Am* und *Hua Hin* ihre Tradition als Seebäder der Königsfamilie mit den Anforderungen des mo-

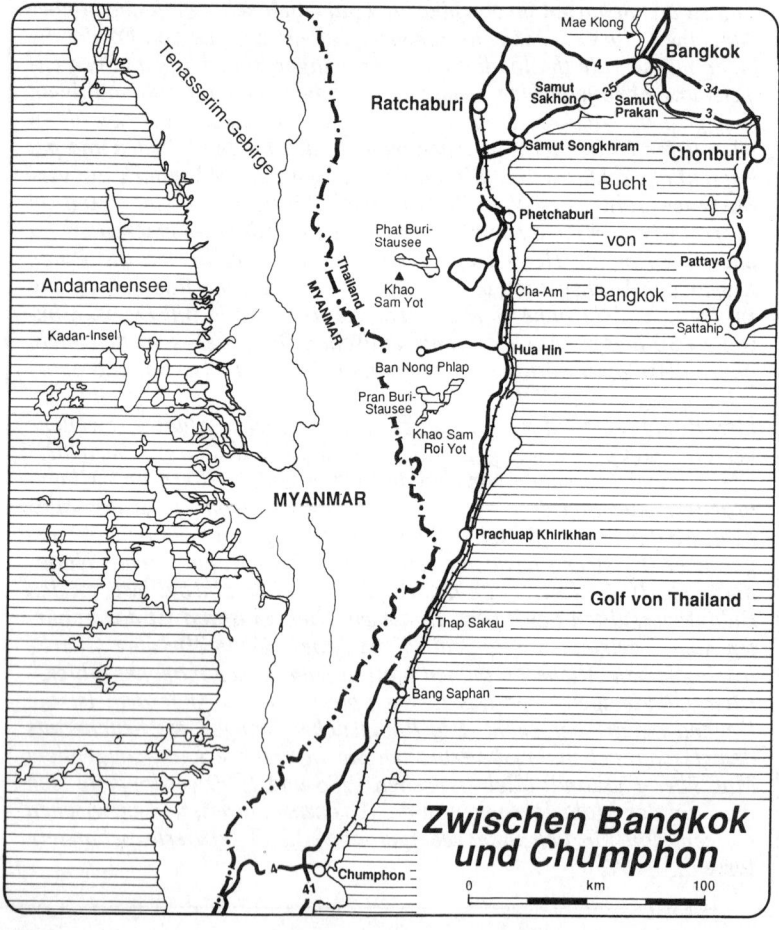

Zwischen Bangkok und Chumphon

dernen Tourismus verknüpfen können. Weiter südlich sind es die Inseln *Ko Samui* und *Phuket*, die sich in einer beispiellosen Steigerung der Besucherzahlen als Fixpunkte des internationalen Fremdenverkehrs etabliert haben. Aber auch andere Inseln, Küstenabschnitte und Nationalparks werden von Jahr zu Jahr bei Urlaubern beliebter.

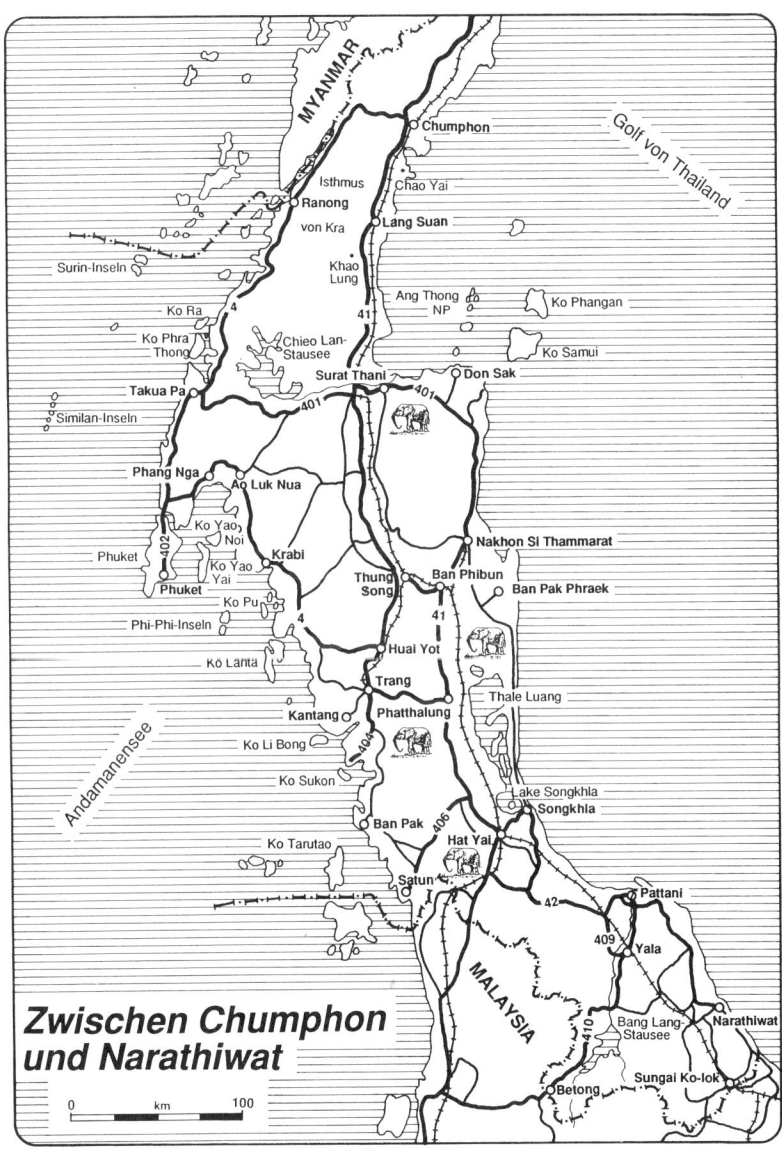

Zwischen Chumphon und Narathiwat

Auf dem Rücken der malayischen Halbinsel erhebt sich das zentrale Berg-
massiv, das als große Wetterscheide Bedeutung hat. Dadurch ergeben sich
für die Küsten der Andamanensee und des Golfs unterschiedliche Mon-
sun-Zeiten; unabhängige Reisende brauchen bei Regen also häufig nur
auf die andere Seite des Gebirges zu fahren, um wieder den Sonnenschein
genießen zu können. Wer allerdings denkt, außer Stränden, Wassersport
und Hotels hätte der Süden nur wenig zu bieten, wird eines Besseren
belehrt. Viele Epochen haben etliche kulturelle Sehenswürdigkeiten entstehen lassen, deren Reiz oft durch ihre naturschöne Lage verstärkt wird.
Im historischen Kontext ist das uralte Königreich von Srivijaya zu nennen, dessen vereinzelte Relikte alle anziehen werden, die sich für Kunst
und Kultur interessieren. In der einzigartigen Landschaft der Kalkstein-
berge zwischen Phang Nga und Krabi kann man nicht nur Tropfsteinhöhlen, sondern auch bedeutende Grotten-Heiligtümer besichtigen. Auf Phuket und anderswo haben die 'Zinnbarone' herrschaftliche Villen im Kolonialstil hinterlassen. Entlang beider Küsten bieten pittoreske Fischerdörfer
mit ihren buntbemalten Booten herrliche Fotomotive. Und tief im Süden
erheben sich die Moscheen der islamisch dominierten Provinzen.

Positiv vermerkt werden muß, daß der mit kulturellen und natürlichen
Höhepunkten so reich gesegnete Süden auch über eine gesunde Ökonomie
verfügt. Mit seinen Zinnvorkommen, den Kautschuk-, Ananas- und Ko-
kosnußplantagen hat er ein starkes Standbein, das durch die Erlöse aus der
Fischerei und in zunehmendem Maß aus dem Tourismus gefestigt wird.
Die Provinz Phuket etwa ist die reichste des Landes! Nachdem nun auch
die z.T. blutigen Kämpfe abgeflaut sind, durch die sich die islamischen
Provinzen vom Königreich abspalten wollten, ist der Süden zudem eine
politisch stabile Region geworden.

Hinweis
Die in diesem Buch vorgeschlagene Route folgt ab Chumphon der westlichen
Küste hinab in den Süden und geht dann an der Golfküste wieder hinauf. Gerade
im Gebiet zwischen Phuket und Ko Samui sind aber viele andere Rundreisen
möglich, auf denen man eines der schönsten Reiseziele in Südostasien individuell erkunden
kann. *Farangs* kommt dabei zugute, daß die Region touristisch erschlossen ist und es kaum
sonstwo in Thailand so gute Straßenverhältnisse gibt.

6.5.2 TOURISTISCHE HINWEISE

Information
TAT-Büros gibt es in *Phuket*, *Hat Yai* und *Surat Thani*. Darüber hinaus bieten alle
touristisch relevanten Orte wenigstens einen kleinen Informationsstand, und auch
bei Reisebüros und in Hotels wird man i.d.R. gut beraten.

Busverbindungen
Ausgangspunkt für die Busverbindungen in den Süden ist in Bangkok der *Southern
Bus Terminal* (Thonburi).

- Nach *Chumphon* fahren AC-Busse um 9.10, 14.00, 20.20, 21.00, 21.40 und 22.00 Uhr sowie ein VIP-Bus um 21.40 Uhr.
- Nach *Hat Yai* fahren AC-Busse um 16.30, 18.30 und 19.30 Uhr sowie VIP-Busse um 17.30, 19.15 und 19.40 Uhr.
- Nach *Hua Hin* fahren AC-Busse jede halbe Stunde zwischen 5.00 und 22.00 Uhr.
- Nach *Krabi* fahren AC-Busse 5 x zwischen 18.00-21.30 Uhr sowie VIP-Busse um 18.00 und 18.30 Uhr.
- Nach *Nakhon Si Thammarat* fahren AC-Busse um 18.00, 18.50, 19.30 und 20.10 Uhr sowie ein VIP-Bus um 19.00 Uhr.
- Nach *Narathiwat* fährt ein AC-Bus um 15.30 Uhr.
- Nach *Pattani* fährt ein AC-Bus um 18.00 Uhr.
- Nach *Phuket* fahren AC-Busse um 18.45 und 18.50 Uhr sowie VIP-Busse um 17.30 und 18.00 Uhr.
- Nach *Ranong* fahren AC-Busse um 9.10, 20.20 und 21.00 Uhr sowie ein VIP-Bus um 20.00 Uhr.
- Nach *Surat Thani* fahren AC-Busse um 9.15 und 20.20 Uhr sowie VIP-Busse um 19.30 und 20.00 Uhr.
- Nach *Trang* fahren AC-Busse um 18.45, 19.00, 19.50 und 20.10 Uhr sowie VIP-Busse um 19.00 und 19.30 Uhr.
- Nach *Yala* fährt ein AC-Bus um 19.10 Uhr sowie ein VIP-Bus um 17.00 Uhr.

 Joint Tickets
In Zusammenarbeit mit der Firma *"Songserm Travel"* bietet die staatliche Eisenbahn sog. *Joint Tickets* an, mit denen man vom Bahnhof in *Surat Thani* per Bus nach *Krabi*, *Phuket* oder dem Expreßboot nach *Ko Samui/Ko Phangan* gebracht wird. Der Fahrplan ist z.Zt. folgender:

ab Bangkok (Zug)	17.30	18.30	19.20
an Surat Thani	04.46	06.03	06.34
ab Surat Thani (Bus)	07.15	10.00	07.15
an Phuket	11.15	14.00	10.00
an Krabi	09.30	12.30	
ab Surat Thani (Bus/Expreßboot)	07.30	12.00	
an Ko Samui	09.30	14.00	
ab Ko Samui	10.00	15.00	
an Ko Phangan	10.40	15.40	

Busse des *"Joint Ticket"* fahren zum Bahnhof *Surat Thani* ab *Phuket* um 08.30 und 12.00 Uhr und ab *Krabi* um 10.00 und 14.00 Uhr. Die Expreßboote starten in *Ko Phangan* um 06.15 und 12.30 Uhr und in *Ko Samui* um 07.30, 12.00 und 15.00 Uhr.

 **Taxis**
Eine Besonderheit des Südens sind **Sammeltaxen**, die auf den Hauptstrecken zwischen den größeren Orten verkehren und schneller als die lokalen Busse sind. Dafür kosten sie auch um die Hälfte mehr, und großgewachsene *farangs* haben unter der Enge in den alten Diesel-Pkw (oft Heckflossen-Mercedes) zu leiden, da ein Sammeltaxi nur dann abfährt, wenn es bis auf den letzten Platz besetzt ist.

 Flugverbindungen
An das **Flugnetz** der *Thai Airways* sind z.Zt. die Städte *Hat Yai*, *Nakhon Si Thammarat*, *Narathiwat*, *Pattani*, *Surat Thani* und *Trang* sowie die Insel *Phuket* angeschlossen. Von *Bangkok Airways* werden *Ko Samui*, *Phuket*, *Hua Hin* und ab 1993 auch *Trang* angeflogen. Der internationale Flughafen von *Phuket* ist im Charter- und Linienverkehr direkt von Europa und einigen asiatischen Ländern aus zu erreichen.

Zugverbindungen
Die wichtigsten Stationen des **Eisenbahnnetzes** der *Southern Line* sind *Hua Hin*,
Chumphon und *Surat Thani*.

● Tägliche Zugverbindungen nach Surat Thani/Hat Yai (ab Bangkok):

Stationen	DRC	RAP	ORD	EXP	EXP	RAP	RAP	RAP	EXP	EXP
ab Bangkok	09.00	12.35	13.40	14.00	15.15	16.00	17.30	18.30	19.20	21.55
Nakhon Pathom	10.29	13.59	15.09	15.19	16.31	17.18	18.49	19.47	20.37	xx
Ratchaburi	11.30	14.43	16.29	16.08	17.23	18.13	19.36	20.35	21.26	xx
Petchburi	12.14	15.26	17.25	16.50	18.06	18.58	20.17	21.16	22.07	xx
Hua Hin	13.10	16.17	18.24	17.38	18.54	19.49	21.05	22.08	22.56	00.55
Khirikhan	xx	17.33	19.55	18.58	xx	21.08	22.22	23.34	00.13	01.59
Chumphon	xx	19.59	xx	21.25	22.42	00.03	01.34	02.49	03.27	04.28
Lang Suan	xx	21.18	xx	01.29	xx	xx	03.00	04.07	xx	05.25
Surat Thani	xx	23.29	xx	00.37	01.52	03.22	04.46	06.03	06.34	06.55
Thung Song	xx	01.35	xx	02.43	03.59	05.36	07.18	08.34	08.47	xx
Trang	xx	xx	xx	xx	xx	xx	xx	10.10	xx	xx
Kantang	xx	xx	xx	xx	xx	xx	xx	11.30	xx	xx
Nak. Si Tham.	xx	xx	xx	xx	xx	xx	08.35	xx	10.00	xx
Pattalung	xx	03.15	xx	04.26	05.41	07.15	xx	xx	xx	xx
an Hat Yai	xx	04.32	xx	05.47	07.04	08.50	xx	xx	xx	xx

Der neue *Southern Line Express*-Zug verläßt Bangkok um 21.10 Uhr und erreicht Surat Thani
um 06.10 bzw. Hat Yai um 10.35 Uhr am nächsten Morgen.

● Tägliche Zugverbindungen ab Hat Yai/Surat Thani (bis Bangkok):

Stationen	RAP	RAP	EXP	RAP	EXP	EXP	ORD	DRC	EXP	EXP
ab Hat Yai	xx	xx	xx	14.00	14.40	16.38	16.50	xx	xx	xx
Pattalung	xx	xx	xx	15.34	16.17	18.14	18.49	xx	xx	xx
Nak. Si Tham.	13.40	xx	15.30	xx	xx	xx	xx	xx	xx	xx
Kantang	xx	12.40	xx	xx	xx	xx	xx	xx	xx	xx
Trang	xx	14.00	xx	xx	xx	xx	xx	xx	xx	xx
Thung Song	15.02	15.47	16.43	17.17	18.04	19.58	20.30	xx	xx	xx
Surat Thani	17.35	18.20	18.52	19.23	20.12	22.01	22.46	xx	xx	11.00
Lang Suan	19.21	20.10	xx	21.22	xx	xx	00.55	xx	xx	12.28
Chumphon	20.47	21.28	21.59	22.50	23.42	01.11	02.10	xx	xx	13.24
Khirikhan	00.08	00.45	01.07	01.26	02.03	xx	04.44	04.55	xx	15.32
Hua Hin	01.28	02.10	02.28	02.48	03.24	04.54	06.06	06.21	14.30	16.39
Petchburi	02.19	03.01	03.21	03.41	04.17	xx	07.04	07.21	15.27	xx
Ratchaburi	03.02	03.44	04.03	04.23	04.59	06.29	07.51	08.16	16.09	xx
Nakhon Pathom	03.54	04.33	04.53	05.10	05.49	07.19	08.45	09.17	xx	xx
an Bangkok	05.10	05.50	06.10	06.35	07.05	08.35	10.00	10.50	18.50	20.00

Der neue *Southern Line Express*-Zug verläßt Hat Yai um 13.45 Uhr und erreicht Surat Thani
um 18.05 Uhr bzw. Bangkok um 04.20 Uhr am nächsten Morgen.

● **Zugverbindungen von Hat Yai nach Yala/Sungai Kolok (malaysische Grenze) und
zurück:**

Stationen	RAP	EXP	RAP		Stationen	RAP	EXP	RAP
ab Hat Yai Jct.	04.32	05.47	08.50		ab Sungai Kol.	10.05	10.55	xx
ab Yala	06.34	07.43	11.00		ab Yala	12.11	13.00	15.05
an Sungai Kol.	08.35	09.45	xx		an Hat Yai Jct.	14.00	14.40	16.50

Auto- und Motorradfahrer
können im Süden sehr schöne Rundfahrten auf gut ausgebauten Straßen durchführen. Als Rückgrat der Verkehrswege fungiert die Nationalstraße 4, die von Bangkok aus über Chumphon, Phang Nga, Trang und Hat Yai bis nach Malaysia geht. Der östlichere und südlichste Teil der Region wird durch die Hwys 41, 42, 401, 408, 409 und 410 erschlossen. Daneben gibt es etliche kleinere Straßen, von denen auch die mit drei- und vierstelligen Nummern i.d.R. eine Asphaltdecke tragen.

Fährverbindungen
Eine Vielzahl kleinerer und größerer Boote besorgt den Personentransfer zwischen dem Festland und den vorgelagerten Inseln. Zwischen *Phuket, Krabi* und den *Phi-Phi-Inseln* sowie zwischen *Surat Thani* und *Ko Samui/Ko Phangan* verkehren Autofähren der *Ferry Line Co. Ltd.* (in Zusammenarbeit mit *Songserm Travel*). Über die häufig wechselnden Abfahrtszeiten informiere man sich in örtlichen Reisebüros oder bei *Songserm* in *Bangkok* (121/7 Soi Chalermla, Phayathai Rd., Tel.: 255-8790-8), in *Phuket* (64/2 Rassada Shopping Center, Rassada Rd., Tel.: 214-272), auf *Ko Samui* (Tel.: 421-316-9), in *Phang Nga* (Tel.: 281-693) und in *Krabi* (Tel.: 612-665-6).

Hinweis
Einige der Stationen im Süden werden ab 1992 auch von dem luxuriösen Nostalgie-Zug "*Eastern & Oriental Express*" angefahren. Über Zu- und Aussteigemöglichkeiten sowie Fahrpreise informieren die Reisebüros und die Staatliche Thailändische Eisenbahn.
Zu den sonstigen Zugverbindungen von Hat Yai zur Grenze von **Malaysia** bzw. **Butterworth/Kuala Lumpur/Singapore** siehe Kapitel 7!

6.5.3 VON BANGKOK NACH PHUKET

Für die Fahrt von Bangkok zum "Rüssel des Elefantenkopfes" hat man in der Hauptstadt mehrere Startmöglichkeiten. Wer über die Pinklao-Brücke nach Thonburi fährt, gelangt automatisch auf den Hwy 338, der sich mit der Nationalstraße 4 vereinigt und einen nach 56 km zur alten Stadt Nakhon Pathom bringt. Anschließend passiert man die Abzweigung zu den Schwimmenden Märkten von Damnoen Saduak (vgl. Kapitel 5.4.1) und kommt schließlich nach **Ratchaburi**, einer lebhaften Stadt, inmitten von Reisfeldern am Meklong gelegen. Wer Zeit für eine Ortsbesichtigung hat, sollte sich den **Wat Mahatat** nicht entgehen lassen.

Ab hier geht es in südlicher Richtung Petchburi entgegen. Selbstfahrer seien vor den Rasern gewarnt, die gerade auf diesem Streckenabschnitt häufig schlimme Unfälle provozieren!

Näher zur Bucht von Bangkok befindet man sich auf dem Hwy 35, der von Bangkok aus über Samut Sakhon und Samut Songkram führt und auf die N-4 bei **Pak Tho** (südlich von Ratchaburi) stößt. In der Provinz Samut Songkhram wuchsen übrigens die berühmten "siamesischen Zwillinge" auf.

> **i** *Information zu den siamesischen Zwillingen*
>
> *Die Eltern (ein Chinese und eine Thailänderin) sind wahrscheinlich entsetzt gewesen, als sie im Jahre 1811 ihre neugeborenen Zwillinge sahen: die beiden Brüder waren durch einen armstarken Bindegewebsstrang oberhalb des Nabels zusammengewachsen und konnten auch nicht getrennt werden. Die Zwillinge überlebten jedoch, bekamen die Namen Eng und Chang und lebten als 'ein Wesen mit zwei Körpern' zunächst 18 Jahre lang mehr oder weniger ungestört in einem Fischerdorf bei Samut Songkhram. 1829 jedoch entdeckte sie der englische Geschäftsreisende Robert Hunter und brachte sie als "Sensation" nach Europa. Hier und in den USA wurden sie auf Jahrmärkten zusammen mit anderen mißgestalteten Unglücklichen als "Freaks" zur Schau gestellt. Als "siamesische Zwillinge" erlangten Eng und Chang schnell eine solche Berühmtheit, daß sie seitdem als Synonym für alle zusammengewachsenen Zwillinge gelten.*
>
> *Persönlich meisterten die beiden ihr schweres Schicksal auf ungewöhnliche und bewundernswerte Weise. Sie vermarkteten ihre Show in Eigenregie und kamen als Selbstdarsteller und Manager zu einem gewissen Reichtum. In den USA (North Carolina) konnten sie nicht nur Land kaufen und sich unter dem Familiennamen Bunkes niederlassen, sondern auch eine Doppelehe mit den Schwestern Adelaide und Sara eingehen. Aus dieser ungewöhnlichen Verbindung, in der jeder am intimsten Privatleben des anderen teilnehmen mußte, entsprangen zwölf (Eng und Sara) bzw. zehn (Chang und Adelaide) Kinder.*
>
> *Im Jahre 1874 starb Chang nach einem heftigen Fieberanfall. Sein Bruder Eng überlebte ihn nur um zwei Stunden.*

Hinter **Pak Tho** geht es durch eine Ebene mit Reisfeldern und ohne landschaftliche Höhepunkte auf Petchburi zu. 4 km vor dem Ortsanfang kann man es sich linkerhand in einem modernen Rasthaus in sehr gepflegter Umgebung gutgehen lassen. Die Häuser im Thai-Stil beherbergen zwei Restaurants und einen großen Laden, in dem man ausgezeichnete Süßigkeiten bekommt; auf der Rückseite hält sich der Besitzer einige Hirsche, einen Elefanten und andere Tiere.

Zwischen dieser Raststätte und der Stadt geht nach links eine Abzweigung zu den **Grotten von Khao Luang** ab. Deren größte wird seit alters her von Mönchen als Tempel und Kloster benutzt. Über steile Treppenstufen kann man hier eine Tropfsteinhöhle besuchen (geöffnet 9.00-15.00 Uhr), die – von Kerzen und natürlichen Lichtschächten beleuchtet – eine unwirkliche Atmosphäre ausstrahlt, besonders zur Mittagszeit. Zahlreiche Buddhastatuen und Chedis sieht man im zentralen Raum sowie weitere heilige Bildnisse in vielen Nebenhöhlen, Gängen und Nischen.

Petchburi

Dieser sympathische und von Ausländern nicht oft besuchte Ort blickt auf eine lange Geschichte zurück, von der nicht weniger als 30 Tempelanlagen Zeugnis ablegen. Schon unter den Khmer konnte Petchburi von seiner verkehrsgünstigen Lage profitieren: hier trafen wichtige Handelswege zusammen, von denen der bedeutendste bis nach Indien führte. Der kambodschanische Einfluß ist in der Tempel-Architektur bis heute sichtbar geblieben. Im 19. Jahrhundert erhielt das Stadtbild durch den bauwütigen König Mongkut (Rama IV.) weitere Akzente, unter denen der königliche Sommerpalast Nakhon Khiri zu den größten Sehenswürdigkeiten des Landes gezählt wird.

Bei einer Stadtbesichtigung sollte einen der erste Weg deshalb auch zum 95 m hohen Hügel **Khao Wang** führen, auf dem der Sommerpalast liegt.

Khao Wang Cable Car

Die am westlichen Stadtrand von Petchburi gelegene Anlage erreicht man am leichtesten von der Rechtskurve des Hwy 4 aus, wo einen die Ratchavithi Rd. zum plattierten Fußweg bringt, den man in einer schweißtreibenden halben Stunde bewältigt. Einfacher geht's von der Westseite des Berges, wo von der modernen Talstation eine Cable Car hinaufführt. In dem langgestreckten weißen Gebäude gibt es mehrere Souvenirgeschäfte und eine Wechselstube.

Öffnungs-/Fahrzeiten
Das **Palastmuseum** ist tägl. 9.00-16.00 Uhr geöffnet, Eintritt 10 BHT. Die **Khao Wang Cable Car** verkehrt tägl. 9.30-18.30 Uhr, eine Fahrt kostet 10 BHT, Hin- und Rückfahrt plus Eintritt in den Palast 35 BHT.

Oben erwartet einen eine prächtige Aussicht auf die Stadt und über die weite Ebene sowie auf den benachbarten Tempelhügel *Khao Bandai It.* Den **Phra Nakhon Khiri-Palast** ließ König Mongkut in den frühen 1880ern errichten, wobei er sich offensichtlich von der Baukunst und den technischen Errungenschaften Europas inspirieren ließ. Bei einem Rundgang durch das **Museum** sieht man Möbel und andere Einrichtungsgegenstände, eine Waffensammlung und verschiedene Geschenke. Die 1987 restaurierte Gesamtanlage macht einen großzügigen und mediterranen Eindruck und bezaubert nicht nur durch ihre Architektur, sondern auch durch eine unglaubliche Blütenpracht.
Nicht versäumen darf man einen Besuch des nördlich gelegenen **Wat Maha Samanaram**, wo auf einer Aussichtsplattform zur einen Seite der

König Mongkuts Sommerpalast

Palast und zur anderen Seite der Wat Khao Bandai It phantastische Fotomotive abgeben. Schöne Frangipani-Bäume (*plumeria rubra*) und etliche Tempelaffen komplettieren das zauberhafte Gesamtbild.

Der etwa 1 km entfernte und ebenfalls hochgelegene **Wat Khao Bandai It** ist das Grabmonument eines reichen Thai für sich, seine Ehefrau und seine Geliebte. Der leuchtend rote Prang mit seinen weißen Nebengebäuden (Bot und Viharn) ist eine weithin sichtbare Landmarke. Wer sich nicht mit der 'Besichtigung' per Teleobjektiv vom Khao Wang aus zufriedengibt, kann auch diesen Hügel über einen Pfad besteigen und hat dabei Gelegenheit, auf halber Strecke einen Blick in Grotten und Tropfsteinhöhlen zu werfen.

In der Stadt Petchburi selbst können Tempelenthusiasten gut zwei Tage immer neue Entdeckungen machen. Die drei wichtigsten Baudenkmäler sind:

● **Wat Yai Suwanaram**, ein Kloster aus der Ayutthaya-Periode, dessen Gebäude (u.a. Bot und Viharn) u.a. über herrliche Wandmalereien, reichgeschnitzte Portale und einen holzgetäfelten Saal verfügen. Bewundernswert ist auch die auf drei Pfählen im See stehende Bibliothek.

● **Wat Mahatat**, ein Tempel aus dem 19. Jahrhundert, der gleichwohl Parallelen zum Khmer-Stil aufweist. Die zentral an der Busstation und am Markt gelegene Anlage wird von fünf hohen Prangs dominiert; im Wandelgang sieht man fast 200 Buddhastatuen.

● **Wat Kamphaeng Laeng**, eines der ältesten Klöster der Stadt, das unter den Khmern im 12. Jahrhundert errichtet wurde. Auch hier sind die fünf Prangs am auffälligsten, die allerdings dringend einer Restaurierung bedürfen.

Bei der Weiterfahrt in den Süden (Nationalstraße 4) kann man bei entsprechender Zeit knapp 20 km hinter Petchburi einen **Abstecher zum Kaeng-Krachan-Nationalpark** unternehmen. Dazu benutzt man am deutlich sichtbaren Hinweisschild den Hwy 3175, der einen nach 49 km parallel zu einem Bewässerungskanal zum Hauptquartier bringt. Von der öden Landschaft entlang des Weges und am Parkeingang soll sich keiner abschrecken lassen, denn der eigentliche Dschungel beginnt erst später. Dieser ist durch mehrere Wanderwege erschlossen (obligatorischer Führer, 100 BHT pro Tag), die einen u.a. zu schönen Wasserfällen bringen. Insgcsamt ist dcr 1981 eingerichtete Kaeng Krachan NP mit 2.920 qkm der größte des Landes und reicht bis zur Grenze von Myanmar. Ein Besuch bietet sich vor allem für Urlaubsgäste an, die ihr Quartier in Cha-Am oder Hua Hin aufgeschlagen haben. Wer nicht wandern möchte, hat Gelegenheit, eine Bootsfahrt auf dem 45 qkm großen **Kaeng-Krachan-Stausee** zu unternehmen (nicht empfehlenswert in der Trockenzeit von Dezember bis Mai!). Der Staudamm ist 750 m lang und knapp 60 m hoch.

Die Hauptstrecke geht weiter in den Süden, vorbei an einigen bizarren Kalksteinfelsen, und erreicht beim Badeort Cha-Am die Küste.

Cha-Am

Unterkunft
Cha-Am verfügt über einige Hotels und Bungalowanlagen der unteren und mittleren Preiskategorie. Der Aufschwung des Fremdenverkehrs hat daneben mehrere Luxushotels entstehen lassen, die als 'Skyline' den Sandstrand von Cha-Am bis Hua Hin begleiten. Die besten Adressen sind:

● *"Beach Garden"****,* 949/21 Tambol, Tel.: (032)471-350-1; ruhig am kilometerlangen feinen Sandstrand gelegenes Hotel mit 196 Zimmern (mit Balkon) in 2 Seitenflügeln, Restaurant, Pool, helle und freundliche Atmosphäre.

● *"Regent Cha-Am Beach Resort",* 849//21 Cha-Am Beach, Tel.: 471-480-91; weitläufige Hotel- und Bungalowanlage, südlich der Stadt am Sandstrand gelegen, mehrere Restaurants und Bars, 2 große Pools, Diskothek, Fitness-Center, Fahrrad-Verleih, Sporteinrichtungen für u.a. Tennis, Squash, 18-Loch-Golfplatz, Hotelbusservice nach Hua Hin. Zu den Unterkünften gehört das *"Hotel Regent"****,* 361 gut eingerichtete Zimmer im vierstöckigen Hotelgebäude; die *"Regent Chalets"****,* Komfortbungalows mit 47 Zimmern und eigener Poolanlage; sowie der luxuriöse *"Regency Wing"*****, ein zweistöckiges Gebäude mit 84 komfortabel eingerichteten Mini-Suiten.

● *"Dusit Resort & Polo Club"*****, 1349 Petchkasem Rd., Tel.: 520-009; großes Haus mit 300 eleganten Zimmern und Suiten, riesiger Pool, Restaurants und Bars, viele Sportmöglichkeiten, alle Annehmlichkeiten, direkt am Strand zwischen Cha-Am und Hua Hin gelegen.

Wer auf der N-4 durch das Ortszentrum fährt, wird wenig begeistert sein, dazu bietet das gesichtslose Städtchen auch keinen Anlaß. Man sollte deshalb am Hinweisschild ("Cha-Am Beach 1 km") nach links abbiegen und sich direkt dem Strand nähern. Nördlich liegt ein kleiner Fischerhafen, dahinter einige große Hotels. Nahe

Die 'Skyline' von Cha-Am

515

Am Strand von Cha-Am

der Lagune lohnt das Kloster **Wat Neranchararama** einen Besuch, dessen größte Attraktion eine weiße, 6armige Buddhastatue ist. Das touristisch mehr erschlossene Gebiet erstreckt sich parallel zur Küste in Richtung Hua Hin. Kleine Restaurants, Shops, Villen und Luxushotels lösen einander ab, ohne daß deswegen aber ein hektischer Badebetrieb à la Pattaya entstanden wäre. Wer einen geruhsamen Urlaub genießen möchte, ist jedenfalls in Cha-Am an der richtigen Adresse. Das 'Nachtleben' beschränkt sich auf zwei Diskotheken, während die Hotels über ein reichhaltiges Sportangebot verfügen.

25 km sind es auf der N-4, die zwischen Cha-Am und seinem südlichen Nachbarn Hua Hin liegen. Auffallend viele Rinder und Reisfelder, in denen die riesigen Reklameschilder auf Luxushotels, Appartementhäuser und Golfanlagen aufmerksam machen (*Palm Hill*, das das *Cha-Am Resort, Beach Garden, Regent Cha-Am, Dusit Resort & Polo Club*), bestimmen das Landschaftsbild. Hinter dem kleinen Flughafen erreicht man schließlich das alte Seebad, das vom Highway in seiner gesamten Länge durchschnitten wird.

Hua Hin

Information
Tourist Office, Damnoenkasem Rd./Phetchkasem Rd., Tel.: (032)512-120

Unterkunft
Mehrere Hotels und Pensionen stehen für Reisende mit kleinem Budget zur Verfügung. Die gehobene und luxuriöse Hotellerie wird von folgenden Häusern angeführt:

● *"City Beach"****, 16 Damnoenkasem Rd., Tel.: 512-588; 1991 eröffnetes Hotel mit 160 geschmackvoll eingerichteten Zimmern, alle Annehmlichkeiten, 150 m vom Strand entfernt.

● *"Royal Garden Resort"******, 107/1 Petkasem Beach Rd., Tel.: 511-881-4; südlich vom Zentrum gelegenes First-Class-Hotel direkt am Strand, 217 geräumige Zimmer und 5 Suiten, alle Annehmlichkeiten, große Poolanlage, 4 Restaurants, Diskothek, Fahrrad-Verleih, hoteleigenes Wassersportzentrum, 18-Loch-Golfplatz in der Nähe. Nördlich vom Zentrum liegt die exklusive Bungalowanlage *"Royal Garden Village"******, die zum gleichen Unternehmen gehört.

● *"Railway Hotel Sofitel Central"******, 1 Damnoenkasem Rd., Tel.: 512-021-38; traditionsreiches Haus im Kolonialstil aus den 1920ern, etwa 800 m vom Zentrum entfernt und am

Sandstrand gelegen, total renoviert und vergrößert, 218 komfortable Zimmer, 2 Tennisplätze, 18-Loch-Golfplatz in der Nähe, Angebote für alle Wassersportarten, weitläufiger Garten mit altem Baumbestand und Pools, verschiedene Restaurants, elegante und internationale Atmosphäre: eines der schönsten Hotels des Landes. Daneben befindet sich die Bungalowanlage "*Sofitel Central Villas*"***** mit komfortablen Zimmern im Thai-Stil.

Drei Phasen kennzeichnen die bisherige Entwicklung von Hua Hin: Zunächst war der Ort ein unbedeutender Fischerhafen, der mit seinem langen Sandstrand selbst guten Landeskennern kein Begriff war. Dann ließ Anfang der 1920er der Direktor der Eisenbahn, ein siamesischer Prinz,

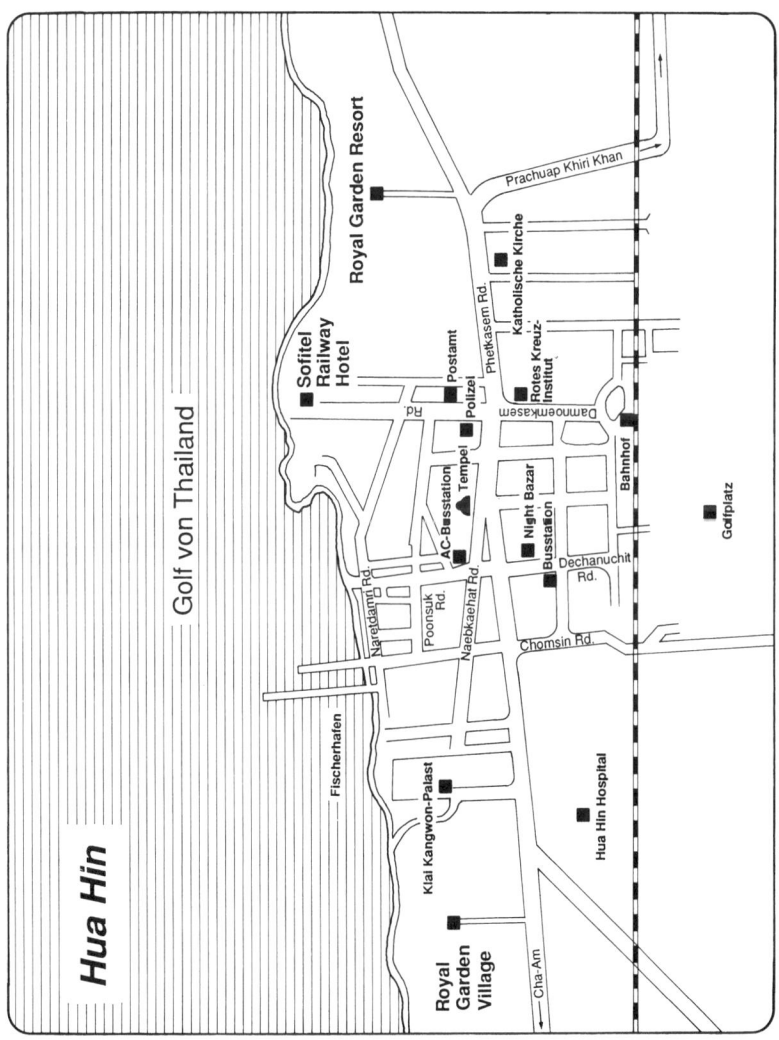

Bahnhof Hua Hin

ein Seebad nach europäischem Vorbild errichten, dessen zentraler Punkt das berühmte *"Railway Hotel"* wurde. Hier entstand der erste Golf- und der erste Tennisplatz des Landes, und es war nur eine Frage der Zeit, bis sich Adel und High Society in Hua Hin niederließen, um hier die Sommerfrische zu verbringen. Dies geschah spätestens dann, als auch das Königshaus auf den Ort aufmerksam wurde und einen Sommerpalast für Rama VII. und einen für die Königin bauen ließ. In den 1980ern verwandelte sich schließlich der zwar exklusive, aber rein thailändische Badeort quasi über Nacht zu einem internationalen Reiseziel, wofür die hochragenden Neubauten der 5-Sterne-Hotels der beste Beweis sind.

Das heißt nun freilich nicht, daß man ein turbulentes Nachtleben mit Discos und Nightclubs erwarten könnte. Immer noch besitzt Hua Hin den kleinstädtischen Charme der Vergangenheit. Aber man hat sich nun auch auf fremdländische Gäste eingestellt und das Angebot dementsprechend vergrößert. Wer sportlich interessiert ist, kann Golf und Tennis spielen, Fallschirm segeln oder Wassersport treiben. Oder man mietet sich ein Pferd und reitet über den Sandstrand (wenn auch in einigen Hotels vor den unhygienischen und manchmal ausbrechenden Tieren gewarnt

wird). Der Strand selbst ist lang und breit genug, um allen Sonnenanbetern (*farangs*) und Picknickern (Thai) ein eigenes Plätzchen einzuräumen. Allerdings sind hier bei ungünstiger Strömung auch Quallen häufige Gäste.

Hua Hin eignet sich also für alle, die Gefallen an einem ruhigen oder sportlich-aktiven Urlaub haben, bei dem die Einheimischen nicht ausgesperrt sind, sondern einen wichtigen Teil des Strandlebens darstellen. Mehrere Baudenkmäler, allen voran das *Railway-Hotel*, der Bahnhof mit dem königlichen Warteraum und der Palast (nicht für die Öffentlichkeit zugänglich) geben dem 39.000-Einwohner-Städtchen zudem auch architektonische Impulse. Wer sich auf einem kleinen Rundgang orientieren möchte, sollte vom Chulalongkorn-Denkmal an der Petchkasem Rd. (N-4) in nördliche Richtung spazieren. Nach etwa 200 m sieht man dann linkerhand den Markt, auf dem immer ein lebhaftes Treiben herrscht. Von hier aus geht man dann in Richtung Meer, wobei man das Gelände des "Night-Food-Market" passiert (abends unbedingt lohnend!), und erreicht schließlich den Hafen. Zwei Piers reichen hier weit ins Meer hinaus und bieten

Fotografen schöne Motive. Direkt südlich schließen sich einige Seafood-Restaurants an, die auf Holzstelzen im Meer stehen. Nun geht man durch die parallel zum Meer führende Gasse, die noch viele hübsche Holzhäuser aufzuweisen hat, hinter denen sich der verspiegelte Neubau eines neuen Luxushotels erhebt. Auf Stufen überwindet man die kleine Felsenklippe, die den Hafen vom Strand trennt. Nach ca. 400 m durch den feinen Sand breiten sich rechterhand die Flügel des riesigen *Sofitel-Railway-Hotels* aus. Die Anlage sollte man sich ruhig anschauen, auch wenn man nicht hier logiert. Auf der anderen Seite des Hotels folgt man der Damnoenkasem Rd., passiert den "Touristen-Markt" und erreicht schließlich den kleinen Bahnhof, dessen Architektur Beachtung verdient. Und wenn man zum Strand zurückgekehrt ist, sieht man vielleicht sogar den derzeitigen Monarchen beim Segeltörn, denn immer noch ist das erste Seebad des Landes bevorzugtes Urlaubsziel der Königsfamilie!

Wem die Zeit im Ort zu lang wird, kann an den **Ausflügen** teilnehmen, die u.a. von den größeren Hotels organisiert werden, oder sich mit dem Mietwagen selbständig machen. Im Osten sind einige vorgelagerte Inseln lohnende Ziele, im Norden Cha-Am und Petchburi (s.o.), im Süden die Fischerdörfer der Umgebung, Prachuap Khirikhan und der Khao Sam Roi Yod Nationalpark (s.u.). Oder wie wär's mit einem Trip zum Pala-U-Wasserfall?

Ausflug zum Pala-U-Wasserfall
Ein Verkehrschild weist im Stadtzentrum von Hua Hin den Weg zu dieser Naturattraktion, die ein Teil des *Kaeng-Krachan-Nationalparks* (s.o.) ist und ca. 60 km landeinwärts, nahe der burmesischen Grenze liegt. Auf dem Weg dorthin passiert

man kurz hinter Hua Hin den Aussichtspunkt von **Khao Hin Lek Fai,** von dem sich ein herrlicher Blick auf die Stadt und ihre Umgebung ergibt. Dann folgen ausgedehnte **Ananas-Plantagen,** die zur Firma *"Dole Company"* gehören. Sie hat ihren Sitz in Hawaii und etablierte hier die zweitgrößte Ananas-Plantage der Welt (ca.

50 qkm!). Auf der letzten Teilstrecke ist der Weg zum Wasserfall nicht asphaltiert und in der Regenzeit unpassierbar. Das Ziel der Anfahrt und einer anschließenden kurzen Dschungel-wanderung lohnt sich aber: in 11 Kaskaden stürzt der Pala-U – einer der höchsten im König-reich – hinab. Von der untersten Stufe kann man bis zum sechsten Absatz hinaufklettern und dort den Panoramablick genießen sowie ein erfrischendes Bad nehmen. Nur gut Trainierte wagen sich noch höher hinauf. Von der obersten Stufe ist es möglich, in nur zwei Stunden bis zur Grenze nach Myanmar zu wandern.

Bei der Weiterfahrt von Hua Hin in den Süden bleibt man auf der N-4 und fährt recht nah an der Küste entlang. Nach 8 km lohnt sich ein Abstecher zum weißen **Suan Son-Strand** mit einem pittoresken Fischer-dorf. Gut 10 km anschließend kommt man an einigen Marmorbrüchen vorbei und erreicht nach weiteren 7 km die Ortschaft **Pranburi**, die ein Zentrum der Ananas-Verarbeitung ist. Der phantastische Sandstrand wird von der großen Anlage des *"Club Aldiana"* dominiert. Im Landesinneren stellt der 30 km entfernte **Pranburi-Stausee** ein schönes Ausflugsziel dar.

Nun geht es weiter, an buddhistischen Klöstern mit Krematorien, aber auch an einer riesigen Kaserne (*Thammarat*) vorbei, bis man nach 32 km zum **Sam Roi Yot Nationalpark** (vgl. Kapitel 3.2.4) abzweigen kann. Die "dreihundert Berggipfel" bieten eine wahre Zauberlandschaft mit In-seln, steilen Kalksteinfelsen, Sandstränden, Sümpfen, Tropfsteinhöhlen und zahllosen Wasservogelarten, Fischen, Delphinen und anderen Wild-tieren.

Der nächste größere Ort ist die Provinzhauptstadt **Prachuap Khirikhan**, etwa 2 km links der Nationalstraße am Meer gelegen. Ihre größte Attrak-tion hat sie im sog. "**Spiegelberg**" (*Khao Chong Krachok*), dessen Name sich von der natürlichen Steinbrücke ableitet, durch die man hindurch-

Aussicht vom Spiegelberg

schauen kann. Dieses Phänomen ist allerdings nur aus ziemlicher Di-stanz von der nördlichen Seite aus zu beobachten. Der Berg bietet aber mehr als das: auf seinem Gipfel, den man über 395 Stufen in mehreren Absätzen erklimmen kann, bietet sich eine phantastische Aussicht auf die sandigen Buch-ten des Golfs und die be-waldeten Berge im We-sten, die bereits zum Staatsgebiet von Myanmar gehören. An dieser Stelle ist Thailand nur 20 km breit! Wer sich an den Aufstieg heranmacht (was in der Mittagshitze ein mühseliges Unterfangen sein kann!), sollte sich nicht nur von der Szenerie und den blühenden Frangipani-Bäumen begeistern lassen, sondern auch auf die unzähligen Tempelaffen achten, die bisweilen sehr aggressiv sind. Vorsicht ist vor allem bei Plastiktüten angebracht, weil die Affen darin Lebensmittel vermuten. Am Fuß des Spiegelberges befindet sich ein Kloster, das auf der Giebelseite und auf dem Portal die Abbildung vom "Rad der Lehre" trägt; auch der kleine Tempel oben auf dem Gipfel gehört zu dieser buddhistischen Anlage.

Ansonsten bietet Prachuap Khirikhan dem Touristen nicht viel, und auch der sichelförmige Strand hält nicht das, was er aus der Vogelperspektive vom Spiegelberg aus versprach. Lohnender ist der Abstecher zum 6 km entfernten **Ao Noi Beach**, an dem sich ein hübsches Fischerdorf befindet und der vom hochgelegenen **Wat Phra That Khoa** (riesiger Ruhender Buddha) überragt wird. Wer diesen Ausflug mit einem Tuk-Tuk unternimmt, wird feststellen, daß die örtliche Variante dieses Gefährts aus einem Motorrad mit Beiwagen besteht.

Südlich von Prachuap Khirikhan verläuft die N-4 zunächst noch nah an der Küste, vorbei an Hainen mit Königs-Kokospalmen. Nach 22 km kann man links über eine unasphaltierte Stichstraße zum hübschen **Vanakon Beach** abzweigen, nach weiteren 5 km nach rechts zum **Huay Yang-Wasserfall**, der auf einer Strecke von 120 m viele kleine Stufen hat, die man z.T. hinaufklettern kann. Zum Wasserfall, der ca. 6 km westlich der Nationalstraße liegt, gelangt man vom Parkplatz aus über einen kleinen Pfad mitten durch den Dschungel.

Im weiteren Verlauf verläßt die N-4 das küstennahe Gebiet, zu dem man aber über kleine Stich- und Parallelstraßen kommen kann. In der ganzen Region künden immer noch umgeknickte Bäume und kahle Flächen von den Verwüstungen, die ein Taifun im Jahre 1989 angerichtet hat. Schließlich erreicht man kurz vor Chumphon eine große Kreuzung, bei der man sich für die Weiterfahrt entscheiden muß: Die N-4 biegt nach Westen ab, durchschneidet den Isthmus und führt nach 60 km an der westlichen Küste (Andamanensee) auf Phuket zu. Auf dem Hwy 41 hingegen bleibt man auf direktem Südkurs und erreicht über **Chaiya** die Stadt **Surat Thani** (vgl. Kapitel 6.5.7). Ab dort kann man entweder nach Ko Samui oder anderen Inseln übersetzen oder weiter in den Süden (Nakhon Si Thammarat, Songkhla) vorstoßen oder aber über den Hwy 401 nach Takua Pa und Phuket fahren. Diese Route ist 30 km länger als die im folgenden skizzierte, aber landschaftlich sehr reizvoll.

Chumphon

Wer der Ortschaft **Chumphon** einen Besuch abstatten möchte, muß an der Kreuzung ebenfalls die Nationalstraße verlassen und 7 km in östlicher Richtung fahren. Die Provinzhauptstadt ist zwar touristisch nur wenig interessant, bietet sich aber für eine Zwischenübernachtung an.

Unterkunft

● *"Jansom Chumphon"***, 188/138 Saladaeng Rd., Tel.: (077)502-502; schöne, moderne Bungalows, direkt über dem Meer gelegen, mit Treppe zum Strand, Bootspier in der Nähe.

● *"Chumphon Cabanas Beach Resort"***, Thung Wua Laen Beach, Tel.: 501-990; schöne Bungalowanlage, 16 km nördlich der Stadt direkt am weißen Sandstrand gelegen, Restaurant, Bar, Arrangement von Tauchexkursionen.

Wer in Chumphon einen Stop einlegt, sollte auf der kleinen Asphaltstraße bis zum Meer fahren, wo man nach 4 km den Hafen **Pak Nam** und etwas weiter den **Sai Ri Beach** erreicht. Von hier aus kann man sich Boote mieten, um den vorgelagerten Felseninseln einen Besuch abzustatten (lohnenswert nur zwischen März und August). Auf einigen bauen die Schwalben ihre Nester, die die Einwohner für die lokale Spezialiät – Schwalbennestersuppe – ausräubern. Auf der asphaltierten, schmalen Strandstraße kommt man an einigen guten Seafood-Restaurants und Bungalows vorbei, die hauptsächlich von einheimischen Touristen frequentiert werden. *Farangs* sieht man hier nur selten.

Eine Sehenswürdigkeit, bei den Thai als nationale Gedenkstätte weithin bekannt, ist das Torpedoboot "**HTMS Chumphon**", das 1941 von den Japanern auf Grund geschossen und später gehoben wurde. Ganz in der Nähe wird der Begründer der thailändischen Kriegsmarine in einem Schrein verehrt, und auch ein Tempel und ein Kräutergarten sind weitere beliebte Ausflugsziele. Ein kurzer Blick auf die Geschichte: Die Japaner griffen gezielt diesen Küstenabschnitt an, weil sie hier die beste Operationsbasis gegen das nahgelegene Burma mit der britischen

Die HTMS Chumphon

Festung *Victoria Point* hatten. Außerdem konnten sie die Eisenbahnlinie in den Norden nutzen, die ja später mit der *"Death Railway"* (vgl. Kapitel 5.4.3) in Richtung Westen zusätzliche Bedeutung für den Nachschub erhielt. Neben Chumphon war Prachuap Khirikhan Ziel der japanischen Invasionsarmee, wo sich die Royal Thai Air Force 32 Stunden lang verzweifelt gegen die Angreifer wehrte. Diese beiden Städte sind also ein Beweis dafür, daß die Thai nicht, wie oft zu lesen ist, von Anfang an mit der Kriegsmacht aus dem Reich der aufgehenden Sonne kooperierten, sondern Widerstand leisteten. Erst in Einsicht der Tatsache, daß man waffentechnisch den Japanern hoffnungslos unterlegen war, änderte man später die Politik.

Wieder zurück auf der N-4 fährt man anschließend ins waldreiche und hügelige Landesinnere in westlicher Richtung, wobei man die gesamte Breite der malayischen Halbinsel durchquert. Nach 60 km erreicht man den **Kra-Fluß**, der die Grenze nach Myanmar bildet. An einem Halteplatz rechts der Straße hat man einen schönen Ausblick auf den Fluß, und eine Schautafel verdeutlicht, wie schmal der **Kra-Isthmus** ist und wie nah sich hier der Golf von Thailand und die Andamanensee sind. Da das Hinterland durch Flüsse und kleinere Wasserläufe erschlossen ist, war die Landenge schon in den ältesten Zeiten von wirtschaftlicher Bedeutung. Hier oder in Takua Pa (s.u.) konnten die Waren, die über das Meer aus Indien kamen, umgeschlagen werden und per Boot oder Karawane zur östlichen Küste oder auf dem Landweg in den Norden gebracht werden. Heute existieren Pläne für den Bau eines Kanals, die bislang jedoch noch nicht realisiert worden sind.

Hinter der Stadt **Kraburi** (62 km nach Chumphon) verzweigt sich der breite Kraburi-Fluß in einem Delta und strömt der tief eingeschnittenen, von Mangrovendickicht umsäumten Bucht zu. Mit einer Wassertiefe von 1-2 m sind hier die besten Voraussetzungen für Austernfarmen bzw. wildlebende Austern gegeben. Deshalb die vielen Stände entlang der Straße, wo man die exzellenten Meeresfrüchte für 20 BHT pro Stück erstehen kann.

Auf der Weiterfahrt kommt man an Kaffeeplantagen vorbei, deren Bohnen z.T. in der Provinz Trang (Nescafé Fabrik) verarbeitet werden. Auch viele Ölpalmen sieht man entlang der Straße, die für die Kosmetik-Industrie von Bedeutung sind. Die Strecke verläuft durch ein waldreiches Gebiet, häufig in Sichtweite zum Nachbarstaat Myanmar. Mit über 200 Regentagen pro Jahr ist die Region eine der niederschlagsreichsten des Landes, wobei die Statistik die Monate Juni bis August als die feuchtesten und die Monate Januar bis März als die trockensten ausweist.

35 km hinter Kraburi kommt man auf der N-4 an zwei Wasserfällen vorbei, wovon der zweite (**Punyaban-Wasserfall**), direkt neben der Straßenkurve gelegen, besonders sehenswert ist. Vom Rastplatz mit einer Aussichtsplattform hat man die schönste Übersicht,

aber es ist auch möglich, zu den Pools hinabzusteigen und ein erfrischendes Bad zu nehmen. Von hier aus sind es nur noch 15 km bis zur Provinzhauptstadt Ranong, die sich mit mehreren Hotels für eine Übernachtung anbietet.

Ranong

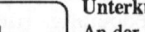 **Unterkunft**
An der Hauptstraße Ruang Rat Rd. gibt es mehrere billige Unterkünfte. Direkt am Meer (Pak Nam Ranong, 3 km außerhalb) liegt die komfortable Bungalowanlage "Jansom Thara Resort"**. Die beste Adresse in der Stadt ist jedoch das *"Jansom Thara Ranong"***, 2/10 Phetchkasim Highway, Bangrin Ranong, Tel.: (077)811-511, 821-511. Es befindet sich links an der N-4 und 'verwaltet' die berühmten heißen Quellen, die in Jacuzzis geleitet werden (s.u.). Das *Jansom Thara* hat ein gutes Restaurant, komfortable Zimmer, Swimmingpool und eine Diskothek.

Jacuzzi im "Jansom Thara"

Die Hauptattraktion von Ranong sind die **heißen Quellen**, die in der Nähe des "Jansom Thara"-Hotels liegen. Man erreicht sie, wenn man vor dem Hotel auf den Weg nach links einbiegt. Nach 1 km sieht man einen kleinen Park, in dem aus den drei eingefaßten Quellen ("Vater", "Mutter" und "Kind") Dampf aufsteigt. Das schwefelhaltige Wasser der Thermalquellen ist hier etwa 65°C heiß und wird über Pipelines zum Hotel geleitet. Dort kann man im Badehaus das auf 42°C abgekühlte Wasser in zwei runden Becken, streng nach Geschlechtern getrennt, genießen (Eintritt 50 BHT, für Hotelgäste frei). An den Quellen selbst sind die Tempelanlage für die Wassergeister und eine (1991 eingestürzte) Hängebrücke über den Bergbach Attraktionen am Rande, während der Mini-Zoo wegen der Enge der Gehege jeden Tierfreund entsetzen muß. Zum Meer hin lohnt sich ein Besuch des 3 km entfernten Hafenortes **Pak Nam Ranong**, in dem man sich ein Boot für Ausflüge zu den vorgelagerten Inseln oder zum Delta des Kra-Flusses mieten kann.

Heiße Quelle in Ranong

Die ca. 280 km lange Strecke von Ranong bis Phuket ist zunächst weniger interessant, wird aber später reizvoller und steigert sich zwischen Kapoe und Takua Pa zu dramatischer Schönheit. 16 km hinter Ranong stellen die kahlen **Grassy Mountains** (*Khao Ya*) rechts der Straße eine inmitten der

überquellenden Vegetation merkwürdige Sehenswürdigkeit dar. Dann folgen vor und nach **Kapoe** (56 km hinter Ranong) endlose Kautschukplantagen. Auf kürzeren und längeren Abstechern kann man den Highway verlassen und ins Landesinnere mit eindrucksvollen Wasserfällen und Naturschutzgebieten inmitten einer gebirgigen Dschungellandschaft vorstoßen. Auch zur Andamanensee sind schöne Ausflüge durchführbar, insbesondere zum 50 km langen Küstenstreifen des **Laem Son Nationalparks** mit seinem schönen **Bang Ben Beach**. 4 km vor Takua Pa und 170 km hinter Ranong stößt man auf den Hwy 401, der durch das weite Takua Pa-Tal und dann ins Gebirge bis nach Surat Thani führt. Interessant für Individualtouristen ist die Strecke auch wegen des

Bang Ben Beach

gut ausgebauten Hwy 4090, über den man nach Phang Nga und Krabi kommt (Tip für eine Rundreise ab/bis Phuket!), sowie wegen des Khao Sok Nationalparks.

Takua Pa ist ein wenig attraktives Provinzstädtchen mit einigen Restaurants und einem 7 km entfernten Marktflecken, in dem der Besucher nichts mehr von der reichen Vergangenheit (früher lag hier ein blühender Hafenort Dvaravati-Reiches) erkennen kann. Dafür ist der weitere Streckenverlauf umso interessanter: Nach etwa 20 km fährt man direkt am Meer entlang, z.T. auf einer hochgelegenen und kurvenreichen Straße, von der aus mehrfach wunderbare Panoramablicke zum Halten zwingen. Vorher schon lohnt es sich, zum traumhaften **Bang Sak Beach** abzubiegen, an dessen weißem und von Kasuarinen umsäumten Sand sich einige Gaststätten (vorzügliches Seafood!) niedergelassen haben. In **Khura Buri** befindet sich ein Büro, in dem man Informationen über den **Surin-Nationalpark** bekommen kann. Die 60 km vorgelagerten Surin-Inseln sind ein einziges Naturparadies, in dem man sonnenbaden, schnorcheln und tauchen kann. Der Bootstransfer dorthin und evtl. auch Unterkünfte müssen im o.a. Büro bestellt werden, wenn man sich nicht einem organisierten Schiffsausflug von Phuket aus anschließen möchte.

Einen der schönsten Aussichtspunkte hat man auf dem nun folgenden Streckenabschnitt, an dem in Abständen immer wieder blaue Schilder mit der Aufschrift "*Tourist Attractions*" zu den wichtigsten Sehenswürdigkeiten führen. 4 km nördlich vom Naturschutzgebiet **Khao Lak** etwa bietet sich ein dramatischer Blick hinunter auf den weißen, von Felsen eingerahmten Strand, an dem die Bungalowanlage *"Khao Lak Bungalows"*** vorzügliche Unterkünfte, gutes Essen und ein interessantes Ausflugsprogramm bereithält. Kurze Zeit später führt eine 5 km lange Stichstraße zum kleinen Hafen **Thap Lamu**, ab wo man mit dem Boot zu den **Similan-Inseln** übersetzen kann. Weitere Attraktionen entlang der Strecke sind ca. 20 km weiter der **Lam Pi-Wasserfall** und kurz vor der Ortschaft **Thai Muang** ein Strand, der zwischen November und Februar von Meeresschildkröten zur Eiablage aufgesucht wird.

Das letzte Stück der Nationalstraße wird von ausgedehnten landwirtschaftlichen Nutzflächen begleitet, auf denen u.a. Kautschuk, Reis, Ananas und Bananen angebaut werden. Schließlich verläßt man in **Kok Kloi** die N-4 und biegt auf den gut ausgebauten Hwy 402 nach rechts ab. Nach wenigen Minuten hat man dann die **Sarasin Bridge** erreicht, über die man zur Insel Phuket gelangt.

6.5.4 PHUKET

Information
In Phuket Town gibt es ein TAT-Büro (73-75 Phuket Rd., Tel.: (076)211-036, 212-213), das u.a. kostenlose Inselpläne, Unterkunftsnachweise und ausführliche Listen über Restaurants, Reiseagenturen etc. herausgibt. Die monatlich erscheinende Zeitschrift *"Holiday Guide to South Thailand"* enthält Restaurant-Tips, Veranstaltungshinweise und Hintergrundberichte. Detaillierte touristische Informationen sind an den Hauptorten auch in den größeren Hotels und in Reisebüros erhältlich.

Unterkunft
In den letzten Jahren sind nicht Hunderte, sondern Tausende neuer Hotelzimmer entstanden, und immer noch wird kräftig weitergebaut. 1991 hatte die Insel eine Totalkapazität von über 13.500 Zimmern, wobei Patong Beach mit 74 Hotel- und Bungalowanlagen weit an der Spitze stand, gefolgt von Phuket Town (46), Kata Beach (34) und Karon Beach (28). Das Horrorgemälde der Überfüllung und der Lärmbelästigung, das in manchen Medienbeiträgen entworfen wurde, stimmt aber nicht. An den meisten Stränden stehen nur wenige, manchmal nur ein oder gar kein großes Hotel. Und selbst an den Brennpunkten des Geschehens kann man immer noch ein ruhiges Plätzchen finden. Einige der besseren und besten Hotels sind an den jeweiligen Orten angegeben. Bei drei und mehr Sternchen ist mindestens ein Swimmingpool selbstverständlich und wird nicht extra aufgeführt.

Transport
Die täglich verkehrenden Expreßbusse brauchen von Bangkok nach Phuket etwa 14 Stunden. Der nächste Bahnhof befindet sich in Surat Thani, 6 Stunden mit dem Bus entfernt. Den Personentransport auf der Insel selbst wird von lokalen Bussen, Tuk-Tuks, Motorradtaxen und Taxen besorgt. Einige größere Hotels unterhalten eigene Verbindungen zur Inselhauptstadt und zum Flughafen. **Preisbeispiel:** eine Fahrt mit dem Tuk-Tuk von Phuket Town kostet bei gutem Handeln innerhalb der Stadt 7 BHT, zum Rawai Beach 90 BHT, zum Cape Phanwa 100 BHT, zum Patong Beach 130 BHT und zum Flughafen 250 BHT. Busse verkehren nur von 6.00-18.00 Uhr und kosten 10-30 BHT.

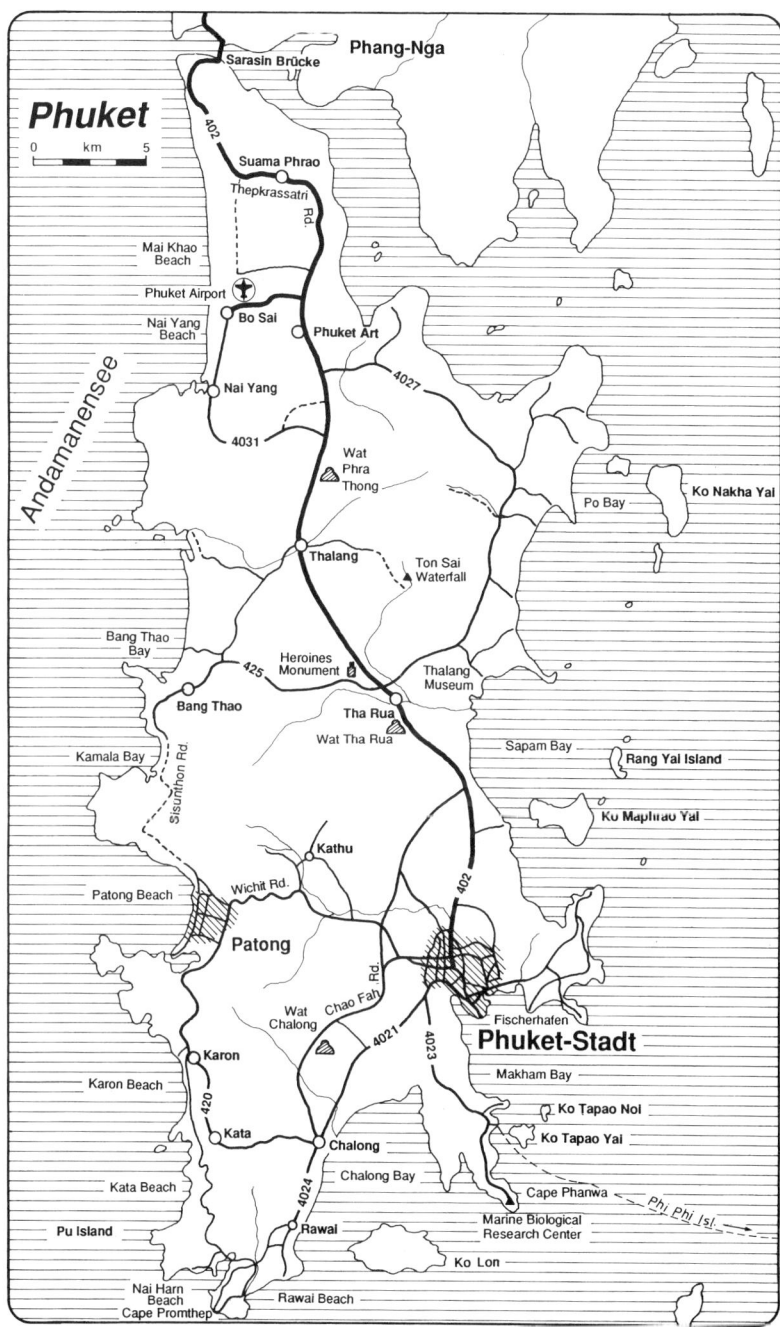

Phang-Nga

Sarasin Brücke

Phuket

0   km   5

402

Suama Phrao

Thepkrassatri Rd.

Mai Khao
Beach

Phuket Airport

Nai Yang
Beach

Bo Sai

Phuket Art

Nai Yang

4031

4027

Andamanensee

Wat
Phra
Thong

Po Bay

Ko Nakha Yai

Thalang

Ton Sai
Waterfall

Bang Thao
Bay

Heroines
Monument

425

Thalang
Museum

Bang Thao

Tha Rua

Wat Tha Rua

Sapam Bay

Rang Yai Island

Kamala Bay

Sisunthon Rd.

Ko Maphrao Yai

Kathu

Wichit Rd.

Patong Beach

Patong

402

Wat
Chalong

Chao Fah Rd.

4021

4023

Fischerhafen

Phuket-Stadt

Karon

420

Karon Beach

Makham Bay

Ko Tapao Noi

Ko Tapao Yai

Kata

Chalong

Kata Beach

4024

Chalong Bay

Cape Phanwa

Phi Phi Isl.

Pu Island

Rawal

Marine Biological
Research Center

Ko Lon

Nai Harn
Beach
Cape Promthep

Rawai Beach

527

Mietfahrzeuge

Wer sich in Paton, Kata oder Karon einen **Pkw/ein Motorrad** leihen möchte, kann das in kleinen Läden oder Dutzenden von Straßenständen tun. Die Fahrzeuge sind allerdings nicht versichert und oft in schlechtem Zustand. Nachdrücklich seien hier deshalb die seriösen Autovermieter empfohlen, bei denen man auch entsprechende Versicherungen abschließen kann. Außer den renommierten Anbietern *"Hertz"* und *"Avis"*, die Büros in mehreren Hotels und am Flughafen unterhalten, haben sich auch *"Pure Car Rent"*, *"Phuket Car Center"* und *"Phuket Horison Car Rent"* (alle in Phuket Town) als zuverlässig erwiesen.

Der moderne Flughafen

befindet sich im nordwestlichen Teil der Insel, von wo aus man mit etwa 40 Minuten Transferzeit nach Phuket Town oder Patong Beach rechnen muß. Phuket wird im internationalen Flugverkehr u.a. von Hong Kong, Kuala Lumpur, Singapore, Sydney und Wien aus angeflogen, in der Hauptsaison landen hier auch Charterflüge aus Deutschland, Österreich und der Schweiz. Mit Bangkok und anderen thailändischen Großstädten gibt es mehrmals täglich Verbindungen.

Tip

Wer sich Phuket auf dem Luftweg von Bangkok nähert, hat vom Fensterplatz auf der *linken Seite* einen phantastischen Blick auf die Bucht von Phang Nga (beim Abflug von Phuket lohnt es sich folglich, rechts zu sitzen). Aber auch auf der anderen Seite hat man eine herrliche Aussicht, da man an der gesamten Küstenlinie entlangfliegt und u.a. über den Isthmus von Kra bis zur Küste der Andamanensee schauen kann!

Sport

Zwar kann man auf Phuket hervorragend Golf und Tennis spielen, aber in erster Linie locken den *farang* wohl die Wassersportmöglichkeiten, die das Inselparadies in Hülle und Fülle bietet (Windsurfen, Segeln, Wasser-Scooter, Parasailing, Wasserski etc.). Besonders reichhaltig ist das Angebot an den populären Stränden Nai Harn, Paton, Kata und Karon. Hier befinden sich auch renommierte Tauchschulen, einige davon unter deutscher oder schweizerischer Leitung. Die besten Tauchgründe findet man bei den vorgelagerten Inseln, zu denen ein- oder mehrtägige Touren organisiert werden. Als Zentrum des thailändischen Segelsports hat sich Phuket ebenfalls einen Namen gemacht. Daneben kann man an luxuriösen Kreuzfahrten oder gemächlichen Bootsausflügen mit Dschunken teilnehmen, sportlich aktiv mit Kanus die Bucht von Phang Nga erkunden oder mit Schlauchbooten die Gegend kennenlernen. Das thailändische Fremdenverkehrsamt gibt eine Liste über Spezialveranstalter, Segelyachtcharter, Tauchschulen und Golfplätze heraus.

Hinweis: Keine Wassersportart ist völlig ungefährlich. Besonders viele Unfälle passieren mit Wasser-Scootern, die ohnehin den meisten Strandbesuchern ein Ärgernis sind. Während zwischen November und Februar das Wetter am besten zum Schwimmen und Segeln geeignet ist, kann die See von Mai bis Oktober wegen des Monsuns teilweise sehr aufgewühlt sein und heimtückische Unterströmungen haben. Im eigenen Interesse sollte jeder die roten Fahnen beachten, die an vielen Stränden die Gefahr signalisieren.

Phuket: eine Welt für sich

Es gibt mehrere Möglichkeiten, eine Insel zu beschreiben, die eine Welt für sich darstellt. So kann man beispielsweise nackte Zahlen liefern und die Inselstrukur widergeben, die Geschichte erläutern oder auf Probleme aufmerksam machen.

● **Einige Angaben zur Statistik und Inselstruktur:**
Phuket liegt in der Adamanensee, etwa 867 km südlich von Bangkok und 770 km nördlich des Äquators. Mit knapp 50 km Länge und 22 km Breite umfaßt sie 539 qkm und ist damit die größte Insel des Königreichs (vor Chang und Ko Samui). Zusammen mit 39 vorgelagerten Inseln bildet sie eine der kleinsten Provinzen Thailands, in der insgesamt 165.000 Einwohner leben, davon 60.000 allein in Phuket Town. Von Phukets Landfläche werden 50% landwirtschaftlich genutzt, 25% sind Abbaugebiete für Zinn, nur noch 7% sind bewaldet, 5% bieten Dörfern Platz und 3,5% sind der modernen Bebauung (Phuket Town, Flughafen, Hotels, Straßen etc.). zuzurechnen. Mit etwa 4.000 BHT Durchschnittseinkommen ist Phuket die reichste Provinz des Landes.
In Nord-Süd-Richtung verläuft ein Gebirgsrücken, der 77% der Inseloberfläche ausmacht und seine höchste Erhebung im *Khao Mai Tao Sip-Song* (529 m) hat. Zum Westen hin besitzt die Insel weitgeschwungene Buchten mit herrlichen Sandstränden, zum Osten eine schlammige, z.T. mit Mangroven durchsetzte Küste. Obwohl das ganze Jahr als touristische Saison gilt, scheint die Sonne zwischen November und Februar am häufigsten, während es von April bis November regnerisch ist und Monsunstürme Baden und Wassersport unsicher machen können.

Phukets Reichtum: Zinn

● **Ein kurzer Blick auf die Geschichte:**
Traditionell war die Insel immer mehr dem Westen als dem thailändischen Hinterland zugewandt. Schon im 9. Jahrhundert sind Handelskontakte mit Indien und sogar Arabien nachgewiesen. Auch die europäischen Kolonialmächte – Portugiesen, Engländer, Holländer – schätzten Phuket, vor allem wegen der reichen Bodenschätze. Zinnerze, die im 19. Jahrhundert in Bergwerken gefördert wurden (heute zunehmend auch vom Meeresboden), lockten zahllose 'Gastarbeiter' an, vor allem aus China und aus Malaysia. Noch heute ist der malayische Einfluß spürbar: 25% der Bevölkerung gehören dem Islam an. Aber auch Kautschuk, Fischerei und Perlenzucht trugen und tragen zum Reichtum der Provinz bei. Während des letzten Jahrzehnts waren es jedoch drei natürliche 'Ressourcen', die durch den Fremdenverkehr noch mehr Einnahmen brachten: Sonne, Sand und Meer. Durch sie wurde Phuket zu einem Touristenzentrum ersten Ranges, mit Steigerungsraten von bis zu 50%. Z.Zt. kommen jährlich mehr als 1 Million Besucher auf die Insel.

● **Ein kritischer Ausblick:**
Seit dem Beschluß von 1973, Phuket touristisch auszubauen, hat sich die Insel innerhalb weniger Jahre mehr verändert als in Jahrhunderten zuvor. Trotz hochgelobter Pläne für eine sanfte Entwicklung wurde dabei die Umwelt nicht selten

Hochhaus in Patong

dem schnellen Profit geopfert, wurden Hügel abgetragen, Wälder abgeholzt und Wasser und Luft verunreinigt. Die Bauherren hielten sich, z.T. unter dem Druck ausländischer Reisemultis, längst nicht immer an den Landnutzungsplan. Die willkürliche Überentwicklung führte dazu, daß inzwischen Strandorte wie Patong, Karon und Kata (ebenso wie die nahegelegenen Phi Phi Inseln) sanierungsbedürftig geworden sind. Positiv immerhin, daß man von offizieller Seite die Gefahren sieht und gegensteuert. In Zukunft muß ein 50 m tiefer Küstenstreifen völlig unbebaut bleiben, auf den nächsten 200 m liegt die Gebäudeobergrenze bei nur 10 m. Außerdem sollen Baugenehmigungen schwerer erteilt und die Bebauungsdichte streng reguliert werden. Es bleibt zu hoffen, daß damit auch in Zukunft die Schönheit Phukets erhalten wird und daß nicht Pattaya das Vorbild für die weitere Entwicklung ist.

Die beste Möglichkeit, die kleine Welt von Phuket kennenzulernen, ist und bleibt freilich **der Besuch der Insel** selbst. Genießen Sie den Komfort Ihres Hotels und das breitgefächerte touristische Angebot. Keiner sollte außerdem eine erholsame Bootsfahrt zu den Korallenriffen und vorgelagerten Inselchen versäumen. Und wessen Urlaubstermin auf den September/Oktober fällt, sollte sich nach dem genauen Termin für das **Vegetarier-Fest** erkundigen. Dabei handelt es sich um eine neuntägige Läuterung der Teilnehmer, während der sie nicht nur vegetarische Diät zu sich nehmen, sondern sich auch von Alkohol, Lügen, Sex und Streit fernhalten sollen. Zum Höhepunkt des Festes gibt es eine Prozession in Phuket Town, bei

Beim Vegetarier-Fest

der sich die Männer mit Nadeln, Spießen, Messern und schlimmeren Dingen die Wangen durchstechen, rasiermesserscharfe Leitern besteigen und über glühende Kohlen laufen. Das Vegetarier-Fest wurde von den chinesischen Zinnarbeitern im 19. Jahrhundert eingeführt, um aufgeladene Sünden zu büßen und die 'neun Schutzgeister' gnädig zu stimmen.

Inselrundfahrt

Im folgenden wird eine **Inselrundfahrt** skizziert, die vom Norden (Hwy 402) bis zur Provinzhauptstadt Phuket Town und von dort im Uhrzeigersinn an den schönsten Stränden der Westküste entlang wieder nach Norden führt.

Vom Festland her kommend (Hwy 402), gelangt man auf die Ferieninsel über die 400 m lange **Sarasin Bridge**, deren Neubau 1992 wohl fertiggestellt sein dürfte. Kurz vor der Brücke hat man Gelegenheit, an einem kleinen Restaurant anzuhalten und den Ausblick auf die nahe Insel zu genießen. In der Meerenge sind oft Schwimmbagger zu sehen, die vom Meeresgrund zinnhaltigen Schlamm nach oben befördern. Auch an anderen Stellen (hauptsächlich an der Ostküste) holt man Zinn aus dem Wasser, während im Landesinneren das Erz im Tagebau gefördert wird.

Durch einen lichten Wald und an Ananasplantagen vorbei führt einen der breite Highway nun nach Süden. Der erste schöne Strand liegt dabei rechterhand in einiger Distanz zur Straße.

● Mai Khao Beach

Dieser Strand ist der längste im Nordwesten und (noch) völlig unerschlossen. D.h. auch, daß man ihn nur schwer erreichen kann, u.a. auf einer langen Strandwanderung von der Sarasin Bridge her. Wie im südlich gelegenen Nai Yang Beach ist er das Ziel der Meeresschildkröten, die hier zwischen November und Februar zur Eiablage hinaufkriechen.

Auf der Weiterfahrt geht nach einigen Kilometern vom Hwy 402, der auf der Insel auch **Thepkasattri Road** heißt, rechts die Straße 4026 (Hinweisschild: Airport) ab. Nachdem man den Flughafen passiert hat, erreicht man die Bucht von Nai Yang, die sich hervorragend zum Baden eignet.

● Nai Yang National Park

Unterkunft
Im Nationalpark kann man in billigen Bungalows oder auch in Zelten (60 BHT) übernachten. Die komfortabelste Unterkunft bietet das *"Pearl Village Hotel"*****, P.O.Box 93, Tel.: 311-338-9; First-Class-Hotel mit 215 Zimmern, Restaurant, Sportangeboten und allen Annehmlichkeiten.

Zum 'Nationalpark' wurde die Bucht erklärt, um die Eiablage der Meeresschildkröten nicht durch ungehemmte Hotelbauten oder andere Erschließungsmaßnahmen zu gefährden. Hier kann man im Schatten von Kasuarinen im weißen Sand liegen, in kleinen Restaurants billig essen, schwimmen, spazierengehen oder Wassersport betreiben.

Um wieder auf die Hauptstraße zu gelangen, folgt man der eingeschlagenen Richtung und wird auf der Straße 4031 im weiten Bogen zum Hwy 402 gebracht. Nur wenige Kilometer weiter südlich lohnt sich der Abstecher nach links zum (ausgeschilderten) **Wat Phra Thong**. Er ist sehenswert wegen einer ungewöhnlichen, zur Hälfte im Erdboden steckenden Buddhafigur, deren Gipsschicht völlig mit Blattgold bedeckt ist. Darunter soll sich angeblich ein Kern aus purem Gold befinden.

Zurück auf der Thepkasattri Rd. kommt man zu einem Kreisel, bei dem eine Straße nach rechts zur Bucht von Bang Tao (s.u.) abgeht. Nach links (Osten) führt eine Straße zum **Khao Phra Thaew Nationalpark**, der noch reiche Bestände tropischen Regenwaldes aufweist und mit seinen zwei Wasserfällen (**Ton Sai** und **Bang Pae**) ein beliebtes Ziel für halb- oder ganztägige Wanderungen darstellt.

Bleibt man auf dem Hwy 402, erreicht man kurze Zeit später einen verkehrsreichen Kreisverkehr, in dessen Mitte sich das **Heroines Monument** erhebt, das als Wahrzeichen von Phuket gelten kann. Es erinnert an die beiden Schwestern *Muk* und *Chan*, die als Töchter des verstorbenen Gouverneurs den Widerstand gegen die burmesische Armee organisierten, die 1785 die Insel angriffen. Das Denkmal zeigt die Heldinnen mit kurzen Haaren, das Schwert in nordwestliche Richtung gezückt, aus der die Invasoren kamen.
Nur 150 m weiter östlich liegt das **Thalang Nationalmuseum** (Mi-So 9.00-12.00 und 13.00-17.00 Uhr geöffnet, Eintritt frei, Spenden erwünscht), das zwar nicht sehr groß, aber dem Geschichtsinteressierten einige eindrucksvolle frühgeschichtliche Artefakte bietet, außerdem Gerätschaften der Latexgewinnung und Zinnförderung.

Die nächste Sehenswürdigkeit entlang der Hauptstraße ist der Tempel **Wat Tha Rua**, 300 m südlich vom Heldinnen-Monument gelegen. Mit seinem weiten Platz, den filigranen Verzierungen, seinen Teleskopdächern und Buddhafiguren kann er als das schönste Kloster von Phuket bezeichnet werden, auch wenn er kunsthistorisch weniger bedeutend ist.

5 km danach fahren alle, die nach Patong wollen, auf die westliche Parallelstraße, während die Thepkassatri Rd. weiter in Richtung Phuket Town führt. Kurz vor dem Ortseingang hat man im **Phuket Orchid Garden & Thai Village** (Thepkassatri Rd., Tel.: 214-860-61; tägl. geöffnet 10.00-22.00 Uhr, Showzeiten 11.30-12.30 und 17.30-18.30 Uhr, Eintritt für Ausländer 190 BHT) Gelegenheit, ca. 45.000 Ochideen zu bewundern oder an einer Folklore-Show mit Tänzen, Elefanten und Thai-Boxen teilzunehmen.

● Phuket Town

Unterkunft

In Phuket Town gibt es mehrere billige und gepflegte Hotels. Überhaupt zahlt man in der Hauptstadt weniger als in den typischen Touristenorten am Strand. Empfehlenswerte Hotels sind u.a.: ● *"Phuket Merlin"******, Yawaraj Rd., Tel.: 212-866-70; im Norden der Stadt gelegenes First-Class-Hotel mit 180 Zimmern, Restaurant, freier Transfer zum *"Patong Merlin"* und ● *"Pearl Hotel"******, Montree Rd., Tel.: 211-044; zentral gelegenes Luxushotel mit 200 Zimmern, Restaurant.

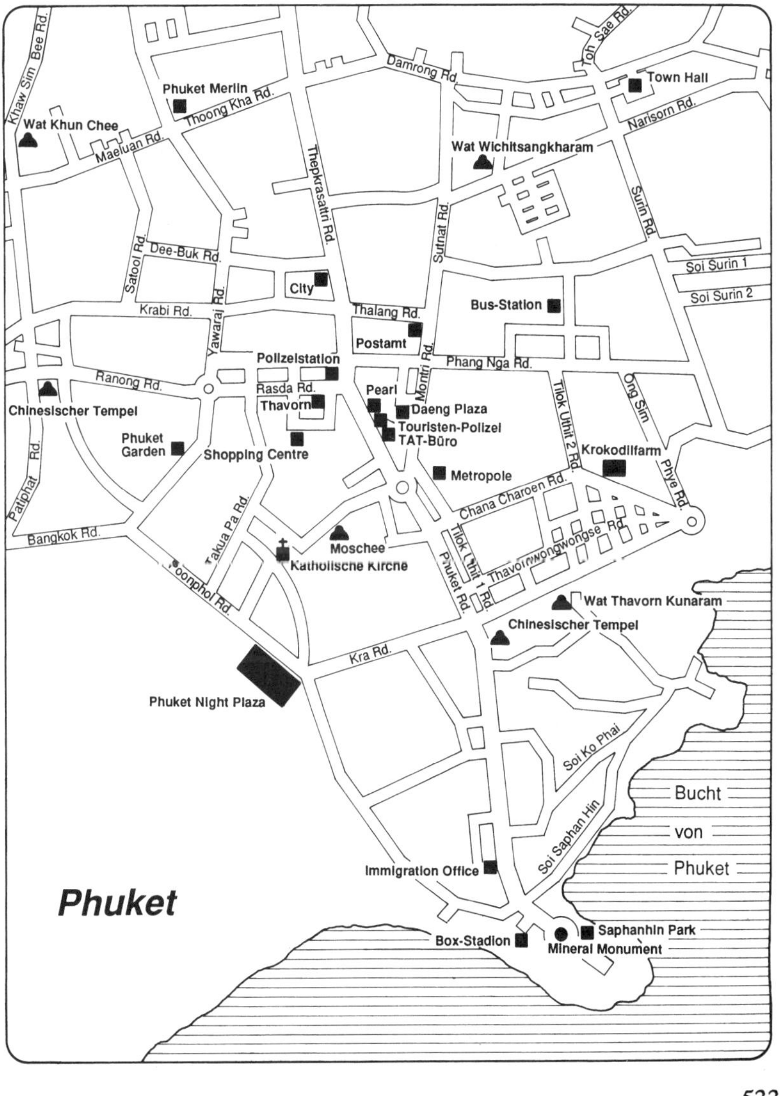

![Map of Phuket Town showing streets and landmarks including Town Hall, Phuket Merlin, Wat Khun Chee, Wat Wichitsangkharam, Bus-Station, Pearl, Daeng Plaza, Krokodilfarm, Metropole, Moschee, Katholische Kirche, Wat Thavorn Kunaram, Phuket Night Plaza, Immigration Office, Box-Stadion, Saphanhin Park, Mineral Monument, Bucht von Phuket]

Phuket

Phuket Town ist eine geschäftige Stadt, die zusammen mit der beträchtlichen chinesischen Gemeinde durch die Zinnförderung zu Wohlstand kam. Die einzigartige **sino-portugiesische Architektur**, von der sich vereinzelt Beispiele erhalten haben, machen einen Großteil des Charmes aus, der in starkem Kontrast zu den Neu- und Hochbauten der jüngsten Zeit steht. Wer über die Thepkasattri Rd. nach Phuket kommt, wird automatisch zum Zentrum geleitet. Dabei passiert man die **Sriburapa Orchid Cashew Nut Factory**, in der man von 7.30-18.00 Uhr Besucher zum Probieren (und Kaufen) von Cashew-Nüssen – einem weiteren bedeutenden Produkt der Insel – willkommen heißt.

Straßenszene in Phuket Town

Im Ortskern sollte man die Stadtbesichtigung zu Fuß fortsetzen oder sich mit Tuk-Tuks transportieren lassen. Schöne Beispiele der bereits erwähnten sino-portugiesischen Architektur, die um die Jahrhundertwende mit den Handelsbeziehungen aus Malaysia auf die Insel kam, finden Sie u.a. in der Yaowarat Rd., der Thalang Rd. und der Romani Lane. Aber auch das Büro der Thai Airways auf der Ranong Rd. zeigt eindrucksvoll die Pracht eines ehemaligen 'Zinnbaron'-Palastes. Ganz anders das **Rathaus** auf der Damrong Rd.: in den frühen 1920ern erbaut, war es das erste Gebäude in Thailand aus Zement. Im Film '*The Killing Field*' gab es übrigens den Schauplatz der französischen Botschaft ab.

Auf der Ranong Rd. lohnt der lebhafte **Markt** einen Besuch (hier starten auch die blauen offenen Busse zu den Stränden), vor allem aber **Sanjao Jui Tui**, ein **chinesischer Tempel** aus dem Jahre 1908, und der benachbarte **Sanjao Kwanim Teng**, der wohl schönste in der Stadt. Beide spielen eine wichtige Rolle beim alljährlichen Vegetarier-Fest. Östlich davon kommt man zum modernen *Rasada Shopping Center* auf der gleichnamigen Straße; ein weiteres Einkaufsparadies befindet sich am Kreisel mit dem Uhrturm (*Ocean World Department*). Ein Einkaufsbummel in Phuket Town (Textilien, Kunsthandwerk, Gold und Schmuck) lohnt sich immer, da hier die Preise deutlich niedriger liegen als an den Stränden. Wen es mehr zur Kultur zieht, kann noch etliche andere Tempelanlagen entdecken, sowohl thailändische *Wats* als auch chinesische *Sanjaos*.

Anscheinend hat jeder Ort in Thailand, der etwas auf sich hält, neuerdings auch eine **Krokodilfarm**. Auf der Chana Charoen Rd. können Sie eine solche Zuchtanlage besuchen, in der etwa 1.000 müde Exemplare auf die Schlachtung warten. Auch hier gibt es die üblichen Shows (Ringkampf zwischen Mensch und Reptil), manchmal auch Elefanten-Vorführungen.

Öffnungszeiten
Crocodile Farm, Chana Charoen Rd., Tel.: 211-087; tägl. geöffnet 8.00-18.00 Uhr, Eintritt 40 BHT, Showzeiten 11.00-12.00 und 15.30-16.30 Uhr

Interessant ist der **Saphanhin Park** am Südende der Stadt, auf einer kleinen Halbinsel gelegen. Hier findet man einen von Kasuarinen umsäumten Strand, ein Stadium für Thai-Boxkämpfe, einen künstlichen Teich, Open-Air-Bühnen für Theater und Konzertveranstaltungen sowie das markante **Mineral Monument**, das in abstrakter Form an das erste bei Phuket geborgene Zinn (1904) erinnert.

Wer die Stadt in der Vogelperspektive erleben will, sollte den nördlich gelegenen **Khao Toh Sae Hill** (erkennbar an der Sendemasten) besteigen oder sich mit einem Tuk-Tuk dorthin bringen lassen; einen noch besseren Überblick bietet der **Khao Rang** am Nordwestende der Stadt, auf dem sich auch ein Restaurant befindet.

● Cape Phanwa

Bevor man von Phuket Town aus weiter zu den Stränden an der südwestlichen Küste reist, sollte man zunächst auf der 10 km langen Stichstraße 4023 dem **Cape Phanwa** einen Besuch abstatten.

Unterkunft
"*Cape Phanwa Hotel*"*****, 27 Sakdidej Rd., Tel.: 391-123-5; Luxushotel der "*Sheraton*"-Kette mit weiter Aussicht auf das tiefgelegene Meer, 161 großzügige Zimmer, Restaurant, Zahnradbahn zum Strand.

Am Ende der hügeligen Halbinsel kommt man zu einem alten Leuchtturm und kleineren Sandstränden. Die größte Attraktion ist jedoch das **Marine Biological Research Centre**, das über ein **Aquarium** mit 50 Becken verfügt (Eintritt 10 BHT): eine gute Gelegenheit, die Unterwasserwelt kennenzulernen, bevor man sich die Taucherausrüstung überstreift. Auf dem Weg zurück kann man rechts zur **Makham Bay** abzweigen, von der aus die Boote zu den Phi Phi Inseln abgehen und täglich eine Dschunke zu Rundfahrten startet.

Sobald man auf die Straße 4024 stößt, biegt man nach links ab und erreicht nach wenigen Fahrminuten die Bucht von Chalong.

● **Chalong Bay**

Die touristische Bedeutung der Bay liegt nicht in ihren Stränden, die wegen der geringen Wassertiefe zum Baden kaum geeignet sind. Aber von hier aus kann man schöne Bootstouren zu den vorgelagerten Inseln unternehmen, in großen Open-Air-Restaurants vorzügliches Seafood genießen oder eine Wanderung zu den Klippen von Laem Ka unternehmen. Und 5 km im Landesinneren, an der Chao Fah Rd. nach Phuket, lohnt als einer der schönsten Tempel der Insel **Wat Chalong** einen Besuch. An Unterkünften gibt es in Chalong außer dem großen *"Phuket Island Resort"***** (kein Strand) nur kleine und einfache Bungalows (*"Ao Chalong"**).

Anstatt über den Hwy 420 direkt nach Karon zu fahren, lohnt es sich, eine Rundfahrt über die gesamte Südspitze der Insel zu unternehmen. Dabei bringt einen die Straße 4024 zunächst nach **Rawai**.

● **Rawai Beach**

Auch dieser schmale Strand ist zum Schwimmen nicht besonders geeignet. Allerdings wird er durch die vorgelagerten Inseln (Bootstransfer) so geschützt, daß das Wasser auch während heftiger Monsunwinde ruhig und ungefährlich bleibt. Es gibt viele Restaurants mit Meerblick und einfache sowie zwei teurere Bungalowanlagen.

Wer bis Rawai gekommen ist, darf auf keinen Fall die Auffahrt zum Südkap (**Cape Promthep**) versäumen. Eine kurvenreiche Straße bringt einen vom Strand bis zur Spitze, wo es etliche Souvenirläden und Gaststätten gibt. Beliebt ist das felsige Kap am Abend, wenn man hier die wohl schönsten Sonnenuntergänge auf Phuket beobachten kann.
Zur anderen (nördlichen) Seite führt die Straße zum ersten schönen Sandstrand an dieser Strecke, dem Nai Harn Beach.

● **Nai Harn Beach**

Unterkunft
Am Strand gibt es einige kleinere Bungalowanlagen, im nördlichen Abschnitt das *"Jungle Beach Resort"***. Dominiert wird die Bucht vom protzigen *"Phuket Yacht Club Hotel"******, 23/3 Vised Rd., Tel.: 381-156-63; 108 Zimmer und Suiten in der Preislage 5.000-18.500 BHT, dementsprechender Luxus: eine der ersten Adressen im Land!

536

Für einige ist Nai Harn mit seinem von Felsen eingerahmten und vor einer Lagune gelegenen weißen Strand das Non-plus-ultra eines Phuket-Urlaubs. Spaziergänge am Meer, prächtige Sonnenuntergänge vor der Kulisse von Kokospalmen, kleine Seafood-Restaurants und im Wasser ankernde Yachten – die Südsee scheint gar nicht so weit zu sein. Im Sommer allerdings sorgt der Monsun für ein aufgewühltes Meer und äußerst gefährliche Badebedingungen!

Da es keinen fahrbaren Weg an der Küste entlang gibt, muß man von Nai Harn zunächst 2 km in Richtung Phuket fahren, um dann nach links nach Kata abzubiegen.

● **Kata Beach**

Unterkunft
Am Kata Beach gibt es viele Bungalowanlagen gehobenen Standards und gute bis sehr gute Hotels. Empfehlenswert sind u.a.:
● *"Kata Thani Hotel"******, Kata Noi Beach, Tel.: 381-124-7; absolutes Luxushotel mit allem erdenklichen Komfort, Restaurants etc., 183 großzügig ausgestattete Zimmer.
● *"Kakata Beach Resort"******, 5/2 Patak Rd., Tel.: 381-530-3; absolutes Luxushotel mit 280 Zimmern, Sportangebote, Restaurant, komfortable Atmosphäre.

Am Kata Beach

Zusammen mit den nördlichen Nachbarn Karon und Patong Beach stellt Kata das Zentrum des insularen Strandtourismus dar. Luxushotels und Bungalows, Diskotheken und Bars, Motorrad- und Jeepverleih, Tauchschulen und Souvenirläden, Restaurants mit Thai- und *Farang*-Essen – für alle Bedürfnisse ist gesorgt. Trotzdem leidet Kata Beach nicht unter Überfüllung, und jeder kann genau die Mischung aus Ruhe und Amüsement finden, die er sucht. Eine Felsenklippe unterteilt die Bucht in einen südlichen (**Kata Noi**) und einen nördlichen (**Kata Yai**) Abschnitt, wobei sich in Kata Yai die langgestreckte Anlage des Club Mediterranée und die meisten der oben genannten Einrichtungen befinden. Beide Abschnitte haben einen feinsandigen Strand und werden wegen des ständigen Windes von geübten Surfern bevorzugt.

Sofort nördlich an Kata Yai schließt sich hinter einer Felsnase der Karon Beach an, auch **Kata Karon** genannt.

● Karon Beach

Unterkunft
Der ehemalige Geheimtip von Rucksackreisenden hat sich zum internationalen Treffpunkt gewandelt. Anstelle der Billigunterkünfte gibt es nunmehr eine stattliche Anzahl großer Luxushotels. Empfehlenswert sind u.a.:
● *"South Sea Resort"******, Tel.: 381-611-7; familiäre Anlage mit 100 komfortablen Zimmern, zwei Restaurants.
● *"Thavorn Palm Beach"******, 128/10 Karon, Tel.: 381-034-7; Luxushotel mit 210 Zimmern, Restaurant, alle Annehmlichkeiten.
● *"Karon Villa Bungalows & Hotel"******, 36/4 Karon Beach, Tel.: 381-122; großzügige Anlage mit 152 Zimmern, aller erdenklicher Komfort, gutes Restaurant.
● *"Hotel Le Meridien Phuket"******, Karon Noi (Relax Bay), P.O.Box 277, Tel.: 321-480-5; eines der besten Häuser von Phuket und ganz Thailand, 470 luxuriös ausgestattete Zimmer, alle Annehmlichkeiten.

Die ganze Bucht von Karon ist durch den 3 km langen Sandstrand ausgefüllt, der recht breit ist und teilweise in Dünen ausläuft. Dahinter erheben sich die neuen Nobelherbergen, die sämtlich über ein breit gefächertes Angebot an Wassersportmöglichkeiten verfügen. Wie in Patong und Kata haben sich auch hier etliche Bars, Restaurants, Motorrad- und Jeep-Verleiher, ein Windsurf-Zentrum und verschiedene andere Institutionen angesiedelt. Am nördlichen Ende wird der Strand von Felsenklippen begrenzt, hinter denen sich die idyllische **Relax-Bay** ausbreitet. An ihr führt die neue Straße vorbei, auf der man nach 3 km Patong erreicht. Zwischen der Relax-Bay und Patong Beach finden Sonnenanbeter und Schnorchler in der **Freedom Bay** und der **Emerald Bay** allerbeste Bedingungen.

● Patong Beach

Unterkunft
Mit über 70 Hotel- und Bungalowanlagen hat Patong das bei weitem größte Angebot an Unterkünften, unter denen sich immer noch einige billige Hütten und Pensionen befinden. Alle Hotels sind vom Strand durch die belebte Uferstraße getrennt. Eine kleine Auswahl empfehlenswerter Hotels:
● *"Holiday Resort"***-***, Taweewong Rd., Tel.: 321-119; einfache Bungalowanlage im Süden, 105 Zimmer, wahlweise mit AC oder Ventilator, Swimmingpool.
● *"Panorama Beach Club"***-***, 57 Patong Beach, Tel.: 321-451; Bungalowanlage mit 43 Zimmern, Swimmingpool und Restaurant.

- *"Baan Sukhothai Hotel"****-****, 95 Rat Uthit Rd., Tel.: 321-195-6; gehobenes Mittelklasse-Hotel mit 120 Zimmern, Tennisplatz, Restaurant.
- *"Coconut Village"*****, 99/5 Thawewong Rd., Tel.: 321-160; kleine Mittelklasse-Anlage im Süden, 64 Zimmer.
- *"Patong Lodge"*****, 61/7 Kalim Rd., Moo 5, Tel.: 321-286/7; kleine Anlage mit 46 Zimmern am Kalim Beach, Restaurant.
- *"Duangjitt Resort"*****-*****, 99/4 Moo 4 Thaweewong Rd., Tel.: 321-288; First-Class-Hotel mit 173 Zimmern, alle Annehmlichkeiten.
- *"Patong Merlin"*****, 99/2 Moo 4, Tel.: 321-070-4; First-Class-Hotel am südlichen Strandende, 297 Zimmer, Restaurants, freier Transfer zum *"Merlin*-Hotel" in Phuket Town.
- *"Coral Beach Hotel"******, 104 Moo 4, Tel.: 321-106-13; luxuriöses Mitglied der Siam Lodge-Kette, 202 gut ausgestattete Zimmer mit allen Annehmlichkeiten, eigener Strandabschnitt, alle Sportmöglichkeiten, Restaurant.
- *"Club Andaman Bungalows & Hotel"******, 77/1 Taweewong Rd., Tel.: 321-361; schöne und luxuriöse Anlage mit allem Komfort im Norden; die nur 75 Zimmer garantieren familiäre Atmosphäre.
- *"Hotel Holiday Inn"******, 86/1 Thaweewong Rd., Tel.: 321-020; Luxushotel mit allem Komfort, 280 großzügige Zimmer, gute Restaurants, reichhaltiges Sportangebot.

Man tut Patong Unrecht, wenn man den Ort und seinen Strand als das "Pattaya von Phuket" bezeichnet. Zwar hat sich längst schon eine 'Skyline' mit postmodernen Hochhäusern ("Paradise Komplex"), Appartement-Wohnungen und Hotels etabliert, haben sich Wechselstuben, Touristenpolizei, Postamt, Supermärkte und Auto- und Motorradverleiher am ehemals so einsamen Strand angesiedelt. Zwar gibt es in der Bangla Rd. und Umgebung jede Menge Nachtclubs, Go-Go-Bars, Kneipen und Massagesalons, und das Angebot an nachgemachten europäischen Markenartikeln (von "Benetton" und "Lacoste" bis zu "Rolex" und "Cartier"), von Maßschneidereien und Juwelieren ist ähnlich umfangreich wie in der Metropole der 'thailändischen Riviera'.

Am Patong Beach

Doch kann der breite Strand die Menschen mühelos verkraften, das Wasser ist noch verhältnismäßig sauber, und man kann gefahrlos schwimmen; die Betonung liegt außerdem immer noch auf Strandurlaub und erst in zweiter Linie auf Nachtleben. Außerdem zwingt einen ja keiner abends in die Diskotheken oder andere Etablissements. Auch für kulinarische Streifzüge eignet sich Patong, wobei besonders Fisch- und Seafood-Gerichte zu empfehlen sind (u.a. im *Malee's Seafood"* an der Bungalowanlage *"Tropica"* und im *"Baan Rim Pa"*, 100/7 Kalim Beach Rd.). Wer lieber italienisch, französisch, amerikanisch, indisch oder griechisch essen mag, hat keine Schwierigkeiten, entsprechende Lokale zu finden. Und natürlich ist die deutschsprachige Kolonie ebenfalls vertreten (u.a. im *"K-Hotel"* und im *"Patong Biergarten"*).

Nirgendwo sonst in Südthailand hat man so viele Möglichkeiten, Wassersport zu betreiben: Surfbretter kann man überall am Strand mieten, und es gibt einige Tauchschulen. Populär ist ferner Parasailing, und ständig versucht man, die Badegäste zu Fahrten mit Wasser-Scootern, Jet-Boats oder zum Wasserski zu überreden. Edelstein- und Textilienverkäufer gehen mit ihren 'Discount'-Angeboten von Liegestuhl zu Liegestuhl, ebenso wie die Agenten von Reisebüros, die Ausflugscoupons für Exkursionen zu den nahen oder weiter entfernt gelegenen Inseln verkaufen.

Wer es geruhsamer mag, kann sich unter schattigen Kasuarinen bei traditioneller Thai-Massage entspannen. Und für das leibliche Wohl sorgen Kinder, die Snacks und Getränke bringen und offensichtlich denken, daß *farangs* im Durchschnitt alle 10 Minuten ein neues Bier benötigen. Aber das alles geht in einer lockeren, freundlichen Atmosphäre vonstatten: so touristisch erschlossen Patong Beach auch ist, so wohl kann man sich hier trotzdem (oder gerade deshalb) fühlen.

Hinweis

Trotz gegenteiliger Auskunft von Autoverleihern ist es möglich, von Patong aus noch eine Weile am Ufer entlang in den Norden zu fahren. Man muß also nicht die Serpentinenstraße 4029 (eine neue Trasse ist im Bau) ins Landesinnere nehmen. Der Weg nach Kamala ist allerdings nicht durchgehend asphaltiert und auf einigen Streckenabschnitten sehr steil. Dabei kommt man ein einem hübschen Restaurant, einer kleinen Krokodilfarm und am schmalen **Nacha Beach** vorbei.

● **Kamala Bay**

Unterkunft

Einige billige Pensionen im Dorf und einfache Bungalows am Strand stehen dem preisbewußten Besucher zur Verfügung. Empfehlenswert ist außerdem: *"Phuket Kamala Resort"* ****, 74/8 Moo 3, Tel.: 212-901-4; erstklassige kleine Anlage mit 42 gut ausgestatteten Zimmern, Restaurant und familiärer Atmosphäre.

Im Gegensatz zum betriebsamen Patong Beach ist es am langgestreckten Sandstrand von Kamala noch recht einsam, und man muß nicht Angst haben, beim Baden von einem Wasser-

Die Kamala Bay

Scooter 'überfahren' zu werden. Von hier aus kann man über eine schmale Straße in Richtung **Surin** weiterfahren, wo es u.a. einen Golfplatz und Imbißstände gibt. An zwei Privatständen in Richtung Son Cape haben sich Luxushotels angesiedelt, das *"Pansea"****** und das *"Amanpuri"*****, die wegen ihrer Lage und ihrer in die Landschaft integrierten Architektur zu den schönsten Herbergen der Insel zu zählen sind.

Nun verläßt man die Küste und fährt auf der Straße 4025 dem Heroines Monument entgegen, biegt aber bald schon nach links auf die Straße 4030 ab und der Bucht von **Bang Tao** entgegen. Daß die gleichnamige Ortschaft überwiegend von Moslems bewohnt wird, erkennt man unschwer an der riesigen **Moschee**, die in den 1960ern fertiggestellt wurde. Eine weitere Moschee, älter und kleiner, liegt etwas versteckt in der Siedlung rechts davon.

● **Bang Thao Bay**

 Unterkunft
● *"Sheraton Laguna Beach Hotel"******, 1992 eröffnetes De-Luxe-Hotel mit 256 Standardzimmern sowie 88 Suiten bzw. Appartements, 5 Restaurants, alle Sportmöglichkeiten einschl. 6 Tennisplätze, Entertainment.
● *"Royal Park Beach Resort"******, Tel.: 311-243, 311-453; Ende 1990 eröffnetes Luxushotel am privaten Strandabschnitt, alle Sportmöglichkeiten einschl. Golf und Tennis, 115 Zimmer und Suiten, alle mit Balkon und Meerblick.
● *"Dusit Laguna"******, 390 Srisoonthorn Rd., Tel.: 311-320-9; luxuriöses Mitglied der *Dusit-Thani*-Kette, 240 großzügige Zimmer und Suiten, mehrere Restaurants, sämtliche Wassersportarten einschl. Tennis und Golf.

Dieser ehemals abgelegene und verlassene Strandabschnitt hat in jüngster Zeit drei komfortable Hotelkomplexe erhalten, die sich ausnahmslos durch architektonische Ideen und Luxus auszeichnen. Der feinsandige, 3 km lange Strand hat so viel Platz, daß er allen Gästen genügend Freiraum bieten kann.

Von der Bang Tao Bay geht es anschließend landeinwärts, wo man nach einigen Kilometern auf den Hwy 402 stößt und die Reise in Richtung Sarasin Bridge oder Phuket Town fortsetzen kann (s.o.).

6.5.5 WEITERE INSELN IN DER ANDAMANENSEE

Wahrscheinlich reicht ein Menschenleben nicht aus, um all jene Inseln und Inselchen kennenzulernen, die in der Andamanensee von der Grenze nach Myanmar im Norden bis zu den Gewässern Malaysias im Süden der thailändischen Küste vorgelagert sind. Einige davon (vor allem die in der Bucht von Phang Nga) zählt man zu den großen Naturwundern dieser Erde, andere bieten mit die besten Tauchgründe der Welt. An dieser Stelle kann nur ein grober Überblick (von Norden nach Süden) gegeben werden, wo sich welche Inseln befinden und wie man sie am besten erreicht. Wer sein festes Quartier auf Phuket oder an der Küste bei Krabi aufgeschlagen hat, kann an pauschalen ein- bis mehrtägigen Touren teilnehmen, auf denen man die Bilderbuchlandschaft über und unter Wasser erlebt.

Die Inseln vor Ranong

63 bewaldete Inseln und Inselchen warten vor *Ranong* auf Entdecker. Man erreicht sie am besten mit gecharterten Booten vom Hafen der Stadt aus, 3 km vom Ortszentrum entfernt. Mit 2 Stunden Fahrt muß man rechnen, wenn man *Ko Phayam*, der größten der Ranong-Inseln, einen Besuch abstatten will. Hier wachsen Cashew-Nüsse, es gibt einige gute Strände, und das tiefe Wasser eignet sich zum Angeln. Etwas näher liegt die "Elefanteninsel" *Ko Chang*, die ebenfalls gute Wassersportbedingungen aufweist.

Die Surin-Inseln

Die fünf Surin-Inseln liegen weit im Norden und sind recht schwierig zu erreichen. Ca. 5 Stunden dauert die Überfahrt von *Ban Hin Laad*, bei *Khura Buri* (an der N-4). Von Phuket aus (Chaweng Beach) kann man in

Taucherparadies: die Surin-Inseln

10 Stunden dorthin gelangen, mit Expreßbooten auch in knapp 4 Stunden. Der zu einem **Nationalpark** zusammengefaßte Archipel zieht vor allem Taucher an, die hier einige der schönsten Tauchgründe der Welt vorfinden. Solche Tauchexkursionen werden ebenfalls von Phuket aus organi-

siert und dauern bis zu einer Woche; die beste Zeit dafür ist von Oktober bis April, während sonst der Monsun die Überfahrt zu einem gefährlichen Wagnis werden lassen kann. In der Bucht *Ao Mae Yai*, im Westen der Insel *Surin Nua*, befindet sich das Hauptquartier des NPs; hier gibt es auch ein Restaurant, einen Schlafsaal und einen Zeltplatz. Während des Vollmonds im März ist die Insel *Surin Tai* wegen religiöser Zeremonien der dort lebenden 'Seezigeuner' für Besucher gesperrt.

Laem Son Nationalpark

Zum Laem Son Nationalpark in der Provinz Ranong gehört nicht nur ein langer Küstenstreifen mit Mangrovenwäldern, sondern auch ca. 20 Inseln in der Andamanensee. Diese erreicht man mit Transferbooten vom Park-Hauptquartier am *Bang Ben Beach* aus (in der Nähe von Kapoe, N-4). Die schönsten Korallenbänke und Sandstrände gibt es auf den Inseln *Khang Khao*, *Kam Nui* und *Kam Yai*, die von mehreren 'Satelliten-Inselchen' umgeben sind. Die Überfahrt dauert etwa 40 Minuten.

Die Similan-Inseln

Auch dieser Archipel von neun kleinen Inseln, 85 km nordwestlich von Phuket und etwa 40 km vor der Küste gelegen, ist als **Nationalpark** naturgeschützt und zieht vor allem Taucher aus aller Welt an. Große Sichtweiten im glasklaren Wasser (bis zu 50 m), Korallengärten, versunkene Inseln, Riesenmuscheln, Meeresschildkröten, Groß- und Kleinfische – alle Formen maritimen Lebens sind vorhanden und bieten eine spektakuläre Unterwasser-Szenerie. Und als 'Extra' gibt es über Wasser schöne Sandstrände – was will man also mehr?

Korallengärten bei den Similans

Man erreicht die Similans in etwa 3 Stunden per Boot von *Tap Lamu* (Distrikt Takua Pa, N-4). Mehrere Agenturen, u.a. "*Songserm Travel*", fahren per Expreß-boot von Phuket aus die Similans auf einem Tagesausflug an (ca. 1.500 BHT p.P.). Mit einer gecharterten Yacht benötigt man ab Phuket etwa 12 Stunden. Übernachtungsmöglichkeiten gibt es in Zelten auf *Ko Ba Ngu*, *Ko Similan* und *Ko Miang*; letztgenannte Insel hat auch primitive Bungalows und ein Restaurant. 1992 will die Nationalparkverwaltung moderne Bungalows und ein Restaurant auf der Insel "*Number*

Eight" eröffnen. Die beste Zeit für einen Besuch ist von Dezember bis April, ansonsten gibt es wegen des Monsuns nur eingeschränkten Service und evtl. eine sehr rauhe Überfahrt.

Die Inseln um Phuket

Rund um Phuket, vor allem aber auf der Ostseite und im Süden, liegt ein Kranz unzähliger Inseln, die von verschiedenen Häfen oder mit Longtail-Booten direkt vom Badestrand angelaufen werden. Auf den größtenteils unbewohnten Eilanden kann man schnorcheln, tauchen, schwimmen und angeln, kurz: für einen Tag mal richtig Robinson spielen. Abgesehen von **Phi Phi** und den Inseln des **Ao Phang Nga Nationalparks** (s.u.) zählen hier zu den wichtigsten:

● **Ko Hae (Coral Island)**. Etwa 6 km vor Rawai Beach gelegen und auch von dort zu erreichen. Der Beiname sagt schon aus, was einen hier erwartet: schöne Korallen. Aber auch die Strände unter Kokospalmen sind herrlich. Mit Restaurants und einfachen Hütten hat der Tourismus schon ein Bein auf der Insel.

● **Ko Lone**. Die größte Insel vor Phuket schützt die 3 km entfernte Bucht von Chalong vor den Monsunstürmen. Was der Chalong Beach nicht bietet, findet man auf der Insel: gute Bademöglichkeiten. Für Gäste des Hotels "*Lone Island Resort*" gibt es einen freien Bootstransfer, dem man sich manchmal anschließen kann.

● **Ko Mai Thon**. Diese Insel liegt erheblich weiter vor dem Chalong Beach (15 km), ist dafür aber ursprünglicher. Es erwarten einen schöne Strände und gute Möglichkeiten, zu schnorcheln und zu angeln.

● **Ko Sire**. Eigentlich keine Insel, sondern eine Halbinsel an der Ostküste, die durch eine Straße mit Phuket verbunden ist. Ein seichter Sandstrand, ein Dorf der sog. 'Seezigeuner' und ein großer ruhender Buddha sind ihre Attraktionen. Vom "*Sire Resort*" gibt es einen Bootstransfer zur vorgelagerten **Ko Khai Nai**, die sich zum Sonnenbaden auf dem weißen Sandstrand und zum Schnorcheln in den Korallenriffen eignet.

● **Ko Naga Noi (Pearl Island)**. Ebenfalls an der Ostküste gelegen (nördlich von Ko Sire), bietet diese Insel zwar auch schöne Strände und gute Tauchmöglichkeiten, ist aber weithin wegen ihrer **Perlen-Zuchtfarm** bekannter. Diese 1964 gegründete "*Sea Pearl Farm*" zeigt Besuchern alles Wissenswerte über die Kultivierung von Perlen, die 'Impfung' von Muscheln und das gefährliche Perlen-Tauchen. Die Farm verfügt über ein Restaurant, einen privaten Sandstrand und Übernachtungsmöglichkeiten (Tel.: 723-0115). Man erreicht Ko Naga Noi von Ao Po (15 km östlich vom Heroines Monument) aus in 20 Minuten mit dem Boot.

Der Ao Phang Nga Nationalpark

Zweifellos gehört der 1981 eingerichtete und 400 qkm große Phang Nga Nationalpark (vgl. Kapitel 3.2.4 und unter 'Phang Nga' im Kapitel 6.5.6) zu den schönsten und eindrucksvollsten Naturräumen der Welt! 40 größere und über 60 kleinere Inseln ragen als bizarre Kalksteinkegel, -nadeln oder -pilze fast senkrecht aus dem Wasser; viele von ihnen haben Tropfsteinhöhlen und Grotten, durch die man mit Booten hindurchfahren kann.

In der Bucht von Phang Nga

Zur Landseite hin breitet sich ein wahres Labyrinth aus Sumpf, Flußläufen und Mangrovenwäldern aus.

Diese Bilderbuchlandschaft ist aus einsichtigen Gründen ein populäres Reiseziel, insbesondere für Urlauber, die ihr Quartier auf Phuket oder bei Krabi haben. Kaum einer der ca. 500.000 Touristen, die alljährlich den Nationalpark besuchen, versäumt den Besuch der kleinen Insel **Khao Phing Kan**, die als Drehort des 007-Films *"The Man with the Golden Gun"* den griffigeren Beinamen **James Bond Island** bekommen hat. Dementsprechend gedrängt geht es dort zu, und unter der Invasion von Karten- und Muschelverkäufern, Reisegruppen japanischer, amerikanischer oder deutscher Herkunft

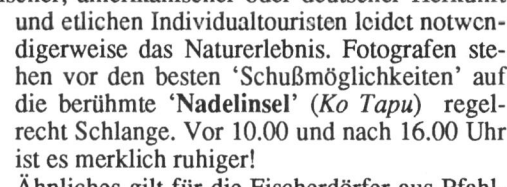

und etlichen Individualtouristen leidet notwendigerweise das Naturerlebnis. Fotografen stehen vor den besten 'Schußmöglichkeiten' auf die berühmte **'Nadelinsel'** (*Ko Tapu*) regelrecht Schlange. Vor 10.00 und nach 16.00 Uhr ist es merklich ruhiger!

Ähnliches gilt für die Fischerdörfer aus Pfahlbauten, die die islamischen "Seezigeuner" aufgebaut haben. Ihr Zentrum auf **Ko Panyi** ist inzwischen ein turbulenter Touristenmarkt geworden, der sich auf schwankenden Planken über dem Wasser ausbreitet. Etliche Restaurants (kein Alkohol!) versorgen die *farangs,* und in Souvenirläden kann man Schmuck, Textilien, Korallen und Muscheln kaufen. Trotzdem lohnt sich der Besuch des pittoresken Dorfes, dessen grüne Moschee vor dem blauen Himmel und dem hochaufragenden Inselberg einen reizvollen Kontrast abgibt.

Ko Tapu

Wer sind die 'Seezigeuner'?

Die sog. Seezigeuner (Sea Gypsies, Chao Le) können in mehrere ethnische Gruppen unterteilt werden, die jeweils auch verschiedene Sprachen sprechen. Sie leben fast ausschließlich in den Provinzen Phuket, Phang Nga und Krabi und unterscheiden sich von den Thai durch leicht rötliche Haare und eine dunklere Hautfarbe. Wo ihre Urheimat zu suchen ist, wird in der Forschung unterschiedlich beantwortet. Nach einer Theorie sollen sie von den isolierten

Inseln der Andamanensee nach Thailand 'eingewandert' seien, nach einer anderen stammen sie aus Melanesien. In jüngerer Zeit wurde die Vermutung geäußert, sie hätten zum Ende der letzten Eiszeit (vor ca. 12.000 Jahren) ihre Wohnsitze auf der überfluteten Sunda-Halbinsel verlassen. Von der Außenwelt abgeschnitten und den Naturgewalten ausgesetzt, wurden die Chao Le zu nautischen Experten, die sich der Seeräuberei verschrieben. Im 20. Jahrhundert fanden viele ihren Lebenserwerb in der Perlentaucherei, daneben war und ist die Fischerei und das Sammeln von Vogelnestern von existentieller Bedeutung. Auf **Ko Panyi** *oder in Rawai (Phuket) trat*

Moschee von Ko Panyi

daneben inzwischen der Tourismus. Nominell sind die meisten der 'Seezigeuner' Moslems, viele aber auch Buddhisten oder Christen. Ein beträchtlicher Prozentsatz hängt darüber hinaus einer animistischen Naturreligion an, in der die Geister des Meeres beschworen bzw. durch Opfergaben besänftigt werden müssen.

Von großem Interesse ist auch die Vielzahl der prähistorischen Felszeichnungen aus der Steinzeit, an denen einige Bootstouren vorbeiführen. Auf den überhängenden Felswänden sieht man Menschen, Fische, Delphine und abstrakte Zeichen, ihr Alter wird auf 4.000-6.000 Jahre geschätzt.
Die beste Reisezeit für einen Besuch des Nationalparks ist von November bis April. Boote verschiedener Größe starten u.a. von Phuket aus, empfehlenswerter aber ist die Abfahrt von den Piers *Tha Dan* und *Ta Ka Som*, beide in der Nähe von Phang Nga. Auch privat können dort Boote gechartert werden (3 Stunden ca. 400-600 BHT). Übernachtungsmöglichkeiten sind in Phang Nga, Krabi und natürlich auf Phuket gegeben.

Die Phi Phi Inseln

Zusammen mit einem Küstenstreifen bei Krabi sind diese beiden Inseln im **Ko Phi Phi-Had Nopparat-Nationalpark** zusammengeschlossen. Fast genau in der Mitte zwischen Phuket und Krabi gelegen, stellen sie mit ihrem kristallklaren Wasser, einer überwältigenden Unterwasserfauna und -flora, herrlichen Sandstränden, dichtem Dschungel und bizarren Felsformationen ein äußerst beliebtes Urlaubsziel dar. Mit über 170.000 Besuchern (1991) kann dieses Bade-, Tauch- und Schnorchelparadies deshalb auch nicht mehr als 'unberührt' bezeichnet werden – im Gegenteil: der Touristenandrang hat zu starken Beeinträchtigungen der Umwelt geführt. Inzwischen gibt es Unterkünfte jeder Kategorie sowie ein breit gefächertes Wassersportangebot (zunehmend auch deutschsprachige Tauchschulen und -basen). Morgens, bevor die Tagesausflügler eintreffen (tägl. etwa 2.000 allein aus Phuket), sind die Inseln jedoch nach wie vor überirdisch schön, und auch am Nachmittag kehrt bald wieder Ruhe ein.

● **Phi Phi Don**

Unterkunft
An den Stränden Ba Bao, La Nah, Long Beach, Hin Khom und in der Tonsai Bay gibt es mehrere Bungalowanlagen und Restaurants. Die beste Adresse auf Phi Phi Don ist das *"P.P. International Resort"******, Phi Phi Island, Kontaktadresse in Phuket: 64/2 Rassada Shopping Center, Rassada Rd., Tel.: (076)214-272; 70 Luxus-Bungalows mit allen Annehmlichkeiten, Restaurant, Privatstrand, reichhaltiges Sportprogramm.

Die mit Buchten und vorgelagerten Korallenriffen reich gegliederte Insel gehört sicher zu Thailands verbreitetsten Fotomotiven in der Reiseliteratur. Besonders die beiden Buchten *Lodalam Bay* und *Tonsai Bay*, beide

Ko Phi Phi Don

mit sichelförmigem Sandstrand und nur durch einen schmalen Landstreifen voneinander getrennt, können als Idealbild der Inselwelt gelten. Von einem hochgelegenen Aussichtspunkt (*View Point*) kann man den traumhaften Ausblick auf diese Strände genießen. In der Bucht von Tonsai gibt es ein kleines Fischerdorf moslemischer 'Seezigeuner', das inzwischen jedoch angesichts der vielen benachbarten Restaurants, Reisebüros, Boutiquen und Souvenirläden seinen Charme verloren hat.

● **Phi Phi Lee**

Das südlich gelegene Phi Phi Lee ist kleiner und besteht hauptsächlich aus steil aufragenden Felsen. Zu der unbewohnten Insel werden von Phi Phi Don aus Touren organisiert. Außer den phantastischen Tauchgründen und den blendend weißen Sandstränden in verschwiegenen Badebuchten gilt die **Wikingerhöhle** (*Viking Cave*) als Attraktion. Ihr Name leitet sich von den prähistorischen Felszeichnungen ab, deren Schiffsdarstellungen an die Langboote der Nordmänner erinnern, mit einer etwaigen historischen Verbindung aber natürlich nichts zu tun haben!

Schiffsverbindungen
In der Hochsaison gibt es mehrere Möglichkeiten, die Phi Phi Inseln zu erreichen. Allein von Phuket aus verkehrt tägl. ein Dutzend regulärer Fährschiffe, dazu kommen etliche Fähren, Boote und Yachten, die zwischen Phi Phi und Krabi pendeln. In Ao Makham auf Phuket startet z.B. um 8.30 Uhr der *"King Cruiser"*, ein hypermodernes Katamaran-Schiff mit 4 Decks, das Platz für 880 Passagiere bietet (Sonnendeck, AC-Kabinen etc.; Ankunft auf Phi Phi Don 10.00 Uhr, Abfahrt 15.30 Uhr, zurück in Phuket 17.00 Uhr, Preise je nach Kategorie 850-1.700 BHT einschl. Hoteltransfer auf Phuket). Auch mit der *"Silver Queen"*, einem Schnellboot für 250 Passagiere (Tel.: 211-348), kann man auf eine Tagestour gehen. Vom Chao Fa Pier in Krabi führt u.a. die Firma *"Phi Phi Travel Marine"* an Wochenenden einen 2-3stündigen Ausflug durch.

Ko Lanta

Die langgestreckte Doppelinsel (*Ko Lanta Yai, Ko Lanta Noi*) erreicht man am besten mit Booten von Krabi oder den Phi Phi Inseln aus. Sie bietet im nördlichen Teil eine flache, von Sandstränden umsäumte Landschaft, im Süden hat sie gebirgigen Charakter. Einige einfache Hütten und Bungalows haben sich inzwischen hier angesiedelt, aber insgesamt ist es noch relativ ruhig und 'unerschlossen' – mit allen Vor- und Nachteilen, die dieser Begriff beinhaltet.

Der Tarutao Marine-Nationalpark

Der 1974 eingerichtete Nationalpark (vgl. Kapitel 3.2.4) besteht aus 51 größeren und etwa 150 kleineren Inseln und liegt 31 km vor der thailändischen Südküste nahe der malaiischen Grenze. Die mit Ausnahme von ca. 500 'Seezigeunern' unbewohnten Inseln haben viel zu bieten: Im Dschungel tummeln sich wildlebende Affen- und Wildschweinfamilien, an den Küsten wechseln sich Mangrovenwälder mit feinsandigen Stränden ab, und unter Wasser locken einige der besten Tauchgewässer der Welt. Nur 8 km trennen die Hauptinsel Tarutao vom malaiischen **Langkawi**, das im internationalen Fremdenverkehr als touristisch voll erschlossene Insel (1.500

Hotelzimmer, zollfreier Einkauf) von Bedeutung ist. In Zukunft soll eine direkte Fährverbindung eingerichtet werden. Vom Festland erreicht man den Nationalpark von Pak Bara am Hwy 407 aus, ca. 100 km südlich von Trang und 65 km nördlich von Sathun gelegen (tägl. 2 Fährverbindungen). Unterkünfte stehen auf den Hauptinseln *Ladang* und *Tarutao* sowie auf *Lipe* in staatlichen Bungalows, in Hütten und in Zelten in begrenzter Anzahl zur Verfügung.

6.5.6 VON PHUKET NACH SONGKHLA

Der schnellste Weg von der 'Perle der Andamanensee' nach Songkhla am Golf von Thailand ist die N-4, der man bis Hat Yai folgt, um dann das letzte kleine Stück auf dem Hwy 407 zurückzulegen. Entlang der Strecke lohnen aber immer wieder Abstecher zu natürlichen oder kulturellen Sehenswürdigkeiten. Wer unter Verzicht der südlichen Ziele nur eine kleinere Rundfahrt machen möchte, kann **alternativ** über die Hwys 403 und 401 direkt nach Nakhon Si Thammarat fahren.

Nachdem man Phuket über die **Sarasin Bridge** verlassen hat (Hwy 402), stößt man im Zentrum der Ortschaft Khok Kloi auf die N-4, in die man rechts einbiegt (kein Hinweisschild!). Nach wenigen Kilometern kommt man nach **Takua Thung**, wo ein Weg nach rechts zum Hafen abzweigt, ab wo Schnellboote Touristen in die Bucht von Phang Nga ("James Bond Island") bringen. Linkerhand lohnt es sich, bei der kleinen **Kautschukplantage** (Hinweisschild: "*See how to make rubber sheet*") anzuhalten und sich über die Gewinnung und Verarbeitung von Kautschuk zu informieren. Als Souvenir können Sie hier ein Stück Kautschuk und 2 Kautschuk-Samen mit nach Hause nehmen (10 BHT).

> **ℹ** *Kautschukbäume und Latexgewinnung*
>
> *Neben Tourismus und Zinnförderung sind die Kautschukplantagen in vielen Südprovinzen der Hauptarbeitgeber für die Landbevölkerung. Mindestens sieben Jahre muß ein Kautschukbaum (hevea brasiliensis) wachsen, bis er zum erstenmal 'angezapft' werden kann. Diese Arbeit geschieht nachts: in der Dunkelheit wird mit einem scharfen Spezialmesser die Rinde des Baumes angeritzt (der Baum selbst darf nicht verletzt werden), worauf der weiße, klebrige Saft am Ende des Einschnitts in eine aufgehängte Ton- oder Kokosschale tröpfelt. Ein guter Baum auf gutem Boden kann dabei bis zu 350 g pro Tag produzieren. Das gewonnene Latex wird gesammelt, zu gleichen Teilen mit Wasser vermischt und zu 1% mit Ameisensäure versetzt. Das Gemisch muß nun für einige Zeit in rechteckigen Behältern stehen bleiben, dann wird die verdickte Flüssigkeit abgeschöpft,*

umgerührt und zu einer Art Teig geknetet. Mittels zwei verschiedener Mangeln preßt man das meiste Wasser hinaus, und der Teig bekommt die Form eines Handtuchs (sheet), das zum Trocknen aufgehängt werden kann. Die weiße Farbe weicht dabei einem schmutzigen Braun. Die Plantagenbesitzer bringen die gesammelten Matten dann in eine Fabrik zur Weiterverarbeitung, wenn sie nicht schon vorher den flüssigen Latex dort ablieferten. Die Arbeiter,

Latex wird gesammelt,

die die Bäume anritzen und das Latex einsammeln, arbeiten von Mitternacht

... mit Wasser versetzt...

an etwa 12 Stunden lang. Deswegen sieht man nachmittags auch so viele schlafende oder dösende Menschen. Neben den Angestellten gibt es auch 'freie' Arbeiter, denen der Plantagenbesitzer ein bestimmtes Are-

... und als sheet getrocknet.

al zur Nutzung überläßt. Dafür erhält er 60% des Gewinns! Bei einem derzeitigen Kilopreis von 16-18 BHT kann ein guter Arbeiter aber immer noch mehr als 1.000 BHT in der Woche verdienen und damit ein überdurchschnittliches Monatseinkommen erzielen. 70% der thailändischen Latexgewinnung werden exportiert, insbesondere nach Japan, aber auch in die USA, die EG und nach China. Der Rohstoff

---

wird u.a. zu Autoreifen und medizinischen Handschuhen verarbeitet. Ebenfalls ist Latex zur Herstellung von Kondomen wichtig – im Aids-Zeitalter ein Geschäft von ständig wachsender Bedeutung! Die alten Kautschukbäume, die mit etwa 30 Jahren keinen Latex mehr produzieren können, verkauft der Plantagenbesitzer an die Möbelindustrie oder läßt daraus Holzkohle herstellen.

Die nächste Möglichkeit zu einer lohnenden Fahrtunterbrechung besteht kurze Zeit später, wo ein Schild nach links zur 1 km entfernten Tempelgrotte **Wat Tham Sawan Khua** weist. Vom großen Parkplatz aus (Restaurant, Getränkestand) sieht man den wenig attraktiven *Wat*, dahinter einen riesigen Bodhi-Baum mit unzähligen Tempelaffen und den Eingang

zur **Grotte** (Eintritt 10 BHT). In der ersten Höhle (*"Big Buddha Cave"*) steht man staunend vor den vielen Buddhabildnissen, insbesondere dem ruhenden Buddha aus Keramik. Über Treppen gelangt man zur *"Light Cave"*, die durch natürliche Lichtschächte beleuchtet und die Initialen einiger Könige trägt, die sie besucht haben (u.a. Chulalongkorn 1890,

'Big Buddha' in der Tempelgrotte

König Bhumibol und Sirikit 1959). Links geht es zur *"Dark Cave"* hinab, in der die Stalaktiten und Stalagmiten besonders eindrucksvoll sind und die von Tausenden von Fledermäusen bewohnt wird. Es lohnt sich, bis zum obersten Treppenabsatz zu gehen (rutschfeste Schuhe mitbringen!), wo man den schönsten Blick auf die Tropfsteinformationen hat.

Zurück auf der N-4 kann man nach 4 km rechts zur Bucht abbiegen, wo man auf ein Zollhaus und die Bootsanlegestelle (*Custom Pier*) für Ausflüge in die Bucht von Phang Nga trifft. Hier befindet sich auch das *"Phang Nga Bay Resort"**** (Hwy 4144, Tel.: 411-067), eine langgestreckte, vierstöckige Anlage mit Swimmingpool und Restaurant, für eine Übernachtung die beste Adresse im weiten Umkreis.

2 km weiter muß man sich entscheiden, ob man dem alten Verlauf der N-4 durch die Provinzhauptstadt **Phang Nga** folgt oder über den neuen Hwy 4152 9 km abkürzen möchte. Beide Routen sind landschaftlich reizvoll, wobei man auf der neuen Straße die grandiosen verkarsteten Felskegel aus größerer Distanz betrachten kann. Wer den Weg durch Phang Nga

nimmt, findet am Ortseingang ein Touristenbüro und die Grotte eines heiligen Einsiedlers (*Tham Russi*), die mitten in eine bizarre Felslandschaft eingebettet ist.

ℹ️ *Information zu den Kalksteinfelsen von Phang Nga*

Die märchenhafte Landschaft der Provinzen Phang Nga und Krabi ist im geologischen Sinn ein "ertrunkenes Karstland". Dessen Gebirgszug verläuft von hier aus in nördlicher Richtung bis zu den chinesischen Provinzen Yünnan und Kwangsai, die ja ebenfalls für ihre Naturwunder weltweit bekannt sind. Das Gesteinsmaterial entstammt einem riesigen Korallenriff, das sich vor 230 Millionen Jahren bildete und größer als das australische Great Barrier Reef war. Die dicke Schicht der abgestorbenen und zusammengepreßten Kleinstlebewesen wurde später von Erdkräften emporgehoben und zu Bergen aufgefaltet. Als am Ende der letzten Eiszeit (vor ca. 12.000 Jahren) der Meeresspiegel weltweit um bis zu 150 m anstieg, wurden die Täler dieses Gebirges überflutet – so entstand die Bucht von Phang Nga. Dann modellierten Wellen, Wind und Regen die spitzen Felsen, wobei sich im porösen Kalkstein Grotten, natürliche Brücken und Hunderte von Tropfsteinhöhlen bildeten.

Nachdem sich die Straße 4152 und die N-4 wieder vereint haben, kann man auf der Strecke nach Krabi bei genügend Zeit einige reizvolle Abstecher unternehmen. Ein hübscher Weg ohne spektakuläre Sensationen führt zunächst nach ca. 3 km links zum **Kao Tong Waterfall**; dieser Weg endet nach ca. 3,5 km an einer Schule, von wo es nur wenige Schritte zum niedrigen Wasserfall sind, in dessen Kaskaden und Pools man ein erfrischendes Bad nehmen kann. Zurück auf dem Highway erreicht man die Ortschaft **Ao Luk**, in der einen die Straße 4035 zur Grotte **Wat Ri Rin** bringt, auf der man aber über Wiang Sa bis Nakhon Si Thammarat

Landschaft bei Krabi

oder Surat Thani fahren kann. Zur anderen Seite kommt man nach gut 1 km zum **Nationalpark Than Bok Koroni**, der mit Grotten, Tropfsteinhöhlen und schönen Pools aufwartet. In einem Besucherzentrum (mehrere Restaurants) kann man sich über die schönsten Spazierwege informieren.

Kurz vor Krabi macht die N-4 eine Linkskurve und führt als Umgehungsstraße an der Provinzhauptstadt vorbei. Nicht nur Besucher mit dem Reiseziel Krabi, sondern auch die, die zu den schönen Stränden der Umgebung möchten, sollten hier über die Straße 4200 geradeaus in Richtung Zentrum fahren. Nach 1,5 km geht rechts der Weg 4034 ab, der einen zu den bevorzugten Badeplätzen des Noppharat Beach und der Bucht von Ao Phra Nang bringt:

Nach 4 km taucht rechts der Straße eine große ruhende Buddhafigur vor einer Felswand auf, von Betonstreben und einem kleinen Wandelgang umgeben. Bei der zweiten Möglichkeit biegt man anschließend links ab und erreicht über Ban Thung den **Noppharat Thara Beach**. Dieser flache, von Kasuarinen und Keulenkolbenbäumen begrenzte Sandstrand erstreckt sich über mehrere Kilometer an der ganzen Bucht entlang. Es gibt nur wenige, einfache Bungalowanlagen und Restaurants, ansonsten findet man hier die Einsamkeit, die es auf den Phi Phi Inseln nicht mehr gibt. Eine kleine Felseninsel, ca. 1 km vor der Küste, kann man bei Ebbe zu

In der Bucht von Ao Phra Nang

Fuß erreichen. Fährt man den Strand in südlicher Richtung entlang, erreicht man nach 3 km hinter einem pittoresken Felsenkap die nicht minder schöne Bucht von **Ao Phra Nang**. Sie besitzt einen 800 m langen, weißen Sandstrand, eine phantastische Umgebung mit steilen Bergen und grünem Dschungel, einer kleinen Höhle (*Phra Nang Cave*) und einem weiten Blick auf die vorgelagerte Inselwelt. Inzwischen gibt es hier die ersten Bars, eine Tauchbasis und Seafood-Restaurants für *farangs*, aber alles macht noch einen sehr ruhigen, z.T. sogar einsamen Eindruck. Mit Fischerbooten kann man sich nach Krabi, zu guten Tauchgründen oder zu den vorgelagerten Inseln übersetzen lassen.

Unterkunft
Mehrere einfache und billige Bungalowanlagen sind nahe am Strand zu finden. Die besten Adressen sind:
● *"Krabi Resort"*****, Ao Phra Nang, Tel.: 611-763; luxuriöse Hotel- und Bungalowanlage am Nordende der Bucht, Restaurant, riesiger Pool, Ausflugsprogramm.
● *"Phra-Nang Inn"***, Ao-Phra Nang P.O.Box 25, Tel.: 075-612173-4; direkt am Strand gelegenes Mittelklasse-Hotel am Südende der Bucht, 42 AC-Zimmer und 19 Bungalows, holzverkleidete Architektur, gutes Restaurant, kleiner Pool, familiäre Atmosphäre.
● Inzwischen wird auch das bei Umweltschützern wegen der Sprengarbeiten umstrittene *"Paradise Cove Hotel"****** (Tel. in Bangkok: 252-6045, 252-6118) eröffnet sein. Der Zugang zum Luxushotel der *"Siam Lodge"*-Kette führt durch einen eigens angelegten Bergtunnel. Das *Paradise Cove* hat 300 komfortable Zimmer, Privatstrand, 5 Restaurants, Fitneß-Center, großen Pool, Wanderwege und einen Shuttle-Boot-Service zu den benachbarten Stränden.

Von Krabi und Ao Phra Nang aus kann man in Eigenregie oder von den genannten Hotels organisierte herrliche Bootsausflüge unternehmen. Aus dem großen Angebot seien hier nur zwei Inselziele genannt:
● **Poda Island**: Weißer Sandstrand, warmes, glasklares Wasser – ein Paradies für Schnorchler und Badelustige.
● **Hong Island**: Schöne Klippen, Grotten und ein herzförmiger Sandstrand warten auf Besucher. Schnorchler machen Bekanntschaft mit farbenprächtigen Korallen und unzähligen tropischen Fischen.

Vom Südende Ao Phra Nangs fährt man nun über die Hauptstraße landeinwärts und biegt nach ca. 1,5 km auf eine ungewöhnlich gut ausgebaute Straße rechts ab. Auch bei der nächsten Weggabelung hält man sich rechts und erreicht dann nach 3 km den sog. "**Muschelfriedhof**" (*shell cemetery*) in **Ban Laem Pho**. Vom Parkplatz (Souvenirstände) steigt man links über die Treppen zu einer Felsformation hinab, in der 75 Millionen Jahre alte Muscheln zu fliesenartigen Platten zusammengedrückt und konserviert worden sind. Zwar ist diese vielbesuchte und oft angepriesene Attraktion vom geologischen Aspekt her interessant (Vergleichbares gibt es sonst nur an zwei anderen Stellen auf der Welt, in den USA und in Japan), aber insgesamt doch wenig beeindruckend angesichts der Natur, die es sonst in dieser Gegend gibt.

Vom "Muschelfriedhof" fährt man nun über die Straße 4204 zurück und erreicht nach etwa 17 km Krabi.

Krabi

Unterkunft
Eine Vielzahl von Gästehäusern steht preisbewußten Reisenden zur Verfügung. Wirklich gute Hotels besitzt die Stadt nicht, was sich aber bald ändern wird. Die besten Adressen sind z.Zt.:
● *"Thai Hotel"**, 7 Isara Rd., Tel.: 611-122; einfaches Mittelklasse-Hotel mit sauberen Zimmern (AC oder Ventilator), zentral gelegen.
● *"Vieng Thong Hotel"**, 155 Uttarakit Rd., Tel.: 611-288; Mittelklasse-Hotel mit Diskothek, Restaurant, Ausflugsarrangements, zentral gelegen.
● *"Naowarat Hotel"**, 403 Uttarakit Rd., Tel.: 611-581; häßlicher Betonklotz am nördlichen Stadtrand, einfacheres Mittelklasse-Hotel mit AC-Zimmern.

Die ca. 800 km südlich von Bangkok gelegene Provinzstadt ist weder besonders groß, noch hat sie außergewöhnliche Sehenswürdigkeiten zu bieten. Daß sie trotzdem in den letzten Jahren als Reiseziel immer beliebter wurde, liegt an der phantastischen Umgebung und den nahen Sandstränden an der Festlandküste und auf den Inseln. Inzwischen gibt es hier alle üblichen touristischen Einrichtungen, von Geldwechselstellen über Autoverleihfirmen bis hin zu Reisebüros und westlich orientierten Kneipen. Parallel zum Krabi-Fluß, der sich in einem weiten Trichter zur Bucht von Phuket öffnet, verläuft die Hauptstraße Uttarakit Rd., die im südli-

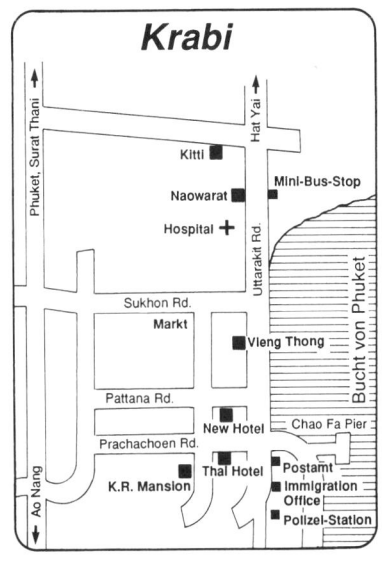

Krabi

chen Bereich von einer hübschen Promenade und einem öffentlichen Park begleitet wird. Dort liegt auch der **Chao Fa Pier**, von dem die Boote zu den Phi Phi Inseln und nach Ao Phra Nang abgehen. Abends breitet sich hier ein lebhafter Essensmarkt aus, während am Flußufer eine ganze Reihe von Gaststätten auf Besucher wartet, u.a. das empfehlenswerte 'schwimmende' Restaurant *Reuan Phae*.

Von der Uferpromenade hat man auch einen herrlichen Blick auf die Silhouette des **Khao Khanab Nam**. Diesen auffälligen Inselberg, in dem sich eine schöne Tropfsteinhöhle befindet, erreicht man mit Booten vom Pier aus. Im Nordwesten der Stadt lohnt das berühmte Meditationszentrum **Wat Tham Seua** (= "Tiger-Höhlen-Tempel") einen Besuch, das Mitte der 1970er eingerichtet wurde. Über steile Stufen kann man dort hinaufklettern und Spaziergänge durch die Umgebung mit tropischem Dschungel, Kalksteinklippen und etlichen Grotten unternehmen. An den Mönchsunterkünften vorbei erreicht man auch das Hauptheiligtum, die sog. *'Tiger Cave'*.

Über die Uttaradit Rd. gelangt man außerhalb der Stadt wieder auf die N-4, die nun durch eine weitgehend uninteressante Landschaft (Bananen, Kokos- und Ölpalmen, Kautschukplantagen, Reisfelder) weiter in den Süden führt. Ca. 45 km vor Trang lockern wieder einige bizarre Kalksteinfelsen das Bild auf.

In der Ortschaft **Ban Sai Khao** kann man auf einer Stichstraße nach rechts zur Küste fahren und mit Fährbooten zur Insel **Ko Lanta Yai** übersetzen. Kurze Zeit später geht rechts die Straße 4046 ab, die über **Sikao** zum Nationalpark **Chao Mai** (s.u.) mit einigen sehr schönen Stränden führt.

30 km danach zweigt von der N-4 der Hwy 403 ins Landesinnere ab, der einen auf einer **alternativen Route** zur Ostküste bringt: zunächst geht es dabei in 50 km bis **Thung Song**, dort nach rechts auf den Hwy 41 und kurze Zeit später über den Hwy 401 nach links direkt nach **Nakhon Si Thammarat**.

Auf der N-4 erreicht man wenige Minuten nach der Abzweigung die Kleinstadt **Huai Yot**, in der sich einige Industrieanlagen angesiedelt haben. Den Charme des Ortes machen schöne Bauten im *sino-portugiesischen Stil* aus, die durch Pfeilerarkaden miteinander verbunden sind. Auch hübsche Holzhäuser mit einer Vielzahl von Läden und Geschäften sieht man entlang der Hauptstraße.

Nun geht es wieder geradewegs in den Süden, wobei die N-4 eine große militärische Anlage (Kasernen, Radarstation) und das Zementwerk der *United Concrete Ltd.* passiert. Ca. 25 km hinter Huai Yot gelangt man dann nach Trang.

Trang

Die lebhafte und wohlhabende Provinzhauptstadt (ca. 50.000 Ew) kann auf eine lange Geschichte zurückblicken, während der sie als Hafen- und Handelsort schon in der *Srivijaya-* und *Ayutthaya*-Epoche von Bedeutung war. Wegen der ständigen Überflutungsgefahr veranlaßte König Mongkut jedoch, die alte Stadt von der Küste etwa 20 km landeinwärts zum heutigen Standort zu verlegen. Deshalb kann Trang dem Kulturtouristen auch nicht mit alten Tempeln oder sonstigen Sehenswürdigkeiten dienen, wenn man einmal vom großartigen **chinesischen Tempel** absieht, dessen von Drachenschwänzen bekrönter Dachfirst bei der Ortseinfahrt von der N-4 aus sichtbar wird.

Einen bedeutenden Teil der Einwohnerschaft stellen die Chinesen, was man an den vielen chinesischen Restaurants und beim Spaziergang über den großen zentralen Markt leicht überprüfen kann.

Farangs, die bis nach Trang vorgedrungen sind, werden sich aber wohl kaum in der Stadt aufhalten wollen; sie zieht es zu den Stränden und Inseln in der Nähe, die noch wenig erschlossen sind und ungestörten Naturgenuß versprechen. Dementsprechend sind die Unterkunftsmöglichkeiten dort allerdings sehr bescheiden. Die schönsten Ausflugsziele im Westen sind:

Unterwasserpirsch bei Ko Hai

● **Chao Mai-Nationalpark**, am besten von der N-4 über den Hwy 4046 (westlich von Huai Yot) zu erreichen. Hier gibt es u.a. den 5 km langen **Pak Meng Beach**, und 8 km südlich davon den **Chao Mai Beach**, beide recht flach.

● **Ko Hai**, eine Insel mit Stränden und guten Tauchgründen, von Pak Meng aus mit Booten zu erreichen.

● **Yao Beach** (*Long Beach*), 18 km südlich vom Chao Mai Beach gelegen.

Wer auf einer **alternativen Route** weiter an der Westküste entlang nach Süden fahren möchte, benutzt ab Trang den Hwy 404. Davon kann man nach rechts auf einer Stichstraße dem schönen Strand von **Hat Samran** einen Besuch abstatten. Ab **Sam Yaek** geht es über die Straße 4078 bis **Langu**, wo es zum Hafen von **Pak Bara** abgeht (Fährverbindung zu den Inseln des **Tarutao**-Nationalparks). Weiter südlich stößt man auf den Hwy 406, der einen nach rechts zum äußersten südwestlichen Zipfel bei **Satun** bringt und landeinwärts nach **Hat Yai**. Auf dem Weg kann man Abstecher zur malaiischen Grenze einlegen.

Von Trang aus biegt die N-4 nach Osten ab und führt auf einer neuen Trasse auf Phattalung zu. Dabei kommt man durch eine schöne, vom Regenwald überwucherte Berglandschaft, in der der *Khao Ron* mit 1.350 m die höchste Erhebung darstellt. Dort, wo noch in jüngster Vergangenheit Räuber ihre Schlupfwinkel hatten, stellt nun der **Khao Chong-National-park** mit Wasserfällen und reichem Tierleben ein wenig bekanntes Ausflugsziel dar.
Anschließend wird das Landschaftsbild moderater, und Kautschukplantagen und Reisfelder lösen die Berge ab. Aus der Ebene ragen bei **Phatta-lung** zwei mächtige Kalkfelsen aus den Reisfeldern, die beide bedeutende Höhlenheiligtümer tragen (*Wat Khua Sawan, Wat Tham Malai*), gleichzeitig die größten Sehenswürdigkeiten der Provinzhauptstadt. Östlich erstreckt sich der Binnensee *Thale Luang* (vgl. Kapitel 6.5.7) mit seinen Vogelreservaten.

Wer auf einen Stop in Phattalung verzichtet, kann einige Kilometer vor dem Stadtgebiet die Umgehungsstraße 41 (nach rechts) benutzen und den Weg nach Hat Yai abkürzen. Von hier aus sind es noch 95 km bis zur größten Stadt des Südens.

Hat Yai

Informationen
zu Hat Yai und Songkhla, Stadtpläne, Unterkunftsnachweise etc. gibt es im TAT-Büro, 1/1 Soi 2 Niphat Uthit Rd. 3, Tel.: (074)243-747. Im gleichen Gebäude befindet sich die **Touristenpolizei**.

Unterkunft
Das TAT gibt die Anzahl der Hotels in Hat Yai mit 62 an, von denen die meisten Geschäftsleute und vergnügungssüchtige Touristen aus Malaysia beherbergen. Zu den besten Hotels zählen:
● *"The Regent Hotel"****, 23 Prachathipat Road, Tel.: 234-400-9; die erste Adresse in Hat Yai, luxuriöse Zimmer, perfekter Service, Entertainment, zentral in Nähe des Flughafens, der Einkaufszentren und der Busstation sowie des Bahnhofes gelegen.
● *"Holiday Hat Yai"****, 1/3 Chiwanuson Rd., Tel.: 243-881; gutes Mittelklasse-Hotel mit Restaurant und Diskothek.
● *"Montien Hotel"***-****, 120-4 Niphat Uthit Rd. 1, Tel.: 234-386-9; gutes Mittelklasse-Hotel, Restaurant, Nightclub.

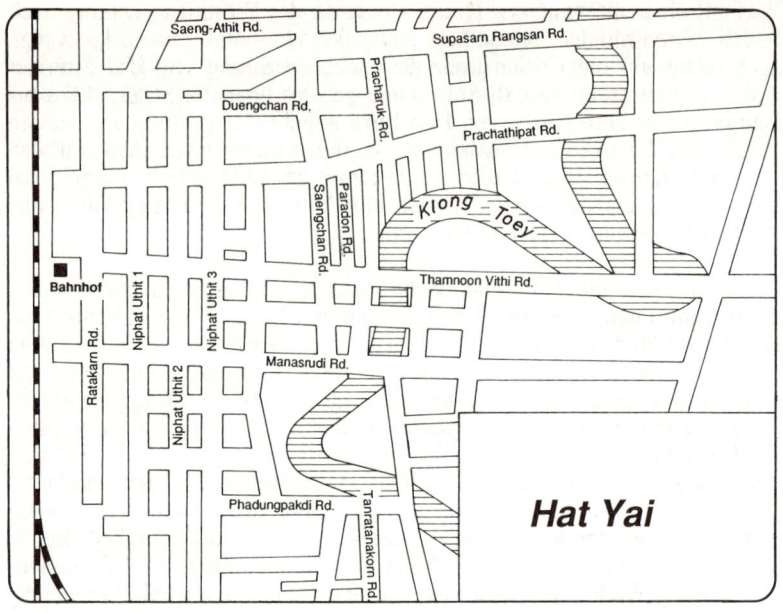

Es gibt in Thailand wahrlich schönere Städte als das 935 km südlich von Bangkok gelegene Hat Yai. Ihre Bedeutung hat die rasant gewachsene Provinzhauptstadt (135.000 Ew) als das mit Abstand größte Zentrum für Kommerz, Handel, Einkauf und Unterhaltung im gesamten Süden. Während sich westliche Besucher eher vom idyllischen Songkhla angezogen fühlen, sind in Hat Yai auffällig viele Touristen aus Malaysia und Singapore zu sehen. Vor allem die Moslems aus dem südlichen Nachbarstaat nutzen die verkehrsgünstig gelegene Stadt (2 Eisenbahnlinien nach Malaysia, Bus- und Flugverbindungen), um hier einzukaufen und vor allem jene Genüsse zu finden, die in ihrer Heimat verboten sind. Deswegen belegt Hat Yai hinsichtlich der Anzahl der Bordelle und Nachtclubs den 'dritten Platz' sofort hinter Bangkok und Pattaya. Für Westler lohnt sich ein Aufenthalt vor allem wegen der günstigen Einkaufsmöglichkeiten (besonders in der Niphat Uthit Rd. 1). Sonstige Sehenswürdigkeiten sind rar gesät. Lohnend ist der Besuch des Tempels **Wat Hat Yai Nai**, nahe der Brücke über den Klong auf der Straße zum Flughafen. Dessen größte Attraktion ist ein kolossaler ruhender Buddha von nicht weniger als 35 m Länge und 15 m Höhe – eine der weltweit größten Statuen des Erleuchteten! Stolz ist man in der Stadt auch auf die **Bhasawang Water Gardens** vor dem "*Sincere Hotel*" auf der Phasawang Rd., die Badespaß und Wasservergnügen mit einer 15-Meter-Rutschbahn bieten.

Wer als Selbstfahrer durch Hat Yai nach Songkhla fährt, muß sich vom Orientierungssinn und Instinkt leiten lassen, da die Beschilderung fast

558

ausschließlich in Thai ist. Die N-4 führt als vierspurige Straße mitten durchs Stadtgebiet, wobei man sich im Kreisel beim *"President Hotel"* rechts halten muß. An der nächsten großen Kreuzung biegt man auf den Hwy 407 nach links ab. Am Ortsausgang liegt rechterhand der **Municipal Park**, der mit seinen Grünanlagen, einer großen Voliere und dem **Southern Cultural Village** einen Besuch wert ist. Hier kann man Mi-So von 16.00-17.30 und 19.00-20.30 Uhr an Folkloreveranstaltungen teilnehmen (Tänze, Thai-Boxen, Elefantenshow etc., Auskünfte und Reservierung unter Tel.: 245-898).

Der Hwy 407 führt nun geradewegs auf Songkhla zu und ist zum großen Teil als vierspurige Straße ausgebaut. Nachdem man die Abzweigung zu den **Tinsunalonda-Bridges** (Hwy 408; s.u.) passiert hat, kommt man ca. 3 km vor dem Zentrum am **Museum of Southern Folk Arts** vorbei, das der Universität angeschlossen ist und über sehenswerte Ausstellungen zur Kultur und Geschichte Südthailands verfügt (geöffnet Mo-Fr 8.30-16.30 Uhr).

Songkhla

Unterkunft
Mehrere einfache Hotels sind auf Gäste mit schmalem Geldbeutel und Touristen aus Malaysia eingerichtet. Die beiden besten Adressen sind:
● *"Pavilion Hotel"***, 17 Platha Rd., Tel.: 311-138; gutes Mittelklasse-Hotel mit Restaurant und Swimmingpool, zentral gelegen.
● *"Samila Songkhla"****, Samila Beach, Tel.: 311289, 311310-4; First-Class-Hotel am nördlichen Stadtrand direkt am Strand, Restaurant, Swimmingpool, Tennis- und Golfplatz, Ausflugsangebote.
● Etwa 10 km entfernt liegt das empfehlenswerte *"Haad Kaere Resort"* (s.u.).

Der Reiz dieser Provinzhauptstadt (ca. 80.000 Ew) ergibt sich aus ihrer Lage vor dem großen Songkhla-See, dem pittoresken Hafen, einigen schönen Holzhäusern, Sandstränden, sehenswerten Tempeln und einer gemütlichen Atmosphäre. Wegen ihres guten, durch die vorgelagerte Landzunge geschützten Hafens spielte sie schon in längst vergangenen Zeiten eine wichtige Rolle als Handelsstadt, die von indischen, persischen und arabischen Schiffen angelaufen wurde. Ihr Name leitet sich wohl von den 'Katz & Maus'-Inseln ab, die auch als Löwenkopf interpretiert werden können: *Singha-La* = 'Löwenstadt'.

Bei einer **Stadtbesichtigung** bringt einen die Verlängerung des Hwys 407, die Saiburi Rd., zum Zentrum und zu den wichtigsten Sehenswürdigkeiten:

Da ist zunächst rechts der Straße der **Wat Matchimawat** (*Wat Klang*), eine über 400 Jahre alte Klosteranlage, die größte und bedeutendste der Stadt. Danach kommt man an der dritten Kreuzung über die Petchkiri Rd. rechts zum **Bahnhof**, der noch die Erinnerung an die Eisenbahn-Ära wachhält (der letzte Zug verkehrte

1972). Auf dem Platz davor (Ramwithi Rd.) wird sonntags ein farbenprächtiger **Markt** abgehalten. In seiner Nachbarschaft erhebt sich der sehenswerte Tempel **Wat Chaimongkon**.

Zur anderen Seite (Westen) kommt man zum **Hafen** (lassen Sie sich dabei von Ihrer Nase leiten!), wo auf glitschigem Boden zwischen buntbemalten Kuttern, Netzen und Kisten immer etwas los ist. An seinem südlichen Ende gibt es auf der Nakhon Nai und Nakhon Nok Rd. einen **Wochenmarkt** und auch einige der schönsten Häuser der Stadt.

Songkhla: Blick auf die 'Katz & Maus'-Inseln

An der nächsten nördlichen Querstraße (Jana Rd.) ist noch ein Stück der alten **Stadtmauer** erhalten. Gegenüber befindet sich das **Nationalmuseum**, das u.a. gute Beispiele der Srivijaya-Kultur zeigt. Im hinteren Bereich gibt es eine Ausstellung von frühen industriellen und landwirtschaftlichen Geräten. Auch das palastartige Gebäude selbst ist sehenswert: es wurde 1878 für eine reiche Familie im chinesischen Stil errichtet und diente u.a. als Rathaus. Nach seiner Restaurierung durch das *Fine Arts Department* strahlt es wieder im alten Glanz.

Wenn man über die Jana Rd. am **Glockenturm** vorbeifährt und auf der Ratchadamnoen Rd. nach links einbiegt, kommt man zum 5 km langen **Samila Beach**, dem populärsten Strand der Stadt. Eine berühmte Statue der **Seejungfrau**, die allerdings nichts mit dem angeblichen Vorbild aus Kopenhagen gemeinsam hat, dient dort als Motiv für ein Erinnerungsfoto. Der Strand selbst erstreckt sich bis zum südöstlich gelegenen Dorf **Kao Seng**. Hier lebt eine kleine moslemische Fischer-Gemeinde, die ihre Boote mit floralen Motiven bemalt. Zum Norden hin findet der Samila Beach seine Fortsetzung im weißen Sandstrand **Son On**. Und vor der Küste ragt das **Inselpaar Katz und Maus** (*Ko Meo, Ko Mu*) aus dem Wasser. Hinter dem Strand führt eine befestigte Straße zum 'Hausberg' **Khao Noi** hinauf. Sofort westlich kann man einen weiteren Hügel, **Khao Tung Kuan**, über einen Fußweg und Treppenstufen erklimmen – beide bieten eine phantastische Aussicht.

6.5.7 ENTLANG DER SÜDOSTKÜSTE: VON SONGKHLA NACH SURAT THANI

Wer nicht auf dem gleichen Weg bis Phattalung und ab da über die Hwys 41 und 401 nach Nakhon Si Thammarat bzw. Surat Thani reisen möchte, kann von Songkhla mit der Fähre auf die langgestreckte Landzunge übersetzen, die das ausgedehnte Seengebiet vom Golf von Thailand trennt. Bequemer geht es über die **Tinsunalonda Bridges**, die westlich von Songkhla zu jener Landzunge führen und dabei die Insel **Ko Yor** im Binnensee **Thale Sap** (*Songkhla Lake*; im nördlichen Teil *Thale Luang* genannt) als Sprungbrett nehmen. Zur Insel führt die erste der beiden Brücken, eine 1.200 m lange, niedrige Konstruktion auf Betonstelzen. Auf Ko Yor gibt es einige Handwerksbetriebe, in denen Seide und andere Textilien hergestellt werden. Berühmt ist die Insel auch für ihre Krabben, die Sie in den Restaurants entlang des Highways (besonders empfehlenswert: *Khun Sith Restaurant* auf der rechten Seite) probieren können. Die zweite Brücke ist mit ca. 2 km die längste Thailands, von der sich schöne Blicke auf den See und die Stadt Songkhla ergeben.

Nachdem man die Landzunge erreicht hat, biegt man nach links auf die große Straße (Hwy 408) ab, die schnurgerade nach Norden führt. Allerdings sieht man von ihr aus weder das Meer noch den großen Binnensee zur Linken, der mit etwa 80 km Länge das größte Inlandgewässer des Königreichs darstellt. Mehrfach bieten aber kleine Stichstraßen die Möglichkeit, sowohl die Sandstrände am Golf als auch die Naturschutzgebiete am *Songkhla Lake* zu besuchen – so z.B. bereits nach wenigen Kilometern, wo ein Schild den Weg nach rechts zum "Haad Kaere Resort" weist.

Hinter dem modernen Hotel gibt es eine kleine Lagune, die man mit Tret-, Ruder- und Paddelbooten befahren kann. Den vorgelagerten Strand erreicht man mit einer originellen Ziehfähre, die man selbst bedienen muß.

Strand am 'Haad Kaere Resort'

Unterkunft
● *"Haad Kaere Resort"*****, Hwy 408, 163/1 KM.5, Tel.: 331-059-67; schönes, modernes Hotel mit 147 Zimmern und 40 Bungalows**, Restaurant, großer Swimmingpool, 2 Tennisplätze, Boots- und Kanuverleih.

Der nächste Abstecher führt nach links (Hinweisschild: *Wildbird Sanctuary 3 km*) zum **Khu Khut Waterfowl Park**, dessen 520 qkm großes Naturschutzgebiet ca. 140 Arten einheimische und Zugvögel beherbergt. Von einem Aussichtsturm kann man Tausende von Vögeln beobachten, besonders gut am frühen Abend, wenn sie am aktivsten sind. Im Dorf Khu Khut werden auch Boote vermietet, mit denen man den See und die Inseln erkunden kann. Ein weiterer Vogelpark (*Nok Nam Thale Noi*) befindet sich am Nordende des Sees, in der Nähe der Stadt Phattalung.

Buddhastatue am Wat Phra Ko

Zur Abwechslung eine kulturelle Attraktion? Bei einem Tempel auf der linken Straßenseite (KM 110; Hinweisschild: *Way to Wat Phra Ko*) führt eine 2 km lange Stichstraße durch Reisfelder und Palmenhaine zu einem hochverehrten Kloster. Über eine von Nagas flankierte Treppe steigt man zum Tempel hinauf (originell: der kleine Pavillon, dessen Dach aus Glasflaschen besteht), wo es einen Chedi, einen ruhenden Buddha und die Statue des Heiligen Luang Pho Thuat zu sehen gibt. Der Legende nach haben Piraten diesen Mönch aus der Gefangenschaft entlassen, nachdem er ihnen salziges Meer- in Trinkwasser umgewandelt hatte.

Auch entlang der nun folgenden Fahrtstrecke sieht man immer wieder prächtig geschmückte Tempel, kurz hinter dem Wat Phra Ko zur Linken auch einen kolossalen sitzenden Buddha. Die schnurgerade Straße hat viele Schlaglöcher, ist aber insgesamt gut zu fahren.

Etwa 100 km hinter der Brücke biegt der Hwy 408 in Richtung Nakhon Si Thammarat nach Nordwesten ab, während die Straße 4013 die alte Richtung fortsetzt. Wer den letztgenannten Weg wählt, muß kurz vor der Ortschaft Pak Pranang einen 5 km langen Abschnitt in katastrophalem Zustand überwinden; außerdem gibt es in **Pak Pranang** (eine sehr unübersichtliche Stadt, Hinweisschilder nur in Thai) keine Brücke, sondern man muß mit der Fähre den Fluß überqueren (10 BHT). Einfacher ist es also, auf dem Hwy 408 zu bleiben, der einen geradewegs auf die Ratchadamnoen Rd. bringt, die Hauptstraße der langgestreckten Provinzhauptstadt.

Nakhon Si Thammarat

Unterkunft

Trotz weniger Touristen hat Nakhon viele Unterkunftsmöglichkeiten, die zwar manchmal etwas laut, aber sauber und sehr billig sind. Die z.Zt. besten Adressen sind:

- *"Thai Hotel"**, 1375 Ratchadamnoen Rd., Tel.: 356-505; sauberes Hotel, im neuen Flügel AC-Zimmer und besserer Standard, Restaurant, Diskothek.
- *"Taksin Hotel"**, 1584/23 Siprat Rd., Tel.: 341-790; Mittelklasse-Hotel, saubere Zimmer mit AC oder Ventilator, Restaurant, Diskothek.

Die Hauptstadt der Provinz Nakhon Si Thammarat, kurz einfach 'Nakhon' genannt, ist eine der geschichtlich interessantesten und ältesten Orte des Königreichs. Als bedeutende Hafen- und Handelsstadt "Ligor" ist ihre Existenz schon für das 8. Jahrhundert nachgewiesen, andere datieren ihre Entstehung sogar ins 2. Jahrhundert. Im Srivijaya-Reich scheint Ligor eine wichtige Rolle gespielt zu haben, und manche Historiker halten sie für dessen Hauptstadt. Ein noch erhaltenes Rechteck der ehemaligen Stadtwälle gibt Auskunft über die Dimensionen der damaligen Metropole, die damals direkt am Meer lag. Durch die zunehmende Versandung ist die Küstenlinie heute 10 km entfernt.

Unter den Thai wurde Nakhon ein Zentrum des buddhistischen Glaubens und eine "Stadt der Mönche", aus der sich etliche Baudenkmäler bis heute bewahrt haben. Auffällig ist ihre rechteckige, langgestreckte Ausdehnung mit mehr als 8 km Länge und 1,5 km Breite. Nördlich des historischen Zentrums hat sich rings um den Bahnhof eine moderne City mit Geschäften, Banken und Hotels etabliert.

Wer vom Süden (Hat Yai, Songkhla) auf die Stadt zufährt, kommt automatisch auf die Ratchadamnoen Rd., die als große Achse die gesamte Stadt durchschneidet und nördlich als Hwy 401 weiter nach Surat Thani geht. Noch vor dem eigentlichen historischen Zentrum passiert man auf ihr links zwei hübsche Tempel, denen das **Nationalmuseum** gegenüberliegt.

Öffnungszeiten

Nationalmuseum, Ratchadamnoen Rd., geöffnet Mi-So 9.00-12.00 und 13.00-16.00 Uhr, Eintritt 10 BHT

Das moderne, zweistöckige Gebäude beherbergt eine der sehenswertesten Sammlungen prähistorischer und historischer Artefakte des Landes. Besonders reichhaltig sind die Abteilungen der hinduistischen und buddhistischen Kunst. Daneben sieht man u.a. Porzellan aus China, Bronzestatuen der malaiischen Halbinsel und Schattenspielfiguren.

Kurz danach kann man zu beiden Seiten der Straße Überreste der alten **Stadtbefestigung** entdecken. Die Erdwälle aus der Zeit des Srivijaya-Reiches wurden von den Thai im 15. und 17. Jahrhundert durch eine Ziegelmauer mit Zinnen ersetzt.

300 m weiter liegt links eine riesige Klosteranlage: Der **Wat Phra Mahatat.**

Öffnungszeiten
Wat Mahatat, Ratchadamnoen Rd., tägl. geöffnet 8.30-16.30 Uhr, Eintritt 10 BHT

Dieser bedeutendste Tempel der Stadt, einer der wichtigsten des gesamten Südens, stammt in seinen ältesten Teilen aus dem 8. Jahrhundert. Sein auffälligstes Bauwerk ist der 77 m hohe **Chedi**, dessen Spitze einen 270 kg schweren Goldbelag hat. Er ist von mehreren Bauwerken, einem immens großen Wandelgang mit sitzenden Buddhastatuen und einem Hof umgeben, der mit grau-weißen Chedis förmlich übersät ist. Im **Tempelmuseum** (rechts vom Eingang, Eintritt 10 BHT) sieht man herrliche Kunstgegenstände aus dem Besitz des Klosters, u.a. einen großen sitzenden Buddha, einen Buddha im Königsornat, Votivgaben, alte hinduistische Gottheiten, Goldschmuck, vergoldete Bäume, einen 10 m langen ruhenden Buddha, Naga-Schlangen sowie Statuen der Könige Chulalongkorn und Bhumibol. Im Unterbau des Chedis befindet sich hinter einem goldenen Gitter eine Zahnreliquie des Erleuchteten, zu dem eine steile Treppe hinaufführt. In einer Seitenhalle wird die Stadtgründerin, eine indische Prinzessin, wie eine Heilige verehrt.

Nördlich des Wat Mahatat gibt es einen großen Parkplatz, Essensstände und einen ständigen **Markt**, auf dem religiöse Gegenstände und Räucherstäbchen, aber auch Holzschnitzereien, Schattenspielfiguren und Souvenirs verkauft werden.

Chedis im Wat Mahatat

In dem Kloster auf der gegenüberliegenden Straßenseite (**Wat Boromathat**) wohnen die Mönche des Wat Mahatat. Folgt man der Hauptstraße nach Norden, passiert man zunächst den **Uhrturm** und dann linkerhand ein weitläufiges Gelände mit Regierungsgebäuden und dem **Rathaus** im Tempelstil, in dessen Halle der wertvolle 'Smaragdbuddha' *Buddha Phra Singh* aufbewahrt wird, den die Stadtgründerin aus Indien mitgebracht haben soll. Einen halben Kilometer weiter sieht man zu beiden Seiten der Ratchadamnoen Rd. jeweils einen alten **hinduistischen Schrein**. Nochmal so weit entfernt liegt die Polizeistation (links) und das Postamt (rechts). Wenn man an der nächsten Kreuzung nach links abbiegt, kommt man nicht nur an einer **Moschee** und am großen **Markt** vorbei, sondern kann hier zu folgender **alternativen Route nach Surat Thani bzw. Phuket** starten:

Diese landschaftlich sehr reizvolle Strecke verläßt Nakhon über die Straße 4016. Nach etwa 10 km biegt man links auf die Straße 4015 (*Lan Sak*) ab und orientiert sich ab nun an den Hinweisen nach *Chawang*. Auf der Route fährt man durch eine wildromantische Berglandschaft, deren höchste Erhebung der **Khao Luang** mit immerhin 1.835 m ist. Um ihn herum breitet sich der gleichnamige **Nationalpark** aus, zu dem auch die spektakulären *Karom-Wasserfälle* gehören. Schließlich stößt man auf den Hwy 41, der sehr gut ausgebaut, aber wenig befahren ist. Man kommt nur durch wenige Ortschaften, an Kautschuk-Plantagen und Reisfeldern vorbei, ab und zu an bizarren Felskegeln und hohen Bergen. Wer zurück zur Westküste möchte, biegt vor *Wiang Sa* (große Kreuzung hinter einer Tankstelle) vom Hwy 41 nach links ab und fährt über die Straßen 4009 und 4035 in Richtung *Krabi* bzw. *Phang Nga* (Hinweisschilder). Wessen Reiseziel *Surat Thani* ist, folgt dem Hwy 41 weiter in den Norden.

Auf der üblichen Route nach Surat Thani verläßt man Nakhon über die Hauptstraße in nördlicher Richtung und bleibt auf diesem Weg (Hwy 401) immer parallel zur Küste bis **Sichon**. Hier biegt der Highway in westlicher Richtung ab. Reisende mit dem Ziel *Ko Samui* orientieren sich kurz darauf am Hinweisschild **Don Sak**, wo die Autofähre zur Insel ablegt (vgl. Kapitel 6.5.8).

Surat Thani

Informationen
TAT-Büro, 5 Taladmai Rd., Tel.: (077)282-828

Unterkunft
*"Wang Tai Hotel"*****, 1 Taladmai Rd., Tel.: 273-410-6; am Stadtrand gelegenes Hotel mit 238 komfortablen Zimmern, alle Annehmlichkeiten, Swimmingpool, Restaurant mit gutem Seafood, schöner Blick auf die Bucht und den Fluß.

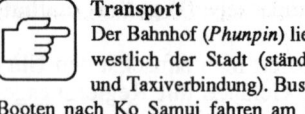

Transport
Der Bahnhof (*Phunpin*) liegt 13 km westlich der Stadt (ständige Bus- und Taxiverbindung). Busse zu den Booten nach Ko Samui fahren am Bahnhof, am Busterminal auf der Bandon Rd. und am Büro der *Ko Samui Tours* auf der Taladmai Rd. ab.

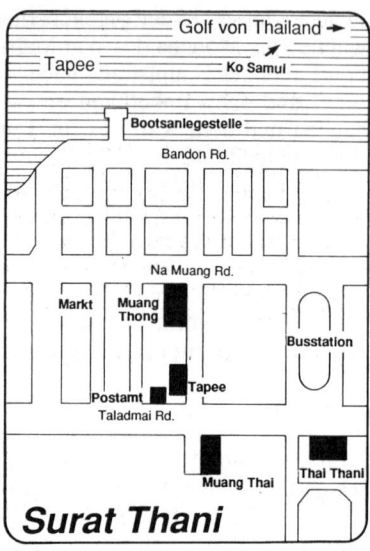

Da die lebhafte Provinzstadt (ca. 50.000 Ew) nichts Außergewöhnliches zu bieten hat, wird sie von den meisten Touristen hauptsächlich als 'Sprungbrett' zu den Inseln genutzt, namentlich zu Ko Samui. Surat Thani liegt am Tapi-Fluß (*Tapee-River*) und lebt vom Schiffsbau, der Fischerei, den nahen Zinnminen und von seiner Bedeutung als Verkehrsknotenpunkt. Wer sich hier länger als nur für eine Zwischenübernachtung aufhält, kann den quirligen Nachtmarkt auf der Taladmai Rd. besuchen. Einige Open-Air-Restaurants gibt es auf der mitten im Fluß liegenden Insel **Lamphu,** zu der vom Pier eine kostenlose Fährverbindung besteht. Ebenfalls am Fluß befindet sich der schönste Tempel der Stadt, der **Wat Khao Srivijai.** Er stammt, wie der Name schon sagt, aus der Srivijaya-Epoche.

Ein interessanter Ausflug führt in die westliche Umgebung von Surat Thani (am Hwy 41 nach Süden abbiegen), wo es in der Ortschaft *Tung Kong* ein Trainingszentrum für Affen (*Monkey Training College*) gibt, in dem sie das Ernten der Kokosnüsse lernen (vgl. Kapitel 6.5.8).

Weiterfahrt von Surat Thani

Wer aus dem Süden kommt und von Surat Thani nicht nach **Ko Samui** oder zu anderen Inseln übersetzt, fährt entweder in den Norden weiter (über Chaiya und **Chumphon** in Richtung Bangkok) oder quer über die Halbinsel zur westlichen Küste (Ranong, **Phuket**).

● **Nach Chumphon:**

Die Strecke bis Chumphon ist nicht sehr abwechslungsreich. Sie verläuft parallel zur Eisenbahnline in einiger Entfernung zur Küste; das Landschaftsbild wird hier von endlosen Kautschukplantagen und Rambutan-Feldern bestimmt. Rambutan ist übrigens die wichtigste Frucht der Provinz, deren Vermarktung alljährlich mindestens 300 Mio BHT einbringt.

Zwei kulturelle Sehenswürdigkeiten in der Nähe von Surat Thani lohnen jedoch einen Besuch:

- **Wat Suan Mokkaphalaram**

Dieses Kloster, inmitten eines herrlichen Parks auf einem kleinen Hügel gelegen, ist eine moderne Anlage, die 1959 von einem der bekanntesten Mönche Thailands (_Buddhadasa Bhikku Suan Mok_) gegründet wurde. In den Gebäuden, in einem merkwürdigen Stil aus thailändischen, ägyptischen, chinesischen, indischen, tibetanischen und europäischen Elementen errichtet, wohnen Buddhisten aus aller Welt, die nach den einfachen Regeln der ersten Mönche zusammenleben. Jeden Monatsanfang wird hier ein zehntägiger Meditationskurs in englischer Sprache abgehalten (Kostenbeitrag 600 BHT für die Mahlzeiten).

Ganz in der Nähe, 50 km nördlich von Surat Thani, liegt die uralte Stadt Chaiya.

- **Chaiya**

Unterkunft
"Na Yai Park"**, 233 Moo 1, Phumriang, Tel.: (077)431-387; hübsche Bungalowanlage 7 km östlich von Chaiya, unter deutscher Leitung, parkähnliche Umgebung, Restaurant, Fahrradverleih, Ausflugsmöglichkeiten.

Kein Laie würde vermuten, daß diese verschlafene Kleinstadt einmal ein mächtiges Zentrum des großen Srivijaya-Reiches war. Einige Forscher vermuten in ihr sogar die ehemalige Hauptstadt jenes Landes, das sich vom 8.-13. Jahrhundert über ganz Malaysia, Sumatra und Java bis zum Khmer-Reich erstreckte. Neben Chaiya werden allerdings auch Nakhon Si Thammarat und Palembang auf Sumatra als mögliche Hauptstädte gehandelt. Die erhaltenen Überreste aus der großen Zeit sind spärlich gesät und liegen verstreut zwischen Holzhäusern und den viel späteren Tempeln _Wat Wieng_, _Wat Long_ und _Wat Keo_. Noch in gutem Erhaltungszustand bzw. aufwendig restauriert ist jedoch der mehr als 1.200 Jahre alte **Wat Phra Boromathat Chaiya**. Mit seinem Haupteingang (drei benachbarte Portale, jedes mit dekorierten Einfassungen ausgestattet) und Mauerresten stellt er das bedeutendste Beispiel der Srivijaya-Kultur in Thailand dar.
In der Nähe von Chaiya sind Bäder mit 40°C heißen Schwefelquellen eine weitere Attraktion der Region. Auf dem Weg nach Chumphon kann man außerdem in **Lan Suan** am 8 km entfernten Sandstrand eine erholsame Badepause einlegen.

● **Nach Phuket:**

Für den Weg zurück zur Andamanensee benutzt man am besten den Hwy 401, der auf einer reizvollen Gebirgsstrecke den Isthmus überbrückt. Wilde, zerklüftete Kalksteinfelsen, tiefe Täler und eine üppige tropische Vegetation begleiten die Straße, bis man nach 120 km kurz vor **Takua Pa** auf die N-4 stößt, der man parallel zur Küste bis Phuket folgt (vgl. Kapitel 6.5.3). Auf dem Weg kann man 83 km hinter Surat Thani einen Abstecher nach rechts (12 km) zum eindrucksvollen, 200 m hohen **Rajaprabha-Staudamm** machen, hinter dem sich der große **Chiew Lan-See** zwischen dem Dschungel ausbreitet.

6.5.8 KO SAMUI

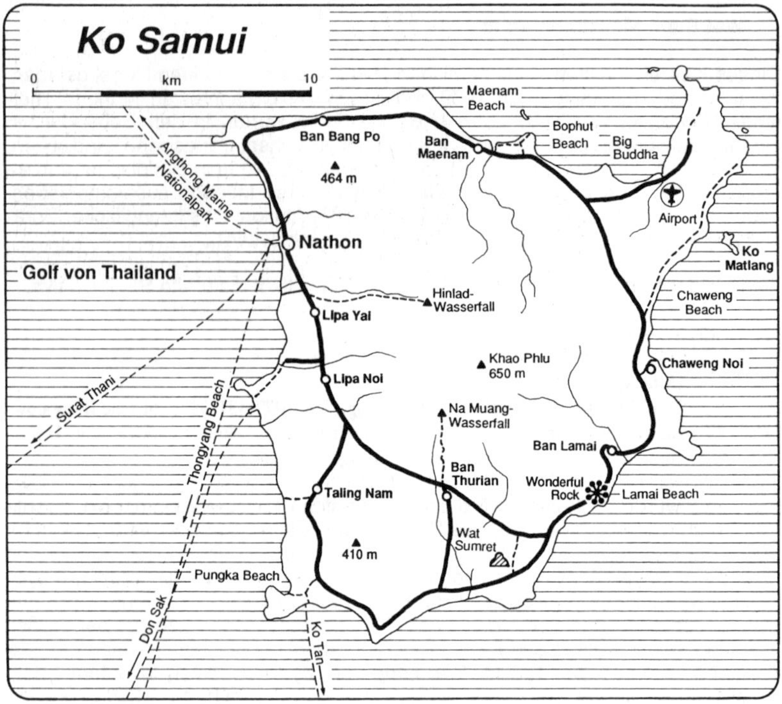

Ko Samui

0   km   10

Maenam Beach
Bophut Beach
Big Buddha
Ban Bang Po
Ban Maenam
Angthong Marine Nationalpark
464 m
Airport
Nathon
Ko Matlang
Golf von Thailand
Hinlad-Wasserfall
Chaweng Beach
Lipa Yai
Khao Phlu 650 m
Chaweng Noi
Surat Thani
Lipa Noi
Thongyang Beach
Na Muang-Wasserfall
Ban Lamai
Ban Thurian
Wonderful Rock
Lamai Beach
Taling Nam
410 m
Wat Sumret
Pungka Beach
Don Sak
Ko Tan

Unterkunft

Entsprechend der enormen Steigerungszahlen der Inselbesucher hat sich die Bettenanzahl in den letzten Jahren ständig erhöht. So wuchs von 1983 bis 1991 die Zahl der registrierten Hotel- und Bungalowanlagen von 77 auf 259 an, was einer Zunahme der Zimmer von 1.019 auf 6.031 entspricht. Da immer mehr Pauschal- und Jet Set-Touristen den Rucksack-Pionieren folgten, sind anstelle der einfachen Hütten (die es freilich immer noch gibt!) immer mehr Unterkünfte der First-Class- und Luxus-Kategorie entstanden. Ein erfreulicher Aspekt ist dabei, daß die Neubauten sich am Bungalow-Stil orientieren und gut in die Natur eingefügt sind. Konzentriert findet man die Hotelszenerie an zwei Stränden: Chaweng Beach und Lamai Beach. Aber auch dort wird das Landschaftsbild nicht von Betonklötzen, sondern vom Grün der Palmen und Gärten bestimmt.

Es fällt schwer, unter den vielen guten Herbergen einige besonders herauszuheben. An den entsprechenden Orten finden Sie deshalb nur eine kleine, willkürliche Auswahl.

Schiffsverbindungen

Trotz der sprunghaft gestiegenen Anzahl der Fluggäste kommen immer noch die meisten Besucher auf dem Wasserweg nach Ko Samui. Von **Ban Don** und **Tha Thong** fahren Nacht- und Expreßboote zum Pier der Inselhauptstadt Nathon. Eine Autofähre verbindet **Don Sak**, östlich von Tha Thong, mit der Anlegestelle von Thaling Ngam, südlich von Nathon. Der derzeit gültige Fahrplan:

● Fähre Don Sak – Ko Samui (Fahrtzeit ca. 1 1/2 Std., 40 BHT, Pkw 175 BHT)

ab Don Sak	ab Ko Samui
08.00	07.30
10.00	10.00
12.00	12.00
14.00	14.00
17.00	16.00

● Expreßboot Tha Thong – Ko Samui (Fahrtzeit 2 1/2 Std., 80 BHT)

ab Tha Thong	ab Ko Samui
08.30	07.30
12.00	12.00
14.00	14.45

● Schnell- und Nachtboot Ban Don – Ko Samui (Fahrtzeit 2 1/2 Std., 60 BHT; nachts 5 Std., 50 BHT)

ab Ban Don	ab Ko Samui
08.00	12.00
12.30	14.30
14.40	21.00
23.00	

Die Fähre nach Ko Samui

Ein lange angekündigtes **Tragflügelboot** mit 155 Sitzen soll Ko Samui mit den Städten *Bangkok, Pattaya* und *Songkhla* verbinden (wegen technischer Schwierigkeiten allerdings bis Ende 1991 noch nicht in Betrieb). Ebenso hatte die moderne Autofähre *Jumbo Ferry* Startschwierigkeiten.

Vom Pier in Nathon gibt es ständige Verbindungen mit Ausflugs- und Fährbooten zur Nachbarinsel *Ko Phangan* und zu den Inseln des *Ang Thong-Nationalparks*.

Flugverbindungen

Die von *Bangkok Airways* unterhaltene Flugverbindung (ab/bis Bangkok 8 x tägl., Hua Hin 1 x tägl. und Phuket 2 x tägl.) wurde binnen kürzester Zeit so populär, daß das im Nordosten der Insel gelegene Flughafengebäude an die Grenzen seiner Kapazität gelangt ist. Inzwischen plant man einen Erweiterungsbau.

Songtaos

Der öffentliche Nahverkehr wird auf der Insel von Songtaos aufrechterhalten, die von Nathon über die Ringstraße bis Chaweng Noi und zur anderen Richtung bis zum Lamai Beach fahren; das Ziel ist in Englisch angeschrieben. Der Fahrpreis beträgt je nach Strecke 10-20 BHT. Außerdem bieten größere Hotels Inselrundfahrten mit klimatisierten Minibussen an.

Motorräder/Mietwagen

An den Stränden und in Nathon kann man sich Motorräder (ca. 300 BHT) oder Jeeps (ca. 500 BHT) mieten, mit denen die Insel in ca. 1 Stunde zu umrunden ist. Empfohlen seien auch hier die seriösen Anbieter (Hertz, Avis), die Büros in den großen Hotels unterhalten. Von der Motorrad-Miete muß insgesamt abgeraten werden, da viele Maschinen schlecht gewartet sind und keinen Versicherungsschutz haben. **Achtung**: Die Statistik weist für Ko Samui außergewöhnlich viele Unfälle mit Toten und Schwerverletzten aus, an denen oft westliche Motorradfahrer beteiligt sind! Fahren Sie nie unter Alkohol- oder Drogeneinfluß und nicht in Badekleidung. Überprüfen Sie vor Fahrtantritt den technischen Zustand, besonders die Bremsen und die Beleuchtung. Fahren Sie möglichst nicht nachts, und wenn, dann nur mit heller Kleidung!

Fahrräder
Eine gute Art, die Insel kennenzulernen, ist ihre Umrundung mit dem Fahrrad, was bequem an einem Tag zu schaffen ist. Fahrräder werden in Nathon und an den Stränden Chaweng und Menam vermietet. Allerdings nehmen Songtao-, Pkw- und Motorradfahrer oft absolut keine Rücksicht auf Drahtesel!

Sport
An den beliebten Stränden werden alle Wassersportarten angeboten (u.a. Parasailing, Wasser-Scooter, Windsurfen, Segeln). Tauchschulen und -basen, z.T. unter deutschsprachiger Leitung, haben sich vor allem am Chaweng- und Lamai Beach niedergelassen. Die Firma *"Ko Samui Divers"* hat ihr Tauch-Zentrum im *"Malibu Beach Club"* (Chaweng Beach; Tel.: 421-386) und eine Zweigstelle auf der Insel Ko Tao. Außerhalb des nassen Elements verfügen einige Hotels über Tennisplätze.

Unterhaltung
Zwar gibt es in Nathon und an den Stränden von Chaweng und Lamai bereits mehrere Bars, Kneipen und Diskotheken (u.a. *"Eden Pub"* in Nathon, *"Reggae Club"* in Chaweng, *"Bauhaus Pub"*, *"Mix Pub"* und *"Flamingo Disco"* in Lamai), aber ein 'Nightlife' wie auf Phuket oder gar in Pattaya findet nicht statt. Jeden Sonntag werden auf der Insel an verschiedenen Schauplätzen Stierkämpfe (ohne Torero und Blut) ausgetragen. Dabei kämpfen zwei Stiere solange gegeneinander, bis einer zurückweicht (was eine halbe Stunde dauern kann oder auch nur fünf Minuten). Eintrittskarten kosten für Ausländer 60 BHT.

Ob nun der Inselname aus dem Chinesischen stammt und 'erster Hafen' bedeutet oder ob er dem lokalen Dialekt entlehnt ist und 'dunkler Schatten' meint (= den Fischern erschien Ko Samui als dunkler Schatten am Horizont) – das ist nicht geklärt. Fest steht aber, daß die mit 247 qkm drittgrößte Insel des Landes ein tropisches Paradies darstellt, wie man es nur selten findet. Mit seinen Stränden, Palmen, Wasserfällen und dem berühmten kristallblauen Wasser zieht es denn auch Jahr für Jahr mehr Besucher an – über eine halbe Million waren es 1991!

Die 'Karriere' als international bekanntes Urlaubsziel ist dabei noch relativ jung. Bis in die 1970er Jahre hinein war Ko Samui kaum einem Touristiker ein Begriff, und die ca. 35.000 Einwohner lebten von der Fischerei, der Kokosnußernte und dem Anbau verschiedener Früchte. Ihre Entdeckung verdankt die Insel den Hippies und Globetrottern, die damals die asiatischen Länder bereisten und hier ihre Träume verwirklicht sahen: unberührte Sandstrände, eine freundliche Bevölkerung, spottbillige Unterkünfte und keine Kontrolle des Drogenkonsums. Durch die Mundpropaganda angezogen, kamen immer mehr Rucksacktouristen nach Ko Samui, wo bald schon die ersten Banken und Kneipen entstanden, eine Fährverbindung zum Festland eingerichtet wurde und man immer mehr Bungalowsiedlungen baute. Die hellhörig gewordene Fremdenverkehrs-Industrie setzte nach und erschloß die Insel dem internationalen Jet Set, der wiederum die Billigreisenden vertrieb. Sie zog es ab Ende der 1980er z.B. nach Ko Phangan und Ko Tao, wo sich derzeit eine ähnliche Entwicklung abzeichnet.

Der Touristen-Boom hat den Charme der Insel jedoch nicht zerstören können, die bei aller Veränderung das geblieben ist, was sie war: ein paradiesischer Flecken Natur.

Eine Insel, wie geschaffen also für das süße Nichtstun und die Erholung im und am Wasser. Wer seinen Liegestuhl verläßt, kann allerdings auf Ausflügen auch das reizvolle Hinterland mit seinen drei hübschen Wasserfällen kennenlernen. Und im Golf von Thailand wartet eine phantastische Inselwelt (besonders Ko Tao und der Ang Thong-Nationalpark) auf Entdecker – eintägige Trips dorthin werden in den Reisebüros und an den Stränden zuhauf angeboten. Im folgenden wird die Hauptstadt Nathon und eine Rundfahrt auf der 50 km langen Ringstraße vorgestellt, die zu den schönsten Stränden führt.

Nathon

Unterkunft

Wer auf eine Unterkunft direkt am Wasser verzichten mag, kann in Nathon in einigen einfachen Pensionen preiswerter übernachten als an den beliebten Stränden. Die derzeit beste Adresse ist:
"Seaside Palace"*-**, 152 Chonwithi Rd., Nathon, Tel.: 421-079; bestes Hotel der Stadt, saubere Zimmer mit AC oder Ventilator, Restaurant, schöner Blick auf den Hafen.

Nathon ist ein gemütlicher, kleiner Ort ohne besondere Sehenswürdigkeiten. Aber es macht Spaß, an der Uferstraße entlangzuschlendern und das Treiben auf dem Pier zu beobachten oder den vielen Geschäften und dem Markt einen Besuch abzustatten.

Eine wichtige Funktion hat Nathon als 'Verkehrsknotenpunkt', von dem aus Songtaos zu den Stränden fahren und Boote zum Festland und den Inseln ablegen. Außerdem findet man hier so wichtige Institutionen wie Banken, Touristenpolizei, Reisebüros, Immigration Office und Postamt, einen kleinen Tempel und mehrere gemütliche Restaurants und Kneipen.

Inselrundfahrt

Die im Zuge des Tourismus angelegte asphaltierte Ringstraße (4169) führt um die ganze Insel herum und ist ca. 50 km lang. Nur im Nordost-

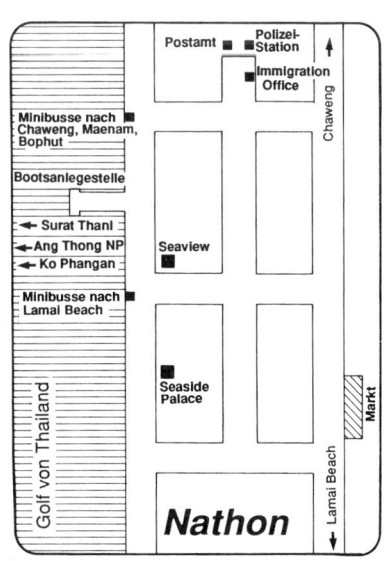

teil der Insel und im Südwesten verläuft sie weiter von der Küste entfernt. Wenn man der Straße von Nathon aus im Uhrzeigersinn (nordwärts) folgt, passiert man zunächst die Strände von **Bang Makham, Ban Bang Po** und **Ban Tai,** an denen es zwar einige Bungalows gibt, die sich aber zum Baden nicht gut eignen (sehr flach).

Zwischen Ban Makham und Ban Bang Po kann man nach links von der Hauptstraße abbiegen, um nach wenigen Metern einer Vorführung von 'Affen bei der Arbeit' (*Monkey at work,* tägl. 16.00 Uhr, Eintritt 50 BHT) beizuwohnen.

---

i *Affen als Erntehelfer*

Bei der Kokosnußernte, die über lange Zeit hinweg für den Lebenserwerb der Insulaner entscheidend war (erst ab 1983 brachte der Tourismus ein höheres Einkommen auf Ko Samui), haben sich die Bauern der Provinz Surat Thani etwas einfallen lassen. Für

die gefährliche und mühselige Kletterei auf die hohen Palmbäume dressierten sie Affen, und zwar die lokale, rotbraune Makakenart mit kurzem Schwanz.

Von diesen Tieren werden die männlichen Exemplare in jungen Jahren gefangen und dann in einer etwa 3 Monate dauernden 'Schule' auf ihre Aufgabe vorbereitet. Ein solches Trainingslager gibt es z.B. in der Nähe von Surat Thani. Die geschickten Tiere, die in freier Wildbahn vorwiegend auf dem Dschungelboden leben, aber auch schwimmen und sogar tauchen können, lernen schnell. Nach Beendigung ihrer Ausbildung können sie in Windeseile die hohen Palmen hinaufklettern und dort mit ihren Füßen die reifen Früchte so

Erntehelfer am Boden

lange drehen, bis diese zu Boden fallen. Die Spitzenkönner schaffen einen Durchschnitt von bis zu 700 Kokosnüssen pro Tag! Mehrfach kann man auf der Insel die angeketteten Tiere beobachten, die zwar den Menschen helfen, auf Streichelversuche o.ä. jedoch sehr aggressiv reagieren.

An der Nordküste erreicht man nach 11 km bei dem Fischerdorf **Ban Maenam** anschließend den ersten wirklich schönen Sandstrand.

● **Menam-Beach**

Unterkunft
● *"Seafan Beach Resort"******, Menam Beach, Tel.: 421-350; gemütliche Anlage im Thai-Stil mit 35 Bungalows à 58 qm, Restaurant, Pool, großes Sportangebot, Tauchbasis, direkt am Sandstrand zwischen Palmen gelegen.
● *"Santiburi Dusit Resort"******, 12/12 Moo 1 Tambon Menam; exklusivstes Resort von Ko Samui, 80 luxuriöse Villen in einer Wasser-, Palmen- und Strandlandschaft, 2 Restaurants, großer Pool, reiches Sportangebot.

Die leicht geschwungene Bucht ist etwa 1 km von der Ringstraße entfernt und hat einen 4 km langen Sandstrand. Außer den beiden Luxushotels gibt es hier gut zwei Dutzend Bungalowanlagen. In Ban Menam findet man einige Geschäfte und einen hübschen Markt.

Östlich schließt sich hinter einer vorspringenden Landzunge der Strand von **Bophut** an.

● **Bophut Beach**

Unterkunft
"Hotel Smile House"****, neue Mittelklasse-Anlage am Bophut Beach, Swimmingpool, Terrasse mit Meeresblick, alle Zimmer mit AC. Weitere Unterkünfte der gehobenen Kategorie sind die Hotel- und Bungalowanlagen (von West nach Ost) *"Sandy"*, *"World"*, *"Euphoria"* und *"Samui Palm Beach"*.

Der Bophut Beach ist etwa 3 km lang und erstreckt sich beiderseits des Dörfchens **Ban Bophut**, in dem man Geschäfte und das *Oasis*-Restaurant findet. Von hier aus gibt es eine tägliche Bootsverbindung zur Nachbarinsel Ko Phangan.

Während die Ringstraße von Bophut durchs Inselinnere nach Chaweng weitergeht, führt die Straße 4171, an der 1991 noch kräftig gebaut wurde, ganz um die nordöstliche Halbinsel herum. Dabei erreicht man zunächst den gut 1 km langen **Big Buddha Beach** mit einigen Bungalowanlagen. Seinen Namen hat er von der Kolossalstatue, die weithin zu sehen ist.

Big Buddha

● **Big Buddha**

Über einen kurzen Damm gelangt man auf das Inselchen *Fan*, wo ein großer Parkplatz und mehrere Souvenirstände der 'kulturellen Hauptattraktion' der Insel Rechnung tragen. Dabei ist der im Freien sitzende Buddha und der angeschlossene

Tempel weder besonders alt (1975) noch kunsthistorisch wertvoll – er hat einfach nur keine Konkurrenz. Der Besuch lohnt sich immerhin, auch wegen der schönen Aussicht. Die Figur schaut von einer Terrasse hinab, zu der eine Nagatreppe mit 52 Stufen führt. An ihrer Basis entdeckt man stehende Buddhastatuen, deren grelle Bemalung jeweils einen Wochentag symbolisiert.

Nur wenige Kilometer südlich befindet sich das kleine Gebäude des **Flughafens,** dessen schöne, offene Architektur und der umgebende Palmengarten bei Neuankömmlingen für eine angenehme Überraschung sorgen.

Ko Samui Airport

● **Choengmon-Beach**

Unterkunft

● *"Imperial Tongsai Bay Hotel"******, Tongsai Beach, Tel.: 421-462; architektonisch anspruchsvolles De-Luxe-Haus der *"Imperial"*-Kette mit 56 Bungalows am Hang und 24 Zimmern im dreistöckigen Hotelgebäude, phantastischer Blick auf die Bucht und den Privatstrand, riesiger Pool, 2 Restaurants, reiches Sportangebot (z.T. kostenlos), luxuriöse Atmosphäre.

● *"Boat House Samui"******, Choeng Mon Beach, Tel.: 421-460-61; 1991 eröffnetes Haus der *"Imperial"*-Kette, mitten in einem Kokospalmenhain und direkt am Strand gelegen, 183 komfortable Zimmer in dreistöckigen Häusern, 34 Suiten in "Bootshäusern" (umgebaute Reisbarken aus der Ayutthaya-Zeit), großer Pool, Restaurant, Sportangebote.

Im nordöstlichen Zipfel der Halbinsel, vom 'Big Buddha' auf einer schlechten Straße zu erreichen, liegen die Buchten von **Tongsai** und **Choengmon,** denen einige Korallenbänke und Inselchen vorgelagert sind. Ihre weißen Sandstrände, von Kokospalmen und Kasuarinen umsäumt, sorgten dafür, daß auch hier Unterkünfte entstanden, wobei neben den genannten Luxushotels auch mehrere Bungalowanlagen zu finden sind.

● **Chaweng Beach**

Über die Bucht von **Yai Noi** kommt man zum weitgeschwungenen, 6 km langen Chaweng Beach, der das größte touristische Zentrum der Insel darstellt. Auf der schmalen Straße, die später durch den Ort **Chaweng** und wieder auf die Ringstraße führt, passiert man (von Norden nach Süden) folgende Strandabschnitte:

- **Chaweng Yai:**
Der Strand ist flach und breit und auch im Winter relativ sicher. Bei Ebbe kann man zum Eiland Ko Matlang hinüberwaten.

Unterkunft
Neben einigen Billigunterkünften findet man gutes Quartier in *"Coral Bay*, *"Villa Flora"*, *"Samui Cabana"* und *"Samui Country"*. Besonders empfehlenswert sind:
● *"Palm Reef Hotel"******, 14/3 Moo 2, Tel.: 281-000; 1991 eröffnetes luxuriöses Haus der *"Siam Lodge"*-Kette, am Nordende von Chaweng gelegen, hübsche Architektur mit zweistöckigen Villen und Haupthaus, 104 Zimmer, 2 Pools und Restaurants, Tennis, Squash, alle Annehmlichkeiten.
● *"Chaweng Blue Lagoon"******, 99 Moo 2, Tel.: 421-401; in ruhiger Lage direkt am Sandstrand, Villen im Thai-Stil, 61 Zimmer mit allen Annehmlichkeiten, gutes Seafood-Restaurant, Tennisplatz, Swimmingpool, Wassersportzentrum.

- **Chaweng Zentrum:**
An diesem 3 km langen Abschnitt gibt es zwischen Kokospalmen sowohl Luxushotels als auch billige Bungalow-Unterkünfte. In der Ortschaft findet man Video-Bars, Diskotheken, Seafood-Restaurants und Gaststätten mit italienischer, deutscher oder amerikanischer Küche.

Unterkunft
Jeweils gut und komfortabel übernachtet man in *"Malibu"*, *"Chaba Resort"*, *"Princess Village"*, *"Pansea"*, *"Chaweng Resort"*, *"Chaweng Cove"* und *"White House"*. Besonders empfehlenswert sind:
● *"Chaweng Guest House"***, 49 Moo 3, Tel.: 421-375; schöne Anlage mit 34 Bungalows direkt am Strand, wahlweise mit Ventilator oder AC, Restaurant, freundliches Personal.
● *"Chaweng Regent"* *****, 155/4 Chaweng, Tel.: 286-910; 1991 eröffnetes First-Class-Hotel direkt am Strand und inmitten einer tropischen Grünanlage, 105 großzügige Zimmer und Suiten, 2 Restaurants, Minikino mit englischsprachigen Filmen, 2 Pools, Korallenriff zum Schnorcheln vis-à-vis.

Chaweng Beach

● *"Chaweng Beachcomber"******, 3/1 Moo 2, Tel.: 421-388; 60 Zimmer im dreistöckigen Hauptgebäude und Villen im Thai-Stil, Restaurant, Swimmingpool, Wassersportzentrum.

- Chaweng Noi:

Vom zentralen Chaweng-Strand durch ein kleines Felsenkap getrennt, ist man in Chaweng Noi abseits vom Trubel, aber noch in erreichbarer Nähe zu den Unterhaltungsmöglichkeiten des Dorfes.

Unterkunft

Zwischen einfachen Bungalows gibt es eine ganze Reihe von Unterkünften der gehobenen Kategorie, z.B. das *"Tropicana"*. Besonders schön sind:

● *"New Star Bungalows"***-****, Chaweng Noi, Tel.: 421-407; gemütliche Anlage mit 48 Bungalows, direkt am Strand gelegen, Restaurant, unterschiedliche Zimmer mit Ventilator oder AC.

● *"Imperial Samui Hotel"******, Chaweng Noi, Tel.: 421-390; Luxushotel mit 160 Zimmern, alle mit Balkon oder Terrasse, Vorreiter in Sachen naturintegrierter Bauweise, einzigartiger Pool am Strand, 2 Restaurants, Sportangebote, ruhige, gepflegte Atmosphäre, Autoverleih, Transferbus zu den anderen Hotels der *"Imperial"*-Kette.

● *"The Victorian"*****, Chaweng Noi, Tel.: 286-943; schönes Mittelklasse-Hotel direkt am Strand, geräumige Zimmer, Swimmingpool auf hochgelegener Sonnenterrasse, Restaurant.

Am Pool des 'Imperial Samui'

Die Ringstraße in Richtung Süden führt nun wieder in einiger Entfernung am Meer vorbei, zu dem sich die Buchten **Coral Cove** und **Thon Ta Kian** öffnen.

Schöne Aussicht

Von der Paßhöhe (*View Point*) hat man einen schönen Blick auf das Grün des Dschungels und das Blau der See.

Unterkunft

"*Samui Yacht Club*"****; kleine Anlage mit 40 Bungalows in gepflegter Atmosphäre, Restaurant, Swimmingpool, in einem Palmenhain direkt am Sandstrand gelegen.

Südwestlich davon zieht sich die weit geschwungene Bucht des Lamai Beach etwa 5 km hin. An ihr hat sich das zweite große Touristenzentrum der Insel etabliert.

● **Lamai Beach**

Unterkunft

Am Lamai Beach findet man mehrere Dutzend Bungalowanlagen, viele davon recht einfach und billig. Zur gehobenen Kategorie zählen beispielsweise "*Aloha*" und "*Casanova Bungalow*". Sehr schön sind auch:

● "*The Pavillon Resort*"****, 124/24 Lamai Beach, Tel.: 421-420; gemütliche Anlage von Rundbungalows mit 35 Zimmern, AC, Swimmingpool, Restaurant, direkt am Strand, von Palmen umgeben.

● "*Samui Laguna Resort*"***, Lamai Beach Rd., Tel.: 272-222; Bungalowanlage direkt am Sandstrand und an einer Lagune gelegen, AC-Zimmer.

Lamai Beach

Genau wie der Chaweng Beach kann auch der Strand von Lamai in einen nördlichen, mittleren und südlichen Abschnitt unterteilt werden, wobei sich im Zentrum die 'Action' in mehreren Bars, Video-Restaurants und Diskotheken abspielt. Lamai Beach ist bei den jüngeren Touristen besonders beliebt.

Zum Süden hin wird er von merkwürdigen Felsformationen begrenzt, dem sog. 'Wonderful Rock'.

● **Wonderful Rock**

Von der Hauptstraße geht eine kleine Stichstraße, an vielen Imbißständen und Andenkenläden vorbei, bis zu der Klippe. Ihre größte Attraktion sind ein Monolith und eine Felsspalte, die ziemlich deutlich an menschliche Geschlechtsteile erinnern und *Hin Yai* (= Großmutter-Stein) und *Hin Ta* (= Großvater-Stein) genannt werden.

Bei der Weiterfahrt geht in der Ortschaft **Hua Thanon** die Straße 4169 durchs Landesinnere, am Na Muang-Wasserfall vorbei, auf die Hauptstadt Nathon zu. Wer in Meeresnähe bleiben möchte, nimmt die Straße 4170, die zunächst parallel zur Südküste, dann in einiger Entfernung an der

Westküste entlangführt. Auch hier gibt es noch schöne sandige Abschnitte, die auf Stichstraßen zu erreichen sind. An die Qualität der bisher genannten Strände reichen sie jedoch nicht heran.

Das Inselinnere

An kulturellen Sehenswürdigkeiten hat die Insel nichts Außergewöhnliches zu bieten. Außer dem schon genannten 'Big Buddha' lohnt ein älteres Buddha-Bild an der Straße 4173 (zwischen Ban Thurian und der Küste) einen Abstecher. Ein **Fußabdruck Buddhas** ist im Süden von der

Straße 4170 aus erreichbar: über 152 Stufen steigt man zu einem schmucklosen Tempel hinauf, der nicht nur *Buddha's Footprint* birgt, sondern auch eine sehr schöne Aussicht auf Wasserreservoir, Reisfelder und bewaldete Höhen ermöglicht. Nicht weit entfernt wartet der Tempel **Wat Sumret** mit einer Halle mit Dutzenden von Buddhastatuen auf Besucher.

An natürlichen Sehenswürdigkeiten werden Ausflüglern die Wasserfälle der Insel angepriesen. Der schönste von ihnen, von der Ringstraße ab Ban Thurian auf einer 1 km langen Stichstraße zu erreichen, ist der **Na Muang-Wasserfall**. Am kleinen Parkplatz mit Imbißständen geht man an

Na Muang-Wasserfall

allen Baumarten, die auf Ko Samui heimisch sind (botanische Schildchen), vorbei und steigt dann zum Pool hinab. Auf dem unteren Weg kann man die Stelle sehen, an der König Rama V. seine Initialen in den Fels meißeln ließ.

6.5.9 WEITERE INSELN IM GOLF VON THAILAND

Im Gegensatz zur Küste der Andamanensee, die mit Buchten und Inselgruppen reich gegliedert ist, besitzt der Südosten zum Golf hin über weite Strecken nur einen langgezogenen, geraden Küstenverlauf. Eine Ausnahme bildet hier die Provinz Surat Thani, der neben Ko Samui noch weitere, z.T. recht große Inseln vorgelagert sind. Sie alle spielen eine zunehmend größere Rolle für den Tourismus.

Der Ang Thong-Nationalpark

Dieser Meeres-Nationalpark (vgl. Kapitel 3.2.4) besteht aus etwa 50 Inseln, rund 40 km östlich von Ko Samui gelegen. Vom Festland (Ban Don, Don Sak) und von Ko Samui starten regelmäßig Personenfähren oder

Ausflugsboote zu dem Archipel, der sich mit seinen herrlichen Sandstränden, bewaldeten Hügeln, Binnenseen und bunten Korallenriffen zum Schwimmen, Wandern, Tauchen und Schnorcheln bestens eignet.

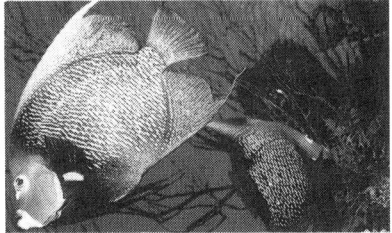

Unterwasserbegegnung im Ang Thong-NP

Ko Phangan

Früher hieß es, daß alle, denen Ko Samui zu touristisch ist, auf Ko Phangan ihr einsames Refugium fänden – fernab von der Zivilisation. Wie immer bei solchen 'Geheimtips', war das Resultat, daß sich nun schon eine ganz ansehnliche Ferienindustrie aufgebaut hat, die sich bislang jedoch noch mit einfachen Hütten und Bungalows begnügt. Mit etwa zwei Drittel der Fläche Ko Samuis ist Ko Phangan immer noch eine der größten Inseln des Königreichs, deren Natur von hohen Dschungelbergen, schönen Wasserfällen und kleinen Sandbuchten bestimmt wird. Die meisten der knapp 8.000 Einwohner wohnen in der Hauptstadt **Thong Sala**, die mit Expreßbooten von *Nathon* (Ko Samui) und vom Festland aus angelaufen wird. Bis zur Fertigstellung der geplanten Ringstraße sind auf der Insel Motorradtaxen und Boote die normalen Transportmittel – wenn man nicht wandern möchte. Der am meisten 'erschlossene' Strand ist der **Had Rin Beach** im Südosten, der eigentlich aus zwei Stränden besteht, die sich Rücken an Rücken gegenüberliegen. Zu diesem Strand kommt man mit dem Boot von *Thong Sala* aus oder ab Ko Samui auf einer knapp einstündigen Fahrt vom *Bophut* und *Big Buddha Beach*. Weitere schöne Strände sind **Thong Ta Pan** im Nordosten der Insel und **Nai Wok**, etwas nördlich von Thong Sala. Im Landesinneren hat man vom *Mountain View Point* einen prächtigen Blick, während an der Ostseite **Tha Sadet**, eine Serie von Wasserfällen, ein beliebtes Ziel für Dschungelwanderer darstellt.

Ko Tao

Ziemlich weit außerhalb liegt dieses 7 km lange und 3 km breite Eiland im blauen Wasser des Golfs. Trotz der Entfernungen zu den nächsten Anlaufhäfen (110 km bis *Surat Thani*, 80 km bis *Chumphon* und 40 km bis *Ko Phangan*), hat der Tourismus aber auch hierhin erste zaghafte Fühler ausgestreckt und ca. 20 einfache Bungalowanlagen entstehen lassen. Reisende ohne Komfortansprüche finden auf Ko Tao zwei lange, menschenleere Sandstrände an der Westküste, einige verschwiegene Badebuchten im Osten und ringsum phantastische Tauchgründe. Wer es noch einsamer möchte, setzt zu einer der drei vorgelagerten Inselchen (*Ko Nang Yuan*, 1 km entfernt) über, wo man sich noch ganz wie Robinson fühlen kann.

6.5.10 WEITERE SEHENSWÜRDIGKEITEN IM SÜDEN

Außerhalb der bisher geschilderten Route liegt ein recht großes Gebiet vor der malaiischen Grenze, das die Provinzen Yala, Narathiwat, Pattani und Satun umfaßt. Hier leben drei Viertel der etwa 2 Millionen Moslems, die kulturell und sprachlich dem Nachbarland Malaysia nahestehen und vor noch nicht allzu langer Zeit für die Loslösung von Thailand kämpften.

Ob diese Region für den *farang* lohnend ist, hängt davon ab, ob er sich in einer vom (westlichen) Tourismus kaum erreichten Umgebung zurechtfinden und seine Wünsche auch gegenüber Landeskindern ohne Englischkenntnisse artikulieren kann.

Wer über Improvisationstalent verfügt und keine allzu hohen Komfortansprüche hat, kann besonders an der Ostküste schöne **Strände** genießen, einige sehr sehenswerte **Tempel** besuchen und viel an interessantem **Lokalkolorit** erleben. Als Transportmittel bietet sich die Bahn an, die von *Hat Yai* über *Yala* bis zur Grenzstadt *Sungai Kolok* führt. Ab Yala gibt es auch eine Busverbindung auf dem landschaftlich reizvollen Hwy 410 bis zur Grenzstadt *Betong*.

Die wichtigsten Städte, alle mit öffentlichen Verkehrsmitteln leicht zu erreichen und Hotels unterschiedlicher Kategorien bietend, sind:

Yala

Die Provinzhauptstadt, größter Ort südlich von Hat Yai, ist weitläufig angelegt und wird von einer mächtigen, modernen **Moschee** überragt. Außerhalb des geschäftigen Zentrums um den **Markt** und dem 3 km entfernten **Stadtpark** befindet sich ihre größte Sehenswürdigkeit: **Wat Kuhapimook**, in 6 km Entfernung am Hwy 409 gelegen. Der berühmte und 1.200 Jahre alte Höhlentempel liegt in einer wunderschönen Umgebung mit Kalksteinfelsen, einem See und mehreren Tropfsteinhöhlen. Die größte Grotte beherbergt die hochverehrte, knapp 25 m lange Figur eines ruhenden Buddha aus der Srivijaya-Epoche (8. Jahrhundert). In weiteren Höhlen sieht man unzählige Buddhastatuen und mittelalterliche Felsmalereien.

Pattani

Die Provinzhauptstadt liegt verkehrsgünstig (Hwys 42 und 410) vor einer großen Lagune an der Flußmündung des *Pattani River* und ist deutlich von der malaiisch-moslemischen Bevölkerung geprägt, die seit der Zeit des Sultanats Pattani (13. Jahrhundert) die absolute Majorität stellt (heute 78%). So ist auch ihre **Hauptmoschee**, *Masjid Klang*, eine der wichtigsten des Landes. Darüber hinaus gibt es in Pattani kaum touristische Sehenswürdigkeiten, dafür aber jede Menge interessanter Einblicke in das

Alltagsleben der Fischer, deren zahlreiche bemalte Boote im *Pattani River* ein buntes Bild abgeben. Weiter östlich findet man endlose Strände, an denen westliche Bademode noch als Sensation gilt...

Narathiwat

Die Provinzhauptstadt ist der letzte größere Ort an der Küste vor der malaiischen Grenze. Westliche Touristen sieht man hier so gut wie nie, während die königliche Familie alljährlich im August/September einen Teil ihres Urlaubs im nahegelegenen **Taksin Ratchanivi-Palast** verbringt. Wer schöne Strände sucht, wird sowohl südlich als auch nördlich (**Narasana Beach**) der Stadt fündig. Unbedingt sehenswert ist der sitzende Buddha (*Phra Buddha Ming Mongkol*), mit 25 m Höhe der größte des Landes, der 6 km südwestlich von Narathiwat auf dem Hügel **Khao Kong** thront.

Betong

Die 40.000-Einwohner-Stadt mit dem wenig anziehenden Namen markiert den südlichsten Punkt des Königreichs. Außer dem Markt und der nahen Grenze hat das 550 m hoch gelegene Betong jedoch keine Sehenswürdigkeiten zu bieten. Allein die Fahrt hierhin ist wegen der gebirgigen Landschaft, der **Than To-Wasserfälle** und des **Bang Lang-Stausees** den Abstecher wert.

Der Süden – Sonne, Strand und Meer

7 DIE NACHBARSTAATEN

Bis zu Anfang der 1990er Jahre waren die Möglichkeiten, von Thailand aus in die Nachbarstaaten zu reisen, aufgrund der politischen Verhältnisse stark eingegrenzt. Allein der Ausflug nach Malaysia (und der Transit durch Malaysia nach Singapore) war auch für den Individualtouristen völlig ohne Schwierigkeiten zu bewerkstelligen. In letzter Zeit hat sich jedoch die politische Großwetterlage auch in Südostasien dramatisch verändert, ablesbar u.a. am Friedensvertrag über Kambodscha (Oktober 1991). Vielleicht wird man also in Zukunft auch durch Myanmar, Kambodscha und Laos so reisen können, wie heute schon durch Malaysia und Thailand. Mit Ausnahme von Malaysia braucht man für die genannten Länder ein Visum, für das Einzelreisende bei den Botschaften in Bangkok häufig allerdings vergeblich anstehen. Vorläufig ist es also am besten, sich einer englisch- oder deutschsprachigen Pauschalreise anzuschließen, wie sie in Thailand zuhauf angeboten wird, oder aber von vornherein eine kombinierte Studienreise zu buchen.

● **Malaysia**

Die touristische Infrastruktur des südlichen Nachbarstaates ist voll entwickelt, und zu den beliebtesten Reisezielen (**Kuala Lumpur, Borneo und die Ostküste** oder **Penang**) kommt man als Individual- oder Gruppenreisender - sei es mit dem Mietwagen, dem Wohnmobil, dem Zug, dem Flugzeug oder auf einer Busrundreise. Von Thailand aus gibt es mehrere Grenzübergänge für Autofahrer, demnächst eine Fähre zwischen dem Tarutao-NP und dem Zollfrei-Inselparadies **Langkawi** und zwei Eisenbahnlinien. Für die Einreise ist nur ein gültiger Reisepaß erforderlich. Für Kurzausflüge sind die Zugverbindungen sicher die einfachste Möglichkeit, dem islamischen Nachbarn einen Besuch abzustatten. Außer dem neu eingerichteten, luxuriösen Nostalgie-Zug "*Eastern & Oriental Express*" (Bangkok-Singapore) fährt z.Zt. der **Expreßzug** 11 von **Bangkok** (ab 15.15 Uhr) über **Hat Yai** (an am nächsten Tag 07.04, ab 07.19 Uhr) zur malaiischen Grenze und weiter nach **Butterworth** (an 12.25 Uhr/malaiische Zeit).

Von Butterworth nach Kuala Lumpur:

Butterworth	07.45	08.30	14.15	20.30	22.00
Mertajam	07.59	08.47	14.29	20.48	22.17
Ipoh	10.36	12.35	17.09	00.30	01.56
Tapah Road	11.29	13.52	17.52	02.09	03.24
Kuala Lumpur	13.45	17.50	20.15	05.30	06.45

Von Kuala Lumpur nach Butterworth:

Kuala Lumpur	07.30	08.15	15.00	20.30	22.00
Tapah Road	09.40	11.09	17.10	23.36	01.00
Ipoh	10.29	12.40	18.07	00.55	02.15
Mertajam	13.16	16.41	20.53	05.02	06.04
Butterworth	13.35	17.50	21.10	05.30	06.40

Von Kuala Lumpur nach Singapore:

Kuala Lumpur	07.30	08.30	14.00	20.30	22.00
Seremban	08.41	09.57	15.13	22.09	23.25
Segamat	10.39	13.30	17.10	01.16	02.20
Johore Bharu	13.23	17.05	19.49	04.57	06.00
Singapore	14.20	18.00	21.20	06.15	06.55

Von Singapore nach Kuala Lumpur:

Singapore	07.45	08.30	14.45	20.15	22.00
Johore Bharu	08.13	09.03	15.13	21.47	22.33
Segamat	10.56	12.48	18.05	00.54	02.13
Seremban	12.59	16.01	20.05	04.24	05.26
Kuala Lumpur	14.30	17.50	21.25	06.15	07.00

Adresse der **malaiischen Botschaft** in Bangkok: 35 South Sathorn Rd., Tel.: 286-1390-2

Sympathische Hauptstadt: Kuala Lumpur

• Myanmar

20 Jahre selbstgewählter Isolation, der politische Umsturz von 1988 und das brutale Massaker an der Demokratiebewegung haben dazu geführt, daß die Zahl der Einzelreisenden von ca. 120.000 im Jahr 1987 auf nur noch 32.000 im Jahr 1989 zurückging. Dabei hat das Heimatland von *Aung San Suu Kyi*, der unter Hausarrest stehenden Friedensnobelpreisträgerin von 1991, so viele Schätze anzubieten: faszinierende landschaftliche Schönheiten, ethnische Vielfalt und eine vielseitige Kultur mit phantastischer Sakralarchitektur (**Pagan**, **Mandalay**, **Rangoon**). Aus Devisenmangel öffnet sich z.Zt. das Land wieder westlichen Besuchern, die man aber am liebsten in einer Gruppe sieht. Auch in Zukunft will man in Myanmar allenfalls Kultur-Touristen akzeptieren; Rucksackreisende sind dabei unerwünscht! Über Reiseagenturen, die auch das Visum beschaffen, kann man z.B. in Bangkok mehrtägige Ausflüge buchen.

Adresse der **burmesischen Botschaft** in Bangkok: 132 North Sathorn Rd., Tel.: 234-4698

• Laos

Mit der Führung des kommunistischen Nachbarlandes gibt es z.Zt. schon weitreichende Abkommen, den *Mekong* nicht mehr als trennenden Grenzfluß zu betrachten, sondern als touristisch nutzbare 'Schiene' zu erschließen. Mit australischem Geld wird derzeit eine Brücke gebaut. Im Grenzort **Bokaew** organisiert man ein- und mehrtägige Touren zu laotischen Dörfern, Saphirminen und der Königs- und Tempelstadt **Luang Prabang**. Die Hauptstadt **Vientiane** wird von Bangkok aus fest angeflogen. Und nach Fertigstellung einer 37 km langen Verbindungsstraße sollen später sogar Ausflüge nach **China** möglich sein. Trotz dieser 'offenen Grenze' haben es Einzelreisende (nur rund 3.000 im Jahr 1991) jedoch schwer, an der Botschaft in Bangkok ein Visum zu ergattern. Und an devisenschwachen Rucksack-Reisenden ist Laos ganz und gar nicht interessiert.

Adresse der **laotischen Botschaft** in Bangkok: 193 South Sathorn Rd., Tel.: 213-1203; 254-6963; 254-6966

● Kambodscha

Auch die Verhältnisse in Kambodscha haben sich mit der Rückkehr Prinz Sihanouks aus seinem chinesischen Exil (14.11.1991) und den Verhandlungen mit den Roten Khmer gewandelt. Welche Auswirkungen das für den Tourismus haben wird, ist noch nicht abzusehen. Bislang können westliche Touristen von Thailand aus nur mit Reisegruppen ins Land reisen. Bevorzugtes Ziel ist in erster Linie natürlich die großartige Tempelanlage **Angkor Wat**, aber auch für Touren nach **Phnom Penh** gibt es inzwischen Angebote.

● Vietnam

Die viele Jahre andauernde erbitterte Feindschaft zwischen Thailand und Vietnam wich einer politischen und wirtschaftlichen Annäherung. Als Folge wollen die TAT und die VN (*Vietnam Tourism*) in Zukunft zusammenarbeiten und mit Hilfe thailändischen Know-Hows Vietnam als touristische Destination ausbauen. Bereits jetzt werden "*package tours*" u.a. nach Ho Chi Minh-Stadt angeboten.

 Adresse der **vietnamesischen Botschaft** in Bangkok: 83/1 Wireless Rd., Tel.: 251-7201; 251-5835-8; 243-3753

Weltwunder Angkor Wat

LITERATURVERZEICHNIS

Apa Guide, Thailand, Nelles Verlag, 6. Auflage 1988. Reich illustriertes Buch (341 Seiten) mit kulturhistorischen und landeskundlichen Essays sowie Ortsbeschreibungen, Karten, Plänen und praktischen Hinweisen.

Boisselier, Jean/**Beurdeley**, Jean-Michel, Kunst in Thailand, Stuttgart 1974. Großformatiger und schwerer Bild- und Textband aus dem Kohlhammer-Verlag (272 Seiten), geeignet zur intensiven Vor- oder Nachbereitung eines kunst-orientierten Thailandbesuches.

Buschmann, Karl Heinz, Thailand. Marco Polo-Reiseführer, Ostfildern 1991. Knappes Büchlein von 96 Seiten mit vielen Farbabbildungen, Tips, Ortsbeschreibungen und Hintergrundberichten. Geeignet zur ersten Orientierung.

Conze, E., Der Buddhismus – Wesen und Entwicklung, 6. Auflage Stuttgart/Berlin/Köln/Mainz 1977. Urban-Taschenbuch (Bd. 5) mit einer knappen, allgemeinverständlichen Darstellung der buddhistischen Religion, ihrem Stifter, ihrer verschiedenen Schulen und ihrer Ideen.

Cooper, Robert und Nanthapa, Kultur-Knigge Thailand, 2. Auflage München 1988. 182 Seiten mit interessanten Aufsätzen zu Benimm-Regeln und Tabus, die Lebensphilosophie der Thais oder Überwindung des Kulturschocks.

Dittmar, Johanna, Thailand und Burma. Tempelanlagen und Königsstädte zwischen Mekong und Indischem Ozean, 6. Auflage Köln 1989. Ein Kunst-Reiseführer aus dem DuMont-Verlag, der sich vor allem für die Formen thailändischer Kunst und ihre einzelnen Stilepochen interessiert (405 Seiten).

Donner, Wolf, Thailand ohne Tempel. Lebensfragen eines Tropenlandes, Frankfurt 1984. Ein inzwischen älteres, aber trotzdem noch aktuelles Buch (202 Seiten) über ökologische, soziale und politische Problembereiche wie Bevölkerungsexplosion, Mohnanbau, Umweltverschmutzung, Prostitution, Lohnniveau etc.

Doring, Richard/**Loose**, Stefan/**Ramb**, Renate/**Spraul-Doring**, Ursula, Thailand Traveller Handbuch, 3. Auflage Berlin 1990. Detailliertes Reisehandbuch mit vielen Karten und Abbildungen, Tips zu billigen Unterkünften und Verkehrsverbindungen. 635 Seiten, einschl. eines Kurzreiseführers für Laos.

Eulenburg, Graf Fritz zu, Ost-Asien 1860 bis 1862 in Briefen, Berlin 1900 (Reprint Bangkok 1977). Historischer Reisebericht mit vielen interessanten Einzelheiten aus dem Thailand der Zeit König Mongkut (Rama IV.).

GEO-special "Thailand", Hamburg 1990. Informatives und vorzüglich illustriertes Heft (160 Seiten) mit Artikeln über verschiedene kulturhistorische oder politische Themen, ausführlicher Info-Teil.

Gray, Denis/**Piprell**, Collin/**Graham**, Mark, National Parks of Thailand, Bangkok 1991. Reich illustriertes und mit Skizzen, Detailkarten etc. versehenes Buch (238 Seiten) über Lage, Beschaffenheit, ökologische Situation und Sehenswürdigkeiten der 30 wichtigsten Nationalparks sowie Kurzbeschreibungen der 33 kleineren Parks, praktischem Teil und kleinem Sprachführer.

Hein, Bianca (Hrsg.), Reiseziel Thailand, 2. Auflage Bangkok 1991. Handlicher und gut illustrierter Thailand-Reiseführer, der auf 220 Seiten Grundinformationen zu Land und Leuten sowie den wichtigsten Touristenorten bietet; außerdem viele Unterkunftsnachweise und viel Reklame.

Krack, Rainer, Bangkok und Südthailand, DuMont Reise-Taschenbuch, Köln 1990. Gut aufgemachter Reiseführer (240 Seiten) mit Artikeln zur thailändischen Gesellschaft und Kultur sowie praktischen Hinweisen zu Orten und Routen in Südthailand.

Krack, Rainer, Phuket und Umgebung, Reise Know-How, Bielefeld 1990. Informatives und großzügig bebildertes Buch, das auf 261 Seiten nicht nur die Urlaubsinsel und ihre Umgebung vorstellt, sondern auch Hintergrundberichte zur thailändischen Kultur liefert.

Leinen, Wolfram/**Peters**, Jens, Thailand Reise-Handbuch, Berlin 1991. Über 500 informative Seiten zu Land & Leuten sowie einzelnen Reisezielen, viele Karten und Stadtpläne, präzise Preisangaben, ausführliches Unterkunftsverzeichnis, sparsam bebildert.

Loose, Stefan/**Ramb**, Renate, Südostasien Handbuch, 7. Auflage Berlin 1990. Auf über 600 Seiten Informationen zu Brunei, Burma, Indonesien, Malaysia, Singapore und Thailand, gerichtet hauptsächlich an den Weltenbummler mit schmalerem Geldbeutel. Der Thailand-Teil umfaßt gut 100 Seiten.

Loose, Stefan/**Ramb**, Renate, Richtig Reisen Thailand, 7. Auflage Köln 1991. Interessanter, reich bebilderter und aktueller Reiseführer aus dem DuMont-Verlag (362 Seiten).

Lutterjohann, Martin, Thai für Globetrotter, 5. Auflage Bielefeld 1990. Kleiner "Kauderwelsch-Band" von 144 Seiten mit grammatischen Grundbegriffen und Redewendungen bzw. Wörtern aus den wichtigsten touristischen Erfahrungsbereichen. Zu dem Buch ist auch eine Tonbandcassette zu bekommen.

Merian-Heft Thailand, Hamburg 1977. Gut geschriebene Essays zu kulturgeschichtlichen und aktuellen Themen, sehr gut bebildert.

Michael-Rushmere, Jane, Die originale Thailändische Küche. Exotische Köstlichkeiten zum Nachkochen, München 1987. Taschenbuch aus dem Heyne-Verlag, gut geeignet zur kulinarischen Nachbereitung eines Thailand-Urlaubs.

Möller, Gerd und Elfriede, Goldstadt-Reiseführer Thailand, 6. Auflage Pforzheim 1990. Brauchbarer Band (373 Seiten) mit einem Abriß der Kunst- und Kulturgeschichte, Karten, Skizzen, Orts- und Streckenbeschreibungen und vielen Illustrationen.

Polyglott-Reiseführer Thailand, München. Knappe, aber präzise Einführung in die wichtigsten Sehenswürdigkeiten und Orte des Landes, gut für eine erste Orientierung.

Schumann, Hans Wolfgang, Buddhismus. Stifter, Schulen und Systeme, Olten 1976. Religionsgeschichtliches Buch (238 Seiten) über die historische Person des Buddha und seine Philosophie.

Seckel, Dietrich, Kunst des Buddhismus. Werden, Wanderung und Wandlung, Baden-Baden 1982. Fundierte kunsthistorische Einführung (332 Seiten) zum Weg der buddhistischen Kunst durch Asien und zum Wandel der Typen und Formen.

Studienkreis für Tourismus e.V. (Hrsg.), Thailand verstehen, Starnberg 1987. Kleines Heft (47 Seiten) aus der Reihe der kritischen 'Sympathie Magazine' mit wirtschaftlichen und kulturhistorischen Hintergrundartikeln.

Velder, Christian (Hrsg.), Märchen aus Thailand, Düsseldorf 1968. Eine schöne Urlaubslektüre, die typische Beispiele aus dem vielfältigen Märchen- und Sagenschatz des Landes enthält.

Warren, William, Jim Thompson – The legendary American of Thailand, 6. Auflage Bangkok 1990. Ein streckenweise spannend zu lesendes Buch, das auf 261 Seiten nicht nur die Lebensgeschichte des berühmten Jim Thompson ausbreitet, sondern auch auf die politische Situation Thailands während und nach dem Zweiten Weltkrieg eingeht.

STICHWORTVERZEICHNIS

Als Verfasser dieses Reise-Handbuches hoffe ich, daß es Ihnen bei der Reiseplanung und -durchführung nützliche Dienste leistet.

Auf meinen Reisen durch den südostasiatischen Raum konnte ich ständig Neues entdecken und Veränderungen erfahren. Dies trifft besonders auf Thailand zu, dessen rasante Entwicklung gerade auf dem touristischen Sektor quasi über Nacht neue Hotels und Restaurants, neue Reiseziele und Attraktionen, neue Straßen und andere Verkehrsverbindungen entstehen ließ. Schnelle Veränderungen gab es manchmal aber auch im negativen Sinn: die Qualität mancher Unterkünfte und Eßlokale ließ erheblich nach, in ehemals sicheren Regionen stieg die Kriminalität und ruhige Strandabschnitte wurden zu lauten Baustellen. Deshalb weiß ich: kein Reiseführer kann fehlerfrei sein. Und oft ist das, was gestern noch galt, morgen schon überholt!

Deshalb bitte ich Sie, zur Aktualität dieses Buches in den weiteren Auflagen mit Ihren persönlichen Erfahrungen beizutragen. Vielleicht entdecken Sie etwas besonders Sehens- und Erlebenswertes; vielleicht stellen Sie fest, daß Hinweise und Angaben ergänzt oder korrigiert werden müssen. Schreiben Sie mir - über jeden Hinweis werde ich mich freuen.

Ich wünsche Ihnen einen erholsamen, interessanten und erlebnisreichen Urlaub im 'Land des Lächelns'.

Ulrich Quack